KB110691

2022

삼봉 행정법총론

2022 삼봉 행정법총론 ❸

발행일 2021년 12월 6일

지은이 김유환
펴낸이 손형국
펴낸곳 (주)북랩
편집인 선일영 편집 정두철, 배진용, 김현아, 박준, 장하영
디자인 이현수, 한수희, 김윤주, 허지혜, 안유경 제작 박기성, 황동현, 구성우, 권태련
마케팅 김회란, 박진관
출판등록 2004. 12. 1(제2012-000051호)
주소 서울특별시 금천구 가산디지털 1로 168, 우림라이온스밸리 B동 B113~114호, C동 B101호
홈페이지 www.book.co.kr
전화번호 (02)2026-5777 팩스 (02)2026-5747

ISBN 979-11-6539-135-5 14360 (종이책) 979-11-6539-148-5 15360 (전자책)
979-11-6539-031-0 14360 (세트)

김유환 지음

2022

삼봉 행정법 총론

3

북랩book Lab

2015년에 노량진 강의를 그만두고 인문학을 공부하기 시작한 지 7년이란 시간이 지났다. 그간 동양철학, 서양철학, 심리학, 사회학, 여성학을 폭넓게 공부했고, 한국방송통신대학교 국어국문학과에 입학해서 국문학에 관한 공부도 원없이 했다. 3학년 1학기를 끝으로 국문학 공부는 잠시 중단된 상태이지만.

그간 『삼봉 공부법』과 『성적 자기결정권 1』이라는 책도 출간했다. 아직 출판하지 못한 원고도 2개 더 있다. 여건이 맞을 때 출판할 예정이다. 『삼봉 공부법』은 수천 년간 우리 조상들이 공부를 해 온 방법이고, 특히나 법학과 같이 체계적인 과목을 단기간에 정복하는 데 가장 적합한 공부법이다. 『성적 자기결정권 1』은 성에 관한 기본권인 성적 자기결정권에 관해 다룬 대중서이다. 쉴 때 읽어두면 교양에 많은 도움이 될 것이다.

노량진 강의를 떠나면서 『삼봉 행정법총론』 개정판을 쓰게 될 줄은 몰랐다. 그러나 삶은 의도한 대로 흘러가지 않을 때도 많다. 우연한 계기가 삶의 진로를 바꾸기도 한다. 다시 행정법 교재를 쓰게 된 동기도 극히 우연한 사건이 계기가 되었다. 법대 선배께서 공인노무사가 전망도 좋고 보람도 크다고 자꾸 권하셔서, 올해부터 공인노무사시험을 준비하게 되었다. 2차 논술 과목 가운데 행정쟁송법이라는 과목이 있다. 그 과목을 공부하기 위해 개정작업을 하다가, 기왕에 행정쟁송법을 쓰려면 아예 총론 전 범위를 개정하자고 계획을 변경한 것이다.

국민의 권리의식이 많이 향상되면서 판례가 엄청난 분량으로 쏟아지고 있다. 앞으로 쏟아져 나올 판례까지 생각할 때 행정법의 중심은 판례일 수밖에 없다. 그간의 기출경향도 학설은 거의 출제되지 않고, 주로 판례 위주로 출제되고 있다. 그래서 이번 개정판에서는 시험에 출제되지 않는 학문적 논의는 과감하게 삭제했다.

시험에 출제될 수 있는 판례는 모두 반영했다. 그러나 분량 문제 때문에 논거가 없는 판례는 결론만 소개하고, 논거를 알아야 판례의 결론을 이해할 수 있는 판례는 가능한 한 논거를 살리려고 노력했다. 최신판례는 2021년 6월 판례까지 반영했다. 그럼에도 엄청난 판례의 양 때문에 전체적인 분량은 2015년판에 비해 늘어날 수밖에 없었다.

강의는 유튜브에 무료로 게재할 예정이다. 유튜브 주소는 https://www.youtube.com/channel/UCZMRW5LImv7iLLGN7yrUPxg 이며, 채널명은 '삼봉과 함께 하는 세상'이다.

2022년은 이 책을 읽는 독자와 나 모두 수험생의 지위이다. 서로 응시하는 시험에 좋은 결과가 있기를 바란다.

원고를 멋지게 편집해 교재로 만들어준 출판사 편집부 직원 여러분에 대해 감사의 뜻을 전한다.

끝으로 치우천황의 가호가 수험생 여러분과 함께 하길 기원한다.

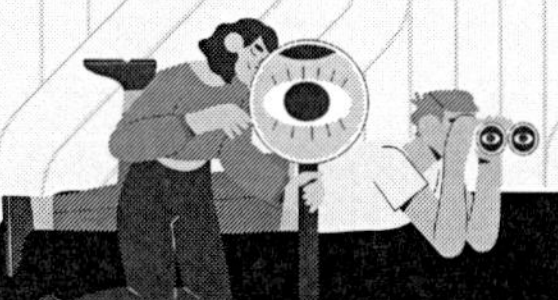

노량진의 잘못된 믿음과 진실

수험시장의 현실은 7급의 경우 평균경쟁률이 50:1 가까이 된다. 이는 새로운 수험생의 유입이 없다는 전제 아래 계속 공부해도 꼴찌가 합격할 때까지 50년이나 걸린다는 의미이다. 그러나 알다시피 매년 새로운 수험생이 유입되고, 단기간에 기존 수험생을 추월해서 합격하는 것 또한 현실이다.

구분	선 발 예정인원	출원인원	경쟁률
국가직 9급	5,662	198,110	35.0:1
국가직 7급	815	38,947	47.8:1

결국 시험에 언제 합격할 수 있느냐보다 시험에 합격할 수 있냐 없냐가 절대적으로 중요하다. 아무리 오래 공부해도 합격할 수 없는 수험생들이 대부분이라는 것을 통계가 말해주고 있기 때문이다. 그럼에도 노량진 수험문화는 잘못된 신화에 매여 합격을 스스로 포기하는 수험생들이 너무 많다. 따라서 이번 개정판 머리말에 덧붙여 노량진의 잘못된 믿음과 진실을 제시하고자 한다. 이러한 잘못된 믿음을 깨고 진실을 깨달아 공부한다면 누구나 합격생이라는 자랑스런 반열에 들어갈 수 있을 것이다.

노량진의 잘못된 믿음	진 실
7급은 9급과 다르다. 7급만큼 할 필요가 없다?	1. 7급 수험생의 2/3가 복수합격자이다. 결국 7급 수험생이 가지도 않을 9급을 1개 내지는 2개 이상 합격한다는 말이다. 따라서 결국 7급 수험생도 9급수험생의 경쟁자이다. 2. 행정고시에서 전환해서 공무원시험에 유입되는 고시수험생들이 7급합격생의 많은 비중을 차지한다. 이들도 7급시험만이 아니라 9급시험에도 응시한다. 결국 고시수험생도 9급수험생의 경쟁자이다.

80점만 받으면 합격한다?	100점을 받는 학생들에 비해 평균 4점을 깎이고 시작하는 것이다. 다른 과목은 득점이 보장되지 않는다. 만점이 보장되는 행정법에서 평균 4점을 깎이고 시작하는 것은 만점을 스스로 96점으로 낮춰놓고 공부를 시작하는 것과 같다.
쉬운 강의니까 3번씩 들어라?	1. 어려운 내용을 쉽게 강의하는 것이 아니라 쉬운 내용만 강의한다는 의미이다. 강의는 혼자 읽어서는 독해가 되지 않는 어려운 부분에 대한 설명을 듣기 위해서다. 그런데 혼자 봐도 알 수 있는 내용만 강의한다면 그런 강의는 불필요한 강의이다. 2. 쉬운 강의라고 강조하고 단과는 3번 듣는 게 좋다고 강조한다. 이 얼마나 모순인가? 쉬운 강의를 3번씩 들어야 할 필요가 있는지, 어려운 강의를 3번씩 들어야 할 필요가 있는지는 삼척동자도 조금만 생각하면 다 알 수 있을 것이다. 내 강의는 한 번 들으면 다시 들을 필요가 없이 한 번으로 100점이 보장되는 강의이다. 3. 이렇게 강조하는 강사들의 공통점은 질문에 제대로 답하지 못한다는 점이다. 질문에 답도 못하면서 쉬운 강의라고 강조하는 것은 자신의 실력이 없다는 것을 스스로 강조하는 것이 아닌가?
국어와 영어는 매일 하지 않으면 감이 유지되지 않는다?	1. 이는 감이 단 하루밖에 가지 않는 가장 비효율적인 방법이란 말이다. 시험날 하루에 여러 과목을 동시에 가장 많이 암기하고 있는 수험생이 합격하는 것이다. 감이 하루밖에 가지 않는 방법으로 여러 과목을 시험당일날 암기하고 점수로 연결하는 것은 불가능이다. 문제는 얼마나 장기저장이 가능한가에 달려 있다. 한 번 공부로 장기저장이 되지 않고 계속 잊어버리면 공부하는 의미가 없는 것이다. 지금 방법론은 최근에 본 내용만 기억하는 단기저장밖에 되지 않는 비효율적인 방법론이다. 2. 장기저장이 가능한 유일한 방법은 한 과목을 10회독 이상씩 집중적으로 공부함으로써 까먹고 외우고 까먹고 외우는 과정을 여러 번 거치는 방법뿐이다. 고승덕씨는 한과목을 공부할 때 이론서 10회독, 문제집 10회독을 집중적으로 공부했다. 그것도 매일 공부 실시간 16시간 이상을 투자하면서. 그런 방법으로 재학 중에 고시3관왕을 달성했다. 이보다 쉬운 공무원시험에 이 방법론으로 접근한다면 공무원3관왕은 식은죽먹기일 것이다.

삼봉행정법 자매서 활용 방법(공부 순서)

1 개설

삼봉 기본행정법

삼봉 행정법총론

삼봉 행정법총론 판례

삼봉 행정법총론 핵심정리

삼봉 행정법총론 객관식

삼봉 행정법총론 기출문제

삼봉 행정법각론

삼봉 행정법각론 객관식

삼봉 행정법각론 핵심정리

2 이론서를 통한 충실한 실력의 확보

모든 과목이 마찬가지겠지만 실력의 원천은 문제집이 아닌 이론서에 있다. 따라서 먼저 이론서를 충실히 공부하는 것이 수험기간을 단축시키는 핵심적인 과정이라는 것을 강조하고 싶다.

3 문제집을 통한 실전능력배양

이론적 기초가 충실히 닦인다면 이제 문제를 통해 확인하고 복습하는 과정이 뒤따른다. 문제집도 일단 난도가 낮은 기출문제집부터 정리하고 난도가 높은 객관식문제집순으로 접근하는 것이 무난하다.

4 핵심정리를 통한 완벽한 정리

오랜 수험생활을 해 온 수험생의 경우 한두문제 차이로 불합격하는 가장 큰 이유가 정리를 제대로 못해서라고 생각한다. 시험을 앞둔 한 달의 시간은 그 전의 세 달에 해당할 정도로 중요한 시간이다. 따라서 마지막 한달을 얼마나 효율적으로 정리하느냐는 서브노트의 준비가 절대적으로 중요하다. 핵심정리서는 지금까지 고시를 포함한 모든 시험에서 100점을 받을 수 있기에 충분한 내용을 검증받은 바 있다.

제4편 • 행정구제법

제1장 개 설

제2장 손해전보

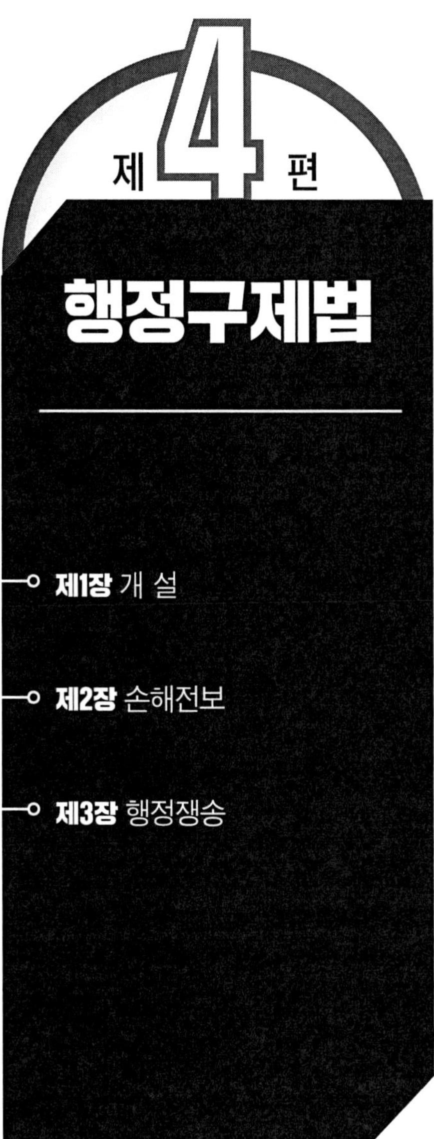

제 4 편

행정구제법

제1장 개 설

I 행정구제의 의의와 종류

1. 의 의

행정구제란 행정작용으로 권리나 이익이 침해되었거나 침해될 것으로 주장하는 자가 행정기관이나 법원에 원상회복·손해전보 또는 당해 행정작용의 취소·변경을 청구(행정쟁송)하거나, 기타 피해구제 또는 예방을 청구하고 행정기관 또는 법원이 이를 심리하여 권리·이익의 보호에 관한 판정을 내리는 것을 말한다.

2. 종 류

(1) 사전적 구제(권익침해예방)

① 국민의 권익이 일단 침해되면 구제에 어려움이 있고, 사후구제가 가능한 경우에도 충분한 구제가 되지 못하는 것이 보통이다. 따라서 국민의 권익이 침해되는 것을 미리 방지하는 것이 국민의 권익보장을 위해 바람직하다.

② 행정절차는 행정처분이 내려지기 전에 이해관계인의 의견진술을 듣도록 하는 등의 절차를 통해 국민의 권익에 대한 부당한 침해를 사전에 예방하는 기능이 있기 때문에 행정절차를 사전적 권리구제제도라고 부른다.

③ 그 밖에 예방적 부작위청구소송, 청원, 옴부즈만, 고충처리, 정당방위, 감사원의 심사청구 등이 사전적 권리구제수단이다.

사전적 권리구제제도와 가장 거리가 먼 것은? **:의무이행소송**

(2) 사후적 구제

① 의의 : 사후적 구제란 행정작용 등으로 인해 국민의 권리 또는 이익의 침해가 발생한 경우에 당해 작용을 시정하거나 그로 인한 손해를 전보(메워 주는 것)하여 주는 제도를 말한다. 사

후적 구제수단으로는 손해전보제도(실체적 구제제도; 손해배상, 손실보상)와 행정쟁송제도(절차적 구제제도; 행정심판, 행정소송)가 있다.

② 손해전보(침해원인)

㉠ 손해배상 : '위법 + 유책'(고의·과실)한 행정작용으로 인한 손해의 전보제도

㉡ 손실보상 : '적법 + 무책'한 행정작용으로 인한 손실의 전보제도

③ 행정쟁송(심판기관)

㉠ 의의 : 행정법상 법률관계에 있어서의 다툼을 심리·판정하는 절차

㉡ 행정심판 : '행정기관'이 행정법상의 분쟁에 대해 심리·판정하는 절차. 이의신청, 심사청구, 심판청구, 행정심판 등의 다양한 명칭

㉢ 행정소송 : '법원'이 행정법상의 분쟁에 대해 심리·판정하는 절차

④ 헌법소원 : 헌법에 위반되는 공권력의 행사 또는 불행사로 인해 헌법상 보장된 기본권을 직접 그리고 현실적으로 침해당한 자가 헌법재판소에 당해 공권력의 위헌 여부의 심사를 청구하여 기본권을 구제받는 제도를 말한다.

Ⅱ 사전적 권리구제수단

1. 청 원

(1) 청원의 의의

청원이란 국민이 국가나 지방자치단체에 대해 자신의 의견·불만 또는 희망을 개진하거나 시정을 요구하는 행위를 말한다.

(2) 법적 근거

헌법 제26조는 "모든 국민은 법률이 정하는 바에 의하여 국가기관에 문서로 청원할 권리를 가진다. 국가는 청원에 대하여 심사할 의무를 진다."고 규정하고 있고, 이에 근거하여 청원에 관한 일반법으로 청원법이 제정되었다.

또한 국회법 제123조 제1항은 "국회에 청원을 하려는 자는 의원의 소개를 받거나 국회규칙으로 정하는 기간 동안 국회규칙으로 정하는 일정한 수 이상의 국민의 동의를 받아 청원서를 제출하여야 한다."라고 규정하고 있고, 지방자치법 제73조 제1항은 "지방의회에 청원을 하려는 자는 지방의회의원의 소개를 받아 청원서를 제출하여야 한다."라고 규정하고 있다.

1. 지방의회에 청원을 하고자 할 때에 반드시 지방의회의원의 소개를 얻도록 한 것은 청원권의 과도한 제한에 해당하지 않는다(기각)(헌재결 1999.11.25, 97헌마54).
2. 국회에 청원을 할 때 의원의 소개를 얻어 청원서를 제출하도록 한 국회법 제123조 제1항은 국회에 청원을 하려는 자의 청원권을 침해하지 않는다(기각)(헌재결 2006.6.29, 2005헌마604).

(3) 청원인과 청원기관

모든 국민은 법률이 정하는 바에 의하여 국가기관에 문서로 청원할 권리를 가진다(헌법 제26조). 청원을 제출할 수 있는 기관은 ① 국가기관, ② 지방자치단체와 그 소속기관, ③ 법령에 의하여 행정권한을 가지고 있거나 행정권한을 위임 또는 위탁받은 법인·단체 또는 그 기관이나 개인(공무수탁사인)이다(청원법 제3조).

(4) 청원사항

① **청원사항**: 청원은 다음 각 호의 어느 하나에 해당하는 경우에 한하여 할 수 있다(청원법 제4조).

1. 피해의 구제
2. 공무원의 위법·부당한 행위에 대한 시정이나 징계의 요구
3. 법률·명령·조례·규칙 등의 제정·개정 또는 폐지
4. 공공의 제도 또는 시설의 운영
5. 그 밖에 국가기관 등의 권한에 속하는 사항

② **청원의 불수리**: 청원이 다음 각 호의 어느 하나에 해당하는 때에는 이를 수리하지 아니한다(같은 법 제5조 제1항).

1. 감사·수사·재판·행정심판·조정·중재 등 다른 법령에 의한 조사·불복 또는 구제절차가 진행중인 때
2. 허위의 사실로 타인으로 하여금 형사처분 또는 징계처분을 받게 하거나 국가기관 등을 중상모략하는 사항인 때
3. 사인 간의 권리관계 또는 개인의 사생활에 관한 사항인 때
4. 청원인의 성명·주소 등이 불분명하거나 청원내용이 불명확한 때

청원서를 접수한 기관은 제1항 각 호의 어느 하나에 해당하는 사유로 청원을 수리하지 아니하는 때에는 그 사유를 명시하여 청원인에게 통지하여야 한다(같은 조 제2항).

③ **반복청원 및 이중청원의 처리**: 동일인이 동일한 내용의 청원서를 동일한 기관에 2건 이상 제출하거나 2 이상의 기관에 제출한 때에는 나중에 접수된 청원서는 이를 반려할 수 있다(제8조).

누구든지 타인을 모해(謀害)할 목적으로 허위의 사실을 적시한 청원을 하여서는 아니 된다(제11조).

이중청원에 대해 수리, 심사 및 통지를 하여야 할 작위의무가 없다(헌재결 2004.5.27, 2003헌마851).

(5) 청원서의 처리

헌법 제26조 제2항은 "국가는 청원에 대하여 심사할 의무를 진다."라고 규정함으로써 청원에 대한 심사의무만을 규정하고 있으나, 청원법 제9조 제3항은 "청원을 관장하는 기관이 청원을 접수한 때에는 특별한 사유가 없는 한 90일 이내에 그 처리결과를 청원인에게 통지하여야 한다."고 규정하여 결과 통지의무까지 규정하고 있다.

1. 청원에 대한 심사처리결과의 통지 유무는 처분이 아니다(대판 1990.5.25, 90누1458).
2. 청원에 대한 회신(통보)은 헌법소원심판의 대상이 되는 공권력행사에 해당되지 않는다(헌재결 2000.10.25, 99헌마458).
3. 청원에 대해 국가기관에게 청원서를 수리·심사하여 그 결과를 통지하여야 할 헌법상의 작위의무가 있다(헌재결 2004.5.27, 2003헌마851).

2. 옴부즈만제도

(1) 의 의

옴부즈만이란 공공기관(예 행정기관·검찰·법원 등)이 법령상의 책무(책임과 의무)를 적정하게 수행하고 있는지 여부를 국민을 대신하여 감시하기 위해서 의회에 의해 그 대리인으로 선출된 자를 말한다.

행정기능의 확대나 작용형식의 다양화 등으로 인한 전통적인 행정구제제도의 결점을 보완하여, 부적정한 행정에 대해 국민의 권익을 보다 실효적으로 보호하려는 데 존재의의가 있다.

(2) 우리나라에서의 도입가능성

대법원은 "합의제 행정기관인 옴부즈만(Ombudsman)을 집행기관의 장인 도지사 소속으로 설치하는 데 있어서는 당해 지방자치단체의 조례로 정하면 되는 것이지 헌법이나 다른 법령상으로 별도의 설치근거가 있어야 되는 것은 아니다."(대판 1997.4.11, 96추138)라고 판시함으로써 도입가능성을 긍정한 바 있다.

충청북도 청소리 옴부즈만조례안재의결무효확인판결

1. 합의제 행정기관인 옴부즈만의 설치를 조례로 정할 수 있다
   합의제 행정기관인 옴부즈만(Ombudsman)을 집행기관의 장인 도지사 소속으로 설치하는 데 있어서는 지방자치법 제107조 제1항의 규정에 따라 **당해 지방자치단체의 조례로 정하면 되는 것이지 헌법이나 다른 법령상으로 별도의 설치근거가 있어야 되는 것은 아니다**(대판 1997.4.11, 96추138).
2. 옴부즈만조례안이 내무부장관의 사전승인 없이 지방자치법령상의 지방공무원의 총정원을 늘리는 것을 내용으로 하고 있어 무효라고 한 사례
   집행기관의 하나인 옴부즈만에 4급 이상의 지방공무원 1명을 상임 옴부즈만으로 임명하도록 하고 있는 옴부즈만조례안은 당해 지방자치단체에 두는 지방공무원의 현 정원이 지방자치법령상의 산식에 의한 총정원을 초과하고 있는 상태에서 의결됨으로써 지방자치단체에 두는 지방공무원의 총정원을 결과적으로 늘리는 것을 내용으로 하고 있으므로, 그 의결 시 내무부장관(현 행정안전부장관)의 사전승인을 얻지 아니하여 무효이다(대판 1997.4.11, 96추138).

그러나 현재는 방위사업법이 옴부즈만에 관해 규정하고 있다. 방위사업청장은 방위사업수행에 있어 투명성 및 공정성을 높이기 위하여 방위사업수행과정에서 제기된 민원사항에 대하여 조사하고 시정 또는 감사요구 등을 할 수 있는 옴부즈만제도를 운영할 수 있다(같은 법 제6조 제4항).

3. 고충민원처리제도

「부패방지 및 국민권익위원회의 설치와 운영에 관한 법률」이 제정되어, 같은 법이 국민의 '고충민원'의 처리를 위한 기관으로서 옴부즈만제도에 상응하는 국민권익위원회를 두고 있다.

(1) 고충민원처리제도의 의의 및 근거

고충민원처리제도란 행정기관의 위법·부당한 행위나 불합리한 행정제도 등으로 인한 권리의 침해나 불편·부담에 대한 민원을 국민권익위원회를 통해 처리해 주는 제도로서, 「부패방지 및 국민권익위원회의 설치와 운영에 관한 법률」에 근거하고 있다.

(2) 국민권익위원회의 설치 및 구성

① 설치(국무총리 소속) : 고충민원의 처리와 이에 관련된 불합리한 행정제도를 개선하고, 부패의 발생을 예방하며 부패행위를 효율적으로 규제하도록 하기 위하여 국무총리 소속으로 국민권익위원회를 둔다(「부패방지 및 국민권익위원회의 설치와 운영에 관한 법률」 제11조 제1항). 국무총리 소속하에 설치되고, 고충민원의 접수에 의하여 비로소 조사를 시작한다는 점에서 옴부즈만제도와는 상당한 차이를 가지고 있다. 따라서 행정형 옴부즈만 혹은 옴부즈만에 유사한 제도라고 이해되고 있다.

② 구성: 국민권익위원회는 위원장 1명을 포함한 15명의 위원(부위원장 3명과 상임위원 3명을 포함)으로 구성한다. 다만, 중앙행정심판위원회의 구성에 관한 사항은 행정심판법에서 정하는 바에 따른다(제13조 제1항).

(3) 부패방지를 위한 제도개선의 권고

위원회는 필요하다고 인정하는 경우 공공기관의 장에게 부패방지를 위한 제도의 개선을 권고할 수 있다(제27조 제1항).

(4) 법령등에 대한 부패유발요인 검토

위원회는 다음 각 호에 따른 법령 등의 부패유발요인을 분석·검토하여 그 법령 등의 소관 기관의 장에게 그 개선을 위하여 필요한 사항을 권고할 수 있다(제28조 제1항).

1. 법률·대통령령·총리령 및 부령
2. 법령의 위임에 따른 훈령·예규·고시 및 공고 등 행정규칙
3. 지방자치단체의 조례·규칙
4. 「공공기관의 운영에 관한 법률」 제4조에 따라 지정된 공공기관 및 지방공기업법 제49조·제76조에 따라 설립된 지방공사·지방공단의 내부규정

(5) 고충민원

① 의의: 행정기관등의 위법·부당하거나 소극적인 처분(사실행위 및 부작위를 포함) 및 불합리한 행정제도로 인하여 국민의 권리를 침해하거나 국민에게 불편 또는 부담을 주는 사항에 관한 민원(현역장병 및 군 관련 의무복무자의 고충민원을 포함)을 말한다(제2조 제5호)

고충민원이란 행정기관 등의 위법·부당하거나 소극적인 처분 및 불합리한 행정제도로 인하여 국민의 권리를 침해하거나 국민에게 불편 또는 부담을 주는 사항에 관한 민원을 말한다.

고충민원의 종류(**「부패방지 및 국민권익위원회의 설치와 운영에 관한 법률 시행령」 제2조**)

1. 행정기관등의 위법·부당한 처분(사실행위를 포함)이나 부작위 등으로 인하여 권리·이익이 침해되거나 불편 또는 부담이 되는 사항의 해결요구
2. 민원사무의 처리기준 및 절차가 불투명하거나 담당 공무원의 처리지연 등 행정기관등의 소극적인 행정행위나 부작위로 인하여 불편 또는 부담이 되는 사항의 해소요청
3. 불합리한 행정제도·법령·시책 등으로 인하여 권리·이익이 침해되거나 불편 또는 부담이 되는 사항의 시정요구
4. 그 밖에 행정과 관련한 권리·이익의 침해나 부당한 대우에 관한 시정요구

1. 국민고충처리위원회에 대한 고충민원의 신청은 원칙적으로 행정심판청구가 아니다(대판 1995.9.29, 95누5332).
2. 국민고충처리위원회에 대한 고충민원신청서의 제출을 예외적으로 행정심판청구로 볼 수 있는 경우
   다만 **국민고충처리위원회에 접수된 신청서가 행정기관의 처분에 대하여 시정을 구하는 취지임이 내용상 분명**한 것으로서 **국민고충처리위원회가 이를 당해 처분청 또는 그 재결청에 송부한 경우**에 한하여 행정심판법 제17조 제2항·제7항의 규정에 의하여 그 신청서가 국민고충처리위원회에 접수된 때에 행정심판청구가 제기된 것으로 볼 수 있다(대판 1995.9.29, 95누5332).

② 신청 및 접수

누구든지(국내에 거주하는 외국인을 포함) 위원회 또는 시민고충처리위원회에 고충민원을 신청할 수 있다. 이 경우 하나의 권익위원회에 대하여 고충민원을 제기한 신청인은 다른 권익위원회에 대하여도 고충민원을 신청할 수 있다(제39조 제1항). 권익위원회에 고충민원을 신청하고자 하는 자는 일정한 사항을 기재하여 문서(전자문서를 포함)로 이를 신청하여야 한다. 다만, 문서에 의할 수 없는 특별한 사정이 있는 경우에는 구술로 신청할 수 있다(같은 조 제2항). 권익위원회는 고충민원의 신청이 있는 경우에는 다른 법령에 특별한 규정이 있는 경우를 제외하고는 그 접수를 보류하거나 거부할 수 없으며, 접수된 고충민원서류를 부당하게 되돌려 보내서는 아니 된다. 다만, 권익위원회가 고충민원서류를 보류·거부 또는 반려하는 경우에는 지체 없이 그 사유를 신청인에게 통보하여야 한다(제4항).

③ 처 리

㉠ 고충민원의 이송 등: 권익위원회는 접수된 고충민원이 다음 각 호의 어느 하나에 해당하는 경우에는 그 고충민원을 관계 행정기관등에 이송할 수 있다. 다만, 관계 행정기관등에 이송하는 것이 적절하지 아니하다고 인정하는 경우에는 그 고충민원을 각하할 수 있다(제43조 제1항).

1. 고도의 정치적 판단을 요하거나 국가기밀 또는 공무상 비밀에 관한 사항
2. 국회·법원·헌법재판소·선거관리위원회·감사원·지방의회에 관한 사항
3. 수사 및 형집행에 관한 사항으로서 그 관장기관에서 처리하는 것이 적당하다고 판단되는 사항 또는 감사원의 감사가 착수된 사항
4. 행정심판, 행정소송, 헌법재판소의 심판이나 감사원의 심사청구 그 밖에 다른 법률에 따른 불복구제절차가 진행 중인 사항
5. 법령에 따라 화해·알선·조정·중재 등 당사자 간의 이해조정을 목적으로 행하는 절차가 진행 중인 사항
6. 판결·결정·재결·화해·조정·중재 등에 따라 확정된 권리관계에 관한 사항 또는 감사원이 처분을 요구한 사항
7. 사인 간의 권리관계 또는 개인의 사생활에 관한 사항
8. 행정기관등의 직원에 관한 인사행정상의 행위에 관한 사항
9. 그 밖에 관계 행정기관등에서 직접 처리하는 것이 타당하다고 판단되는 사항

㉡ **시정권고 등** : 국민권익위원회는 시정권고·제도개선권고 및 의견표명권만 갖고 시정조치권(취소권)은 인정되지 않는다.

ⓐ 시정권고 및 의견표명(재량) : 권익위원회는 고충민원에 대한 조사결과 처분등이 위법·부당하다고 인정할 만한 상당한 이유가 있는 경우에는 관계 행정기관 등의 장에게 적절한 시정을 권고할 수 있다(제46조 제1항). 권익위원회는 고충민원에 대한 조사결과 신청인의 주장이 상당한 이유가 있다고 인정되는 사안에 대하여는 관계 행정기관 등의 장에게 의견을 표명할 수 있다(제2항).

ⓑ 제도개선의 권고 및 의견의 표명(재량) : 권익위원회는 고충민원을 조사·처리하는 과정에서 법령 그 밖의 제도나 정책 등의 개선이 필요하다고 인정되는 경우에는 관계 행정기관 등의 장에게 이에 대한 합리적인 개선을 권고하거나 의견을 표명할 수 있다(제47조).

ⓒ 의견제출기회의 부여(의무) : 권익위원회는 제46조 또는 제47조에 따라 관계 행정기관등의 장에게 권고 또는 의견표명을 하기 전에 그 행정기관등과 신청인 또는 이해관계인에게 미리 의견을 제출할 기회를 주어야 한다(제48조 제1항).

㉢ **결정의 통지(의무)** : 권익위원회는 고충민원의 결정내용을 지체 없이 신청인 및 관계 행정기관 등의 장에게 통지하여야 한다(제49조).

㉣ **처리결과의 통보** : 권고 또는 의견을 받은 관계 행정기관 등의 장은 이를 존중하여야 하며, 그 권고 또는 의견을 받은 날부터 30일 이내에 그 처리결과를 권익위원회에 통보하여야 한다(권고나 의견의 존중처리와 처리결과통보의무는 있지만 시정권고나 제도개선권고에 따라야 할 의무는 없음)(제50조 제1항). 권고를 받은 관계 행정기관 등의 장이 그 권고내용을 이행하지 아니하는 경우에는 그 이유를 권익위원회에 문서로 통보하여야 한다(제2항). 권익위원회는 통보를 받은 경우에는 신청인에게 그 내용을 지체 없이 통보하여야 한다(제3항).

㉤ **감사의뢰·공표** : 고충민원의 조사·처리과정에서 관계 행정기관 등의 직원이 고의 또는 중대한 과실로 위법·부당하게 업무를 처리한 사실을 발견한 경우 위원회는 감사원에 , 시민고충처리위원회는 당해 지방자치단체 [상급지방자치단체(×)]에 감사를 의뢰할 수 있다(제51조). 한편, 권익위원회는 ⓐ 권고 또는 의견표명의 내용, ⓑ 권고나 의견에 따른 처리결과, ⓒ 권고내용의 불이행사유 등을 공표할 수 있다. 다만, 다른 법률의 규정에 따라 공표가 제한되거나 개인의 사생활의 비밀이 침해될 우려가 있는 경우에는 그러하지 아니하다(제53조).

(6) 시민고충처리위원회

지방자치단체 및 그 소속 기관에 관한 고충민원의 처리와 행정제도의 개선 등을 위하여 각 지방자치단체에 시민고충처리위원회를 둘 수 있다(제32조 제1항).

4. 국민감사청구제도

(1) 감사청구권

19세(18세가 아님) 이상의 국민은 공공기관의 사무처리가 법령위반 또는 부패행위로 인하여 공익을 현저히 해하는 경우 대통령령으로 정하는 일정한 수 이상의 국민의 연서로 감사원에 감사를 청구할 수 있다. 다만, 국회·법원·헌법재판소·선거관리위원회 또는 감사원의 사무에 대하여는 국회의장·대법원장·헌법재판소장·중앙선거관리위원회 위원장 또는 감사원장(당해 기관의 장)에게 감사를 청구하여야 한다(제72조 제1항). 제1항에도 불구하고 지방자치단체와 그 장의 권한에 속하는 사무의 처리에 대한 감사청구는 지방자치법 제21조에 따른다(같은 조 제3항).

(2) 감사청구 제외사항

다음 각 호의 어느 하나에 해당하는 사항은 감사청구의 대상에서 제외한다(같은 조 제2항).

1. 국가의 기밀 및 안전보장에 관한 사항
2. 수사·재판 및 형집행(보안처분·보안관찰처분·보호처분·보호관찰처분·보호감호처분·치료감호처분·사회봉사명령을 포함한다)에 관한 사항
3. 사적인 권리관계 또는 개인의 사생활에 관한 사항
4. 다른 기관에서 감사하였거나 감사 중인 사항. 다만, 다른 기관에서 감사한 사항이라도 새로운 사항이 발견되거나 중요사항이 감사에서 누락된 경우에는 그러하지 아니하다.
5. 그 밖에 감사를 실시하는 것이 적절하지 아니한 정당한 사유가 있는 경우로서 대통령령이 정하는 사항

(3) 감사청구의 방법(문서주의)

감사청구를 하고자 하는 자는 대통령령으로 정하는 바에 따라 청구인의 인적사항과 감사청구의 취지 및 이유를 기재한 기명의 문서로 하여야 한다(제73조).

(4) 감사실시의 결정

감사청구된 사항에 대하여는 감사원규칙으로 정하는 국민감사청구심사위원회에서 감사실시 여부를 결정하여야 한다(제74조 제1항). 당해 기관의 장이 감사청구를 접수한 때에는 그 접수한 날부터 30일 이내에 국회규칙·대법원규칙·헌법재판소규칙·중앙선거관리위원회규칙 또는 감사원규칙으로 정하는 바에 따라 감사실시 여부를 결정하여야 한다(같은 조 제2항). 감사원 또는 당해 기관의 장은 감사청구가 이유 없다고 인정하는 때에는 이를 기각하고, 기각을 결정한 날부터 10일 이내에 그 사실을 감사청구인에게 통보하여야 한다(같은 조 제3항).

(5) 감사청구에 의한 감사

감사원 또는 당해 기관의 장은 감사를 실시하기로 결정한 날부터 60일 이내에 감사를 종결하여야 한다. 다만, 정당한 사유가 있는 경우에는 그 기간을 연장할 수 있다(제75조 제1항). 감사원 또는 당해 기관의 장은 감사가 종결된 날부터 10일 이내에 그 결과를 감사청구인에게 통보하여야 한다(같은 조 제2항).

제2장 손해전보

제1절 개 설

I 행정상 손해전보의 개념

행정상 손해전보는 협의로는 국가작용에 의해 개인에게 가해진 손해의 전보를 의미한다. 손해를 발생케 한 국가작용과 발생된 손해 사이의 인과관계의 존재가 협의의 행정상 손해전보의 필수요건이 되고, 이 점에서 이를 요하지 않는 광의의 행정상 손해전보(예 자연재해, 전쟁피해, 폭동피해, 테러에 의한 재해 등에 대한 손해전보)와 구별된다.

II 행정상 손해배상과 손실보상

구 분	손해배상	손실보상
기본이념	1. 개인주의적·도의적 책임주의 2. 평균적 정의	1. 단체주의적 책임주의·공적 부담 앞의 평등원칙(정의와 형평) 2. 배분적 정의
제도의 기초	민법상 불법행위책임을 공법적으로 유리하게 수정	공법상 법률관계에 특유한 제도
헌법적 근거	헌법 제29조 국가배상청구권	헌법 제23조 제3항 손실보상청구권
근거 법률	일반법(국가배상법)의 존재	일반법은 없고 개별법만 존재
침해원인	위법·유책(고의·과실)	적법·무책
과실 여부	과실책임주의	무과실책임주의
손 해	재산적 침해+비재산적(생명·신체·정신적 침해) 손해인 위자료 유일하게 인정(영조물책임 포함)	1. 재산적 손실만 인정 2. 비재산적(생명·신체·자연적·학술적·문화적·정신적) 손실은 제외
양도·압류	1. 생명·신체의 침해로 인한 국가배상청구권은 양도 및 압류 금지 2. 재산권 침해로 인한 국가배상청구권은 양도 및 압류 가능	재산권 침해에 한정되기 때문에 양도 및 압류 가능

공통점	1. 실체적 행정구제제도(절차적 구제가 아님) 2. 손해전보(금전적 구제)제도 3. 사후적 구제제도 4. 실질적 법치주의의 구현
최근 추세	최근에는 위험책임론 등의 등장으로 손해배상과 손실보상제도를 하나의 국가보상제도로 통합하려는 시도. 손해배상의 손실보상화. 그러나 양 제도의 구별이 완전히 부정되는 것은 아님(헌재결 1997.3.27, 96헌바21).

공권력의 작용에 의한 손실(손해)전보제도를 손실보상과 국가배상으로 나누고 있는 우리 헌법 아래에서는 불법사용의 경우에는 국가배상 등을 통하여 문제를 해결할 것으로 예정되어 있고 기존 침해상태의 유지를 전제로 보상청구나 수용청구를 함으로써 문제를 해결하도록 예정되어 있지는 않으므로 토지수용법 제48조 제2항 중 '사용' 부분이 불법사용의 경우를 포함하지 않는다고 하더라도 헌법에 위반되지 아니한다(헌재결 1997.3.27, 96헌바21).

행정상의 손해배상

제1항 개 설

I 행정상 손해배상제도의 의의

행정상 손해배상제도는 국가 등 행정주체의 위법한 행정작용으로 인해 발생한 손해에 대해 국가 등의 행정주체가 이를 배상하여 주는 제도로서, 법치국가원리를 최종적으로 담보하는 수단이다.

II 행정상 손해배상제도의 규범적 구조

1. 헌법의 구조

(1) 헌법규정

헌법 제29조 제1항은 "공무원의 직무상 불법행위로 손해를 받은 국민은 법률이 정하는 바에 의하여 국가 또는 공공단체에 정당한 배상을 청구할 수 있다. 이 경우 공무원 자신의 책임은 면제되지 아니한다."라고 규정하여 국가배상책임주의의 원칙을 선언하고 있다.

(2) 헌법규정의 성질(청구권적 기본권, 직접적 효력)

국가배상청구권은 ① 재산권과 청구권적 성질을 모두 갖는다는 절충설(홍정선)도 있지만, ② 재산권의 일내용이라는 성질을 부인할 수는 없지만 중점은 청구권적 기본권이라는 견해가 다수설(류지태, 박종국, 장태주, 정하중)이다. 또한 헌법 규정은 단순한 프로그램 방침규정이 아니라 구체적인 권리를 규정하고 있는 직접적 효력규정이라는 것이 통설·판례이다.

헌법 제26조(현행 헌법 제29조)는 공무원의 직무상 불법행위로 손해를 받은 국민은 국가 또는 공공단체에 배상을 청구할 수 있다고 규정하여 공무원의 불법행위로 손해를 받은 국민은 그 신분에 관계없이 누구든지 국가 또는 공공단체에 그 불법행위로 인한 손해 전부의 배상을 청구할 수 있는 기본권(청구권)을 보장하였다(대판 1971.6.22, 70다1010).

(3) 보장범위

헌법은 공무원의 직무상 불법행위로 인한 손해배상청구권에 대해서만 규정하고 있다. 그러나 국가배상법은 영조물의 설치나 관리의 하자로 인한 배상청구권까지 보장하고 있다. 영조물책임의 기본권성에 대해서는 견해가 대립한다.

:: 헌법과 국가배상법 비교

구 분	헌 법	국가배상법
배상책임의 종류	공무원의 위법한 직무집행행위로 인한 국가배상책임만 규정	1. 공무원의 위법한 직무집행행위로 인한 국가배상책임(제2조) 2. 영조물의 설치나 관리의 하자로 인한 국가배상책임도 규정(제5조)
손해배상책임자	국가 또는 공공단체(지방자치단체+기타 공공단체)	국가 또는 지방자치단체
군인 등의 특례	1. 군인, 2. 군무원, 3. 경찰공무원만 명시적 규정	1. 군인, 2. 군무원, 3. 경찰공무원에 4. 향토예비군대원 추가
구상권 조항	규정 없음.	규정 있음.

2. 국가배상법의 구조

(1) 국가배상법의 지위(일반법)

국가배상청구권을 기본권으로 규정한 헌법 제29조 제1항의 구체화로서 국가배상의 요건·내용 및 절차 등을 정한 법률이 국가배상법이다. 국가배상법 제8조는 "국가나 지방자치단체의 손해배상 책임에 관하여는 이 법에 규정된 사항 외에는 민법에 따른다. 다만, 민법 외의 법률에 다른 규정이 있을 때에는 그 규정에 따른다."라고 규정하여, 같은 법이 공행정작용으로 인한 배상에 대한 일반법임을 명시하고 있다.

특별법 ⇨ 국가배상법(일반법) ⇨ 민법

특별법의 규정으로는 ① 배상금액을 정형화 또는 경감하는 경우[예 우편법 제38조, 전기통신사업법 제33조, 「형사보상 및 명예회복에 관한 법률」 제5조(구금에 대한 보상을 할 때에는 그 구금일수에 따라 1일당 보상청구의 원인이 발생한 연도의 최저임금법에 따른 일급(日給) 최저임금액 이상 대통령령으로 정하는 금액 이하의 비율에 의한 보상금을 지급한다)], ② 무과실책임을 인정하는 경우(예 공무원연금법 제51조, 원자력손해배상법 제3조, 「자동차손해배상 보장법」 제3조) 등이 있다.

(2) 차량사고와 국가배상

국가나 지방자치단체는 공무원 또는 공무를 위탁받은 사인(공무원)이 직무를 집행하면서 고의 또는 과실로 법령을 위반하여 타인에게 손해를 입히거나, 「자동차손해배상 보장법」에 따라 손해배상의 책임이 있을 때에는 이 법에 따라 그 손해를 배상하여야 한다(국가배상법 제2조 제1항).

① 국가의 배상책임

㉠ 「자동차손해배상 보장법」에 의한 국가배상책임

자기를 위하여 자동차를 운행하는 자는 그 운행으로 다른 사람을 사망하게 하거나 부상하게 한 경우에는 그 손해를 배상할 책임을 진다. 다만, 다음 각 호의 어느 하나에 해당하면 그러하지 아니하다(「자동차손해배상 보장법」 제3조).

1. 승객이 아닌 자가 사망하거나 부상한 경우에 자기와 운전자가 자동차의 운행에 주의를 게을리 하지 아니하였고, 피해자 또는 자기 및 운전자 외의 제3자에게 고의 또는 과실이 있으며, 자동차의 구조상의 결함이나 기능상의 장해가 없었다는 것을 증명한 경우
2. 승객이 고의나 자살행위로 사망하거나 부상한 경우

1. 운행자는 운행지배와 운행이익을 향수하는 자(차주)를 말한다(대판 1994.12.27, 94다31860).
2. 자동차 소유자의 자동차에 대한 운행지배 및 운행이익의 상실 여부에 대한 판단기준
   자동차의 소유자가 자동차에 대한 운행지배와 운행이익을 상실하였는지 여부는 평소의 자동차나 그 열쇠의 보관 및 관리상태, 소유자의 의사와 관계없이 운행이 가능하게 된 경위, 소유자와 운전자의 인적 관계, 운전자의 차량반환의사 유무, 무단운행 후 보유자의 승낙 가능성, 무단운전에 대한 피해자의 주관적 인식 유무 등 객관적이고 외형적인 여러 사정을 사회통념에 따라 종합적으로 평가하여 이를 판단하여야 한다(대판 1993.7.13, 92다41733).
3. 공무원의 국가 소유의 오토바이의 무단운전행위에 대한 국가의 위 오토바이에 대한 운행보유자성 유무
   국가소속 공무원이 관리권자의 허락을 받지 아니한 채 국가소유의 오토바이를 무단으로 사용하다가 교통사고가 발생한 경우에 있어 국가가 그 오토바이와 시동열쇠를 무단운전이 가능한 상태로 잘못 보관하였고 위 공무원으로서도 국가와의 고용관계에 비추어 위 오토바이를 잠시 운전하다가 본래의 위치에 갖다 놓았을 것이 예상되는 한편 피해자들로 위 무단운전의 점을 알지 못하고 또한 알 수도 없었던 일반 제3자인 점에 비추어 보면 국가가 위 공무원의 무단운전에도 불구하고 위 오토바이에 대한 객관적, 외형적인 운행지배 및 운행이익을 계속 가지고 있었다고 봄이 상당하다(대판 1988.1.19, 87다카2202).
4. 군 소속 차량의 운전수가 일과시간 후에 무단으로 차를 운행하다가 사고가 일어난 경우 자동차손해배상보장법 및 국가배상법상의 책임은 부정된다
   군소속 차량의 운전수가 일과시간 후에 피해자의 적극적인 요청에 따라 동인의 개인적인 용무를 위하여 상사의 허락없이 무단으로 위 차를 운행하다가 사고가 일어났다면 군은 자동차손해배상보장법 제3조 소정의 자기를 위하여 자동차를 운행하는 자에 해당되지도 아니한다(대판 1981.2.10, 80다2720).
5. 관용차량인 경우 국가 또는 지방자치단체가 배상책임을 부담한다(대판 1992.2.25, 91다12356).

ⓛ 국가배상법에 의한 국가배상책임

공무원이 공무수행을 위하여 차량을 운전 중 사고로 타인에게 손해를 발생시킨 경우 자배법이 적용되지 않는 경우에는 국가배상법이 적용된다.

1. 공무원이 자신의 승용차를 운전하여 공무를 수행하고 돌아오던 중 교통사고로 동승한 다른 공무원을 사망하게 한 경우 국가배상책임이 성립된다[대판(전합) 1998.11.19, 97다36873].
2. 다른 공무원의 불법행위로 사망한 공무원에 대한 국가 또는 지방자치단체의 손해배상액에서 공무원연금법에 의하여 지급된 유족보상금을 공제할 수 있다[대판(전합) 1998.11.19, 97다36873].

② 공무원의 배상책임

㉠ 국가등의 「자동차손해배상 보장법」상의 책임이 인정되는 경우 : 공무원에게 「자동차손해배상 보장법」상의 책임이 발생할 여지는 없다. 다만, 배상책임의 내용은 국가배상법에 따르므로 판례에 의하면 고의 또는 중과실이 있는 경우 민사책임을 지게 된다.

㉡ 국가등의 「자동차손해배상 보장법」상의 책임이 부정되는 경우 : 공무원이 「자동차손해배상 보장법」상의 운행자가 되므로 민사책임에 관해서도 「자동차손해배상 보장법」이 국가배상법에 우선하여 적용된다. 따라서 고의, 중과실, 경과실을 가리지 않고 공무원의 배상책임이 인정된다.

차량이 공무원 개인소유인 경우 공무원이 「자동차손해배상 보장법」상 배상책임을 부담한다

공무원의 개인책임에 관하여도 「자동차손해배상 보장법」이 민법이나 국가배상법에 우선하여 적용된다. 따라서 **일반적으로 공무원의 공무집행상의 위법행위로 인한 공무원의 개인책임은 고의 또는 중과실의 경우에만 인정**되지만, **공무원이 자기를 위하여 자동차를 운행하는 자인 때에는 그 사고가 자동차를 운전한 공무원의 경과실에 의한 것인지 중과실 또는 고의에 의한 것인지를 가리지 않고, 「자동차손해배상 보장법」상의 손해배상책임을 부담**한다(대판 1996.3.8, 94다23876).

③ 「자동차손해배상 보장법」에 의해 성립된 책임의 범위와 절차

국가나 지방자치단체는 「자동차손해배상 보장법」에 따라 손해배상의 책임이 있을 때에는 이 법에 따라 그 손해를 배상하여야 한다(국가배상법 제2조 제1항). 즉 배상책임의 성립요건은 「자동차손해배상 보장법」에 의하고, 배상책임의 범위와 절차는 국가배상법에 의하게 된다. 따라서 이중배상금지규정이 적용되고, 피해자는 배상심의회에 배상신청을 할 수 있다.

④ 국가배상법 제5조와의 관계

자동차도 국가배상법 제5조상의 영조물에 해당하지만, 특별법인 「자동차손해배상 보장법」만 적용되고, 국가배상법 제5조는 적용되지 않는다.

(3) 「실화책임에 관한 법률」

1. 일반 불법행위에 대한 과실책임주의의 예외로서 경과실로 인한 실화의 경우 실화피해자의 손해배상청구권을 전면 부정하고 있는 「실화책임에 관한 법률」(실화책임법)은 헌법에 합치되지 아니한다(헌법불합치)(헌재결 2007.8.30, 2004헌가25).
2. 2007. 8. 30. 이전에 발생한 실화에 대하여 2009. 5. 8. 법률 제9648호로 전부 개정된 「실화책임에 관한 법률」이 적용될 수 있다(대판 2010.6.24, 2006다61499).
3. 헌법재판소의 헌법불합치결정 당시 구 「실화책임에 관한 법률」이 재판의 전제가 되어 법원에 계속 중이었던 사건에도 위 헌법불합치결정에 따라 개정된 「실화책임에 관한 법률」이 적용된다(대판 2010.7.22, 2009다57910).

(4) 학교안전법에 의한 공제제도

1. 「학교안전사고 예방 및 보상에 관한 법률」에 의한 공제급여 지급책임에 과실책임 원칙이나 과실상계 이론이 적용되지 않고, 민사상 손해배상 사건에서 기왕증이 손해의 확대 등에 기여한 경우 손해배상책임의 범위를 제한하는 법리도 원칙적으로 공제급여에 적용되지 않는다
   학교안전법에 의한 공제제도는 상호부조 및 사회보장적 차원에서 학교안전사고로 피공제자가 입은 피해를 직접 전보하기 위하여 특별법으로 창설한 것으로서 일반 불법행위로 인한 손해배상 제도와는 취지나 목적이 다르다. 따라서 법률에 특별한 규정이 없는 한 학교안전법에 의한 공제급여의 지급책임에는 과실책임의 원칙이나 과실상계의 이론이 당연히 적용된다고 할 수 없고, 또한 민사상 손해배상 사건에서 기왕증이 손해의 확대 등에 기여한 경우에 공평의 견지에서 과실상계의 법리를 유추적용하여 손해배상책임의 범위를 제한하는 법리도 법률에 특별한 규정이 없는 이상 학교안전법에 따른 공제급여에는 적용되지 않는다[대판(전합) 2016.10.19, 2016다208389].
2. 피공제자가 경과실로 학교안전사고를 일으킨 경우, 학교안전공제회가 수급권자에게 공제급여를 지급한 후 피공제자를 상대로 구상권을 행사할 수 없다
   학교안전공제회가 손해배상책임 있는 피공제자(가해자인 피공제자)에게 제한적으로만 구상권을 행사하도록 한 것은, 교육활동의 당사자인 피공제자가 안정적으로 교육활동에 참가하도록 하기 위해서는 학교안전사고로 인한 피해를 신속·적정하게 보상해야 할 뿐만 아니라 가해자인 피공제자의 손해배상책임도 어느 정도 제한될 필요가 있음을 고려한 것이다. 특히 가해자인 피공제자가 경과실로 학교안전사고를 일으킨 경우에 수급권자에게 공제급여가 지급되면 그 피공제자는 피해자 측에 대한 손해배상책임이 면제될 뿐만 아니라 학교안전공제회에 대한 구상책임도 없으므로, 결과적으로 경과실로 학교안전사고를 일으킨 피공제자와 학교안전공제회 사이에서는 학교안전공제회가 최종적인 부담을 지게 된다. 이는 학교안전법이 경과실로 학교안전사고를 일으킨 가해자인 피공제자까지 보호하기 위하여 특별히 배려한 것으로 볼 수 있다(대판 2019.12.13, 2018다287010).
3. 경과실로 학교안전사고를 일으킨 피공제자가 먼저 피해자에게 손해배상을 한 경우, 학교안전공제회를 상대로 구상권을 행사할 수 있다(대판 2019.12.13, 2018다287010).

(5) 국가배상법의 성격

① 공법설(통설) : '배상원인'을 중시하여 국가배상법을 공행정작용으로 인해 발생한 손해에 대한 배상책임을 규정한 공법으로 보는 견해로서 통설이다.

② 사법설(私法說) : '배상결과'를 중시하여 국가배상법을 민법의 특별법으로 보는 견해이다.

공법설(통설)	사법설
1. 실정법상 공·사법의 이원적 체계에 비추어 공법적 원인에 의해 발생한 손해에 대한 배상규정인 국가배상법은 공법으로 보아야 한다는 점, 2. 행정소송법 제3조 제2호의 '행정청의 처분등을 원인으로 하는 법률관계에 관한 소송'에는 당연히 손해배상청구소송이 포함된다는 점, 3. 생명·신체의 침해로 인한 국가배상을 받을 권리는 압류와 양도의 대상이 되지 아니한다는 점, 4. 국가배상법에 규정이 없을 때 민법을 준용하는 것은 입법기술상의 필요에서이지 사법이라는 필연적 논거가 되지는 않는다는 점 등을 논거로 든다.	1. 국가배상책임도 민법상 불법행위책임의 한 종류에 불과한 것이기 때문에 국가배상법은 민법의 특별법으로서 사법의 성질을 갖는다는 점, 2. 국가의 특권적 지위, 즉 국가무책임의 원칙을 포기하고 국가나 지방자치단체 등도 사인과 같은 지위에서 책임을 지겠다는 것이 헌법의 태도이고, 3. 국가배상법 제8조가 민법이 보충적으로 적용됨을 규정하고 있는 것도 국가배상법이 민법의 특별법의 지위에 있음을 나타낸다는 점 등을 논거로 든다.

③ 판례(사법설) : 판례는 국가배상법이 민법의 특별법이라고 이해함으로써 사법설을 취하고 있다

(대판 1996.8.23, 96다19833).

국가배상법은 민법의 특별법이다

공무원의 직무상 불법행위로 손해를 받은 국민이 국가 또는 공공단체에 배상을 청구하는 경우 국가 또는 공공단체에 대하여 그의 불법행위를 이유로 손해배상을 구함은 국가배상법이 정한 바에 따른다 하여도 이 역시 **민사상의 손해배상책임을 특별법인 국가배상법이 정한 데 불과**하다(대판 1972.10.10, 69다701).

(6) 국가배상청구권의 성질

국가배상청구권의 성질은 국가배상법을 어떻게 보느냐에 따라 공법상의 청구권인지 사법상의 청구권인지가 결정된다. 즉, 국가배상법을 공법으로 보는 통설은 공법상의 청구권, 사법으로 보는 소수설과 판례는 사법상의 청구권으로 본다.

(7) 배상청구권의 주체

손해배상청구권은 위법한 공무집행으로 인해 손해를 입은 국민이 그 주체가 된다. 다만, 군인 등에 관하여는 국가배상청구권을 제한하는 특례규정이 있다(헌법 제29조 제2항, 국가배상법 제2조 제1항 단서). 이때 국민은 대한민국국적을 갖는 자연인과 법인이 포함되며, 외국인이나 외국법인은 상호보증이 있는 경우에만 국가배상법이 적용된다(국가배상법 제7조). 상호보증이란 한국인도 피해자인 외국인의 본국에서 손해배상을 청구할 수 있어야 한다는 의미이다.

1. 국가배상법 제7조에서 정한 '상호보증'이 있는지 판단하는 기준

   국가배상법 제7조는 우리나라만이 입을 수 있는 불이익을 방지하고 국제관계에서 형평을 도모하기 위하여 외국인의 국가배상청구권의 발생요건으로 '외국인이 피해자인 경우에는 해당 국가와 상호보증이 있을 것'을 요구하고 있는데, **해당 국가에서 외국인에 대한 국가배상청구권의 발생요건이 우리나라의 그것과 동일하거나 오히려 관대할 것을 요구하는 것은 지나치게 외국인의 국가배상청구권을 제한하는 결과**가 되어 국제적인 교류가 빈번한 오늘날의 현실에 맞지 아니할 뿐만 아니라 외국에서 우리나라 국민에 대한 보호를 거부하게 하는 불합리한 결과를 가져올 수 있는 점을 고려할 때, **우리나라와 외국 사이에 국가배상청구권의 발생요건이 현저히 균형을 상실하지 아니하고 외국에서 정한 요건이 우리나라에서 정한 그것보다 전체로서 과중하지 아니하여 중요한 점에서 실질적으로 거의 차이가 없는 정도라면 국가배상법 제7조가 정하는 상호보증의 요건을 구비하였다고 봄이 타당**하다. 그리고 **상호보증은 외국의 법령, 판례 및 관례 등에 의하여 발생요건을 비교하여 인정되면 충분**하고 **반드시 당사국과의 조약이 체결되어 있을 필요는 없으며, 당해 외국에서 구체적으로 우리나라 국민에게 국가배상청구를 인정한 사례가 없더라도 실제로 인정될 것이라고 기대할 수 있는 상태이면 충분**하다(대판 2015.6.11, 2013다208388).

2. 중화민국 민법 제188·192·197조에 외국인도 중화민국을 상대로 피용인의 직무집행시의 불법행위로 인한 재산상 및 정신상 손해를 배상하도록 규정되어 있으므로 중화민국과 우리나라 사이에 국가배상법 본

조에 이른바 외국인이 피해자인 경우에 상호의 보증이 있는 때에 해당한다(대판 1968.12.3, 68다1929).

3. 일본인 甲이 대한민국 소속 공무원의 위법한 직무집행에 따른 피해에 대하여 국가배상청구를 한 사안에서, 우리나라와 일본 사이에 국가배상법 제7조가 정하는 상호보증이 있다고 한 사례(대판 2015.6.11, 2013다208388)

한편, 우리나라에 주둔하고 있는 미국군대의 구성원, 고용원 또는 한국증원부대구성원(카투사)의 공무집행 중의 행위에 대해서도 국가배상법 절차에 의하여 한국정부에 대해 배상을 청구할 수 있다(한미행정협정 제23조 제5항).

공무집행 중인 미합중국 군대의 구성원이나 고용원의 작위나 부작위 또는 사고에 대한 소송은 대한민국을 상대로 하는 것이 원칙이지만, '계약에 의한 청구권'의 실현을 위한 소송의 상대방은 미합중국이다(대판 1997.12.12, 95다29895).

(8) 국가배상법상 배상책임의 유형

국가배상법은 배상책임의 유형으로 ① 공무원의 직무상 불법행위로 인한 배상책임과, ② 영조물의 설치나 관리상의 하자로 인한 배상책임을 규정하고 있다.

제2항 공무원의 직무상 불법행위로 인한 손해배상

제1목 배상책임의 요건

국가나 지방자치단체는 공무원 또는 공무를 위탁받은 사인(공무원)이 직무를 집행하면서 고의 또는 과실로 법령을 위반하여 타인에게 손해를 입히거나, 「자동차손해배상 보장법」에 따라 손해배상의 책임이 있을 때에는 이 법에 따라 그 손해를 배상하여야 한다(국가배상법 제2조 제1항 본문).

따라서 행정상 손해배상청구권이 성립하기 위하여는 ① 공무원 또는 공무를 위탁받은 사인이, ② 직무를 집행하면서, ③ 고의 또는 과실로, ④ 법령을 위반하여, ⑤ 타인에게 손해를 가하였을 것, ⑥ 상당인과관계 등이 요구된다.

구 분	국가배상책임	민법상 손해배상책임(사용자 책임)
가해자 특정	공무원의 행위라는 사실만 입증되면 되고 가해공무원의 특정은 필요하지 않다.	가해자와 가해자의 불법행위, 손해발생, 불법행위와 손해발생 간의 인과관계를 입증해야 한다.
국가의 면책	국가의 선임·감독상의 과실이 없다고 하여 면책되지 않는다.	사용자의 면책 긍정 : 타인을 사용하여 어느 사무에 종사하게 한 자는 피용자가 그 사무집행에 관하여 제삼자에게 가한 손해를 배상할 책임이 있다. 그러나 사용자가 피용자의 선임 및 그 사무감독에 상당한 주의를 한 때 또는 상당한 주의를 하여도 손해가 있을 경우에는 그러하지 아니하다(민법 제756조 제1항).

I 공무원 또는 공무수탁사인

(1) 공무원의 의의

공무원이란 국가공무원법 및 지방공무원법상의 공무원으로서의 신분을 가진 자에 국한되지 않고, 널리 공무를 위탁받아 실질적으로 공무에 종사하는 일체의 자(공무수탁사인)를 포함하는 기능적·최광의의 개념이며, 조직법적인 개념이 아니다. 또한 공무의 위탁이 일시적이고 한정적인 사항에 관한 활동이라도 무방하다(대판 2001.1.5, 98다39060).

한편, 행정기관(예 행정관청·보조기관·의결기관·자문기관)을 구성하는 자, 기관 그 자체(예 국회·지방의회나 선거관리위원회 등의 합의체기관)와 임용결격자임이 사후에 발견된 임용무효의 사실상의 공무원도 포함한다. 또한 과실 유무는 평균적 공무원을 기준으로 하므로 불법행위를 한 공무원의 특정은 불필요하다는 것이 통설과 판례의 입장이다.

국가배상법 제2조 소정의 '공무원'의 의미

국가배상법 제2조 소정의 '공무원'이라 함은 국가공무원법이나 지방공무원법에 의하여 공무원으로서의 신분을 가진 자에 국한하지 않고, 널리 공무를 위탁받아 실질적으로 공무에 종사하고 있는 일체의 자를 가리키는 것으로서, 공무의 위탁이 일시적이고 한정적인 사항에 관한 활동을 위한 것이어도 달리 볼 것은 아니다(대판 2001.1.5, 98다39060).

(2) 공무원 인정사례

1. 공무원법상의 공무원
   ① 국회의원(대판 1997.6.13, 96다56115)
   ② 판사·법관(대판 2001. 10.12, 2001다47290)·검사(대판 2002.2.22, 2001다23447)·헌법재판소 재판관(대판 2003.7.11, 99다24218)
2. 공무수탁사인
   ① 집달사(집달리 ; 현행은 집행관)(대판 1966.7.26, 66다854)
   ② 군무수행을 위해 채용된 민간인(군무원)(대판 1970.11.24, 70다2253)
   ③ 통장(대판 1991.7.9, 91다5570)
   ④ 동장에 의해 선정된 교통할아버지(대판 2001.1.5, 98다39060)
   ⑤ 지방자치단체에 근무하는 청원경찰
3. 미합중국군대에 파견되어 있는 한국증원군대의 구성원(KAT- USA)의 운전병(대판 1969.2.18, 68다2346)
4. 소집 중인 향토예비군(대판 1970.5.26, 70다471)
5. 육군병기계공작창 내규에 의해 군무수행을 위하여 채용되어 소속부대 차량의 운전업무에 종사하는 자(대판 1970.11.24, 70다2253)
6. 서울특별시 산하 구청 청소차량 운전수(대판 1980.9.24, 80다1051)
7. 전투경찰(대판 1995.11.10, 95다23897)
8. 행정업무대행자·행정보조자
9. 공의무부담사인
10. 조세원천징수의무자
    ■ 다만, 판례상으로는 공무원으로 인정한 바 없음.

동장에 의해 선정된 교통할아버지는 공무원에 해당한다

지방자치단체(서울특별시 강서구 ; 필자 주)가 '교통할아버지 봉사활동계획'을 수립한 후 관할 동장으로 하여금 '교통할아버지'를 선정하게 하여 **어린이 보호, 교통안내, 거리질서 확립 등의 공무를 위탁하여 집행하게 하던 중** '교통할아버지'로 선정된 노인이 **위탁받은 업무범위를 넘어 교차로 중앙에서 교통정리를 하다가 교통사고를 발생시킨 경우, 지방자치단체가 국가배상법 제2조 소정의 배상책임을 부담**한다(대판 2001.1.5, 98다39060).

(3) 공무원 부정사례

1. 의용소방대원(대판 1978.7.11, 78다584) : 소방공무원과 구별
2. 시영버스운전사 : 시청(구청) 청소차량 운전수는 공무원 인정
3. 법령에 의해 대집행권한을 위탁받은 한국토지공사(대판 2010.1.28, 2007다82950)
4. 「부동산소유권 이전등기 등에 관한 특별조치법」상 보증인(대판 2019.1.31, 2013다14217)

1. 의용소방대원은 공무원이 아니다

소방법 제63조의 규정에 의하여 시·읍·면이 **소방서장의 소방업무를 보조**하게 하기 위하여 설치한 **의용소**

방대를 국가기관이라고 할 수 없음은 물론 또 그것이 이를 설치한 **시·읍·면에 예속된 기관이라고도 할 수 없다**(대판 1978.7.11, 78다584).

2. 구「부동산소유권 이전등기 등에 관한 특별조치법」상 보증인은 공무를 위탁받아 실질적으로 공무를 수행한다고 볼 수 없다
보증인을 위촉하는 관청은 소정 요건을 갖춘 주민을 보증인으로 위촉하는 데 그치고 대장소관청은 보증서의 진위를 확인하기 위한 일련의 절차를 거쳐 확인서를 발급할 뿐 행정관청이 보증인의 직무수행을 지휘·감독할 수 있는 법령상 근거가 없으며, 보증인은 보증서를 작성할 의무를 일방적으로 부과받으면서도 어떠한 경제적 이익도 제공받지 못하는 반면 재량을 가지고 발급신청의 진위를 확인하며 그 내용에 관하여 행정관청으로부터 아무런 간섭을 받지 않기 때문이다(대판 2019.1.31, 2013다14217).

II 직무행위

1. 직무행위의 범위

(1) 협의설
직무행위는 '권력작용', 즉 명령과 강제작용만을 내용으로 한다는 견해이다.

(2) 광의설(다수설)
직무행위를 '공권력작용'뿐만 아니라 '비권력적 공행정작용'(즉, 관리작용)까지도 포함하여 모든 공행정작용만 포함하고, 사경제작용은 제외하는 견해로서 다수설이다. 사경제작용의 경우 민법이 적용된다.

(3) 최광의설
직무행위에 공행정작용뿐만 아니라 사경제적 작용까지도 포함하는 견해이다.

(4) 판례(광의설)
판례는 초기에 사경제작용을 포함하기도 하였으나, 현재의 주류적인 태도는 광의설에 입각하고 있다.

1. 국가 또는 공공단체라 할지라도 공권력의 행사가 아니고 순전히 대등한 지위에 있어서의 사경제의 주체로 활동하였을 경우에는 그 손해배상의 책임에 국가배상법의 규정이 적용될 수 없다
국가 또는 공공단체라 할지라도 공권력의 행사가 아니고 순전히 대등한 지위에서 사경제의 주체로 활동

하였을 경우에는 그 손해배상의 책임에 국가배상법의 규정이 적용될 수 없으므로, 시영버스사고에 대하여 시는 본조에 의한 책임을 지고 그 운전사가 시의 별정직공무원이라 하여 결론을 달리하지 않는다(대판 1969.4.22, 68다2225).

2. 광의설
국가배상법이 정한 손해배상청구의 요건인 '공무원의 직무'에는 국가나 지방자치단체의 **권력적 작용뿐만 아니라 비권력적 작용도 포함되지만 단순한 사경제의 주체로서 하는 작용은 포함되지 않는다**(대판 2004.4.9, 2002다10691).

2. 직무행위의 내용

직무행위에는 국가의 입법작용·사법작용·행정작용이 모두 포함되고, 공행정작용에 해당하면 법적 행위(예 행정행위, 확약 등)·사실행위, 작위·부작위를 불문한다. 이 가운데 입법작용과 사법작용(위법성), 부작위(의무의 존재, 사익보호성)에 대해서는 특별한 논의가 전개된다.

(1) 입법작용

국회의원은 정무직 공무원으로서 공무원에 해당하고, 입법작용도 직무행위에 해당한다. 그러나 법률이 위헌으로 결정된 경우 국회의원들의 위법성과 고의·과실의 입증이 어렵고, 또 위헌법률을 집행함으로 인해 손해가 발생한 경우 행정기관의 책임의 문제는 헌법재판소법 제47조 제2항의 규정에 따라 위헌결정 전까지의 법률은 유효한 것이므로 책임을 물을 수 없게 된다. 판례도 같은 입장이다. 한편, 입법부작위는 진정입법부작위만을 의미한다.

1. 국회의 입법행위 또는 입법부작위가 국가배상법 제2조 제1항의 위법행위에 해당하는 경우(1951년 공비토벌 등을 이유로 국군병력이 작전수행을 하던 중에 거창군 일대의 지역주민이 희생된 이른바 '거창양민학살사건'으로 인한 희생자와 그 유족들이 국가를 상대로 제기한 손해배상청구소송)
우리 헌법이 채택하고 있는 의회민주주의하에서 국회는 다원적 의견이나 각가지 이익을 반영시킨 토론과정을 거쳐 다수결의 원리에 따라 통일적인 국가의사를 형성하는 역할을 담당하는 국가기관으로서 그 과정에 참여한 **국회의원은 입법에 관하여 원칙적으로 국민 전체에 대한 관계에서 정치적 책임을 질 뿐 국민 개개인의 권리에 대응하여 법적 의무를 지는 것은 아니므로, 국회의원의 입법행위는 그 입법 내용이 헌법의 문언에 명백히 위배됨에도 불구하고 국회가 굳이 당해 입법을 한 것과 같은 특수한 경우가 아닌 한 국가배상법 제2조 제1항 소정의 위법행위에 해당한다고 볼 수 없고,** 같은 맥락에서 **국가가 일정한 사항에 관하여 헌법에 의하여 부과되는 구체적인 입법의무를 부담하고 있음에도 불구하고 그 입법에 필요한 상당한 기간이 경과하도록 고의 또는 과실로 이러한 입법의무를 이행하지 아니하는 등 극히 예외적인 사정이 인정되는 사안에 한정하여 국가배상법 소정의 배상책임이 인정될 수 있으며, 위와 같은 구체적인 입법의무 자체가 인정되지 않는 경우에는 애당초 부작위로 인한 불법행위가 성립할 여지가 없다**(대판 2008.5.29, 2004다33469).
2. 구 의료법 제55조 등 관련 법률 자체로 보건복지부장관에게 사실상 전공의 수련과정을 마친 치과의사들에 대한 치과의사전문의 자격시험 응시자격 부여 등 경과조치에 관한 사항과 관련한 행정입법 의무가 곧바로 도출되지 않고, 이는 국민권익위원회가 보건복지부장관에게 그러한 경과조치를 마련하라는 의견표

명을 하였더라도 마찬가지이다(대판 2018.6.15, 2017다249769).

(2) 재판작용

법관도 특정직 공무원으로서 국가배상법상의 공무원에 해당하고, 법관의 판결(재판작용)도 직무행위에 해당한다. 그러나 구체적인 경우 위법성을 인정하기는 어렵다. 재판은 확정력 있는 판결을 통한 분쟁의 종국적 결정을 의미하는데, 판결에 대한 배상책임의 인정은 선행판결의 무위를 가져오고 이는 결과적으로 판결의 확정력(기판력)에 모순되기 때문이다. 재판행위로 인한 국가배상에 있어서 위법은 판결 자체의 위법이 아니라 법관의 공정한 재판을 위한 직무수행상 의무위반으로서의 위법이다.

영·미의 경우에는 법관의 직무활동상의 독립성을 근거로 명문으로 면책특권을 인정하고 있고, 독일의 경우에는 법관의 직무위반이 형법상의 범죄를 구성하고 위반에 고의 또는 중과실이 있는 경우에만 국가책임을 인정하고 있다.

1. 법관의 재판에 대한 국가배상책임이 인정되기 위한 요건
   법관의 재판에 법령의 규정을 따르지 아니한 잘못이 있다 하더라도 이로써 바로 그 재판상 직무행위가 국가배상법 제2조 제1항에서 말하는 위법한 행위로 되어 국가의 손해배상책임이 발생하는 것은 아니고, 그 국가배상책임이 인정되려면 **당해 법관이 위법 또는 부당한 목적을 가지고 재판을 하였다거나 법이 법관의 직무수행상 준수할 것을 요구하고 있는 기준을 현저하게 위반하는 등 법관이 그에게 부여된 권한의 취지에 명백히 어긋나게 이를 행사하였다고 인정할 만한 특별한 사정이 있어야 한다**(대판 2001.10.12, 2001다47290).
2. 재판에 대한 불복절차 내지 시정절차의 유무와 부당한 재판으로 인한 국가배상책임 인정 여부
   재판에 대하여 따로 불복절차 또는 시정절차가 마련되어 있는 경우에는 재판의 결과로 불이익 내지 손해를 입었다고 여기는 사람은 그 절차에 따라 자신의 권리 내지 이익을 회복하도록 함이 법이 예정하는 바이므로, **불복에 의한 시정을 구할 수 없었던 것 자체가 법관이나 다른 공무원의 귀책사유로 인한 것이라거나 그와 같은 시정을 구할 수 없었던 부득이한 사정이 있었다는 등의 특별한 사정이 없는 한, 스스로 그와 같은 시정을 구하지 아니한 결과 권리 내지 이익을 회복하지 못한 사람은 원칙적으로 국가배상에 의한 권리구제를 받을 수 없다**고 봄이 상당하다고 하겠으나, **재판에 대하여 불복절차 내지 시정절차 자체가 없는 경우에는 부당한 재판으로 인하여 불이익 내지 손해를 입은 사람은 국가배상 이외의 방법으로는 자신의 권리 내지 이익을 회복할 방법이 없으므로,** 이와 같은 경우에는 배상책임의 요건이 충족되는 한 국가배상책임을 인정하지 않을 수 없다(대판 2003.7.11, 99다24218).

① 국가배상 인정사례

1. 헌법소원 제기기간의 계산착오로 각하한 경우(대판 2003.7.11, 99다24218)
2. 등기관이 같은 부동산에 관하여 접수된 두개의 근저당권설정등기신청 가운데 등기필증을 구비하지 못한 선(先) 등기신청의 흠결을 임의로 후(後) 등기신청에 첨부된 등기필증으로 보완함으로써 후(後) 등기신청한 근저당권자가 후순위로 밀려나 임의경매절차에서 배당을 받지 못하는 손해를 입은 경우(대판 2007.11.15, 2004다2786)
3. 경매 담당 공무원이 이해관계인에게 기일통지를 잘못한 것이 원인이 되어 경락허가결정이 취소된 사안에서, 그 사이 경락대금을 완납하고 소유권이전등기를 마친 경락인에 대하여 국가는 배상책임을 진다(대판 2008.7.10, 2006다23664).
4. 환지 과정에서 등기관이 새로운 등기부를 편제하면서 근저당권설정등기 및 압류등기의 이기를 누락하였고, 그 등기부를 신뢰하여 부동산을 매수한 매수인이 매매대금을 전부 지급한 후 위 근저당권설정등기 및 압류등기가 이기된 사안(대판 2009.3.12, 2007다76580).
5. 집행법원이나 경매담당 공무원이 매각물건명세서 작성에 관한 직무상의 의무를 위반한 경우(대판 2010.6.24, 2009다40790)
6. 매각물건명세서를 작성하면서 매각으로 소멸되지 않는 최선순위 전세권이 매수인에게 인수된다는 취지의 기재를 하지 아니한 경매담당 공무원 등의 직무집행상의 과실로 인하여 매수인이 입은 손해에 대하여 국가배상책임을 인정한 사례(대판 2010.6.24, 2009다40790)
7. 국가기관이 수사과정에서 한 위법행위로 수집한 증거에 기초하여 공소가 제기되고 유죄의 확정판결까지 받았으나 재심절차에서 형사소송법 제325조 후단의 '피고사건이 범죄사실의 증명이 없는 때'에 해당하여 무죄판결이 확정된 경우(대판 2014.10.27, 2013다217962)

1. 헌법소원 제기기간의 계산착오로 각하한 경우
   헌법소원심판을 청구한 자로서는 헌법재판소 재판관이 일자 계산을 정확하게 하여 본안판단을 할 것으로 기대하는 것이 당연하고, 따라서 헌법재판소 재판관의 위법한 직무집행의 결과 잘못된 각하결정을 함으로써 청구인으로 하여금 본안판단을 받을 기회를 상실하게 한 이상, **설령 본안판단을 하였더라도 어차피 청구가 기각되었을 것이라는 사정이 있다고 하더라도 잘못된 판단으로 인하여 헌법소원심판 청구인의 위와 같은 합리적인 기대를 침해한 것이고 이러한 기대는 인격적 이익으로서 보호할 가치가 있다**고 할 것이므로 그 침해로 인한 정신상 고통에 대하여는 위자료를 지급할 의무가 있다(대판 2003.7.11, 99다24218).
2. 환지 과정에서 등기관이 새로운 등기부를 편제하면서 근저당권설정등기 및 압류등기의 이기를 누락하였고, 그 등기부를 신뢰하여 부동산을 매수한 매수인이 매매대금을 전부 지급한 후 위 근저당권설정등기 및 압류등기가 이기된 사안에서, 등기관의 직무상 과실로 위법하게 이루어진 등기부상 기재를 믿고 법률상 또는 계약상 지급할 의무가 없는 금원을 지급한 사실 자체로서 매수인에게 현실적으로 손해가 발생하였다고 한 사례(대판 2009.3.12, 2007다76580)

② 국가배상 부정사례

1. 임의경매절차에서 경매담당 법관의 오인에 의해 배당표 원안이 잘못 작성되고 그에 대해 불복절차가 제기되지 않아 실체적 권리관계와 다른 배당표가 확정된 경우(대판 2001.4.24, 2000다16114)
2. 압수수색할 물건의 기재가 누락된 압수수색영장을 발부한 경우(대판 2001.10.12, 2001다47290)
3. 등기신청의 첨부 서면으로 제출한 판결서의 일부 기재사항 및 기재 형식이 일반적인 판결서의 작성 방식과 다른 경우에 담당 등기관이 자세한 확인절차를 거치지 않은 경우(대판 2005.2.25, 2003다13048)
4. 경매절차에서 공동주택에 대한 임대차관계의 현황조사를 하는 집행관이 그 공동주택의 외벽에 건축물관리대장 등에 표시된 명칭과 다른 명칭이 표시되어 있다고 하여 그 공동주택의 주민등록전입세대의 열람을 함에 있어서 외벽 표시에 좇아서도 열람을 할 의무가 없다(대판 2010.4.29, 2009다40615).
5. 위헌·무효인 긴급조치에 근거하여 유죄판결을 받은 후 형사소송법 제325조 전단에 의한 재심무죄판결이 확정된 경우(대판 2014.10.27, 2013다217962)

1. 경매절차에서 공동주택에 대한 임대차관계의 현황조사를 하는 집행관이 그 공동주택의 외벽에 건축물관리대장 등에 표시된 명칭과 다른 명칭이 표시되어 있다고 하여 그 공동주택의 주민등록전입세대의 열람을 함에 있어서 외벽 표시에 좇아서도 열람을 할 의무가 없다(대판 2010.4.29, 2009다40615).
2. 위헌·무효인 긴급조치에 근거하여 유죄판결을 받은 후 형사소송법 제325조 전단에 의한 재심무죄판결이 확정된 경우, 원칙적으로 국가의 손해배상책임이 인정되지 않는다

   형벌에 관한 법령이 헌법재판소의 위헌결정으로 소급하여 효력을 상실하였거나 법원에서 위헌·무효로 선언된 경우, 그 법령이 위헌으로 선언되기 전에 그 법령에 기초하여 수사가 개시되어 공소가 제기되고 유죄판결이 선고되었더라도, 그러한 사정만으로 수사기관의 직무행위나 법관의 재판상 직무행위가 국가배상법 제2조 제1항에서 말하는 공무원의 고의 또는 과실에 의한 불법행위에 해당하여 국가의 손해배상책임이 발생한다고 볼 수는 없다. 「국가안전과 공공질서의 수호를 위한 대통령긴급조치」(긴급조치 제9호)는 그 발령의 근거가 된 구 대한민국헌법(유신헌법) 제53조가 규정하고 있는 요건 자체를 결여하였을 뿐만 아니라, 민주주의의 본질적 요소이자 유신헌법과 현행 헌법이 규정한 표현의 자유, 영장주의와 신체의 자유, 주거의 자유, 청원권, 학문의 자유를 심각하게 제한함으로써 국민의 기본권을 침해한 것이므로 위헌·무효라고 할 것이다. 그러나 당시 시행 중이던 긴급조치 제9호에 의하여 영장 없이 피의자를 체포·구금하여 수사를 진행하고 공소를 제기한 수사기관의 직무행위나 긴급조치 제9호를 적용하여 유죄판결을 선고한 법관의 재판상 직무행위는 유신헌법 제53조 제4항이 "제1항과 제2항의 긴급조치는 사법적 심사의 대상이 되지 아니한다."고 규정하고 있었고 **긴급조치 제9호가 위헌·무효임이 선언되지 아니하였던 이상, 공무원의 고의 또는 과실에 의한 불법행위에 해당한다고 보기 어렵다.** 다만 긴급조치 제9호 위반의 유죄판결에 대하여 재심절차에서 무죄판결이 확정되었다면 피고인이나 그 상속인은 일정한 요건 아래 「형사보상 및 명예회복에 관한 법률」에 따른 형사보상을 청구하여 그 피해에 대한 정당한 보상을 받을 수 있을 것이다(대판 2014.10.27, 2013다217962).

   한편 **국가기관이 수사과정에서 한 위법행위로 수집한 증거에 기초하여 공소가 제기되고 유죄의 확정판결까지 받았으나 재심절차에서 형사소송법 제325조 후단의 '피고사건이 범죄사실의 증명이 없는 때'에 해당하여 무죄판결이 확정된 경우에는 유죄판결에 의한 복역 등으로 인한 손해에 대하여 국가의 손해배상책임이 인정될 수 있다.** 이 경우 재심절차에서 무죄판결이 확정될 때까지는 채권자가 손해배상청구를 할 것을 기대할 수 없는 객관적 장애사유가 있었다고 볼 것이고, 채권자가 재심무죄판결 확정일부터 6개월 내에 손해배상청구의 소를 제기하지는 아니하였더라도 그 기간 내에 「형사보상 및 명예회복에 관한 법률」에 따른 형사보상청구를 한 경우에는 형사보상결정 확정일부터 6개월 내에 손해배상청구의 소를 제기하였다면 상

당한 기간 내에 권리를 행사한 것으로 볼 수 있으므로, 채무자인 국가의 소멸시효 완성의 항변은 신의성실의 원칙에 반하는 권리남용으로 허용될 수 없다. 그러나 **긴급조치 제9호 위반의 유죄판결에 대한 재심절차에서 피고인에게 적용된 형벌에 관한 법령인 긴급조치 제9호가 위헌·무효라는 이유로 형사소송법 제325조 전단에 의한 무죄판결이 확정된 경우에는 다른 특별한 사정이 없는 한 수사과정에서 있었던 국가기관의 위법행위로 인하여 재심대상판결에서 유죄가 선고된 경우라고 볼 수 없으므로, 그와 같은 내용의 재심무죄판결이 확정되었다는 사정만으로는 위 1.항의 법리에 비추어 볼 때 유죄판결에 의한 복역 등이 곧바로 국가의 불법행위에 해당한다고 볼 수 없고,** 그러한 복역 등으로 인한 손해를 수사과정에서 있었던 국가기관의 위법행위로 인한 손해라고 볼 수 없으므로 국가의 손해배상책임이 인정된다고 하기 어렵다. 이 경우에는 **국가기관이 수사과정에서 한 위법행위와 유죄판결 사이에 인과관계가 있는지를 별도로 심리하여 그에 따라 유죄판결에 의한 복역 등에 대한 국가의 손해배상책임의 인정 여부를 정하여야** 할 것이다. 그리하여 공소가 제기된 범죄사실의 내용, 유죄를 인정할 증거의 유무, 재심개시결정의 이유, 채권자를 포함하여 사건 관련자가 재심무죄판결을 받게 된 경위 및 그 이유 등을 종합하여, **긴급조치 제9호의 위헌·무효 등 형사소송법 제325조 전단에 의한 무죄사유가 없었더라면 형사소송법 제325조 후단에 의한 무죄사유가 있었음에 관하여 고도의 개연성이 있는 증명이 이루어진 때에는 국가기관이 수사과정에서 한 위법행위와 유죄판결 사이에 인과관계를 인정할 수 있을 것**이고, 그에 따라 유죄판결에 의한 복역 등에 대하여 국가의 손해배상책임이 인정될 수 있다고 할 것이다(대판 2014.10.27, 2013다217962)

(3) 검사의 공소제기·불기소처분의 경우

검사도 특정직 공무원으로서 공무원에 해당하고, 검사의 공소제기도 직무행위에 해당한다. 그러나 기소편의주의가 인정되는 형사소송법 구조하에서 검사의 공소권 행사에 대한 위법성 인정의 범위를 제한적으로 판단해야 할지 문제된다. 주로 검사가 공소를 제기하였으나 법원에서 무죄판결이 확정된 경우 또는 검사가 불기소처분을 하였으나 후에 헌법재판소에 의해 그에 대한 헌법소원청구가 인용된 경우가 문제된다.

판례는 검사의 공소권 행사가 "당시의 정황에 비추어 경험칙이나 논리칙상 도저히 합리성을 긍정할 수 없는 경우에만 그 위법성을 인정할 수 있다."고 한다(대판 2002.2.22, 2001다23447).

1. 검사 등의 수사기관이 피의자를 구속하여 수사한 후 공소를 제기하였으나 법원에서 무죄판결이 선고되어 확정된 경우, 국가배상법 제2조에 의한 손해배상책임이 인정되기 위한 요건

   형사재판과정에서 **범죄사실의 존재를 증명함에 충분한 증거가 없다는 이유로 무죄판결이 확정되었다고 하더라도 그러한 사정만으로 바로 검사의 구속 및 공소제기가 위법하다고 할 수 없고,** 그 구속 및 공소제기에 관한 검사의 판단이 그 당시의 자료에 비추어 **경험칙이나 논리칙상 도저히 합리성을 긍정할 수 없는 정도에 이른 경우에만 그 위법성을 인정**할 수 있다(대판 2002.2.22, 2001다23447).

2. 수사기관이 피의자를 수사하여 공소를 제기하였으나 법원에서 무죄판결이 확정된 경우, 수사기관에 불법행위책임이 인정되기 위한 요건

   사법경찰관이나 검사는 수사기관으로서 피의사건을 조사하여 진상을 명백히 하고, 수집·조사된 증거를 종합하여 피의자가 유죄판결을 받을 가능성이 있는 정도의 혐의를 가지게 된 데에 합리적인 이유가 있다고 판단될 때에는 소정의 절차에 의하여 기소의견으로 검찰청에 송치하거나 법원에 공소를 제기할 수 있

으므로, 객관적으로 보아 사법경찰관이나 검사가 당해 피의자에 대하여 유죄의 판결을 받을 가능성이 있다는 혐의를 가지게 된 데에 상당한 이유가 있는 때에는 후일 재판과정을 통하여 그 범죄사실의 존재를 증명함에 족한 증거가 없다는 이유로 그에 관하여 무죄의 판결이 확정되더라도, 수사기관의 판단이 경험칙이나 논리칙에 비추어 도저히 그 합리성을 긍정할 수 없는 정도에 이른 경우에만 귀책사유가 있다고 할 것이다(대판 2013.2.15, 2012다203096).

3. 국가배상책임을 인정한 사례
강도강간의 피해자가 제출한 팬티에 대한 국립과학수사연구소의 유전자검사결과 그 팬티에서 범인으로 지목되어 기소된 원고나 피해자의 남편과 다른 남자의 유전자형이 검출되었다는 감정결과를 검사가 공판과정에서 입수한 경우 그 감정서는 원고의 무죄를 입증할 수 있는 결정적인 증거에 해당하는데도 검사가 그 감정서를 법원에 제출하지 아니하고 은폐하였다면 검사의 그와 같은 행위는 위법하다(대판 2002.2.22, 2001다23447).

(4) 공무원의 부작위

부작위도 직무행위에 포함된다는 점에는 이론이 없지만, 공무원의 부작위에 관해서는 부작위가 재량행위일 경우 작위의무의 존재 여부, 공무원의 부작위로 인해 상대방이 법률상 이익을 침해받았는가 혹은 반사적 이익을 침해받았는가 하는 점이 특별한 의미를 가진다.

공무원의 부작위로 인한 국가배상책임을 인정하기 위한 요건
공무원의 부작위로 인한 국가배상책임을 인정하기 위하여는 공무원의 작위로 인한 국가배상책임을 인정하는 경우와 마찬가지로 '공무원이 그 직무를 집행함에 당하여 고의 또는 과실로 법령에 위반하여 타인에게 손해를 가한 때'라고 하는 국가배상법 제2조 제1항의 요건이 충족되어야 할 것이다(대판 2012.7.26, 2010다95666).

① 작위의무의 존재

㉠ 재량행위: 재량행위의 경우에는 행정청에게 행정권 발동에 관한 선택의 자유가 인정되기 때문에 원칙적으로 행정청에게 일정한 행위를 해야 할 작위의무가 인정되지 않는다. 그러나 재량권이 0으로 수축되는 예외적인 경우에는 행정청에게 작위의무가 인정될 수 있다.

1. 소방공무원의 직무상 의무 위반이 국가배상법 제2조의 위법 요건을 충족하는 경우 및 소방공무원이 재량에 맡겨진 권한을 행사하지 않은 것이 직무상 의무를 위반하여 위법한 것이 되기 위한 요건
구체적인 상황 아래에서 소방공무원이 그 권한을 행사하지 않은 것이 현저하게 합리성을 잃어 사회적 타당성이 없는 경우에는 소방공무원의 직무상 의무를 위반한 것으로서 위법하게 된다(대판 2008.4.10, 2005다48994).
2. 교장 또는 교사의 학생에 대한 보호·감독의무의 범위 및 손해배상책임의 인정 기준
지방자치단체가 설치·경영하는 학교의 교장이나 교사는 학생을 보호·감독할 의무를 지는데, 이러한 보호·감

독의무는 교육법에 따라 학생들을 친권자 등 법정감독의무자에 대신하여 감독을 하여야 하는 의무로서 **학교 내에서의 학생의 모든 생활관계에 미치는 것은 아니지만, 학교에서의 교육활동 및 이와 밀접 불가분의 관계에 있는 생활관계에 속하고**, 교육활동의 때와 장소, 가해자의 분별능력, 가해자의 성행, 가해자와 피해자의 관계, 기타 **여러 사정을 고려하여 사고가 학교생활에서 통상 발생할 수 있다고 하는 것이 예측되거나 또는 예측가능성(사고발생의 구체적 위험성)이 있는 경우에는 교장이나 교사는 보호·감독의무 위반에 대한 책임을 진다고 할 것**이다(대판 2007.4.26, 2005다24318).

3. 집단따돌림의 의미와 집단따돌림으로 인하여 피해 학생이 자살한 경우, 자살의 결과에 대하여 교장이나 교사에게 보호·감독의무 위반 책임을 묻기 위한 요건 및 그 판단기준

   집단따돌림이란 학교 또는 학급 등 집단에서 복수의 학생들이 한 명 또는 소수의 학생들을 대상으로 의도와 적극성을 가지고, 지속적이면서도 반복적으로 관계에서 소외시키거나 괴롭히는 현상을 의미한다. 집단따돌림으로 인하여 피해 학생이 자살한 경우, **자살의 결과에 대하여 학교의 교장이나 교사의 보호·감독의무 위반의 책임을 묻기 위하여는 피해 학생이 자살에 이른 상황을 객관적으로 보아 교사 등이 예견하였거나 예견할 수 있었음이 인정되어야 한다.** 다만, 사회통념상 허용될 수 없는 악질, 중대한 집단따돌림이 계속되고 그 결과 피해 학생이 육체적 또는 정신적으로 궁지에 몰린 상황에 있었음을 예견하였거나 예견할 수 있었던 경우에는 피해 학생이 자살에 이른 상황에 대한 예견가능성도 있는 것으로 볼 수 있을 것이나, 집단따돌림의 내용이 이와 같은 정도에까지 이르지 않은 경우에는 **교사 등이 집단따돌림을 예견하였거나 예견할 수 있었다고 하더라도 이것만으로 피해 학생의 자살에 대한 예견이 가능하였던 것으로 볼 수는 없으므로**, 교사 등이 집단따돌림 자체에 대한 보호·감독의무 위반의 책임을 부담하는 것은 별론으로 하고 자살의 결과에 대한 보호·감독의무 위반의 책임을 부담한다고 할 수는 없다(대판 2007.11.15, 2005다16034). 대판 2007.4.26, 2005다24318).

4. 구금시설 관리자의 피구금자에 대한 안전확보의무의 내용과 정도

   교도소 등의 구금시설에 수용된 피구금자는 스스로 의사에 의하여 시설로부터 나갈 수 없고 행동의 자유도 박탈되어 있으므로, 그 시설의 관리자는 피구금자의 생명, 신체의 안전을 확보할 의무가 있는바, 그 안전확보의 무의 내용과 정도는 피구금자의 신체적·정신적 상황, 시설의 물적·인적 상황, 시간적·장소적 상황 등에 따라 일의적이지는 않고 사안에 따라 구체적으로 확정하여야 한다. 망인에게 발병한 급성정신착란증의 증세가 과중한 수준에 이르고, 사고 당일은 발병일로부터 불과 10여 일 경과된 때로서 지속적인 약물 투여 및 계구의 사용이 이루어지고 있었으며, 망인의 자살위험이 발병일 당시보다 줄어들었다고 볼만한 특별한 사정은 보이지 아니한 점 등에 비추어, **교도소의 담당 근무자가 자살사고의 발생위험에 대비하여 계구의 사용을 그대로 유지하거나 또는 계구의 사용을 일시 해제하는 경우에는 CCTV 상으로 보다 면밀히 관찰하여야 하는 등의 직무상 주의의무가 있다**(대판 2010.1.28, 2008다75768).

5. 교육감이 사립학교의 교육관계 법령등 위반에 대하여 시정·변경명령 등 권한을 행사하지 않은 것이 직무상 의무를 위반한 것으로 위법하다고 인정되기 위한 요건

   교육감이 위 법률의 규정에서 정하여진 직무상의 의무를 게을리하여 그 의무를 위반한 것으로 위법하다고 하기 위해서는 그 **의무 위반이 직무에 충실한 보통 일반의 공무원을 표준으로 할 때 객관적 정당성을 상실하였다고 인정될 정도에 이르러야 한다.** 또한 교육감의 장학지도나 시정·변경명령 권한의 행사 등이 교육감의 재량에 맡겨져 있는 위 법률의 규정 형식과 교육감에게 그러한 권한을 부여한 취지와 목적에 비추어 볼 때 **구체적인 상황 아래에서 교육감이 그 권한을 행사하지 않은 것이 현저하게 합리성을 잃어 사회적 타당성이 없는 경우에 해당하여야만 교육감의 직무상 의무를 위반한 것으로서 위법하게 된다**[대판(전합) 2010.4.22, 2008다38288].

6. 경찰관에게 권한을 부여한 취지와 목적에 비추어 볼 때 구체적인 사정에 따라 경찰관이 권한을 행사하여 필요한 조치를 하지 아니하는 것이 현저하게 불합리하다고 인정되는 경우에는 권한의 불행사는 직무상 의무를 위반한 것이 되어 위법하게 된다(대판 2016.4.15, 2013다20427).

㉡ 작위의무의 근거 : 작위의무는 법령에서 명문으로 인정하는 경우 외에도 해석상으로도 인정하는 것이 다수설·판례이다. 그러나 조리에 의한 작위의무를 인정할 것인지에 대해서는 긍정설(박윤흔)과 부정설(박균성, 서원우)이 대립한다. 판례는 국가가 위험 배제에 나서지 아니하면 국민의 생명, 신체, 재산 등을 보호할 수 없는 경우에는 형식적 의미의 법령에 근거가 없더라도 국가나 관련 공무원에 대하여 그러한 위험을 배제할 작위의무를 인정할 수 있다는 입장이다. 또한 최신판례는 조리상 의무도 인정한 바 있다.

1. 관련 공무원에게 작위의무를 명하는 법령 규정이 없는 경우 공무원의 부작위로 인한 국가배상책임을 인정하기 위한 요건에 대한 판단기준

국민의 생명·신체·재산 등에 대하여 절박하고 중대한 위험상태가 발생하였거나 발생할 상당한 우려가 있어서 국민의 생명 등을 보호하는 것을 본래적 사명으로 하는 국가가 초법규적·일차적으로 그 위험의 배제에 나서지 아니하면 국민의 생명 등을 보호할 수 없는 경우에는 형식적 의미의 법령에 근거가 없더라도 국가나 관련 공무원에 대하여 그러한 위험을 배제할 작위의무를 인정할 수 있을 것이다. 절박하고 중대한 위험상태가 발생하였거나 발생할 상당한 우려가 있는 경우가 아닌 한, 원칙적으로 공무원이 관련 법령에서 정하여진 대로 직무를 수행하였다면 그와 같은 공무원의 부작위를 가지고 '고의 또는 과실로 법령에 위반'하였다고 할 수는 없다. 따라서 공무원의 부작위로 인한 국가배상책임을 인정할 것인지 여부가 문제되는 경우에 관련 공무원에 대하여 작위의무를 명하는 법령의 규정이 없는 때라면 공무원의 부작위로 인하여 침해되는 국민의 법익 또는 국민에게 발생하는 손해가 어느 정도 심각하고 절박한 것인지, 관련 공무원이 그와 같은 결과를 예견하여 그 결과를 회피하기 위한 조치를 취할 수 있는 가능성이 있는지 등을 종합적으로 고려하여 판단하여야 한다(대판 2012.7.26, 2010다95666).

2. 법규상 또는 조리상의 의무도 인정

경찰관은 그 직무를 수행하면서 헌법과 법률에 따라 국민의 자유와 권리를 존중하고 범죄피해자의 명예와 사생활의 평온을 보호할 법규상 또는 조리상의 의무가 있고, 특히 이 사건과 같이 성폭력범죄의 피해자가 나이 어린 학생인 경우에는 수사과정에서 또 다른 심리적·신체적 고통으로 인한 가중된 피해를 입지 않도록 더욱 세심하게 배려할 직무상 의무가 있다. 그런데 이 사건 성폭력범죄의 담당 경찰관은 그 **경찰서에 설치되어 있는 범인식별실을 사용하지 않은 채 공개된 장소인 형사과 사무실에서 피의자 41명을 한꺼번에 세워 놓고 피해자인 원고들로 하여금 범행일시와 장소별로 범인을 지목하게 하였다는 것인바, 경찰관의 이와 같은 행위는 위에서 본 직무상 의무를 소홀히 하여 원고들에게 불필요한 수치심과 심리적 고통을 느끼도록 하는 행위로서 법규상 또는 조리상의 한계를 위반한 것임이 분명**하고, 수사상의 편의라는 동기나 목적에 의해 정당화될 수는 없다(대판 2008.6.12, 2007다64365).

3. 甲이 경주보훈지청에 국가유공자에 대한 주택구입대부제도에 관하여 전화로 문의하고 대부신청서까지 제출하였으나, 담당공무원에게서 지급보증서제도에 관한 안내를 받지 못하여 대부제도 이용을 포기하고 시중은행에서 대출을 받아 주택을 구입함으로써 결과적으로 더 많은 이자를 부담하게 되었다고 주장하며 국가를 상대로 정신적 손해의 배상을 구한 사안에서, 담당공무원에게 지급보증서제도를 안내하거나 설명할 의무가 있음을 전제로 그 위반에 대한 국가배상책임을 인정한 원심판결에 법리오해의 위법이 있다고 한 사례

甲이 경주보훈지청에 국가유공자에 대한 주택구입대부제도에 관하여 전화로 문의하고 대부신청서까지 제출하였으나, 담당공무원에게서 주택구입대부금 지급을 보증하는 지급보증서제도에 관한 안내를 받지 못하여 대부제도 이용을 포기하고 시중은행에서 대출을 받아 주택을 구입함으로써 결과적으로 더 많은 이자를 부담하게 되었다고 주장하며 국가를 상대로 정신적 손해의 배상을 구한 사안에서, 주택구입대부제도에 있어서 지급보증서를 교부하는 취지와 성격, 관련 법령등의 규정 내용, 지급보증서제도를 안내받지 못함으로 인하여 침해된 甲의 법익 내지 甲이 입은 손해의 내용과 정도, 관련 공무원이 甲이 입은 손해를 예견하거나 그 결과를 회피하기 위한 조치를 취할 수 있는 가능성의 정도 등 여러 사정을 종합하여 볼 때, **담당공무원이 甲에게 주택구입대부제도에 관한 전화상 문의에 응답하거나 대부신청서의 제출에 따른**

대부금지급신청안내문을 통지하면서 지급보증서제도에 관하여 알려주지 아니한 조치가 객관적 정당성을 결여하여 현저하게 불합리한 것으로서 고의 또는 과실로 법령을 위반하였다고 볼 수 없음에도, 담당공무원에게 지급보증서제도를 안내하거나 설명할 의무가 있음을 전제로 그 위반에 대한 국가배상책임을 인정한 원심판결에 법리오해의 위법이 있다고 한 사례(대판 2012.7.26, 2010다95666)

② 법률상 보호이익의 존재 : 국가배상법상 명문규정은 없지만 항고소송과 마찬가지로 국가배상청구소송에서도 단순한 반사적 이익의 침해가 아닌 법률상 이익이 침해되어야 한다는 것이 통설·판례이다. 다만, 분류에 있어서는 위법성으로 분류하는 견해와 손해 또는 상당인과관계의 문제로 분류하는 견해가 대립된다. 판례해석도 위법성의 문제로 본다는 해석과 상당인과관계의 문제로 본다는 해석이 대립된다. 객관적으로 판례는 위법성의 문제로 보는 판례와 상당인과관계의 문제로 보는 판례가 혼재되어 있는데, 최근의 경향은 상당인과관계의 문제로 다룬다.

1. 의무가 사익과 관계없이 행정내부질서를 유지하기 위한 것이거나 공공 일반의 이익을 도모하기 위한 것이라면 국가배상책임이 없다

   공무원이 직무를 수행하면서 그 근거되는 법령의 규정에 따라 **구체적으로 의무를 부여받았어도 그것이 국민의 이익과는 관계없이 순전히 행정기관 내부의 질서를 유지하기 위한 것이거나, 또는 국민의 이익과 관련된 것이라도 직접 국민 개개인의 이익을 위한 것이 아니라 전체적으로 공공 일반의 이익을 도모하기 위한 것이라면 그 의무에 위반하여 국민에게 손해를 가하여도 국가 또는 지방자치단체는 배상책임을 부담하지 아니한다**(대판 2006.4.14, 2003다41746).

   공무원의 직무상 의무가 오로지 공공 일반의 전체적인 이익을 도모하기 위한 것에 불과한지 판단하는 기준

   공무원이 준수하여야 할 직무상 의무가 오로지 공공 일반의 전체적인 이익을 도모하기 위한 것에 불과한지 혹은 국민 개개인의 안전과 이익을 보호하기 위하여 설정된 것인지는 결국 근거 법령 전체의 기본적인 취지·목적과 그 의무를 부과하고 있는 개별 규정의 구체적 목적·내용 및 직무의 성질, 가해행위의 태양 및 피해의 정도 등의 제반 사정을 개별적·구체적으로 고려하여 판단하여야 한다(대판 2015.5.28, 2013다41431).

2. 토지형질변경허가권자의 위험관리의무의 내용 및 그 의무위반이나 재량에 의한 허가취소권 등의 불행사가 위법한 것으로 인정되기 위한 요건(위법성의 문제로 본 판례)

   지방자치단체의 공무원이 그와 같은 위험관리의무를 다하지 아니한 경우 그 의무위반이 직무에 충실한 보통 일반의 공무원을 표준으로 할 때 객관적 정당성을 상실하였다고 인정될 정도에 이른 경우에는 국가배상법 제2조에서 말하는 **위법의 요건을 충족**하였다고 봄이 상당하고, 허가를 받은 자가 위 규칙에 기하여 부가된 허가조건을 위배한 경우 시장 등이 공사중지를 명하거나 허가를 취소할 수 있는 등 형식상 허가권자에게 재량에 의한 직무수행권한을 부여한 것처럼 되어 있더라도 시장 등에게 그러한 권한을 부여한 취지와 목적에 비추어 볼 때 구체적인 사정에 따라 시장 등이 그 권한을 행사하여 필요한 조치를 취하지 아니하는 것이 현저하게 불합리하다고 인정되는 경우에는 그러한 권한의 불행사는 직무상의 의무를 위반하는 것이 되어 **위법하게 된다**(대판 2001.3.9, 99다64278).

3. 국가배상책임의 상당인과관계가 인정되기 위하여는 공무원에게 부과된 직무상 의무의 내용이 개인의 안전과 이익을 보호하기 위한 것이어야 한다(상당인과관계의 문제로 본 판례)

   상당인과관계가 인정되기 위하여는 공무원에게 부과된 직무상 의무의 내용이 단순히 공공 일반의 이익을 위한 것이거나 행정기관 내부의 질서를 규율하기 위한 것이 아니고 전적으로 또는 부수적으로 사회구성원 개인의 안전과 이익을 보호하기 위하여 설정된 것이어야 한다(대판 2010.9.9, 2008다77795).

사익보호성 인정사례	사익보호성 부정사례
1. 선박안전법이나 「유선 및 도선업법」의 규정(대판 1993.2.12, 91다43466) 2. 주민등록사무를 담당하는 공무원이 개명과 같은 사유로 주민등록상 성명을 정정한 경우 본적지 관할청에 그 변경사항을 통보할 직무상 의무(대판 2003.4.25, 2001다59842) 3. 하천의 유지·관리 및 점용허가 관련업무를 맡고 있는 지방자치단체 담당공무원의 직무상 의무(대판 2006.4.14, 2003다41746) 4. 소방법의 규정(대판 2008.4.10, 2005다48994) 5. 식품의약품안전청장 등으로 하여금 식품 또는 식품첨가물의 제조 등의 방법과 성분, 용기와 포장의 제조 방법과 그 원재료, 표시 등에 대하여 일정한 기준 및 규격 등을 마련하도록 하고, 그와 같은 기준 및 규격 등을 준수하는지 여부를 확인할 필요가 있거나 위생상 위해가 발생할 우려나 국민보건상의 필요가 있을 경우 수입신고 시 식품 등을 검사하도록 규정하고 있는 식품위생법의 관련 규정(대판 2010.9.9, 2008다77795) 6. 공직선거법이 후보자가 되고자 하는 자와 그 소속 정당에게 전과기록을 조회할 권리를 부여하고 수사기관에 회보의무를 부과한 것(대판 2011.9.8, 2011다34521)	1. 구 「풍속영업의 규제에 관한 법률」에서 규정하고 있는 풍속영업의 신고 및 이에 대한 수리행위(대판 2001.4.13, 2000다34891) 2. 국가 등에게 일정한 기준에 따라 상수원수의 수질을 유지하여야 할 의무를 부과하고 있는 법령의 규정(대판 2001.10.23, 99다36280) 3. 공공기관이 구 산업기술혁신 촉진법령에서 정한 인증신제품 구매의무를 위반한 경우(대판 2015.5.28, 2013다41431)

③ 부작위로 인한 국가배상 관련 판례

㉠ 국가배상 인정사례

1. 무장공비출현신고에 대해 군경공무원들이 출동하지 않은 직무유기로 인한 주민사망(대판 1971.4.6, 71다124)
2. 주택가에 돌출하여 붕괴위험이 예견되는 자연암벽에 대한 사전제거의무를 해태한 부작위로 인한 붕괴사고로 주민들이 손해를 입은 사안(대판 1980.2.26, 79다2341)
3. 충무시의 극동호(유람선)에 대한 수선명령, 사용 및 운행제한·금지명령의 불이행과 국가의 시정명령의 불이행으로 인한 선박화재사고(대판 1993.2.12, 91다43466)
4. 경찰서 대용감방 내의 폭력행위를 방지하기 위한 경찰관의 주의의무를 게을리하여 발생한 감방 내의 폭력행위로 좌측신장결손이라는 장해발생(대판 1993.9.28, 93다17546)
5. 학군단의 학군사관후보생들에 대한 보호·감독의무의 불이행으로 인한 구타사망사건(대판 1998.4.10, 97다52103)
6. 경찰관이 농민들의 시위를 진압하고 시위과정에 도로상에 방치된 트랙터 1대를 도로 밖으로 옮기거나 후방에 안전표지판을 설치하는 등 위험발생방지조치를 취하지 아니한 채 그대로 방치하고 철수하여 버린 결과, 야간에 그 도로를 진행하던 운전자가 위 방치된 트랙터를 피하려다가 다른 트랙터에 부딪혀 상해를 입은 사안(대판 1998.8.25, 98다16890)
7. 작업 도중 '구체적인 위험'이 발생하였음에도 작업을 중지시키는 등의 사고예방조치를 취하지 아니하여, 토석채취공사 도중 굴러 내린 암석이 가스저장시설을 충격·화재발생(대판 2001. 3.9, 99다64278)
8. 복무기관장이나 담당공무원이 감독의무를 게을리한 과실로 공익근무요원들 간의 구타사고로 인한 손해 발생(대판 2002.11.26, 2002다43165)
9. 헌병대 영창에서 탈주한 군인들이 민가에 침입하여 저지른 강도와 강제추행(대판 2003.2.14, 2002다62678)
10. 주민등록사무를 담당하는 공무원이 개명으로 인한 주민등록상 성명정정을 본적지 관할관청에 통보하지 아니함으로써 甲과 같은 이름으로 개명허가를 받은 듯이 호적등본을 위조하여 주민등록상 성명을 위법하게 정정한 乙이 甲의 부동산에 관하여 불법적으로 근저당권설정등기를 경료함으로써 甲이 입은 손해(대판 2003.4.25, 2001다59842)

11. 경찰관의 직무상 의무위반행위로 인한 윤락업소화재사건으로 인한 윤락녀(매매춘녀) 사망사건(군산시 대명동 소재 윤락업소 집중지역인 속칭 '쉬파리골목' 내에 위치한 상호 없는 윤락업소화재사건)(대판 2004.9.23, 2003다49009)
12. 유흥주점에 감금된 채 윤락을 강요받으며 생활하던 여종업원들이 유흥주점에 화재가 났을 때 미처 피신하지 못하고 유독가스에 질식해 사망한 경우(군산시 유흥주점인 '대가'와 '아방궁' 화재로 인한 사망사건)(대판 2008.4.10, 2005 다48994)
13. 초등학교 6학년인 피해자가 가해학생들로부터 수개월에 걸쳐 이유 없이 폭행 등 괴롭힘을 당한 결과 충격 후 스트레스 장애 등의 증상에 시달리다 자살한 사건(대판 2007.4.26, 2005다24318)
14. 여자중학교 학생이 자신의 아파트 16층에서 투신자살한 사건에서 '집단따돌림으로 인한 피해'(대판 2007.11.15, 2005다16034)
15. 성폭력범죄의 수사를 담당하거나 수사에 관여하는 경찰관이 피해자의 인적사항 등을 공개 또는 누설함으로써 피해자가 손해를 입은 경우(대판 2008.6.12, 2007다64365)
16. 형사재판의 공판검사가 증인으로 소환된 자로부터 신변보호요청을 받았음에도 아무런 조치를 취하지 않아 그 증인이 공판기일에 법정에서 공판 개정을 기다리던 중 피고인의 칼에 찔려 상해를 입은 사안(대판 2009.9.24, 2006다82649).
17. 자살우려자 식별과 신상파악·관리·처리의 책임이 있는 각급 부대의 지휘관 등 관계자가 장병의 자살 등의 사고를 방지하기 위해 취할 조치를 취하지 않은 상황에서 소속 장병의 자살 사고가 발생한 경우(대판 2020.5.28, 2017다211559)
18. 해군교육사령부에서 받은 인성검사에서 '부적응, 관심, 자살예측'이라는 결과가 나왔음에도 「자살예방 및 생명존중문화 조성을 위한 법률」 및 장병의 자살예방 대책과 관련한 부대관리훈령 등에 따른 자살우려자 식별과 신상파악 등의 조치가 이루어지지 아니한 경우(대판 2020.5.28, 2017다211559)

1. 극동호사건(충무시의 '극동호'라는 이름의 유람선에 대한 수선명령·사용 및 운행제한·금지명령의 불이행이라는 부작위와 국가의 시정명령의 불이행이라는 부작위로 인한 선박화재사고)
피고 대한민국 산하 마산지방해운항만청 충무출장소 소속 선박검사관의 이 사건 극동호에 대한 제1종 중간검사시인 1987. 3. 13.경 당시는 물론 이 사건 **화재사고 당시에도 기관실 바닥과 측면에 경유와 엔진오일 등이 흠뻑 젖어 유류냄새가 심하게 날 정도라든지, 배기관에 석면이 감겨 있지 아니하였다든지, 선내 소화기가 녹이 슬어 안전핀이 뽑히지 아니할 우려가 있는 등 불량한 시설상태**였고, 이를 그대로 방치할 경우 화재의 위험성이 있다고 인정될 정도였다고 하면, 피고 대한민국의 위 선박검사관들로서는 선박안전법 제5조에 의한 선박검사를 함에 있어서, 위와 같은 점에 관한 **검사를 하여 이를 시정하도록 할 직무상 의무가 있음에도 불구하고 이를 간과한 채 선박중간검사에 합격하였다 하여 선박검사증서를 발급하여 계속 운항하게 함으로써 위 직무상 의무를 위반**하였다고 할 것이다(대판 1993.2.12, 91다43466)
2. 헌병대 영창에서 탈주한 군인들이 민가에 침입하여 저지른 범죄(강도와 강제추행)행위 **[04 행시]**
군행형법과 '군행형법 시행령'이 군교도소나 미결수용실에 대한 경계감호를 위하여 관련 공무원에게 각종 직무상의 의무를 부과하고 있는 것은, 1차적으로는 그 수용자들을 격리보호하고 교정·교화함으로써 공공 일반의 이익을 도모하고 교도소 등의 내부질서를 유지하기 위한 것이라 할 것이지만, **부수적으로는 그 수용자들이 탈주한 경우에 그 도주과정에서 일어날 수 있는 2차적 범죄행위로부터 일반국민의 인명과 재화를 보호하고자 하는 목적도 있다고 할 것**이므로, 국가공무원들이 위와 같은 직무상의 의무를 위반한 결과 수용자들이 탈주함으로써 일반국민에게 손해를 입히는 사건이 발생하였다면, 국가는 그로 인하여 피해자들이 입은 손해를 배상할 책임이 있다(대판 2003.2.14, 2002다62678).
3. 경찰관의 직무상 의무위반행위로 인한 윤락녀 사망사건(군산시 대명동 소재 윤락업소 집중지역인 속칭 '쉬파리골목' 내에 위치한 상호 없는 윤락업소화재사건)
윤락녀들이 윤락업소에 감금된 채로 윤락을 강요받으면서 생활하고 있음을 쉽게 알 수 있는 상황이었음에도, 경찰관이 이러한 감금 및 윤락강요행위를 제지하거나 윤락업주들을 **체포·수사하는 등 필요한 조치를**

취하지 아니하고 오히려 업주들로부터 뇌물을 수수하며 그와 같은 행위를 방치한 것은 경찰관의 직무상 의무에 위반하여 위법하므로 국가는 이로 인한 정신적 고통에 대하여 위자료를 지급할 의무가 있다(대판 2004.9.23, 2003다49009).

4. 학교폭력 가해학생들의 부모의 과실과 담임교사, 교장의 과실이 경합하여 피해학생의 자살 사건이 발생하였다는 이유로 부모들과 지방자치단체에게 공동불법행위자로서의 손해배상책임을 인정한 사례(초등학교 6학년인 피해자가 가해학생들로부터 수개월에 걸쳐 이유 없이 폭행 등 괴롭힘을 당한 결과 충격 후 스트레스 장애 등의 증상에 시달리다 자살한 사건)

   망인은 가해학생들로부터 수개월에 걸쳐 이유 없이 폭행 등 괴롭힘을 당한 결과 충격 후 스트레스 장애 등의 증상에 시달리다 결국 자살에까지 이르게 되었음을 알 수 있고, 가해학생들의 망인에 대한 **폭행 등은 거의 대부분 학교 내에서 휴식시간 중에 이루어졌고, 또한 수개월에 걸쳐 지속**되었으며 당시 학교 내 집단 괴롭힘이 심각한 사회문제로 대두되어 있었으므로, 망인의 **담임교사인 소외 1로서는 학생들의 동향 등을 보다 면밀히 파악하였더라면 망인에 대한 폭행 등을 적발하여 망인의 자살이라는 결과를 사전에 예방할 수 있었던 것으로 보이며,** 나아가 망인에 대한 폭행사실이 적발된 후에도 소외 1, 2는 망인의 정신적 피해상태를 과소평가한 나머지 망인의 부모로부터 가해학생들과 망인을 격리해 줄 것을 요청받고도 이를 거절하면서 가해학생들로부터 반성문을 제출받고 가해학생들의 부모들로부터 치료비에 대한 부담과 재발방지 약속을 받는 데 그치는 등 미온적으로 대처하였고, 또한 그 이후의 수학여행 중에도 망인에 대하여 보다 특별한 주의를 기울였어야 함에도 불구하고, 특별교우관계에 있는 학생을 붙여주는 이외에 별다른 조치를 취하지 아니함으로써 **결과적으로 망인이 자살에 이르게 하도록 한 원인을 제공한 과실이 있다고 할 것**이므로, 피고 경기도는 국가배상법 제2조 제1항에 의하여 그 소속 공무원인 소외 1, 2의 위와 같은 공무수행상의 과실로 인하여 망인 및 원고들이 입은 손해를 배상할 책임이 있다(대판 2007.4.26, 2005다24318).

5. 유흥주점에 감금된 채 윤락을 강요받으며 생활하던 여종업원들이 유흥주점에 화재가 났을 때 미처 피신하지 못하고 유독가스에 질식해 사망한 경우, 소방공무원이 소방법상 시정조치를 명하지 않은 직무상 의무 위반(군산시 유흥주점인 '대가'와 '아방궁' 화재로 인한 사망사건)

   유흥주점에 감금된 채 윤락을 강요받으며 생활하던 여종업원들이 유흥주점에 화재가 났을 때 미처 피신하지 못하고 유독가스에 질식해 사망한 사안에서, 소방공무원이 위 유흥주점에 대하여 화재 발생 전 실시한 소방점검 등에서 구 소방법상 방염 규정 위반에 대한 시정조치 및 **화재 발생 시 대피에 장애가 되는 잠금장치의 제거 등 시정조치를 명하지 않은 직무상 의무 위반은 현저히 불합리한 경우에 해당하여 위법**하고, 이러한 직무상 의무 위반과 위 사망의 결과 사이에 상당인과관계가 존재한다(대판 2008.4.10, 2005다48994).

   다만, 본 판례에서 군산시 담당공무원이 식품위생법상 취하여야 할 조치를 게을리 한 직무상 의무위반 행위와 위 사망의 결과 사이의 상당인과관계를 부정

6. 성폭력범죄의 수사를 담당하거나 수사에 관여하는 경찰관이 피해자의 인적사항 등을 공개 또는 누설함으로써 피해자가 손해를 입은 경우, 국가의 배상책임이 성립한다

   「성폭력범죄의 처벌 및 피해자보호 등에 관한 법률」 제21조는 성폭력범죄의 수사 또는 재판을 담당하거나 이에 관여하는 공무원에 대하여 피해자의 인적사항과 사생활의 비밀을 엄수할 직무상 의무를 부과하고 있고, 이는 주로 성폭력범죄 피해자의 명예와 사생활의 평온을 보호하기 위한 것이므로, 성폭력범죄의 수사를 담당하거나 수사에 관여하는 경찰관이 위와 같은 직무상 의무에 반하여 피해자의 인적사항 등을 공개 또는 누설하였다면 국가는 그로 인하여 피해자가 입은 손해를 배상하여야 한다(대판 2008.6.12, 2007다64365).

7. 수사과정에서 울산 남부경찰서 담당 경찰관이 범인식별실을 사용하지 않은 채 경찰서의 형사과 사무실에서 피의자 41명을 성폭행 피해자 앞에 세워 놓고 피해자로 하여금 범인들을 지목하게 한 행위

   이 사건 성폭력범죄의 **담당 경찰관은 그 경찰서에 설치되어 있는 범인식별실을 사용하지 않은 채 공개된 장소인 형사과 사무실에서 피의자 41명을 한꺼번에 세워 놓고 피해자인 원고들로 하여금 범행일시와 장소별로 범인을 지목하게 하였다는 것**인바, 경찰관의 이와 같은 행위는 위에서 본 직무상 의무를 소홀히 하여 원고들에게 **불필요한 수치심과 심리적 고통을 느끼도록 하는 행위로서 법규상 또는 조리상의 한계를 위반**한 것

임이 분명하고, 수사상의 편의라는 동기나 목적에 의해 정당화될 수는 없다(대판 2008.6.12, 2007다64365).

㉡ 국가배상 부정사례

1. 정신질환자에 의한 집주인 살인범행에 앞서 그 '구체적 위험'이 객관적으로 존재하고 있었다고 보기 어려운 경우, 경찰관이 그때그때의 상황에 따라 그 정신질환자를 훈방하거나 일시 정신병원에 입원시키는 등 「경찰관 직무집행법」의 규정에 의한 긴급구호조치를 취한 경우(대판 1996.10.25, 95다45927)
2. 에이즈 검사 결과 양성으로 판정된 후 자의로 보건당국의 관리를 벗어난 특수업태부에 대하여 그 후 국가 산하 검사기관이 실시한 일련의 정기검진 결과 중에서 일부가 음성으로 판정된 적이 있음에도 불구하고 검사기관이 이를 본인에게 통보하지 않고 그에 따른 후속조치를 하지 않아 피해자가 정신적 고통을 겪은 경우(대판 1998.10.13, 98다18520) : 검사기관으로부터 별도로 양성반응이 나왔다는 통지를 받지 아니하게 되면 수검자는 그로써 자신이 항체검사 결과 음성판정을 받았음을 알았다고 볼 소지가 있는 점
3. 국립 전남대학교에서 한총련 산하 남총련의 간부들이 엉뚱한 사람을 경찰프락치라고 속단하여 감금·폭행하여 사망(대판 2002.12.10, 2000다55126)
4. 사업시행자가 인가조건에 위반하여 사전분양행위를 한 경우, 행정청이 사업인가를 취소하지 아니한 것(대판 2005.11.10, 2003다18876)
5. 여자중학교 학생이 자신의 아파트 16층에서 투신자살한 사건에서 '자살피해'(대판 2007.11.15, 2005다16034)
6. 합성 교감신경흥분제인 페닐프로판올아민(Phe- nylprophanolamine) 함유 일반의약품인 감기약 '콘택600'을 복용한 사람이 사망한 사안에서, 당시의 제반 사정에 비추어 식품의약품안전청 공무원 등이 위 의약품의 복용에 따르는 위험을 배제하기 위한 조치를 취하지 아니한 과실이 있다고 보기 어렵다는 이유로 국가배상책임의 성립을 부정한 사례(대판 2008.2.28, 2007다52287)
7. 경찰관이 음주운전 단속 시 운전자의 요구에 따라 곧바로 채혈을 실시하지 않은 채 호흡측정기에 의한 음주측정을 하고 1시간 12분이 경과한 후에야 채혈을 하였다는 사정만으로는 위 행위가 법령에 위배된다거나 객관적 정당성을 상실하여 운전자가 음주운전 단속과정에서 받을 수 있는 권익이 현저하게 침해되었다고 단정하기 어렵다고 본 사례(대판 2008.4.24, 2006다32132)
8. 서울특별시 교육감과 담당공무원이 취한 일부 시정조치들만으로는 종립학교의 위법한 종교교육이나 퇴학처분을 막기에는 부족하여 결과적으로 학생의 인격적 법익에 대한 침해가 발생하였다고 하더라도, 교육감이 더 이상의 시정·변경명령 권한 등을 행사하지 아니한 것이 객관적 정당성을 상실하였다거나 현저하게 합리성을 잃어 사회적 타당성이 없다고 볼 수 있는 정도에까지 이르렀다고 하기는 어렵다고 한 사례[대판(전합) 2010.4.22, 2008다38288]

1. 국립 전남대학교에서 한총련 산하 남총련의 간부들이 엉뚱한 사람을 경찰프락치라고 속단하여 감금폭행하여 사망에 이르게 한 사건
   국립 전남대학교에서 한총련 산하 남총련의 간부들이 엉뚱한 사람을 경찰프락치라고 속단하여 감금폭행하여 사망에 이르게 한 경우, 그 사망사고가 전남대학교의 불법행위자들에 대한 **교육활동이나 이에 밀접한 생활관계와 연관성이 있다고 보기 어려울 뿐만 아니라** 전남대학교에 학교생활에서 위와 같은 사망사고가 발생하리라는 점에 대한 **예견가능성이 있었다고 보기 어렵다**(대판 2002.12.10, 2000다55126).
2. 강원도 원주시 소재 여자중학교 3학년 2반 학생이 자신의 아파트 16층에서 투신자살한 사건
   망인의 자살에 직접적인 계기가 된 필통분실 사건 이후 소외 1 등의 망인에 대한 행동은, 망인이 필통을 감

춘 것으로 오해한 데 대한 사과를 받아주지 않고 망인을 계속 비난한 것으로 이를 사회통념상 허용될 수 없는 악질, 중대한 따돌림에 이를 정도라고는 보기 어렵고**, 그 이전에 망인을집단에서 배제한 행위도 빈번하지는 않았던 것으로 보이며, 행위의 태양도 폭력적인 방법에 의하지 않고 무관심으로 소외시키는 것이 주된 것이었던 점, 망인의 행동에 관하여 보면, **자살 전날 교복 대신 검정 스웨터를 입고 등교하여 불안한 모습을 보인 점이 평소와 다른 행동으로 보이지만, 결석이나 지각을 하지도 않고, 가정에서도 특별히 우울한 모습을 엿볼 수 없었던 점** 등에 비추어, 당시 사회적으로 학생들의 집단따돌림으로 인한 피해 사례들이 보고되고 있었다고 하더라도 **이 사건 사고 발생 당시 담임교사가 망인의 자살에 대한 예견가능성이 있었다고 인정하기는 어렵다**고 할 것이다. 다만, 앞서 본 사실에 의하면, 담임교사로서는 망인이 소외 1 등과 친밀한 관계를 맺고 싶어함에도 이러한 관계를 맺지 못하고 집단에서 배척되었다가 끼워졌다 하는 등의 갈등이 있음을 알고 있었음에도 이러한 일들이 학창 시절 교우관계에서 발생할 수 있는 일상적인 문제로 생각하고 이에 대한 대처를 소홀히 한 과실을 인정할 수 있으므로, 그의 직무상 불법행위로 발생한 집단따돌림의 피해에 대하여는 그가 소속한 지방자치단체인 피고가 손해배상책임을 부담한다고 할 것이다(대판 2007.11.15, 2005다16034).

3. 합성 교감신경흥분제인 페닐프로판올아민(Phenylprophanolamine) 함유 일반의약품인 감기약 '콘택 600'을 복용한 사람이 사망한 사안에서, 당시의 제반 사정에 비추어 식품의약품안전청 공무원 등이 위 의약품의 복용에 따르는 위험을 배제하기 위한 조치를 취하지 아니한 과실이 있다고 보기 어렵다는 이유로 국가배상책임의 성립을 부정한 사례

   설령 소비자의 생명·신체의 안전에 위해를 끼치거나 끼칠 우려가 있는 의약품에 대한 국가기관의 책무 또는 조치권한 등을 정한 구 소비자보호법 및 구 약사법의 규정들이 오로지 공공 일반 또는 국민 전체의 이익을 도모하기 위한 것이 아니라, 부수적으로라도 사회구성원 개인의 안전과 이익을 보호하기 위하여 설정된 것이라 보더라도, 위 **의약품의 제조·공급 당시 페닐프로판올아민과 출혈성 뇌졸중의 상관관계에 관한 연구 결과 및 이에 기반하여 식품의약품안전청이 취한 조치의 내용 등에 비추어, 위 사고 당시 국민의 생명, 신체, 재산 등에 대하여 절박하고 중대한 위험상태가 발생하였거나 발생할 우려가 있음에도 식품의약품안전청 공무원 또는 소비자문제 소관 행정기관 공무원이 그 위험을 배제하기 위하여 관계 법령에서 정한 조치를 취하지 아니한 과실이 있다고 보기 어렵다**는 이유로 국가배상책임의 성립을 부정한 사례(대판 2008.2.28, 2007다52287)

(5) 준법률행위적 행정행위

준법률행위적 행정행위도 허위의 인감증명서발급과 같이 손해배상의 원인행위가 되는 경우에는 직무행위에 포함된다.

1. 공무원의 직무상 과실로 허위의 주민등록표와 인감대장이 비치된 결과 허위의 인감증명서가 발급됨으로써 부실의 근저당권설정등기를 마친 저당권자가 그 저당권의 불성립으로 손해를 입었다면 공무원의 그와 같은 직무상 과실과 그와 같은 손해 사이에는 상당인과관계가 있다(대판 1991.7.9, 91다5570).
2. 위조인장에 의하여 타인 명의의 인감증명서가 발급되고 이를 토대로 소유권이전등기가 경료된 부동산을 담보로 금전을 대여한 자가 손해를 입게 된 경우, 인감증명 발급업무 담당공무원의 직무집행상의 과실이 인정된다(대판 2004.3.26, 2003다54490).

(6) 군종장교의 종교활동

군종장교가 종교활동을 수행하면서 소속 종단의 종교를 선전하거나 다른 종교를 비판한 것만으로 종교적 중립 준수 의무를 위반한 직무상의 위법이 없다

(1) 군대 내에서 **군종장교는 국가공무원인 참모장교로서의 신분뿐 아니라 성직자로서의 신분을 함께 가지고** 소속 종단으로부터 부여된 권한에 따라 설교·강론 또는 설법을 행하거나 종교의식 및 성례를 할 수 있는 종교의 자유를 가지는 것이므로, 군종장교가 최소한 성직자의 신분에서 주재하는 종교활동을 수행함에 있어 **소속종단의 종교를 선전하거나 다른 종교를 비판하였다고 할지라도 그것만으로 종교적 중립을 준수할 의무를 위반한 직무상의 위법이 있다고 할 수 없다**(대판 2007.4.26, 2006다87903).

(2) 공군참모총장이 군종장교로 하여금 교계에 널리 알려진 특정 종교(기존교단에 속하지 않는 독립침례교회)에 대한 비판적 정보를 담은 책자를 발행·배포하게 한 행위가 정교분리의 원칙에 위반하는 위법한 직무집행에 해당하지 않는다(대판 2007.4.26, 2006다87903).

3. 직무행위의 판단기준(직무를 집행하면서, 직무관련성)

(1) 직무행위 및 밀접하게 관련된 행위와 부수적 행위 포함

국가배상법 제2조 제1항의 '직무를 집행하면서'라는 의미는 직무행위 자체는 물론 객관적으로 직무의 범위에 속한다고 판단되는 행위 및 직무와 밀접하게 관련된 행위 및 부수적 행위를 말한다.

(2) 외관설

직무행위인지 여부는 주관적인 의사나 실질, 정당한 권한과는 관계없이 객관적으로 직무행위의 외관을 갖추고 있는지의 여부에 따라 판단해야 한다는 외형설이 통설이다. 따라서 외관설을 취할 때 국가배상책임의 범위는 확대된다.

판례는 ① 행위 자체의 외관을 객관적으로 관찰하는 외형표준설·외관설을 취하고(대판 2001.1.5, 98다39060), ② 실질적으로 직무행위가 아니라도 무방하며(대판 2001.1.5, 98다39060), ③ 주관적인 공무집행의사는 불필요하고(대판 1995.4.21, 93다14240), ④ 실질적으로 공무집행행위가 아니라는 사정을 피해자가 알았더라도 무방하지만(대판 1966.6.28, 66다781), ⑤ 본래의 직무와 관련이 없는 행위이고 외형상으로도 직무범위 내에 속하는 행위라고 볼 수 없는 경우는 제외된다(대판 1993.1.15, 92다8514)고 판시하고 있다.

실질적으로 직무행위가 아니거나 또는 행위자로서는 주관적으로 공무집행의 의사가 없었다고 하더라도 무방하다

국가배상법 제2조 제1항의 '직무를 집행함에 당하여'라 함은 직접 공무원의 직무집행행위이거나 그와 밀접한 관계에 있는 행위를 포함하고, 이를 판단함에 있어서는 **행위 자체의 외관을 객관적으로 관찰하여 공무원**

의 직무행위로 보여질 때에는 비록 그것이 실질적으로 직무행위가 아니거나 또는 행위자로서는 주관적으로 공무집행의 의사가 없었다고 하더라도 그 행위는 공무원이 '직무를 집행함에 당하여' 한 것으로 보아야 한다(대판 1995.4.21, 93다14240).

(3) 구체적 사례

① 자동차 운전

인정사례	부정사례
1. 공휴일에 지휘관의 승낙 없이 용문사에 유흥목적으로 차량을 운행한 경우(대판 1967.9.5, 67다1601) 2. 운전병이 아닌 군인이 군용차를 운전하다 사고가 발생한 경우(대판 1967.11.21, 67다1304) 3. 극장에서 영화를 구경하고 귀대하는 군인을 소속대장의 인솔하에 군용차에 태우고 운전한 행위(대판 1971.9.28, 70다1968) 4. 미군부대 소속 선임하사관이 공무차 예하부대로 출장을 감에 있어 개인소유의 차량을 빌려 직접 운전하여 예하부대에 가서 공무를 보고나자 퇴근시간이 되어서 위 차량을 운전하여 집으로 운행하던 중 교통사고가 발생(대판 1988.3.22, 87다카1163)	1. 결혼식 참석을 위하여 군차량을 운행한 경우(대판 1967.11.21, 67다2107) 2. 공무원이 통상적으로 근무하는 근무지로 출근하기 위하여 자기소유의 자동차를 운행하다가 자신의 과실로 교통사고를 일으킨 경우(대판 1996.5.31, 94다15271)

② 기 타

인정사례	부정사례
1. 상급자가 같은 소대에 새로 전입한 하급자에 대하여 암기사항에 관한 교육을 실시하던 중 암기상태가 불량하다는 이유로 하급자를 훈계하다가 폭행(대판 1995.4.21, 93다14240) 2. 인사업무담당 공무원이 다른 공무원의 공무원증 등을 위조한 행위(대판 2005.1.14, 2004다26805) 3. 수사 도중 고문행위[경찰관들이 형사피의자(김근태)를 구속영장 없이 연행 구금하여, 물고문 및 전기고문 등 가혹행위를 하고, 교도관들이 고문증거(상처딱지)를 강제로 수거하여 임의로 폐기한 행위(서울민사지법 1992.1.3, 86가합5126) 4. 수사관이 수사 도중 행한 성고문행위	1. 군의관의 포경수술(대판 1968.7.23, 68다1033) 2. 세무과에 근무하는 구청 공무원 甲이 주택정비계장으로 부임하기 이전에 그의 처 등과 공모하여 乙에게 무허가건물 철거 세입자들에 대한 시영아파트입주권 매매행위를 한 경우(대판 1993.1.15, 92다8514)

III 고의 또는 과실

1. 고의·과실의 의의

국가배상법은 공무원의 고의나 과실을 배상책임의 요건으로 하고 있기 때문에 원칙적으로 과실책임주의에 입각하고 있다. 여기서 고의란 자신의 행위로 일정한 결과의 발생을 인식하면서 그 결과의 발생을 용인하고 그 행위를 하는 심리상태를, 과실이란 자신의 행위로 일정한 결과 발생을 예견할 수 있었고(예견가능성) 회피할 수 있었음에도(회피가능성) 부주의로 결과의 발생을 막지 못한 것(주의의무위반)을 말한다. 통상 과실은 중과실만이 아니라 경과실을 포함한 개념으로 사용한다.

> 과실 = 지배가능성(주의의무위반) = 예견(예측)가능성 + 회피가능성

국가배상책임을 대위책임으로 보는 입장에서는 공무원의 고의·과실은 당해 공무원의 '주관적 책임요건'이며, 공무원의 주관적 인식 유무를 기준으로 판단하게 된다. 그러나 자기책임설의 입장에서는 고의 또는 과실은 국가 등의 귀책사유가 될 수 있는 공무운영상의 흠의 발생이라고 하는 '객관적 사정'으로 본다.

주의할 것은 여기서 고의·과실은 '공무원'의 고의·과실을 의미하는 것이지 '국가'의 선임·감독상의 주의의무위반으로서의 고의·과실을 의미하는 것은 아니다. 즉, 국가배상책임은 공무원의 과실을 요하는 과실책임이지만, 국가의 선임·감독상의 과실은 요하지 않는 무과실책임이다.

2. 과실의 객관화

(1) 추상적 경과실(평균적 공무원의 주의의무를 기준)

근래에는 국가배상법상의 과실개념을 객관화하여 되도록 피해자에 대한 구제의 폭을 넓히려는 추세에 있다. 행위공무원 개개인의 주의력을 기준으로 하지 않고, 평균적 공무원의 주의력을 기준으로 하는 것이 일반적이다(추상적 경과실).

1. 평균적 공무원의 주의의무를 기준(추상적 경과실)
   공무원의 직무집행상의 과실이라 함은 **공무원이 그 직무를 수행함에 있어 당해 직무를 담당하는 평균인이 보통(통상) 갖추어야 할 주의의무를 게을리 한 것**을 말한다(대판 1987.9.22, 87다카1164).
2. 경찰관이 난동을 부리던 범인을 검거하면서 가스총을 근접 발사하여 가스와 함께 발사된 고무마개가 범인의 오른쪽 눈에 맞아 안구파열상으로 실명한 경우 과실 인정
   경찰관은 범인의 체포 또는 도주의 방지, 타인 또는 경찰관의 생명·신체에 대한 방호, 공무집행에 대한 항거의 억제를 위하여 필요한 때에는 최소한의 범위 안에서 가스총을 사용할 수 있으나, 가스총은 통상의 용법대로 사용하는 경우 사람의 생명 또는 신체에 위해를 가할 수 있는 이른바 위해성 장비로서 그 탄환은 고무마개로 막혀 있어 사람에게 근접하여 발사하는 경우에는 고무마개가 가스와 함께 발사되어 인

체에 위해를 가할 가능성이 있으므로, 이를 사용하는 경찰관으로서는 인체에 대한 위해를 방지하기 위하여 상대방과 근접한 거리에서 상대방의 얼굴을 향하여 이를 발사하지 않는 등 **가스총 사용 시 요구되는 최소한의 안전수칙을 준수함으로써 장비 사용으로 인한 사고 발생을 미리 막아야 할 주의의무가 있다**(대판 2003.3.14, 2002다57218).

3. 학교 교사의 학생에 대한 보호·감독의무가 미치는 범위
   학교 교사의 학생에 대한 보호·감독의무는 교육 관련 법률에 따라 학생을 친권자 등 법정 감독의무자에 대신하여 보호·감독을 하여야 하는 의무로서 학교에서의 교육활동 및 이와 밀접 불가분의 관계에 있는 생활관계에 대하여 미친다(대판 2008.5.8, 2008다5417).
4. 체육수업을 받던 학생이 쓰러져 위급한 상태에 처한 경우, 체육교사의 보호·감독의무의 내용
   체육수업 시간에 학교 운동장에서 체력검사를 실시하던 도중에 수업을 받던 학생이 쓰러져 위와 같은 위급한 상태를 보이고 있다면 체육교사로서는 가능한 범위 안에서 유효적절한 응급조치를 즉각 시행함으로써 그 학생의 생명과 건강에 대한 위험을 제거하거나 최소화할 의무가 있다 할 것이다(대판 2008.5.8, 2008다5417).
5. 체육수업 시간에 체력검사를 위한 팔굽혀펴기를 하던 학생이 갑자기 의식을 잃고 쓰러진 사안에서, 체육교사가 응급조치 등 필요한 조치를 취하지 아니한 채 5분가량 시간을 지체한 과실로 인하여 심장정지를 일으킨 위 학생의 상태가 악화되었다고 본 원심의 판단을 수긍한 사례(대판 2008.5.8, 2008다5417)
6. 과거 정신분열증의 병력이 있던 자가 소방공무원으로 복직하여 근무하던 중 동료 소방관을 살해한 사안에서, 당해 공무원의 복직 과정과 이후 정신분열증 재발 여부의 지속적인 관리·감독 및 조치 등에 있어서 임용권자나 관리·감독자로서 지방자치단체의 주의의무 위반이 없다고 본 사례(대판 2009.1.15, 2008다63192)
7. 특별송달우편물의 배달업무에 종사하는 우편집배원이 압류 및 전부명령 결정 정본을 부적법하게 송달한 경우 집행채권자가 그로 인해 손해를 입게 될 것에 대하여 예견가능성이 있다고 볼 수 있다(대판 2009.7.23, 2006다87798).
8. 우편집배원이 압류 및 전부명령 결정 정본을 특별송달함에 있어 부적법한 송달을 하고도 적법한 송달을 한 것처럼 보고서를 작성하였으나 압류 및 전부의 효력이 발생하지 않아 집행채권자가 피압류채권을 전부받지 못한 경우, 국가가 집행채권자의 손해에 대하여 배상책임을 부담한다(대판 2009.7.23, 2006다87798).
9. 경찰관이 폭행사고 현장에 도착한 후 가해자를 피해자와 완전히 격리하고, 흉기의 소지 여부를 확인하는 등 적절한 다른 조치를 하지 않은 것은 피해자에게 발생한 피해의 심각성 및 절박한 정도 등에 비추어 현저하게 불합리하여 위법하므로, 국가는 위 경찰관의 직무상 과실로 말미암아 발생한 후속 살인사고로 인하여 피해자 및 그 유족들이 입은 손해를 배상할 책임이 있다(대판 2010.8.26, 2010다37479).
10. 구 교육공무원법에 의하여 기간제로 임용되어 임용기간이 만료된 국·공립대학의 교원이 재임용 여부에 관하여 심사를 요구할 신청권을 가지는지 여부(적극) 및 국공립대학의 교원에 대한 재임용거부처분이 불법행위가 됨을 이유로 국·공립대학 교원 임용권자에게 재산적 손해배상을 묻기 위한 요건과 그 판단 기준
    국·공립대학 교원에 대한 재임용거부처분이 재량권을 일탈·남용한 것으로 평가되어 그것이 불법행위가 됨을 이유로 국·공립대학 교원 임용권자에게 재산적 손해배상책임을 묻기 위해서는 당해 재임용거부가 국·공립대학 교원 임용권자의 고의 또는 과실로 인한 것이라는 점이 인정되어야 한다. 나아가 위와 같은 **고의·과실이 인정되려면 국·공립대학 교원 임용권자가 객관적 주의의무를 결하여 그 재임용거부처분이 객관적 정당성을 상실하였다고 인정될 정도에 이르러야** 한다(대판 2011.1.27, 2009다30946).
11. 대법원 2004.4.22, 선고 2000두7735 전합 판결이 선고되기 이전에 기간제로 임용된 국·공립대학 교원

에 대하여 재임용이 거부된 경우에 그것이 부당하다는 이유로 국·공립대학 교원 임용권자에게 손해배상 책임을 물을 수 없다(대판 2011.1.27, 2009다30946).

12. 위법한 재임용거부로 인한 국·공립대학 교원 임용권자의 손해배상책임은 당해 교원의 재심사신청의사가 객관적으로 확인된 시점 이후에만 물을 수 있다(대판 2011.1.27, 2009다30946).

13. 건축물관리대장 등 공부상 건물용도가 '유치원'으로 등재되어 있는 부동산에 관하여 근저당권설정등기 신청이 있는 경우, 등기관이 부담하는 주의의무의 내용
공부상 건물용도가 '유치원'으로 등재되어 있는 부동산에 관하여 근저당권설정등기신청이 있는 경우, 등기관은 그 부동산이 실제로 유치원 교육에 사용되지 않고 있거나, 그 소유자가 유치원경영자가 아닌 사실이 소명되는 경우에 한하여 그 등기신청을 수리하여야 할 직무상의 주의의무가 있다(대판 2011.9.29, 2010다5892).

14. 등기부 표제부 건물내역란에 건물용도가 '유치원'으로 기재되어 있는 부동산에 관하여 근저당권설정등기신청을 받은 등기관이 부동산 소유자인 등기의무자가 유치원 경영자가 아니거나 위 부동산이 실제로 유치원 교육에 사용되지 않고 있다는 소명자료를 요구하지 않은 채 등기신청을 수리하여 근저당권설정등기를 마친 사안에서, 등기관에게 등기업무를 담당하는 평균적 등기관이 갖추어야 할 통상의 주의의무를 다하지 않은 직무집행상 과실이 있다고 본 원심판단을 정당하다고 한 사례(대판 2011.9.29, 2010다5892)

15. 행정청이 관리처분계획을 인가하는 경우, 정비구역 내 토지등소유자의 명단과 관리처분계획상 분양대상자, 현금청산대상자 명단을 대조하여 현금청산대상자 중 누락된 사람이 있는지 확인할 의무가 없고 행정청이 현금청산대상자를 누락하는 등의 하자가 있는 관리처분계획을 그대로 인가한 경우, 누락된 현금청산대상자에 대하여 불법행위로 인한 손해배상책임을 지지 않는다대판 2014.3.13, 2013다27220).

16. 분배농지를 관리하는 공무원이 구 농지개혁법에 따라 국가가 매수·취득한 농지임을 제대로 확인하지 아니한 채 이를 제3자에게 처분함으로써 수분배자 또는 원소유자에게 손해를 발생하게 한 경우, 국가배상법 제2조 제1항에 정한 공무원의 고의·과실에 의한 위법행위에 해당한다(대판 2016.11.10, 2014다229009).

17. 국가가 구 농지개혁법에 따라 농지를 매수하였으나 분배하지 않아 그 농지가 원소유자의 소유로 환원되었는데도 담당 공무원이 이를 제대로 확인하지 않은 채 제3자에게 처분하여 원소유자에게 손해를 입힌 경우, 국가배상법 제2조 제1항에서 정한 공무원의 고의 또는 과실에 의한 위법행위에 해당한다(대판 2019.10.31, 2016다243306).

18. 자살우려자 식별과 신상파악·관리·처리의 책임이 있는 각급 부대의 지휘관 등 관계자가 장병의 자살 등의 사고를 방지하기 위해 취할 조치를 취하지 않은 상황에서 소속 장병의 자살 사고가 발생한 경우, 자살 사고가 발생할 수 있음을 예견할 수 있었고 그러한 조치를 취했다면 자살 사고의 결과를 회피할 수 있었다면 국가배상책임이 인정된다(대판 2020.5.28, 2017다211559).

19. 甲이 하사로 임관하여 해군교육사령부 정보통신학교 등에서 교육을 받고 함선에서 근무하던 중 자살한 사안에서, 甲이 해군교육사령부에서 받은 인성검사에서 '부적응, 관심, 자살예측'이라는 결과가 나왔음에도 「자살예방 및 생명존중문화 조성을 위한 법률」 및 장병의 자살예방 대책과 관련한 부대관리훈령 등에 따른 자살우려자 식별과 신상파악 등의 조치가 이루어지지 아니한 사정 등을 이유로 국가의 배상책임을 인정한 사례(대판 2020.5.28, 2017다211559).

20. 해양수산부 산하 어업관리단의 불법어로행위 특별합동단속 중 갑 등이 승선하고 있던 선박이 단속정의 추적을 피해 도주하는 과정에서 암초와 충돌하였고, 인근에서 갑이 익사한 상태로 발견되었는데, 갑의 유족들이 단속정에 승선하고 있던 감독공무원들의 구조의무 위반 등을 주장하며 국가를 상대로 손해배상을 구한 사안에서, 감독공무원들에게 직무집행상 과실이 있다고 단정하기 어렵고, 이들의 행위

와 갑의 사망 사이에 상당인과관계가 있다고 볼 수도 없다고 한 사례

사고 시간과 기상 상태, 사고 주변 해역의 상황, 감독공무원들의 인원적 제한과 장비상의 문제, 단속정과 갑의 충돌 위험성 등을 종합하면 단속팀장이 유일한 이동·수색수단인 단속정을 보고와 지원요청 및 정비를 위하여 본부로 이동하게 한 결정이 결과론적·사후적 관점에서 최선이 아니었다고 하더라도 사고 당시를 기준으로 전혀 합리성이 없다거나 평균인이 통상 갖추어야 할 주의의무를 게을리한 잘못이 있다고 쉽게 단정할 수 없을 뿐만 아니라, 단속정을 본부에 이동시키지 않고 해상수색을 하도록 했더라도 갑의 생존가능 시간 내에 그를 발견하여 구조할 가능성이 높다고 볼 수 없으므로, 감독공무원들에게 직무집행상 과실이 있다고 단정하기 어렵고, 나아가 이들의 행위와 갑의 사망 사이에 상당인과관계가 있다고 볼 수도 없다고 한 사례(대판 2021.6.10, 2017다286874)

21. 갑 주식회사(주식회사 여양건설)가 고층 아파트 신축사업을 계획하고 토지를 매수한 다음 을 지방자치단체(여수시)와 협의하여 사업계획 승인신청을 하였고, 수개월에 걸쳐 을 지방자치단체의 보완 요청에 응하여 사업계획 승인에 필요한 요건을 갖추었는데, 을 지방자치단체의 장이 위 사업계획에 관하여 부정적인 의견을 제시한 후, 을 지방자치단체가 갑 회사에 주변 경관 등을 이유로 사업계획 불승인처분을 한 사안에서, 을 지방자치단체의 국가배상책임이 인정된다고 볼 여지가 있는데도, 이와 달리 본 원심판결에 법리오해 등의 잘못이 있다고 한 사례

을 지방자치단체의 담당 공무원이 경관 훼손 여부를 검토하기 위해 수행한 업무는 현장실사를 나가 사진을 촬영하여 분석자료를 작성한 것이 전부이고, 그 분석자료의 내용이 실제에 부합하는 방식으로 작성되었다고 볼 수 없는 등 위 불승인처분은 경관 훼손에 관한 객관적인 검토를 거치지 않은 채 이루어진 것으로 볼 수 있고, 사업계획 승인 업무의 진행경과, 위 사업의 규모와 경관 훼손 여부를 판단하기 위한 합리적이고 신중한 검토 필요성 등에 비추어, 담당 공무원의 업무 수행은 보통 일반의 공무원을 표준으로 하여 볼 때 객관적 주의의무를 소홀히 한 것이므로, 을 지방자치단체의 국가배상책임이 인정된다고 볼 여지가 있는데도, 이와 달리 본 원심판결에 법리오해 등의 잘못이 있다고 한 사례(대판 2021.6.30, 2017다249219)

(2) 가해공무원의 특정 불필요

가해공무원을 특정할 필요는 없고 어느 공무원의 행위인지가 판명되지 않은 경우에도 그것이 공무원의 행위이기만 하면 국가는 배상책임을 진다는 견해가 다수설·판례이다.

1. 국가배상책임은 공무원에 의한 가해행위의 태양이 확정될 수 있으면 성립되고 구체적인 행위자가 반드시 특정될 것을 요하지 않는다(대판 2011.1.27, 2010다6680).
2. 김귀정 열사 사망사건

합리적이고 상당하다고 인정되는 정도를 넘어 지나치게 과도한 방법으로 시위진압을 한 잘못으로 소외 망 김귀정으로 하여금 사망에 이르게 하였다 할 것이므로 피고는 그 **소속공무원인 전투경찰들(본 사안에서 판례는 전투경찰 중의 누가 불법행위자인지를 특정하지 않고도 국가배상책임을 인정)**의 직무집행상의 과실로 발생한 이 사건 사고로 인하여 소외 망 김귀정 및 그 가족들인 원고들이 입은 손해를 배상할 책임이 있다. 원심은 이 사건 시위의 성격, 사고의 발생 경위 및 기타 여러 사정들 등에 비추어 볼 때 그 시위에 참석하여 사망에 이르게 되기까지의 김귀정의 행위도 그 사고 발생의 한 원인이 되었다는 점을 들어 이 사건 사고 발생에 있어서 김귀정의 과실도 30퍼센트 정도 있는 것으로 인정(과실상계)하고 있는 바, 기록

에 비추어 보면 원심의 위와 같은 과실비율의 평가는 적정한 것으로 보이고 거기에 소론과 같은 과실상계에 관한 법리오해의 위법이 있다 할 수 없다(대판 1995.11.10, 95다23897).

(3) 그 밖의 견해

그 외에도 ① 과실을 프랑스처럼 공무원의 위법행위로 인한 '국가작용의 흠'으로 완화시키려는 입장, ② 과실을 국가 등의 행정주체의 작용이 '정상적 수준에 미달한 상태'라고 해석하는 입장, ③ 위법성과 과실을 불가분의 것으로 보아 이 중 어느 하나가 입증되면 다른 요건은 당연히 인정된다고 봄으로써 위법성과 과실을 하나로 이해하려는 입장 등이 있다. 그러나 다수설·판례는 위법성과 과실을 별개의 요건으로 보고 그 충족 여부에 대해서도 별개로 판단하는 입장이다.

1. 행정규칙의 기준에 따른 영업허가취소처분이 행정심판에 의하여 재량권 일탈로 취소된 경우, 그 처분을 한 행정청 공무원에게 직무집행상 과실이 있다고 할 수 없다(대판 1994.11.8, 94다26141).
2. 행정처분이 항고소송에서 위법하다고 판단되어 취소된 것만으로 행정처분이 공무원의 고의나 과실로 인한 불법행위를 구성한다고 단정할 수 없다
   행정처분이 나중에 항고소송에서 위법하다고 판단되어 취소되더라도 그것만으로 행정처분이 공무원의 고의나 과실로 인한 불법행위를 구성한다고 단정할 수 없다. 보통 일반의 공무원을 표준으로 하여 볼 때 위법한 행정처분의 담당 공무원이 객관적 주의의무를 소홀히 하고 그로 인해 행정처분이 객관적 정당성을 잃었다고 볼 수 있는 경우에 국가배상법 제2조가 정한 국가배상책임이 성립할 수 있다. 이때 객관적 정당성을 잃었는지는 행위의 양태와 목적, 피해자의 관여 여부와 정도, 침해된 이익의 종류와 손해의 정도 등 여러 사정을 종합하여 판단하되, 손해의 전보책임을 국가 또는 지방자치단체가 부담할 만한 실질적 이유가 있는지도 살펴보아야 한다(대판 2021.6.30, 2017다249219).
3. 확정판결에서 인정된 사실에 반하는 행정처분을 함으로써 그 처분에 이해관계가 있는 제3자가 그 처분의 취소를 구하는 소송을 제기하여 그 처분이 취소되는 것으로 확정된 경우, 제3자에 대하여 국가배상법 제2조 소정의 국가배상책임을 인정한 사례
   당해 근로자가 당사자가 되어 진행된 민사사건에서 신체장해의 존부가 다투어지고 신체감정절차를 거쳐 그러한 장해를 인정하지 않는 내용의 판결이 확정되었음에도 산재심사위원회가 특별한 합리적 근거도 없이 객관적으로 확정판결의 내용에 명백히 배치되는 사실인정을 하였다면 이러한 재결은 전문적 판단의 영역에서 행정청에게 허용되는 재량을 넘어 객관적 정당성을 상실한 것으로서 국가배상법 제2조 소정의 국가배상책임의 요건을 충족할 수 있다고 하겠다. 이 사건 **재결 당시 이미 관련 민사소송에서 소외인의 후유장해를 인정하지 않는 내용의 판결이 확정되어 최초 재결 당시 그 판정의 근거가 되었던 주요 증거들이 모두 배척되어 산재심사위원회로서는 확정된 민사판결의 내용을 뒤집을 만한 새로운 자료가 제출되는 등의 특별한 사정이 없는 한 그 후유장해를 인정하여서는 안 될 것임에도 그러한 사정없이 이에 명백히 배치되는 사실인정에 기초하여 위 확정판결의 취지에 따른 근로복지공단의 처분을 취소하는 내용의 이 사건 재결을 한 것은 산업재해보상보험에 관한 업무를 처리하는 보통 일반의 공무원을 표준으로 하여 볼 때 객관적 주의의무를 결하여 그 재결이 객관적 정당성을 상실한 경우로서 국가배상책임의 요건을 충족**하였고, 원고는 이 사건 재결로 인하여 다시 그 취소를 구하는 행정소송의 제기와 응소를 강요당함으로써 승소하더라도 회복할 수 없는 정신적 고통을

입게 되었다고 봄이 상당하다(대판 2011.1.27, 2008다30703).

4. 법원이 형사소송법 등 관련 법령에 근거하여 검사에게 어떠한 조치를 이행할 것을 명하였고, 관련 법령의 해석상 법원의 결정에 따르는 것이 당연하고 그와 달리 해석될 여지가 없는데도 검사가 관련 법령의 해석에 관하여 대법원판례 등의 선례가 없다는 이유 등으로 법원의 결정에 어긋나는 행위를 한 경우, 당해 검사에게 직무상 의무를 위반한 과실이 있다(대판 2012.11.15, 2011다48452).

5. 甲 등이 乙 지방검찰청 검사에게 수사서류의 열람·등사를 신청하였으나 거부당하자 법원에 형사소송법 제266조의4 제1항에 따라 수사서류의 열람·등사를 허용하도록 해줄 것을 신청하였고, 이에 대하여 법원이 서류에 대한 열람·등사를 허용할 것을 명하는 결정을 하였는데도 검사가 일부 서류의 열람·등사를 거부한 사안에서, 열람·등사 거부 행위 당시 검사에게 국가배상법 제2조 제1항에서 정한 과실이 인정된다고 한 사례(대판 2012.11.15, 2011다48452)

(4) 중과실의 의미

1. 중과실이란 거의 고의에 가까운 현저한 주의를 결여한 상태를 의미한다
공무원의 중과실이란 공무원에게 통상 요구되는 정도의 상당한 주의를 하지 않더라도 약간의 주의를 한다면 손쉽게 위법·유해한 결과를 예견할 수 있는 경우임에도 만연히 이를 간과한 경우와 같이, 거의 고의에 가까운 현저한 주의를 결여한 상태를 의미한다(대판 2021.1.28, 2019다260197).

2. 중과실 인정사례
10개월 이상 개인용 및 공직선거 후보용의 범죄경력조회 회보서의 발급업무를 담당하던 경찰공무원이 **공직선거 후보자용 범죄경력조회서에는 금고 이상의 형은 실효되었더라도 이를 기재하여야 한다는 것을 알고 있었음에도 2008년 총선 당시 이 사건 국회의원 후보자에게 실효된 4건의 금고형 이상의 전과가 있음을 확인하고도 공직선거 후보자용 범죄경력조회 회보서에 이를 기재하지 않은 사안**에서, 위 경찰공무원에게 중과실을 인정하여 국가배상 외에 공무원 개인의 배상책임까지도 인정한 원심을 수긍한 사례(대판 2011.9.8, 2011다34521).

3. 고의·과실의 입증책임의 완화

일반적으로 고의·과실의 입증책임은 원고에게 있다. 그러나 원고가 과실을 입증하기란 용이한 일이 아니다. 일응추정의 이론이란 피해자 측이 공무원의 위법한 직무행위에 의해 손해가 발생하였음을 입증하게 되면, 공무원에게 과실이 있는 것으로 일응 추정되어 피고(국가 등) 측에서 입증을 통해 그 추정을 번복하지 못하는 한 배상책임을 져야 한다는 이론이다. 이와 유사한 이론으로 입증책임의 전환이 논의되는데, 판례는 모두 부정하고 있다.

구 국세징수법 제24조 제2항에 따라 국세 확정 전 보전압류를 한 후 보전압류에 의하여 징수하려는 국세의 전부 또는 일부가 확정되지 못한 경우, 국가가 부당한 보전압류로 납세자가 입은 손해를 배상할 책임이 있고, 이러한 법리는 보전압류 후 과세처분에 의해 일단 국세가 확정되었으나 과세처분이

취소되어 국세의 전부 또는 일부가 확정되지 못한 경우에도 마찬가지로 적용된다(대판 2015.10.29, 2013다209534).

4. 법령해석의 잘못과 공무원의 과실

(1) 원칙적으로 긍정

공무원은 법률을 해석하여 집행할 의무가 있으므로 법령해석을 잘못해서 법령의 부당집행이라는 결과를 빚었다면 원칙적으로 과실이 인정된다.

1. 원칙적으로 관계 법규를 알지 못해 잘못된 처분을 했어도 과실 인정
   일반적으로 공무원이 직무를 집행함에 있어서 관계 법규를 알지 못하거나 필요한 지식을 갖추지 못하여 법규의 해석을 그르쳐 잘못된 행정처분을 하였다면 그가 법률전문가가 아닌 행정직 공무원이라고 하여 과실이 없다고 할 수 없다(대판 1995.10.13, 95다32747).
2. 원칙적으로 관계 법규를 알지 못해 위법한 시행령을 제정했어도 과실 인정
   일반적으로 행정입법에 관여하는 공무원이 시행령이나 시행규칙을 제정함에 있어서 관계 법규를 알지 못하거나 필요한 지식을 갖추지 못하여 법률 등 상위법규의 해석을 그르치는 바람에 상위법규에 위반된 시행령 등을 제정하게 되었다면 그가 법률전문가가 아닌 행정공무원이라고 하여 과실이 없다고 할 수는 없다(대판 1997.5.28, 95다15735).
3. 피고 서울특별시 광진구 소속 공무원들이 원고와 사이에 이 사건 실시협약을 체결함에 있어 이 사건 사업이 광진구의회의 의결을 필요로 하는지 여부에 관하여 관련 행정기관에 질의를 하는 등 신중을 다함으로써 원고에게 이 사건 실시협약의 무효로 인한 불의의 손해가 발생하지 않도록 하여야 할 직무상 의무를 위반하였으므로, 피고 서울특별시 광진구는 원고가 이 사건 실시협약이 유효한 것으로 믿고 이 사건 사업의 실시계획을 준비하는 데 지출한 비용 상당의 손해를 배상할 책임이 있다(대판 2012.6.28, 2011다88313).
4. 갑 회사도 지방의회 의결 없이 체결되는 실시협약이 무효임을 모른 데 사회통념상, 신의성실원칙상, 공동생활상 요구되는 약한 부주의가 인정되는 점 등의 사정에 비추어 손해배상책임을 20%로 제한한 원심 판단을 수긍한 사례
   이 사건 실시협약의 체결 당시까지는 이 사건 사업과 같은 이른바 비티오(BTO, Build-Transfer- Operate) 방식의 민간투자사업에 지방의회의 의결이 필요하다는 해석론이 일반적으로 통용되지 않았던 점, 피고 서울특별시 광진구 소속 공무원들이 고의로 광진구의회의 의결 없이 이 사건 실시협약을 체결하였다고는 보이지 않고, 위 공무원들에게 인정되는 과실도 중하지 않은 점, 반면 민간투자사업이 갖는 특성에 비추어 볼 때 원고는 이 사건 사업에 참여하면서 사업의 실패로 인한 위험을 어느 정도 감수하려 했던 것으로 보이는 점, 원고에게도 광진구의회의 의결 없이 체결되는 이 사건 실시협약이 무효임을 모른 데 대하여 사회통념상, 신의성실의 원칙상, 공동생활상 요구되는 약한 부주의가 인정되는 점 등의 사정을 종합하면, 피고 서울특별시 광진구의 원고에 대한 손해배상책임은 원고에게 발생한 손해액의 20%로 제한함이 손해의 공평부담이라는 손해배상제도의 이념에 비추어 상당하다(대판 2012.6.28, 2011다88313).

(2) 법령해석 및 실무취급례가 있는 경우(긍정)

공무원이 법령을 해석하는 데 있어서는 먼저 당해 법령에 대한 실무관행·학설·판례 등을 신중하게 검토하여야 할 것이며, 이에 대해 확립된 실무관행·학설·판례 등이 있는 경우 이에 저촉되는 행위를 하였다면 특별한 사정이 없는 한 과실이 있다고 할 것이다.

행정청이 확립된 법령의 해석에 어긋나는 견해를 고집하여 계속하여 위법한 행정처분을 하거나 이에 준하는 행위로 평가될 수 있는 불이익을 처분상대방에게 계속 주는 경우 과실 인정

대법원의 판단으로 관계 법령의 해석이 확립되고 이어 상급 행정기관 내지 유관 행정부서로부터 시달된 업무지침이나 업무연락 등을 통하여 이를 충분히 인식할 수 있게 된 상태에서, **확립된 법령의 해석에 어긋나는 견해를 고집하여 계속하여 위법한 행정처분을 하거나 이에 준하는 행위로 평가될 수 있는 불이익을 처분상대방에게 주게 된다면, 이는 그 공무원의 고의 또는 과실로 인한 것**이 되어 그 손해를 배상할 책임이 있다(대판 2007.5.10, 2005다31828).

(3) 법령해석 및 실무취급례가 없는 경우(부정)

확립된 실무관행·학설·판례 등이 없는 경우에는 일반적으로 인정될 수 있는 합리적인 법규해석 방법과 근거에 따라 행위를 했다면 설령 나중에 그것이 위법한 것으로 판단되었다고 하더라도 법령해석상의 주의의무는 다했다고 해야 할 것이다.

1. 법령에 대한 해석이 복잡·미묘하여 워낙 어렵고 학설·판례조차 귀일되지 못하여 의의가 없을 수 없는 경우 과실 부정

   법령에 대한 해석이 복잡·미묘하여 워낙 어렵고 이에 대한 학설·판례조차 귀일되지 못하여 의의가 없을 수 없는 경우에 공무원이 그 나름대로 신중을 다 하여 합리적인 근거를 찾아 그중 어느 한 설을 취하여 내린 해석이 대법원이 가린 그것과 같지 않아 결과적으로 잘못된 해석에 돌아가고 그에 따른 처리가 역시 결과적으로 위법하게 되어 그 법령의 부당집행이란 결과를 빚었다고 하더라도 그와 같은 처리방법 이상의 것을 성실한 평균적 공무원에게 기대하기란 어려운 일이므로 다른 특별한 사정이 없으면 그 한 설을 취한 처리가 공무원의 과실에 의한다고 일컬을 수 없다 할 것이다(대판 1973.10.10, 72다2583).
2. 법령해석을 잘못하여 행한 처분의 위법성 정도는 취소사유

   법령해석을 잘못하여 행한 처분이 위법한 경우 그 하자가 명백하다고 할 수 없으므로 무효사유에 해당하지 않는다(대판 1997.5.9, 95다46722).
3. 담당공무원이 같은 장소에 대하여 사업자를 달리하는 축산물판매업 중복신고는 허용되지 않는다고 축산물가공처리법령을 해석·적용한 결과 기존 영업자가 휴업신고만 하고 폐업신고를 하지 않았음을 이유로 신규 영업신고를 수리하지 않은 사안에서, 담당공무원의 과실을 인정할 수 없다고 한 사례(대판 2010.4.29, 2009다97925)
4. 대법원판결이 형사소송법 등 법령에 명시되지 아니한 피의자의 권리를 헌법적 해석을 통하여 혹은 형사소송법의 규정 등을 유추적용하여 최초로 인정한 경우, 그 대법원판결 전에 이와 달리 법령을 해석하여 조치한 수사검사에게 국가배상법 제2조 제1항 소정의 과실이 있는지 여부(원칙적 소극) 및 그 판단기준

형사소송법 및 관계 법령이 형사소송절차에서 피의자가 갖는 권리에 관하여 명문의 규정을 두고 있지 아니하여 그 해석에 관하여 여러 가지 견해가 있을 수 있고, 이에 대하여 대법원판례 등 선례가 없고 학설도 귀일된 바 없어 의의(疑義)가 있을 수 있는 경우에는, 검사로서는 그 나름대로 신중을 다하여 그 당시의 실무관행을 파악하고 각 견해의 근거의 합리성을 검토하여 어느 한 견해를 따라 조치를 취할 수밖에 없다. 이 경우 그러한 조치 후에 대법원이 형사소송법 등 법령에 명시되지 아니한 피의자의 권리를 헌법적 해석을 통하여 인정하거나 피의자의 다른 권리에 관한 형사소송법의 규정 등을 유추적용하여 인정함으로써, 사후적으로 피의자에게 그러한 권리가 존재하지 않는 것으로 해석한 검사의 조치가 잘못된 것으로 판명되고 이에 따른 처리가 결과적으로 위법하게 되어 법령의 부당집행이라는 결과를 가져오게 되었다고 하더라도, 그 검사의 조치 당시 그 검사가 내린 판단 이상의 것을 성실하고 합리적인 평균적 검사에게 기대하기 어렵다고 인정된다면, 특별한 사정이 없는 한 이러한 경우에까지 당해 검사에게 국가배상법 제2조 제1항에서 규정하는 과실이 있다고 할 수 없다. 대법원 2003. 11. 11.자 2003모402 결정은 헌법 제12조 제4항 본문의 규정 등과 적법절차주의를 선언한 헌법 정신에 비추어 구금된 피의자는 구 형사소송법 제209조, 제89조 등의 규정을 유추적용하여 피의자신문 시 변호인의 참여를 요구할 권리가 있다고 판시하고, 당시 수사검사가 구속 피의자인 송○○에 대하여 변호인의 피의자신문 참여를 불허한 처분이 위법하다고 판단하였지만, 위 불허처분 당시 형사소송법의 규정, 판례 및 학설, 검찰 실무관행, 대검찰청이 제정한 '변호인의 피의자신문 참여 운영지침'의 법적 성질 및 내용과 그 실무적 운용상황 등을 종합하여 보면, 그 당시 성실하고 합리적인 평균적인 검사를 기준으로 하더라도 송○○가 피의자신문 시 변호인의 참여를 요구할 권리를 갖고 있었고, 그 참여를 불허하는 처분이 그러한 권리를 위법하게 침해하는 것이라는 점을 알 수 있었다고 보기 어렵다는 이유로, 수사검사에게 국가배상법 제2조 제1항 소정의 과실이 있다고 볼 수 없다고 한 사례(대판 2010.6.24, 2006다58738)

5. 법령 해석에 관한 공무원의 과실 부정사례
한국철도공사법 부칙 제7조의 규정에 의하더라도 '공무원 신분을 계속 유지하고자 하는 자'에 대하여 그 의사에 따라 계속 공무원 신분을 유지한다거나 철도청장이 이들을 철도공사 직원으로 임용하지 못하도록 하는 규정이 없을 뿐만 아니라 '공무원 신분을 계속 유지하고자 하는 자'의 처리방안에 관하여도 아무런 규정이 없고, 더욱이 **법 부칙 제7조 제2항은 제1항과 달리 '공무원 신분을 계속 유지하는 자'를 제외한 철도청 직원을 철도공사의 직원으로 임용한다고 규정하고 있어서 '공무원 신분을 계속 유지하고자 하는 자' 중에서 '공무원 신분을 계속 유지하는 자'를 선별할 수 있는 것처럼 해석할 여지를 두고 있으므로, 그 문언상의 의미가 반드시 명확하다고 하기 어렵다.** …… 또한 철도청장이 망인 등의 공무원 잔류의사에도 불구하고 망인 등을 철도공사 직원으로 임용되도록 하고 결과적으로 공무원에서 당연퇴직한 것으로 처리한 이유는, 만약 **망인 등의 의사대로 공무원 신분을 계속 유지하게 하더라도 철도청 직제의 폐지로 인하여 망인 등은 과원이 될 것이 명백하고, 그 경우 국가공무원법 제70조 제1항 제3호에 의하여 직권면직될 가능성이 크므로, 그로 인한 불이익을 막기 위한 의도**에서라고 할 것이어서, **철도청장이 법 부칙 제7조를 해석·적용함에 있어서 그중 망인 등에게 유리하다고 생각하는 해석방법을 택한 것을 비난하기도 어렵다**고 할 것이다(대판 2011.2.24, 2010다83298).

6. 행정입법에 관여한 공무원이 나름대로 합리적 근거를 찾아 어느 하나의 견해에 따라 경과규정을 두는 등의 조치 없이 새 법령을 그대로 시행 또는 적용하였으나 그 판단이 나중에 대법원이 내린 판단과 달라 결과적으로 신뢰보호원칙 등을 위반하게 된 경우, 국가배상책임의 성립요건인 공무원의 과실이 있다고 볼 수 없다(대판 2013.4.26, 2011다14428).

7. 2002. 3. 25. 개정된 「변리사법 시행령」 제4조 제1항이 변리사 제1차 시험을 '절대평가제'에서 '상대평가제'로 변경함에 따라 2002. 5. 26. 실시된 시험에서 불합격처분을 받았다가 그 후 위 조항을 즉시 시행한 부분이 헌법에 위배되어 무효라는 대법원판결이 내려져 추가합격처분을 받은 甲 등이 국가배상책임을 물은 사안에서, 국가배상책임을 인정한 원심판결에 법리오해 등 위법이 있다고 한 사례(대판 2013.4.26, 2011다14428)

(4) 위헌법률에 근거한 행정작용과 공무원의 과실(부정)

공무원이 법률에 근거하여 행정작용을 하였으나 나중에 당해 법률이 헌법재판소에 의해 위헌으로 결정된 경우 위헌결정의 소급효가 미치는 사안이라면 당해 행정작용은 위법하게 된다. 이 경우에 공무원에게 과실을 인정할 수 있는지가 문제된다.

통설은 공무원에게는 법률의 위헌 여부를 심사할 수 있는 권한이 없으므로 당해 행정작용이 결과적으로 위법하게 되었다고 하더라도 법률을 집행한 공무원의 과실을 인정할 수는 없다고 한다. 헌법재판소도 같은 입장이다.

행위 근거가 된 법률에 대하여 나중에 헌법재판소가 위헌결정을 하였다고 행위자의 고의 또는 과실이 있었다고 인정할 수는 없다

일반적으로 법률이 헌법에 위반된다는 사정은 헌법재판소의 위헌결정이 있기 전에는 객관적으로 명백한 것이라고 할 수 없어 법률이 헌법에 위반되는지 여부를 심사할 권한이 없는 일반 당사자로서는 행위 당시의 법률에 따를 수 밖에 없다 할 것이고, 따라서 **행위 근거가 된 법률에 대하여 나중에 헌법재판소가 위헌결정을 하였다는 점을 들어 그 행위 과정에서 행위자의 고의 또는 과실이 있었다고 인정할 수는 없을 것**인 이상, 당해 사건을 재판하는 법원이 이 사건 법률조항들의 위헌 여부에 따라 채무불이행책임의 요건인 귀책사유 유무와 채무불이행 성립 여부 및 불법행위책임의 요건인 고의 또는 과실에 관하여 다른 내용의 재판을 하게 된다고 할 수 없으므로 이 사건 법률조항들의 위헌 여부는 당해 사건의 재판의 전제가 되지 아니한다(헌재결 2011.11.24, 2010헌바353).

5. 행정규칙에 따라 처분한 경우(부정)

행정규칙에 따라 처분한 경우 과실 부정

영업허가취소처분이 나중에 행정심판에 의하여 재량권을 일탈한 위법한 처분임이 판명되어 취소되었다고 하더라도 **그 처분이 당시 시행되던 '공중위생법 시행규칙'에 정하여진 행정처분의 기준에 따른 것인 이상** 그 영업허가취소처분을 한 행정청 공무원에게 **그와 같은 위법한 처분을 한 데 있어 어떤 직무집행상의 과실이 있다고 할 수는 없다**(대판 1994.11.8, 94다26141).

Ⅳ 법령을 위반한 행위(위법성)

1. 법령의 범위(광의설)

공무원의 가해행위는 법령을 위반한 것이어야 한다. 법령의 범위에 대하여는 ① 성문법·불문법 및 행정법의 일반원칙(과잉금지원칙, 신뢰보호원칙 등) 등 법규의 위반만을 의미하며 단순한 공서양속 또는 조리위반은 법령위반으로 볼 수 없다는 협의설과 ② 엄격한 의미의 법령뿐만 아니라 인권존중·권력남용금지·신의성실·공서양속을 포함하여 널리 그 행위가 객관적인 정당성을 결여하고 있음을 의미한다는 광의설(다수설)이 대립하고 있다. 양 견해의 차이는 불문법으로 인정되지 않는 사회질서와 풍속을 위반한 경우에 생긴다.

1. 국가배상책임에 있어 '법령 위반'의 의미(광의설)
   국가배상책임에 있어서 공무원의 가해행위는 '법령에 위반한' 것이어야 하고, 법령 위반이라 함은 엄격한 의미의 법령 위반뿐만 아니라 인권존중, 권력남용금지, 신의성실, 공서양속 등의 위반도 포함하여 널리 그 행위가 객관적인 정당성을 결여하고 있음을 의미한다고 할 것이다(대판 2009.12.24, 2009다70180).
   수사기관이 범죄수사를 하면서 지켜야 할 법규상 또는 조리상의 한계를 위반한 것은 '법령 위반'에 해당한다(대판 2020.4.29, 2015다224797).
2. 위법성 여부는 전체 법질서 차원에서 판단
   피해자가 구속되어 있던 기간을 제외하고도 잔여 복무 일수를 복무한 때로부터 실제로 전역명령을 받은 때까지 전역이 지연되도록 한 육군 참모총장의 행위는 **전체 법질서의 관점에서 보아 위법한 것임을 면할 수 없다**(대판 1995.7.14, 93다16819).
3. 구 건축법상 준공검사업무를 담당하는 공무원의 준공검사 지연행위가 보통 일반의 공무원을 표준으로 할 때 객관적 정당성을 상실하였다고 인정될 정도에 이른 경우 위법성이 인정된다(대판 1999.3.23, 98다30285).
4. 국가정보기관이 살인사건 가해자(윤태식)의 자백으로 피해자(수지김)가 북한 공작원이 아님을 알게 되었음에도 이를 숨기기 위하여 가해자를 구금·협박한 사안에서, 이는 가해자의 신체의 자유, 사생활의 자유 등을 부당하게 침해하는 불법행위이므로 국가는 이로 인한 손해를 배상하여야 한다고 한 사례(대판 2008.3.27, 2006다70929·70936)
5. 정신의료기관이 정신질환자를 입원시키는 행위가 위법한 감금행위로서 불법행위가 성립되는 경우
   정신의료기관이 정신질환자를 입원시키거나 입원기간을 연장시키면서 지체 없이 정신보건법 소정의 퇴원심사 청구 등의 절차를 서면으로 통지하여 안내하지 아니한 경우, 또는 정신질환자의 퇴원 요구가 있음에도 정신보건법 소정의 절차를 취하지 아니한 채 방치한 경우에는 그 입원기간 전체에 대하여 위법한 감금행위로서 불법행위를 구성한다(대판 2009.1.15, 2006다19832).
6. 불이익한 전보인사조치가 인사대상자에 대하여 정신적 고통을 가하는 것으로서 불법행위를 구성하기 위한 요건
   공무원에 대한 전보인사가 법령이 정한 기준과 원칙에 위반하거나 인사권을 다소 부적절하게 행사한 것으로 볼 여지가 있다 하더라도 그러한 사유만으로 그 전보인사가 당연히 불법행위를 구성한다고 볼 수는 없고, 인사권자가 당해 공무원에 대한 보복감정 등 다른 의도를 가지고 인사재량권을 일탈·남용하여 객관적 정당성을 상실하였음이 명백한 전보인사를 한 경우 등 전보인사가 우리의 건전한 사회통념이나 사회상규상 도저히 용인될 수 없음이 분명한 경우에, 그 전보인사는 위법하게 상대방에게 정신적 고통을 가하는 것이 되어 당해 공무원에 대한 관계에서 불법행위를 구성한다. 그리고 **이러한 법리는 구 부패방지법에 따라 다른 공직자의 부패행위를 부패방지위원회에 신고한 공무원에 대하여 위 신고행위를 이유로 불이익한 전보인사가 행하여진 경우에도 마찬가지이다. 시청 소속 공무원이 시장을 부패방지위원회에 부패혐의자로 신고한 후 동사무소로 전보된 사안에서, 그 전보인사가 사회통념상 용인될 수 없을 정도로 객관적 상당성을 결여하였다고 단정할 수 없어 불법행위를 구성하지 않는다**고 한 사례(대판 2009.5.28, 2006다16215)

7. 수사과정에서 여자 경찰관이 실시한 여성 피의자에 대한 신체검사가 그 방식 등에 비추어 피의자에게 큰 수치심을 느끼게 하였을 것으로 보이는 등 피의자의 신체의 자유를 침해하였다고 본 사례

자신 또는 타인에게 신체적 위해를 가할 만한 특이한 증상을 보인 적이 없었고, 신체검사가 이루어진 날인 2006. 8. 27.에도 **자진 출석하여 조사에 응하였던 점,** 그와 같은 상황에서 원고로 하여금 **팬티를 벗고 가운을 입도록 한 다음 손으로 그 위를 두드리는 방식으로 한 신체검사는 원고에게 큰 수치심**을 느끼도록 했을 것으로 보이는 점 등에 비추어 원고에 대한 신체검사가 **남자 경찰관들이 없는 곳에서 여경에 의해 행하여졌다고 하더라도, 이는 공무원이 직무집행을 함에 있어 적정성 및 피해의 최소성, 과잉금지의 원칙을 위배하여 헌법 제12조가 보장하는 원고의 신체의 자유를 침해**하였다고 봄이 상당하다(대판 2009.12.24, 2009다70180).

8. 식품의약품안전청장 등 관계공무원이 재량에 맡겨진 권한을 행사하지 않은 것이 직무상 의무를 위반하여 위법한 것이 되고 과실이 있다고 인정되기 위한 요건

식약청장 등이 **그 권한을 행사하지 아니한 것이 직무상 의무를 위반하여 위법한 것으로 되는 경우에는 특별한 사정이 없는 한 과실도 인정된다**고 할 것이다. 어린이가 '미니컵 젤리'를 먹다가 질식사한 사안에서, 당시의 미니컵 젤리에 대한 외국의 규제수준, 그 이전에 피고가 실시한 규제조치 등에 비추어 식품의약품안전청장 등 관계공무원으로서는 **미니컵 젤리로 인한 질식의 위험을 인식하거나 예견하기 어려웠던 사정 등을 종합하면 식품의약품안전청장 등이 미니컵 젤리의 수입·유통 등을 금지하거나 그 기준과 규격, 표시 등을 강화하고 그에 필요한 검사 등을 실시하지 아니하였다고 하여 이를 위법하다고 보기 어렵고, 과실이 있다고 할 수 도 없다**(대판 2010.9.9, 2008다77795).

9. 의무복무기간을 마친 공군 조종사들 중 전역희망자가 예년에 비해 크게 증가하자, 공군본부가 국가안보 내지 군 전투력 유지에 차질을 초래할 수 있다는 판단하에 전역희망자 중 비 공군사관학교 출신과 생년월일이 앞선 자를 우선하여 전역 허가하는 방식으로 전역제한처분을 한 사안에서, 위 전역제한처분이 위법하지 않다고 본 원심판단을 수긍한 사례

생년월일을 전역제한자 선별 기준으로 삼은 것은 민간항공사 취업가능연령의 하향화 추세로 전역 후 취업가능 기간을 고려하였기 때문인 점과 **공군 조종사의 인력 부족은 국가안보에 공백이 생기는 중대한 결과를 초래**할 수 있는 데 비하여 **전역제한처분으로 전역이 지연되는 기간이 1년 정도일 것으로 예상되는 점 등을 고려하여 위 전역제한처분이 위법하지 않다**(대판 2011.9.8, 2009다77280).

10. 공군이 의무복무기간을 마친 장기복무장교에 대해 추가복무기간을 운영한 행위의 위법성이 문제된 사안에서, 단지 공군이 법규상 근거 없이 관행에 의해 추가복무기간을 운영하였다는 사정만으로 위 행위를 위법하다고 하기 어렵다고 본 원심판단을 수긍한 사례

전역권자는 장기복무장교의 의무복무기간이 종료되더라도 자체적으로 인력수급사정을 참작하여 그 장교가 원에 의한 전역의 의사표시를 하지 않는 한 복무기간을 연장하여 지속적으로 근무하게 할 수 있다고 할 것이므로, 단지 공군이 법규상 근거 없이 관행에 의해 추가복무기간을 운영하였다는 사정만으로 위 행위를 위법하다고 하기 어렵다고 본 원심판단을 수긍한 사례(대판 2011.9.8, 2009다77280)

11. 법무법인 소속 변호사 갑의 지시로 법무법인 직원 을이 구금된 피의자 병의 변호인선임서를 경찰서에 제시하며 체포영장에 대한 등사신청을 하였으나 담당 경찰관 정이 '변호사가 직접 와서 신청하라'고 말하면서 등사를 거부하자 갑이 국가배상청구를 한 사안에서, 정의 등사 거부행위가 변호인 갑의 체포영장에 대한 열람등사청구권을 침해하는 것으로 위법하다고 보아 국가배상책임을 인정한 원심판단을 정당하다고 한 사례(대판 2012.9.13, 2010다24879)

12. 지적공부에 소유자 기재가 없는 미등기 토지에 관하여 국가가 국가 명의의 소유권보존등기를 마치자, 토지를 사정받은 甲의 상속인들이 국가를 상대로 불법행위에 따른 손해배상을 구한 사안에서, 국가가 토지의 진정한 소유자가 따로 있음을 알았다는 등의 특별한 사정이 없는 한 토지의 사정명의인 또는 상

4

2022 삼봉행정법총론

속인에 대한 관계에서 불법행위가 성립하지 않는다고 한 사례

미등기 부동산에 대한 국가의 권리보전조치의 경위와 내용, 토지조사부에 소유자로 등재된 자의 지위에 관한 판례변경 경위 및 광복 이후 농지개혁과 6·25동란 등을 거치면서 토지소유권에 관하여도 극심한 변동이 있었던 점 등을 감안하여 보면, 국가가 지적공부에 소유자 기재가 없는 미등기 토지에 관하여 국가 명의로 소유권보존등기를 하는 권리보전조치를 취한 것은 위법한 행위라고 볼 수 없고, 국가가 권리보전조치를 하는 과정에서 토지의 진정한 소유자가 따로 있음을 알고 있음에도 소유권보존등기를 마쳤다는 등의 특별한 사정이 없는 한 토지의 사정명의인 또는 상속인에 대한 관계에서 불법행위가 성립하지 않는다(대판 2014.12.11, 2011다38219).

13. 행정청의 처분 여부 결정의 지체로 국가배상책임이 성립하기 위한 요건

행정청의 처분을 구하는 신청에 대하여 상당한 기간 처분 여부 결정이 지체되었다고 하여 곧바로 공무원의 고의 또는 과실에 의한 불법행위를 구성한다고 단정할 수는 없고, 행정처분의 담당공무원이 보통 일반의 공무원을 표준으로 하여 볼 때 객관적 주의의무를 결하여 처분 여부 결정을 지체함으로써 객관적 정당성을 상실하였다고 인정될 정도에 이른 경우에 비로소 국가배상법 제2조가 정한 국가배상책임의 요건을 충족한다(대판 2015.11.27, 2013다6759).

14. 처분 여부 결정의 지체가 객관적 정당성을 상실하였는지 판단하는 기준 및 여기서 정당한 이유 없이 처리를 지연하였는지 판단하는 기준

객관적 정당성을 상실하였는지는 신청의 대상이 된 처분이 기속행위인지 재량행위인지 등 처분의 성질, 처분의 지연에 따라 신청인이 입은 불이익의 내용과 정도, 행정처분의 담당공무원이 정당한 이유 없이 처리를 지연하였는지 등을 종합적으로 고려하되, 손해의 전보책임을 국가 또는 지방자치단체에게 부담시킬 만한 실질적인 이유가 있는지도 살펴서 판단하여야 한다. 여기서 정당한 이유 없이 처리를 지연하였는지는 법정 처리기간이나 통상적인 처리기간을 기초로 처분이 지연된 구체적인 경위나 사정을 중심으로 살펴 판단하되, 처분을 아니하려는 행정청의 악의적인 동기나 의도가 있었는지, 처분 지연을 쉽게 피할 가능성이 있었는지 등도 아울러 고려할 수 있다(대판 2015.11.27, 2013다6759).

15. 구 「공무원수당 등에 관한 규정」 제7조의2 제1항이 정한 성과상여금 지급대상 교육공무원으로서 '공무원보수규정 [별표 11]을 적용받는 교원'에 기간제교원은 포함되지 않는다

구 「공무원수당 등에 관한 규정」 제7조의2 제1항이 정한 성과상여금 지급대상 교육공무원으로서 '공무원보수규정 [별표 11]을 적용받는 교원'이란 호봉 승급에 따른 급여체계의 적용을 받는 정규 교원만을 의미하고 기간제교원은 포함되지 아니한다(대판 2017.2.9, 2013다205778).

16. 교육부장관이 갑 등을 비롯한 국·공립학교 기간제교원을 구 「공무원수당 등에 관한 규정」에 따른 성과상여금 지급대상에서 제외하는 내용의 「교육공무원 성과상여금 지급 지침」을 발표한 사안에서, 국가가 갑 등에 대하여 불법행위로 인한 손해배상책임을 진다고 볼 수 없다고 한 사례

교육부장관이 갑 등을 비롯한 국·공립학교 기간제교원을 구 「공무원수당 등에 관한 규정」에 따른 성과상여금 지급대상에서 제외하는 내용의 「교육공무원 성과상여금 지급 지침」을 발표한 사안에서, 위 지침에서 갑 등을 포함한 기간제교원을 성과상여금 지급대상에서 제외한 것은 구 「공무원수당 등에 관한 규정」 제7조의2 제1항의 해석에 관한 법리에 따른 것이므로, 국가가 갑 등에 대하여 불법행위로 인한 손해배상책임을 진다고 볼 수 없다(대판 2017.2.9, 2013다205778).

17. 정부에 대한 비판 자체를 원천적으로 배제하려는 공권력의 행사에 정당성을 인정할 수 없다

정부의 정책에 대하여 정치적인 반대의사를 표시하는 것은 헌법이 보장하는 정치적 자유의 가장 핵심적인 부분이다. 자신의 정치적 생각을 집회와 시위를 통해 설파하거나 서명운동 등을 통해 자신과 의견이 같은 세력을 규합해 나가는 것은 국가의 안전에 대한 위협이 아니라, 우리 헌법의 근본이념인 '자유민주적 기본질서'의 핵심적인 보장 영역에 속한다. 정부에 대한 비판에 대하여 합리적인 홍보와 설득으

로 대처하는 것이 아니라, 비판 자체를 원천적으로 배제하려는 공권력의 행사는 대한민국 헌법이 예정하고 있는 자유민주적 기본질서에 부합하지 아니하므로 정당성을 인정할 수 없다(대판 2020.6.4, 2015다233807).

18. 국가기관이 자신이 관리·운영하는 홈페이지에 게시된 글에 대하여 정부의 정책에 찬성 또는 반대하는 내용인지에 따라 선별적으로 삭제 여부를 결정하는 것은 허용되지 않는다(대판 2020.6.4, 2015다233807).

19. 해군본부가 해군 홈페이지 자유게시판에 게시된 '제주해군기지 건설사업에 반대하는 취지의 항의글' 100여 건을 삭제하는 조치를 취하자, 항의글을 게시한 甲 등이 국가를 상대로 손해배상을 구한 사안에서, 위 삭제 조치가 객관적 정당성을 상실한 위법한 직무집행에 해당한다고 보기 어렵다고 한 사례
해군 홈페이지 자유게시판이 정치적 논쟁의 장이 되어서는 안 되는 점, 위와 같은 항의글을 게시한 행위는 정부정책에 대한 반대의사 표시이므로 「해군 인터넷 홈페이지 운영규정」에서 정한 게시글 삭제 사유인 '정치적 목적이나 성향이 있는 경우'에 해당하는 점, 해군본부가 집단적 항의글이 위 운영규정 등에서 정한 삭제 사유에 해당한다고 판단한 것이 사회통념상 합리성이 없다고 단정하기 어려운 점, 반대의견을 표출하는 항의 시위의 1차적 목적은 달성되었고 현행법상 국가기관으로 하여금 인터넷 공간에서의 항의 시위의 결과물인 게시글을 영구히 또는 일정 기간 보존하여야 할 의무를 부과하는 규정은 없는 점 등에 비추어 위 삭제 조치가 객관적 정당성을 상실한 위법한 직무집행에 해당한다고 보기 어려운데도, 이와 달리 본 원심판단에 법리오해의 잘못이 있다고 한 사례(대판 2020.6.4, 2015다233807).

2. 결과위법과 행위위법

(1) 결과위법설

이 설은 국가배상법상의 위법성을 판단함에 있어서는 항고소송의 위법성판단과는 달리 법령위반 뿐만 아니라 피해의 결과도 고려해야 한다는 견해이다. 이 견해는 공무원의 행위로 인해 국민의 권리가 침해된 경우에는 그 결과를 정당화할 다른 사유가 없는 한 국가배상책임을 인정한다.

(2) 행위위법설

국가배상법상의 위법을 항고소송의 위법과 동일하게 가해행위가 법규범에 합치하는가 여부에 따라 위법성 여부를 판단하는 견해(박윤흔, 정하중)이다. 국가배상법의 위법의 개념은 민법상의 불법행위개념과 다른데, 사인 간에는 타인의 권리침해가 원칙적으로 허용되지 않으므로 권리침해가 곧 위법을 의미하지만, 공행정작용에 있어서는 법규범에의 적합성 여부가 가장 중요한 기준인바, 법규범에 적합하게 행사된 이상 개인의 권리침해가 있다고 해서 바로 위법이라고 할 수는 없다는 견해이다.

(3) 상대적 위법성설

국가배상법상의 위법성을 행위 자체의 위법·적법뿐만 아니라, 피침해이익의 성격과 침해의 정도, 가해행위의 태양 등을 종합적으로 고려해서 행위가 객관적으로 정당성을 결여한 경우를 의미한다는 견해이다.

(4) 판 례

판례도 기본적으로 행위위법설의 입장이다(박균성, 정하중).

1. 공무원의 직무집행이 법령이 정한 요건과 절차에 따라 이루어진 것이라면 특별한 사정이 없는 한 법령에 적합하다(행위위법설에 따른 판례)

   국가배상책임은 공무원의 직무집행이 법령에 위반한 것임을 요건으로 하는 것으로서, **공무원의 직무집행이 법령이 정한 요건과 절차에 따라 이루어진 것이라면 특별한 사정이 없는 한 이는 법령에 적합한 것이고 그 과정에서 개인의 권리가 침해되는 일이 생긴다고 하여 그 법령 적합성이 곧바로 부정되는 것은 아니라고 할 것**인바, 불법시위를 진압하는 경찰관들의 직무집행이 법령에 위반한 것이라고 하기 위하여는 그 시위진압이 불필요하거나 또는 불법시위의 태양 및 시위 장소의 상황 등에서 예측되는 피해 발생의 구체적 위험성의 내용에 비추어 시위진압의 계속 수행 내지 그 방법 등이 현저히 합리성을 결하여 이를 위법하다고 평가할 수 있는 경우이어야 한다(대판 1997.7.25, 94다2480).

2. 상대적 위법성설을 취한 판례(예외판례)

   어떠한 행정처분이 후에 항고소송에서 취소되었다고 할지라도 그 기판력에 의하여 당해 행정처분이 곧바로 공무원의 고의 또는 과실로 인한 것으로서 불법행위를 구성한다고 단정할 수는 없는 것이고, 그 행정처분의 담당공무원이 보통 일반의 공무원을 표준으로 하여 볼 때 객관적 주의의무를 결하여 그 행정처분이 객관적 정당성을 상실하였다고 인정될 정도에 이른 경우에 국가배상법 제2조 소정의 국가배상책임의 요건을 충족하였다고 봄이 상당할 것이며, 이때에 객관적 정당성을 상실하였는지 여부는 피침해이익의 종류 및 성질, 침해행위가 되는 행정처분의 태양 및 **그 원인, 행정처분의 발동에 대한 피해자측의 관여의 유무, 정도 및 손해의 정도 등 제반 사정을 종합하여 손해의 전보책임을 국가 또는 지방자치단체에게 부담시켜야 할 실질적인 이유가 있는지 여부에 의하여 판단하여야 한다**(대판 2000.5.12, 99다70600).

3. 국가배상법상 위법의 유형

(1) 행위 자체의 법위반

허가취소처분, 영업정지처분의 위법과 같이 공권력 행사 자체가 가해행위인 경우에는 공권력 행사 자체의 법위반 여부가 위법의 판단기준이 된다.

1. 국가가 한센병 환자의 치료 및 격리수용을 위하여 운영·통제해 온 국립 소록도병원 등에 소속된 의사 등이 한센인들에게 시행한 정관절제수술과 임신중절수술을 정당한 공권력의 행사라고 인정하기 위한 요건

국가가 한센병 환자의 치료 및 격리수용을 위하여 운영·통제해 온 국립 소록도병원 등에 소속된 의사나 간호사 또는 의료보조원 등이 한센인들에게 시행한 정관절제수술과 임신중절수술은 신체에 대한 직접적인 침해행위로서 그에 관한 동의 내지 승낙을 받지 아니하였다면 **헌법상 신체를 훼손당하지 아니할 권리와 태아의 생명권 등을 침해하는 행위**이다. 또한 한센인들의 임신과 출산을 사실상 금지함으로써 자손을 낳고 단란한 가정을 이루어 **행복을 추구할 권리**는 물론이거니와 **인간으로서의 존엄과 가치, 인격권 및 자기결정권, 내밀한 사생활의 비밀 등을 침해하거나 제한하는 행위**임이 분명하다. 더욱이 위와 같은 **침해행위가 정부의 정책에 따른 정당한 공권력의 행사라고 인정받으려면 법률에 그에 관한 명시적인 근거가 있어야** 하고, **과잉금지의 원칙에 위배되지 아니하여야** 하며, **침해행위의 상대방인 한센인들로부터 '사전에 이루어진 설명에 기한 동의(prior informed consent)'가 있어야** 한다(대판 2017.2.15, 2014다230535).

2. 국가가 요건을 갖추지 아니한 채 한센인들을 상대로 정관절제수술이나 임신중절수술을 시행한 경우, 민사상 불법행위가 성립한다
만일 국가가 위와 같은 요건을 갖추지 아니한 채 한센인들을 상대로 정관절제수술이나 임신중절수술을 시행하였다면 설령 이러한 조치가 정부의 보건정책이나 산아제한정책을 수행하기 위한 것이었다고 하더라도 이는 위법한 공권력의 행사로서 민사상 불법행위가 성립한다(대판 2017.2.15, 2014다230535).
3. 한센병을 앓은 적이 있는 甲 등이 국가가 한센병 환자의 치료 및 격리수용을 위하여 운영·통제해 온 국립 소록도병원 등에 입원해 있다가 위 병원 등에 소속된 의사 등으로부터 정관절제수술 또는 임신중절수술을 받았음을 이유로 국가를 상대로 손해배상을 구한 사안에서, 국가배상책임을 인정한 사례(대판 2017.2.15, 2014다230535)
4. 수사기관이 법령에 의하지 않고 처분 등으로 변호인의 접견교통권을 제한할 수 없다(대판 2018.12.27, 2016다266736).
5. 피의자 등이 헌법상 변호인의 조력을 받을 권리의 의미와 범위를 정확히 이해하면서도 이성적 판단에 따라 자발적으로 그 권리를 포기한 경우, 변호인의 접견이 강제될 수 없고, 위와 같은 요건이 갖추어지지 않았는데도 수사기관이 접견을 허용하지 않는 경우, 변호인의 접견교통권 침해로 인한 국가배상책임이 성립한다(대판 2018.12.27, 2016다266736).
6. 북한에서 태어나고 자란 중국 국적의 화교인 甲(서울시 공무원 간첩사건으로 기소되었던 유우성의 여동생)이 대한민국에 입국한 후 국가정보원장이 「북한이탈주민의 보호 및 정착지원에 관한 법률」에 따라 설치·운영하는 임시보호시설인 중앙합동신문센터에 수용되어 조사를 받았는데, **변호사인 乙 등이 甲에 대한 변호인 선임을 의뢰받고 9차례에 걸쳐 甲에 대한 변호인접견을 신청하였으나, 국가정보원장과 국가정보원 소속 수사관이 乙 등의 접견신청을 모두 불허**하였고, 이에 乙 등이 국가를 상대로 변호인 접견교통권 침해를 이유로 손해배상을 구한 사안에서, 국가정보원장이나 국가정보원 수사관이 변호인인 乙 등의 甲에 대한 접견교통신청을 허용하지 않은 것은 변호인의 접견교통권을 침해한 위법한 직무행위에 해당하므로, **국가는 乙 등이 입은 정신적 손해를 배상할 책임이 있다**고 본 원심판단이 정당하다고 한 사례(대판 2018.12.27, 2016다266736)
7. 구 농촌근대화촉진법에 따른 구획정리사업의 시행자가 사유지에 대하여 환지를 지정하지 아니하고 청산금도 지급하지 아니하는 내용으로 환지계획을 작성하여 그 계획이 인가·고시됨으로써 위 토지의 소유권을 상실시킨 경우, 이로 인한 토지 소유자의 손해를 배상할 책임이 있고, 이 경우 배상할 손해액은 토지 소유권을 상실하는 경우의 청산금 상당액이며, 그 손해배상청구권의 소멸시효 기산점은 환지처분 고시일의 다음 날이다(대판 2019.1.31, 2018다255105).
8. 피의자가 소년 등 사회적 약자인 경우, 수사기관은 수사과정 중 피의자의 방어권 행사에 불이익이 발생하지 않도록 더욱 세심하게 배려할 직무상 의무를 부담하고, 수사기관이 고의 또는 과실로 위 직무상 의무를 위반하여 피의자신문조서를 작성함으로써 피의자의 방어권이 실질적으로 침해된 경우, 국가배상책임이 성립한다(대판 2020.4.29, 2015다224797).

(2) 행위의 집행방법상 위법

행위 자체는 적법하나 그 집행방법에 있어 위법이 인정되는 경우이다. 집행방법에 관한 명문규정이 있을 경우 그에 위반하면 위법이 되고, 명문규정이 없는 경우에도 손해방지의무가 있으면 위법이 인정된다.

경찰관이 교통법규 등을 위반하고 도주하는 차량을 순찰차로 추적하는 직무를 집행하는 중에 그 도주 차량의 주행에 의하여 제3자가 손해를 입은 경우, 경찰관의 추적행위는 위법한 것이 아니다

경찰관은 수상한 거동 기타 주위의 사정을 합리적으로 판단하여 어떠한 죄를 범하였거나 범하려 하고 있다고 의심할 만한 상당한 이유가 있는 자 또는 이미 행하여진 범죄나 행하여지려고 하는 범죄행위에 관하여 그 사실을 안다고 인정되는 자를 정지시켜 질문할 수 있고, 또 범죄를 실행 중이거나 실행 직후인 자는 현행범인으로, 누구임을 물음에 대하여 도망하려 하는 자는 준현행범인으로 각 체포할 수 있으며, 이와 같은 정지 조치나 질문 또는 체포 직무의 수행을 위하여 필요한 경우에는 대상자를 추적할 수도 있으므로, **경찰관이 교통법규 등을 위반하고 도주하는 차량을 순찰차로 추적하는 직무를 집행하는 중에 그 도주차량의 주행에 의하여 제3자가 손해를 입었다고 하더라도 그 추적이 당해 직무 목적을 수행하는 데에 불필요하다거나 또는 도주차량의 도주의 태양 및 도로교통상황 등으로부터 예측되는 피해발생의 구체적 위험성의 유무 및 내용에 비추어 추적의 개시·계속 혹은 추적의 방법이 상당하지 않다는 등의 특별한 사정이 없는 한 그 추적행위를 위법하다고 할 수는 없다**(대판 2000.11.10, 2000다26807·26814).

(3) 직무상 의무 위반으로서의 위법

공무원의 직무상 의무 위반이 국가배상법상 위법으로 논해지는 경우는 입법행위 또는 사법행위의 국가배상법상 위법과 직무상 손해방지의무 위반으로서의 위법의 경우이다. 이에 대해서는 별도로 다룬다.

4. 행정규칙위반

행정규칙의 법규성을 부인하고 국가배상법상의 위법개념을 엄격한 의미의 법령위반으로 보는 입장에서 행정규칙위반은 법령위반에 해당되지 않는다고 보는 견해가 일반적이다.

위법성을 부정하는 것이 주류적 판례

1. 국가배상법 제2조에 이른바 '법령에 위반하여'라 함은 일반적으로 위법행위를 함을 말하는 것이고, 단순한 행정적인 내부규칙에 위배하는 것을 포함하지 아니한다(대판 1973.1.30, 72다2062).
2. 상급행정기관이 소속 공무원이나 하급행정기관에 대하여 업무처리지침이나 법령의 해석·적용 기준을 정해 주는 '행정규칙'은 대외적으로 국민이나 법원을 구속하는 효력이 없고 공무원의 조치가 행정규칙에 적합한지 여부에 따라 공무원의 조치의 적법 여부를 판단할 수 없다

   상급행정기관이 소속 공무원이나 하급행정기관에 대하여 업무처리지침이나 법령의 해석·적용 기준을 정

해 주는 '행정규칙'은 일반적으로 행정조직 내부에서만 효력을 가질 뿐 대외적으로 국민이나 법원을 구속하는 효력이 없다. 공무원의 조치가 행정규칙을 위반하였다고 해서 그러한 사정만으로 곧바로 위법하게 되는 것은 아니고, 공무원의 조치가 행정규칙을 따른 것이라고 해서 적법성이 보장되는 것도 아니다. 공무원의 조치가 적법한지는 행정규칙에 적합한지 여부가 아니라 상위법령의 규정과 입법 목적 등에 적합한지 여부에 따라 판단해야 한다(대판 2020.5.28, 2017다211559).

3. 「피의자 유치 및 호송규칙」은 경찰청장이 관련 행정기관 및 그 직원에 대하여 그 직무권한행사의 지침을 발한 행정조직 내부에서의 행정명령의 성질을 가지는 것에 불과하고 법규명령의 성질을 가진 것이라고는 볼 수 없으므로, 이에 따른 처분이라고 하여 당연히 적법한 처분이라고는 할 수 없고, 또한 위법하거나 부당한 공권력의 행사가 오랜 기간 반복되어 왔고 그 동안에 그에 대한 이의가 없었다고 하여 그 공권력 행사가 적법하거나 정당한 것으로 되는 것도 아니다(대판 2013.5.9, 2013다200438).

4. 재량행위

재량행위를 그르치면 원칙적으로 부당이 되어 위법에 해당하지 않는다. 그러나 예외적으로 재량행위라도 재량권을 일탈·남용하면 법령위반, 즉 위법이 된다.

1. 긴급구호권한과 같은 경찰관의 조치권한은 일반적으로 경찰관의 전문적 판단에 기한 합리적인 재량에 위임되어 있는 것이나, 그렇다고 하더라도 구체적 상황하에서 경찰관에게 그러한 조치권한을 부여한 취지와 목적에 비추어 볼 때 그 불행사가 현저하게 불합리하다고 인정되는 경우에는, 그러한 불행사는 법령에 위반하는 행위에 해당하게 되어 국가배상법상의 다른 요건이 충족되는 한, 국가는 그로 인하여 피해를 입은 자에 대하여 국가배상책임을 부담한다(대판 1996.10.25, 95다45927).
   결과적으로 체비지를 적게 지정할 수 있었다는 사정만으로 사업의 시행자에게 손해배상책임을 물을 수 없다(대판 2002.3.12, 2000다55225·55232).
2. 대학수학능력시험에 있어 '반올림에 의한 소수점 폐지' 정책과 그에 따라 반올림된 점수를 대학에 통보한 행위는 교육인적자원부장관 등의 재량 범위 내에 속하는 업무처리이므로 위법한 행위에 해당하지 않는다(대판 2007.12.13, 2005다66770).
3. 식품의약품안전청장 등이 권한을 행사하지 아니한 것이 직무상 의무를 위반한 것이 되는지 여부(한정 적극)
   구 식품위생법의 규정이 식약청장 등에게 합리적인 재량에 따른 직무수행 권한을 부여한 것으로 해석되는 이상, 식약청장 등에게 그러한 권한을 부여한 취지와 목적에 비추어 볼 때 구체적인 상황 아래에서 식약청장 등이 그 권한을 행사하지 아니한 것이 현저하게 합리성을 잃어 사회적 타당성이 없는 경우에 한하여 직무상 의무를 위반한 것이 되어 위법하게 된다. 2004. 2.경 어린이가 미니컵 젤리를 섭취하던 중 미니컵 젤리가 목에 걸려 질식사한 두 건의 사고가 연달아 발생한 뒤 약 8개월 20일 이후 다시 어린이가 미니컵 젤리를 먹다가 질식사한 사안에서, 식품의약품안전청장 등이 미니컵 젤리의 유통을 금지하거나 물성실험 등을 통하여 미니컵 젤리의 위험성을 확인하고 기존의 규제조치보다 강화된 미니컵 젤리의 기준 및 규격 등을 마련하지 아니하였다고 하더라도 이를 현저하게 합리성을 잃어 사회적 타당성이 없다고 볼 수 있는 정도에 이른 것이라고 보기 어렵다고 한 사례(대판 2010.11.25, 2008다67828)

5. 부작위와 위법

전통적인 견해에 의하면 행정법이 법령상 부여되어 있는 권한을 행사할 것인가의 여부는 행정청의 재량에 위임되어 있는 것이므로 부작위가 위법이라고 할 수 없다고 보았다. 그러나 최근에는 기속행위는 물론이고 재량행위도 '재량권의 0으로의 수축이론'에 의해 부작위의 위법성이 인정될 수 있다고 본다.

6. 수익적 행정처분의 위법

1. 수익적 행정처분이 신청인에 대한 관계에서 국가배상법 제2조 제1항의 위법성이 있는 것으로 평가되기 위한 요건
   수익적 행정처분은 그 성질상 특별한 사정이 없는 한 그 처분이 이루어지는 것이 신청인의 이익에 부합하고, 이에 대한 법규상의 제한은 공공의 이익을 위한 것이어서 그러한 법규상의 제한 사유가 없는 한 원칙적으로 이를 허용할 것이 요청된다고 할 것이므로, 수익적 행정처분이 신청인에 대한 관계에서 국가배상법 제2조 제1항의 위법성이 있는 것으로 평가되기 위하여는 당해 행정처분에 관한 법령의 내용, 그 성질과 법률적 효과, 그로 인하여 신청인이 무익한 비용을 지출할 개연성에 관한 구체적 사정 등을 종합적으로 고려하여 객관적으로 보아 그 행위로 인하여 신청인이 손해를 입게 될 것임이 분명하다고 할 수 있어 신청인을 위하여도 당해 행정처분을 거부할 것이 요구되는 경우이어야 할 것이다(대판 2001.5.29, 99다37047).
2. 수익적 행정처분인 허가 등을 신청한 사안에서 공무원이 신청인의 목적 달성에 필요한 안내나 배려 등을 하지 않았다는 사정만으로 직무집행에 있어 위법한 행위를 한 것이라고 볼 수 없다(대판 2017.6.29, 2017다211726).
3. 갑 주식회사(아시아 주식회사)가 을 지방자치단체(서울특별시 강남구)에 하천부지에 잔디실험연구소를 설치하는 내용이 포함된 사업계획서를 제출하면서 하천점용허가를 신청하여 점용허가를 받은 후 하천부지에 컨테이너를 설치하였는데, 을 지방자치단체가 하천부지가 개발제한구역에 해당함에도 갑 회사가 「개발제한구역의 지정 및 관리에 관한 특별조치법」 제12조에서 정한 행위허가를 받지 않은 채 컨테이너를 설치하였다는 이유로 하천점용허가를 취소한 사안에서, 을 지방자치단체의 손해배상책임을 인정한 원심판단에 법리오해의 잘못이 있다고 한 사례(대판 2017.6.29, 2017다211726)

7. 위법성의 입증책임(원고)

위법성에 대한 입증책임은 원칙적으로 원고(피해자)에게 있다는 것이 통설이다.

8. 선결문제로서의 행정행위의 위법성 문제

행정상 손해배상의 선결문제로서 행정행위의 위법성을 심리할 수 있느냐에 관해 다수설과 판례는 행정행위의 효력을 부인하지 않는 한 위법성을 심사할 수 있다는 입장이다.

위법한 행정대집행이 완료되면 그 처분의 무효확인 또는 취소를 구할 소의 이익은 없다 하더라도, 미리 그 행정처분의 취소판결이 있어야만 그 행정처분의 위법임을 이유로 한 손해배상청구를 할 수 있는 것은 아니다(대판 1972.4.28, 72다337).

9. 형사책임과 국가배상의 위법성 문제

형사책임과 국가배상책임은 각각 지도원리가 다르므로 각각 별개의 관점에서 인정 여부를 검토하여야 한다.

형사상 범죄를 구성하지 아니하는 침해행위가 민사상 불법행위를 구성할 수 있다

불법행위에 따른 형사책임은 사회의 법질서를 위반한 행위에 대한 책임을 묻는 것으로서 행위자에 대한 공적인 제재(형벌)를 그 내용으로 함에 비하여, 민사책임은 타인의 법익을 침해한 데 대하여 행위자의 개인적 책임을 묻는 것으로서 피해자에게 발생한 손해의 전보를 그 내용으로 하는 것이고, 손해배상제도는 손해의 공평·타당한 부담을 그 지도원리로 하는 것이므로, 형사상 범죄를 구성하지 아니하는 침해행위라고 하더라도 그것이 민사상 불법행위를 구성하는지 여부는 형사책임과 별개의 관점에서 검토하여야 한다. 경찰관이 범인을 제압하는 과정에서 총기를 사용하여 범인을 사망에 이르게 한 사안에서, 총기사용행위에 대한 무죄판결이 확정된 것과 무관하게 민사상 불법행위책임을 인정한 사례(대판 2008.2.1, 2006다6713)

V 타인에 대한 손해의 발생

국가배상책임이 인정되기 위해서는 공무원의 직무상 불법행위로 인하여 타인에게 손해가 발생하여야 한다.

1. 타 인

(1) 타인의 범위

타인이란 가해공무원과 그의 위법한 직무행위에 가담한 자 이외의 모든 사람을 의미하며, 자연인과 법인을 불문한다. 피해자가 가해공무원과 동일 또는 동종의 기관에 근무하는지 여부는 문제되지 않는다. 따라서 공무원의 신분을 가진 자도 피해자로서 타인에 해당할 수 있다(예 관용차운전사의 과실로 인한 사고로 동승자인 공무원이 상해를 입은 경우 등).

(2) 군인 등의 특례

① 관련규정

헌 법	구 국가배상법	개정 국가배상법
공무원의 직무상 불법행위로 손해를 받은 국민은 법률이 정하는 바에 의하여 국가 또는 공공단체에 정당한 배상을 청구할 수 있다. 이 경우 공무원 자신의 책임은 면제되지 아니한다(제29조 제1항). 군인·군무원·경찰공무원 기타 법률이 정하는 자가 전투·훈련 등 직무집행과 관련하여 받은 손해에 대하여는 법률이 정하는 보상 외에 국가 또는 공공단체에 공무원의 직무상 불법행위로 인한 배상은 청구할 수 없다(같은 조 제2항).	다만, 군인·군무원·경찰공무원 또는 향토예비군대원이 전투·훈련·기타 직무집행과 관련하거나 국방 또는 치안유지의 목적상 사용하는 시설 및 자동차·함선·항공기·기타 운반기구 안에서 전사·순직 또는 공상을 입은 경우에 본인 또는 그 유족이 다른 법령의 규정에 의하여 재해보상금·유족연금·상이연금 등의 보상을 지급받을 수 있을 때에는 이 법 및 민법의 규정에 의한 손해배상을 청구할 수 없다(제2조 제1항).	다만, 군인·군무원·경찰공무원 또는 예비군대원이 전투·훈련 등 직무 집행과 관련하여 전사(戰死)·순직(殉職)하거나 공상(公傷)을 입은 경우에 본인이나 그 유족이 다른 법령에 따라 재해보상금·유족연금·상이연금 등의 보상을 지급받을 수 있을 때에는 이 법 및 민법에 따른 손해배상을 청구할 수 없다(국가배상법 제2조 제1항 단서).

② **입법목적**: 이러한 제한은 위험부담이 매우 높은 직무에 종사하는 공무원이 그 직무집행과 관련하여 받은 손해에 대해서는 사회보장적 성격의 국가보상제도에 따른 보상만으로 족하고 별도로 그것과 경합되기 쉬운 국가배상청구권을 인정할 필요가 없다는 이중배상금지사상에 기인한다고 말해진다.

③ 평 가

㉠ 이중배상금지규정 자체가 위헌이라는 견해: 사회보장적인 '국가보상'과 불법행위책임인 '국가배상'은 성질이 다르기 때문에 양자 간에 이중배상이 성립하는 것은 아니며, 군인 등에 대해 이중배상을 금지하는 것은 헌법상 평등의 원칙에 위배될 뿐만 아니라, 기본권의 본질적 내용을 침해하는 전혀 타당성이 없는 규정이라는 견해가 다수설이다. 따라서 헌법 제29조 제2항은 조속한 시일 내에 폐지되어야 할 것이다. 다만, 이러한 제한을 헌법 자체가 규정하고 있으므로 현행 헌법상 위헌문제는 제기되지 않는다.

㉡ 판례: 구 헌법하에서 대법원은 위헌결정을 내린 바 있지만, 현행 헌법하에서 헌법재판소는 헌법 제29조 제2항 및 국가배상법 제2조 제1항 단서가 헌법에 위배되지 않는다고 한다.

1. 구 국가배상법(1967. 3. 3. 법률 제1899호) 제2조 제1항 단행은 헌법에 위반된다(대법원)
   구 국가배상법(1967. 3. 3. 법률 제1899호) 제2조 제1항 단행의 규정은 구 헌법(1962. 12. 26. 개정헌법) 제26·8·9·32조 제2항에 위반한다(대판 1971.6.22, 70다1010).
2. 국가배상법 제2조 제1항 단서 중 '경찰공무원' 부분은 헌법에 위반되지 아니한다(헌재결정)
   헌법 제111조 제1항 제1호·제5호 및 헌법재판소법 제41조 제1항, 제68조 제2항은 위헌심사의 대상이 되는 규범을 '법률'로 명시하고 있으며, 여기서 **'법률'이라고 함은 국회의 의결을 거쳐 제정된 이른바 형식적 의**

미의 법률을 의미하므로 헌법의 개별규정 자체는 헌법소원에 의한 위헌심사의 대상이 아니다. 헌법은 전문과 각 개별조항이 서로 밀접한 관련을 맺으면서 하나의 통일된 가치체계를 이루고 있는 것으로서, 헌법의 제 규정 가운데는 헌법의 근본가치를 보다 추상적으로 선언한 것(헌법전문)도 있으므로 **'이념적·논리적'으로는 헌법규범 상호 간의 우열을 인정할 수 있는 것이 사실**이다. 그러나 이때 인정되는 **헌법규범 상호 간의 우열은 추상적 가치규범의 구체화에 따른 것으로서 헌법의 통일적 해석에 있어서는 유용할 것이지만, 그것이 헌법의 어느 특정규정이 다른 규정의 효력을 전면적으로 부인할 수 있을 정도의 개별적 헌법규정 상호 간에 '효력상의 차등'을 의미하는 것이라고는 볼 수 없다.** 국가배상법 제2조 제1항 단서의 '경찰공무원' 부분은 헌법 제29조 제1항에 의하여 보장되는 국가배상청구권을 헌법 내재적으로 제한하는 헌법 제29조 제2항에 직접 근거하고, 실질적으로 그 내용을 같이하는 것이므로 헌법에 위반되지 아니한다(헌재결 1996.6.13, 94헌마118·95헌바39).

④ 적용요건

군인·군무원·경찰공무원 또는 향토예비군대원이 전투·훈련 등 직무집행과 관련하여 전사·순직하거나 공상을 입은 경우에 본인이나 그 유족이 다른 법령에 따라 재해보상금·유족연금·상이연금 등의 보상을 지급받을 수 있을 때에는 이 법 및 민법에 따른 손해배상을 청구할 수 없다(국가배상법 제2조 단서).

㉠ 피해자가 군인·군무원·경찰공무원(헌법에 명시) 또는 예비군대원(국가배상법)일 것

ⓐ 인정사례

1. 예비군

향토예비군도 그 동원기간 중에는 국가배상법 제2조 소정의 공무원 중에 포함된다고 보는 것이 상당하다(대판 1970.5.26, 70다471).

2. 전투경찰순경전투경찰순경은 헌법 제29조 제2항 및 국가배상법 제2조 제1항 단서 중의 '경찰공무원'에 해당한다고 보아야 할 것이다(헌재결 1996.6.13, 94헌마118·95헌바39).

3. 의무경찰순경[대판(전합) 2001.2.15, 96다42420]

ⓑ 부정사례

1. 공익근무요원

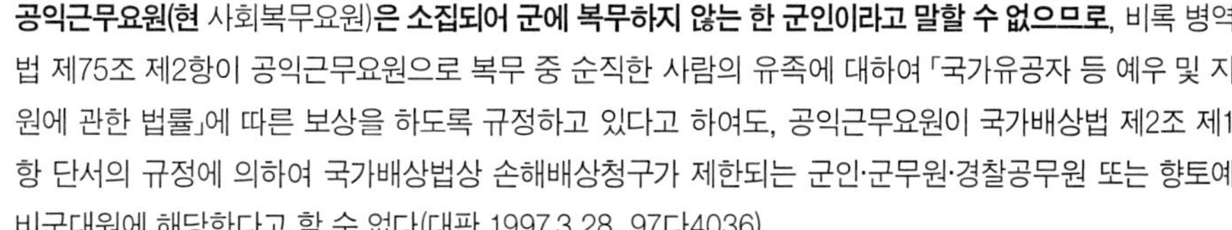

공익근무요원(현 사회복무요원)**은 소집되어 군에 복무하지 않는 한 군인이라고 말할 수 없으므로,** 비록 병역법 제75조 제2항이 공익근무요원으로 복무 중 순직한 사람의 유족에 대하여 「국가유공자 등 예우 및 지원에 관한 법률」에 따른 보상을 하도록 규정하고 있다고 하여도, 공익근무요원이 국가배상법 제2조 제1항 단서의 규정에 의하여 국가배상법상 손해배상청구가 제한되는 군인·군무원·경찰공무원 또는 향토예비군대원에 해당한다고 할 수 없다(대판 1997.3.28, 97다4036).

2. 현역병으로 입영하여 경비교도로 전임 임용된 자

현역병으로 입영하여 소정의 군사교육을 마치고 병역법 제25조의 규정에 의하여 전임되어 구 교정시설경비교도대설치법 제3조에 의하여 경비교도로 임용된 자는, **군인의 신분을 상실하고 군인과는 다른 경비교도로서의 신분을 취득하게 되었다고 할 것이어서 국가배상법 제2조 제1항 단서가 정하는 군인 등에 해당하지 아니한다**(대판 1998.2.10, 97다45914).

㉡ 전투·훈련 등 직무집행과 관련하여 전사·순직 또는 공상을 입었을 것

1. 군인의 사망이 국가배상법 제2조 제1항 단서 소정의 '순직'에 해당하는지 여부에 대한 판단기준

   국가배상법 제2조 제1항 단서에서 말하는 '순직'에 해당하는 여부는 피해를 입은 군인 등이 그 직무수행과 관련하여 피해를 입게 되었는지 여부에 따라 가려져야 할 것이고 가해자인 군대 상급자의 구타행위나 소위 얼차려행위 등이 그 징계권 또는 훈계권의 한계를 넘어 불법행위를 구성하는지 여부는 순직 여부를 판단하는 데에 직접적인 관계가 없다(대판 1991.8.13, 90다16108).

2. 경찰서 지서의 숙직실은 국가배상법 제2조 제1항 단서에서 말하는 전투·훈련에 관련된 시설이라고 볼 수 없다

   경찰서 지서의 숙직실은 국가배상법 제2조 제1항 단서에서 말하는 전투·훈련에 관련된 시설이라고 볼 수 없으므로 위 숙직실에서 순직한 경찰공무원의 유족들은 국가배상법 제2조 제1항 본문에 의하여 국가배상법 및 민법의 규정에 의한 손해배상을 청구할 권리가 있다[대판(전합) 1979.1.30, 77다2389].

3. 국가배상법 제2조 제1항 단서는 전투·훈련 또는 이에 준하는 직무집행뿐만 아니라 일반 직무집행에 관하여도 국가나 지방자치단체의 배상책임을 제한하는 것이다(경찰공무원이 낙석사고 현장 주변 교통정리를 위하여 사고현장 부근으로 순찰차를 운전하고 가다가 산에서 떨어진 대형 낙석이 순찰차를 덮쳐 사망한 사안)

   국가배상법 제2조 제1항 단서(면책조항)의 해석과 관련하여 ① 구 국가배상법(2005. 7. 13. 법률 제7584호로 개정되기 전의 것) 제2조 제1항 단서(종전 면책조항)에 대하여 종래 대법원과 헌법재판소가 헌법 제29조 제2항과 실질적으로 내용을 같이하는 규정이라고 해석하여 왔고, 이 사건 면책조항은 "전투·훈련 등 직무집행"이라고 규정하여 헌법 제29조 제2항과 동일한 표현으로 개정이 이루어졌으므로 그 개정에도 불구하고 그 실질적 내용은 동일한 것으로 보이는 점, ② 이 사건 면책조항이 **종전의 '전투·훈련 기타'에서 '전투·훈련 등'으로 개정되었는데 통상적으로 '기타'와 '등'은 같은 의미**로 이해되고 이 경우에 다르게 볼 특수한 사정이 엿보이지 않는 점, ③ 위 **개정 과정에서 국가 등의 면책을 종전보다 제한하려는 내용의 당초 개정안이 헌법의 규정에 반한다는 등의 이유로 이 사건 면책조항으로 수정이 이루어져 국회를 통과**한 점, ④ 이 사건 면책조항은 군인연금법이나 「국가유공자 등 예우에 관한 법률」 등의 특별법에 의한 보상을 지급받을 수 있는 경우에 한하여 국가나 지방자치단체의 배상책임을 제한하는데, **「국가유공자 등 예우에 관한 법률」에 의한 보훈급여금 등은 사회보장적 성격을 가질 뿐만 아니라 국가를 위한 공헌이나 희생에 대한 응분의 예우를 베푸는 것으로서, 불법행위로 인한 손해를 전보하는 데 목적이 있는 손해배상제도와는 그 취지나 목적을 달리하지만, 실질적으로는 사고를 당한 피해자 또는 유족의 금전적 손실을 메운다는 점에서 배상과 유사한 기능을 수행하는 측면이 있음을 부인할 수 없다**는 사정 등을 고려하면 이 사건 면책조항이 국민의 기본권을 과도하게 침해한다고도 할 수 없다는 점 등을 종합하여, **이 사건 면책조항은 종전 면책조항과 마찬가지로 전투·훈련 또는 이에 준하는 직무집행뿐만 아니라 일반 직무집행에 관하여도 국가나 지방자치단체의 배상책임을 제한하는 것**이라고 해석한 원심의 판결을 수긍한 사례(대판 2011.3.10, 2010다85942).

Ⓒ 본인 또는 그 유족이 다른 법령에 따라 재해보상금, 유족연금, 상이연금 등의 보상을 지급 받을 수 있을 것: 다른 법령에 의한 보상금은 손해배상에 준하는 것이어야 하며, 당해 보상금이 손해배상과는 전혀 성질이 다른 것인 경우에는 국가배상법 제2조 제1항 단서가 적용되지 않고 피해자는 국가배상법에 근거하여 국가배상을 청구할 수 있다.

1. 공상을 입은 군인·경찰공무원 등이 별도의 국가보상을 받을 수 없는 경우 국가배상법 제2조 제1항 단서는 적용되지 않는다(대판 1997.2.14, 96다28066).
2. 다른 법령 해당 여부
   (1) 「국가유공자 예우 등에 관한 법률」 및 군인연금법의 각 보상규정은 국가배상법 제2조 제1항 단서 소정의 '다른 법령의 규정'에 해당한다(대판 1993.5.14, 92다33145).
   (2) 구 공무원연금법상의 장해보상금지급규정은 국가배상법 제2조 제1항 단서 소정의 '다른 법령의 규정'에 해당하지 않는다(대판 1988.12.27, 84다카796).
3. 망인에게 군인연금법상의 유족에 해당하는 사람이 없는 경우에도 국가배상법조항 단서가 적용된다(대
4. 군인·경찰공무원이 공상을 입고 전역·퇴직하였으나 그 상이(傷痍) 정도가 「국가유공자예우 등에 관한 법률」의 적용대상인 상이등급에 해당하지 않는 경우 국가배상청구가 가능하다(대판 1996.12.20, 96다42178).
5. 공상을 입은 군인이 국가배상법에 의한 손해배상청구소송 도중에 「국가유공자 등 예우 및 지원에 관한 법률」에 의한 국가유공자 등록신청을 하였다가 인과관계가 없어 공상군경 요건에 해당되지 않는다는 이유로 비해당결정 통보를 받고 이에 불복하지 아니한 후 위 법률에 의한 보상금청구권과 군인연금법에 의한 재해보상금청구권이 모두 시효완성된 경우, 국가배상청구를 할 수 없다(대판 2002.5.10, 2000다39735).
6. 국가배상법 제2조 제1항 단서에 해당하는 경우에는 위자료청구도 할 수 없다 할 것이다(대판 1991.8.13, 90다16108).
7. 군인 등이 직무집행과 관련하여 공상을 입는 등의 이유로 구 「국가유공자 등 예우 및 지원에 관한 법률」이 정한 국가유공자 요건에 해당하여 보상금 등 보훈급여금을 지급받을 수 있는 경우, 국가를 상대로 국가배상을 청구할 수 없다(대판 2017.2.3, 2014두40012).
8. 직무집행과 관련하여 공상을 입은 군인 등이 먼저 국가배상법에 따라 손해배상금을 지급받은 다음 구 「국가유공자 등 예우 및 지원에 관한 법률」이 정한 보상금 등 보훈급여금의 지급을 청구하는 경우, 국가배상법에 따라 손해배상을 받았다는 이유로 그 지급을 거부할 수 없다 (대판 2017.2.3, 2014두40012).
9. 업무용 자동차종합보험계약의 관용차 면책약관은 군인 등의 피해자가 다른 법령에 의하여 보상을 지급받을 수 있어 국가나 지방자치단체가 국가배상법 제2조 제1항 단서에 따라 손해배상책임을 부담하지 않는 경우에 한하여 적용된다(대판 2019.5.30, 2017다16174).
10. 경찰공무원인 피해자가 구 공무원연금법에 따라 공무상 요양비를 지급받는 것이 국가배상법 제2조 제1항 단서에서 정한 '다른 법령의 규정'에 따라 보상을 지급받는 것에 해당하지 않는다(대판 2019.5.30, 2017다16174).
11. 「국가유공자 등 예우 및 지원에 관한 법률」이 국가배상법 제2조 제1항 단서의 '다른 법령'에 해당할 수 있는지 여부(적극) / 국민의 생명·재산 보호와 직접적인 관련이 있는 직무수행 중 상이를 입은 군인 등이 전역하거나 퇴직하지 않은 경우, 업무용 자동차종합보험계약의 관용차 면책약관이 적용될 수 없고, 이는 국민의 생명·재산 보호와 직접적인 관련이 없는 직무수행 중 상이를 입은 군인 등이 전역하거나 퇴직하

지 않은 경우도 마찬가지이다(대판 2019.5.30, 2017다16174).

(3) 적용범위(공동불법행위 관련 구상권행사의 가능 여부)

① 문제의 소재 : 일반국민이 직무집행 중인 군인과의 공동불법행위로 직무집행 중인 다른 군인에게 공상을 입히고서, 그 피해자에게 자신의 귀책부분을 넘어서 손해를 배상한 후, 공동불법행위자인 군인의 부담부분에 관하여 국가에 대해 구상권을 행사할 수 있는가가 문제된다.

② 판례 : 종전의 대법원판례는 구상권행사를 부정했지만, 최근 변경된 대법원판례의 다수의견은 각자의 부담부분으로 책임이 감축되고 구상권은 부인된다는 견해임에 반해, 헌법재판소는 전부배상책임을 인정하고 구상권도 인정하는 점에서 차이가 있다.

1. 헌법재판소(한정위헌)

국가배상법 제2조 제1항 단서 중 군인에 관련되는 부분을, 일반국민이 직무집행 중인 군인과의 공동불법행위로 직무집행 중인 다른 군인에게 공상을 입혀 그 피해자에게 공동의 불법행위로 인한 손해를 배상한 다음 공동불법행위자인 군인의 부담부분에 관하여 국가에 대하여 구상권을 행사하는 것을 허용하지 않는다고 해석한다면, 이는 위 단서규정의 헌법상 근거 규정인 헌법 제29조가 구상권의 행사를 배제하지 아니하는데도 이를 배제하는 것으로 해석하는 것으로서 합리적인 이유 없이 일반국민을 국가에 대하여 지나치게 차별하는 경우에 해당하므로 헌법 제11·29조에 위반되며, 또한 국가에 대한 구상권은 헌법 제23조 제1항에 의하여 보장되는 재산권이고 위와 같은 해석은 그러한 재산권의 제한에 해당하며 재산권의 제한은 헌법 제37조 제2항에 의한 기본권제한의 한계 내에서만 가능한데, 위와 같은 해석은 헌법 제37조 제2항에 의하여 기본권을 제한할 때 요구되는 비례의 원칙에 위배하여 일반국민의 재산권을 과잉제한하는 경우에 해당하여 **헌법 제23조 제1항 및 제37조 제2항에도 위반된다**(헌재결 1994.12.29, 93헌바21).

2. 최근의 전합 판결

공동불법행위자 등이 부진정연대채무자로서 각자 피해자의 손해 전부를 배상할 의무를 부담하는 공동불법행위의 일반적인 경우와 달리 예외적으로 민간인은 피해군인 등에 대하여 그 손해 중 국가 등이 민간인에 대한 구상의무를 부담한다면 그 **내부적인 관계에서 부담하여야 할 부분을 제외한 나머지 자신의 부담부분에 한하여 손해배상의무를 부담하고, 한편 국가 등에 대하여는 그 귀책부분의 구상을 청구할 수 없다**고 해석함이 상당하다 할 것이고, 이러한 해석이 손해의 공평·타당한 부담을 그 지도원리로 하는 손해배상제도의 이상에도 맞는다 할 것이다[대판(전합) 2001.2.15, 96다42420].

2. 손해의 발생

손해란 행정심판법이나 행정소송법과 같은 명문규정은 없지만 법률상 이익침해에 의한 불이익을 말하며, 반사적 이익이나 공공 일반의 이익침해는 포함되지 않는다. 이러한 손해에는 재산적·비재산적 손해(생명·신체 등), 적극적·소극적 손해(기대이익, 일실이익의 상실)를 불문한다.

1. 국가배상법 제2조 제1항에 따른 국가배상책임이 성립하기 위해서 공무원의 위법한 직무집행으로 타인의 권리·이익이 침해되어 구체적 손해가 발생하여야 한다(대판 2016.8.30, 2015두60617).
2. 불법행위로 재산권이 침해된 경우 원칙적으로 위자료 부정
   일반적으로 타인의 불법행위로 인하여 재산권이 침해된 경우에는 특별한 사정이 없는 한 그 재산적 손해의 배상에 의하여 정신적 고통도 회복된다고 보아야 할 것이고 **재산적 손해의 배상만으로는 회복할 수 없는 정신적 손해가 있다면 그 위자료를 인정할 수 있다**(대판 2003.7.25, 2003다22912).
3. 특별한 사정이 있는 경우 재산권 침해에 대한 위자료 인정
   국가배상법 제3조 제5항에 생명, 신체에 대한 침해로 인한 위자료의 지급을 규정하였을 뿐이고 **재산권 침해에 대한 위자료의 지급에 관하여 명시한 규정을 두지 아니하였으나 같은 법조 제4항의 규정이 재산권 침해로 인한 위자료의 지급의무를 배제하는 것이라고 볼 수는 없다**(대판 1990.12.21, 90다6033·6040·6057).
4. 불법행위로 인한 손해배상채무의 지체책임 발생시기는 원칙적으로 채무성립 시이다(대판 2011.1.13, 2009다103950).
5. 토지의 면적 및 경계가 잘못 등재된 지적공부의 기재를 진실한 것으로 믿고 토지를 매수하였다가 그 토지의 일부에 관한 소유권을 취득할 수 없게 됨으로써 매도인에게 지급한 매매대금 중 위 토지 일부에 해당하는 금액 상당의 손해를 입은 매수인의 국가에 대한 손해배상채권은 그 매매대금을 실제로 지급한 때에 성립하고 그때 이행기가 도래하므로 국가는 그날부터 갚는 날까지의 지연손해금을 지급하여야 한다(대판 2010.7.22, 2010다18829).
6. 불법행위로 인한 위자료배상채무의 지체책임 발생시기를 예외적으로 사실심 변론종결시로 보아야 한다는 이유에서 그 지연손해금 부분에 관한 법리오해의 위법이 있는 원심판결을 파기환송한 사례(불법구금상태에서 고문을 당한 후 간첩방조 등의 범죄사실로 유죄판결을 받고 형집행을 당한 사람에 대하여 국가배상책임을 인정)
   위자료를 산정함에 있어서는 사실심 변론종결 당시까지 발생한 일체의 사정이 그 참작대상이 될 뿐만 아니라, 위자료 산정의 기준이 되는 국민소득수준이나 통화가치 등도 변론종결시의 것을 반영해야만 하는 바, 불법행위가 행하여진 시기와 가까운 무렵에 통화가치 등의 별다른 변동이 없는 상태에서 위자료 액수가 결정된 경우에는 위와 같이 그 채무가 성립한 불법행위 시로부터 지연손해금이 발생한다고 보더라도 특별히 문제될 것은 없으나, 불법행위 시와 변론종결시 사이에 장기간의 세월이 경과되어 위자료를 산정함에 있어 반드시 참작해야 할 변론종결시의 통화가치 등에 불법행위 시와 비교하여 상당한 변동이 생긴 때에도 덮어놓고 불법행위 시로부터 지연손해금이 발생한다고 보는 경우에는 현저한 과잉배상의 문제가 제기된다. 왜냐하면 이때에는 위와 같이 변동된 통화가치 등을 추가로 참작하여 위자료의 수액을 재산정해야 하는데, 이러한 사정은 불법행위가 행하여진 무렵의 위자료 산정의 기초되는 기존의 제반 사정과는 명백히 구별되는 것이고, 변론종결의 시점에서야 전적으로 새롭게 고려되는 사정으로서 어찌 보면 변론종결시에 비로소 발생한 사정이라고도 할 수 있어, 이처럼 위자료 산정의 기준되는 통화가치 등의 요인이 변론종결시에 변동된 사정을 참작하여 위자료가 증액된 부분에 대하여 불법행위 시로부터 지연손해금을 붙일 수 있는 근거는 전혀 없다고 할 것이기 때문이다. 더구나 이 사건과 같이 피고 소속 공무원들에 의하여 원고 ○○○에 대한 불법구금이 개시된 1975. 2. 13.로부터 원심의 변론종결일인 2009. 9. 25.까지 34년 이상의 오랜 **세월이 경과하여 그 사이에 우리나라의 물가와 국민소득수준 등이 몇 곱절 상승함으로 말미암아 이를 반영하여 증액된 위자료에 대하여 이 사건 불법행위가 저질러진 시기와 가까운 무렵인 1975. 4. 1.부터 지연손해금이 발생한다고 보는 경우에는, 합리적인 이유 없이 현저하게 과잉된 지연배상을 허용하는 결과가 된다. 따라서 이처럼 불법행위 시와 변론종결시 사이에 장기간의 세월이 경과됨으로써 위자료**

를 산정함에 있어 반드시 참작해야 할 변론종결시의 통화가치 등에 불법행위 시와 비교하여 상당한 변동이 생긴 때에는, 예외적으로라도 불법행위로 인한 위자료배상채무의 지연손해금은 그 위자료 산정의 기준시인 사실심 변론종결 당일로부터 발생한다고 보아야만 할 것이다. 이러한 이유에서 불법행위로 인한 위자료배상채무의 지연손해금 기산일에 관한 법리를 오해한 위법이 있는 원심판결을 파기환송한 사례(대판 2011.1.13, 2009다103950)

7. 이른바 과거사 관련 위자료청구사건에서 재심대상판결(대법원 2011.1.27, 선고 2010다6680 판결)이 불법행위로 인한 손해배상채무의 지연손해금 기산일에 관하여 표시한 예외적 변론종결시설의 견해는 대법관 전원의 3분의 2 이상으로 구성된 전합에 의한 판례변경절차를 요하는 법원조직법 제7조 제1항 제3호 소정의 종전에 대법원에서 판시한 법령의 해석적용에 관한 의견을 '변경한 경우'에 해당하지 않으므로 그에 따라 대법원 전합이 아니라 소부에서 선고된 재심대상판결에 민사소송법 제451조 제1항 제1호의 '법률에 의하여 판결법원을 구성하지 아니한 때'의 재심사유가 있다고 할 수 없다
   원고가 들고 있는 대법원 판결들(대법원 1993.3.9, 선고 92다48413 판결, 대법원 2010.7.22, 선고 2010다18829 판결 등)과 이 사건 재심대상판결은 서로 다른 사안에서 불법행위로 인한 손해배상채무의 지연손해금의 기산일에 관하여 원칙과 예외에 속하는 법리를 각각 선언하고 있다고 할 것이고, **따라서 이 사건 재심대상판결은 원고가 들고 있는 대법원 판결들이 선언한 법리의 적용 범위와 한계를 분명히 하고 그 법리가 적용되지 않는 경우에 적용할 새로운 법리를 표시한 것일 뿐 종래 대법원이 표시한 의견을 변경한 경우에는 해당하지 않는다**고 할 것이다. **불법행위로 인한 손해배상에 있어 재산상 손해에 대한 배상액은 그 손해가 발생한 불법행위 당시를 기준으로 하여 액수를 산정하여야 하고, 공평의 관념상 별도의 이행최고가 없더라도 그 불법행위 당시부터 지연손해금이 발생하는 것이 원칙**이다. 이에 비하여 **정신상 손해에 대한 배상인 위자료는 불법행위 그 자체로 인하여 피해자가 입은 고통의 정도, 가해자가 보인 태도, 가해자와 피해자의 연령, 사회적 지위, 재산상태는 물론, 국민소득수준 및 통화가치 등 여러 사정을 종합적으로 고려하여 사실심 변론종결시를 기준으로 그 수액이 결정되어야 한다.** 불법행위 시와 사실심 변론종결시가 통화가치 등의 변동을 무시해도 좋을 정도로 근접해 있는 경우에는 위자료에 대하여도 재산상 손해에 대한 배상액과 마찬가지로 불법행위 당시부터 지연손해금의 지급을 명하더라도 특별히 문제될 것은 없고, 그렇게 하는 것이 원칙이다. 그러나 불법행위 시부터 사실심 변론종결시까지 사이에 장기간이 경과하고 통화가치 등에 상당한 변동이 생긴 경우에는, 그와 같이 변동된 사정까지를 참작하여 사실심 변론종결시를 기준으로 한 위자료의 수액이 결정되어야 하는 것이므로, 그 위자료에 대하여는 앞서 본 원칙적인 경우와는 달리, 사실심 변론종결일 이후의 기간에 대하여 지연손해금을 지급하도록 하여야 하고, 불법행위 시로 소급하여 그 때부터 지연손해금을 지급할 아무런 합리적인 이유나 근거가 없다. 이 사건 재심대상판결은 이러한 법리를 선언하고 있는 것으로서 정당하여 그대로 유지되어야 하고, 이를 변경할 이유나 필요도 없다[대판(전합) 2011.7.21, 2011재다199].

8. 한국전쟁 전후 민간인 희생 사건의 위자료액 산정기준
   한국전쟁 전후 희생사건은 그 피해가 발생한 때로부터 무려 약 60년이 경과되었고, 과거사정리법도 그 피해의 일률적인 회복을 지향하고 있으며, 피해자의 숫자도 매우 많을 뿐 아니라 전국적으로 분포되어 있는 등 특수한 사정이 있다. 따라서 그에 대한 위자료의 액수를 정함에 있어서는 피해자들 상호 간의 형평도 중요하게 고려하여야 할 것이고 손해배상을 청구하는 희생자 유족의 숫자 등에 따른 적절한 조정도 필요하다고 할 것이다[대판(전합) 2013.5.16, 2012다202819].

9. 불법행위로 입은 비재산적 손해에 대한 위자료 액수의 확정에 관한 사실심법원의 재량과 그 한계의 판단 기준
   불법행위로 입은 비재산적 손해에 대한 위자료 액수에 관하여는 사실심법원이 여러 사정을 참작하여 그 직권에 속하는 재량에 의하여 이를 확정할 수 있는 것이나, 이것이 위자료의 산정에 법관의 자의가 허용

된다는 것을 의미하는 것은 물론 아니다. 위자료의 산정에도 그 시대와 일반적인 법감정에 부합될 수 있는 액수가 산정되어야 한다는 한계가 당연히 존재하고, 따라서 그 한계를 넘어 손해의 공평한 분담이라는 이념과 형평의 원칙에 현저히 반하는 위자료를 산정하는 것은 사실심법원이 갖는 재량의 한계를 일탈한 것이 된다(대판 2014.1.16, 2011다108057).

10. 재산적 손해액의 확정이 가능한 경우 재산상 손해의 발생에 대한 증명이 부족한데도 위자료의 명목으로 사실상 재산적 손해의 전보를 꾀하는 것은 허용되지 않는다

위자료는 불법행위에 따른 피해자의 정신적 고통을 위자하는 금액에 한정되어야 하므로 발생한 재산상 손해의 확정이 가능한 경우에 위자료의 명목 아래 재산상 손해의 전보를 꾀하는 일은 허용될 수 없고, 재산상 손해의 발생에 대한 증명이 부족한 경우에는 더욱 그러하다. 원심이 이른바 '윤필용 사건'의 피해자와 그의 가족들에 대하여 피고 국가가 배상하여야 할 위자료액을 산정함에 있어서 참작하여서는 안 될 사정을 증액사유로 참작하거나 참작함이 마땅한 제반 사정을 제대로 감안하지 않음으로써 손해의 공평한 분담이라는 이념과 형평의 원칙에 현저히 반하여 그 재량의 한계를 일탈하였다고 본 사안(대판 2014.1.16, 2011다108057)

11. 불법구금 등에 따른 손해배상액을 산정하는 과정에서 먼저 받은 형사보상금을 공제하는 방법

구 형사보상법 제5조 제1항은 "이 법은 보상을 받을 자가 다른 법률의 규정에 의하여 손해배상을 청구함을 금하지 아니한다."고 규정하고 있고, 제5조 제3항은 "다른 법률의 규정에 의하여 손해배상을 받을 자가 동일한 원인에 대하여 이 법에 의한 보상을 받았을 때에는 그 보상금의 액수를 공제하고 손해배상의 액수를 정하여야 한다."고 규정하고 있으며, 현행의 「형사보상 및 명예회복에 관한 법률」 제6조 제1항과 제3항 역시 같은 취지의 규정을 두고 있다. 그런데 형사절차에서 억울하게 구금 또는 형의 집행을 받은 자는 공무원의 귀책사유를 입증하여 손해배상을 받을 수도 있고, 공무원의 귀책사유를 입증할 필요 없이 형사보상을 받는 방법을 통하여 간편·신속하게 그 피해를 구제받을 수도 있는바, 형사보상제도가 마련된 취지에 비추어 손해배상에 앞서 형사보상을 먼저 받은 자에게 불이익이 생겨서는 안 될 것인 점이나 손해배상과 형사보상 모두가 동일한 피해에 대한 손해전보 수단으로서의 기능을 같이하는 점 등에 비추어, **손해배상액을 산정하는 과정에서 위 관련규정에 의하여 먼저 받은 형사보상금을 공제함에 있어서는 이를 손해배상채무의 변제액 공제에 준하여 민법에서 정한 변제충당의 일반 원칙에 따라 형사보상금을 지급받을 당시의 손해배상채무의 지연손해금과 원본의 순서로 충당하여 공제하는 것이 상당하다 할 것이고, 형사보상금을 곧바로 손해배상액의 원본에서 공제할 것은 아니지만, 예외적으로 불법행위로 인한 위자료 배상채무의 지연손해금이 사실심 변론종결일부터 기산되는 이 사건과 같은 경우에 있어서 형사보상금의 수령일을 기준으로 지연손해금이 발생하지 아니한 위자료 원본의 액수가 이미 수령한 형사보상금 액수 이상인 때에는 계산의 번잡을 피하기 위하여 이미 지급받은 형사보상금을 그 위자료 원본에서 우선 공제하여도 무방하다**(대판 2012.3.29, 2011다38325).

12. 국가가 소속 경찰관의 직무집행상의 과실로 피해자에게 손해를 배상할 책임이 있는 경우, 손해배상의 범위를 판단하는 방법 및 이때 책임감경사유에 관한 사실인정이나 비율을 정하는 것은 사실심의 전권사항이다(대판 2017.11.9, 2017다228083).

13. 불법행위로 입은 정신적 고통에 대한 위자료 액수 결정은 사실심 법원의 재량사항이다(대판 2017.11.9, 2017다228083).

14. 「범죄피해자 보호법」 제17조 제2항에 규정한 유족구조금의 법적 성격

「범죄피해자 보호법」에 의한 범죄피해 구조금 중 위 법 제17조 제2항의 유족구조금은 사람의 생명 또는 신체를 해치는 죄에 해당하는 행위로 인하여 사망한 피해자 또는 그 유족들에 대한 손실보상을 목적으로 하는 것으로서, 위 범죄행위로 인한 손실 또는 손해를 전보하기 위하여 지급된다는 점에서 불법행위로 인한 소극적 손해의 배상과 같은 종류의 금원이라고 봄이 타당하다(대판 2017.11.9, 2017다228083).

15. 「범죄피해자 보호법」 제20조, 같은 법 시행령 제16조의 규정 취지
「범죄피해자 보호법」 제20조는 "구조피해자나 유족이 해당 구조대상 범죄피해를 원인으로 하여 국가배상법이나 그 밖의 법령에 따른 급여 등을 받을 수 있는 경우에는 대통령령으로 정하는 바에 따라 구조금을 지급하지 아니한다."라고 규정하고, 「범죄피해자 보호법 시행령」 제16조는 "법 제16조에 따른 구조피해자 또는 그 유족이 다음 각 호의 어느 하나에 해당하는 보상 또는 급여 등을 받을 수 있을 때에는 법 제20조에 따라 그 받을 금액의 범위에서 법 제16조에 따른 구조금을 지급하지 아니한다."라고 규정하면서 제1호에서 "국가배상법 제2조 제1항에 따른 손해배상 급여"를 규정하고 있다. 이는 수급권자가 동일한 범죄로 「범죄피해자 보호법」 소정의 구조금과 국가배상법에 의하여 국가 또는 지방자치단체의 부담으로 되는 같은 종류의 급여를 모두 지급받음으로써 급여가 중복하여 지급되는 것을 방지하기 위한 조정조항이라 할 것이다(대판 2017.11.9, 2017다228083).

16. 국가배상법에 따른 손해배상 급여와 「범죄피해자 보호법」에서 정한 유족구조금과의 관계
구조대상 범죄피해를 받은 구조피해자가 사망한 경우, 사망한 구조피해자의 유족들이 국가배상법에 의하여 국가 또는 지방자치단체로부터 사망한 구조피해자의 소극적 손해에 대한 손해배상금을 지급받았다면 지구심의회는 유족들에게 같은 종류의 급여인 유족구조금에서 그 상당액을 공제한 잔액만을 지급하면 되고, 유족들이 지구심의회로부터 「범죄피해자 보호법」 소정의 유족구조금을 지급받았다면 국가 또는 지방자치단체는 유족들에게 사망한 구조피해자의 소극적 손해액에서 유족들이 지급받은 유족구조금 상당액을 공제한 잔액만을 지급하면 된다고 봄이 타당하다(대판 2017.11.9, 2017다228083).

17. 가해자가 행한 불법행위로 피해자가 채무를 부담하게 된 경우, 그 채무액 상당의 손해배상을 구하기 위한 요건 및 이때 현실적으로 손해가 발생하였는지 판단하는 방법
불법행위를 이유로 배상하여야 할 손해는 현실로 입은 확실한 손해에 한하므로, 가해자가 행한 불법행위로 인하여 피해자가 채무를 부담하게 된 경우 피해자가 가해자에게 그 채무액 상당의 손해배상을 구하기 위해서는 채무의 부담이 현실적·확정적이어서 실제로 변제하여야 할 성질의 것이어야 하고, 현실적으로 손해가 발생하였는지 여부는 사회통념에 비추어 객관적이고 합리적으로 판단하여야 한다(대판 2020.10.15, 2017다278446).

18. 가해자가 행한 불법행위로 인하여 피해자에게 행정처분이 부과되고 확정되어 그 이행에 비용이 발생하는 경우, 행정처분 당시 위 비용 상당의 손해가 현실적으로 발생하였다고 볼 수 있다(대판 2020.10.15, 2017다278446).

19. 행정처분이 있은 후 행정처분을 이행하기 어려운 장애사유가 있어 오랫동안 이행이 이루어지지 않았고 행정관청에서도 이러한 사정을 참작하여 이행을 강제하기 위한 조치를 취하지 않고 불이행된 상태를 방치하는 등 특별한 사정이 있는 경우, 행정처분의 이행에 따른 비용 상당의 손해가 현실적·확정적으로 발생하였다고 보기 위해서는 행정처분의 존재뿐만 아니라 행정처분의 이행가능성과 이행필요성이 인정되어야 한다(대판 2020.10.15, 2017다278446).

20. 甲 등이 토지 위에 건축물을 신축하면서 乙 지방자치단체(김포시)에 건축신고를 하였는데, 乙 지방자치단체 소속 공무원이 위 토지가 「군사기지 및 군사시설 보호법」상 폭발물 관련 제한보호구역으로 지정되어 있었음에도 관할부대장에게 협의요청을 하지 않은 채 건축신고를 수리하였고, 이후 관할부대장이 공사중지 등을 요청하여 乙 지방자치단체가 甲에게 건축물 신축을 중지하라는 명령을 내리자, 甲 등이 乙 지방자치단체를 상대로 건축신고 수리가 적법하게 이루어진 것으로 믿고 건축물의 신축에 이르렀다가 이를 철거해야 할 의무를 지게 되었다는 이유로 손해배상을 구한 사안에서, 乙 지방자치단체 소속 공무원의 과실은 인정되나, 원심 변론종결 시점까지 위 건축물에 관한 사용승인이 반려된 상태가 지속되고 있다는 점만으로 甲 등에게 가까운 장래에 위 건축물의 철거 내지 이를 전제로 하는 손해의 결과가 현실적·확정적으로 발생하였다고 단정하기 어렵다고 한 사례(대판 2020.10.15, 2017다278446)

21. 불법행위로 인한 위자료를 산정할 때 참작하여야 할 요소

불법행위로 인한 위자료를 산정할 경우, 피해자의 연령, 직업, 사회적 지위,재산과 생활상태, 피해로 입은 고통의 정도, 피해자의 과실 정도 등 피해자 측의 사정과 아울러 가해자의 고의·과실의 정도, 가해행위의 동기와 원인, 불법행위 후의 가해자의 태도 등 가해자 측의 사정까지 함께 참작하는 것이 손해의 공평부담이라는 손해배상의 원칙에 부합하고, 법원은 이러한 여러 사정을 참작하여 그 직권에 속하는 재량에 의하여 위자료 액수를 확정할 수 있다(대판 2020.11.26, 2019다276307).

22. 불법행위 시와 변론종결 시 사이에 장기간의 세월이 지나 통화가치 등에 상당한 변동이 생긴 경우, 불법행위로 인한 위자료 배상채무의 지연손해금은 위자료 산정의 기준시인 사실심 변론종결일부터 발생한다고 보아야 하고, 이 경우 사실심 변론종결 시의 위자료 원금도 배상이 지연된 사정을 참작하여 산정할 필요가 있으며, 제1심판결에서 배상이 지연된 사정을 참작하여 제1심 변론종결일을 기준으로 위자료를 산정하였는데 항소심이 이를 그대로 유지한 경우, 위자료 배상채무의 지연손해금은 제1심 변론종결일부터 발생한다(대판 2020.11.26, 2019다276307).

23. 손해가 발생한 사실이 인정되나 구체적인 손해의 액수를 증명하는 것이 어려운 경우, 법원이 취하여야 할 조치 및 이때 고려할 사항

손해가 발생한 사실이 인정되나 구체적인 손해의 액수를 증명하는 것이 매우 어려운 경우에 법원은 손해배상청구를 쉽사리 배척해서는 안 되고, 적극적으로 석명권을 행사하여 증명을 촉구하는 등으로 구체적인 손해액에 관하여 심리하여야 한다. 그 후에도 구체적인 손해액을 알 수 없다면 민사소송법 제202조의2에 따라 법원은 변론 전체의 취지와 증거조사의 결과에 의하여 인정되는 모든 사정을 종합하여 상당하다고 인정되는 금액을 손해배상 액수로 정할 수 있다. 이때 고려할 사정에는 당사자들 사이의 관계, 불법행위로 인한 손해가 발생하게 된 경위, 손해의 성격, 손해가 발생한 이후의 정황 등이 포함된다(대판 2021.6.30, 2017다249219).

3. 상당인과관계

공무원의 위법한 직무행위와 손해발생에는 인과관계가 있어야 하는데, 통설과 판례는 상당인과관계를 취한다. 상당인과관계란 경험법칙상 어떤 원인이 있으면 어떤 결과가 발생할 개연성이 일반적이라고 생각되는 범위 안에서만 인과관계를 인정하는 것을 말한다. 상당인과관계의 유무를 판단함에 있어서는 일반적인 결과발생의 개연성은 물론 직무상 의무를 부과한 법령 기타 행동규범의 목적이나 가해행위의 태양 및 피해의 정도 등을 종합적으로 고려해야 한다.

1. 공무원이 법령에서 부과된 직무상 의무를 위반한 것을 계기로 제3자가 손해를 입은 경우, 제3자에게 손해배상청구권이 인정되기 위한 요건으로서 공무원의 직무상 의무 위반행위와 제3자의 손해 사이에 상당인과관계가 있는지 판단하는 기준

공무원이 법령에서 부과된 직무상 의무를 위반한 것을 계기로 제3자가 손해를 입은 경우에 제3자에게 손해배상청구권이 인정되기 위하여는 공무원의 직무상 의무 위반행위와 제3자의 손해 사이에 상당인과관계가 있어야 하고, 상당인과관계의 유무를 판단할 때 일반적인 결과발생의 개연성은 물론 직무상 의무를 부과한 법령 기타 행동규범의 목적이나 가해행위의 태양 및 피해의 정도 등을 종합적으로 고려하여야 한다. 공무원에게 직무상 의무를 부과한 법령의 목적이 사회 구성원 개인의 이익과 안전을 보호하기 위한

것이 아니고 단순히 공공일반의 이익이나 행정기관 내부의 질서를 규율하기 위한 것이라면, 설령 공무원이 그 직무상 의무를 위반한 것을 계기로 하여 제3자가 손해를 입었다고 하더라도 공무원이 직무상 의무를 위반한 행위와 제3자가 입은 손해 사이에 상당인과관계가 있다고 할 수 없다(대판 2020.7.9, 2016다268848).

2. 군부대에서 사용하는 총기·탄약·폭발물 등의 관리책임자는 **자기의 보관 및 관리 소홀로 총기 등이 군 외부로 유출되면 그것이 범죄행위에 사용되어 국민 개개인의 생명과 신체를 침해하는 결과가 발생할 수 있다는 것을 충분히 예견**할 수 있으므로, 관리상의 과실로 군부대에서 유출된 폭음탄이 범죄행위에 사용된 경우, 그 범죄행위로 인해 피해자가 입은 손해와 관리책임자의 폭음탄 관리상의 과실 사이에는 상당인과관계가 있다(대판 1998.2.10, 97다49534).

3. 직접증명방식에서 간접증명방식으로 개정된 인감증명법하에서 허위의 인감증명서의 발급과 이를 믿고 거래하여 발생한 손해 사이의 인과관계가 인정된다
   인감증명은 인감 자체의 동일성을 증명함과 동시에 거래행위자의 동일성과 거래행위가 행위자의 의사에 의한 것임을 확인하는 자료로서 일반인의 거래상 극히 중요한 기능을 갖고 있으므로, 인감증명사무를 처리하는 공무원으로서는 그것이 타인과의 권리·의무에 관계되는 일에 사용될 것을 예상하여 그 발급된 인감증명으로 인한 부정행위의 발생을 방지할 직무상의 의무가 있고, 따라서 발급된 허위의 인감증명에 의하여 그 인감명의인과 계약을 체결한 자가 그로 인한 손해를 입었다면 위 인감증명의 교부와 그 손해 사이에는 상당인과관계가 있다. 이러한 법리는, 구 인감증명법 및 구 「인감증명법 시행령」 아래에서 인감증명은 증명청이 신청인의 본인 또는 대리인인지 여부를 주민등록증 등에 의하여 확인한 다음 신청서에 날인된 인영을 미리 신고되어 있는 인감대장상의 인영과 대조·확인하여 그 동일성을 증명하는 이른바 직접증명방식으로 이루어져 오다가, 같은 법 및 시행령의 개정에 따라 증명청이 전산정보처리조직을 이용하여 인감증명을 할 수 있게 하면서 신청서에 날인된 인영과 인감대장상의 인영을 대조·확인하는 절차를 생략하고 단순히 인감대장상의 인영을 현출하여 그것이 신고되어 있는 인감의 인영임을 증명하는 이른바 간접증명방식으로 전환되었다고 하여 달리 볼 것은 아니다(대판 2008.7.24, 2006다63273).

4. 우편역무종사자의 직무상 의무위반으로 내용증명 우편이 수취인에게 도달하지 아니하거나 그 도달에 대한 증명기능이 발휘하지 못하게 된 경우, 그 직무상 의무 위반과 발송인 등이 제3자와 맺은 거래관계의 성립·이행·소멸 등과 관련하여 입게 된 손해 사이의 상당인과관계 유무(원칙 소극)
   우편역무종사자가 내용증명우편물을 배달하는 과정에서 우편법 관계 법령에서 정한 직무규정을 위반하였다고 하더라도, **우편역무종사자가 발송인 등과 제3자와의 거래관계의 내용을 인식하고 그 내용증명우편물을 배달하지 아니할 경우 그 거래관계의 성립·이행·소멸이 방해되어 발송인 등에게 손해가 발생할 수 있다는 점을 알았거나 알 수 있었다는 등의 특별한 사정이 없는 한, 그 직무상 의무 위반과 내용증명우편물에 기재된 의사표시가 도달되지 않거나 그 도달에 대한 증명기능이 발휘되지 못함으로써 발송인 등이 제3자와 맺은 거래관계의 성립·이행·소멸 등과 관련하여 입게 된 손해 사이에는 상당인과관계가 있다고 볼 수 없다**(대판 2009.7.23, 2006다81325).

5. 이와 같은 경우 우편역무종사자에 고의 또는 중과실이 있는 경우 발송인 등이 통상손해로서 위자료를 청구할 수 있다
   다만, **우편집배원의 고의 또는 중과실에 의한 직무상 의무 위반으로 내용증명우편물이 도달되지 않거나 그 증명기능이 발휘되지 못하게 된 경우, 발송인 등이 그로 인하여 정신적 고통을 입었을 것임은 경험칙상 넉넉히 인정**할 수 있고, 이러한 정신적 고통은 단순히 내용증명우편물의 **발송비용을 전보받는 것만으로 회복된다고 볼 수 없으므로,** 이러한 경우에는 당해 발송인 등은 그 **정신적 고통에 대한 위자료를 통상손해로서 청구할 수 있을 것이다**(대판 2009.7.23, 2006다81325).

6. 공무원의 개별공시지가 결정이 개인의 재산권을 침해한 경우 그 공무원이 소속된 지방자치단체는 상당

인과관계가 있는 범위 내에서 배상책임을 진다(대판 2010.7.22, 2010다13527).

7. 자살한 초임하사가 근무한 부대의 지휘관 등이 영내 거주 등에 관한 육군규정에 위반한 잘못과 망인의 사망 사이에 상당인과관계가 인정되지 않는다(대판 2011.1.27, 2010다74416).

8. 기업자(현 사업시행자)의 잘못으로 1차 토지수용이 무효가 된 경우 기업자가 2차 토지수용을 하면서 1차 수용목적물에 대하여 물상대위권을 행사한 근저당권자에게 협의나 통지절차를 이행하지 않고 위와 같은 무효사실 등을 알리지도 않았으므로 기업자의 불법행위가 성립할 수 있다(대판 2011.7.28, 2009다35842).8. 기업자(현 사업시행자)의 잘못으로 1차 토지수용이 무효가 된 경우 기업자가 2차 토지수용을 하면서 1차 수용목적물에 대하여 물상대위권을 행사한 근저당권자에게 협의나 통지절차를 이행하지 않고 위와 같은 무효사실 등을 알리지도 않았으므로 기업자의 불법행위가 성립할 수 있다(대판 2011.7.28, 2009다35842).

9. 지방자치단체장의 갑에 대한 건축허가신청 반려처분이 확정판결에 의하여 취소되었음에도 담당공무원들이 판결 취지에 따른 재처분을 지체하고, 그 후 건축허가를 하면서 위법한 내용의 부관을 부가한 다음 부관의 이행을 요구하면서 갑이 한 착공신고의 수리를 지체한 사안에서, 위 행정처분은 객관적 정당성을 상실한 것으로서 위와 같은 불법행위와 갑이 건물 준공이 지체된 기간 동안 얻지 못한 건물 차임 상당의 손해 사이에 상당인과관계가 인정된다고 본 원심판단을 수긍한 사례(대판 2012.5.24, 2012다11297)

10. 원인무효의 소유권이전등기와 해당 부동산 소유자의 임대지연 사이에 상당인과관계가 있다고 인정되는 경우

부동산에 대하여 원인무효의 소유권이전등기가 이루어졌다고 하더라도, 타인 소유의 부동산에 관한 임대계약도 가능한 점 등을 고려하면, 다른 특별한 사정이 없는 한 위와 같은 원인무효의 소유권이전등기는 부동산을 임대함에 있어서 법률상의 장애가 되는 것은 아니다. 다만 타인 명의로 소유권이전등기가 되어 있는 부동산을 임차하려는 자로서는 부동산에 대한 임차권을 완전하게 취득하지 못하게 될 위험을 고려하여 부동산의 임차를 꺼리게 됨으로써, 결과적으로 타인 명의로 소유권이전등기가 되어 있다는 사정은 부동산을 임대함에 있어 사실상의 장애가 될 수는 있다. 따라서 진정한 소유자가 당해 부동산에 대한 임대를 계획하고 또 시도하였으나 임대하지 못하였고, 그와 같이 부동산을 임대하지 못한 것이 원인무효의 소유권이전등기로 인하였을 것이라는 점이 증명되는 경우에만 원인무효의 소유권이전등기와 해당 부동산의 임대지연 사이에 상당인과관계가 있다(대판 2014.7.24, 2014다200305).

11. 담당공무원이 위법하게 집행문을 부여하여 甲이 乙과 공유인 토지 중 乙의 지분에 관하여 원인무효의 등기를 마쳤는데, 乙이 담당공무원의 과실로 임대지연으로 인한 차임 상당의 손해를 입었다고 주장하면서 대한민국을 상대로 손해배상을 구한 사안에서, 담당공무원의 과실에 기초한 甲 명의의 소유권이전등기와 乙이 입은 차임 상당의 손해 사이에 상당인과관계가 있다고 단정할 수 없다고 한 사례

위 토지는 甲과 乙의 공유이어서 乙의 의사만으로 타에 임대할 수 없는데, 乙이 甲에게 임대에 관한 동의나 협조를 요구한 적이 없는 점 등에 비추어 乙이 위 지분을 임대하지 못한 것이 원인무효의 소유권이전등기 때문이라고 볼 수 없으므로, 담당공무원의 과실에 기초한 甲 명의의 소유권이전등기와 乙이 입은 차임 상당의 손해 사이에 상당인과관계가 있다고 단정할 수 없다(대판 2014.7.24, 2014다200305).

12. 주점에서 발생한 화재로 사망한 甲 등의 유족들이 부산광역시를 상대로 손해배상을 구한 사안에서, 소방공무원들이 업주들에 대하여 적절한 지도·감독을 하지 않는 등 직무상 의무를 위반하였고, 소방공무원들의 직무상 의무 위반과 甲 등의 사망 사이에 상당인과관계가 인정된다고 한 사례

소방공무원들이 소방검사에서 비상구 중 1개가 폐쇄되고 그곳으로 대피하도록 유도하는 피난구유도등, 피난안내도 등과 일치하지 아니하게 됨으로써 화재 시 피난에 혼란과 장애를 유발할 수 있는 상태임을 발견하지 못하여 업주들에 대한 시정명령이나 행정지도, 소방안전교육 등 적절한 지도·감독을 하지 아니한 것은 구체적인 소방검사 방법 등이 소방공무원의 재량에 맡겨져 있음을 감안하더라도 현저하게 합

리성을 잃어 사회적 타당성이 없는 경우에 해당하고, 다른 비상구 중 1개와 그곳으로 연결된 통로가 사실상 폐쇄된 사실을 발견하지 못한 것도 주점에 설치된 피난통로 등에 대한 전반적인 점검을 소홀히 한 직무상 의무 위반의 연장선에 있어 위법성을 인정할 수 있고, 소방공무원들이 업주들에 대하여 필요한 지도·감독을 제대로 수행하였더라면 화재 당시 손님들에 대한 대피조치가 보다 신속히 이루어지고 피난통로 안내가 적절히 이루어지는 등으로 甲 등이 대피할 수 있었을 것이고, 甲 등이 대피방향을 찾지 못하다가 복도를 따라 급속히 퍼진 유독가스와 연기로 인하여 단시간에 사망하게 되는 결과는 피할 수 있었을 것인 점 등 화재 당시의 구체적 상황과 甲 등의 사망 경위 등에 비추어 소방공무원들의 직무상 의무 위반과 甲 등의 사망 사이에 상당인과관계가 인정된다고 한 사례(대판 2016.8.25, 2014다225083).

제2목 배상책임

I 배상책임자(국가 또는 지방자치단체)

국가배상책임자는 가해공무원이 소속하는 '국가나 지방자치단체'이다(국가배상법 제2조 제1항). 헌법은 '국가 또는 공공단체'를 배상책임자로 하고 있으나, 국가배상법이 '국가나 지방자치단체(예 서울특별시, 경상남도)'로 한정하고 있으므로 지방자치단체 이외의 공공단체(예 공공조합, 영조물법인, 공재단, 한국은행)의 배상책임에 대하여는 민법에 맡기고 있다는 것이 다수설이다. 이에 대하여는 합헌설이 다수설인데, 위헌설도 주장된다. 판례는 국가배상법에 의하기도 하고 민법에 의하기도 한다. 공무수행상의 불법행위로 인한 손해배상책임의 경우 국가배상법 제2조, 영조물의 설치 또는 관리의 하자로 인한 배상책임에 있어서는 민법 제758조의 공작물책임을 인정하는 것이 일반적 경향이다.

한편, 국가나 지방자치단체로부터 공무를 위탁받은 공공단체의 공무수행상 불법행위로 인한 손해배상책임자가 누구인지에 관해서는 ① 수탁공공단체라는 견해와 ② 위탁한 국가나 지방자치단체라는 견해가 대립한다. 판례는 공공단체를 행정주체로 보고, 당해 공공단체를 배상책임주체로 본다.

법령에 의해 대집행권한을 위탁받은 한국토지공사가 대집행을 행할 때 국가배상법 제2조 소정의 공무원의 지위에 있다고 할 수 없다

한국토지공사는 이러한 **법령의 위탁에 의하여 이 사건 대집행을 수권 받은 자로서 공무인 대집행을 실시함에 따르는 권리의무 및 책임이 귀속되는 행정주체의 지위**에 있다고 볼 것이지 지방자치단체 등의 기관으로서 국가배상법 제2조 소정의 **공무원에 해당한다고 볼 것은 아니다**(대판 2010.1.28, 2007다82950).

II 배상책임의 성질(본질)

1. 대위책임설(간접책임설)

공무원의 위법행위로 인한 손해배상책임은 원래 공무원이 지는 것이지만, 피해자보호를 위해 국가 등이 공무원을 대신하여 지는 책임이라는 견해(김도창, 박윤흔, 변재옥, 홍정선)이다. 대위책임설의 당연한 귀결로서 공무원의 배상책임은 부정되고 피해자는 국가에 대해서만 배상을 청구할 수 있다고 한다. 입법례로는 독일이 대위책임설에 입각하고 있다.

논거로는 ① 공무원의 위법행위는 국가 등의 대리인으로서 수권에 위반하여 행한 행위이므로 위법한 행위의 효과가 국가 등에 귀속되지 않는다는 점, ② 국가의 가해공무원에 대한 구상권이 인정되고 있다는 점, ③ 국민의 피해구제를 위해 재력이 풍부한 국가가 공무원을 대신하여 손해배상책임을 지면 된다는 점, ④ 공무원에 대한 경고 및 응징기능 등을 든다.

2. 자기책임설(직접책임설·다수설)

국가 등의 배상책임은 자기의 행위에 대한 책임을 스스로 지는 것이라고 보는 견해(강구철, 김남진·김연태, 김민호, 류지태, 박균성, 서원우, 석종현, 장태주, 정하중, 한견우, 홍준형, 권영성, 허영)로서 현재 다수설이다. 국가의 배상책임과 공무원 개인의 책임은 상호 무관한 것으로서 양립될 수 있으므로, 피해자는 선택적 청구권을 갖는 것으로 본다.

논거로는 ① 국가 또는 공공단체는 성질상 기관담당자인 공무원을 통해서 행위를 하기 때문에 그 행위의 효과는 적법행위이든 위법행위이든 국가 또는 공공단체에게 귀속된다는 점, ② 독일 공무원책임법과 달리 '공무원에 갈음하여'라는 문구를 두지 아니하고 "국가 또는 지방자치단체는 …… 손해를 배상하여야 한다."라고 규정하고 있다는 점, ③ 배상책임의 성립요건과 배상책임의 본질의 문제는 별개의 문제라는 점, ④ 구상권의 인정문제는 정책적 측면에서 인정되는 것이므로 이를 기준으로 배상책임의 성질을 논하는 것은 옳지 않다는 점 등을 든다. 교수에 따라서는 자기책임설을 기관이론에 입각한 자기책임설과 위험책임설적 자기책임설로 구분해서 설명하기도 한다.

(1) 기관이론에 입각한 자기책임설

이 견해는 공무원의 불법행위는 기관의 불법행위가 되므로 국가는 행정기관인 공무원의 불법행위에 대해서 직접 자기책임을 진다는 견해이다. 이에 대해서는 공무원의 불법행위를 기관행위로 보는 것은 타당하지 않고 이론적 조작에 불과하다는 비판이 제기된다.

(2) 위험책임설적 자기책임설

이 견해는 위법하게 행사될 위험성이 있는 행정권을 공무원에게 수권한 국가는 그러한 행정권이 잘못 행사되어 초래된 손해에 대해서도 책임을 부담해야 한다는 것으로 국가배상책임은 일종의 위험책임으로서의 자기책임이라고 한다.

3. 절충설(신자기책임설)

기관이론에 입각한 자기책임설[또는 신(新)자기책임설]은 공무원의 직무상 불법행위는 국가기관의 불법행위가 되므로 국가는 공무원의 불법행위에 대해 직접 자기책임을 진다는 견해이다. 공무원이 경과실로 타인에게 손해를 입힌 경우에 당해 공무원의 행위는 국가 등의 기관행위로 볼 수 있으므로 그 행위의 효과는 국가에 귀속되어 국가가 배상책임을 지기 때문에 자기책임이다. 한편, 공무원의 위법행위가 고의·중과실에 기인하는 것인 때에는 당해 공무원의 행위는 기관행위로서의 품격을 상실하는 것이지만 당해 공무원의 불법행위가 직무와 무관하지 않는 한 직무행위로서의 외형을 갖추게 되는 것이므로 피해자와의 관계에서는 당해 공무원의 행위도 국가기관의 행위로 인정하여 국가의 자기책임을 인정할 수 있으므로 이 경우의 배상책임도 자기책임이다.

Ⅲ 공무원의 피해자에 대한 직접적 배상책임(선택적 청구권 인정 여부)

1. 문제의 소재

헌법 제29조 제1항은 "공무원의 직무상 불법행위로 손해를 받은 국민은 법률이 정하는 바에 의하여 국가 또는 공공단체에 정당한 배상을 청구할 수 있다. 이 경우 공무원 자신의 책임은 면제되지 아니한다."라고 규정하고 있다. 여기서 공무원 자신의 책임(예 형사책임, 징계책임, 구상책임)에 피해자에 대한 직접적인 민사상의 손해배상책임이 포함되는가가 문제된다.

2. 인정 여부

(1) 긍정설(자기책임설)

주로 자기책임설의 입장에서 주장되는 견해(김남진·김연태, 류지태, 홍준형)로, ① 헌법 제29조 제1항 단서에서 공무원 자신의 책임이 면제되지 아니한다고 규정하고 있는바, 면제되지 않는 공무원의 책임에는 형사상·민사상의 책임이 포함된다는 점, ② 공무원의 피해자에 대한 배상책임을 부인하는 것은 공무원을 일반사인에 비해 부당하게 보호함으로써 공무원의 책임의식을 박약하게 한다는 점, ③ 국가배상법이 공무원에게 고의·중과실이 있는 경우에 구상할 수 있게 하고 있는 점, ④ 피해자의 입장에서도 국가와 공무원에게 선택적으로 손해배상을 청구할 수 있기 때문에 피해자의 권리구제에도 만전을 기할 수 있다는 점 등을 논거로 들고 있다.

한편, 대위책임설의 입장에 서면서 선택적 청구가 가능하다는 입장(김철수)도 있기 때문에 국가배상책임의 성질과 공무원의 개인책임의 문제는 논리필연적인 것은 아니다.

(2) 부정설(대위책임설, 중간설)

주로 대위책임설과 중간설의 입장에서 주장되는 견해(김도창, 박윤흔, 변재옥, 윤세창, 이상규, 장태주, 정하중, 한견우, 홍정선)로, ① 배상책임은 국가 또는 공공단체가 공무원에 대신하여 지는 것이므로 공무원의 피해자에 대한 직접책임을 인정하지 않는 것이 논리적이고, ② 헌법 제29조 제1항 단서상의 공무원 자신의 책임이란 국가 등에 대한 내부적인 구상책임 및 징계책임 내지 형사상의 책임이지 민사책임은 아니라는 점, ③ 무제한의 자력자인 국가 등이 배상하면 피해자의 구제는 충분하다는 점, ④ 공무원의 책임을 인정하면 공무원의 직무집행을 위축시킬 우려가 있고 소송에 연루된 공무원은 직무수행에 전념할 수 없고, ⑤ 공무원에 대한 위법방지기능은 구상권과 징계책임을 통해 충분히 담보된다는 점 등을 논거로 들고 있다.

자기책임설의 입장에 서면서도 대외적으로 국가책임만 인정하고 가해공무원 개인의 책임을 부정하는 견해(권영성, 서원우)도 있다. 중간설의 입장에서도 선택적 책임을 부정하고 있다(이상규).

(3) 절충설

공무원의 직무행위가 경과실로 인한 경우에는 선택적 청구권을 부인하되, 고의·중과실에 해당하는 경우에는 공무원 개인과 국가 등에 대해 선택적 청구권을 인정하는 견해(김동희, 김민호·이광윤, 유상현)이다.

(4) 판례(절충설)

긍정설 ⇨ 부정설 ⇨ 절충설

대법원판례는 종래 이를 긍정하는 판례(대판 1972.10.10, 69다701)와 부정하는 판례(대판 1994.4.12, 93다11807)가 상충되었다. 그러나 최근의 전합판결에서는 공무원 개인에게 고의 또는 중과실이 있는 경우에는 공무원 개인도 손해배상책임을 지지만, 경과실의 경우에는 공무원 개인은 손해배상책임을 부담하지 아니한다는 입장으로서 절충설에 따르고 있다.

1. 헌법 제29조 제1항 단서(공무원 자신의 책임은 면제되지 아니한다)의 해석 : 공무원 개인의 구체적인 손해배상책임의 범위에 대한 규정이 아니다

   헌법 제29조 제1항 단서는 공무원이 한 직무상 불법행위로 인하여 국가 등이 배상책임을 진다고 할지라도 그 때문에 공무원 자신의 민·형사책임이나 징계책임이 면제되지 아니한다는 원칙을 규정한 것이나, **그 조항 자체로 공무원 개인의 구체적인 손해배상책임의 범위까지 규정한 것으로 보기는 어렵다** [대판(전합) 1996.2.15, 95다38677].

2. 국가배상법 제2조 제1항 본문 및 제2항(내부적 구상책임)의 입법 취지 : 경과실의 경우 국가만이 배상책임, 고의 또는 중과실의 경우는 공무원 개인, 다만 외형상 직무집행행위로서 국가와 공무원이 중첩적 책임을 지는 경우 공무원에 대한 구상권을 인정하여 궁극적으로 공무원 개인의 배상책임

   국가배상법 제2조 제1항 본문 및 제2항의 입법 취지는 공무원의 직무상 위법행위로 타인에게 손해를 끼친 경우에는 변제자력이 충분한 국가 등에게 선임감독상 과실 여부에 불구하고 손해배상책임을 부담시켜 국민의 재산권을 보장하되, 공무원이 직무를 수행함에 있어 경과실로 타인에게 손해를 입힌 경우에는 그 직무수행상 통상 예기할 수 있는 흠이 있는 것에 불과하므로, 이러한 공무원의 행위는 여전히 국가 등의 기관의 행위로 보아 그로 인하여 발생한 손해에 대한 배상책임도 전적으로 국가 등에만 귀속시키고 공무원 개인에게는 그로 인한 책임을 부담시키지 아니하여 공무원의 공무집행의 안정성을 확보하고, 반면에 공무원의 위법행위가 **고의·중과실에 기한 경우에는** 비록 그 행위가 그의 직무와 관련된 것이라고 하더라도 그와 같은 행위는 그 본질에 있어서 **기관행위로서의 품격을 상실하여 국가 등에게 그 책임을 귀속시킬 수 없으므로 공무원 개인에게 불법행위로 인한 손해배상책임을 부담시키되, 다만 이러한 경우에도 그 행위의 외관을 객관적으로 관찰하여 공무원의 직무집행으로 보여질 때에는 피해자인 국민을 두텁게 보호하기 위하여 국가 등이 공무원 개인과 중첩적으로 배상책임을 부담하되 국가 등이 배상책임을 지는 경우에는 공무원 개인에게 구상할 수 있도록 함으로써 궁극적으로 그 책임이 공무원 개인에게 귀속되도록 하려는 것이라고 봄이 합당하다** [대판(전합) 1996.2.15, 95다38677].

3. 공무원의 피해자에 대한 민사상의 불법행위책임 : 고의 또는 중과실의 경우에만 배상책임 인정, 경과실의 경우는 손해배상책임 부정

   공무원이 직무수행 중 불법행위로 타인에게 손해를 입힌 경우에 국가 등이 국가배상책임을 부담하는 외에 **공무원 개인도 고의 또는 중과실이 있는 경우에는 불법행위로 인한 손해배상책임을 진다고 할 것이지만, 공무원에게 경과실뿐인 경우에는 공무원 개인은 손해배상책임을 부담하지 아니한다**고 해석하는 것이 헌법 제29조 제1항 본문과 단서 및 국가배상법 제2조의 입법 취지에 조화되는 올바른 해석이다 [대판(전합) 1996.2.15, 95다38677].

4. 공무원이 직무수행 중 불법행위로 타인에게 손해를 입힌 경우, 피해자에게 손해를 직접 배상한 경과실이 있는 공무원은 국가에 대하여 원칙적으로 구상권을 취득한다(대판 2014.8.20, 2012다54478).

5. 공중보건의인 甲에게 치료를 받던 乙이 사망하자 乙의 유족들이 甲 등을 상대로 손해배상청구의 소를 제기하였고, 甲의 의료과실이 인정된다는 이유로 甲 등의 손해배상책임을 인정한 판결이 확정되어 甲이 乙의 유족들에게 판결금 채무를 지급한 사안에서, 직무 수행 중 경과실로 타인에게 손해를 입힌 甲은 국가에 대하여 구상권을 취득한다고 한 사례(대판 2014.8.20, 2012다54478)

6. 공법인이 국가로부터 위탁받은 공행정사무를 집행하는 과정에서 공법인의 임직원이나 피용인이 고의 또는 과실로 법령을 위반하여 타인에게 손해를 입힌 경우, 공법인의 임직원이나 피용인은 고의 또는 중과실이 있는 경우에만 배상책임을 부담한다(대판 2021.1.28, 2019다260197).

7. 공법인이 국가로부터 위탁받은 공행정사무를 집행하는 과정에서 공법인의 임직원이나 피용인이 고의 또는 과실로 법령을 위반하여 타인에게 손해를 입힌 경우에는, 공법인은 위탁받은 공행정사무에 관한 행정

주체의 지위에서 배상 책임을 부담하여야 하지만, 공법인의 임직원이나 피용인은 실질적인 의미에서 공무를 수행한 사람으로서 국가배상법 제2조에서 정한 공무원에 해당하므로 고의 또는 중과실이 있는 경우에만 배상책임을 부담하고 경과실이 있는 경우에는 배상책임을 면한다(대판 2021.1.28, 2019다260197).

8. 甲이 선고유예 판결의 확정으로 변호사등록이 취소되었다가 선고유예기간이 경과한 후 대한변호사협회에 변호사 등록신청을 하였는데, 협회장 乙이 등록 심사위원회에 甲에 대한 변호사등록 거부 안건을 회부하여 소정의 심사과정을 거쳐 대한변호사협회가 甲의 변호사등록을 마쳤고, 이에 甲이 대한변호사협회 및 협회장 乙을 상대로 변호사 등록거부사유가 없음에도 위법하게 등록 심사위원회에 회부되어 변호사등록이 2개월간 지연되었음을 이유로 손해배상을 구한 사안에서, 대한변호사협회는 乙 및 등록심사위원회 위원들이 속한 행정주체의 지위에서 甲에게 변호사등록이 위법하게 지연됨으로 인하여 얻지 못한 수입 상당액의 손해를 배상할 의무가 있는 반면, 乙은 경과실 공무원의 면책 법리에 따라 甲에 대한 배상책임을 부담하지 않는다고 한 사례(대판 2021.1.28, 2019다260197)

Ⅳ 배상책임의 내용

1. 배상의 범위

(1) 원 칙

헌법 제29조 제1항은 "공무원의 직무상 불법행위로 손해를 받은 국민은 법률이 정하는 바에 의하여 국가 또는 공공단체에 정당한 배상을 청구할 수 있다. 이 경우 공무원 자신의 책임은 면제되지 아니한다."라고 규정하고 있다. 생명·신체에 대한 침해와 물건의 멸실·훼손으로 인한 손해 외의 손해는 불법행위와 상당한 인과관계가 있는 범위에서 배상한다. 가해행위와 상당인과관계가 있는 모든 손해, 즉 재산적·정신적 손해(위자료)를 배상하여야 한다(국가배상법 제3조 제4항).

(2) 공 제

① 손익공제(손익상계)

타인의 신체를 해한 때에 피해자가 손해를 입은 동시에 이익을 얻은 경우에는 손해배상액에서 그 이익에 상당하는 금액을 빼야 한다(손익공제, 국가배상법 제3조의2 제1항). 유족배상액을 산정함에 있어서는 월급액이나 월실수액 또는 평균임금에서 별표7에 의한 생활비를 공제하여야 한다(「국가배상법 시행령」 제6조 제1항). 물건의 훼손으로 인한 휴업배상액을 산정함에 있어서는 수리기간중의 수입손실액에서 수리로 인하여 지출이 불필요하게된 비용 상당의 이익을 공제하여야 한다(같은 조 제2항).

② 중간이자공제

유족배상과 장해배상 및 장래에 필요한 요양비 등을 한꺼번에 신청하는 경우에는 중간이자를 빼야 하며(같은 법 같은 조 제2항), 중간이자를 빼는 방식은 대통령령으로 정한다(같은 법 같은 조 제3항). 이에 근거해서 대통령령에서는 판례와 동일하게 호프만방식[라이프니쯔식(×)]으로 규정하고 있다. 법 제3조의2 제3항의 규정에 의한 중간이자 공제방식은 법정이율에 의한 단할인법인 호프만방식에 의한다(같은 법 시행령 제6조 제3항).

③ 과실상계

피해자에게 과실이 있는 경우에는 피해자의 과실에 의해 확대된 손해의 한도 내에서 국가 등의 책임이 부분적으로 감면된다.

1. 불법행위로 인한 손해배상 청구사건에서 과실상계사유에 관한 사실인정이나 그 비율을 정하는 것은 그것이 형평의 원칙에 비추어 현저히 불합리하다고 인정되지 않는 한 사실심의 전권에 속하는 사항이다(대판 2010.7.22, 2010다33354·33361).
2. 피해자의 단순한 부주의가 손해의 발생이나 확대의 원인이 된 경우 과실상계를 할 수 있고 손해배상의무자가 과실상계를 주장하지 않는 경우에도 법원이 이를 직권으로 심리·판단하여야 한다(대판 2010.8.26, 2010다37479).
3. 공동불법행위자 중 일부에게 피해자의 부주의를 이용하여 고의로 불법행위를 저지른 사유가 있더라도, 그러한 사유가 없는 다른 불법행위자는 과실상계의 주장을 할 수 있다(대판 2010.8.26, 2010다37479).
4. 불법행위로 인한 손해배상의 책임과 그 범위를 정함에 있어 참작하여야 하는 피해자의 과실에는 피해자 본인의 과실뿐 아니라 그와 신분상 내지 사회생활상 일체를 이루는 관계에 있는 자의 과실도 포함된다(대판 2010.8.26, 2010다37479).
5. 사고현장에 출동한 직후의 경찰관들이 당시 상황을 충분히 파악하지 못하고 추가 범행을 막지 못한 잘못에는 남편인 가해자로부터 심하게 구타를 당한 사실을 경찰관들에게 설명하지 않은 피해자의 과실도 기여하였으므로 국가의 손해배상책임 범위를 산정함에 있어 그 과실도 고려되어야 하고, 가해자가 피해자와 동거하던 부부 사이로서 신분상 내지 생활관계상 일체를 이루는 관계에 있으므로 가해자의 책임도 국가의 손해배상책임 범위를 감경하는 요소로 고려되어야 한다고 한 사례(대판 2010.8.26, 2010다37479)

(3) 생명·신체에 대한 특례(제3조)

① 기준액설(통설·판례) : 생명·신체에 대한 국가배상법상의 배상기준은 단순한 기준에 불과하고 구체적 사안에 따라 배상액 증감이 가능하다는 견해로서, 통설·판례이다.

구 국가배상법 제3조 제1항과 제3항의 손해배상의 기준은 배상심의회의 배상금지급기준을 정함에 있어서의 **하**

나의 기준을 정한 것에 지나지 아니하는 것이고 이로써 배상액의 상한을 제한한 것으로 볼 수 없다 할 것이며 따라서 법원이 국가배상법에 의한 손해배상액을 산정함에 있어서 그 기준에 구애되는 것이 아니라 할 것이니 이 규정은 국가 또는 공공단체에 대한 손해배상청구권을 규정한 구 헌법(1962. 12. 26. 개정헌법) 제26조에 위반된다고 볼 수 없다(대판 1970.1.29, 69다1203).

② 한정액설 : 배상기준은 손해배상액의 상한(하한이 아님)을 규정한 제한규정으로 보는 견해이다. 논거로는 ㉠ 동 기준은 배상의 범위를 객관적으로 명백히 하여 당사자 사이의 분쟁의 소지를 없애기 위한 것이라는 점, ㉡ 배상의 범위를 법정화한 것은 곧 그에 의한 배상액의 산정을 요구한 것이라고 할 수 있기 때문이라는 것이다.

(4) 손해배상청구권의 양도·압류의 금지

생명·신체의 침해로 인한 국가배상을 받을 권리는 양도하거나 압류하지 못한다(국가배상법 제4조). 배상청구권은 재산권적 성질의 권리이므로 본래 양도나 압류가 가능하지만, 유족이나 신체의 침해를 받은 자를 보호하기 위해 사회보장적 견지에서 특히 금지한 것이다.

2. 배상책임과 구상

(1) 공무원에 대한 구상

① 규정내용 : 국가배상법은 "공무원에게 고의 또는 중대한 과실이 있으면 국가나 지방자치단체는 그 공무원에게 구상할 수 있다."(제2조 제2항)라고 규정하고 있으므로, 공무원은 고의 또는 중과실이 있는 경우에 한하여(경과실의 경우 구상책임 부정) 국가 등에 대해 책임을 진다. 이 경우 국가 등의 구상의무는 성립하지 않으며, 구상권 행사는 신의칙상 상당하다고 인정되는 한도 내에서만 당해 공무원에게 할 수 있다(대판 1991.5.10, 91다6764).

1. 국가 또는 지방자치단체의 산하 공무원에 대한 구상권 행사의 범위
   국가 또는 지방자치단체의 산하 공무원이 그 직무를 집행함에 당하여 중대한 과실로 인하여 법령에 위반하여 타인에게 손해를 가함으로써 국가 또는 지방자치단체가 손해배상책임을 부담하고, 그 결과로 손해를 입게 된 경우에는 **국가 등은 당해 공무원의 직무내용, 당해 불법행위의 상황, 손해발생에 대한 당해 공무원의 기여정도, 당해 공무원의 평소 근무태도, 불법행위의 예방이나 손실분산에 관한 국가 또는 지방자치단체의 배려의 정도 등 제반사정을 참작하여 손해의 공평한 분담이라는 견지에서 신의칙상 상당하다고 인정되는 한도 내에서만 당해 공무원에 대하여 구상권을 행사할 수 있다**고 봄이 상당하다(대판 1991.5.10, 91다6764).
2. 甲 주식회사 등이 시공한 도로공사구간에서 침수사고가 발생하자, 국가가 이로 인해 피해를 입은 피해자 乙에게 손해를 배상한 사안에서, 제반 사정에 비추어 국가와 甲 회사 등은 乙에게 공동불법행위 책임을 부담하고, 내부 구상관계에서 사고발생에 과실이 없는 국가는 甲 회사 등에 배상액 전액을 구상할 수 있

4

2022 삼봉행정법총론

다고 본 원심판단을 정당하다고 한 사례(대판 2012.3.15, 2011다52727)

3. 구상권자인 공동불법행위자 측에 과실이 없는 경우, 나머지 공동불법행위자들이 구상권자에게 부담하는 구상채무의 성질은 부진정연대채무이다
공동불법행위자 중 1인에 대하여 구상의무를 부담하는 다른 공동불법행위자가 수인인 경우에는 특별한 사정이 없는 이상 그들의 구상권자에 대한 채무는 각자의 부담 부분에 따른 분할채무로 보는 것이 타당하지만, 구상권자인 공동불법행위자 측에 과실이 없는 경우, 즉 내부적인 부담 부분이 전혀 없는 경우에는 이와 달리 그에 대한 수인의 구상의무를 부진정연대관계로 보는 것이 타당하다(대판 2012.3.15, 2011다52727).

4. 공무원의 불법행위로 손해를 입은 피해자가 갖는 국가배상청구권의 소멸시효 기간이 지났으나 국가가 소멸시효 완성을 주장하는 것이 신의성실의 원칙에 반하는 권리남용으로 허용될 수 없어 배상책임을 이행한 경우, 국가가 공무원에게 구상권을 행사할 수 없다(대판 2016.6.9, 2015다200258).

헌법에는 구상에 대한 명시적 규정을 두고 있지 않다. 한편, 경과실의 경우 구상하지 않는 것은 공무원이 배상에 대한 두려움을 덜고 소신껏 직무에 종사할 수 있게 하려는 정책적 고려에 의한 것이다.

② **배상책임의 성질과의 관계** : 대위책임설에 의하면 본래의 배상책임자인 당해 공무원에게 구상하는 것은 당연하지만(부당이득반환청구권), 자기책임설에 의할 경우에도 구상권 행사가 인정될 수 있다. 왜냐하면 공무원이 그 근무관계에서 부담하는 직무상 의무를 위반하여 국가에 대하여 재산상 손해를 발생시키면 그 손해에 대해 '채무불이행에 근거한 변상책임'을 지는 것이 당연하기 때문이다.

(2) 공무원의 선임·감독자와 비용부담자가 다른 경우의 구상

양쪽 모두가 피해자에게 배상책임을 지며, 손해를 배상한 자는 내부관계에서 그 손해를 배상할 책임이 있는 자에게 구상할 수 있다(국가배상법 제6조 제2항). 여기서 '내부관계에서 손해를 배상할 책임이 있는 자'는 공무원의 선임·감독자를 의미한다는 것이 통설이다.

3. 손해배상의 청구절차

(1) 행정절차에 의할 경우

① **임의적 결정전치주의 채택** : 국가배상법은 "이 법에 따른 손해배상의 소송은 배상심의회에 배상신청을 하지 아니하고도 제기할 수 있다."라고 규정(제9조)하여 종래 배상금청구에 있어서 행정절차를 사법절차에 우선시키는 필요적 결정전치주의 원칙을 임의적 결정전치주의로 변경하였다. 그러나 위헌결정으로 인한 개정이 아닌 자진개정이다.

결정전치주의를 규정한 국가배상법 제9조 본문은 합헌이다

"국가배상법에 의한 손해배상의 소송은 배상심의회의 배상금지급 또는 기각의 결정을 거친 후에 한하여 이를 제기할 수 있다."는 국가배상법 제9조 본문은 헌법에 위반되는 법률이라고 볼 수 없다(대결 1990.8.24, 90카72).

② 배상심의회

㉠ 성질(합의제 행정관청) : 배상심의회는 국가배상에 관해 심의·결정하고 이를 신청인에게 송달하는 권한을 가진 합의제 행정관청이다(국가배상법 제10·13·14조).

국가배상심의회의 결정은 행정처분이 아니다

배상심의회의 위 결정을 거치는 것은 위 민사상의 손해배상청구를 하기 전의 **전치요건에 불과하다고 할 것이므로 위 배상심의회의 결정은 이를 행정처분이라고 할 수 없어** 도시 행정소송의 대상이 아니라고 할 것이다(대판 1981.2.10, 80누317).

㉡ 구성 : 국가나 지방자치단체에 대한 배상신청사건을 심의하기 위하여 법무부에 본부심의회를 둔다. 다만, 군인이나 군무원이 타인에게 입힌 손해에 대한 배상신청사건을 심의하기 위하여 국방부에 특별심의회를 둔다(국가배상법 제10조 제1항). 본부심의회와 특별심의회는 대통령령으로 정하는 바에 따라 지구심의회를 둔다(같은 조 제2항). 본부심의회 소속 지구심의회는 고등검찰청 소재지에는 고등검찰청에, 그 외의 지역에는 지방검찰청에 두되, 그 관할구역은 각 지구심의회가 소속되는 고등검찰청 또는 지방검찰청 소재지 지방법원의 관할구역으로 한다(같은 법 시행령 제8조 제1항). 특별심의회 소속 지구심의회는 각 군부대에 둔다(같은 조 제2항). 본부심의회와 특별심의회와 지구심의회는 법무부장관의 지휘를 받아야 한다(같은 법 제10조 제3항).

㉢ 배상결정의 효력 : "신청인의 동의가 있거나 지방자치단체가 신청인의 청구에 따라 배상금을 지급한 때에는 민사소송법에 의한 재판상 화해가 이루어진 것으로 간주된다."(제16조)는 구 국가배상법 규정은 헌법재판소에 의해 위헌결정을 받아(헌재결 1995.5.25, 91헌가7) 삭제되었다. 그에 따라 신청인의 동의가 있는 배상심의회의 배상결정은 민법상 화해와 같은 효력만 인정된다.

국가배상법 제16조는 위헌이다

이 사건 심판대상조항부분은 국가배상에 관한 분쟁을 신속히 종결·이행시키고 배상결정에 안정성을 부여

하여 국고의 손실을 가능한 한 경감하려는 입법목적을 달성하기 위하여 동의된 배상결정에 재판상의 화해의 효력과 같은, 강력하고도 최종적인 효력을 부여하여 재심의 소에 의하여 취소 또는 변경되지 않는 한 그 효력을 다툴 수 없도록 하고 있는바, **사법절차에 준한다고 볼 수 있는 각종 중재·조정절차와는 달리 배상결정절차에 있어서는 심의회의 제3자성·독립성이 희박한 점, 심의절차의 공정성·신중성도 결여되어 있는 점, 심의회에서 결정되는 배상액이 법원의 그것보다 하회하는 점 및 부제소합의의 경우와는 달리 신청인의 배상결정에 대한 동의에 재판청구권을 포기할 의사까지 포함되는 것으로 볼 수도 없는 점을 종합하여 볼 때**, 이는 신청인의 재판청구권을 과도하게 제한하는 것이어서 헌법 제37조 제2항에서 규정하고 있는 기본권제한입법에 있어서의 **과잉입법금지의 원칙에 반할 뿐 아니라**, 권력을 입법·행정 및 사법 등으로 분립한 뒤 실질적 의미의 사법작용인 분쟁해결에 관한 종국적인 권한은 원칙적으로 이를 헌법과 법률에 의한 법관으로 구성되는 사법부에 귀속시키고 나아가 국민에게 그러한 **법관에 의한 재판을 청구할 수 있는 기본권을 보장하고자 하는 헌법의 정신에도 충실하지 못한 것이다**(헌재결 1995.5.25, 91헌가7).

ⓔ 재심신청: 지구심의회에서 배상신청이 기각(일부기각된 경우를 포함한다) 또는 각하된 신청인은 결정정본이 송달된 날로부터 2주일 이내에 그 심의회를 거쳐 본부심의회 또는 특별심의회에 재심을 신청할 수 있다(국가배상법 제15조의2 제1항). 본부심의회나 특별심의회는 신청에 대해 심의를 거쳐 4주일 이내에 다시 배상결정을 해야 한다(같은 법 같은 조 제3항).

(2) 사법절차

배상심의회의 결정에 불복하는 경우에는 일반적인 재판절차를 거치게 된다. 이에는 국가배상청구 자체를 소송대상으로 하는 일반절차와, 다른 소송제기에 배상청구소송을 병합하는 특별절차의 방법이 있다.

① 일반절차에 의한 경우: 국가배상법을 공법으로 보느냐 사법으로 보느냐에 따라 행정소송이냐 민사소송이냐가 결정된다고 할 수 있다. 통설은 당사자소송에 의한다는 입장이지만, 판례는 민사소송에 의한다는 입장이다. 그러나 어느 견해에 의하더라도 국가배상청구소송의 피고는 권리주체만 될 수 있기 때문에 서울특별시는 피고가 될 수 있지만, ㉠ 서울특별시장, ㉡ 행정안전부장관, ㉢ 경찰청장, ㉣ 서울시지방경찰청장은 피고가 될 수 없다.

② 특별절차에 의한 경우: 손해배상청구소송을 당해 행정작용에 대한 취소소송과 병합하여 제기하는 것을 말한다(행정소송법 제10조 제1항). 예컨대, 위법한 영업허가취소처분으로 손해를 입은 개인이 당해 처분에 대한 취소소송과 손해배상청구소송을 병합하여 제기하는 경우로서, 이는 위법한 행정처분에 관련된 분쟁을 동시에 해결함으로써 심리의 중복을 피하고 소송경제를 도모하기 위한 것이다.

제3항 공공시설 등의 설치나 관리의 하자로 인한 손해배상책임

I 개 설

1. 국가배상법 제5조

국가배상법 제5조는 "도로(인공공물)·하천(자연공물), 그 밖의 공공의 영조물의 설치나 관리에 하자가 있기 때문에 타인에게 손해를 발생하게 하였을 때에는 국가나 지방자치단체는 그 손해를 배상하여야 한다. 이 경우 제2조 제1항 단서, 제3조 및 제3조의2를 준용한다."라고 규정하고 있다.

2. 민법 제758조(공작물책임)와의 비교

국가배상법 제5조상의 영조물책임이 민법 제758조에 의한 공작물책임보다 다음과 같은 두 가지 점에서 피해자에게 더 유리하다.

구 분	영조물책임	공작물책임
대상물	영조물은 인공적 작업에 의해 제작된 공작물 등에 한정되지 않고 하천 등 자연공물을 포함하므로 인공적인 작업에 의해 제작된 민법 제758조의 공작물의 개념보다 넓다.	인공적 작업에 의해 제작된 공작물에 한정
국가의 면책	1. 국가는 소유자인 경우만이 아니라 점유자인 경우에도 면책 부정 2. 국가 등이 관리자인 이상 소유하지 않는 타유(他有)공물에 대해서도 항상 배상책임	공작물 점유자의 면책사유 인정 : 공 작물의 설치 또는 보존의 하자로 인하여 타인에게 손해를 가한 때에는 공작물점유자가 손해를 배상할 책임이 있다. 그러나 점유자가 손해의 방지에 필요한 주의를 해태하지 아니한 때에는 그 소유자가 손해를 배상할 책임이 있다(민법 제758조 제1항).

II 배상책임의 요건

국가배상법 제5조에 의한 배상책임의 요건은 ① 도로·하천 기타 공공의 영조물일 것, ② 설치나 관리에 하자가 있을 것, ③ 타인에게 손해를 발생하게 하였을 것 등이다.

1. 영조물

(1) 영조물의 의의

① **학문상의 공물(公物)을 의미**: 본래 영조물이란 특정한 공적 목적을 달성하기 위한 '인적·물적 시설의 종합체'를 말하는 것이 보통이나, 국가배상법 제5조에서의 영조물은 일반적으로 행정주체가 직접적으로 공적 목적을 달성하기 위해 제공한 물건인 '공물'을 의미한다.

② **영조물의 종류**: 영조물은 ㉠ 개개의 물건(예 관용차 등)과 물건의 집합체인 공공시설(예 국립도서관), ㉡ 부동산[예 서울시청사, 공립학교교사(校舍)·국립병원]·동산(예 소방차, 경찰차 등의 관용자동차·항공기·군견·경찰견·경찰마·경찰관의 총기 등), ㉢ 인공공물(예 도로·상하수도·정부청사·교량 등)과 자연공물(예 하천·호수·해면 등), ㉣ 자유공물(自有公物)·타유공물(他有公物), ㉤ 공공용물(일반공중의 자유로운 사용에 직접적으로 제공)·공용물(행정주체 자신의 사용에 제공)·보존공물(보존 자체가 목적인 물건으로 숭례문, 보안림 등)을 포함한다. 또한 도로와 같은 인공공물만이 아니라 하천 등 자연공물도 포함한다. 그러나 현금은 영조물에 해당하지 않는다.

③ **권원에 기한 관리만이 아니라 사실상 관리도 포함**: 국가 또는 지방자치단체가 소유권, 임차권 그 밖의 권원에 기하여 관리하고 있는 경우뿐만 아니라 사실상의 관리를 하고 있는 경우도 포함한다.

국가배상법 제5조 제1항 소정의 '공공의 영조물'의 의미

국가배상법 제5조 제1항 소정의 '공공의 영조물'이라 함은 국가 또는 지방자치단체에 의하여 특정 공공의 목적에 공여된 유체물 내지 물적 설비를 지칭하며, 특정 공공의 목적에 공여된 물이라 함은 일반공중의 자유로운 사용에 직접적으로 제공되는 공공용물에 한하지 아니하고, 행정주체 자신의 사용에 제공되는 공용물도 포함하며 국가 또는 지방자치단체가 소유권, 임차권 그 밖의 권한에 기하여 관리하고 있는 경우뿐만 아니라 사실상의 관리를 하고 있는 경우도 포함한다(대판 1995.1.24, 94다45302).

④ **국가나 지방자치단체가 관리주체인 경우에 한정**: 국가배상법 제5조상의 영조물은 국가나 지방자치단체가 관리주체가 되는 공물에 한한다. 왜냐하면 국가배상법은 국가와 지방자치단체의 배상책임만을 규율하고 있기 때문이다. 고속국도는 공물이지만 관리주체가 한국도로공사이므로 고속국도의 하자로 인한 손해배상책임은 민법 제758조의 공작물책임에 의해 규율된다.

민법상 공작물책임으로 판시한 판례(주류적 판례)

한국도로공사는 고속국도법 제6조 제1항의 규정에 의하여 건설부장관(현 국토교통부장관)을 대행하여 경부고속도로를 관리하여 오고 있으므로 민법 제758조 제1항이 정하는 공작물의 점유자에 해당한다(대판 1996.10.11, 95다56552).

⑤ 국가·지방자치단체 소유라도 일반재산은 제외 : 국·공유재산일지라도 직접 행정목적에 제공된 공물이 아닌 일반재산(구 잡종재산, 국·공유사물)은 제외된다. 따라서 일반재산의 관리하자로 인해 타인에게 손해가 발생한 경우에는 민법 제758조에 의한 공작물책임을 지게 된다. 반면에 국가와 지방자치단체가 관리하지만 사인의 소유에 속하는 타유공물(他有公物)에 대해서는 국가배상법 제5조가 적용된다.

⑥ 영조물 인정사례

1. 교통시설
   ① 철도건널목 자동경보기(대판 1998.5.22, 97다57528)
   ② 도로상 맨홀(대판 1971.11.15, 71다1952)
   ③ 육교(대판 1981.12.8, 80다3282)
   ④ 도로(대판 2000.4.25, 99다54998)
   ⑤ 지하차도(서울고법 1997.8.27, 96나45704)
   ⑥ 교통신호기(대판 2000.2.25, 99다54004)
   ⑦ 도로와 일체가 되어 그 효용을 다하게 하는 시설인 여의도광장(대판 1995. 2.24, 94다57671)
   ⑧ 수원역 대합실과 승강장(대판 1999.6.22, 99다7008)
2. 군부대의 병사(兵舍)(대판 1967.2.21, 66다1723)
3. 공중변소(대판 1971.8.31, 71다1331)
4. 하천 등 자연재해관련시설
   ① 제방과 하천(대판 1981.9.22, 80다3011)
   ② 저수지(대판 1993.8.24, 93다22050)
   ③ 홍수조절에 관한 다목적댐(대판 1998.2.13, 95다44658)
5. 태종대 유원지(대판 1995.9.15, 94다31662)
6. 매향리사격장(대판 2004.3.12, 2002 다14242)

⑦ 영조물 부정사례

1. 잡종재산(재정재산, 일반재산)·국유림·국유임야·국유광산·폐천부지 : 국가배상법 제5조가 아닌 민법 제758조에 의한 공작물책임
2. 형체적 요소와 의사적 요소를 갖추지 못한 경우 : 공사 중이며 아직 완성되지 않아 일반공중의 이용에 제공되지 않는 옹벽(대판 1998.10.23, 98다17381)
3. 의사적 요소(공용지정, 공용개시)를 갖추지 못한 경우 : 사실상 군민의 통행에 제공되고 있던 도로(대판 1981.7.7, 80다2478)
4. 예정공물 : 시명의의 종합운동장 예정부지나 그 지상의 자동차경주를 위한 안전시설(대판 1995. 1.24, 94다45302)

2. 설치나 관리의 하자

(1) 설치나 관리의 하자의 의의

국가배상법 제5조의 책임이 인정되려면 영조물의 설치나 관리에 하자가 있어야 한다. '설치나 관리'라 함은 민법 제758조의 '설치 또는 보존'과 동일한 것으로, '설치'의 하자란 설계의 불비·불량재료의 사용 등 설계·건조에 완전하지 못한 점이 있는 것을 말하며(건조까지의 하자), '관리'의 하자란 건조 후의 영조물의 유지·수선에 불완전한 점이 있는 것을 말한다.

영조물의 관리의 의의

영조물의 관리라 함은 국가 기타 행정주체가 영조물을 사실상 직접 지배하는 상태에 있음을 의미하므로, 군이나 기타 지방자치단체가 주민들이 왕래하는 사실상의 도로에다 하수도나 포장공사를 위하여 세멘트나 기타 공사비의 일부를 보조한 사실만으로 당해 지방자치단체가 그 도로를 점유 관리하고 있다고 할 수 없다(대판 1981.7.7, 80다2478).

(2) 설치나 관리의 '하자'의 판단기준

① 객관설(다수설) : 하자의 유무는 영조물이 객관적으로 안전성을 결여하였는지 여부에 의해 판단하고, 관리자의 과실(관리의무위반) 유무는 고려하지 않는 무과실책임이라는 견해로서 다수설이다. 따라서 통상적으로 갖추어야 할 안전성이 결여되면, 관리자 측의 과실이나 재정 유무에 관계없이 관리자인 국가 등에게 배상책임을 인정한다는 점에서 주관설보다 국민에게 유리하다.

논거로는 ㉠ 국가배상법 제5조에서는 '설치나 관리의 하자'라고만 표현되어 있고, '고의 또는 과실'이라는 표현이 없으며, ㉡ 이를 과실책임으로 해석하게 되면 가해자인 국가의 입장만 중시하고 피해자인 국민의 입장은 경시하게 된다는 것을 든다.

② 주관설(의무위반설) : 영조물 설치나 관리의 하자를 주의의무위반·안전확보의무위반 내지 사고방지의무위반에 의한 물적 위험상태로 보는 견해이다. 즉, 국가배상법 제5조의 책임을 무과실책임이 아니라 관리자의 주관적 귀책사유가 있어야 한다는 점에서 과실책임 내지 완화된 과실책임으로 보는 견해이다.

논거로는 ㉠ 법문의 표현이 '영조물의 하자'가 아니라, 영조물의 '설치나 관리의 하자'라고 되어 있기 때문에 어떤 의미에서든지 관리자의 주관적 귀책사유가 있어야 하며, ㉡ 의무위반으로 해석하여 귀책사유와 연계하는 것이 불법행위의 통일적 해석을 위해 명확한 의미를 제공하며, ㉢ 귀책사유를 관리자의 객관화된 관리의무위반에서 찾는 것이 국가배상법 제5조의 적용

범위를 합리적으로 제한하는 기능을 하게 된다는 것 등을 든다.

③ **절충설**: 하자의 유무를 영조물 자체의 객관적 하자뿐만 아니라, 관리자의 안전관리의무위반이라는 주관적 요소도 고려해야 한다는 견해이다. 즉, 관리자의 주의의무위반에 기인하든 물적 결함에 기인하든 모두 하자를 인정하는 견해로서 하자 인정범위가 가장 넓다. 예컨대 짙은 안개(농무)라든가 낙뢰 등의 자연현상으로 인해 도로상에서 사고가 발생한 경우에 있어서, 당해 도로가 통상 갖추어야 할 안전성을 갖추고 있었던 경우에는, 그 관리자가 기상상태에 관한 정보 등을 통보하는 등의 방법으로 적절한 사고의 예방조치를 취하지 아니하였다면 국가의 배상책임을 인정할 수 있다. 또한 수문관리자가 수문을 적시에 폐문하지 아니한 결과 일수(溢水, 하천범람으로 마을을 잠기게 하는 것)로 인해 인근 주민에게 피해가 발생한 경우나, 도로관리자가 우기에 산사태 등 도로통행에의 위험사태를 적절하게 예측하지 못해 마땅히 해야 할 도로통행금지조치 등을 태만히 한 경우에는, 수문이나 도로 등의 공물 자체의 하자 외에도 그 관리자의 행위책임의 위반도 하자로 본다.

④ **위법·무과실책임설**: 민법 제758조에 의한 점유자의 책임이 위법·유책의 책임인데 반해, 영조물책임은 안전의무를 위반함으로써 발생한 손해에 대한 행정주체의 위법·무과실책임으로 보는 견해(김남진, 김철용, 박종국, 정하중)이다. 논거로는 ㉠ 국가배상법이 '영조물의 하자'로 표현하지 않고 영조물의 '설치나 관리의 하자'로 표기해 놓고 있기 때문에 순전한 물적 상태책임이 아니라 행위책임으로 보는 것이 타당하다는 점, ㉡ 국가배상법 제2조가 공무원의 고의 또는 과실을 요건으로 하는데 대해 제5조는 단순히 영조물의 설치나 관리상의 하자를 요건으로 정하고 있으므로 제5조상의 책임을 제2조와 같이 과실책임으로 본다는 것은 법의 명문규정에 반한다는 것 등을 들고 있다.

⑤ **판례**: 종래는 객관설을 취했지만, 최근에는 주관적인 요소를 고려한 판례도 등장하고 있다. 다만, 주관적인 요소를 고려한 판례를 어떻게 이해할 것인가에 대해서는 견해가 나뉜다. 즉, ㉠ 과거에는 객관설을 취했지만 최근에는 의무위반설에 입각한다는 견해(김동희, 김성수, 박윤흔, 장태주, 홍정선, 홍준형), ㉡ 위법·무과실책임설을 취했다는 견해(김남진, 정하중), ㉢ 변형된(수정된) 객관설(사법연수원교재) 내지 객관화된 주관설 또는 절충설(박균성) 등이다.

㉠ 객관설적 판례

1. 객관적 견지에서 본 안전성(군대 막사 붕괴사건)

영조물 설치의 '하자'라 함은 영조물의 축조에 불완전한 점이 있어 이 때문에 영조물 자체가 통상 갖추어야 할 안전성을 갖추지 못한 상태에 있음을 말한다고 할 것인바 **그 '하자' 유무는 객관적 견지에서 본 안전성의 문제이고, 재정사정이나 사용목적에 의한 사정은, 안전성을 요구하는데 대한 정도문제로서의 참작사유에는 해당**할지언정, 안전성을 결정지을 절대적 요건에는 해당하지 아니한다(대판 1967.2.21, 66다1723).

2. 도로결빙사건

지방자치단체가 관리하는 도로 지하에 매설되어 있는 **상수도관에 균열이 생겨 그 틈으로 새어 나온 물이 도로 위까지 유출되어 노면이 결빙되었다면** 도로로서의 안전성에 결함이 있는 상태로서 설치·관리상의 **하자가 있다**(대판 1994.11.22, 94다32924).

ⓒ 주관설적 판례(최신판례)

1. 방호조치의무, 예견가능성·회피가능성, 관리행위

국가배상법 제5조 제1항 소정의 **영조물의 설치 또는 관리의 하자라 함은 영조물이 그 용도에 따라 통상 갖추어야 할 안전성을 갖추지 못한 상태**에 있음을 말하는 것으로서, **영조물이 완전무결한 상태에 있지 아니하고 그 기능상 어떠한 결함이 있다는 것만으로 영조물의 설치 또는 관리에 하자가 있다고 할 수 없는 것**이고, 위와 같은 안전성의 구비 여부를 판단함에 있어서는 당해 영조물의 용도, 그 설치장소의 현황 및 이용 상황 등 제반 사정을 종합적으로 고려하여 설치·관리자가 그 **영조물의 위험성에 비례하여 사회통념상 일반적으로 요구되는 정도의 방호조치의무를 다하였는지 여부를 그 기준**으로 삼아야 할 것이며, **객관적으로 보아 시간적·장소적으로 영조물의 기능상 결함으로 인한 손해발생의 예견가능성과 회피가능성이 없는 경우, 즉 그 영조물의 결함이 영조물의 설치·관리자의 관리행위가 미칠 수 없는 상황 아래에 있는 경우에는 영조물의 설치·관리상의 하자를 인정할 수 없다**(대판 2001.7.27, 2000다56822).

2. 하천법 제7조 제2항에 의하여 지정되는 국가하천의 관리에 있어서 익사사고를 방지하기 위하여 요구되는 방호조치의무의 정도

자연영조물로서의 하천 중 국토보전상 또는 국민경제상 중요한 하천으로서 하천법 제7조 제2항에 의하여 지정되는 국가하천의 관리에 있어서는 그 유역의 광범위성과 유수(流水)의 상황에 따른 하상의 가변성 등으로 인하여 익사사고에 대비한 하천 자체의 위험관리에는 일정한 한계가 있을 수밖에 없겠지만, 국가하천 주변에 체육공원이 있어 다양한 이용객이 왕래하는 곳으로서 과거 동종 익사사고가 발생하고, 또한 그 주변 공공용물로부터 사고지점인 하천으로의 접근로가 그대로 존치되어 있기 때문에 이를 이용한 미성년자들이 하천에 들어가 물놀이를 할 수 있는 상황이라고 한다면, 특별한 사정이 없는 한 그 사고지점인 하천으로의 접근을 막기 위하여 방책을 설치하는 등의 적극적 방호조치를 취하지 아니한 채 하천 진입로 주변에 익사사고의 위험을 경고하는 표지판을 설치한 것만으로는 국가하천에서 성인에 비하여 사리 분별력이 떨어지는 미성년자인 아이들의 익사사고를 방지하기 위하여 그 관리주체로서 사회통념상 일반적으로 요구되는 정도의 방호조치의무를 다하였다고 할 수는 없다(대판 2010.7.22, 2010다33354·33361).

(3) 하자의 입증책임(원고)

하자의 입증책임은 원칙적으로 원고인 피해자에게 있다. 그러나 과실의 입증책임에서와 마찬가지로 일응의 추정의 법리가 원용되어 피해자가 영조물로 인하여 손해가 발생하였음을 입증하면 하자가 있는 것으로 일응 추정된다는 견해가 있다.

(4) 구체적 고찰

① 안전성의 정도: 안전성의 정도는 완전무결한 정도를 요하는 것이 아니라 사회통념상 일반적으로 요구되는 정도를 말한다. 또한 통상적인 용법에 따라 구비해야 할 안전성을 말하므로 영조물을 비정상적으로 이용하다가 발생한 사고에 대해서는 배상책임을 지지 않는다.

완전무결한 상태가 아니라 사회통념상 일반적으로 요구되는 정도의 안전성을 의미

국가배상법 제5조 제1항에 정하여진 '영조물 설치·관리상의 하자'라 함은 공공의 목적에 공여된 영조물이 그 용도에 따라 통상 갖추어야 할 안전성을 갖추지 못한 상태에 있음을 말하는바, **영조물의 설치 및 관리에 있어서 항상 완전무결한 상태를 유지할 정도의 고도의 안전성을 갖추지 아니하였다고 하여 영조물의 설치 또는 관리에 하8자가 있다고 단정할 수 없는 것이고, 영조물의 설치자 또는 관리자에게 부과되는 방호조치의무는 영조물의 위험성에 비례하여 사회통념상 일반적으로 요구되는 정도의 것을 의미**하므로 영조물인 도로의 경우도 다른 생활필수시설과의 관계나 그것을 설치하고 관리하는 주체의 재정적, 인적, 물적 제약 등을 고려하여 그것을 **이용하는 자의 상식적이고 질서 있는 이용방법을 기대한 상대적인 안전성을 갖추는 것으로 족하다**(대판 2002.8.23, 2002다9158).

② 물적 하자와 기능적 하자: 영조물의 설치나 관리의 하자는 영조물을 구성하는 물적 시설 자체에 있는 물리적·외형적인 흠결이나 불비로 인한 물적 하자만이 아니라, 영조물의 이용이 일정한 한도를 초과하여 제3자에게 사회통념상 참을 수 없는 피해를 입히는 경우인 기능상 하자까지 포함한다.

1. 안전성을 갖추지 못한 상태에는 제3자에게 사회통념상 수인할 것이 기대되는 한도를 넘는 경우(기능상 하자)도 포함된다

   안전성을 갖추지 못한 상태, 즉 타인에게 위해를 끼칠 위험성이 있는 상태라 함은 당해 영조물을 구성하는 물적 시설 그 자체에 있는 물리적·외형적 흠결이나 불비로 인하여 그 이용자에게 위해를 끼칠 위험성이 있는 경우뿐만 아니라, 그 영조물이 공공의 목적에 이용됨에 있어 그 이용상태 및 정도가 일정한 한도를 초과하여 제3자에게 사회통념상 수인할 것이 기대되는 한도를 넘는 피해를 입히는 경우까지 포함된다고 보아야 한다(대판 2005.1.27, 2003다49566).

2. 수인한도의 기준

   '영조물 설치 또는 하자'에 관한 제3자의 수인한도의 기준을 결정함에 있어서는 일반적으로 침해되는 권리나 이익의 성질과 침해의 정도뿐만 아니라 침해행위가 갖는 공공성의 내용과 정도, 그 지역환경의 특수성, 공법적인 규제에 의하여 확보하려는 환경기준, 침해를 방지 또는 경감시키거나 손해를 회피할 방안의 유무 및 그 난이 정도 등 여러 사정을 종합적으로 고려하여 구체적 사건에 따라 개별적으로 결정하여야 한다(대판 2005.1.27, 2003다49566).

3. 적법하게 가동하거나 공용에 제공한 시설로부터 발생하는 유해배출물로 인하여 제3자가 손해를 입은 경우, 그 위법성의 판단기준

   불법행위 성립요건으로서의 위법성은 관련 행위 전체를 일체로만 판단하여 결정하여야 하는 것은 아니

고, 문제가 되는 행위마다 개별적·상대적으로 판단하여야 할 것이므로 어느 시설을 적법하게 가동하거나 공용에 제공하는 경우에도 그로부터 발생하는 유해배출물로 인하여 제3자가 손해를 입은 경우에는 그 위법성을 별도로 판단하여야 하며, 이러한 경우의 판단기준은 그 유해의 정도가 사회생활상 통상의 수인한도를 넘는 것인지 여부인데, 그 수인한도의 기준을 결정함에 있어서는 일반적으로 침해되는 권리나 이익의 성질과 침해의 정도뿐만 아니라 침해행위가 갖는 공공성의 내용과 정도, 그 지역환경의 특수성, 공법적인 규제에 의하여 확보하려는 환경기준, 침해를 방지 또는 경감시키거나 손해를 회피할 방안의 유무 및 그 난이 정도 등 여러 사정을 종합적으로 고려하여 구체적 사건에 따라 개별적으로 결정하여야 한다(대판 2010.7.15, 2006다84126).

4. 소음 등을 포함한 공해 등의 위험지역으로 이주하여 거주하는 경우 이를 손해배상액의 산정에 있어 감경 또는 면제사유로 고려하여야 한다(대판 2010.11.11, 2008다57975).

5. 소음 등을 포함한 공해 등의 위험지역으로 이주하여 거주하는 경우, 가해자의 면책 여부 및 손해배상액 감액에 대한 판단기준

   소음 등을 포함한 공해 등의 위험지역으로 이주하여 들어가서 거주하는 경우와 같이 위험의 존재를 인식하면서 그로 인한 피해를 용인하며 접근한 것으로 볼 수 있는 경우에, 그 피해가 직접 생명이나 신체에 관련된 것이 아니라 정신적 고통이나 생활방해의 정도에 그치고 그 침해행위에 고도의 공공성이 인정되는 때에는, 위험에 접근한 후 실제로 입은 피해 정도가 위험에 접근할 당시에 인식하고 있었던 위험의 정도를 초과하는 것이거나 위험에 접근한 후에 그 위험이 특별히 증대하였다는 등의 특별한 사정이 없는 한 가해자의 면책을 인정하여야 하는 경우도 있을 수 있다. 특히 소음 등의 공해로 인한 법적 쟁송이 제기되거나 그 피해에 대한 보상이 실시되는 등 피해지역임이 구체적으로 드러나고 또한 이러한 사실이 그 지역에 널리 알려진 이후에 이주하여 오는 경우에는 위와 같은 위험에의 접근에 따른 가해자의 면책 여부를 보다 적극적으로 인정할 여지가 있을 것이다. 다만 일반인이 공해 등의 위험지역으로 이주하여 거주하는 경우라고 하더라도 위험에 접근할 당시에 그러한 위험이 존재하는 사실을 정확하게 알 수 없는 경우가 많고, 그 밖에 위험에 접근하게 된 경위와 동기 등의 여러 가지 사정을 종합하여 그와 같은 위험의 존재를 인식하면서도 위험으로 인한 피해를 용인하면서 접근하였다고 볼 수 없는 경우에는 손해배상액의 산정에 있어 형평의 원칙상 과실상계에 준하여 감액사유로 고려하는 것이 상당하다(대판 2010.11.25, 2007다74560).

6. 매향리 주한미공군사격장에서 발생하는 소음 등으로 지역 주민들이 입은 피해는 사회통념상 참을 수 있는 정도를 넘는 것으로서 사격장의 설치 또는 관리에 하자가 있다(대판 2004.3.12, 2002다14242).

7. 김포공항에서 발생하는 소음 등으로 인근 주민들이 입은 피해는 사회통념상 수인한도를 넘는 것으로서 김포공항의 설치·관리에 하자가 있다고 본 사례(대판 2005.1.27, 2003다49566).

8. 국가가 공군 전투기 비행훈련장으로 설치·사용하고 있는 공군기지의 활주로 북쪽 끝으로부터 4.5km 떨어진 곳에 위치한 양돈장에서 모돈(母豚)이 유산하는 손해가 발생한 사안에서, 그 손해는 공군기지에서 발생한 소음으로 인한 것으로, 당시의 소음배출행위와 그 결과가 양돈업자의 수인한도를 넘는 위법행위라고 판단한 원심판결을 수긍한 사례

   국가가 공군 전투기 비행훈련장으로 설치·사용하고 있는 공군기지의 활주로 북쪽 끝으로부터 4.5km 떨어진 곳에 위치한 양돈장에서 모돈(모돈)이 유산하는 손해가 발생한 사안에서, 위 공군기지에서 발생하는 소음의 순간 최대치가 양돈장 근처에서 모돈에 20~30% 정도의 유산을 일으킬 가능성이 있는 수치인 84 내지 94dB로 측정된 점, 역학조사 결과 모돈의 유산 원인은 질병이 아닌 환경요인에서 오는 스트레스로 추정되는데 위 소음 외에 양돈장에서 모돈에 스트레스를 줄 만한 다른 요인이 확인되지 않는 점 등에 비추어 위 손해는 공군기지에서 발생한 소음으로 인한 것으로, 당시의 소음배출행위와 그 결과가 양돈업자의 수인한도를 넘는 위법행위라고 판단한 원심판결을 수긍한 사례(대판 2010.7.15, 2006다

84126)

9. 충남 보령시 웅천 전투비행장에서 발생하는 항공기소음에 대한 국가배상 인정(소음이 적은 농촌의 경우 80웨클 이상인 경우 인정)

원심이 **피고가 이 사건 비행장을 설치·관리함에 있어 여러 가지 소음대책을 시행하였음에도 이 사건 비행장을 전투기 비행훈련이라는 공공의 목적에 이용하면서 여기에서 발생한 소음 등의 침해가 인근 주민들에게 통상의 수인한도를 넘는 피해를 발생하게 하였다면 이 사건 비행장의 설치·관리상 하자가 있다고 보아야 할 것**이라고 전제한 다음, 이 사건 항공기소음으로 인한 피해의 내용 및 정도, 이 사건 비행장 및 군용항공기 운항이 가지는 공공성과 아울러 원고 및 선정자들 거주지역이 농촌지역으로서 가지는 지역적 환경적 특성 등의 여러 사정을 종합적으로 고려하여 원고 및 선정자들 거주지역 소음피해가 적어도 소음도 80웨클(WECPNL) 이상인 경우에는 사회생활상 통상의 수인한도를 넘어 위법하다고 판단한 것은 위 법리에 따른 것으로 정당하므로, 이에 관한 피고의 상고이유의 주장도 이유 없다(대판 2010.11.25, 2007다20112).

10. 원심은, 미합중국 공군이 평택시 소재 K-55 비행장 및 K-6 비행장을 설치·관리함에 있어 전투기와 헬리콥터 등 항공기의 비행훈련이라는 공공의 목적에 이용하면서 여기에서 발생한 소음 등의 침해가 인근 주민들에게 통상의 수인한도를 넘는 피해를 발생하게 하였다면 이 사건 각 비행장의 설치·관리상 하자가 있다고 보아야 하고, 피고는 '대한민국과 아메리카합중국 간의 상호방위조약 제4조에 의한 시설과 구역 및 대한민국에서의 합중국군대의 지위에 관한 협정' 제23조 및 「한미행정협정의 시행에 관한 민사특별법」 제2조 제2항과 국가배상법 제5조 제1항에 따라 합중국군대가 점유·소유 또는 관리하는 토지의 공작물과 기타 시설 또는 물건의 설치나 관리의 하자로 인하여 대한민국정부 이외의 제3자에게 가한 손해를 배상할 책임이 있다고 전제한 다음, 그 판시와 같은 여러 사정을 종합하여 K-55 비행장의 경우에는 그 주변의 소음 피해가 적어도 소음도 80WECPNL 이상인 경우에, K-6 비행장의 경우에는 헬리콥터기 운항으로 인하여 소음이 노출되는 시간이 길다는 점을 감안하여 그 주변의 소음 피해가 적어도 70Ldn 이상인 경우에 각각 사회생활상 통상의 수인한도를 넘어 위법하다고 판단하였는 바, 이러한 원심의 판단은 위 법리에 비추어 정당한 것으로 수긍할 수 있다(대판 2010.12.23, 2009다10928·10935·10942·10959).

11. 대구비행장과 그 주변지역의 주민들이 입은 피해에 대한 하자를 인정한 사례(소음이 많은 도시의 경우 85웨클 이상인 경우 인정)(대판 2010.11.25, 2007다74560)

12. 전차포 사격장 주변 지역의 소음 피해가 사격 시의 1시간 등가소음도 69dB 이상이고 최고소음도 100dB 이상인 경우 사회통념상 수인한도를 초과한 것으로 위법성을 띤다(대판 2010.12.9, 2007다42907).

13. 대구비행장 인근 주민들이 국가를 상대로 항공기 소음 피해에 대한 손해배상을 구한 사안에서, 다른 주민들이 제기한 종전 소송에서 국가의 배상책임을 인정한 대법원판결 내용이 언론보도 등을 통하여 널리 알려졌다고 보이는 2011. 1. 1. 이후 전입한 주민들에 대하여 손해액을 50% 감액한 원심판단을 수긍한 사례

원심은 그 채용 증거에 의하여 대구비행장 인근 주민들이 2004년경 피고를 상대로 항공기소음으로 인한 손해배상청구의 소를 제기한 이래 같은 내용의 소송이 다수 제기된 사실, 대법원이 2010. 11. 25. 대구비행장 인근 거주 주민들이 대한민국을 상대로 항공기소음으로 인한 손해배상을 청구한 2007다74560호 사건에 관하여 피고의 배상책임을 인정하는 판결을 선고하였고, 위 대법원판결의 내용은 언론보도 등을 통하여 널리 알려진 사실 등을 인정한 다음, 위 대법원판결의 선고로 대구비행장 인근 지역이 항공기소음으로 피해를 원인으로 법적 쟁송이 제기되어 피고로부터 손해배상을 받을 수 있는 피해지역임이 보다 구체적이고 명백히 밝혀졌다고 보이고 위와 같은 사정은 막연히 사격장 및 비행장 주변 거주자들이 소음피해를 입을 수 있다는 것과는 차이가 있다고 할 것이어서, 위 대법원판결의 선고 사실이 널

리 알려진 이후 대구비행장 인근 지역으로 전입한 사람들의 경우에는 구체적인 소음등음선을 알지 못하고 특별히 소음으로 인한 위해상태를 이용하기 위하여 이주하지 않았다고 하더라도 1989. 1. 이후 전입한 사람들보다 자신들의 거주지가 소음피해지역 내에 있음을 인식할 수 있는 가능성이 높아 이를 회피할 수 있는 가능성 역시 높았다고 할 것이므로 손해배상액 산정에 있어 이를 감안하기로 하여 위 대법원 판결 선고 사실이 널리 알려졌다고 보이는 2011. 1. 1. 이후 전입한 원고들에 대해서는 2011. 1. 1. 이후의 거주기간에 상당한 손해액 중 50%를 감액한다고 판단하였다. 위에서 본 법리와 기록에 비추어 살펴보면, 위와 같은 원심의 판단은 정당하고, 거기에 상고이유 주장과 같은 위험의 접근 감액에 관한 법리오해나 심리미진 등의 위법이 없다(대판 2012.6.14, 2012다13569).

14. 철도소음·진동을 규제하는 행정법규에서 정하는 기준을 넘는 철도소음·진동이 있다고 하여 참을 한도를 넘는 위법한 침해행위가 있다고 단정할 수 없고, 철도소음·진동이 행정법규에서 정하는 기준을 넘는지를 참을 한도를 정하는 데 고려해야 한다(대판 2017.2.15, 2015다23321).

15. 원고가 운영하는 한우사육농장 주변에 피고 한국철도시설공단이 철로를 개설하고 피고 한국철도공사가 위 철로를 이용해 열차를 운행하면서 사회통념상 '참을 한도'를 넘는 소음·진동이 발생하여 원고가 사육하던 한우들에 유·사산, 성장지연, 수태율 저하 등의 피해가 발생하였으므로, 피고들(한국철도시설공단 외 1인)은 구 환경정책기본법상 사업자 내지 환경정책기본법상 오염원인자로서 연대하여 원고가 입은 손해를 배상할 책임이 있다고 판단한 원심이 옳다고 보아 상고기각한 사안(대판 2017.2.15, 2015다23321)

16. 고속도로에 인접한 과수원의 운영자인 甲이 과수원에 식재된 과수나무 중 고속도로에 접한 1열과 2열에 식재된 과수나무의 생장과 결실이 다른 곳에 식재된 과수나무에 비해 현격하게 부진하자 과수원의 과수가 고사하는 등의 피해는 고속도로에서 발생하는 매연과 한국도로공사의 제설제 사용 등으로 인한 것이라고 주장하며 한국도로공사를 상대로 손해배상을 구한 사안에서, 한국도로공사가 설치·관리하는 고속도로에서 발생한 매연과 한국도로공사가 살포한 제설제의 염화물 성분 등이 甲이 운영하는 과수원에 도달함으로써, 과수가 고사하거나 성장과 결실이 부족하고 상품판매율이 떨어지는 피해가 발생하였을 뿐만 아니라, 이는 통상의 참을 한도를 넘는 것이어서 위법성이 인정된다고 보아 한국도로공사의 손해배상책임을 인정한 사례(대판 2019.11.28, 2016다233538, 2016다233545)

17. 지방공기업인 甲 공단(서울특별시성동구도시관리공단)이 관리·운영하는 수영장은 하나의 수영조에 깊이가 다른 성인용 구역과 어린이용 구역이 수면 위에 떠있는 코스로프(course rope)만으로 구분되어 함께 설치되어 있고, 수심 표시가 「체육시설의 설치·이용에 관한 법률 시행규칙」 제8조 [별표 4]에서 정한 수영조의 벽면이 아니라 수영조의 각 구역 테두리 부분에 되어 있는데, 乙(사고 당시 만 6세)이 어머니 丙, 누나 丁과 함께 어린이용 구역에서 물놀이를 하고 밖으로 나와 쉰 다음 다시 물놀이를 하기 위해 혼자서 수영조 쪽으로 뛰어갔다가 튜브 없이 성인용 구역에 빠져 의식을 잃은 채 발견되는 사고로 무산소성 뇌손상을 입어 사지마비, 양안실명 등의 상태에 이르자, 乙, 丙, 丁 및 아버지 戊가 甲 공단을 상대로 수영장에 설치·보존상 하자가 있다고 주장하면서 민법 제758조 제1항에 따른 손해배상을 구한 사안에서, 위 수영장에는 성인용 구역과 어린이용 구역을 동일한 수영조에 두었다는 점과 수심 표시를 제대로 하지 않은 점 등의 하자가 있고, 이러한 하자 때문에 위 사고가 발생하였다고 볼 수 있는 이상 甲 공단에 책임이 없다고 할 수 없으며, 乙에 대한 보호감독의무를 부담하는 丙 등의 주의의무 위반이 사고 발생의 공동원인이 되었더라도 이것이 甲 공단에 대하여 수영장의 설치·보존상 하자로 인한 책임을 인정하는 데 장애가 되지 않는데도, 이와 달리 보아 乙 등의 주장을 배척한 원심판단에는 공작물책임에 관한 법리오해 등의 잘못이 있다고 한 사례(대판 2019.11.28, 2017다14895)

③ 인공공물과 자연공물 : 인공공물은 당해 영조물이 통상 갖추어야 할 안전성이 확보된 상태하에서 공적 목적에 제공되어야 하므로 영조물의 하자가 넓게 인정될 수 있다. 그러나 자연공물은 자연상태로 공적 목적에 제공되고 당해 영조물의 안전성은 연차적으로 강화되어야 하는 것이므로 이 한도 내에서 영조물의 하자의 인정에 한계가 주어질 수 있다(박균성, 정하중).

1. 자연영조물로서의 하천의 관리상의 특질과 특수성 및 계획홍수위를 넘고 있는 하천의 제방이 그 후 새로운 하천시설을 설치할 때 기준으로 삼기 위하여 제정한 '하천시설기준'이 정한 여유고를 확보하지 못한 경우, 안전성이 결여된 하자가 있다고 볼 수 있는지 여부(한정 소극)

   자연영조물로서의 하천은 원래 이를 설치할 것인지 여부에 대한 선택의 여지가 없고, 위험을 내포한 상태에서 자연적으로 존재하고 있으며, 간단한 방법으로 위험상태를 제거할 수 없는 경우가 많고, 유수라고 하는 자연현상을 대상으로 하면서도 그 유수의 원천인 강우의 규모, 범위, 발생시기 등의 예측이나 홍수의 발생 작용 등의 예측이 곤란하고, 실제로 홍수가 어떤 작용을 하는지는 실험에 의한 파악이 거의 불가능하고 실제 홍수에 의하여 파악할 수밖에 없어 결국 **과거의 홍수 경험을 토대로 하천관리를 할 수밖에 없는 특질이 있고**, 또 국가나 하천관리청이 목표로 하는 **하천의 개수작업을 완성함에 있어서는 막대한 예산을 필요로 하고, 대규모 공사가 되어 이를 완공하는 데 장기간이 소요**되며, 치수의 수단은 강우의 특성과 하천 유역의 특성에 의하여 정해지는 것이므로 그 특성에 맞는 방법을 찾아내는 것은 오랜 경험이 필요하고 또 기상의 변화에 따라 최신의 과학기술에 의한 방법이 효용이 없을 수도 있는 등 그 관리상의 특수성도 있으므로 이와 같은 관리상의 특질과 특수성을 감안한다면, **하천의 관리청이 관계규정에 따라 설정한 계획홍수위를 변경시켜야 할 사정이 생기는 등 특별한 사정이 없는 한, 이미 존재하는 하천의 제방이 계획홍수위를 넘고 있다면 그 하천은 용도에 따라 통상 갖추어야 할 안전성을 갖추고 있다고 보아야 하고, 그와 같은 하천이 그 후 새로운 하천시설을 설치할 때 기준으로 삼기 위하여 제정한 '하천시설기준'이 정한 여유고를 확보하지 못하고 있다는 사정만으로 바로 안전성이 결여된 하자가 있다고 볼 수는 없다**(대판 2003.10.23, 2001다48057).

2. 자연영조물로서의 하천의 관리상의 특질과 특수성 및 하천관리를 위한 시설의 설치상 하자 유무의 판단 기준

   하천 수해와 관련하여 하천관리를 위한 시설의 설치상 하자 유무를 판단함에 있어서는 해당 하천과 관련하여 과거에 발생한 수해의 규모, 발생빈도, 발생원인, 피해의 성질, 강우상황, 유역의 지형 기타 자연적 조건, 토지의 이용 상황 기타 사회적 조건, 개수를 요하는 긴급성의 유무 및 그 정도 등 **제반 사정을 종합적으로 검토하고**, 하천관리에 있어서의 재정적, 기술적 및 사회적 제약하에서 **같은 종류 및 규모의 하천관리의 일반수준 및 사회통념에 비추어 시인할 수 있는 안전성을 구비하고 있는지**, 그리고 해당 하천관리시설이 설치 당시의 기술수준에 비추어 그 예정한 규모의 홍수에 있어서의 **통상의 작용으로부터 예측된 재해를 방지함에 족한 안전성을 갖추고 있는지 여부를 기준으로 한다.** 피고 서울특별시가 1999년경 마련한 빗물펌프장에 관한 시설기준이 잘못되었다거나 그 후 이를 시급히 변경시켜야 할 사정이 있었음에도 담당 공무원이 이를 해태하였다는 등의 특별한 사정이 없는 이상 이 사건 휘경빗물펌프장 및 신이문빗물펌프장의 설치가 위 시설기준에 부합한다면 그 용도에 따라 통상 갖추어야 할 안전성을 갖추고 있는 것으로 보아 설치상 하자는 없다고 할 것이다(대판 2007.10.25, 2005다62235).

3. 관리청이 하천법 등 관련 규정에 의해 책정한 하천정비기본계획 등에 따라 개수를 완료한 하천이 위 기본계획 등에서 정한 계획홍수량 등을 충족하여 관리되고 있는 경우 원칙적으로 안전성을 인정할 수 있다.

   관리청이 하천법 등 관련 규정에 의해 책정한 하천정비기본계획 등에 따라 개수를 완료한 하천 또는 아

직 개수 중이라 하더라도 개수를 완료한 부분에 있어서는, 위 **하천정비기본계획 등에서 정한 계획홍수량 및 계획홍수위를 충족하여 하천이 관리되고 있다면 당초부터 계획홍수량 및 계획홍수위를 잘못 책정하였다거나 그 후 이를 시급히 변경해야 할 사정이 생겼음에도 불구하고 이를 해태하였다는 등의 특별한 사정이 없는 한, 그 하천은 용도에 따라 통상 갖추어야 할 안전성을 갖추고 있다고 봄이 상당**하다(대판 2007.9.21, 2005다65678).

4. 자연영조물인 하천의 관리주체가 익사사고를 방지하기 위하여 부담하는 방호조치의무의 정도
   자연영조물로서 하천은 이를 설치할 것인지 여부에 대한 선택의 여지가 없고, 위험을 내포한 상태에서 자연적으로 존재하고 있으며, 그 유역의 광범위성과 유수(流水)의 상황에 따른 하상의 가변성 등으로 인하여 익사사고에 대비한 하천 자체의 위험관리에는 일정한 한계가 있을 수밖에 없어, 하천 관리주체로서는 익사사고의 위험성이 있는 모든 하천구역에 대해 위험관리를 하는 것은 불가능하므로, 당해 하천의 현황과 이용 상황, 과거에 발생한 사고 이력 등을 종합적으로 고려하여 하천구역의 위험성에 비례하여 사회통념상 일반적으로 요구되는 정도의 방호조치의무를 다하였다면 하천의 설치 · 관리상의 하자를 인정할 수 없다(대판 2014.1.23, 2013다211865).
5. 교회 수련회에 참석한 미성년자 甲이 하천을 가로질러 수심이 깊은 맞은 편 바위(황새바위) 위에서 다이빙을 하며 놀다가 익사하자, 甲의 유족들이 하천 관리주체인 지방자치단체(강원도)를 상대로 손해배상을 구한 사안에서, 지방자치단체의 손해배상책임을 인정한 원심판결에 법리오해의 위법이 있다고 한 사례
   하천 관리자인 지방자치단체가 유원지(강원도 정선군 여량면 유천리 소재 흥터유원지) 입구나 유원지를 거쳐 하천에 접근하는 길에 수영금지의 경고표지판과 현수막을 설치함으로써 하천을 이용하는 사람들의 안전을 보호하기 위하여 통상 갖추어야 할 시설을 갖추었다고 볼 수 있고, 지방자치단체에게 사고지점에 각별한 주의를 촉구하는 내용의 위험표지나 부표를 설치하는 것과 같은 방호조치를 취하지 않은 과실이 인정되더라도 익사사고와 상당인과관계가 있다고 보기 어려운데도 지방자치단체의 손해배상책임을 인정한 원심판결에 하천의 설치 또는 관리상 하자책임에 관한 법리오해의 위법이 있다(대판 2014.1.23, 2013다211865).

④ 도로의 설치·관리의 하자 : 도로의 설치·관리의 하자는 도로의 통상의 용법에 따른 이용에 있어서 통상 갖추어야 할 안전성의 유무를 기준으로 한다.

1. 도로의 설치·관리상의 하자 유무에 관한 판단기준
   공작물인 도로의 설치·관리상의 하자는 도로의 위치 등 장소적인 조건, 도로의 구조, 교통량, 사고 시에 있어서의 교통 사정 등 도로의 이용 상황과 그 본래의 이용 목적 등 여러 사정과 물적 결함의 위치, 형상 등을 **종합적으로 고려하여 사회통념에 따라 구체적으로 판단하여야 한다**(대판 2008.3.13, 2007다29287·29294).
2. 도로 설치 후 제3자의 행위에 의하여 도로의 통행상의 안전에 결함이 생긴 경우, 도로의 관리·보존상의 하자 여부에 관한 판단기준
   도로의 설치 후 제3자의 행위에 의하여 그 본래의 목적인 통행상의 안전에 결함이 발생한 경우에는 도로에 그와 같은 결함이 있다는 것만으로 성급하게 도로의 보존상 하자를 인정하여서는 안 되고, 당해 도로의 구조, 장소적 환경과 이용 상황 등 **제반 사정을 종합하여 그와 같은 결함을 제거하여 원상으로 복구할 수 있는데도 이를 방치한 것인지 여부를 개별적·구체적으로 심리하여 하자의 유무를 판단하여야 한다. 편도 2차선 도로의 1차선 상에 교통사고의 원인이 될 수 있는 크기의 돌멩이가 방치되어 있는 경우, 도로의 점유·관리자가 그에 대한 관리 가능성이 없다는 입증을 하지 못하는 한 이는 도로의 관리·보존상의 하자에 해당한다**(대판

1998.2.10, 97다32536).

3. 고속도로의 관리자가 강설에 대처하기 위하여 부담하는 관리의무의 내용

강설에 대처하기 위하여 완벽한 방법으로 도로 자체에 융설설비를 갖추는 것이 현대의 과학기술 수준이나 재정사정에 비추어 사실상 불가능하다고 하더라도, **최저속도의 제한이 있는 고속도로의 경우에 있어서는 도로관리자가 도로의 구조, 기상예보 등을 고려하여 사전에 충분한 인적·물적 설비를 갖추어 강설 시 신속한 제설작업을 하고 나아가 필요한 경우 제때에 교통통제 조치를 취함으로써 고속도로로서의 기본적인 기능을 유지하거나 신속히 회복할 수 있도록 하는 관리의무가 있다**(대판 2008.3.13, 2007다29287·29294).

4. 고속도로의 점유관리자가 도로의 관리상 하자로 인한 손해배상책임을 면하기 위한 요건

고속도로의 관리상 하자가 인정되는 이상 고속도로의 점유관리자는 **그 하자가 불가항력에 의한 것이거나 손해의 방지에 필요한 주의를 해태하지 아니하였다는 점을 주장·입증하여야 비로소 그 책임을 면할 수 있다**(대판 2008.3.13, 2007다29287·29294).

5. 피해자가 운전하던 트럭의 앞바퀴가 고속도로 상에 떨어져 있는 타이어에 걸려 중앙분리대를 넘어가 맞은편에서 오던 트럭과 충돌하여 부상을 입었는데, 위 타이어가 사고지점 고속도로 상에 떨어진 것은 사고가 발생하기 10분 내지 15분 전인 경우 국가배상책임을 물을 수 없다(대판 1992.9.14, 92다3243).

6. 여의도광장 광란의 살인질주사건

차량진입으로 인한 인신사고 당시에는 차도와의 경계선 일부에만 이동식 쇠기둥이 설치되어 있고 나머지 부분에는 별다른 차단시설물이 없었으며 경비원도 없었던 것은, 평소 시민의 휴식공간으로 이용되는 여의도광장이 통상 요구되는 안전성을 결여하고 있었다 할 것이고, 만약 사고 후에 설치된 차단시설물이 이미 설치되어 있었고 경비원이 배치되어 있었더라면 가해자가 승용차를 운전하여 광장 내로 진입하는 것을 막을 수 있었거나, 설사 차량진입을 완전히 막지는 못하더라도 최소한 진입 시에 차단시설물을 충격하면서 발생하는 소리나 경비원의 경고를 듣고 많은 사람들이 대피할 수 있었다고 보이므로, 차량진입으로 인한 사고와 여의도광장의 관리상의 하자 사이에는 상당인과관계가 있다(대판 1995.2.24, 94다57671).

7. U자형 쇠파이프 도로방치로 인한 사망사건

소외 ○○○이 1995. 11. 21. 10 : 30경 피고가 점유·관리하는 대구 달성군 논공면 삼리 소재 편도 2차선의 국도를 프라이드 승용차를 운전하여 가다가 반대방향 도로 1차선에 떨어져 있던 길이 120cm, 직경 2cm 크기의 U자형 쇠파이프가 번호미상 갤로퍼 승용차 뒷 타이어에 튕기어 ○○○의 승용차 앞 유리창을 뚫고 들어오는 바람에 쇠파이프에 목부분이 찔려 개방성 두개골 골절 등으로 사망한 사실 …… 그와 같은 쇠파이프가 위 도로에 떨어져 있었다면 **일단 도로의 관리에 하자가 있는 것으로 볼 수 있으나**, 내세운 증거에 의하면 **사고 당일 09 : 57부터 10 : 08 사이(사고 발생 33분 내지 22분 전)에 피고 운영의 과적차량 검문소 근무자 교대차량이 사고장소를 통과하였으나 위 쇠파이프를 발견하지 못한 사실 …… 피고가 관리하는 넓은 국도상을 더 짧은 간격으로 일일이 순찰하면서 낙하물을 제거하는 것은 현실적으로 불가능**하기 때문에 피고에게 국가배상법 제5조 제1항이 정하는 손해배상책임이 없다(대판 1997.4.22, 97다3194).

8. 노면의 흠

교통사고가 발생한 강원도 인제읍 합강 3리 소재 44번 **국도상에 아스팔트가 패여서 생긴 길이 1.2미터, 폭 0.7미터의 웅덩이**가 있어서 이곳을 통과하던 소외 합자회사 중부관광여행사 소속 관광버스가 이를 피하기 위하여 중앙선을 침범운행한 과실로 마주오던 타이탄 화물트럭과 충돌하여 이 사건 교통사고가 발생하였는바, 피고(대한민국)는 위 도로의 관리책임자로서 위 도로를 주행하는 차량들의 안전운행을 위하여 도로상태의 안전점검을 철저하게 하였어야 함에도 불구하고 이를 게을리하여 위와 같은 웅덩이를 방치(주관설)함으로써 이 사건 교통사고의 발생에 한 원인을 제공하였으므로, 피고는 위 소외 회사와 공동불법행위자로서 손해배상책임이 있다(대판 1993.6.25, 93다14424).

9. 급경사 내리막 커브길에 안전방호벽을 설치하지 않아 차량이 도로를 이탈하여 인도 및 인근 건물로 돌진

한 사고에 대하여 지방자치단체에게 도로의 설치·관리상의 하자를 인정한 사례(대판 2004.6.11, 2003다62026)

10. 관광버스를 타고 가다가 고속도로 비상주차대에서 하차한 갑이 도로를 따라 설치된 방음벽과 가드레일 사이에 있는 30cm 정도의 틈을 통하여 빠져나가 고속도로 옆 경사면을 내려가던 중 미끄러지면서 옹벽 밑 도로에 추락하여 사망한 사안에서, 위 도로에 도로가 통상 갖추어야 할 안전성이 결여된 설치·관리상의 하자가 있다고 볼 수 없음에도, 이와 달리 본 원심판결에 법리오해 등의 위법이 있다고 한 사례
 피고는 2002년경 종전의 버스정류장을 폐쇄하면서 버스정류장 앞뒤로 길이 200m 내지 300m의 방음벽을 설치하였고 현재는 그 버스정류장 일대가 비상주차대로 사용되고 있음을 알 수 있는 점, 이 사건 하차장소 일대가 인근에 마을이 있고 약 8년 전까지 버스정류장으로 사용된 곳이라고 하더라도 고속도로 비상주차대에서 하차한 승객이 사람의 통행을 위한 길이 아닌 고속도로 옆 경사면을 따라 내려가 마을로 가려고 하는 것은 매우 이례적인 행동인 점 등을 앞서 본 법리에 비추어 볼 때, 특별한 사정이 없는 한 피고가 위와 같이 200m 내지 300m 길이의 방음벽을 설치한 것 이외에 더 나아가 위와 같은 이례적인 행동을 예견하여, 이 사건 하차장소에서 승객을 하차시킬 목적으로 차량을 정차하지 못하게 하거나 이 사건 하차장소 부근의 고속도로 옆 경사면의 통행을 금지하고 추락 위험을 경고하는 내용의 표지판을 설치하며 가드레일과 방음벽 사이의 틈을 메우는 등의 조치까지 취하여야 할 의무가 있다고 보기 어렵고, 따라서 그와 같은 조치가 취해지지 않았다고 하여 이 사건 사고가 난 도로에 도로가 통상 갖추어야 할 안전성이 결여된 설치·관리상의 하자가 있다고 보기 어렵다(대판 2012.2.9, 2011다95267).

11. 甲이 차량을 운전하여 지방도 편도 1차로를 진행하던 중 커브길에서 중앙선을 침범하여 반대편 도로를 벗어나 도로 옆 계곡으로 떨어져 동승자인 乙이 사망한 사안에서, 도로에 통상 갖추어야 할 안전성이 결여된 설치·관리상의 하자가 있다고 보기 어려운데도, 이와 달리 본 원심판결에 법리오해의 위법이 있다고 한 사례
 좌로 굽은 도로에서 운전자가 무리하게 앞지르기를 시도하여 중앙선을 침범하여 반대편 도로로 미끄러질 경우까지 대비하여 도로 관리자인 지방자치단체가 차량용 방호울타리를 설치하지 않았다고 하여 도로에 통상 갖추어야 할 안전성이 결여된 설치·관리상의 하자가 있다고 보기 어려운데도, 이와 달리 본 원심판결에 법리오해의 위법이 있다고 한 사례(대판 2013.10.24, 2013다208074)

⑤ 교통신호기 설치·관리의 하자

1. 신호기의 고장이 천재지변인 낙뢰로 인한 것이고 신호기를 찾지 못하여 고장 수리가 지연되었을 뿐 임의로 방치한 것이 아닌 경우에도 국가배상책임이 인정된다(대판 1999.6.25, 99다11120).
2. 편도 4차선의 간선도로를 따라 오다가 편도 1차선의 지선도로가 좌측에서 합류하는 삼거리 교차로를 지나 우측으로 굽은 간선도로를 따라 계속 진행하는 차량에 대하여 신호기가 우측 화살표 신호가 아닌 직진 신호를 표시한 경우, 그 **신호기의 신호가 도로의 실제 상황과 일치하지 않는 잘못된 신호로서 신호기의 설치·관리에 하자가 있다고 할 수 없다**(대판 2000.1.14, 99다24201).
3. 차로의 진행방향 신호기의 정지신호가 단선으로 소등되어 있는 상태에서 그대로 진행하다가 다른 방향의 진행신호에 따라 교차로에 진입한 차량과 충돌한 경우, 신호기의 적색신호가 소등된 기능상 결함이 있었다는 사정만으로 신호기의 설치 또는 관리상의 하자를 인정할 수 없다(대판 2000.2.25, 99다54004).
4. 가변차로 신호등 오작동
 가변차로에 설치된 두 개의 신호등에서 서로 모순되는 신호가 들어오는 오작동이 발생하였고 그 고장이 현재의 기술수준상 부득이한 것이라고 가정하더라도 그와 같은 사정만으로 손해발생의 예견가능성이나

회피가능성이 없어 영조물의 하자를 인정할 수 없는 경우라고 단정할 수 없다(대판 2001.7.27, 2000다56822).

5. 보행자 신호기가 고장난 횡단보도 상에서 교통사고가 발생한 사안에서, 적색등의 전구가 단선되어 있었던 위 보행자 신호기는 그 용도에 따라 통상 갖추어야 할 안전성을 갖추지 못한 관리상의 하자가 있어 지방자치단체의 배상책임이 인정된다고 한 사례(대판 2007.10.26, 2005다51235)

⑥ 고등학교 3학년 학생이 학교건물의 3층 난간을 넘어 들어가 흡연을 하던 중 실족하여 사망한 경우, 위 건물의 설치·보존상의 하자가 인정되지 않는다고 한 사례

고등학교 3학년 학생이 교사의 단속을 피해 담배를 피우기 위하여 3층 건물 화장실 밖의 난간을 지나다가 실족하여 사망한 사안에서 학교관리자에게 그와 같은 이례적인 사고가 있을 것을 예상하여 복도나 화장실 창문에 난간으로의 출입을 막기 위하여 출입금지장치나 추락위험을 알리는 경고표지판을 설치할 의무가 있다고 볼 수는 없으므로 학교시설의 설치·관리상의 하자가 없다(대판 1997.5.16, 96다54102).

3. 타인에게 손해 발생

(1) 타인의 범위

영조물의 설치나 관리의 하자로 인해 타인에게 손해가 발생해야 하며, 하자와 손해 간에는 상당인과관계가 있어야 한다. 타인에는 '공무원'도 포함되지만, 군인 등 일정한 공무원에 대해서는 국가배상법 제2조의 경우와 마찬가지로 특례가 인정된다.

(2) 손해의 발생

손해란 공무원의 직무상 불법행위로 인한 손해와 마찬가지로 법익침해에 의한 불이익을 의미하며 재산적 손해·정신적 손해 또는 적극적 손해·소극적 손해를 불문한다.

영조물책임에도 위자료 인정

원심은 피고에게 국가배상법 제5조 제1항의 규정에 의하여 이 사건 사고로 인한 위자료 지급의무를 지우고 있는데 같은 법 제3조 제1항 내지 제5항에 의하더라도 이 사건과 같은 경우에 원고들의 위자료청구권이 반드시 배제되는 것으로는 해석되지 아니한다(대판 1990.11.13, 90다카25604).

(3) 상당인과관계

영조물의 설치나 관리상 하자와 손해발생 사이에는 상당인과관계가 있어야 하며, 설령 자연현

상이나 제3자 또는 피해자의 행위가 그 손해의 원인으로서 가세된 경우에도 하자와 손해발생 사이에 상당인과관계가 있는 한 국가 등은 그 한도 내에서 책임을 져야 한다.

1. 다른 자연적 사실이나 제3자 또는 피해자의 행위와 경합하여 발생한 손해도 영조물의 설치·관리상의 하자에 의해 발생한 것으로 볼 것인지 여부
   영조물의 설치 또는 관리상의 하자로 인한 사고라 함은 영조물의 설치 또는 관리상의 하자만이 손해발생의 원인이 되는 경우만을 말하는 것이 아니고, 다른 자연적 사실이나 제3자의 행위 또는 피해자의 행위와 경합하여 손해가 발생하더라도 영조물의 설치 또는 관리상의 하자가 공동원인의 하나가 되는 이상 그 손해는 영조물의 설치 또는 관리상의 하자에 의하여 발생한 것이라고 해석함이 상당하다(대판 1994.11.22, 94다32924).
2. 피해자가 입은 손해가 특수한 자연적 조건 아래 발생한 것이라 하더라도 자연력의 기여분을 인정하여 가해자의 배상범위를 제한할 수 없는 경우
   판례에 의하면 불법행위에 기한 손해배상 사건에 있어서 피해자가 입은 손해가 자연력과 가해자의 과실행위가 경합되어 발생된 경우 가해자의 배상 범위는 손해의 공평한 부담이라는 견지에서 손해 발생에 대하여 자연력이 기여하였다고 인정되는 부분을 공제한 나머지 부분으로 제한하여야 함이 상당한 것이지만, 다른 한편, 피해자가 입은 손해가 통상의 손해와는 달리 특수한 자연적 조건 아래 발생한 것이라 하더라도, 가해자가 그와 같은 자연적 조건이나 그에 따른 위험의 정도를 미리 예상할 수 있었고 또 과도한 노력이나 비용을 들이지 아니하고도 적절한 조치를 취하여 자연적 조건에 따른 위험의 발생을 사전에 예방할 수 있었다면, 그러한 사고방지 조치를 소홀히 하여 발생한 사고로 인한 손해배상의 범위를 정함에 있어서 자연력의 기여분을 인정하여 가해자의 배상 범위를 제한할 것은 아니다(대판 2001.2.23, 99다61316).

4. 면책사유

(1) 불가항력의 의의

사회통념상 일반적으로 갖추어야 할 안전성을 갖추었음에도 불구하고 손해가 발생한 경우에는 불가항력으로서 국가 등은 책임을 지지 않는다. 불가항력이란 천재지변과 같이 인간의 능력으로는 예견할 수 없거나, 예견할 수 있어도 회피할 수 없는 외부의 힘에 의하여 손해가 발생한 경우를 말하며 면책사유에 해당한다.

(2) 천재지변(자연재해)

① **집중호우**(100년 기준) : 판례는 집중호우의 경우 계획홍수위(치수 공사를 할 때 설계의 기준이 되는 유량인 계획고수위, 계획 홍수량에 해당하는 물의 높이)의 산정을 100년 간의 강우량을 기준으로 판단한다. 즉, 계획홍수위가 50년 빈도의 최대강우량의 경우 면책을 부정하지만(대판 2000.5.26, 99다53247), 600~1,000년 빈도의 강우량일 경우 면책을 인정한다(대판

2003.10.23, 2001다48057).

1. 50년 빈도의 경우 불가항력 부정(충북 청원군 미원면 소재 제방도로 유실로 주부가 강물에 휩쓸려 익사한 사건)
   집중호우로 제방도로가 유실되면서 그곳을 걸어가던 보행자가 강물에 휩쓸려 익사한 경우, 사고 당일의 집중호우가 **50년 빈도의 최대강우량에 해당**한다는 사실만으로 불가항력에 기인한 것으로 볼 수 없다(대판 2000.5.26, 99다53247).
2. 600~1,000년 빈도의 경우 불가항력 인정(동부간선도로건설로 인한 중랑천 범람사건)
   100년 발생빈도의 강우량을 기준으로 책정된 계획홍수위를 초과하여 **600년 또는 1,000년 발생빈도의 강우량에 의한 하천의 범람**은 예측가능성 및 회피가능성이 없는 불가항력적인 재해로서 그 영조물의 관리청에게 책임을 물을 수 없다(대판 2003.10.23, 2001다48057).

② 강설(降雪) : 판례에 의하면 강설의 경우 적설지대에 속하는 지역의 도로라든가 최저속도의 제한이 있는 고속도로 등 특수목적을 갖고 있는 도로는 면책 부정, 기타 일반 보통의 도로의 경우는 면책된다(대판 2000.4.25, 99다54998).

1. 적설지대도로와 고속도로 등 특수목적도로는 면책 부정, 기타도로는 면책 긍정
   적설지대에 속하는 지역의 도로라든가 최저속도의 제한이 있는 고속도로 등 특수목적을 갖고 있는 도로가 아닌 일반 보통의 도로까지도 도로관리자에게 완전한 인적·물적 설비를 갖추고 제설작업을 하여 도로통행상의 위험을 즉시 배제하여 그 안전성을 확보하도록 하는 관리의무를 부과하는 것은 도로의 안전성의 성질에 비추어 적당하지 않고, 오히려 그러한 경우의 도로통행의 안전성은 그와 같은 **위험에 대면하여 도로를 이용하는 통행자 개개인의 책임으로 확보하여야 한다.** 강설의 특성, 기상적 요인과 지리적 요인, 이에 따른 도로의 상대적 안전성을 고려하면 겨울철 산간지역에 위치한 도로에 강설로 생긴 빙판을 그대로 방치하고 도로상황에 대한 경고나 위험표지판을 설치하지 않았다는 사정만으로 도로관리상의 하자가 있다고 볼 수 없다고 한 사례(대판 2000.4.25, 99다54998)
2. 폭설로 차량 운전자 등이 고속도로에서 장시간 고립된 경우, 고속도로의 관리상 하자를 인정
   폭설로 차량 운전자 등이 고속도로에서 장시간 고립된 사안에서, 고속도로의 관리자가 **고립구간의 교통정체를 충분히 예견할 수 있었음**에도 교통제한 및 운행정지 등 필요한 조치를 충실히 이행하지 아니하였으므로 고속도로의 관리상 하자가 있다(대판 2008.3.13, 2007다29287·29294).

(3) 재정사정이나 영조물의 사용목적에 의한 사정

① 학설 : 자연공물의 경우 안전성을 위해 합리적인 예산을 수립하고 집행하고 있는 행정주체에 대해 영조물관리의 하자를 인정할 수는 없으므로, 자연공물의 유지·관리에 막대한 예산이 소요되는 경우에는 재정적 제약이 면책사유가 될 수 있다고 하는 긍정설(김동희), 일반적으로

재정적 제약은 면책사유가 되지 않는다는 부정설(김남진·김연태), 인공공물의 경우는 부정하지만 자연공물의 경우 긍정하는 절충설(박균성)이 대립한다.

② **판례**: 대법원은 집중호우와 관련하여 재정사정은 안전성을 요구하는 데 대한 참작사유에 해당할지언정, 안전성을 결정지을 절대적 요건은 되지 못한다고 판시하였다(대판 1967.2.21, 66다1723). 그러나 최근에는 막대한 예산을 필요로 하는 경우 재정적 제약이 면책사유가 될 수 있는 가능성을 제한적으로나마 인정한 바 있다(대판 2000.4.25, 99다54998).

1. 원칙적으로 면책 부정

설치자의 재정사정이나 영조물의 사용목적에 의한 사정은 안전성을 요구하는 데 대한 정도문제로서 **참작사유에는 해당할지언정 안전성을 결정지을 절대적 요건에는 해당하지 아니한다** 할 것이다(대판 1967.2.21, 66다1723).

2. 천문학적인(막대한) 예산을 필요로 하는 경우 예외적으로 면책 긍정

(1) 강 설

특히 강설은 기본적 환경의 하나인 자연현상으로서 그것이 도로교통의 안전을 해치는 위험성의 정도나 그 시기를 예측하기 어렵고 통상 광범위한 지역에 걸쳐 일시에 나타나고 일정한 시간을 경과하면 소멸되는 일과성을 띠는 경우가 많은 점에 비하여, 이로 인하여 발생되는 도로상의 위험에 대처하기 위한 완벽한 방법으로서 **도로 자체에 융설설비를 갖추는 것은 현대의 과학기술의 수준이나 재정사정에 비추어 사실상 불가능**하다(대판 2000.4.25, 99다54998).

(2) 하 천

국가나 하천관리청이 목표로 하는 하천의 **개수작업을 완성함에 있어서는 막대한 예산을 필요로 하고, 대규모 공사가 되어 이를 완공하는 데 장기간이 소요**되며 …… **'하천시설기준'이 정한 여유고를 확보하지 못하고 있다는 사정만으로 바로 안전성이 결여된 하자가 있다고 볼 수는 없다**(대판 2003.10.23, 2001다48057).

5. 제2조와 제5조의 경합

제2조는 과실책임이고, 제5조는 무과실책임이며, 제2조의 직무행위에 영조물의 관리행위도 포함되는 것으로 볼 수 있으므로 양자의 책임은 경합할 수 있다(예소방차의 기계적 하자와 운전사의 과실이 경합하여 국민을 다치게 한 경우). 따라서 피해자는 양자 중 어느 것에 의해서도 배상을 청구할 수 있는데, 통상의 경우 고의·과실을 요하지 않는 영조물책임을 주장하게 될 것이다.

Ⅲ 배상책임

1. 배상책임자

(1) 원 칙

영조물 설치나 관리의 하자로 인한 손해배상책임자는 사무관리주체로서의 국가 또는 지방자치단체가 지는 것이 원칙이다. 따라서 영조물 설치나 관리가 국가사무인 경우 국가가, 지방자치단체의 사무인 경우에는 지방자치단체가 배상책임을 진다.

1. 구 하천법 제28조 제1항에 따라 국토해양부장관이 하천(전북 완주군 운주면에 위치한 장선천)공사를 대행하던 중 지방하천의 관리상 하자로 손해가 발생한 경우, 피고 대한민국은 장선천의 점유 및 관리자로서뿐만 아니라 장선천 제방공사의 비용부담자로서도 국가배상법 제6조 제1항에 따라 장선천의 관리상 하자로 인한 손해를 배상할 책임을 지고, 나아가 이 사건 수해가 천재지변에 의한 불가항력적인 재해라고 하기 어렵다(대판 2014.6.26, 2011다85413).
2. 구 하천법 제28조 제1항에 따라 국토해양부장관이 하천(전북 완주군 운주면에 위치한 장선천)공사를 대행하던 중 지방하천의 관리상 하자로 손해가 발생한 경우, 하천관리청이 속한 지방자치단체는 국가와 함께 국가배상법 제5조 제1항에 따라 지방하천의 관리자로서 손해배상책임을 부담한다
   구 하천법 제28조 제1항에 따라 국토해양부장관이 하천공사를 대행하더라도 이는 국토해양부장관이 하천관리에 관한 일부 권한을 일시적으로 행사하는 것으로 볼 수 있을 뿐 하천관리청이 국토해양부장관으로 변경되는 것은 아니므로, 국토해양부장관이 하천공사를 대행하던 중 지방하천의 관리상 하자로 인하여 손해가 발생하였다면 하천관리청이 속한 지방자치단체는 국가와 함께 국가배상법 제5조 제1항에 따라 지방하천의 관리자로서 손해배상책임을 부담한다(대판 2014.6.26, 2011다85413).

(2) 영조물의 설치·관리자와 비용부담자가 다른 경우의 대외적 배상책임자

① 국가배상법 규정내용 : 국가배상법은 제6조 제1항에서 "제2조·제3조 및 제5조에 따라 국가나 지방자치단체가 손해를 배상할 책임이 있는 경우에 공무원의 선임·감독 또는 영조물의 설치·관리를 맡은 자(사무관리주체)와 공무원의 봉급·급여, 그 밖의 비용 또는 영조물의 설치·관리 비용을 부담하는 자(비용부담자)가 동일하지 아니하면(위임사무) 그 비용을 부담하는 자도 손해를 배상하여야 한다."라고 규정함으로써 피해자의 선택적 청구를 인정하고, 따라서 영조물의 설치·관리를 맡은 자와 영조물의 설치·관리의 비용을 부담하는 자가 다른 경우 피해자는 어느 쪽에 대하여도 선택적으로 손해배상을 청구할 수 있다. 한편, 제2항에서는 "제1항의 경우에 손해를 배상한 자는 내부관계에서 그 손해를 배상할 책임이 있는 자(최종적 배상책임자)에게 구상할 수 있다."라고 규정하고 있다.

<table>
<tr><th>구분</th><th>내용</th><th>비고</th></tr>
<tr><td>국가배상법 제2조</td><td>사무관리주체(선임·감독자)의 배상책임규정</td><td rowspan="3">국민에 대한 대외적 배상책임규정 (선택적 청구 가능)</td></tr>
<tr><td>국가배상법 제5조 제1항</td><td>사무관리주체(영조물 설치·관리자)의 배상책임규정</td></tr>
<tr><td>국가배상법 제6조 제1항</td><td>비용부담자의 대외적 배상책임규정</td></tr>
<tr><td>국가배상법 제6조 제2항</td><td>내부적 구상관계규정(최종적 배상책임자)</td><td>내부적 구상책임규정</td></tr>
</table>

② 사무관리주체와 비용부담자가 다른 경우(위임사무) : 기관위임사무는 사무가 이전되지 않으므로 위임기관이 속한 국가나 상급지방자치단체가, 단체위임사무는 사무가 이전되어 지방자치단체의 사무가 되므로 지방자치단체가 사무관리주체이다.

1. 국가사무를 시장에 기관위임한 경우 국가가 사무관리주체이다
   도로법 제22조 제2항에 의하여 지방자치단체의 장인 시장이 국도의 관리청이 되었다 하더라도 이는 시장이 국가로부터 관리업무를 위임받아 국가행정기관의 지위에서 집행하는 것이므로 국가는 도로관리상 하자로 인한 손해배상책임을 면할 수 없다(대판 1993.1.26, 92다2684).
2. 지방자치단체사무를 국가기관에 기관위임한 경우 지방자치단체가 사무관리주체이다
   지방자치단체장(대전광역시장)이 교통신호기를 설치하여 그 관리권한이 도로교통법 제71조의2 제1항의 규정에 의하여 관할 지방경찰청장에게 위임되어 지방자치단체 소속공무원과 지방경찰청 소속공무원이 합동근무하는 교통종합관제센터에서 그 관리업무를 담당하던 중 위 신호기가 고장난 채 방치되어 교통사고가 발생한 경우, **국가배상법 제2조 또는 제5조에 의한 배상책임을 부담하는 것은 지방경찰청장이 소속된 국가가 아니라, 그 권한을 위임한 지방자치단체장이 소속된 지방자치단체라**고 할 것이나, …… **교통신호기를 관리하는 지방경찰청장 산하 경찰관들에 대한 봉급을 부담하는 국가도 국가배상법 제6조 제1항에 해당한다**(대판 1999.6.25, 99다11120).

③ 비용부담자의 의의와 범위

㉠ 비용부담자의 의의 : 비용부담자는 공무원의 봉급·급여, 그 밖의 비용 또는 영조물의 설치·관리 비용을 부담하는 자를 말한다(제6조 제1항).

국가배상법 제6조 제1항 소정의 비용부담자란 '공무원의 봉급·급여 기타의 비용을 부담하는 자'이다. **기타의 비용이란 공무원의 인건비만을 가리키는 것이 아니라 당해 사무에 필요한 일체의 경비를 의미한다**(대판 1994.12.9, 94다38137).

㉡ 비용부담자의 종류

ⓐ 실질적 비용부담자 : 실질적 비용부담자는 말 그대로 실제 비용을 부담하는 자를 말한다. 사무관리주체가 실질적 비용부담자가 되는 것이 원칙이다. 즉, 지방자치단체는 그 자치사무의

수행에 필요한 경비와 위임된 사무에 관하여 필요한 경비를 지출(형식적 비용부담자)할 의무를 진다. 다만, 국가사무 또는 지방자치단체사무를 위임하는 때에는 이를 위임한 국가 또는 지방자치단체에서 그 경비를 부담(실질적 비용부담자)하여야 한다(지방자치법 제141조). 또한 국가가 스스로 행하여야 할 사무를 지방자치단체(단체위임사무) 또는 그 기관에 위임(기관위임사무)하여 수행하는 경우에, 그 소요되는 경비는 국가가 그 전부를 당해 지방자치단체에 교부하여야 한다(지방재정법 제21조 제2항). 그러나 도로법에는 도로관리청이 속하는 지방자치단체가 실질적 비용부담자라는 특별규정이 있다. 도로에 관한 비용은 이 법이나 다른 법률에 특별한 규정이 있는 경우 외에는 국토교통부장관이 관리하는 도로에 관한 것은 국고에서 부담하고, 그 밖의 도로에 관한 것은 관리청이 속하여 있는 지방자치단체에서 부담한다(도로법 제67조).

ⓑ 형식적 비용부담자 : 형식적 비용부담자는 실제 비용부담을 누가 하는지를 떠나서 대외적으로 경비를 지출하는 자를 의미한다.

:: 비용부담자 관련사례 정리

구 분	사무관리주체	실질적 비용부담자	형식적 비용부담자
기관위임사무(국가사무 ⇨ 서울특별시장)	국 가	국 가	서울특별시
단체위임사무(국가사무 ⇨ 서울특별시)	서울특별시	국 가	서울특별시
도로법의 특칙(국가사무 ⇨ 서울특별시장)	국 가	서울특별시	서울특별시

ⓒ 비용부담자의 범위

ⓐ 형식적 비용부담자설 : 실질적인 비용의 부담관계를 고려함이 없이 대외적으로 비용을 지출하는 형식적 비용부담자를 대외적 배상책임자로 해야 한다는 견해이다.

ⓑ 실질적 비용부담자설 : 실질적으로 비용을 지출하여 경제적 손실을 입게 될 자를 비용부담자로 보는 견해이다. 따라서 기관위임사무의 경우 위임자인 국가가 그 사무에 소요된 비용을 실질적으로 부담하므로 국가만이 손해배상청구의 상대방이 된다.

ⓒ 병합설(병존설)(다수설) : 형식적 비용부담자와 실질적 비용부담자의 구분이 곤란하고, 피해자인 국민을 두텁게 보호할 필요가 있으므로 형식적 비용부담자 외에 실질적 비용부담자도 포함된다는 견해(다수설)이다.

ⓓ 판례(병합설) : 판례도 통설과 마찬가지로 병합설을 취하고 있다.

1. 형식적 비용부담자에 관한 판례

구 지방재정법 제16조 제2항(현행 제18조 제2항)의 규정상, 지방자치단체의 장이 기관위임된 국가행정 사무를 처리하는 경우 그에 소요되는 경비의 실질적·궁극적 부담자는 국가라고 하더라도 당해 지방자치단체는 국가로부터 내부적으로 교부된 금원으로 그 사무에 필요한 경비를 대외적으로 지출하는 자(형식적 비용부담자)이므로, 이러한 경우 지방자치단체는 국가배상법 제6조 제1항 소정의 비용부담자로서 공무원의 불법행위로 인한 같은 법에 의한 손해를 배상할 책임이 있다(대판 1994.12.9, 94다38137).

2. 실질적 비용부담자를 포함한 판례(여의도광장 광란의 살인질주사건

서울특별시는 여의도광장을 도로법 제2조 제2항 소정의 '도로와 일체가 되어 그 효용을 다하게 하는 시설'로 보고 같은 법의 규정을 적용하여 관리하고 있으며, 그 관리사무 중 일부를 영등포구청장에게 권한위임하고 있어, 여의도광장의 관리청이 본래 서울특별시장이라 하더라도 그 관리사무의 일부가 영등포구청장에게 위임되었다면, 그 위임된 관리사무에 관한 한 여의도광장의 관리청은 영등포구청장이 되고, 같은 법 제56조에 의하면 **도로에 관한 비용은 건설부장관(현 국토교통부장관)이 관리하는 도로 이외의 도로에 관한 것은 관리청이 속하는 지방자치단체의 부담으로 하도록 되어 있어 여의도광장의 관리비용부담자는 그 위임된 관리사무에 관한 한 관리를 위임받은 영등포구청장이 속한 영등포구(실질적 비용부담자)**가 되므로, **영등포구는 여의도광장에서 차량진입으로 일어난 인신사고에 관하여 국가배상법 제6조 소정의 비용부담자로서의 손해배상책임**이 있다(대판 1995.2.24, 94다57671).

2. 구상권

(1) 최종적(궁극적) 배상책임자(내부적 구상권 문제)

① **관리자설**(통설) : 당해 사무의 귀속주체(선임·감독자 또는 설치·관리자)가 그 사무의 관리책임자이므로 본래의 배상책임자로서 최종적인 손해배상책임자라고 하는 견해(통설)이다.

② **비용부담자설** : 이 견해는 당해 사무의 실질적 비용부담자(종국적 비용부담자)가 그로 인한 손해의 최종적 배상책임자라는 견해이다.

관리자설의 논거	비용부담자설의 논거
㉠ 책임의 원칙에 비추어 손해를 방지할 수 있는 위치에 있는 자인 공무원의 선임·감독자가 궁극적 배상책임자일 수밖에 없다는 점, ㉡ 관리자에게 배상책임을 부담시키는 것이 공무원의 직무상 주의의무를 환기시킬 수 있다는 점, ㉢ 실질적 비용부담자의 관리비용에는 손해배상금이라는 이상시의 비용은 포함되어 있지 않다는 점, ㉣ 사무 또는 영조물의 관리로 인해 이익을 보는 자는 그로 인해 발생하는 사고로 인한 손해배상책임도 부담해야 공평하다는 점	㉠ 비용부담자가 부담하는 비용에는 손해배상금도 포함되어 있다는 점, ㉡ 국영공비사업(국가경영, 지방자치단체 비용부담사업)의 경우 실질적으로 국가와 지방자치단체의 이해가 밀접하게 관련되어 있다는 점, ㉢ 비용의 공동부담의 경우에 관리자 간의 부담비율을 정하는 것보다 비용부담의 비율에 따른 배상액의 분배가 용이하고 객관적이라는 점

③ **기여도설** : 책임의 원리 및 손해배상의 원리에 비추어 관리책임자와 비용부담자를 불문하고 손해발생에 기여한 정도에 비례하여 최종적인 손해배상자를 결정하여야 한다는 견해이다.

기여도설의 장점은 손해발생을 방지할 수 있는 자에게 책임을 지움으로써 책임의 원칙에 합

치하며 손해의 발생에 기여한 만큼의 배상책임을 지도록 함으로써 배상의 원리에도 합치한다. 그러나 이 견해의 문제점은 기여자 및 기여의 정도를 판단함에 어려움이 있고, 판단기준이 불명확하여 최종책임자 및 최종분담액의 결정에 있어서 어려움이 있다는 데 있다.

④ 종합설 : 종국적 비용부담자의 개념을 관리자 또는 비용부담자의 어느 한 유형으로 한정할 필요는 없고, 손해발생의 기여도, 비용부담 등을 모두 고려하여 구체적인 타당성을 확보한 해결을 도모하자는 견해이다.

⑤ 판례 : 대법원판례는 기여도설을 따른 판례와 관리자설에 따른 판례로 나뉜다.

1. 기여도설 내지 종합설에 따른 판례(광주광역시 폐아스콘더미 도로방치로 인한 교통사고 사망사건)
원래 광역시가 점유·관리하던 일반국도 중 일부 구간의 포장공사를 국가가 대행하여 광역시에 도로의 관리를 이관하기 전에 교통사고가 발생한 경우, 광역시는 그 도로의 점유자 및 관리자, 도로법 제56·55조, '도로법 시행령' 제30조에 의한 도로관리비용 등의 부담자로서의 책임이 있고, 국가는 그 도로의 점유자 및 관리자, 관리사무귀속자, 포장공사비용 부담자로서의 책임이 있다고 할 것이며, 이와 같이 **광역시와 국가 모두가 도로의 점유자 및 관리자, 비용부담자로서의 책임을 중첩적으로 지는 경우에는, 광역시와 국가 모두가 국가배상법 제6조 제2항 소정의 궁극적으로 손해를 배상할 책임이 있는 자라고 할 것이고, 결국 광역시와 국가의 내부적인 부담부분은, 그 도로의 인계·인수 경위, 사고의 발생 경위, 광역시와 국가의 그 도로에 관한 분담비용 등 제반 사정을 종합하여 결정**함이 상당하다(대판 1998.7.10, 96다42819).

2. 관리자설에 따른 판례(안산시 교통신호기 고장으로 인한 교통사고사건)
횡단보도에 설치된 신호기는 원래 원고인 안산시장이 설치·관리하여야 할 것인데, 도로교통법 제104조 제1항, 그 시행령 제71조의2 제1호에 의하여 원고 시장이 그 설치·관리에 관한 권한을 피고 산하 경기도 지방경찰청 소속 안산경찰서장에게 위임함에 따라 안산경찰서장이 원고의 비용부담 아래 이를 설치·관리하고 있었다. 따라서 교통신호기의 관리사무는 지방자치단체가 설치하여 안산경찰서장에게 그 권한을 기관위임한 사무로서 피고인 국가 소속 경찰공무원들은 원고의 사무를 처리하는 지위에 있으므로, 원고인 **안산시가 그 사무에 관하여 선임·감독자**에 해당하고, 그 교통신호기 시설은 지방자치법 제132조 단서의 규정에 따라 원고인 안산시의 비용으로 설치·관리되고 있으므로, **그 신호기의 설치·관리의 비용을 실질적으로 부담하는 비용부담자의 지위**도 아울러 지니고 있는 반면, **피고인 국가는 단지 그 소속 경찰공무원에게 봉급만을 지급하고 있을 뿐이므로, 원고와 피고 사이에서 이 사건 손해배상의 궁극적인 책임은 전적으로 원고인 안산시에게 있다**고 봄이 상당하다(대판 2001.9.25, 2001다41865).

3. 시가 국도의 관리상 비용부담자로서 책임을 지는 경우 국가배상법 제6조 제2항의 규정을 들어 구상권자인 공동불법행위자에게 대항할 수 없다
시가 국도의 관리상 비용부담자로서 책임을 지는 것은 국가배상법이 정한 자신의 고유한 배상책임이므로 도로의 하자로 인한 손해에 대하여 시는 부진정연대채무자인 공동불법행위자와의 내부관계에서 배상책임을 분담하는 관계에 있으며 **국가배상법 제6조 제2항의 규정은 도로의 관리주체인 국가와 그 비용을 부담하는 경제주체인 시 상호 간에 내부적으로 구상의 범위를 정하는데 적용될 뿐** 이를 들어 구상권자인 공동불법행위자에게 대항할 수 없다(대판 1993.1.26, 92다2684).

(2) 손해의 원인에 대한 책임자에 대한 구상

손해의 원인에 대하여 책임을 질 자가 따로 있으면 국가나 지방자치단체는 그 자에게 구상할 수 있다(국가배상법 제5조 제2항). 손해의 원인에 대하여 책임을 질 자란 ① 불완전한 건축공사를 한 수급인, ② 영조물의 불법적 이용으로 하자를 야기한 자, ③ 영조물 관리상의 고의·과실로 하자를 발생시킨 공무원 등을 말한다.

3. 배상의 범위

국가 등은 영조물의 설치·관리의 하자와 상당인과관계에 있는 모든 손해를 배상해야 한다. 배상기준에 관한 국가배상법의 규정(제3조)은 이 경우에도 적용된다. 또한 군인 등에 대한 특례규정(제2조 단서), 공제에 관한 규정(제3조의2)도 적용된다.

4. 배상청구권의 양도·압류금지 등

공무원의 직무행위로 인한 경우와 마찬가지로 생명·신체의 침해로 인한 배상청구권은 양도나 압류가 금지되고, 소멸시효도 같다.

제3절 행정상 손실보상

제1항 개 설

I 행정상 손실보상의 의의

행정상 손실보상이란 적법한 공권력 행사에 의해 사유재산에 가해진 특별한 희생에 대해 사유재산권의 보장과 공평부담의 견지에서 행정주체가 행하는 조절적인 재산적 보상을 말한다.

Ⅱ 손실보상의 개념적 징표

1. '적법'한 공권력 행사로 인한 손실보상

손실보상은 원인이 '적법'한 공권력 행사라는 점에서 '위법'한 공권력 행사의 경우인 행정상 손해배상과 구별된다. 그러나 오늘날 양 제도는 점차 접근하는 경향이 있다.

2. 적법한 '공권력 행사'로 인한 손실보상

공권력 행사에 의한 것인 점에서 '비권력작용', 즉 토지보상법상 협의취득 또는 사용에 수반된 보상과 구별된다.

3. '재산상의 손실'에 대한 보상

손실보상은 재산상의 손실을 전보하는 제도이기 때문에 사람의 '생명 또는 신체'에 대한 보상은 포함하지 않는다는 점에서 손해배상과 구별된다.

4. '특별한 희생'에 대한 보상

손실보상은 특별한 희생에 대한 조절적인 보상인 점에서 일반적인 부담 또는 재산권에 내재하는 '사회적 제약(내재적 제약)'과 구별된다. 예컨대, 감염병에 오염된 건물의 철거에 따른 손실에 대해 보상하도록 규정하는 경우 정책적 견지에서 규정하고 있는 것일 뿐 손실보상과는 구별된다.

간척사업의 시행으로 종래의 관행어업권자에게 구 공유수면매립법에서 정하는 손실보상청구권이 인정되기 위해서는 매립면허고시 후 매립공사가 실행되어 관행어업권자에게 실질적이고 현실적인 피해가 발생해야 한다

구 공유수면매립법 제17조가 "매립의 면허를 받은 자는 제16조 제1항의 규정에 의한 보상이나 시설을 한 후가 아니면 그 보상을 받을 권리를 가진 자에게 손실을 미칠 공사에 착수할 수 없다. 다만, 그 권리를 가진 자의 동의를 받았을 때에는 예외로 한다."고 규정하고 있으나, 손실보상은 공공필요에 의한 행정작용에 의하여 사인에게 발생한 특별한 희생에 대한 전보라는 점에서 그 사인에게 특별한 희생이 발생하여야 하는 것은 당연히 요구되는 것이고, 공유수면 매립면허의 고시가 있다고 하여 반드시 그 사업이 시행되고 그로 인하여 손실이 발생한다고 할 수 없으므로, 매립면허 고시 이후 매립공사가 실행되어 관행어업권자에게 실질적이고 현실적인 피해가 발생한 경우에만 공유수면매립법에서 정하는 손실보상청구권이 발생하였다고 할 것이다(대판 2010.12.9, 2007두6571).

제2항 행정상 손실보상의 근거 및 청구권의 성질

I 행정상 손실보상의 근거

1. 이론적 근거(특별희생설)

과거 손실보상의 이론적 근거에 대해 ① 기득권설, ② 은혜설, ③ 공용수용설이 제기된 바 있으나, 현재는 ④ 자연법적인 정의·공평의 관념을 기초로 하여, 특정인에게 가해진 특별한 희생은 이를 공동체 전체의 부담(단체주의적 책임)으로 보상하는 것이 정의·공평의 요구에 합치하는 것이라는 특별희생설이 통설이다.

2. 실정법적 근거

(1) 헌법적 근거

구분	내용
재산권의 내용과 한계	모든 국민의 재산권은 보장된다. 그 내용과 한계는 법률로 정한다(제23조 제1항).
사회적 제약(내재적 제약)	재산권의 행사는 공공복리에 적합하도록 하여야 한다(제23조 제2항).
손실보상청구권	공공필요(목적)에 의한 재산권의 수용·사용 또는 제한(공용침해 유형, 침해법정주의) 및 그에 대한 보상은 법률(규칙이 아님)로써 하되(보상법정주의), 정당한 보상(보상기준)을 지급하여야 한다(제23조 제3항).

(2) 개별법적 근거

손실보상에 관한 일반법은 존재하지 않고(손실보상법이 아님), 「공익사업을 위한 토지 등의 취득 및 보상에 관한 법률」, 하천법, 도로법 등 개별법에 손실보상규정이 있는 경우 그에 따라 손실보상청구권을 행사할 수 있다.

(3) 개별법에 손실보상에 관한 근거 규정이 흠결된 경우(헌법 제23조 제3항의 성질 및 효력)

① 문제의 소재 : 현행 헌법은 보상규정에 관해 법률로써 정하도록 하고 있는데, 개별법에 공용침해에 대한 근거 규정만 두고 그에 대한 손실보상규정이 흠결된 경우 헌법 규정만으로 손실보상을 청구할 수 있는지의 문제가 헌법 제23조 제3항의 성질 및 효력과 관련해서 논의되고 있다.

② 학 설

㉠ 방침규정설(입법지침설) : 이 견해는 헌법상 손실보상에 관한 규정은 입법의 방침을 정한 것에 불과한 프로그램규정이라고 한다. 따라서 이 견해는 손실보상에 관한 구체적인 사항이 법률로써 정해져야만 사인(私人)은 손실보상청구권을 갖게 된다는 것이다. 오늘날 이 견해를 지지하는 학자는 없다.

㉡ 위헌무효설(입법자에 대한 직접효력설 = 입법자구속설) : 손실보상 여부는 법률에 근거해야 하므로, 이러한 규정을 포함하지 않고 재산권제약을 허용하는 법률은 '위헌·무효의 법률'이고, 이에 근거한 '행정작용은 위법'이므로 이에 대해 당사자는 행정소송을 제기할 수 있고, 재산상 손해를 받은 경우에는 국가배상청구를 제기할 수 있다는 견해이다.

이에 대해서는 논리적인 면에서는 타당하지만, 국가배상법상의 과실요건의 충족이 어려우므로 국민의 권리보호에 미흡하다는 점에서 비판을 받고 있다.

㉢ 직접효력설(국민에 대한 직접효력설) : 개인의 손실보상청구권은 헌법 규정으로부터 직접 도출되는 것이므로, 법률에 보상규정이 없는 경우에는 '헌법 제23조 제3항에 근거하여 보상'을 청구할 수 있다는 견해이다. 이렇게 해석하는 것이 국민의 권익구제에 바람직하다. 이 견해에 의하면 법률에서 보상기준 등에 관한 규정이 없는 경우에는 법원이 일반보상의 법리에 따라 보상액을 정하여 보상을 결정하게 된다. 그러나 입법자가 아니라 법원에서 배상 여부를 결정하게 되므로 권력분립원리에 반하고 논리적으로 무리라는 비판이 있다.

㉣ 유추적용설(간접효력규정설) : 법률에 손실보상규정이 없는 경우에는 헌법 제23조 제1항(재산권 보장)과 제11조(평등원칙)를 직접적인 근거로, 헌법 제23조 제3항 및 관계규정의 유추적용을 통해 보상을 청구할 수 있다는 견해이다. 이는 독일에서 발전된 '수용유사침해이론'을 도입하여 이를 손실보상의 문제로 해결하려는 것이다. 이 견해에 대해서는 ⓐ 헌법 제23조 제1항은 재산권의 존속보장에 관한 규정으로서 재산권의 가치보장(보상보호)의 문제인 손실보상에 관한 근거 규정이 될 수 없고, ⓑ 유추적용은 대상의 유사성이 전제로 요구되는데, 헌법 제23조 제3항은 적법성을 기초로 하는 것임에 반하여 손실보상을 규정하고 있지 않은 법률에 근거한 공권력 행사는 불가분조항에 반하는 것으로서 위법한 행정작용의 성질을 갖게 되므로 유사성이 없다. ⓒ 독일의 수용유사침해이론을 도입하여 이를 손실보상의 문제로서 해결하려는 시도는, 독일에서도 연방헌법재판소의 자갈채취사건의 판결 이후 이러한 경우에 수용유사침해이론에 따른 손실보상을 부정하고 당사자는 바로 취소쟁송을 제기할 수밖에 없다는 결론에 비추어 당사자의 권리보호에 전혀 도움이 되지 못한다는 비판이 있다.

③ 판 례

㉠ 대법원

4

2022 삼봉행정법총론

대법원은 헌법이 개정될 때마다 불법행위를 인정하기도 하고(대판 1966.10.18, 66다1715), 직접효력설에 입각하기도 하고(대판 1967.11.2, 67다1334) 방침규정설에 입각하기도 하고(대판 1976.10.12, 76다1443), 관련 공법규정을 유추적용하기도 하고(대판 1985.9.10, 85다카571), 개발제한구역에 대해서는 사회적 제약이라고 판시하는 등(대판 1996.6.28, 94다54511) 일관된 입장을 보이지 못하고 있다.

1. 개발제한구역 지정에 관한 도시계획법 제21조는 위헌이라고 볼 수 없다

도시계획법(현 국토의 계획 및 이용에 관한 법률) 제21조의 규정에 의하여 개발제한구역 안에 있는 토지의 소유자는 재산상의 권리행사에 많은 제한을 받게 되고 그 한도 내에서 일반 토지소유자에 비하여 불이익을 받게 됨은 명백하지만, …… **그와 같은 제한으로 인한 토지소유자의 불이익은 공공의 복리를 위하여 감수하지 아니하면 안 될 정도의 것이라고 인정**되므로, 그에 대하여 손실보상의 규정을 두지 아니하였다 하여 도시계획법 제21조의 규정을 헌법 제23조 제3항, 제11조 제1항 및 제37조 제2항에 위배되는 것으로 볼 수 없다(대판 1996.6.28, 94다54511).

2. 보상규정이 없어도 손실보상을 인정한 판례

토지구획정리사업으로 말미암아 본건 토지에 대한 환지를 교부하지 않고 그 소유권을 상실케 한데 대한 본건과 같은 경우에 손실보상을 하여야 한다는 규정이 본법에 없다 할지라도 이는 법리상 그 손실을 보상하여야 할 것이다(대판 1972.11.28, 72다1597).

3. 제방부지 및 제외지가 법률 제2292호 하천법 개정법률 시행일(1971. 7. 20)부터 법률 제3782호 하천법 중 개정법률의 시행일(1984. 12. 31) 전에 국유로 된 경우, 명시적인 보상규정이 없더라도 관할관청이 소유자가 입은 손실을 보상하여야 한다

제방부지 및 제외지가 법률 제2292호 하천법 개정법률 시행일(1971. 7. 20.)부터 법률 제3782호 하천법 중 개정법률의 시행일(1984. 12. 31.) 전에 국유로 된 경우, 그로 인하여 소유자가 입은 손실은 보상되어야 하고 보상방법을 유수지에 관한 것과 달리할 아무런 합리적인 이유가 없으므로, 특별조치법 제2조를 유추적용하여 소유자에게 손실을 보상하여야 한다고 보는 것이 타당하다(대판 2011.8.25, 2011두2743).

ⓛ 헌법재판소

헌법재판소는 위헌무효설을 취하고 있다. 또한 헌법재판소는 "보상의 구체적 기준과 방법은 헌법재판소가 결정할 성질의 것이 아니라 광범위한 입법형성권을 가진 입법자가 입법정책적으로 정할 사항이다."(헌재결 1998.12.24, 89헌마214·90헌바16·97헌바78)라고 판시함으로써 보상규정이 없을 경우 직접 손실보상을 청구할 수 없다는 입장이다.

1. 위헌무효설, 헌법불합치결정

(1) 토지를 종전의 용도대로 사용할 수 있는 경우에 개발제한구역 지정으로 인한 지가의 하락은 토지재산권에 내재하는 사회적 제약에 해당한다

개발제한구역의 지정으로 인한 개발가능성의 소멸과 그에 따른 지가의 하락이나 지가상승률의 상대적 감소는 토지소유자가 감수해야 하는 사회적 제약의 범주에 속하는 것으로 보아야 한다. 자신의 토지를 장래에 건축이나 개발목적으로 사용할 수 있으리라는 기대가능성이나 신뢰 및 이에 따른 지가상승의 기회는 원칙적으로 재산권의 보호범위에 속하지 않는다. 구역지정 당시의 상태대로 토지를 사용·수익·처분할 수 있는 이상, 구역지정에 따른 단순한 토지이용의 제한은 원칙적으로 재산권에 내재하는 사회적 제약의 범주를 넘지 않는다(헌재결 1998.12.24, 89헌마214·90헌바16·97헌바78).

(2) 도시계획법 제21조는 위헌

도시계획법(현 국토의 계획 및 이용에 관한 법률) 제21조에 의한 재산권의 제한은 개발제한구역으로 지정된 토지를 원칙적으로 지정 당시의 지목과 토지현황에 의한 이용방법에 따라 사용할 수 있는 한, 재산권에 내재하는 사회적 제약을 비례의 원칙에 합치하게 합헌적으로 구체화한 것이라고 할 것이나, **종래의 지목과 토지현황에 의한 이용방법에 따른 토지의 사용도 할 수 없거나 실질적으로 사용·수익을 전혀 할 수 없는 예외적인 경우에도 아무런 보상 없이 이를 감수하도록 하고 있는 한, 비례의 원칙에 위반되어 당해 토지소유자의 재산권을 과도하게 침해하는 것으로서 헌법에 위반**된다(헌재결 1998.12.24, 89헌마214·90헌바16·97헌바78).

(3) 헌법불합치결정을 하는 이유와 그 의미

도시계획법 제21조에 규정된 개발제한구역제도 그 자체는 원칙적으로 합헌적인 규정인데, 다만 개발제한구역의 지정으로 말미암아 일부 토지소유자에게 사회적 제약의 범위를 넘는 가혹한 부담이 발생하는 예외적인 경우에 대하여 보상규정을 두지 않은 것에 위헌성이 있는 것이고, **보상의 구체적 기준과 방법은 헌법재판소가 결정할 성질의 것이 아니라 광범위한 입법형성권을 가진 입법자가 입법정책적으로 정할 사항**이므로, 입법자가 보상입법을 마련함으로써 위헌적인 상태를 제거할 때까지 위 조항을 형식적으로 존속케 하기 위하여 헌법불합치결정을 하는 것인바, 입법자는 되도록 빠른 시일내에 보상입법을 하여 위헌적 상태를 제거할 의무가 있고, 행정청은 보상입법이 마련되기 전에는 새로 개발제한구역을 지정하여서는 아니 되며, 토지소유자는 보상입법을 기다려 그에 따른 권리행사를 할 수 있을 뿐 개발제한구역의 지정이나 그에 따른 토지재산권의 제한 그 자체의 효력을 다투거나 위 조항에 위반하여 행한 자신들의 행위의 정당성을 주장할 수는 없다(헌재결 1998.12.24, 89헌마214·90헌바16·97헌바78).

(4) 보상입법의 의미 및 법적 성격

재산권의 침해와 공익 간의 비례성을 다시 회복하기 위한 방법은 **헌법상 반드시 금전보상만을 해야 하는 것은 아니다.** 입법자는 **지정의 해제 또는 토지매수청구권제도와 같이 금전보상에 갈음**하거나 **기타 손실을 완화할 수 있는 제도를 보완하는 등 여러 가지 다른 방법을 사용할 수 있다**(헌재결 1998.12.24, 89헌마214·90헌바16·97헌바78).

2. 우리 헌법은 제헌 이래 현재까지 일관하여 재산의 수용, 사용 또는 제한에 대한 보상금을 지급하도록 규정하면서 이를 법률이 정하도록 위임함으로써 국가에게 명시적으로 수용 등의 경우 그 보상에 관한 입법의무를 부과하여 왔다(헌재결 1994.12.29, 89헌마2).

Ⅱ 손실보상청구권의 성질

손실보상청구권의 법적 성질에 대해서는 공권설과 사권설이 대립하고 있다.

1. 공권설(통설)

손실보상은 원인행위가 공법상의 공권력작용에 의한 것이므로 공법관계이며, 그에 관한 권리는 공권, 소송은 공법상 당사자소송에 의한다는 견해이다.

2. 사권설

손실보상의 원인행위가 비록 공법적인 것이라 할지라도 이에 대한 손실보상은 당사자의 의사 또는 직접 법률의 규정에 의거한 사법상의 채권채무이므로 사권이며, 그에 관한 소송은 민사소송에 의한다는 견해이다.

3. 판례(사권설)

대법원판례는 공권에 해당하는 손실보상에 대해서는 당사자소송, 사권에 해당하는 손실보상에 대해서는 민사소송에 따른다. 또한 법률에 불복절차에 관한 특별한 규정이 없는 경우에 판례(대판 1999.6.1, 97다56150)는 손실보상청구권을 사권으로 보고 그에 관한 소송도 민사소송으로 다루고 있다.

구 수산업법에 의한 손실보상청구권이나 손실보상 관련 법령의 **유추적용에 의한 손실보상청구권은 사업시행자를 상대로 한 민사소송의 방법에 의하여 행사하여야 한다**(대판 2001.6.29, 99다56468).

제3항 손실보상의 요건

손실보상과 관련해서 '보상'에 중점을 두는 견해와 '보상요건'에 중점을 두는 견해가 있다. 전자는 재산권의 가치(보상)보장에 중점을 두는 견해로 "인용하라(참아라), 그리고 청산하라." [05 대구7급]라는 말로, 후자는 재산권의 존속보장에 중점을 두어 "방어하라, 그리고 청산하라."라는 말로 표현된다.

I 공공필요

1. 공공필요의 요건

손실보상의 원인이 되는 공권력 행사는 공공필요에 의한 경우에만 인정된다. 공공필요 여부의 판단에 관해 ① 당해 사업이 순수한 수익목적 내지는 영리목적을 위한 경우, ② 한정된 특정소수인의 이익을 위한 경우, ③ 당해 사업이 사람의 사회·경제·문화생활상 직접적인 필요성이 극히 적은 경우, ④ 사업주체가 당해 토지를 직접 자기목적을 위해 공용하지 아니한 경우, ⑤ 순수한 국고목적의 작용인 경우에는 공공필요를 부정한다.

1. 체육시설을 도시계획시설사업의 대상이 되는 기반시설의 한 종류로 규정한 「국토의 계획 및 이용에 관한 법률」 제2조 제6호 라목 중 '체육시설' 부분(이 사건 정의조항)은 포괄위임금지원칙에 위배된다(시행령에서 골프장을 공용수용이 가능한 체육시설로 규정)(헌재결 2011.6.30, 2008헌바166·2011헌바35).
2. 행정청이 골프장에 관하여 한 도시계획시설결정과 그에 관한 실시계획 인가처분의 적법성이 인정되기 위한 요건 및 체육시설이 운영방식 등에서 일반인의 이용에 제공하기 위한 시설에 해당하는지 판단하는 기준
구 「국토의 계획 및 이용에 관한 법률」 및 그 시행령, 구 「도시계획시설의 결정·구조 및 설치기준에 관한 규칙」, 「체육시설의 설치·이용에 관한 법률」 제3조, 그 시행령의 각 규정 형식과 내용, 그리고 도시계획시설사업에 관한 실시계획의 인가처분은 도시계획시설결정에 따른 특정 도시계획시설사업을 구체화하여 현실적으로 실현하기 위한 것이라는 점 등을 종합해 보면, **행정청이 골프장에 관하여 한 도시계획시설결정은 특별한 사정이 없는 한 일반인의 이용에 제공하기 위하여 설치하는 체육시설인 경우에 한하여 적법한 것으로 인정될 수 있고, 행정청이 그 도시계획시설결정에 관한 실시계획을 인가할 때에는** 그 실시계획이 법령이 정한 도시계획시설(체육시설)의 결정·구조 및 설치의 기준은 물론이고, 운영방식 등에서 **일반인의 이용에 제공하기 위한 체육시설에 해당하는지도 함께 살펴 이를 긍정할 수 있을 때에 한하여 인가할 수 있다**고 보아야 한다. 그리고 체육시설이 운영방식 등에서 일반인의 이용에 제공하기 위한 시설에 해당하는지는 그 종류의 시설을 이용하여 체육활동을 하는 일반인의 숫자, 당해 시설의 운영상의 개방성, 시설 이용에 드는 경제적 부담의 정도, 시설의 규모와 공공적 요소 등을 종합적으로 고려하여 그 시설의 이용 가능성이 불특정 다수에게 실질적으로 열려 있는지를 중심으로 판단해야 한다(대판 2013.9.12, 2012두12884).
3. 골프장에 관한 도시계획시설결정에 따라 관할 시장이 甲 주식회사를 사업시행자로 하여 회원제 골프장을 설치하는 내용의 도시계획시설사업 실시계획인가 고시를 한 사안에서, 위 인가처분은 위법하지만, 그 흠이 중대·명백하여 당연무효라고 볼 수는 없다고 한 사례
도시계획시설결정은 일반인의 이용에 제공하기 위하여 설치하는 골프장에 관하여 한 것이라고 인정되는 범위 내에서만 적법한데, **회원제 골프장은 상당한 정도로 고액인 입회비를 내고 회원이 된 사람 이외의 사람에게는 이용이 제한되므로, 특별한 사정이 없는 한 이를 '일반인의 이용에 제공하기 위하여 설치하는 체육시설'이라고 보기는 어려워, 위 도시계획시설사업 실시계획인가는 그 근거가 되는 도시계획시설결정의 적법성이 인정되는 범주를 벗어나는 것으로서 위법**하지만, 인가처분 당시 골프장에 관한 도시계획시설결정이 '일반인의 이용에 제공하기 위하여 설치하는 체육시설'인 골프장에 한정되고, 회원제 운영방식의 골프장은 이에 맞지 않아 위법하다는 법리가 명백히 밝혀져 해석에 다툼의 여지가 없었다고 보기는 어려우므로 그 흠이 중대·명백하여 당연무효라고 볼 수는 없다(대판 2013.9.12, 2012두12884).

2. 공공필요의 확대화경향

오늘날 공공필요의 개념은 점차 확대되고 있는 추세이나, 헌법상 보장되고 있는 기본권으로서의 개인의 재산권 보장에 비추어 그 인정은 신중하게 결정돼야 할 것이다.

(1) 이론적 배경

공공필요의 확대는 사회정의의 실현과 공익과 사익의 적절한 조절과 규제를 통해 국민 전체의 공공복리의 증진을 요청하고 있는 복리국가주의에 따른 것이다.

(2) 공공적 사용수용(私用收用)

공공적 사용수용이란 사인을 위한 공용수용을 말한다. 수용권의 주체는 행정주체가 되는 것이 원칙이나, 오늘날에는 사인도 수용권의 주체가 될 수 있다. 이처럼 수용주체에 있어 공·사를 가리지 않는 것은 공공성 개념의 확대경향을 나타낸 것이다. 「사회기반시설에 대한 민간투자법」에서도 사인을 위한 공용침해를 허용하고 있다. 공공적 사용수용과 관련해서도 공공성 요건이 충족되어야 함은 당연하다. 예컨대, 영리추구를 목적으로 하는 사기업들이 그들의 영리활동에 부수하여 지역발전이나 고용증대 등과 같은 효과가 있다는 이유를 들어 공용침해를 할 수 있는가의 문제이다. 공공성 판단의 기준으로는 수용을 통해 얻어지는 공익과 재산권자에게 주는 침해를 형량하여 개별적으로 판단해야 한다.

1. 민간기업을 수용의 주체로 규정한 「산업입지 및 개발에 관한 법률」 제22조 제1항의 '사업시행자' 부분 중 '제16조 제1항 제3호'에 관한 부분은 헌법 제23조 제3항에 위반되지 않는다(헌재결 2009.9.24, 2007헌바114).
2. 민간기업이 도시계획시설사업의 시행자로서 도시계획시설사업에 필요한 토지 등을 수용할 수 있도록 규정한 국토계획법 제95조 제1항의 '도시계획시설사업의 시행자' 중 "제86조 제7항"의 적용을 받는 부분(이 사건 수용조항)은 헌법 제23조 제3항 소정의 '공공필요성' 요건을 결여하거나 과잉금지원칙을 위반하여 재산권을 침해하는 것이 아니다(헌재결 2011.6.30, 2008헌바166·2011헌바35).
3. 산업단지개발사업을 시행함에 있어 필요한 경우 사업시행자인 지방공기업에 수용권을 부여한 구 「산업입지 및 개발에 관한 법률」 제22조 제1항의 '사업시행자' 부분 중 제16조 제1항 제1호의 지방공기업에 관한 부분은 헌법 제23조 제3항 및 제37조 제2항에 위반되지 않는다(합헌)(헌재결 2012.3.29, 2010헌바370).
4. 행정기관이 개발촉진지구 지역개발사업으로 실시계획을 승인하고 이를 고시하기만 하면 고급골프장 사업과 같이 공익성이 낮은 사업에 대해서까지도 시행자인 민간개발자에게 수용권한을 부여하는 구 「지역균형개발 및 지방중소기업 육성에 관한 법률」 제19조 제1항의 '시행자' 부분 중 '제16조 제1항 제4호'에 관한 부분은 헌법 제23조 제3항에 위배된다(헌법불합치)(헌재결 2014.10.30, 2011헌바129·172).

Ⅱ 재산권에 대한 공권적 침해

1. 재산권의 의의

재산권은 소유권뿐만 아니라 법에 의하여 보호되고 있는 일체의 재산적 가치 있는 권리를 의미한다. 이에는 사법상의 권리(예 물권·채권·공유수면매립권·재산적 가치 있는 회원권·저작권 등)만이 아니라, 공법상의 권리도 포함한다. 그러나 현존하는 구체적인 재산가치이어야 하므로 지가상승의 기대이익은 제외된다. 또한 비재산적 가치인 생명·신체, 자연적·문화적·학술적·정신적 가치(위자료)는 원칙적으로 손실보상의 대상이 되지 않는다.

1. 공공사업의 시행으로 손해를 입었다고 주장하는 자가 보상받을 권리를 가졌는지 판단하는 기준 시점은 공공사업 시행 당시이다
   손실보상은 공공사업의 시행과 같이 적법한 공권력의 행사로 가하여진 재산상의 특별한 희생에 대하여 전체적인 공평부담의 견지에서 인정되는 것이므로, 공공사업의 시행으로 손해를 입었다고 주장하는 자가 보상을 받을 권리를 가졌는지는 해당 공공사업의 시행 당시를 기준으로 판단하여야 한다(대판 2013.6.14, 2010다9658).
2. **문화적·학술적 가치는 특별한 사정이 없는 한 그 토지의 부동산으로서의 경제적·재산적 가치를 높여 주는 것이 아니므로** 토지수용법 제51조 소정의 손실보상의 대상이 될 수 없으니, 이 사건 토지가 **철새 도래지로서 자연 문화적인 학술가치를 지녔다 하더라도 손실보상의 대상이 될 수 없다**(대판 1989.9.12, 88누11216).
3. 면허를 받아 도선사업을 영위하던 甲 농업협동조합이 연륙교 건설 때문에 항로권을 상실하였다며 연륙교 건설사업을 시행한 지방자치단체(전라남도)를 상대로 구 '공공용지의 취득 및 손실보상에 관한 특례법 시행규칙' 제23조, 제23조의6 등을 유추적용하여 손실보상할 것을 구한 사안에서, 위 항로권은 도선사업의 영업권과 별도로 손실보상의 대상이 되는 권리가 아니라고 본 원심판단을 정당하다고 한 사례
   항로권은 구 「공공용지의 취득 및 손실보상에 관한 특례법」 등 관계 법령에서 간접손실의 대상으로 규정하고 있지 않고, 항로권의 간접손실에 대해 유추적용할 만한 규정도 찾아볼 수 없으므로, 위 항로권은 도선사업의 영업권 범위에 포함하여 손실보상 여부를 논할 수 있을 뿐 이를 손실보상의 대상이 되는 별도의 권리라고 할 수 없다(대판 2013.6.14, 2010다9658).

재산권의 내용에 대해 토지보상법은 ① 토지소유권이나 소유권 이외의 권리, ② 토지 이외의 재산권 보상(예 지상물건에 대한 보상, 광업권·어업권 및 물 등의 사용에 관한 권리, 영업손실)을 들고 있다(같은 법 제76·77조).

2. 공권적 침해(공용침해)

공공필요에 의해 행정작용에 의한 사인의 재산권이 침해되어야 한다. 손실보상이 인정되기 위해서는 재산권에 대한 침해가 현실적으로 발생하여야 한다. 헌법 제23조 제3항은 ① 수용(소

유권의 박탈), ② 사용(수용에 이르지 않은 일시적 사용) 또는 ③ 제한(사용이나 수익의 제한)을 규정하고 있으나, 이외에도 재산권이 제약되는 양상은 다양하게 나타날 수 있는바, ④ 도시개발법상 도시개발사업으로 인한 공용환지나 ⑤ 「도시 및 주거환경정비법」상 정비사업으로 인한 공용환권 등에 의해 재산적 가치가 감소되는 경우와 재산권 행사가 제약되는 경우도 포함된다.

정비기반시설의 소유권 귀속은 수용에 해당하지 않는다

도시정비법 제65조 제2항은 정비기반시설의 설치와 관련된 비용의 적정한 분담과 그 시설의 원활한 확보 및 효율적인 유지·관리의 관점에서 정비기반시설과 그 부지의 소유·관리·유지 관계를 정한 규정인데, 같은 항 전단에 따른 정비기반시설의 소유권 귀속은 헌법 제23조 제3항의 수용에 해당하지 않고, 이 사건 법률조항이 그에 대한 보상의 의미를 가지는 것도 아니므로, 이 사건 법률조항에 관하여 정당한 보상의 원칙이 적용될 여지가 없다(헌재결 2013.10.24, 2011헌바355).

3. 침해의 직접성

개인의 재산권에 대한 침해가 공권력의 주체에 의해 의욕되고 지향되었거나 아니면 최소한 상대방의 재산권의 손실에 대한 직접적인 원인이 되어야 한다. 따라서 결과적(비의도적·비전형적·간접적·부수적)으로 야기된 침해(수용적 침해)는 제외된다.

Ⅲ 적법성(법률의 근거)

손실보상의 원인이 되는 개인의 재산에 대한 침해는 적법한 것이어야 하며, 여기서 적법한 것이라고 함은 법률에 근거한 것임을 의미한다. 따라서 공권력이 법령에 위반하여, 즉 위법하게 개인의 재산권을 침해한 때에는 국가배상의 원인이 될 뿐, 엄격한 의미의 손실보상의 원인은 되지 않는다고 보아야 한다. 침해의 근거가 되는 법률은 국회가 제정한 형식적 의미의 법률을 의미한다.

Ⅳ 보상규정

헌법 제23조 제3항은 "공공필요에 의한 재산권의 수용·사용 또는 제한 및 그에 대한 보상은 법률로써 하되, 정당한 보상을 지급하여야 한다."라고 규정하고 있으므로, 헌법이 예정하고 있는 손실보상은 보상규정이 법률상 존재하는 것을 요건으로 한다고 해석할 수 있다. 보상규정이 흠결된 경우는 수용유사침해가 된다.

V 특별한 희생

1. 개 설

손실보상은 사인에게 발생한 재산권 행사의 제약정도가 특별한 희생에 해당하는 경우에만 인정된다. 따라서 재산권 행사의 제약 정도가 재산권의 사회적 제약에 해당하는 경우에는 손실보상을 요하지 않으므로, 특별한 희생의 기준을 어떻게 정하는가 하는 것은 중요한 의미를 갖게 된다. 특별한 희생과 사회적 제약의 구별기준은 경계이론의 주요쟁점이다.

2. 구별기준

'사회적 제약'과 '특별한 희생'의 구별기준에 관해서는 인적 범위를 기준으로 하는 입장(형식적 기준설)과 재산권 제약의 정도나 강도를 기준으로 하는 입장(실질적 기준설)으로 나뉜다.

(1) 형식적 기준설

① **개별행위설**: 특정인에 대해 가해지는 개별적 침해만 보상

② **특별희생설**: 특정인 또는 비교적 한정된 범위의 다수인에 대한 재산권 침해만 보상

(2) 실질적 기준설

① **보호가치설**: 재산권 중 보호할 가치가 있는 것에 대한 침해만 보상대상이라는 견해로서, 보호가치 여부는 당사자의 수, 침해의 목적, 침해에 결부된 대응가치 등을 종합해서 판단한다.

② **수인한도설**: 침해행위의 본질성과 강도를 기준으로 재산권의 본체인 배타적 지배성을 침해하여 수인의 한도를 넘은 것만 보상대상이라는 견해인데, 누구를 기준으로 수인가능성을 결정할 것인가가 문제로 지적된다.

③ **목적위배설(기능설)**: 재산권 본래의 기능이나 목적에 위배되는 것만 보상대상이라는 견해이다.

④ **사적 효용설**: 주관적 이용목적(사적 효용)을 침해하는 것만 보상한다는 견해인데, 재산에 따라, 재산권자에 따라 사적 효용이 다르다는 문제점이 있다.

⑤ **중대성설**: 재산권에 미치는 중대성과 범위를 기준으로 구별하는 견해이다.

⑥ **상황구속성설**: 재산권이 놓여 있는 지리적 여건을 기준으로 하는 견해로서, 동일한 재산권일지라도 도심지에 있는 것과 자연보호구역에 있는 것은 달리 취급되어야 한다.

(3) 복수기준설(절충설, 개별·구체적 검토설: 통설)

실질적 기준설의 공통적 문제점은 내용이 불확정적이고 주관적이기 때문에 실질적 기준만으로는 불충분하고 보충적으로 형식적 기준도 동시에 고려해서 결정해야 한다는 견해이다.

(4) 헌법재판소

헌법재판소의 입장에 대해서는 ① 형식적 기준설과 실질적 기준설을 직접적인 기준으로 삼아 판단하지 아니하고 신뢰보호의 관점에서 접근했다는 견해(석종현), ② 복수기준설을 취했다는 견해(유상현), ③ 목적위배설을 취했다는 견해가 대립한다.

언제 이 사건 법률조항에 의한 제한이 토지재산권의 내재적 한계로서 허용되는 사회적 제약의 범위를 넘어 감수하라고 할 수 없는 특별한 재산적 손해가 발생하였는가의 문제는 일률적으로 확정할 수는 없고 당해 토지가 놓여 있는 **객관적 상황(공부상 지목, 토지의 구체적 현황 등)을 종합적으로 고려하여 판단(상황구속성설**: 필자 주)해야 할 것이나, 토지소유자가 보상 없이 수인해야 할 한계를 설정함에 있어서 일반적으로 다음의 두 가지 관점이 중요한 기준이 된다고 하겠다. 첫째, 토지를 합법적인 용도대로 계속 사용할 수 있는 가능성이 있는가 하는 것이다. …… 토지를 종래 합법적으로 행사된 토지이용의 목적으로도 사용할 수 없는 경우(**목적위배설**: 필자 주), 토지재산권의 이러한 제한은 국민 누구나가 수인해야 하는(**수인한도설**: 필자 주) 사회적 제약의 범위를 넘는 것으로 판단해야 한다. 둘째, 토지에 대한 이용방법의 제한으로 말미암아 토지소유자에게 법적으로 전혀 이용방법이 없기 때문에 실질적으로 토지에 대한 사용·수익을 전혀 할 수 없는 경우(**사적 효용설**: 필자 주)에도, 수인의 한계를 넘는 특별한 재산적 손해가 발생하였다고 보아야 한다(헌재결 1998.12.24, 89헌마214·90헌바16·97헌바78).

(5) 대법원판례

1. 공공용물에 대한 일반사용이 적법한 개발행위로 제한됨으로 인한 불이익은 특별한 손실이 아니다(대판 2002.2.26, 99다35300).
2. 공익사업의 시행으로 토석채취허가를 연장받지 못한 경우 그로 인한 손실과 공익사업 사이에 상당인과관계의 인정 여부 및 그 손실이 적법한 공권력의 행사로 가하여진 재산상의 특별한 희생으로서 손실보상의 대상이 되는지 여부(소극)

   국토 및 자연의 보전 등의 중대한 공익상 필요가 있을 때에는 재량으로 산림내에서의 토석채취허가를 거부할 수 있는 것이다. 따라서 그 자체로 중대한 공익상의 필요가 있는 공익사업이 시행되어 토석채취허가를 연장받지 못하게 되었다고 하더라도 토석채취허가가 연장되지 않게 됨으로 인한 손실과 공익사업 사이에 상당인과관계가 있다고 할 수 없을 뿐 아니라, 특별한 사정이 없는 한 그러한 손실이 적법한 공권력의 행사로 가하여진 재산상의 특별한 희생으로서 손실보상의 대상이 된다고 볼 수도 없다(대판 2009.6.23, 2009두2672).

3. 분리이론·경계이론

재산권에 대한 사회적 제약과 보상을 요하는 수용을 구분하는 기준으로 독일 판례상 발전된 이론이 바로 경계(한계)이론과 분리이론이다. 분리이론은 위헌적인 침해의 억제(존속보장)에 중

점을 두고, 경계이론은 가치의 보장에 중점을 두고 있다.

(1) 분리이론(불연속성모델, 단절이론)

독일기본법 제14조 제3항은 수용에 대해서만 규정하고 있고, 같은 조 제1항 제2문은 재산권의 내용을 규정하고 있다. 즉, 독일기본법은 수용(제3항)과 내용(제1항)은 전혀 별개의 규정이므로 양자가 분리되어 있다. 이는 독일 연방헌법재판소(BVerG)에 의해 제시된 견해이다.

분리이론은 사회적 제약을 정한 재산권의 내용규정과 수용규정을 전혀 별개의 제도로 보고, 양자는 재산권 제약의 질적인 정도에 의해 구분되는 것이 아니라 입법의 형식과 그 목적에 따라 구분된다고 보는 견해이다. 즉, 입법자가 공용침해를 규정한 것이 아니라 재산권의 내용을 규정하는 경우, 그 규정이 일정한 한계를 벗어나면 보상의 문제를 가져오는 것이 아니라, 위헌(과잉금지·평등원칙 위반)의 문제만을 가져온다고 한다. 따라서 입법자가 보상규정을 두고 그 입법의 목적이 공적 과제의 수행을 위한 의도적 재산권 박탈의 경우라면 보상이 필요한 수용규정이 되는 것이고, 보상규정 없이 단순히 일반적·추상적으로 재산권의 권리와 의무를 확정하는 경우라면 내용규정이라는 것이다. 그러나 이 견해는 보상을 요하는 수용과 보상의무가 없는 내용규정 사이에 제3의 범주가 있음을 인정한다. 즉, 내용규정은 원칙적으로 보상의무가 없지만, 예외적으로 그 내용규정이 구체적인 경우에 헌법상의 한계를 일탈하여 위헌의 문제를 야기한다면, 그 내용규정은 위헌무효가 되며 이 경우 이러한 내용규정에 의거한 위법한 처분(공용침해)은 보상의무가 있는 수용이 되는 것이 아니라 그 처분을 취소하여 권리보호를 받아야 한다고 한다. 다만, 보충적으로 다른 법규정 또는 원칙에 따라 보상이 이루어질 수는 있다.

(2) 경계이론(한계이론, 연속성 또는 선형모델)

독일기본법과는 달리 우리 헌법 제23조 제3항은 수용만이 아니라 사용·제한도 함께 규정하고 있다는 점에서 헌법규정 자체가 다르다. 즉, 우리는 수용과 사용·제한이 완전히 분리되어 규정된 것이 아니라, 재산권에 대한 제약의 정도에 따라 제2항과 제3항의 경계를 넘나들게 된다. 즉, 사회적 제약에 그치면 보상이 필요 없는 제2항의 문제로 되고, 특별한 희생일 경우에는 보상이 필요한 제3항의 문제가 된다. 달리 말하면, 재산권의 사회적 제약에 관한 내용규정과 수용규정은 함께 판단하되, 재산권의 제약이 일정한 문턱(경계)을 넘어서면 보상을 요하는 공용침해가 되고 , 문턱을 넘지 않으면 보상이 필요 없는 재산권 제약으로 보는 견해이다. 여기서 구분의 기준점이 되는 한계(경계)는 그 재산권제약이 특별한 희생인가의 여부, 즉 그 제약의 강도와 질이 기준이 된다. 따라서 경계이론은 입법자가 보상에 대한 규정을 두고 있지 않은 경우에도 재산권규제가 수용적 효과를 가져온다면 당해 법률이 위헌·무효인 것이 아니라 법원이 직접 보상결정을 할 수 있다는 수용유사적 침해론과 연결된다. 경계이론은 재산권보장에 있어서 존속보장보다 가치보장을 중시하는 견해로서, 독일의 연방최고법원과 연방행정법원에 의해 지지된 견해이고 우리나라의 다수설이다.

(3) 헌법재판소의 분리이론의 수용

헌법재판소는 개발제한구역의 지정으로 인한 재산권 행사의 제한과 그에 대한 권익구제의 문제를 헌법 제23조 제3항의 공용제한과 손실보상의 문제로 보지 않고 헌법 제23조 제1항 및 제2항의 재산권의 내용과 한계의 문제로 보고 있다. 이 점에서 헌법재판소는 재산권의 제한에 관한 독일법상의 경계이론과 분리이론 중 분리이론을 취하고 있다.

분리이론을 채택

입법자가 도시계획법(현 국토의 계획 및 이용에 관한 법률) 제21조를 통하여 국민의 재산권을 비례의 원칙에 부합하게 합헌적으로 제한하기 위해서는, 수인의 한계를 넘어 가혹한 부담이 발생하는 예외적인 경우에는 이를 완화하는 보상규정을 두어야 한다. 이러한 **보상규정은 입법자가 헌법 제23조 제1항 및 제2항(헌법 제23조 제3항이 아님에 의하여 재산권의 내용을 구체적으로 형성하고 공공의 이익을 위하여 재산권을 제한하는 과정에서 이를 합헌적으로 규율하기 위하여 두어야 하는 규정**(분리이론을 판시한 부분 ; 필자 주)이다(헌재결 1998.12.24, 89헌마214·90헌바16·97헌바78).

제4항 손실보상의 대상

제1목 행정상 손실보상의 대상의 변천

대인적 보상 ⇨ 대물적 보상(원칙) ⇨ 생활보상(보충적)

I 대인적 보상

대인적 보상이란 보상이 수용목적물의 객관적인 가치가 아니라, 피수용자가 당해 수용목적물을 이용함으로써 얻고 있는 편익가치, 즉 당해 수용목적물의 '주관적 이용가치'를 기준으로 이루어지는 보상을 말한다.

대인적 보상은 보상액이 일반적으로 고액일 뿐만 아니라 보상액산정의 기준이 없어 애매하다는 점이 문제로 지적된다. 따라서 대물적 보상이 등장했다.

Ⅱ 대물적 보상(원칙)

대물적 보상이란 수용목적물에 대한 피수용자의 주관적 가치나 기준이 아니라 '객관적인 시장가치'를 기준으로 이루어지는 보상을 말한다. 대물적 보상의 특징은 수용대상과 보상대상이 대체적으로 일치한다는 점이다.

Ⅲ 생활보상(보충적)

대물적 보상이 갖고 있는 문제를 보완하기 위해 등장한 것이 생활보상이다. 즉, 생활보상이란 재산권 침해로 인해 생활근거를 상실하게 되는 재산권의 피수용자 등에 대하여 생존배려적인 측면에서 생활재건에 필요한 정도의 보상을 해 주는 것을 말한다.

제2목 생활보상

Ⅰ 생활보상의 의의

1. 협의의 생활보상

생활보상을 협의로 이해하는 입장에서는 부대적 손실(예 영업손실이나 소수잔존자보상 등)의 상당부분을 제외시켜 현재 당해 지역에서 누리고 있는 생활이익의 상실에 대한 보상만을 의미하는 것으로 본다. 이는 이주대책 등을 생활보상의 주된 내용으로 보며, 댐의 설치, 관광단지의 조성 등 대규모의 공사에 수반하여 행해짐이 보통이다.

2. 광의의 생활보상(다수설)

이는 보상에서 정신적 보상과 대물적 보상을 제외한 손실에 대한 보상을 생활보상으로 보면서도 부대적 손실을 포함시키는 견해이다.

생활보상을 광의로 이해하는 입장에서는 ① 주거의 총체가치의 보상, ② 영업상 손실의 보상, ③ 이전료보상, ④ 소수잔존자보상 등을 포함하며, 재산의 등가교환적 가치의 보상에 그치는 것이 아니라 유기체적 생활을 종전과 마찬가지 수준으로 보상해 주는 것을 말한다. 우리 학자들의 대체적인 견해이다.

II 생활보상의 특색

생활보상은 ① 주관적 성격이 강한 대인적 보상보다는 객관적 성격이 강하다. 즉, 생활보상은 일정한 수입, 일정한 이윤 또는 일정한 생활비 등 보상액이 객관적으로 산출되므로 객관적 성격이 강하며, ② 수용대상과 보상대상이 일치됨을 원칙으로 하는 대물보상에 비해 보상대상이 훨씬 확대되며, ③ 생활보상은 피수용자에게 수용이 없었던 것과 같은 상태를 확보시켜 주는 원상회복을 내용으로 하기 때문에 보상의 역사에 있어서 최종단계의 보상으로서의 의미를 갖는 등의 특색을 지니고 있다.

III 생활보상의 법적 근거

1. 헌법적 근거

헌법 제23조 제3항(토지수용 등에 대한 손실보상규정)은 재산권보상의 규정이므로 헌법 제34조(인간다운 생활을 할 권리)와 결합해야 생활보상의 근거가 된다고 보는 견해가 다수설이다.

2. 법률적 근거

생활보상은 헌법규정만에 근거해서 직접 청구할 수는 없고, 법률의 근거가 있어야 한다. 「공익사업을 위한 토지 등의 취득 및 보상에 관한 법률」과 동 시행령은 생활보상을 명시적으로 규정하고 있지는 않지만 ① 소수잔존자보상, ② 이주대책, ③ 이주정착금의 지급, ④ 주거대책비보상, ⑤ 이농비 또는 이어비보상에 관한 규정은 생활보상도 보상의 범위에 들어간다는 것을 전제로 인정되는 보상이다.

IV 생활보상의 내용

다수견해는 생활보상에 ① 생활재건조치, ② 이직자보상, ③ 소수잔존자보상 등을 포함시키고 있다.

1. 생활재건조치의 의의

(1) 의 의

생활재건조치란 사업시행자가 피보상자에게 지급하는 보상금이 아니라, 보상금이 피보상자의 생활재건을 위해 가장 유용하게 쓰여지도록 유도하는 각종의 조치를 말한다.

(2) 내 용

① 주거대책

주거대책이란 피수용자가 종전과 같은 주거를 획득하는 것을 보상하는 것을 말한다. 주거대책의 내용으로는 ㉠ 이주대책의 수립·시행(아파트 수분양권 부여), ㉡ 이주정착지의 조성과 분양, ㉢ 주거비 지급 등과 정착자금지원, ㉣ 주거이전비의 보상, ㉤ 공영주택의 알선, ㉥ 국민주택자금의 지원, ㉦ 대체지의 알선(간척지의 알선, 국·공유지의 알선 등), ㉧ 개간비보조·융자, 가산금 등이 있다.

② 생계대책

생계대책은 생활대책이라고도 하는데 종전과 같은 경제수준을 유지할 수 있도록 하는 조치를 말한다. 생계대책의 내용으로는 ㉠ 생활비보상, ㉡ 상업용지·공업용지 등 용지의 공급, ㉢ 직업훈련 실시, ㉣ 고용 또는 고용알선, ㉤ 고용상담, ㉥ 보상금에 대한 세제 혜택 등이 있다. 사업시행자는 해당 공익사업이 시행되는 지역에 거주하고 있는 「국민기초생활 보장법」 제2조 제1호·제11호에 따른 수급권자 및 차상위계층이 취업을 희망하는 경우에는 그 공익사업과 관련된 업무에 우선적으로 고용할 수 있으며, 이들의 취업 알선을 위하여 노력하여야 한다(같은 조 제7항).

1. 사업시행자 스스로 공익사업의 원활한 시행을 위하여 필요하다고 인정함으로써 생활대책을 수립·실시할 수 있도록 하는 내부규정을 두고 있고 내부규정에 따라 생활대책대상자 선정기준을 마련하여 생활대책을 수립·실시하는 경우에는, 이러한 생활대책 역시 헌법 제23조 제3항에 따른 정당한 보상에 포함된다(대판 2011.10.13, 2008두17905).
2. 생활대책은 입법정책적 재량의 영역에 속한다
   '생업의 근거를 상실하게 된 자에 대하여 일정 규모의 상업용지 또는 상가분양권 등을 공급하는' 생활대책은 헌법 제23조 제3항에 규정된 정당한 보상에 포함되는 것이라기보다는 생활보상의 일환으로서 국가의 정책적인 배려에 의하여 마련된 제도이므로, 그 실시 여부는 입법자의 입법정책적 재량의 영역에 속한다. 이 사건 법률조항이 공익사업의 시행으로 인하여 농업 등을 계속할 수 없게 되어 이주하는 농민 등에 대한 생활대책 수립의무를 규정하고 있지 않다는 것만으로 재산권을 침해한다고 볼 수 없다(헌재결 2013.7.25, 2012헌바71).

2. 이주대책

(1) 주거용 건축물에 대한 이주대책

① 이주대책의 의의와 취지

이주대책은 공익사업의 시행으로 인해 생활의 근거를 상실하게 되는 자(이주대책대상자)를 종전의 생활상태를 유지할 수 있도록 다른 지역으로 이주시키는 것을 말한다.

이주대책의 제도적 취지(생활보상의 일환)

구 「공익사업을 위한 토지 등의 취득 및 보상에 관한 법률」 제78조 제1항과 같은 조 제4항의 취지를 종합하여 보면, 공익사업법에 의한 이주대책은 공익사업의 시행에 필요한 토지 등을 제공함으로 인하여 생활의 근거를 상실하게 되는 이주대책대상자들을 위하여 **사업시행자가 '기본적인 생활시설이 포함된' 택지를 조성하거나 그 지상에 주택을 건설하여 이주대책대상자들에게 이를 '그 투입비용 원가만의 부담 하에' 개별 공급하는 것으로서, 그 본래의 취지가 이주대책대상자들에 대하여 종전의 생활상태를 원상으로 회복시키면서 동시에 인간다운 생활을 보장하여 주기 위한 이른바 생활보상의 일환으로 국가의 적극적이고 정책적인 배려에 의하여 마련된 제도**이다(대판 2011.2.24, 2010다43498).

② 이주대책 수립·실시의무 : 사업시행자는 공익사업의 시행으로 인하여 주거용 건축물을 제공함에 따라 생활의 근거를 상실하게 되는 자(이주대책대상자)를 위하여 이주대책을 수립·실시하거나 이주정착금을 지급하여야 한다(토지보상법 제78조 제1항). 즉, 이주대책수립은 법적 의무사항이다. 이주대책 수립의무가 없는 경우에도 이주대책을 실시할 수 있다.

1. **사업시행자의 이주대책 수립·실시의무**를 정하고 있는 구 공익사업법 제78조 제1항은 물론 그 **이주대책의 내용**에 관하여 규정하고 있는 같은 법 제78조 제4항 본문 역시 **당사자의 합의 또는 사업시행자의 재량에 의하여 그 적용을 배제할 수 없는 강행법규이다**[대판(전합) 2011.6.23, 2007다63089·63096].
2. 재개발사업의 경우에도 이주대책을 수립해야 한다

   재개발사업으로 인하여 주택이 철거되는 주민들을 위하여 재개발사업이 완료되어 입주하기까지 사이의 기간 동안 임시로 거처할 시설 등을 제공하도록 한 임시수용시설의 설치에 관한 규정인 구 도시재개발법(현 도시 및 주거환경정비법) 제27조 제1항은 재개발사업으로 인하여 생활근거를 상실하는 자에 대하여 시행하도록 규정하고 있는 **이주대책과는 별개의 내용**을 규정한 것이므로, 위 규정을 이유로 **재개발사업의 경우 이주대책을 세우지 않아도 된다고 할 수는 없다**(대판 2004.10.27, 2003두858).

③ 이주대책의 재량행위성 및 이주대책기준 : 사업시행자는 법령에서 정한 일정한 경우 이주대책을

수립할 의무를 지지만, 이주대책의 내용결정에 있어서는 재량권을 갖는다.

1. 구 「공공용지의 취득 및 손실보상에 관한 특례법」 제8조 제1항과 같은 법 시행령 제5조 제5항에 정한 사업시행자의 특별공급주택의 수량·특별공급대상자의 선정은 재량행위이다(대판 2007.2.22, 2004두7481).
2. 도시개발사업의 사업시행자가 이주대책기준을 정하여 이주대책대상자 가운데 이주대책을 수립·실시하여야 할 자를 선정하여 그들에게 공급할 택지 등을 정하는 데 재량을 가진다(대판 2009.3.12, 2008두12610).
3. 「주택공급에 관한 규칙」 제19조 제1항 제3호에서 정한 철거 주택의 소유자를 대상으로 하는 국민주택 등의 특별공급의 경우, 사업시행자가 공급 국민주택의 수량 및 대상자 결정 등에 관하여 재량을 가진다(대판 2009.11.12, 2009두10291).

④ **이주대책 수립요건**: 이주대책은 국토교통부령이 정하는 부득이한 사유가 있는 경우를 제외하고는 이주대책대상자 중 이주정착지에 이주를 희망하는 자가 10호 이상인 경우에 수립·실시한다. 다만, 사업시행자가 택지개발촉진법 또는 주택법 등 관계 법령에 의하여 이주대책대상자에게 택지 또는 주택을 공급한 경우(사업시행자의 알선에 의하여 공급한 경우를 포함한다)에는 이주대책을 수립·실시한 것으로 본다(동 시행령 제40조 제2항).

⑤ **이주대책수립자**: 이주대책을 수립하는 자는 '사업시행자'이다. 사인이 사업시행자인 경우 당해 사인은 공무수탁사인에 해당한다. 사업시행자는 이주대책을 수립하려면 미리 관할 지방자치단체의 장과 협의하여야 한다(제78조 제2항). 국가나 지방자치단체는 이주대책의 실시에 따른 주택지의 조성 및 주택의 건설에 대하여는 주택도시기금법에 따른 주택도시기금을 우선적으로 지원하여야 한다(같은 조 제3항).

⑥ **이주대책대상자**: 이주대책대상자는 이주대책의 대상에 포함되어야 하는 자를 말한다. 다만, 사업시행자는 법률상 이주대책대상자가 아닌 자(세입자)도 임의로 이주대책대상자에 포함시킬 수 있다.

㉠ 법령으로 정한 이주대책대상자

법률에서 이주대책대상자는 공익사업의 시행으로 인하여 주거용 건축물을 제공함에 따라 생활의 근거를 상실하게 되는 자를 말한다(제78조 제1항). 한편, 법 제4조 제6호 및 제7호에 따른 사업(부수사업)의 사업시행자는 다음 각 호의 요건을 모두 갖춘 경우 부수사업의 원인이 되는 법 제4조 제1호부터 제5호까지의 규정에 따른 사업(주된사업)의 이주대책에 부수사업의 이주대책을 포함하여 수립·실시하여 줄 것을 주된사업의 사업시행자에게 요청할 수 있다. 이 경우 부수사업 이주대책대상자의 이주대책을 위한 비용은 부수사업의 사업시행자가 부담한다(같은 법 시행령 제40조 제3항).

1. 부수사업의 사업시행자가 법 제78조 제1항 및 이 조 제2항 본문에 따라 이주대책을 수립·실시하여야 하는 경우에 해당하지 아니할 것
2. 주된사업의 이주대책 수립이 완료되지 아니하였을 것

제3항 각 호 외의 부분 전단에 따라 이주대책의 수립·실시 요청을 받은 주된사업의 사업시행자는 법 제78조 제1항 및 이 조 제2항 본문에 따라 이주대책을 수립·실시하여야 하는 경우에 해당하지 아니하는 등 부득이한 사유가 없으면 이에 협조하여야 한다(같은 조 제4항).

1. 「공익사업을 위한 토지 등의 취득 및 보상에 관한 법률」 제78조 제1항, 동 시행령 제40조 제3항 제2호 소정의 이주대책대상자가 되기 위한 요건
「공익사업을 위한 토지 등의 취득 및 보상에 관한 법률」(공익사업법) 제78조 제1항, '공익사업법 시행령' 제40조 제3항 제2호의 내용 및 입법 취지 등을 종합하여 보면, '공익사업법 시행령' 제40조 제3항 제2호에서 말하는 '공익사업을 위한 관계 법령에 의한 고시 등이 있은 날'은 이주대책대상자와 아닌 자를 정하는 기준일로서, **토지수용 절차에 공익사업법을 준용하도록 한 관계 법률에서 사업인정의 고시 외에 주민 등에 대한 공람·공고를 예정하고 있는 경우에는 사업인정의 고시일뿐만 아니라 공람·공고일도 포함될 수 있다**(대판 2009.2.26, 2008두5124).
2. 「공공용지의 취득 및 손실보상에 관한 특례법」 제8조 소정의 이주대책대상자가 되기 위한 요건
공공사업시행지구 내에 건물을 소유하고 있다가 당해 공공사업의 시행을 위하여 당해 건물을 사업시행자에게 제공함으로써 생활근거를 상실하게 되는 자만이 「공공용지의 취득 및 손실보상에 관한 특례법」 소정의 이주대책대상자가 되고 당해 건물에 계속하여 거주하지 아니하던 자는 당해 건물의 제공으로 인하여 생활근거를 상실하게 된 자가 아니어서 이주대책대상자가 되지 아니한다(대판 1994.2.22, 93누15120).
3. 도시개발사업의 사업시행자가 보상계획공고일을 기준으로 이주대책대상자를 정한 후, 협의계약 체결일 또는 수용재결일까지 당해 주택에 계속 거주하였는지 여부 등을 고려하여 이주대책을 수립·실시하여야 할 자를 선정하여 그들에게 공급할 아파트의 종류, 면적을 정한 이주대책기준을 근거로 한 입주권 공급대상자 결정처분에 재량권을 일탈·남용한 위법이 없다고 한 사례(대판 2009.3.12, 2008두12610)
4. 사업시행자가 「공익사업을 위한 토지 등의 취득 및 보상에 관한 법률」 제78조 제1항, 같은 법 시행령 제40조 제2항, '주택공급에 관한 규칙' 제19조 제1항 제3호에서 정한 이주대책대상자를 선정하면서 공부상 기재된 건물의 용도를 기준으로 그 대상자를 선정한 것은 위법하다고 볼 수 없다(대판 2009.11.12, 2009두10291).
5. 도시계획 사업시행자가 사업부지 내 철거 건축물의 건축물대장상 용도가 '주거용'이 아닌 '근린생활시설'이라는 이유로 그 건물을 국민주택 특별공급의 대상에서 배제한 처분은 위법하지 않다(대판 2009.11.12, 2009두10291).
6. 사업시행자가 이주 및 생활대책 준칙에서 기준일 이전부터 사업지구 내에 사용승인을 받은 주택을 소유하고 있으면서 그 주택에 계속 거주하여 온 자를 이주대책대상자로 정한 후, 타인 명의로 근린생활시설 증축신고를 하고 사용승인을 받은 건물부분에서 거주해오다가 기준일이 지난 다음에야 자신의 명의로 소유권이전등기를 경료한 사람을 이주대책대상자에서 제외한 것이 합리적 재량권 행사의 범위를 넘는 위법한 것으로 볼 수 없다고 한 원심판단을 수긍한 사례(대판 2010.3.25, 2009두23709)
7. 농업용 창고를 용도변경절차 없이 주거용으로 사용하는 경우 이주대책대상자에 해당하지 않는다(대판

2011.6.10, 2010두26216).

8. 사업시행자가 갑은 주거대책 및 생활대책에서 정한 '이주대책 기준일 3개월 이전부터 사업자등록을 하고 영업을 계속한 화훼영업자'에 해당하지 않는다는 이유로 화훼용지 공급대상자에서 제외한 사안에서, 갑이 동생 명의를 빌려 사업자등록을 하다가 기준일 이후에 자신 명의로 사업자등록을 마쳤다 하더라도 위 대책에서 정한 화훼용지 공급대상자에 해당한다고 본 원심판단을 정당하다고 한 사례(대판 2011.10.13, 2008두17905)

9. 주거환경개선지구 내 주거용 건축물의 소유자로서 주거환경개선사업으로 건설되는 주택에 관한 분양계약을 체결한 자들은 구 「공익사업을 위한 토지 등의 취득 및 보상에 관한 법률」 제78조 제1항에서 정한 '이주대책대상자'에 해당하지 않는다(대판 2011.11.24, 2010다80749).

10. 관할 행정청으로부터 건축허가를 받아 택지개발사업구역 안에 있는 토지 위에 주택을 신축하였으나 사용승인을 받지 않은 주택의 소유자 甲이 한국토지주택공사에 이주자택지 공급대상자 선정신청을 하였는데 위 주택이 사용승인을 받지 않았다는 이유로 한국토지주택공사가 이주자택지 공급대상자 제외 통보를 한 사안에서, 위 처분이 위법하다고 본 원심판단을 정당하다고 한 사례

공공사업의 시행에 따라 생활의 근거를 상실하게 되는 이주자들에 대하여는 가급적 이주대책의 혜택을 받을 수 있도록 하는 것이 「공익사업을 위한 토지 등의 취득 및 보상에 관한 법률」이 규정하고 있는 이주대책 제도의 취지에 부합하는 점, 구 '공익사업을 위한 토지 등의 취득 및 보상에 관한 법률 시행령' 제40조 제3항 제1호는 무허가건축물 또는 무신고건축물의 경우를 이주대책대상에서 제외하고 있을 뿐 사용승인을 받지 않은 건축물에 대하여는 아무런 규정을 두고 있지 않은 점, 건축법은 무허가건축물 또는 무신고건축물과 사용승인을 받지 않은 건축물을 요건과 효과 등에서 구별하고 있고, 허가와 사용승인은 법적 성질이 다른 점 등의 사정을 고려하여 볼 때, 건축허가를 받아 건축되었으나 사용승인을 받지 못한 건축물의 소유자는 그 건축물이 건축허가와 전혀 다르게 건축되어 실질적으로는 건축허가를 받은 것으로 볼 수 없는 경우가 아니라면 구 공익사업법 시행령 제40조 제3항 제1호에서 정한 무허가건축물의 소유자에 해당하지 않는다는 이유로 甲을 이주대책대상자에서 제외한 위 처분이 위법하다고 본 원심판단을 정당하다고 한 사례(대판 2013.8.23, 2012두24900)

11. 甲 지방자치단체(서울특별시)가 진행한 노후화된 시민아파트 철거사업에 따라 乙 등이 시민아파트를 관할 자치구에 매도하고 丙 공사가 공급하는 아파트를 분양받은 사안에서, 乙 등은 구 「공익사업을 위한 토지 등의 취득 및 보상에 관한 법률 제78조 제4항에 의하여 사업시행자가 생활기본시설 설치비용을 부담하는 이주대책대상자에 해당하지 아니하고, 乙 등과 丙 공사가 체결한 아파트분양계약 중 분양대금에 생활기본시설 설치비용을 포함시킨 부분이 강행법규에 위배되어 무효가 된다거나 사업시행자가 부담하여야 할 생활기본시설 설치비용의 지출을 면하였다고 볼 수 없다고 한 사례(대판 2015.6.11, 2012다58920)

12. 무허가 건축물의 건축시점뿐만 아니라 소유권 또는 실질적 처분권의 취득시점까지 1989. 1. 24. 이전이어야 이주대책대상자의 범위에 포함되는 것은 아니다(대판 2015.7.23, 2014다14672).

13. 이주대책 수립대상 가옥에 관한 공동상속인 중 1인에 해당하는 공유자가 그 가옥에서 계속 거주하여 왔고 그가 사망한 이후 대상 가옥에 관하여 나머지 상속인들 사이에 상속재산분할협의가 이루어진 경우, 사망한 공유자는 이주대책대상자 선정 특례에 관한 한국토지주택공사의 「이주 및 생활대책 수립지침」 제8조 제2항 전문의 '종전의 소유자'에 해당한다(대판 2020.7.9, 2020두34841).

14. 상속재산분할에 소급효가 인정된다고 하더라도, 사망한 공유자가 생전에 공동상속인 중 1인으로서 대상 가옥을 공유하였던 사실 자체가 부정된다고 볼 수 없으므로, 사망한 공유자는 피고의 「이주 및 생활대책 수립지침」 제8조 제2항 전문의 '종전의 소유자'에 해당한다고 해석하는 것이 타당하다고 판시한 사안(대판 2020.7.9, 2020두34841)

㉡ 법정 제외자

다음 각 호의 어느 하나에 해당하는 자는 이주대책대상자에서 제외한다(같은 법 시행령 제40조 제5항).

1. 허가를 받거나 신고를 하고 건축 또는 용도변경을 하여야 하는 건축물을 허가를 받지 아니하거나 신고를 하지 아니하고 건축 또는 용도변경을 한 건축물의 소유자
2. 해당 건축물에 공익사업을 위한 관계 법령에 따른 고시 등이 있은 날부터 계약체결일 또는 수용재결일까지 계속하여 거주하고 있지 아니한 건축물의 소유자. 다만, 다음 각 목의 어느 하나에 해당하는 사유로 거주하고 있지 아니한 경우에는 그러하지 아니하다.
   가. 질병으로 인한 요양
   나. 징집으로 인한 입영
   다. 공무
   라. 취학
   마. 해당 공익사업지구 내 타인이 소유하고 있는 건축물에의 거주
   바. 그 밖에 가목부터 라목까지에 준하는 부득이한 사유
3. 타인이 소유하고 있는 건축물에 거주하는 세입자. 다만, 해당 공익사업지구에 주거용 건축물을 소유한 자로서 타인이 소유하고 있는 건축물에 거주하는 세입자는 제외한다.

㉢ 시혜적인 이주대책대상자

사업시행자는 법상 이주대책대상자가 아닌 자(세입자 등)도 임의로 이주대책대상자에 포함시킬 수 있다.

1. 같은 법 시행령 제5조 제5항 단서와 「주택공급에 관한 규칙」 제15조와의 관계
같은 법 시행령 제5조 제5항 단서의 규정에 따라 같은 법상의 이주대책대상자에게 구 '주택공급에 관한 규칙' 제15조의 규정에 의하여 주택을 특별공급한 경우에는 별도의 이주대책을 수립 시행하지 아니하여도 되는 것이지만, 같은 법상의 이주대책과 같은 규칙에 의한 주택의 특별공급은 각기 그 요건과 절차를 달리하는 것이므로 사업시행자가 이주대책으로서 같은 규칙에 의한 주택특별공급방법을 정하였다 하더라도 그 이주대책상 대상자에 해당하지 아니하는 자에게도 당연히 같은 규칙에 의하여 주택을 특별공급하여야 한다거나 그와 같은 자를 이주대책대상자에서 제외한 조치의 위법 여부를 같은 법이 아닌 같은 규칙의 규정을 근거로 하여 판단하여야 하는 것은 아니다(대판 1994.2.22, 93누15120).

2. 「공익사업을 위한 토지 등의 취득 및 보상에 관한 법률 시행령」 제40조 제3항 제3호가 이주대책의 대상자에서 세입자를 제외하고 있는 것은 세입자의 재산권과 평등권을 침해하지 않는다(헌재결 2006.2.23, 2004헌마19).

3. 주거환경개선사업 및 주택재개발사업의 시행으로 철거되는 주택의 소유자에 대해서는 임시수용시설의 설치 등을 사업시행자의 의무로 규정한 반면, 도시환경정비사업의 경우에는 이와 같은 규정을 두지 아니한 「도시 및 주거환경정비법」 제36조 제1항 본문 중 '소유자'에 관한 부분은 평등원칙에 위반되지 않는다(합헌)(헌재결 2014.3.27, 2011헌바396).

4. 주거환경개선사업 및 주택재개발사업의 시행으로 철거되는 주택의 소유자에 대해서는 임시수용시설의 설치 등을 사업시행자의 의무로 규정한 반면, 도시환경정비사업의 경우에는 이와 같은 규정을 두지 아니

한 「도시 및 주거환경정비법」 제36조 제1항 본문 중 '소유자'에 관한 부분은 헌법 제23조 제3항의 정당한 보상원칙에 위반되지 않는다(합헌)(헌재결 2014.3.27, 2011헌바396).

5. 주거환경개선사업 및 주택재개발사업의 시행으로 철거되는 주택의 소유자에 대해서는 임시수용시설의 설치 등을 사업시행자의 의무로 규정한 반면, 도시환경정비사업의 경우에는 이와 같은 규정을 두지 아니한 「도시 및 주거환경정비법」 제36조 제1항 본문 중 '소유자'에 관한 부분은 인간다운 생활을 할 권리 및 거주이전의 자유를 침해하지 않는다(합헌)(헌재결 2014.3.27, 2011헌바396).

6. 시혜적으로 시행되는 이주대책 수립 등의 경우, 대상자의 범위나 그들에 대한 이주대책 수립 등의 내용을 어떻게 정할 것인지에 관하여 사업시행자에게 폭넓은 재량이 있다

사업시행자가 이주대책 수립 등의 시행 범위를 넓힌 경우에, 그 내용은 법이 정한 이주대책대상자에 관한 것과 그 밖의 이해관계인에 관한 것으로 구분되고, 그 밖의 이해관계인에 관한 이주대책 수립 등은 법적 의무가 없는 시혜적인 것이다. 따라서 시혜적으로 시행되는 이주대책 수립 등의 경우에 대상자(시혜적인 이주대책대상자)의 범위나 그들에 대한 이주대책 수립 등의 내용을 어떻게 정할 것인지에 관하여는 사업시행자에게 폭넓은 재량이 있다(대판 2015.7.23, 2012두22911).

7. 공익사업의 시행자는 법정 이주대책대상자를 포함하여 그 밖의 이해관계인에게까지 대상자를 넓혀 이주대책 수립 등을 시행할 수 있다

「공익사업을 위한 토지 등의 취득 및 보상에 관한 법률」(공익사업법) 및 「공익사업을 위한 토지 등의 취득 및 보상에 관한 법률 시행령」이 공익사업의 시행으로 인하여 주거용 건축물을 제공함에 따라 생활의 근거를 상실하게 되는 자(이주대책대상자)의 범위를 정하고 이주대책대상자에게 시행할 이주대책 수립·실시 또는 이주정착금의 지급(이주대책 수립 등)의 내용에 관하여 구체적으로 규정하고 있으므로, 사업시행자는 법이 정한 이주대책대상자를 법령이 예정하고 있는 이주대책 수립 등의 대상에서 임의로 제외해서는 아니 된다. 그렇지만 규정 취지가 사업시행자가 시행하는 이주대책 수립 등의 대상자를 법이 정한 이주대책대상자로 한정하는 것은 아니므로, 사업시행자는 해당 공익사업의 성격, 구체적인 경위나 내용, 원만한 시행을 위한 필요 등 제반 사정을 고려하여 법이 정한 이주대책대상자를 포함하여 그 밖의 이해관계인에게까지 넓혀 이주대책 수립 등을 시행할 수 있다(대판 2015.7.23, 2012두22911).

8. 이주대책의 내용으로서 사업시행자가 생활기본시설을 설치하고 비용을 부담하도록 강제한 「공익사업을 위한 토지 등의 취득 및 보상에 관한 법률」 제78조 제4항은 시혜적인 이주대책대상자에까지 적용되지 않는다

이주대책의 내용으로서 사업시행자가 이주정착지(이주대책의 실시로 건설하는 주택단지를 포함한다)에 대한 도로·급수시설·배수시설 그 밖의 공공시설 등 통상적인 수준의 생활기본시설을 설치하고 비용을 부담하도록 강제한 공익사업법 제78조 제4항은 법이 정한 이주대책대상자를 대상으로 하여 특별히 규정된 것이므로, 이를 넘어서서 그 규정이 시혜적인 이주대책대상자에까지 적용된다고 볼 수 없다(대판 2015.7.23, 2012두22911).

9. 공익사업의 시행자가 구 공익사업을 위한 토지 등의 취득 및 보상에 관한 법률 제78조 제1항, 같은 법 시행령 제40조 제3항이 정한 이주대책대상자의 범위를 넘어 미거주 소유자까지 이주대책대상자에 포함시킨 경우, 미거주 소유자에 대하여도 같은 법 제78조 제4항에 따라 생활기본시설을 설치하여 줄 의무를 부담하지 않는다(대판 2015.10.29, 2014다14641).

10. 사업시행자가 구 「공익사업을 위한 토지 등의 취득 및 보상에 관한 법률」 제78조 제1항, 구 공익사업법 시행령 제40조 제3항이 정한 이주대책대상자의 범위를 넘어 미거주 소유자까지 이주대책대상자에 포함시킨다고 하더라도, 법령에서 정한 이주대책대상자가 아닌 미거주 소유자에게 제공하는 이주대책은 법령에 의한 의무로서가 아니라 시혜적인 것으로 볼 것이므로, 사업시행자가 이러한 미거주 소유자에 대하여도 공익사업법 제78조 제4항에 따라 생활기본시설을 설치하여 줄 의무를 부담한다고 볼 수는 없다(대

판 2015.10.29, 2014다14641).

㉣ 법령이 정하는 이주대책대상자를 정하는 기준일

1. 도시개발사업에서 '공익사업을 위한 관계 법령에 의한 고시 등이 있은 날'에 해당하는 법정 이주대책기준일은 도시개발구역의 지정에 관한 공람공고일이고, 이를 기준으로 「공익사업을 위한 토지 등의 취득 및 보상에 관한 법률 시행령」 제40조 제3항 본문에 따라 법이 정한 이주대책대상자인지를 가려야 한다

   토지수용 절차에 「공익사업을 위한 토지 등의 취득 및 보상에 관한 법률」을 준용하도록 한 관계 법률에서 사업인정의 고시 외에 주민 등에 대한 공람공고를 예정하고 있는 경우에, 공익사업의 시행으로 인하여 주거용 건축물을 제공함에 따라 생활의 근거를 상실하게 되는 자(이주대책대상자)의 기준이 되는 '공익사업을 위한 관계 법령에 의한 고시 등이 있은 날'에는 사업인정의 고시일뿐만 아니라 공람공고일도 포함될 수 있다. 그렇지만 법령이 정하는 이주대책대상자에 해당되는지를 판단하는 기준은 각 공익사업의 근거 법령에 따라 개별적으로 특정되어야 한다. 강행규정인 이주대책의 수립·실시 또는 이주정착금의 지급에 관한 공익사업을 위한 토지 등의 취득 및 보상에 관한 법령의 적용대상은 일관성 있게 정해져야 하므로 기준이 되는 개별 법령의 법정 이주대책기준일은 하나로 해석함이 타당하다. 만약 그와 반대로 이를 둘 이상으로 보아 사업시행자가 그중 하나를 마음대로 선택할 수 있다고 한다면 사업마다 기준이 달라지게 되어 혼란을 초래하고 형평에 반하는 결과를 낳을 수 있어 바람직하지 않다. 따라서 이러한 사정들과 아울러, 도시개발법상 공익사업의 진행절차와 사업 시행에 따른 투기적 거래를 방지하여야 할 정책적 필요성 등을 종합하여 보면, 도시개발사업에서 '공익사업을 위한 관계 법령에 의한 고시 등이 있은 날'에 해당하는 법정 이주대책기준일은 구 도시개발법 제7조, 구 「도시개발법 시행령」 제11조 제2항, 제1항의 각 규정에 따른 도시개발구역의 지정에 관한 공람공고일이며, 이를 기준으로 「공익사업을 위한 토지 등의 취득 및 보상에 관한 법률 시행령」 제40조 제3항 제2호 본문에 따라 법이 정한 이주대책대상자인지를 가려야 한다(대판 2015.7.23, 2012두22911).

2. 구 공익사업법 시행령 제40조 제3항의 법정 이주대책대상자 선정의 기준일(= 공람공고일)

   이주대책기준일이 되는 구 「공익사업을 위한 토지 등의 취득 및 보상에 관한 법률 시행령」 제40조 제3항 제2호의 '공익사업을 위한 관계 법령에 의한 고시 등이 있은 날'에는 토지수용 절차에 공익사업법을 준용하도록 한 관계 법률에서 사업인정의 고시 외에 주민 등에 대한 공람공고를 예정하고 있는 경우에는 사업인정의 고시일뿐만 아니라 공람공고일도 포함될 수 있는데(대법원 2009. 2. 26. 선고 2007두13340 판결 등 참조), 법령이 정하는 이주대책대상자에 해당되는지 여부를 판단하는 기준은 각 공익사업의 근거 법령에 따라 개별적으로 특정되어야 한다는 점과 아울러 도시개발법상 사업 진행의 절차, 도시개발법상 공익사업 시행에 따른 투기적 거래의 방지 등의 정책적 필요성 등을 종합하면, 도시개발사업에서의 '관계법령에 의한 고시 등이 있은 날'에 해당하는 법정 이주대책기준일은 구 도시개발법 제7조, 구 「도시개발법 시행령」 제11조 제2항, 제1항의 각 규정에 따른 도시개발구역의 지정에 관한 공람공고일이라고 봄이 타당하다(대판 2015.10.29, 2014다14641).

⑦ **이주대책의 내용**: 이주대책의 내용은 법률에 규정된 것을 제외하고는 사업시행자의 재량으로 정한다. 그러나 통상적으로 ㉠ 집단이주, ㉡ 특별분양, ㉢ 아파트수분양권의 부여, ㉣ 개발제

한구역 내 주택건축허가, ㉤ 대체상가, ㉥ 점포, ㉦ 건축용지의 분양, ㉧ 이주정착금 지급, ㉨ 생활안정지원금 지급, ㉩ 직업훈련 및 취업알선, ㉪ 대토알선 등이 있다. 그러나 법률과 시행령에는 이주대책의 내용으로 생활기본시설에 관해 규정하고 있다.

⑧ 생활기본시설 : 이주대책의 내용에는 이주정착지(이주대책의 실시로 건설하는 주택단지를 포함)에 대한 도로, 급수시설, 배수시설 그 밖의 공공시설 등 통상적인 수준의 생활기본시설이 포함되어야 하며, 이에 필요한 비용은 '사업시행자'가 부담한다. 다만, 행정청이 아닌 사업시행자가 이주대책을 수립·실시하는 경우에 지방자치단체는 비용의 일부를 보조할 수 있다(같은 법 제78조 제4항).

㉠ 생활기본시설의 범위

1. 사업시행자가 택지개발촉진법 또는 주택법 등 관계 법령에 의하여 이주대책대상자에게 택지 또는 주택을 공급한 경우에도 사업시행자가 도로·급수시설·배수시설 그 밖의 공공시설 등 당해 지역조건에 따른 생활기본시설을 설치하여 이주대책대상자들에게 제공하여야 한다[대판(전합) 2011.6.23, 2007다63089·63096].
2. 구 공익사업법 제78조 제4항 본문의 생활기본시설의 범위
   구 공익사업법 제78조 제4항의 취지는 이주대책대상자들에게 생활의 근거를 마련해 주고자 하는 데 그 목적이 있으므로, 위 규정의 '도로·급수시설·배수시설 그 밖의 공공시설 등 당해 지역조건에 따른 **생활기본시설'이라 함은 주택법 제23조 등 관계 법령에 의하여 주택건설사업이나 대지조성사업을 시행하는 사업주체가 설치하도록 되어 있는 도로 및 상하수도시설, 전기시설·통신시설·가스시설 또는 지역난방시설 등 간선시설을 의미한다고 보아야 한다.** 따라서 만일 **이주대책대상자들과 사업시행자 또는 그의 알선에 의한 공급자와 사이에 체결된 택지 또는 주택에 관한 특별공급계약에서 구 공익사업법 제78조 제4항에 규정된 생활기본시설 설치비용을 분양대금에 포함시킴으로써 이주대책대상자들이 생활기본시설 설치비용까지 사업시행자 등에게 지급하게 되었다면,** 사업시행자가 직접 택지 또는 주택을 특별공급한 경우에는 특별공급계약 중 분양대금에 생활기본시설 설치비용을 포함시킨 부분이 **강행법규인 구 공익사업법 제78조 제4항에 위배되어 무효**이고, **사업시행자의 알선에 의하여 다른 공급자가 택지 또는 주택을 공급한 경우에는 사업시행자가 위 규정에 따라 부담하여야 할 생활기본시설 설치비용에 해당하는 금액의 지출을 면하게 되어, 결국 사업시행자는 법률상 원인 없이 생활기본시설 설치비용 상당의 이익을 얻고 그로 인하여 이주대책대상자들이 같은 금액 상당의 손해를 입게 된 것이므로, 사업시행자는 그 금액을 부당이득으로 이주대책대상자들에게 반환할 의무가 있다 할 것**이다. **다만,** 위에서 본 바와 같이 구 공익사업법 제78조 제4항에 따라 **사업시행자의 부담으로 이주대책대상자들에게 제공하여야 하는 것은 위 조항에서 정한 생활기본시설에 국한된다**[대판(전합) 2011.6.23, 2007다63089·63096].
3. 공익사업지구 밖에 설치하는 도로 등 시설에 관한 부담금 등 비용은 구 「공익사업을 위한 토지 등의 취득 및 보상에 관한 법률」 제78조 제4항의 생활기본시설 설치비용에 원칙적으로 포함되지 않는다(대판 2013.9.12, 2012다203799).
4. 구 「대도시권 광역교통 관리에 관한 특별법」 제11조에서 정한 광역교통시설부담금은 이주대책대상자에게 생활의 근거로 제공되어야 하는 생활기본시설의 설치비용에 해당하지 않는다(대판 2013.9.12, 2012다203799).
5. 공익사업인 택지개발사업지구 내에서 주택건설사업이나 대지조성사업을 시행하는 사업주체가 이주대책

대상자에게 생활기본시설로 제공하여야 하는 도로에 '주택단지 안의 도로를 당해 주택단지 밖에 있는 동종의 도로에 연결시키는 도로'가 포함된다(대판 2013.9.26, 2012다33303).

6. 공익사업의 시행자가 택지조성원가에서 일정한 금액을 할인하여 이주자택지의 분양대금을 정한 경우, 분양대금에 생활기본시설 설치비용이 포함되었는지와 포함된 범위를 판단하는 기준 및 이때 '택지조성원가에서 생활기본시설 설치비용을 공제한 금액'의 산정 방식

   공익사업의 시행자가 택지조성원가에서 일정한 금액을 할인하여 이주자택지의 분양대금을 정한 경우에는 분양대금이 '택지조성원가에서 생활기본시설 설치비용을 공제한 금액'을 초과하는지 등 상호관계를 통하여 분양대금에 생활기본시설 설치비용이 포함되었는지와 포함된 범위를 판단하여야 한다. 이때 구 「공익사업을 위한 토지 등의 취득 및 보상에 관한 법률」(구 토지보상법) 제78조 제4항은 사업시행자가 이주대책대상자에게 생활기본시설 설치비용을 전가하는 것만을 금지할 뿐 적극적으로 이주대책대상자에게 부담시킬 수 있는 비용이나 그로부터 받을 수 있는 분양대금의 내역에 관하여는 규정하지 아니하고 있으므로, 사업시행자가 실제 이주자택지의 분양대금 결정의 기초로 삼았던 택지조성원가 가운데 생활기본시설 설치비용에 해당하는 항목을 가려내어 이를 빼내는 방식으로 '택지조성원가에서 생활기본시설 설치비용을 공제한 금액'을 산정하여야 하고, 이와 달리 이주대책대상자에게 부담시킬 수 있는 택지조성원가를 새롭게 산정하여 이를 기초로 할 것은 아니다(대판 2015.10.15, 2014다89997).

7. 사업시행자가 이주자택지 분양대금 결정의 기초로 삼은 택지조성원가를 산정할 때 실제 적용한 유상공급면적을 기준으로 삼아야 한다(대판 2015.10.15, 2014다89997).

8. 공익사업지구 안에 설치된 도로가 사업지구 안의 주택단지 등의 기능 달성 및 전체 주민들의 통행을 위한 필수적인 시설이라고 볼 수 없는 경우, 공익사업의 시행자가 이주대책대상자에게 제공하여야 하는 생활기본시설에 포함되지 않는다(대판 2015.10.15, 2014다89997).

9. 공익사업의 시행자가 재량 범위 내에서 격차율을 적용하여 이주자택지의 분양대금을 개별적으로 결정한 경우, 개별 이주자택지에 대한 조성원가 및 생활기본시설 설치비용과 그에 따른 정당한 분양대금을 산정할 때 반영되어야 하는 격차율(=차등적 할당 대상이 된 전체 이주자택지 조성원가의 단위면적당 금액과 차등적 할당 결과인 개별 이주자택지 분양대금의 단위면적당 금액 사이의 격차율)

   공익사업의 시행자가 재량 범위 내에서 격차율을 적용하여 이주자택지의 분양대금을 개별적으로 결정한 경우에는 전체 이주자택지의 조성원가를 개별 이주자택지에 대하여 입지조건에 따라 차등적으로 할당한 것으로 볼 수 있으므로, 개별 이주자택지에 대한 조성원가 및 생활기본시설 설치비용과 그에 따른 정당한 분양대금을 산정할 때에도 해당 격차율을 반영한 금액으로 산정하여야 한다. 격차율을 반영하는 취지는 이주자택지를 분양받은 이주대책대상자 사이의 형평을 유지하는 데에 있을 뿐이고 격차율 반영으로 사업시행자가 전체 이주대책대상자에게 반환하여야 할 부당이득의 존부나 범위가 달라져서는 아니 될 것이므로, 여기서 반영되어야 하는 격차율은 차등적 할당 대상이 된 전체 이주자택지 조성원가의 단위면적당 금액과 차등적 할당 결과인 개별 이주자택지 분양대금의 단위면적당 금액 사이의 격차율이어야 한다(대판 2015.10.15, 2014다89997).

10. 공익사업의 시행자가 이주대책대상자에게 일반 유상공급택지에 비하여 저렴한 가격으로 택지를 공급함에 따라 차액 상당의 비용을 부담하게 된 경우, 이주대책대상자에게 공급하는 이주자택지에 관한 택지조성원가를 산정할 때 이주대책비가 공제되어야 한다(대판 2015.10.29, 2014다78683).

11. 중수도시설은 이주대책대상자에게 생활의 근거로 제공되어야 할 생활기본시설에 해당하지 않는다(대판 2015.10.29, 2014다78683).

12. 甲 공사가 이주대책대상자인 乙 등에게 공급한 택지의 분양대금에 구 「공익사업을 위한 토지 등의 취득 및 보상에 관한 법률」 제78조 제4항에서 정한 생활기본시설 설치비용이 포함되었음을 이유로 乙 등이 부당이득반환 등을 구한 사안에서, 乙 등이 실제 납부한 금액에 반영된 연체이자 내지 선납할인금 중

생활기본시설 설치와 관계없는 분양대금에 대응되는 부분은 甲 공사가 반환하여야 할 부당이득액 또는 乙 등이 납부하여야 할 잔여채무액 산정에서 고려되어서는 안 된다고 한 사례(대판 2015.10.29, 2014다78683).

13. 고속도로 등 고속국도는 사업시행자가 이주대책대상자에게 제공하여야 하는 생활기본시설에 해당하지 않는다(대판 2017.12.5, 2015다1277).
14. 사업시행자가 이주대책대상자에게 생활기본시설로서 제공하여야 하는 도로에 '사업시행자가 공익사업지구 안에 설치하는 도로로서 해당 사업지구 안의 주택단지 등의 입구와 사업지구 밖에 있는 도로를 연결하는 기능을 담당하는 도로'가 포함된다(대판 2017.12.5, 2015다1277).
15. 공익사업의 시행자가 이주대책대상자와 체결한 택지에 관한 특별공급계약에서 구 「공익사업을 위한 토지 등의 취득 및 보상에 관한 법률」 제78조 제4항에 규정된 생활기본시설 설치비용을 분양대금에 포함시킨 경우, 그 부분은 강행법규에 위배되어 무효이다(대판 2019.3.28, 2015다49804).
16. 공익사업의 시행자가 이주대책대상자에게 생활기본시설로서 제공하여야 하는 도로에 '주택단지 안의 도로를 해당 주택단지 밖에 있는 동종의 도로에 연결시키는 도로'가 포함되고, '사업시행자가 공익사업지구 안에 설치하는 도로로서 해당 사업지구 안의 주택단지 등의 입구와 사업지구 밖에 있는 도로를 연결하는 기능을 담당하는 도로'가 포함된다(대판 2019.3.28, 2015다49804).

ⓛ 사업시행자 비용부담

이주대책의 내용에는 이주정착지(이주대책의 실시로 건설하는 주택단지를 포함한다)에 대한 도로, 급수시설, 배수시설, 그 밖의 공공시설 등 통상적인 수준의 생활기본시설이 포함되어야 하며, 이에 필요한 비용은 사업시행자가 부담한다. 다만, 행정청이 아닌 사업시행자가 이주대책을 수립·실시하는 경우에 지방자치단체는 비용의 일부를 보조할 수 있다(「공익사업을 위한 토지 등의 취득 및 보상에 관한 법률」 제78조 제4항).

1. 「공익사업을 위한 토지 등의 취득 및 보상에 관한 법률」 소정의 이주대책으로서 이주정착지에 택지를 조성하거나 주택을 건설하여 공급하는 경우, 이주정착지에 대한 공공시설 등의 설치비용을 당사자들의 합의로 이주자들에게 부담시킬 수 없다(대판 2011.2.24, 2010다43498).
2. 개발사업 시행자가 주택지 조성 및 주택 건설 과정에서 실제로 지출한 광역교통시설부담금을 비용으로 산정하여 분양대금을 정함에 따라 이주대책대상자와 체결한 분양계약의 분양대금에 위 부담금 상당액이 포함된 경우, 원칙적으로 개발사업 시행자가 부담금 상당의 분양대금을 부당이득하였다거나 분양대금에 이를 전가한 행위를 불법행위라고 할 수 없다(대판 2013.9.26, 2012다30823).
3. 공익사업의 시행자가 자신이 부담하여야 하는 생활기본시설 설치비용을 이주대책대상자에게 전가한 경우, 이를 부당이득으로 반환할 의무가 있다(대판 2014.8.20, 2014다6572).
4. 공익사업의 사업주체가 재량 범위 내에서 격차율을 적용하여 이주자택지의 분양대금을 개별적으로 결정한 경우, 개별 이주자택지에 대한 조성원가 및 생활기본시설 설치비용과 그에 따른 정당한 분양대금을 산정할 때 해당 격차율을 반영한 금액으로 산정하여야 한다(대판 2014.8.20, 2014다6572).
5. 생활기본시설 용지비 등의 산정에 있어서, 존치부지 면적은 원칙적으로 사업면적에 포함되지 않는다(대판 2015.10.29, 2014다14641).

4
2022 삼봉행정법총론

6. 사업시행자가 전기, 가스, 난방 등을 공급하는 자에게 시설 용지를 택지조성원가 이상으로 유상공급한 경우, 용지비는 생활기본시설 설치비용에 포함되지 않는다(대판 2017.12.5, 2015다1277).
7. 광역교통시설 부담금은 생활기본시설 설치비용에 해당하지 않는다(대판 2017.12.5, 2015다1277).
8. 택지조성원가 중 조성비에 계상된 항목의 비용이 생활기본시설 설치비용에 포함되기 위한 요건과 범위 및 그 증명책임의 소재(=생활기본시설 설치비용임을 주장하는 측)
   택지조성원가 중 조성비에 계상된 항목의 비용은 비용 지출과 생활기본시설 설치의 관련성, 즉 생활기본시설 설치를 위하여 그 비용이 지출된 것으로 인정되어야만 전부 또는 총사업면적에 대한 생활기본시설 설치면적의 비율 범위 내에서 생활기본시설 설치비용에 포함되고, 관련성의 증명책임은 그 항목의 비용이 생활기본시설 설치비용임을 주장하는 측에 있다(대판 2017.12.5, 2015다1277).
9. '택지조성원가에서 생활기본시설 설치비용을 공제한 금액'의 산정 방식
   공익사업의 시행자가 택지조성원가에서 일정한 금액을 할인하여 이주자택지의 분양대금을 정한 경우에는 분양대금이 '택지조성원가에서 생활기본시설 설치비용을 공제한 금액'을 초과하는지 등 그 상호관계를 통하여 분양대금에 생활기본시설 설치비용이 포함되었는지와 포함된 범위를 판단하여야 한다. 이때 구 「공익사업을 위한 토지 등의 취득 및 보상에 관한 법률」(구 토지보상법) 제78조 제4항은 사업시행자가 이주대책대상자에게 생활기본시설 설치비용을 전가하는 것만을 금지할 뿐 적극적으로 이주대책대상자에게 부담시킬 수 있는 비용이나 그로부터 받을 수 있는 분양대금의 내역에 관하여는 규정하지 아니하고 있으므로, 사업시행자가 실제 이주자택지의 분양대금 결정의 기초로 삼았던 택지조성원가 가운데 생활기본시설 설치비용에 해당하는 항목을 가려내어 이를 빼내는 방식으로 '택지조성원가에서 생활기본시설 설치비용을 공제한 금액'을 산정하여야 하고, 이와 달리 이주대책대상자에게 부담시킬 수 있는 택지조성원가를 새롭게 산정하여 이를 기초로 할 것은 아니다(대판 2019.3.28, 2015다49804).
10. 이주자택지의 분양대금에 포함된 생활기본시설 설치비용 상당의 부당이득액을 산정하는 경우, 사업시행자가 이주자택지 분양대금 결정의 기초로 삼은 택지조성원가를 산정할 때 실제 적용한 총사업면적과 사업비, 유상공급면적을 그대로 기준으로 삼아야 한다(대판 2019.3.28, 2015다49804).
11. 한국토지공사가 시행한 택지개발사업의 사업부지 중 기존 도로 부분과 수도 부분을 포함한 국공유지가 한국토지공사에 무상으로 귀속된 경우, 생활기본시설 용지비의 산정 방식이 문제 된 사안에서, 무상귀속부지 중 전체 공공시설 설치면적에 대한 생활기본시설 설치면적의 비율에 해당하는 면적을 제외하고 생활기본시설의 용지비를 산정한 원심판단에 법리오해의 잘못이 있다고 한 사례(대판 2019.3.28, 2015다49804).

㉢ 소멸시효

공익사업의 시행자가 이주대책대상자들과 체결한 아파트 특별공급계약에서 구 「공익사업을 위한 토지 등의 취득 및 보상에 관한 법률」 제78조 제4항에 위배하여 생활기본시설 설치비용을 분양대금에 포함시킨 경우, 이주대책대상자들이 사업시행자에게 이미 지급하였던 분양대금 중 그 부분에 해당하는 금액의 반환을 구하는 부당이득반환청구권의 소멸시효기간은 10년이다(대판 2016.9.28, 2016다20244).

⑨ 이주대책대상자의 권리

㉠ 이주대책계획수립청구권: 이주대책대상자에게는 특정한 이주대책을 청구할 권리는 발생하지 않고 이주대책을 수립할 것을 청구할 권리만을 갖는다.

㉡ 수분양권 등 특정한 권리의 취득시기: 이에 대해서는 ⓐ 이주대책계획수립이전설(법률상 취득설), ⓑ 이주대책계획수립시설, ⓒ 확인·결정시설 등이 대립한다. 판례는 확인·결정시설을 취하고 있다.

「공공용지의 취득 및 손실보상에 관한 특례법」 제8조 제1항에 의하여 이주자에게 이주대책상의 택지분양권이나 아파트 입주권 등을 받을 수 있는 구체적인 권리(수분양권)가 직접 발생하지 않는다

「공공용지의 취득 및 손실보상에 관한 특례법」 제8조 제1항이 사업시행자에게 이주대책의 수립·실시의무를 부과하고 있다고 하여 **그 규정 자체만에 의하여 이주자에게 사업시행자가 수립한 이주대책상의 택지분양권이나 아파트 입주권 등을 받을 수 있는 구체적인 권리(수분양권)가 직접 발생하는 것이라고는 도저히 볼 수 없으며**, 사업시행자가 이주대책에 관한 구체적인 계획을 수립하여 이를 해당자에게 통지 내지 공고한 후, 이주자가 수분양권을 취득하기를 희망하여 이주대책에 정한 절차에 따라 사업시행자에게 **이주대책대상자 선정신청을 하고 사업시행자가 이를 받아들여 이주대책대상자로 확인·결정하여야만 비로소 구체적인 수분양권이 발생하게 된다**[대판(전합) 1994.5.24, 92다35783].

㉢ 권리구제수단(소송형식): 판례와 같이 확인·결정시설에 따르면 이주대책대상자 선정신청에 대한 거부행위는 거부처분이 되므로 이에 대해 취소소송을 제기하고 부작위의 경우에는 부작위위법확인소송을 제기하여야 한다.

1. 이주대책에 의한 수분양권은 사업시행자로부터 이주대책대상자로 확인·결정을 받음으로써 취득하게 되는 공법상의 권리이므로 확인·결정을 밟지 않아 구체적인 수분양권을 취득하지 못한 상태에서 민사소송이나 공법상 당사자소송으로 이주대책상의 수분양권의 확인을 구할 수 없다[대판(전합) 1994.5.24, 92다35783].
2. 관할 구청장이 세입자에 대해 영구임대 아파트의 입주권 부여대상자가 아니라고 한 통보는 행정처분이다(대판 1993.2.23, 92누5966).
3. 「공익사업을 위한 토지 등의 취득 및 보상에 관한 법률」상의 공익사업시행자가 하는 이주대책대상자 확인·결정의 법적 성질은 행정처분이므로 이에 대한 쟁송방법은 항고소송이다

   「공익사업을 위한 토지 등의 취득 및 보상에 관한 법률」상의 공익사업시행자가 하는 이주대책대상자 확인·결정은 구체적인 이주대책상의 수분양권을 부여하는 요건이 되는 행정작용으로서의 처분이지 이를 단순히 절차상의 필요에 따른 사실행위에 불과한 것으로 평가할 수는 없다. 따라서 수분양권의 취득을 희망하는 이주자가 소정의 절차에 따라 이주대책대상자 선정신청을 한 데 대하여 사업시행자가 이주대책대상자가 아니라고 하여 위 확인·결정 등의 처분을 하지 않고 이를 제외시키거나 거부조치한 경우에는, 이주자로서는 사업시행자를 상대로 항고소송에 의하여 제외처분이나 거부처분의 취소를 구할 수 있다. 나아가 이주대책의 종류가 달라 각 그 보장하는 내용에 차등이 있는 경우 이주자의 희망에도 불구

하고 사업시행자가 요건 미달 등을 이유로 그중 더 이익이 되는 내용의 이주대책대상자로 선정하지 않았다면 이 또한 이주자의 권리의무에 직접적 변동을 초래하는 행위로서 항고소송의 대상이 된다(대판 2014.2.27, 2013두10885).

(2) 공장에 대한 이주대책수립의무

사업시행자는 공익사업의 시행으로 인하여 공장부지가 협의 양도되거나 수용됨에 따라 더 이상 해당 지역에서 공장을 가동할 수 없게 된 자가 희망하는 경우 「산업입지 및 개발에 관한 법률」에 따라 지정·개발된 인근 산업단지에 입주하게 하는 등 이주대책에 관한 계획을 수립하여야 한다(같은 법 제78조의2).

3. 이주정착금의 지급의무

사업시행자는 법 제78조 제1항에 따라 다음 각 호의 어느 하나에 해당하는 경우에는 이주대책대상자에게 국토교통부령으로 정하는 바에 따라 이주정착금을 지급하여야 한다(시행령 제41조).

1. 이주대책을 수립·실시하지 아니하는 경우
2. 이주대책대상자가 이주정착지가 아닌 다른 지역으로 이주하려는 경우

4. 주거이전비의 지급

(1) 법령규정(강행규정)

주거용 건물의 거주자에 대하여는 주거 이전에 필요한 비용과 가재도구 등 동산의 운반에 필요한 비용을 산정하여 보상하여야 한다(제78조 제5항). 공익사업시행지구에 편입되는 주거용 건축물의 소유자에 대하여는 해당 건축물에 대한 보상을 하는 때에 가구원수에 따라 2개월분의 주거이전비를 보상하여야 한다. 다만, 건축물의 소유자가 해당 건축물 또는 공익사업시행지구 내 타인의 건축물에 실제 거주하고 있지 아니하거나 해당 건축물이 무허가건축물등인 경우에는 그러하지 아니하다(동 시행규칙 제54조 제1항). 공익사업의 시행으로 인하여 이주하게 되는 주거용 건축물의 세입자(무상으로 사용하는 거주자를 포함하되, 법 제78조제1항에 따른 이주대책대상자인 세입자는 제외한다)로서 사업인정고시일등 당시 또는 공익사업을 위한 관계 법령에 따른 고시 등이 있은 당시 해당 공익사업시행지구안에서 3개월 이상 거주한 자에 대해서는 가구원수에 따라 4개월분의 주거이전비를 보상해야 한다. 다만, 무허가건축물등에 입주한 세입자로서 사업인정고시일등 당시 또는 공익사업을 위한 관계 법령에 따른 고시 등이 있은 당시 그 공익사업지구 안에서 1년 이상 거주한 세입자에 대해서는 본문에 따라 주거이전비를 보상해야 한다(같은 조 제2항).

1. 사업시행자의 세입자에 대한 주거이전비 지급의무를 정하고 있는 '공익사업을 위한 토지 등의 취득 및 보상에 관한 법률 시행규칙' 제54조 제2항은 강행규정이다(대판 2011.7.14, 2011두3685).
2. 주택재개발사업 정비구역 안에 있는 주거용 건축물에 거주하던 세입자 갑이 주거이전비를 받을 수 있는 권리를 포기한다는 취지의 주거이전비 포기각서를 제출하고 사업시행자가 제공한 임대아파트에 입주한 다음 별도로 주거이전비를 청구한 사안에서, 위 포기각서의 내용은 강행규정에 반하여 무효라고 한 사례(대판 2011.7.14, 2011두3685)
3. 공익사업의 시행으로 인하여 이주하는 주거용 건축물의 세입자에게 지급되는 주거이전비와 이사비의 법적 성격, 그 청구권의 취득시기 및 이사비의 지급금액

   「공익사업을 위한 토지 등의 취득 및 보상에 관한 법률」 제78조 제5항 및 같은 법 시행규칙 제54조 제2항, 제55조 제2항의 각 규정에 의하여 공익사업의 시행에 따라 **이주하는 주거용 건축물의 세입자에게 지급하는 주거이전비와 이사비는, 당해 공익사업 시행지구 안에 거주하는 세입자들의 조기이주를 장려하여 사업추진을 원활하게 하려는 정책적인 목적과 주거이전으로 인하여 특별한 어려움을 겪게 될 세입자들을 대상으로 하는 사회보장적인 차원에서 지급하는 금원의 성격을 갖는다** 할 것이므로, 같은 법 시행규칙 제54조 제2항에 규정된 **'공익사업의 시행으로 인하여 이주하게 되는 주거용 건축물의 세입자로서 사업인정고시일 등 당시 또는 공익사업을 위한 관계 법령에 의한 고시 등이 있은 당시 당해 공익사업 시행지구 안에서 3월 이상 거주한 자'에 해당하는 세입자는 이후의 사업시행자의 주거이전비 산정통보일 또는 수용개시일까지 계속 거주할 것을 요함이 없이 위 사업인정고시일 등에 바로 같은 법 시행규칙 제54조 제2항의 주거이전비와 같은 법 시행규칙 제55조 제2항의 이사비 청구권을 취득한다**고 볼 것이고, 한편 이사비의 경우 실제 이전할 동산의 유무나 다과를 묻지 않고 같은 법 시행규칙 제55조 제2항 [별표 4]에 규정된 금액을 지급받을 수 있다(대판 2006.4.27, 2006두2435).

(2) 판단기준시

1. 주거이전비의 보상대상자를 정하는 기준일은 정비계획에 관한 공람공고일이지 사업시행인가고시일이 아니다(대판 2010.9.9, 2009두16824).
2. '공익사업을 위한 토지 등의 취득 및 보상에 관한 법률 시행령' 제40조 제3항 제2호의 '공익사업을 위한 관계 법령에 의한 고시 등이 있은 날'에 주민 등에 대한 공람공고일도 포함되는지 여부(한정 적극)

   이주대책 기준일이 되는 「공익사업을 위한 토지 등의 취득 및 보상에 관한 법률 시행령」 제40조 제3항 제2호의 '공익사업을 위한 관계 법령에 의한 고시 등이 있은 날'에는 토지수용 절차에 공익사업법을 준용하도록 한 **관계 법률에서 사업인정의 고시 외에 주민 등에 대한 공람공고를 예정하고 있는 경우에는 사업인정의 고시일 뿐만 아니라 공람공고일도 포함**된다 할 것이다(대판 2010.11.25, 2008두14180).
3. 2007. 4. 12. 건설교통부령 제556호로 개정된 「공익사업을 위한 토지 등의 취득 및 보상에 관한 법률 시행규칙」 시행 이후에 「도시 및 주거환경정비법」에 의한 사업시행인가 고시가 이루어진 정비사업에 관하여 주거용 건축물의 세입자에게 지급되는 주거이전비 보상대상자 요건과 보상금액을 정하는 기준이 되는 법령은 개정 시행규칙이고 보상금액 산정의 기준 시기는 사업시행인가 고시가 있은 때이다

   공익사업의 시행으로 인하여 이주하는 주거용 건축물의 세입자에게 지급되는 주거이전비는 「공익사업을 위한 토지 등의 취득 및 보상에 관한 법률」(공익사업법) 및 그 시행규칙이 적용·준용됨에 따라 지급의무가 인정되는 것이고, 구 「도시 및 주거환경정비법」에 의한 정비사업의 사업시행인가의 고시가 있는 때

에 공익사업법에서 정한 사업인정 및 고시가 있은 것으로 간주되어 토지·물건 및 권리를 취득하거나 사용할 수 있는 법률상의 지위를 얻게 됨에 따라 공익사업법 제3조에 의하여 공익사업법 규정이 준용되게 되므로, 2007. 4. 12. 건설교통부령 제556호로 개정된 '공익사업을 위한 토지 등의 취득 및 보상에 관한 법률 시행규칙' 시행 이후에 사업시행인가 고시가 이루어진 정비사업에 관하여 세입자에게 지급되는 주거이전비에 관하여는, **특별한 사정이 없으면 사업시행인가 고시 당시 시행 중인 개정 시행규칙이 준용되어 그 시행규칙에서 정한 보상대상자 요건 및 보상금액에 따라 보상의무가 정해진다. 그리고 주거이전비의 보상내용은 사업시행인가 고시가 있은 때에 확정되므로 이때를 기준으로 보상금액을 산정해야 한다**(대판 2012.8.30, 2011두22792).

4. 구 「도시 및 주거환경정비법」상 주거용 건축물의 세입자에 대한 주거이전비 보상의 방법과 금액 등 보상 내용이 확정되는 기준일은 사업시행인가고시일이고 같은 법에 의한 주택재개발정비사업의 경우 「공익사업을 위한 토지 등의 취득 및 보상에 관한 법률」 제15조에 따른 보상계획 공고 및 통지 절차가 아닌 구 「도시 및 주거환경정비법」 제31조 등에 규정된 공고 및 통지 절차를 거쳐도 된다(대판 2012.9.27, 2010두13890).

(3) 대상자

1. 「공익사업을 위한 토지 등의 취득 및 보상에 관한 법률」상 이사비 보상대상자는 공익사업시행지구에 편입되는 주거용 건축물의 거주자로서 공익사업의 시행으로 인하여 이주하게 되는 자이다(대판 2010.11.11, 2010두5332).
2. 「도시 및 주거환경정비법」에 따라 사업시행자에게서 임시수용시설을 제공받는 세입자는 「공익사업을 위한 토지 등의 취득 및 보상에 관한 법률」 및 같은 법 시행규칙에서 정한 주거이전비를 별도로 청구할 수 있다(대판 2011.7.14, 2011두3685).
3. 소유자 또는 세입자가 아닌 가구원이 사업시행자를 상대로 직접 주거이전비의 지급을 구할 수 없다(대판 2011.8.25, 2010두4131).
4. 「공익사업을 위한 토지 등의 취득 및 보상에 관한 법률」 제78조 제5항 등에 따른 이사비의 보상대상자
「공익사업을 위한 토지 등의 취득 및 보상에 관한 법률」 제78조 제5항, 같은 법 시행규칙 제55조 제2항의 각 규정 및 공익사업의 추진을 원활하게 함과 아울러 주거를 이전하게 되는 거주자들을 보호하려는 이사비(가재도구 등 동산의 운반에 필요한 비용을 말한다) 제도의 취지에 비추어 보면, **이사비의 보상대상자는 '공익사업시행지구에 편입되는 주거용 건축물의 거주자로서 공익사업의 시행으로 이주하게 되는 자'로 보는 것이 타당하다**(대판 2012.8.30, 2011두22792).
5. 구 「도시 및 주거환경정비법」상 주택재개발사업에 편입되는 주거용 건축물의 소유자 중 현금청산대상자에 대하여도 구 「공익사업을 위한 토지 등의 취득 및 보상에 관한 법률」에 따른 주거이전비 및 이사비를 지급해야 한다(대판 2013.1.10, 2011두19031).
6. 구 「도시 및 주거환경정비법」상 주거용 건축물의 소유자에 대한 주거이전비 보상의 경우, 주거용 건축물에 대한 정비계획에 관한 공람·공고일부터 해당 건축물에 대한 보상을 하는 때까지 계속하여 소유 및 거주하여야 한다(대판 2015.2.26, 2012두19519).
7. 구 「도시 및 주거환경정비법」이 적용되는 주택재개발정비사업의 사업구역 내 주거용 건축물을 소유하는 주택재개발정비조합원이 사업구역 내 타인의 주거용 건축물에 거주하는 세입자일 경우, 구 「도시 및 주거환경정비법」 제40조 제1항, 구 「공익사업을 위한 토지 등의 취득 및 보상에 관한 법률 시행규칙」 제54조

제2항에 따른 '세입자로서의 주거이전비(4개월분)' 지급대상이 아니다(대판 2017.10.31, 2017두40068).

8. 주택재개발사업의 사업시행자가 현금청산대상자나 세입자로부터 정비구역 내 토지 또는 건축물을 인도받기 위해서는 협의나 재결절차 등에 의하여 결정되는 주거이전비 등도 지급하여야 한다
   구 「도시 및 주거환경정비법」 제49조 제6항은 '관리처분계획의 인가·고시가 있은 때에는 종전의 토지 또는 건축물의 소유자·지상권자·전세권자·임차권자 등 권리자는 제54조의 규정에 의한 이전의 고시가 있은 날까지 종전의 토지 또는 건축물에 대하여 이를 사용하거나 수익할 수 없다. 다만 사업시행자의 동의를 받거나 제40조 및 「공익사업을 위한 토지 등의 취득 및 보상에 관한 법률」(토지보상법)에 따른 손실보상이 완료되지 아니한 권리자의 경우에는 그러하지 아니하다.'고 규정하고 있다. 따라서 사업시행자가 현금청산대상자나 세입자에 대해서 종전의 토지나 건축물의 인도를 구하려면 관리처분계획의 인가·고시만으로는 부족하고 구 도시정비법 제49조 제6항 단서에서 정한 토지보상법에 따른 손실보상이 완료되어야 한다. 구 도시정비법 제49조 제6항 단서의 내용, 개정 경위와 입법 취지를 비롯하여 구 도시정비법 및 토지보상법의 관련 규정들을 종합하여 보면, 토지보상법 제78조에서 정한 주거이전비, 이주정착금, 이사비(주거이전비 등)도 구 도시정비법 제49조 제6항 단서에서 정한 '토지보상법에 따른 손실보상'에 해당한다. 그러므로 주택재개발사업의 사업시행자가 공사에 착수하기 위하여 현금청산대상자나 세입자로부터 정비구역 내 토지 또는 건축물을 인도받기 위해서는 협의나 재결절차 등에 의하여 결정되는 주거이전비 등도 지급할 것이 요구된다. 만일 사업시행자와 현금청산대상자나 세입자 사이에 주거이전비 등에 관한 협의가 성립된다면 사업시행자의 주거이전비 등 지급의무와 현금청산대상자나 세입자의 부동산 인도의무는 동시이행의 관계에 있게 되고, 재결절차 등에 의할 때에는 주거이전비 등의 지급절차가 부동산 인도에 선행되어야 한다(대판 2021.6.30, 2019다207813).

(4) 권리구제

주거이전비 지급청구소송은 공법상 당사자소송으로 제기하여야 하고, 줘기전비의 지급과 관련하여 토지수용위원회의 재결에 대하여 다투는 경우에는 토지보상법 제85조에 따라 보상금증강청구소송 또는 항고소송을 제기하여야 한다.

1. 구 「공익사업을 위한 토지 등의 취득 및 보상에 관한 법령」에 의하여 주거용 건축물의 세입자에게 인정되는 주거이전비 보상청구권의 법적 성격은 공법상의 권리이므로 그 보상에 관한 분쟁의 쟁송절차는 행정소송이다(대판 2008.5.29, 2007다8129).
2. 주거이전비 보상청구에 대한 소송형태는 당사자소송이다
   구 「공익사업을 위한 토지 등의 취득 및 보상에 관한 법률」 제78조 제5항, 제7항, '공익사업법 시행규칙' 제54조 제2항 본문, 제3항의 각 조문을 종합하여 보면, **주거이전비 보상청구권은 그 요건을 충족하는 경우에 당연히 발생되는 것이므로, 주거이전비 보상청구소송은 행정소송법 제3조 제2호에 규정된 당사자소송에 의하여야 할 것이다.** 다만, 구 「도시 및 주거환경정비법」 제40조 제1항에 의하여 준용되는공익사업법 제2조, 제50조, 제78조, 제85조 등의 각 조문을 종합하여 보면, **세입자의 주거이전비 보상에 관하여 수용재결이 이루어진 다음 세입자가 보상금의 증감 부분을 다투는 경우에는 공익사업법 제85조 제2항에 규정된 행정소송(보상금증감청구소송)에 따라, 보상금의 증감 이외의 부분을 다투는 경우에는 같은 조 제1항에 규정된 행정소송(재결취소소송)에 따라 권리구제를 받을 수 있다**고 봄이 상당하다(대판 2008.5.29, 2007다8129).

3. 「도시 및 주거환경정비법」 제49조 제6항 중 주택재개발사업의 경우 주거용 건축물의 세입자에 관한 부분에 따라 인도청구를 하기 위해서 완료되어야 하는 보상의 내용

「도시 및 주거환경정비법」(도시정비법) 제40조 제1항은 「공익사업을 위한 토지 등의 취득 및 보상에 관한 법률」(공익사업법) 제78조 제5항 및 같은 법 시행규칙 제54조 제2항, 제3항에 의해 주거세입자에게 인정되는 '주거이전비'를 그 단서의 "정비사업의 시행에 따른 손실보상"의 내용에 포함시키고 있으므로, 주거이전비 보상이 이 사건 법률조항 단서에서 사용·수익 정지 이전에 완료될 것을 요구하는 "도시정비법 제40조 및 공익사업법에 따른 손실보상"에 해당함이 명백하고, 다만 그 보상대상자는 정비구역 공람공고일 당시부터 거주하고 있는 세입자로 제한된다. 또한 공익사업법 제78조 제5항 및 같은 법 시행규칙 제55조 제2항에서 공익사업의 시행으로 인해 사업지구 밖으로 이사하는 주거용 건물의 거주자에 대해 동산의 운반에 필요한 비용, 즉 이사비의 보상을 규정하고 있으므로, 이사비의 보상도 이 사건 법률조항 단서의 "도시정비법 제40조 및 공익사업법에 따른 손실보상"에 해당한다고 보아야 한다. 따라서 사업시행자가 이 사건 법률조항에 의한 인도청구를 하기 위해서는 4개월분의 주거이전비와 이사비의 보상을 완료하여야 한다(헌재결 2014.7.24, 2012헌마662).

4. 「도시 및 주거환경정비법」 제49조 제6항 중 주택재개발사업의 경우 주거용 건축물의 세입자에 관한 부분은 주거용 건축물의 세입자(주거세입자)의 재산권을 침해하지 않는다(기각)

임대차계약의 본질은 임대차 목적물의 사용·수익에 있으므로 이 사건 법률조항에 의한 사용·수익 정지는 임차권에 대한 본질적 제한에 해당하고 따라서 이 사건 법률조항이 비례의 원칙에 부합하기 위해서는 임차권자의 가혹한 부담을 완화하는 보상조치들이 규정되어 있어야 한다. 주택재개발사업의 시행으로 인해 이주해야 하는 주거세입자에게는 4개월분의 주거이전비와 이사비가 보상되고, 특히 이 사건 법률조항 단서는 사용·수익이 정지되기에 앞서 이와 같은 손실보상이 완료될 것을 요구함으로써 세입자들의 실질적인 주거 안정을 보장하고 있다. 또한 도시 및 주거환경정비법은 사업시행자에게 임시수용시설을 설치하거나 주택자금의 융자알선 등의 조치를 할 의무를 부과하고, 무주택 세대주인 세입자가 임대주택을 공급받을 수도 있도록 하며, 세입자가 임대차보증금을 적기에 확실히 반환받을 수 있도록 규정을 두는 등 세입자의 부담을 완화하는 다양한 보상조치와 보호대책을 마련하고 있다. 따라서 이 사건 법률조항은 청구인의 재산권을 침해하지 않는다(헌재결 2014.7.24, 2012헌마662).

5. 구 「도시 및 주거환경정비법」(도시정비법)상 현금청산대상자와 사업시행자 간에 청산금액에 관한 협의가 성립되지 아니하거나 협의를 할 수 없을 경우, 「공익사업을 위한 토지 등의 취득 및 보상에 관한 법률」(토지보상법)을 준용하여 곧바로 현금청산대상자가 사업시행자에게 재결을 신청할 것을 청구할 수 있다(대판 2015.11.27, 2015두48877).

5. 농민·어민

공익사업의 시행으로 인하여 영위하던 농업·어업을 계속할 수 없게 되어 다른 지역으로 이주하는 농민·어민이 받을 보상금이 없거나 그 총액이 국토교통부령으로 정하는 금액에 미치지 못하는 경우에는 그 금액 또는 그 차액을 보상하여야 한다(제78조 제6항).

제3목 간접손실보상(제3자보상)

I 의 의

공익사업의 시행으로 인해 직접적으로 토지 등을 수용당하거나 제한받는 것은 아니지만, 사업시행지 이외의 주변토지의 소유자에게 간접적으로 미치는 손실을 간접손실이라 하는데, 이는 제3자보상의 문제로 이해하기도 한다. 다만, 분류상으로는 생활보상의 일종으로 분류하기도 하고, 별도로 분류하기도 한다.

판례도 간접손실을 헌법 제23조 제3항에 규정한 손실보상의 대상이 된다고 보고 있다(대판 1999. 11.15, 99다27231).

간접손실도 손실보상의 대상에 포함된다

사업시행자가 택지개발사업을 시행하면서 그 구역 내의 농지개량조합 소유 저수지의 몽리답(蒙利畓 : 저수지, 보 등의 수리시설에 의하여 물이 들어와 농사에 혜택을 입는 논 ⇔ 천수답, 천둥지기)을 취득함으로써 **사업시행구역 외에 위치한 저수지가 기능을 상실**하고, 그 기능상실에 따른 손실보상의 협의가 이루어지지 않은 경우, 농지개량조합이 입은 손해는 **공공사업지 밖에서 일어난 간접손실**로서 토지수용법 또는 '「공공용지의 취득 및 손실보상에 관한 특례법」 시행규칙'의 간접보상에 관한 규정에 근거하여 **직접 사업시행자에게 손실보상청구권을 가질 수는 없으나,** '「공공용지의 취득 및 손실보상에 관한 특례법」 시행규칙' 제23조의6을 **유추적용하여 사업시행자를 상대로 민사소송으로서 그 보상을 청구할 수 있다**(대판 1999.6.1, 97다56150).

II 간접손실의 요건

간접손실이 되기 위해서는 ① 공공사업의 시행으로 사업시행지 이외의 토지소유자가 입은 손실이어야 하고, ② 그 손실이 공공사업의 시행으로 인해 발생하리라는 것이 예견되어야 하고, ③ 그 손실의 범위가 구체적으로 특정될 수 있어야 한다(대판 1999.12.24, 98다57419·57426).

III 내 용

1. 일반적 내용

사업손실보상은 물리적·기술적 손실과 경제적·사회적 손실로 나눌 수 있다. 전자는 통상 공해에 해당하는 것으로 공사 중의 소음·진동이나 완성된 시설에 의한 일조 또는 전파에 대한 장해(수용적 침해) 등을 말하며, 후자는 댐건설 등으로 인해 대부분의 주민이 이전함으로써 생기는 지역경제에의 영향이나, 어업권의 소멸에 따라 어업활동이 쇠퇴하여 생기는 경제활동에의 영향 등 지역사회의 변동을 통해 개인에게 미치는 간접적 영향을 말한다.

2. 토지보상법상 간접손실보상(잔여지·잔여건축물에 대한 보상)

(1) 통로·도랑·담장 등의 공사

사업시행자는 동일한 토지소유자에 속하는 일단의 토지의 일부가 취득되거나 사용됨으로 인하여 잔여지의 가격이 감소하거나 그 밖의 손실이 있을 때 또는 잔여지에 통로·도랑·담장 등의 신설이나 그 밖의 공사가 필요할 때에는 국토교통부령으로 정하는 바에 따라 그 손실이나 공사의 비용을 보상하여야 한다. 다만, 잔여지의 가격 감소분과 잔여지에 대한 공사의 비용을 합한 금액이 잔여지의 가격보다 큰 경우에는 사업시행자는 그 잔여지를 매수할 수 있다(제73조 제1항).

1. 구 「공익사업을 위한 토지 등의 취득 및 보상에 관한 법률」 제73조에 따라 토지 일부의 취득 또는 사용으로 잔여지 손실에 대하여 보상하는 경우, 보상하여야 하는 손실의 범위
   구 「공익사업을 위한 토지 등의 취득 및 보상에 관한 법률」(공익사업법) 제73조에 의하면, 동일한 토지소유자에 속하는 일단의 토지의 일부가 취득 또는 사용됨으로 인하여 잔여지의 가격이 감소하거나 그 밖의 손실이 있는 때 등에는 토지소유자는 그로 인한 잔여지 손실보상청구를 할 수 있고, 이 경우 보상하여야 할 손실에는 토지 일부의 취득 또는 사용으로 인하여 그 획지조건이나 접근조건 등의 가격형성요인이 변동됨에 따라 발생하는 손실뿐만 아니라 그 취득 또는 사용 목적 사업의 시행으로 설치되는 시설의 형태·구조·사용 등에 기인하여 발생하는 손실과 수용재결 당시의 현실적 이용상황의 변경 외 장래의 이용가능성이나 거래의 용이성 등에 의한 사용가치 및 교환가치상의 하락 모두가 포함된다(대판 2011.2.24, 2010두23149).
2. 건축물 소유자가 공익사업을 위한 토지 등의 취득 및 보상에 관한 법률 제34조, 제50조 등에 규정된 재결절차를 거치지 않은 채 곧바로 사업시행자를 상대로 같은 법 제75조의2 제1항에 따른 잔여 건축물 가격감소 등으로 인한 손실보상을 청구할 수 없고, 이는 수용대상 건축물에 대하여 재결절차를 거친 경우에도 마찬가지이다(대판 2015.11.12, 2015두2963).

제1항 본문에 따른 손실 또는 비용의 보상은 관계 법률에 따라 사업이 완료된 날 또는 제24조의2에 따른 사업완료의 고시가 있는 날(사업완료일)부터 1년이 지난 후에는 청구할 수 없다(같은 조 제2항). 사업시행자는 공익사업의 시행으로 인하여 취득하거나 사용하는 토지(잔여지를 포함) 외의 토지에 통로·도랑·담장 등의 신설이나 그 밖의 공사가 필요할 때에는 그 비용의 전부 또는 일부를 보상하여야 한다. 다만, 그 토지에 대한 공사의 비용이 그 토지의 가격보다 큰 경우에는 사업시행자는 그 토지를 매수할 수 있다(제79조 제1항). 공익사업이 시행되는 지역 밖

에 있는 토지 등이 공익사업의 시행으로 인하여 본래의 기능을 다할 수 없게 되는 경우에는 국토교통부령으로 정하는 바에 따라 그 손실을 보상하여야 한다(같은 조 제2항).

(2) 잔여지매수청구권

동일한 소유자에게 속하는 일단의 토지의 일부가 협의에 의하여 매수되거나 수용됨으로 인하여 잔여지를 종래의 목적에 사용하는 것이 현저히 곤란할 때에는 해당 토지소유자는 사업시행자에게 잔여지를 매수하여 줄 것을 청구할 수 있으며, 사업인정 이후에는 관할 토지수용위원회에 수용을 청구할 수 있다. 이 경우 수용의 청구는 매수에 관한 협의가 성립되지 아니한 경우에만 할 수 있으며, 사업완료일까지 하여야 한다(제74조 제1항). 매수 또는 수용의 청구가 있는 잔여지 및 잔여지에 있는 물건에 관하여 권리를 가진 자는 사업시행자나 관할 토지수용위원회에 그 권리의 존속을 청구할 수 있다(같은 조 제2항).

판례는 잔여지수용청구권은 형성권적 성질을 가지며, 그 행사의 청구에 관한 기간은 제척기간이라고 보고 있다(대판 2001.9.4, 99두11080).

1. 토지수용법에 의한 잔여지수용청구권의 법적 성질은 형성권이고 그 행사기간의 법적 성질은 제척기간이다(대판 2001.9.4, 99두11080).
2. 기업자가 수용과정에서 아무런 보상 없이 수용대상이 아닌 목적물을 철거함으로써 그 소유자 등에게 손해를 입힌 경우, 그 손해금의 지급을 구하는 소의 법적 성질은 민사상 불법행위로 인한 손해배상청구이다(대판 2001.9.4, 99두11080).
3. 잔여지수용거부에 대해서는 민사소송이 아닌 행정소송을 제기하여야 한다(대판 2004.9.24, 2002다68713).
4. 구 「공익사업을 위한 토지 등의 취득 및 보상에 관한 법률」 제74조 제1항에 의한 잔여지 수용청구를 받아들이지 않은 토지수용위원회의 재결에 대하여 토지소유자가 불복하여 제기하는 소송은 '보상금의 증감에 관한 소송'에 해당하여 사업시행자를 피고로 하여야 한다

   구 「공익사업을 위한 토지 등의 취득 및 보상에 관한 법률」 제74조 제1항에 규정되어 있는 잔여지 수용청구권은 손실보상의 일환으로 토지소유자에게 부여되는 권리로서 그 요건을 구비한 때에는 잔여지를 수용하는 토지수용위원회의 재결이 없더라도 그 청구에 의하여 수용의 효과가 발생하는 형성권적 성질을 가지므로, 잔여지 수용청구를 받아들이지 않은 토지수용위원회의 재결에 대하여 토지소유자가 불복하여 제기하는 소송은 위 법 제85조 제2항에 규정되어 있는 '보상금의 증감에 관한 소송'에 해당하여 사업시행자를 피고로 하여야 한다(대판 2010.8.19, 2008두822).
5. 구 「공익사업을 위한 토지 등의 취득 및 보상에 관한 법률」 제74조 제1항의 잔여지 수용청구권 행사기간의 법적 성질은 제척기간이고 잔여지 수용청구 의사표시의 상대방은 관할 토지수용위원회이다

   구 「공익사업을 위한 토지 등의 취득 및 보상에 관한 법률」 제74조 제1항에 의하면, 잔여지 수용청구는 사업시행자와 사이에 매수에 관한 협의가 성립되지 아니한 경우 일단의 토지의 일부에 대한 관할 토지수용위원회의 수용재결이 있기 전까지 관할 토지수용위원회에 하여야 하고, 잔여지 수용청구권의 행사기간은 제척기간으로서, 토지소유자가 그 행사기간 내에 잔여지 수용청구권을 행사하지 아니하면 그 권리가 소멸한다. 또한 위 조항의 문언 내용 등에 비추어 볼 때, 잔여지 수용청구의 의사표시는 관할 토지

수용위원회에 하여야 하는 것으로서, 관할 토지수용위원회가 사업시행자에게 잔여지 수용청구의 의사표시를 수령할 권한을 부여하였다고 인정할 만한 사정이 없는 한, 사업시행자에게 한 잔여지 매수청구의 의사표시를 관할 토지수용위원회에 한 잔여지 수용청구의 의사표시로 볼 수는 없다(대판 2010.8.19, 2008두822).

6. 토지소유자가 「공익사업을 위한 토지 등의 취득 및 보상에 관한 법률」 제34조, 제50조 등에 규정된 재결절차를 거치지 않고 곧바로 사업시행자를 상대로 같은 법 제73조에 따른 잔여지 가격감소 등으로 인한 손실보상을 청구할 수 없고 이는 수용대상토지에 대하여 재결절차를 거친 경우에도 마찬가지이다(대판 2012.11.29, 2011두22587).

7. 공익사업의 사업시행자가 동일한 소유자에게 속하는 일단의 토지 중 일부를 취득하거나 사용하고 남은 잔여지에 현실적 이용상황 변경 또는 사용가치 및 교환가치의 하락 등이 발생하였으나 그 손실이 토지의 일부가 공익사업에 취득되거나 사용됨으로 인하여 발생한 것이 아닌 경우, 「공익사업을 위한 토지 등의 취득 및 보상에 관한 법률」 제73조 제1항 본문에 따른 잔여지 손실보상 대상에 해당하지 않는다(대판 2017.7.11, 2017두40860).

8. 「공익사업을 위한 토지 등의 취득 및 보상에 관한 법률」 제73조 제1항에 따른 잔여지 손실보상금에 대한 지연손해금 지급의무의 발생 시기
「공익사업을 위한 토지 등의 취득 및 보상에 관한 법률」이 잔여지 손실보상금 지급의무의 이행기를 정하지 않았고, 그 이행기를 편입토지의 권리변동일이라고 해석하여야 할 체계적, 목적론적 근거를 찾기도 어려우므로, 잔여지 손실보상금 지급의무는 이행기의 정함이 없는 채무로 보는 것이 타당하다. 따라서 잔여지 손실보상금 지급의무의 경우 잔여지의 손실이 현실적으로 발생한 이후로서 잔여지 소유자가 사업시행자에게 이행청구를 한 다음 날부터 그 지연손해금 지급의무가 발생한다(민법 제387조 제2항 참조)(대판 2018.3.13, 2017두68370).

(3) 잔여 건축물의 손실에 대한 보상 등

사업시행자는 동일한 소유자에게 속하는 일단의 건축물의 일부가 취득 되거나 사용됨으로 인하여 잔여 건축물의 가격이 감소하거나 그 밖의 손실이 있을 때에는 국토교통부령으로 정하는 바에 따라 그 손실을 보상하여야 한다. 다만, 잔여 건축물의 가격 감소분과 보수비(건축물의 잔여부분을 종래의 목적대로 사용할 수 있도록 그 유용성을 동일하게 유지하는 데 통상 필요하다고 볼 수 있는 공사에 사용되는 비용을 말한다. 다만, 건축법등 관계 법령에 의하여 요구되는 시설의 개선에 필요한 비용은 포함하지 아니한다)를 합한 금액이 잔여 건축물의 가격보다 큰 경우에는 사업시행자는 그 잔여 건축물을 매수할 수 있다(제75조의2 제1항). 동일한 소유자에게 속하는 일단의 건축물의 일부가 협의에 의하여 매수되거나 수용됨으로 인하여 잔여 건축물을 종래의 목적에 사용하는 것이 현저히 곤란할 때에는 그 건축물소유자는 사업시행자에게 잔여 건축물을 매수하여 줄 것을 청구할 수 있으며, 사업인정 이후에는 관할 토지수용위원회에 수용을 청구할 수 있다. 이 경우 수용 청구는 매수에 관한 협의가 성립되지 아니한 경우에만 하되, 사업완료일까지 하여야 한다(같은 조 제2항).

지장물인 건물의 일부가 수용된 경우 잔여건물부분의 교환가치하락으로 인한 감가보상을 잔여지의 감가보상을 규정한 공공용지의취득및손실보상에관한특례법시행규칙 제26조 제2항을 유추적용하여 인정할 수 있다

토지수용법 제49조, 제50조, 제57조의2, 공공용지의취득및손실보상에관한특례법 제4조 제2항 제3호, 제4항, 같은법시행령 제2조의10 제4항, 같은법시행규칙 제2조 제2·3호, 제10조, 제23조의7의 각 규정을 종합하면, **수용대상토지 지상에 건물이 건립되어 있는 경우 그 건물에 대한 보상은 취득가액을 초과하지 아니하는 한도 내에서 건물의 구조·이용상태·면적·내구연한·유용성·이전 가능성 및 난이도 등의 여러 요인을 종합적으로 고려하여 원가법으로 산정한 이전비용으로 보상하고, 건물의 일부가 공공사업지구에 편입되어 그 건물의 잔여부분을 종래의 목적대로 사용할 수 없거나 사용이 현저히 곤란한 경우에는 그 잔여부분에 대하여는 위와 같이 평가하여 보상하되, 그 건물의 잔여부분을 보수하여 사용할 수 있는 경우에는 보수비로 평가하여 보상하도록 하고 있을 뿐, 보수를 하여도 제거 또는 보전될 수 없는 잔여건물의 가치하락이 있을 경우 이에 대하여 어떻게 보상하여야 할 것인지에 관하여는 명문의 규정을 두고 있지 아니하나,** 한 동의 건물은 각 부분이 서로 기능을 달리하면서 유기적으로 관련을 맺고 전체적으로 그 효용을 발휘하는 것이므로, 건물의 일부가 수용되면 토지의 일부가 수용되는 경우와 마찬가지로 또는 그 이상으로 건물의 효용을 일부 잃게 되는 것이 일반적이고, 수용에 따른 손실보상액 산정의 경우 헌법 제23조 제3항에 따른 정당한 보상이란 원칙적으로 피수용재산의 객관적인 재산가치를 완전하게 보상하여야 한다는 완전보상을 뜻하는 것인데, **건물의 일부만이 수용되고 그 건물의 잔여부분을 보수하여 사용할 수 있는 경우 그 건물 전체의 가격에서 편입비율만큼의 비율로 손실보상액을 산정하여 보상하는 한편 보수비를 손실보상액으로 평가하여 보상하는 데 그친다면 보수에 의하여 보전될 수 없는 잔여건물의 가치하락분에 대하여는 보상을 하지 않는 셈이어서 불완전한 보상이 되는 점** 등에 비추어 볼 때, **잔여건물에 대하여 보수만으로 보전될 수 없는 가치하락이 있는 경우에는, 동일한 토지소유자의 소유에 속하는 일단의 토지 일부가 공공사업용지로 편입됨으로써 잔여지의 가격이 하락한 경우에는 공공사업용지로 편입되는 토지의 가격으로 환산한 잔여지의 가격에서 가격이 하락된 잔여지의 평가액을 차감한 잔액을 손실액으로 평가하도록 되어 있는 공공용지의취득및손실보상에관한특례법시행규칙 제26조 제2항을 유추적용하여 잔여건물의 가치하락분에 대한 감가보상을 인정함이 상당하다**(대판 2001.9.25, 2000두2426).

3. 토지보상법 시행규칙상 간접손실보상

(1) 소수잔존자보상

공익사업의 시행으로 인하여 1개 마을의 주거용 건축물이 대부분 공익사업시행지구에 편입됨으로써 잔여 주거용 건축물 거주자의 생활환경이 현저히 불편하게 되어 이주가 부득이한 경우에는 당해 건축물 소유자의 청구에 의하여 그 소유자의 토지 등을 공익사업시행지구에 편입되는 것으로 보아 보상하여야 한다(제61조).

(2) 공익사업시행지구 밖의 대지 등에 대한 보상

공익사업시행지구 밖의 대지(조성된 대지)·건축물·분묘 또는 농지(계획적으로 조성된 유실수단지 및 죽림단지를 포함)가 공익사업의 시행으로 인하여 산지나 하천 등에 둘러싸여 교통이 두

절되거나 경작이 불가능하게 된 경우에는 그 소유자의 청구에 의하여 이를 공익사업시행지구에 편입되는 것으로 보아 보상하여야 한다. 다만, 그 보상비가 도로 또는 도선시설의 설치비용을 초과하는 경우에는 도로 또는 도선시설을 설치함으로써 보상에 갈음할 수 있다(제59조).

(3) 공익사업시행지구 밖의 건축물에 대한 보상

소유농지의 대부분이 공익사업시행지구에 편입됨으로써 건축물(건축물의 대지 및 잔여농지를 포함)만이 공익사업시행지구 밖에 남게 되는 경우로서 그 건축물의 매매가 불가능하고 이주가 부득이한 경우에는 그 소유자의 청구에 의하여 이를 공익사업시행지구에 편입되는 것으로 보아 보상하여야 한다(제60조).

(4) 공익사업시행지구 밖의 공작물 등에 대한 보상

공익사업시행지구 밖에 있는 공작물 등이 공익사업의 시행으로 인하여 그 본래의 기능을 다할 수 없게 되는 경우에는 그 소유자의 청구에 의하여 이를 공익사업시행지구에 편입되는 것으로 보아 보상하여야 한다(제62조).

(5) 공익사업시행지구 밖의 어업의 피해에 대한 보상

공익사업의 시행으로 인하여 해당 공익사업시행지구 인근에 있는 어업에 피해가 발생한 경우 사업시행자는 실제 피해액을 확인할 수 있는 때에 그 피해에 대하여 보상하여야 한다. 이 경우 실제 피해액은 감소된 어획량 및 수산업법 시행령 [별표 3]의 평년수익액 등을 참작하여 평가한다(제63조).

(6) 공익사업시행지구 밖의 영업손실에 대한 보상

공익사업시행지구 밖에서 제45조의 규정에 의한 영업손실의 보상대상이 되는 영업을 하고 있는 자가 공익사업의 시행으로 인하여 배후지의 3분의 2 이상이 상실되어 당해 장소에서 영업을 계속할 수 없는 경우, 진출입로의 단절, 그 밖의 부득이한 사유로 인하여 일정한 기간 동안 휴업하는 것이 불가능한 경우에는 그 영업자의 청구에 의하여 당해 영업을 공익사업시행지구에 편입되는 것으로 보아 보상하여야 한다(제64조).

1. 수산업협동조합이 관계 법령에 의하여 대상지역에서의 독점적 지위가 부여되어 있던 위탁판매사업을 공유하수면매립으로 인해 중단하게 되어 입은 위탁판매수수료 수입손실에 대하여 손실보상을 인정하는 것이 타당하다(대판 1999.10.8, 99다27231).
2. 공공사업 시행지구 밖에서 영업을 영위하던 사업자에게 공공사업 시행 후에도 그 영업의 고객이 소재하

는 지역이 그대로 남아 있는 상태에서 고객이 공공사업 시행으로 설치된 시설 등을 이용하고 사업자가 제공하는 시설이나 용역은 이용하지 않게 되었다는 사정은 '배후지 상실'에 해당하지 않는다

'배후지'란 '당해 영업의 고객이 소재하는 지역'을 의미한다고 풀이되고, 공공사업 시행지구 밖에서 영업을 영위하여 오던 사업자에게 공공사업의 시행 후에도 당해 영업의 고객이 소재하는 지역이 그대로 남아 있는 상태에서 그 고객이 공공사업의 시행으로 설치된 시설 등을 이용하고 사업자가 제공하는 시설이나 용역 등은 이용하지 않게 되었다는 사정은 여기서 말하는 '배후지의 상실'에 해당한다고 볼 수 없다(대판 2013.6.14, 2010다9658).

3. 「공익사업을 위한 토지 등의 취득 및 보상에 관한 법률 시행규칙」 제64조 제1항 제2호에서 정한 공익사업시행지구 밖 영업손실보상의 요건인 '공익사업의 시행으로 인한 그 밖의 부득이한 사유로 일정 기간 동안 휴업이 불가피한 경우'에 공익사업의 시행 결과로 휴업이 불가피한 경우가 포함된다(대판 2019.11.28, 2018두227).
4. 실질적으로 같은 내용의 손해에 관하여 「공익사업을 위한 토지 등의 취득 및 보상에 관한 법률」 제79조 제2항에 따른 손실보상과 환경정책기본법 제44조 제1항에 따른 손해배상청구권이 동시에 성립하는 경우, 영업자가 두 청구권을 동시에 행사할 수 없고, '해당 사업의 공사완료일로부터 1년'이라는 손실보상 청구기간이 지나 손실보상청구권을 행사할 수 없는 경우에도 손해배상청구는 가능하다(대판 2019.11.28, 2018두227).

(7) 공익사업시행지구 밖의 농업의 손실에 대한 보상

경작하고 있는 농지의 3분의 2 이상에 해당하는 면적이 공익사업시행지구에 편입됨으로 인하여 당해 지역에서 영농을 계속할 수 없게 된 농민에 대하여는 공익사업시행지구 밖에서 그가 경작하고 있는 농지에 대하여도 영농손실액을 보상하여야 한다(제65조).

제5항 손실보상의 기준과 내용

I 손실보상의 기준

1. 역대헌법상 보상기준

구 분	보상기준 내용
제1·2공화국	상당한 보상
제3공화국·현행 헌법	정당한 보상
유신헌법	법률로 정한다.
제5공화국	이익형량보상(공익과 사익을 정당하게 형량하여 보상)

2. 현행 헌법상 보상기준(정당한 보상)

현행 헌법은 "공공필요에 의한 재산권의 수용·사용 또는 제한 및 그에 대한 보상은 법률로써 하되, '정당한 보상'을 지급하여야 한다."(제23조 제3항)라고 규정하고 있다.

(1) 학 설

① 완전보상설(다수설) : 완전보상설은 공용침해로 인해 발생한 객관적 손실 전부를 보상해야 한다는 견해이다. 이는 다시 피침해재산의 객관적 가치를 보상하는 것으로 충분하다는 견해와 이전료·영업상 손실 등 부대적 손실의 보상을 포함하여 발생한 손실 전부를 보상해야 한다는 견해로 나뉜다. 다수견해는 객관적 가치의 보상과 함께 부대적 손실의 보상도 포함하는 것으로 이해하고 있다. 미국 수정헌법 제5조에서 채택하고 있다.

② 상당보상설 : 상당보상설은 정당한 보상이란 합리적 이유가 있을 때에는 완전보상을 하회하거나 상회할 수 있다고 보는 견해이다.

(2) 판례(완전보상설)

1. '정당한 보상'이란 완전보상을 뜻하지만 개발이익은 제외한다(헌재결 1991.2.11, 90헌바17·18).
2. 정당한 보상이란 완전보상을 의미한다
   '정당한 보상'이라 함은 원칙적으로 피수용재산의 객관적인 재산가치를 완전하게 보상하여야 한다는 완전보상을 뜻하는 것이라 할 것이나, 투기적인 거래에 의하여 형성되는 가격은 정상적인 객관적 재산가치로는 볼 수 없으므로 이를 배제한다고 하여 완전보상의 원칙에 어긋나는 것은 아니며, 공익사업의 시행으로 지가가 상승하여 발생하는 개발이익은 궁극적으로는 국민 모두에게 귀속되어야 할 성질의 것이므로 이는 완전보상의 범위에 포함되는 피수용토지의 객관적 가치 내지 피수용자의 손실이라고는 볼 수 없다(대판 1993.7.13, 93누2131).
3. 토지수용법 제46조 제2항 제1호, 제3항과 「지가공시 및 토지 등의 평가에 관한 법률」 제10조 제1항 제1호에 의한 손실보상액 산정은 헌법 제23조 제3항의 정당보상원리 및 헌법 제11조 제1항의 평등원칙에 위반되지 않는다(합헌)(헌재결 1999.12.23, 98헌바13등).

3. 법률상의 보상기준 및 내용

(1) 공용수용의 경우

① 적정가격을 기준으로 보상

㉠ 위헌 여부

1. '감정평가업자가 토지를 감정평가하는 경우 당해 토지와 유사한 이용가치를 지닌다고 인정되는 표준지의 공시지가를 기준으로 하도록 하고 있는 「부동산 가격공시 및 감정평가에 관한 법률」 제21조 제1항 본문은 정당보상원칙에 위배되지 않는다(합헌)(헌재결 2012.3.29, 2010헌바370).
2. 사업인정고시일 전의 시점을 공시기준일로 하는 공시지가를 손실보상액 산정 기준으로 하도록 하고 있는 구 「공익사업을 위한 토지 등의 취득 및 보상에 관한 법률」 제70조 제4항 및 구 「공익사업을 위한 토지 등의 취득 및 보상에 관한 법률」 제70조 제1항은 정당보상원칙에 위배되지 않는다(합헌)(헌재결 2012.3.29, 2010헌바370).
3. 헌법 제23조 제3항의 '정당한 보상'의 원칙이 모든 경우에 예외 없이 시가에 의한 보상을 요구하지는 않는다(헌재결 2002.12.18, 2002헌가4).

㉡ 비교표준지 선정방법

1. 비교표준지 선정방법
비교표준지는 특별한 사정이 없는 한 도시계획구역 내에서는 용도지역을 우선으로 하고(용도지역우선의 원칙), 도시계획구역 외에서는 용도지역을 현실적 이용상황에 따른 실제 지목을 우선으로 하여 선정하여야 할 것이나(이용상황우선의 원칙), 이러한 토지가 없다면 지목, 용도, 주위환경, 위치 등의 제반 특성을 참작하여 그 자연적·사회적 조건이 수용대상 토지와 동일 또는 가장 유사한 토지를 선정하여야 한다(대판 2001.3.27, 99두7968).
2. 도시계획구역 내에 있는 수용대상토지에 대한 표준지 선정방법
수용대상토지가 도시계획구역 내에 있는 경우에는 그 용도지역이 토지의 가격형성에 미치는 영향을 고려하여 볼 때, 당해 토지와 같은 용도지역의 표준지가 있으면 다른 특별한 사정이 없는 한 용도지역이 같은 토지를 당해 토지에 적용할 표준지로 선정함이 상당하고, 가령 그 표준지와 당해 토지의 이용상황이나 주변환경 등에 다소 상이한 점이 있다 하더라도 이러한 점은 지역요인이나 개별요인의 분석 등 품등비교에서 참작하면 된다(대판 2007.7.12, 2006두11507).

㉢ 사정보정과 시점수정

취득재산에 대한 보상액으로 결정되는 취득재산의 가격은 기준이 되는 표준지공시지가를 기준으로 하여 토지의 상황을 고려하여 수정하고(사정보정), 기준이 되는 공시지가의 공시기준일과 가격시점 사이의 지가변동률 및 물가상승률을 고려하여 보상액을 수정(시점수정)하여 결정한다.

1. 수용보상액 산정을 위해 토지를 평가함에 있어 토지의 현재 상태가 산림으로서 사실상 개발이 어렵다는 사정이 개별요인의 비교 시에 이미 반영된 경우, 입목본수도가 높아 관계 법령상 토지의 개발이 제한된다

는 점을 기타요인에서 다시 반영하는 것은 이미 반영한 사유를 중복하여 반영하는 것으로서 위법하다고 한 사례(대판 2007.7.12, 2006두11507)

2. 토지가격비준표는 토지수용에 따른 보상액 산정의 기준이 되지 않는다
건설교통부장관(현 국토교통부장관)이 작성하여 관계 행정기관에 제공하는 '지가형성요인에 관한 표준적인 비교표(토지가격비준표)'는 개별토지가격을 산정하기 위한 자료로 제공되는 것으로, 토지수용에 따른 보상액 산정의 기준이 되는 것은 아니고 단지 참작자료에 불과할 뿐이다(대판 2007.7.12, 2006두11507).

3. 비교표준지와 수용대상토지에 대한 지역요인 및 개별요인 등 품등비교를 함에 있어서 현실적인 이용상황에 따른 비교수치 외에 공부상 지목에 따른 비교수치를 중복적용할 수 없다
토지의 수용·사용에 따른 보상액을 평가함에 있어서는 관계 법령에서 들고 있는 모든 산정요인을 구체적·종합적으로 참작하여 그 각 요인들을 모두 반영하되 지적공부상의 지목에 불구하고 가격시점에 있어서의 현실적인 이용상황에 따라 평가되어야 하므로, 비교표준지와 수용대상토지의 지역요인 및 개별요인 등 품등비교를 함에 있어서도 현실적인 이용상황에 따른 비교수치 외에 다시 공부상의 지목에 따른 비교수치를 중복적용하는 것은 허용되지 아니한다(대판 2007.7.12, 2006두11507).

4. 인근 유사토지의 거래사례비교
수용대상토지의 보상액을 산정함에 있어 **인근 유사토지의 보상사례가 있고 그 가격이 정상적인 것으로서 적정한 보상액 평가에 영향을 미칠 수 있는 것임이 입증된 경우에는 이를 참작할 수 있고,** 여기서 '정상적인 가격'이란 개발이익이 포함되지 아니하고 투기적인 거래로 형성되지 아니한 가격을 말한다. 그러나 **그 보상사례의 가격이 개발이익을 포함하고 있어 정상적인 것이 아닌 경우라도 그 개발이익을 배제하여 정상적인 가격으로 보정할 수 있는 합리적인 방법이 있다면 그러한 방법에 의하여 보정한 보상사례의 가격은 수용대상토지의 보상액을 산정함에 있어 이를 참작할 수 있다**(대판 2010.4.29, 2009두17360).

㉣ 현황평가의 원칙

토지에 대한 보상액은 가격시점에 있어서의 현실적인 이용상황과 일반적인 이용방법에 의한 객관적 사정을 고려하여 산정하되, 일시적인 이용상황과 토지소유자 또는 관계인이 갖는 주관적 가치 및 특별한 용도에 사용할 것을 전제로 한 경우 등은 이를 고려하지 아니한다(제70조 제2항). 이 규정은 현황평가의 원칙을 규정한 것이다.

1. 산지전용기간이 만료될 때까지 목적사업을 완료하지 못한 경우, 사업시행으로 토지의 형상이 변경된 부분은 「공익사업을 위한 토지 등의 취득 및 보상에 관한 법률」에 의한 보상에서 불법 형질변경된 토지로 보아 형질변경될 당시의 토지이용상황을 기준으로 보상금을 산정하여야 한다(대판 2017.4.7, 2016두61808).
2. 산지복구의무가 면제될 사정이 있는 경우, 형질변경이 이루어진 상태가 토지에 대한 보상의 기준이 되는 '현실적인 이용상황'이다(대판 2017.4.7, 2016두61808).
3. '공익계획사업이나 도시계획의 결정·고시 때문에 이에 저촉된 토지가 현황도로로 이용되고 있지만 공익사업이 실제로 시행되지 않은 상태에서 일반공중의 통행로로 제공되고 있는 상태로서 계획제한과 도시계획시설의 장기미집행상태로 방치되고 있는 도로' 곧 예정공도부지는 「공익사업을 위한 토지 등의 취득 및 보상에 관한 법률 시행규칙」 제26조 제2항에서 정한 사실상의 사도에 해당하지 않는다
「공익사업을 위한 토지 등의 취득 및 보상에 관한 법률 시행규칙」(공익사업법 시행규칙) 제26조 제2항은

사실상의 사도는 '사도법에 의한 사도 외의 도로로서, 도로개설 당시의 토지소유자가 자기 토지의 편익을 위하여 스스로 설치한 도로와 토지소유자가 그 의사에 의하여 타인의 통행을 제한할 수 없는 도로'를 의미한다고 규정하면서 「국토의 계획 및 이용에 관한 법률」에 의한 도시·군 관리계획에 의하여 도로로 결정된 후부터 도로로 사용되고 있는 것은 사실상의 사도에서 제외하고 있는바, '공익계획사업이나 도시계획의 결정·고시 때문에 이에 저촉된 토지가 현황도로로 이용되고 있지만 공익사업이 실제로 시행되지 않은 상태에서 일반공중의 통행로로 제공되고 있는 상태로서 계획제한과 도시계획시설의 장기미집행상태로 방치되고 있는 도로', 즉 예정공도부지의 경우 보상액을 사실상의 사도를 기준으로 평가한다면 토지가 도시·군 관리계획에 의하여 도로로 결정된 후 곧바로 도로사업이 시행되는 경우의 보상액을 수용 전의 사용현황을 기준으로 산정하는 것과 비교하여 토지소유자에게 지나치게 불리한 결과를 가져온다는 점 등을 고려하면, 예정공도부지는 공익사업법 시행규칙 제26조 제2항에서 정한 사실상의 사도에서 제외된다(대판 2019.1.17, 2018두55753).

ⓜ 당해 공익사업으로 인한 지가변동 배제

토지수용으로 인한 손실보상액을 산정함에 있어서는 **당해 공공사업의 시행을 직접 목적으로 하는 계획의 승인·고시로 인한 가격변동은 이를 고려함이 없이 수용재결 당시의 가격을 기준**으로 하여 정하여야 한다(대판 2004.6.11, 2003두14703).

ⓑ 변동되기 전의 용도지역 등을 기준

1. 당해 공공사업의 시행 이전에 개발제한구역으로 지정된 토지에 대한 수용보상액 평가방법(일반적 계획제한의 경우)
   공법상 제한을 받는 토지의 수용보상액을 산정함에 있어서는 공법상 제한이 당해 공공사업의 시행을 직접 목적으로 하여 가하여진 경우 제한을 받지 아니하는 상태대로 평가하여야 하고, 반면 당해 공공사업의 시행 이전에 이미 당해 공공사업과 관계없이 도시계획법에 의한 고시 등으로 일반적 계획제한이 가하여진 상태인 경우 그러한 제한을 받는 상태 그대로 평가하여야 하며, 도시계획법에 의한 개발제한구역의 지정은 위와 같은 일반적 계획제한에 해당하므로 당해 공공사업의 시행 이전에 개발제한구역 지정이 있었을 경우 그러한 제한이 있는 상태 그대로 평가함이 상당하다(대판 1993.10.12, 93누12527).
2. 손실보상액의 산정에 있어 그 대상 토지가 공법상의 제한을 받고 있는 경우에는 원칙적으로 제한받는 상태대로 평가하여야 하지만, 그 제한이 당해 공공사업의 시행을 직접 목적으로 하여 가하여진 경우에는 당해 공공사업의 영향을 배제하여 정당한 보상을 실현하기 위하여 예외적으로 그 제한이 없는 상태를 전제로 하여 평가하여야 한다(대판 2000.4.21, 98두4504).
3. 공원조성사업의 시행을 직접 목적으로 일반주거지역에서 자연녹지지역으로 변경된 토지에 대한 수용보상액을 산정하는 경우, 그 대상 토지의 용도지역을 일반주거지역으로 하여 평가하여야 한다고 한 사례(대판 2007.7.12, 2006두11507).
4. 수용대상토지에 대하여 당해 공공사업의 시행 이전에 도로 설치에 관한 도시계획결정이 고시된 경우 도로편입예정 부분과 편입예정 부분 아닌 인근토지에 대한 손실보상액의 각 평가방법(개별적 계획제한의 경우)
   수용대상토지에 대하여 당해 공공사업의 시행 이전에 이미 도로의 설치에 관한 도시계획결정이 고시되어 이용제한이 가하여진 경우의 공법상 제한은 그 목적달성을 위하여 구체적인 사업의 시행을 필요로 하

4

2022 삼봉행정법총론

는 이른바 개별적 계획제한에 해당하므로, 그 토지의 수용보상액을 산정함에 있어서는 위와 같은 공법상 제한이 당해 공공사업의 시행을 직접 목적으로 하여 가하여진 경우는 물론 위 토지가 당초의 목적사업과 다른 목적의 공공사업에 편입수용되는 경우에도 모두 그러한 제한을 받지 아니하는 상태대로 이를 평가하여야 한다(대판 1993.11.12, 93누7570).

5. 수용대상 토지에 관하여 특정 시점에서 용도지역 등의 지정 또는 변경을 하지 않은 것이 특정 공익사업의 시행을 위한 것인 경우, 공익사업의 시행을 직접 목적으로 하는 제한으로 보아 용도지역 등의 지정 또는 변경이 이루어진 상태를 상정하여 토지가격을 평가해야 한다(대판 2015.8.27, 2012두7950).

6. 특정 공익사업의 시행을 위하여 용도지역 등의 지정 또는 변경을 하지 않았다고 보기 위한 요건
특정 공익사업의 시행을 위하여 용도지역 등의 지정 또는 변경을 하지 않았다고 볼 수 있으려면, 토지가 특정 공익사업에 제공된다는 사정을 배제할 경우 용도지역 등의 지정 또는 변경을 하지 않은 행위가 계획재량권의 일탈·남용에 해당함이 객관적으로 명백하여야만 한다(대판 2015.8.27, 2012두7950).

7. 공법상 제한이 그 자체로 제한목적이 달성되는 일반적 계획제한으로서 구체적 도시계획사업과 직접 관련되지 아니한 때와 공법상 제한이 구체적 사업이 따르는 개별적 계획제한이거나, 일반적 계획제한에 해당하는 용도지역 등의 지정 또는 변경에 따른 제한이더라도 그 용도지역 등의 지정 또는 변경이 특정 공익사업의 시행을 위한 것일 때의 각 경우에 보상액 산정을 위한 토지의 평가 방법
「공익사업을 위한 토지 등의 취득 및 보상에 관한 법률」과 그 시행규칙의 관련 규정에 의하면, 공법상 제한을 받는 토지에 대한 보상액을 산정할 때에 해당 공법상 제한이 구 도시계획법 등에 따른 용도지역·지구·구역(용도지역 등)의 지정 또는 변경과 같이 그 자체로 제한목적이 달성되는 일반적 계획제한으로서 구체적 도시계획사업과 직접 관련되지 아니한 경우에는 그러한 제한을 받는 상태 그대로 평가하여야 한다. 반면 도로·공원 등 특정 도시계획시설의 설치를 위한 계획결정과 같이 구체적 사업이 따르는 개별적 계획제한이거나, 일반적 계획제한에 해당하는 용도지역 등의 지정 또는 변경에 따른 제한이더라도 그 용도지역 등의 지정 또는 변경이 특정 공익사업의 시행을 위한 것일 때에는, 그 공익사업의 시행을 직접 목적으로 하는 제한으로 보아 그 제한을 받지 아니하는 상태를 상정하여 평가하여야 한다(대판 2018.1.25, 2017두61799).

8. 수용대상 토지에 관하여 특정 시점에서 용도지역 등을 지정 또는 변경을 하지 않은 것이 특정 공익사업의 시행을 위한 것인 경우, 공익사업의 시행을 직접 목적으로 하는 제한으로 보아 용도지역 등의 지정 또는 변경이 이루어진 상태를 상정하여 토지가격을 평가해야 하는지 여부(적극) 및 특정 공익사업의 시행을 위하여 용도지역 등을 지정 또는 변경을 하지 않았다고 보기 위한 요건
어느 수용대상 토지에 관하여 특정 시점에서 용도지역·지구·구역(용도지역 등)을 지정 또는 변경하지 않은 것이 특정 공익사업의 시행을 위한 것일 경우 이는 해당 공익사업의 시행을 직접 목적으로 하는 제한이라고 보아 용도지역 등의 지정 또는 변경이 이루어진 상태를 상정하여 토지가격을 평가하여야 한다. 여기에서 특정 공익사업의 시행을 위하여 용도지역 등을 지정 또는 변경하지 않았다고 볼 수 있으려면, 토지가 특정 공익사업에 제공된다는 사정을 배제할 경우 용도지역 등을 지정 또는 변경하지 않은 행위가 계획재량권의 일탈·남용에 해당함이 객관적으로 명백하여야만 한다(대판 2018.1.25, 2017두61799).

9. 2개 이상의 토지 등에 대한 감정평가 방법 및 예외적으로 일괄평가가 허용되는 경우인 2개 이상의 토지 등이 '용도상 불가분의 관계'에 있다는 의미
2개 이상의 토지 등에 대한 감정평가는 개별평가를 원칙으로 하되, 예외적으로 2개 이상의 토지 등에 거래상 일체성 또는 용도상 불가분의 관계가 인정되는 경우에 일괄평가가 허용된다. 여기에서 '용도상 불가분의 관계'에 있다는 것은 일단의 토지로 이용되고 있는 상황이 사회적·경제적·행정적 측면에서 합리적이고 그 토지의 가치 형성적 측면에서도 타당하다고 인정되는 관계에 있는 경우를 뜻한다(대판 2018.1.25, 2017두61799).

② 가격시점(협의 성립 또는 재결 당시의 가격) : 보상액의 산정은 협의에 의한 경우에는 협의성립 당시의 가격을, 재결에 의한 경우에는 수용 또는 사용의 재결 당시의 가격을 기준으로 한다(토지보상법 제67조 제1항). 보상액을 산정할 경우에 해당 공익사업으로 인하여 토지 등의 가격이 변동되었을 때에는 이를 고려하지 아니한다(같은 조 제2항).

특정한 토지를 구 「도시 및 주거환경정비법」상 사업시행 대상 부지로 삼은 최초의 사업시행인가 고시가 이루어지고 그에 따라 「공익사업을 위한 토지 등의 취득 및 보상에 관한 법률」에 따른 사업인정이 의제되어 사업시행자에게 수용 권한이 부여된 후 최초 사업시행인가의 주요 내용을 실질적으로 변경하는 인가가 있는 경우, 손실보상금을 산정하는 기준일은 최초 사업시행인가 고시일이다(대판 2018.7.26, 2017두33978).

③ 보상액의 산정 : 사업시행자는 토지등에 대한 보상액을 산정하려는 경우에는 감정평가법인등 3인(제2항에 따라 시·도지사와 토지소유자가 모두 감정평가법인등을 추천하지 아니하거나 시·도지사 또는 토지소유자 어느 한쪽이 감정평가법인등을 추천하지 아니하는 경우에는 2인)을 선정하여 토지등의 평가를 의뢰하여야 한다. 다만, 사업시행자가 국토교통부령으로 정하는 기준에 따라 직접 보상액을 산정할 수 있을 때에는 그러하지 아니하다(토지보상법 제68조 제1항). 제1항 본문에 따라 사업시행자가 감정평가법인등을 선정할 때 해당 토지를 관할하는 시·도지사와 토지소유자는 대통령령으로 정하는 바에 따라 감정평가법인등을 각 1인씩 추천할 수 있다. 이 경우 사업시행자는 추천된 감정평가법인등을 포함하여 선정하여야 한다(같은 조 제2항).

④ 개발이익의 환수

㉠ 개발이익의 의의 : 공익사업을 위해 토지를 수용당한 토지소유자에게 개발로 인한 손실을 보상하는 한편, 이러한 토지소유자와 수용당하지 않은 토지소유자나 개발사업자 등과의 불균형을 막기 위해 개발이익을 환수하고 있다. 구체적인 사항에 대해서는 「개발이익환수에 관한 법률」이 규정하고 있다.

「개발이익환수에 관한 법률」상 '개발이익'이란 개발사업의 시행이나 토지이용계획의 변경, 그 밖에 사회적·경제적 요인에 따라 정상지가(正常地價)상승분을 초과하여 개발사업을 시행하는 자(사업시행자)나 토지 소유자에게 귀속되는 토지 가액의 증가분을 말한다(제2조 제1호).

1. 「공익사업을 위한 토지 등의 취득 및 보상에 관한 법률」 제67조 제2항에서 정한 수용 대상 토지의 보상액을 산정함에 있어, 해당 공익사업과는 관계없는 다른 사업의 시행으로 인한 개발이익을 포함한 가격으로 평가할 것이고 개발이익이 해당 공익사업의 사업인정고시일 후에 발생한 경우에도 마찬가지이다

「공익사업을 위한 토지 등의 취득 및 보상에 관한 법률」 제67조 제2항은 "보상액을 산정할 경우에 해당 공익사업으로 인하여 토지 등의 가격이 변동되었을 때에는 이를 고려하지 아니한다."라고 규정하고 있는바, 수용 대상 토지의 보상액을 산정함에 있어 해당 공익사업의 시행을 직접 목적으로 하는 계획의 승인, 고시로 인한 가격변동은 이를 고려함이 없이 재결 당시의 가격을 기준으로 하여 적정가격을 정하여야 하나, 해당 공익사업과는 관계없는 다른 사업의 시행으로 인한 개발이익은 이를 포함한 가격으로 평가하여야 하고, 개발이익이 해당 공익사업의 사업인정고시일 후에 발생한 경우에도 마찬가지이다(대판 2014.2.27, 2013두21182).

2. 공시지가에 당해 수용사업으로 인한 개발이익이 포함되어 있거나 반대로 자연적 지가상승분도 반영되지 아니한 경우의 손실보상액 평가방법
당해 수용사업의 시행으로 인한 개발이익은 수용대상토지의 수용 당시의 객관적 가치에 포함되지 아니하는 것이므로 수용대상토지에 대한 손실보상액을 산정함에 있어서 구 토지수용법 제46조 제2항에 의하여 손실보상액 산정의 기준이 되는 「지가공시 및 토지 등의 평가에 관한 법률」에 의한 **공시지가에 당해 수용사업의 시행으로 인한 개발이익이 포함되어 있을 경우 그 공시지가에서 그러한 개발이익을 배제한 다음 이를 기준으로 하여 손실보상액을 평가하고, 반대로 그 공시지가가 당해 수용사업의 시행으로 지가가 동결된 관계로 개발이익을 배제한 자연적 지가상승분도 반영하지 못한 경우에는 그 자연적 지가상승률을 산출하여 이를 기타사항으로 참작하여 손실보상액을 평가하는 것이 정당보상의 원리에 합당하다**(대판 1993.7.27, 92누11084).

ⓛ 공익사업시행지역 내 주민(적정가격) : 협의나 재결에 의하여 취득하는 토지에 대하여는 「부동산 가격공시에 관한 법률」에 따른 공시지가를 기준으로 하여 보상하되, 그 공시기준일부터 가격시점까지의 관계 법령에 따른 그 토지의 이용계획, 해당 공익사업으로 인한 지가의 영향을 받지 아니하는 지역의 대통령령으로 정하는 지가변동률, 생산자물가상승률(한국은행법 제86조에 따라 한국은행이 조사·발표하는 생산자물가지수에 따라 산정된 비율을 말한다)과 그 밖에 그 토지의 위치·형상·환경·이용상황 등을 고려하여 평가한 적정가격으로 보상하여야 한다(토지보상법 제70조 제1항). 한편, 적정가격이란 토지, 주택 및 비주거용 부동산에 대하여 통상적인 시장에서 정상적인 거래가 이루어지는 경우 성립될 가능성이 가장 높다고 인정되는 가격을 말한다(「부동산 가격공시에 관한 법률」 제2조 제5호).

ⓒ 사업시행자(개발부담금) : 사업시행자의 경우 개발부담금을 징수하는데, 개발부담금이란 개발이익 중 이 법에 따라 특별자치시장·특별자치도지사·시장·군수 또는 구청장(구청장은 자치구의 구청장을 말하며, 이하 "시장·군수·구청장"이라 한다)이 부과·징수하는 금액을 말한다(「개발이익환수에 관한 법률」 제2조 제4호). 사업시행자는 이 법으로 정하는 바에 따라 개발부담금을 납부할 의무가 있다(같은 법 제6조 제1항). 국가가 시행하는 개발사업과 지방자치단체가 공공목적을 위하여 시행하는 사업으로서 대통령령으로 정하는 개발사업에는 개발부담금을 부과하지 아니한다(같은 법 제7조 제1항).

1. 「개발이익환수에 관한 법률」 제6조 제1항 본문에서 정한 개발부담금 납부의무자로서 사업시행자의 의미
   토지로부터 발생되는 개발이익을 환수하여 이를 적정하게 배분함으로써 토지에 대한 투기를 방지하고 토지의 효율적인 이용을 촉진하여 국민 경제의 건전한 발전에 이바지한다는 「개발이익환수에 관한 법률」의 제정 목적이나, 개발사업 시행으로 정상지가 상승분을 초과하여 개발사업을 시행하는 자(사업시행자)나 토지 소유자에게 귀속되는 토지가액 증가분이 개발부담금 부과대상임을 고려하면, 「개발이익환수에 관한 법률」 제6조 제1항 본문에서 정한 개발부담금 납부의무자로서의 사업시행자는 특별한 사정이 없는 한 개발사업의 시행으로 불로소득적 개발이익을 얻게 되는 토지 소유자인 사업시행자를 말한다(대판 2014.8.28, 2013두14696).
2. 토지 소유자인 사업시행자가 부동산신탁회사에 토지를 신탁하고 부동산신탁회사가 수탁자로서 사업시행자의 지위를 승계하여 신탁된 토지에서 개발사업을 시행한 경우, 토지가액의 증가로 나타나는 개발이익의 귀속 주체와 개발부담금의 납부의무자는 수탁자이다(대판 2014.8.28, 2013두14696).

㉣ 공익사업시행지역 밖의 주민(조세) : 양도소득세 등 조세의 형식으로 개발이익을 환수하고 있다. 토지소유자가 공익사업의 시행 등에 의해 정상지가상승률을 초과하여 얻게 되는 토지가격의 증가분 중에서 세금의 형식으로 환수하는 토지초과이득세는 폐지되었다.

㉤ 납부방법 : 개발부담금은 현금 납부를 원칙으로 하되, 해당 부과 대상 토지 및 그와 유사한 토지로 하는 납부(물납)를 인정할 수 있다(같은 법 제18조 제2항).

(2) 공용사용의 경우

협의 또는 재결에 의하여 사용하는 토지에 대하여는 그 토지와 인근 유사토지의 지료, 임대료, 사용방법, 사용기간 및 그 토지의 가격 등을 고려하여 평가한 적정가격으로 보상하여야 한다(토지보상법 제71조 제1항).

(3) 공용제한의 경우

공용제한도 헌법상의 공용침해에 해당하기 때문에 손실보상의 대상이 된다. 그러나 공용제한에 관한 법률 가운데는 손실보상에 관한 규정을 둔 법률도 있으나, 그 보상기준에 대해서는 명확한 규정을 두지 않는 경우가 많다.

토지소유자가 고압전선의 소유자에게 최대횡진거리 내의 상공 부분에 대한 부당이득반환을 구할 수 있는지 여부(한정 적극)
고압전선의 경우 양쪽의 철탑으로부터 아래로 늘어져 있어 강풍 등이 부는 경우에 양쪽으로 움직이는 횡진현상이 발생할 수 있는데, 그 최대횡진거리 내의 상공 부분은 횡진현상이 발생할 가능성이 있는 것에 불과하므로 일반적으로는 토지소유자가 그 이용에 제한을 받고 있다고 볼 수 없으나, 최대횡진거리 내의 상공 부분이라도 토지소유자의 이용이 제한되고 있다고 볼 특별한 사정이 있는 경우에는 그 토지소유자는 고압

전선의 소유자에게 그 부분에 대한 임료 상당액의 부당이득금 반환을 구할 수 있다(대판 2009.1.15, 2007다58544).

(4) 전시보상의 경우

독일기본법처럼 우리 헌법상으로도 평시보상과 전시보상을 분리하는 것이 헌법정책적으로 옳다는 지적이 있다.

II 손실보상의 내용(범위)

1. 개 설

오늘날은 국민의 경제생활이 다양화됨에 따라 재산권보상에 있어서도 토지소유권과 함께 토지소유권 이외의 재산권 및 그와 관련되는 부대적 손실까지 포함하여 확대되고 있고, 생활보상과 사업손실보상(간접손실보상)도 보상의 내용에 포함된다.

2. 보상대상자

「공익사업을 위한 토지 등의 취득 및 보상에 관한 법률」상 보상대상자는 공익사업에 필요한 토지의 소유자 및 관계인이다. 관계인이란 사업시행자가 취득하거나 사용할 토지에 관하여 지상권·지역권·전세권·저당권·사용대차 또는 임대차에 따른 권리 또는 그 밖에 토지에 있는 물건에 관하여 소유권이나 그 밖의 권리를 가진 자를 말한다. 다만, 사업인정의 고시가 된 후에 권리를 취득한 자는 기존의 권리를 승계한 자를 제외하고는 관계인에 포함되지 아니한다(제2조 제5호).

1. 공공사업의 시행으로 인한 손실보상청구권의 유무를 판단할 기준시점
   공공사업의 시행으로 손해를 입었다고 주장하는 자가 보상을 받을 권리를 가졌는지의 여부는 해당 공공사업의 시행 당시를 기준으로 판단하여야 하고, 그와 같은 공공사업의 시행에 관한 실시계획 승인과 그에 따른 고시가 된 이상 그 이후에 영업을 위하여 이루어진 각종 허가나 신고는 위와 같은 공공사업의 시행에 따른 제한이 이미 확정되어 있는 상태에서 이루어진 것으로 그 이후의 공공사업 시행으로 그 허가나 신고권자가 특별한 손실을 입게 되었다고는 볼 수 없다(대판 2002.11.26, 2001다44352).
2. 일반지방산업단지 조성사업의 사업인정고시일 당시 사업지구 내에서 제재목과 합판 등 제조·판매업을 영위해 오다가 사업인정고시일 이후 사업지구 내 다른 곳으로 영업장소를 이전하여 영업을 하던 甲이 영업보상 등을 요구하면서 수용재결을 청구하였으나 관할 토지수용위원회가 甲의 영업장은 임대기간이 종료되어 이전한 것이지 공익사업의 시행으로 손실이 발생한 것이 아니라는 이유로 甲의 청구를 기각한 사안에서, 사업인정고시일 당시 보상대상에 해당한다면 그 후 사업지구 내 다른 토지로 영업장소가 이전되었더라도 손실보상의 대상이 된다고 본 원심판단을 정당하다고 한 사례(대판 2012.12.27, 2011두27827)

3. 「공익사업을 위한 토지 등의 취득 및 보상에 관한 법률」 제77조 등에서 정한 영업의 손실 등에 대한 보상과 관련하여 사업인정고시일 이후 영업장소 등이 이전되어 수용재결 당시에는 해당 토지 위에 영업시설 등이 존재하지 않게 된 경우, 사업인정고시일 이전부터 해당 토지 상에서 영업을 해 왔고 당시 영업시설 등이 존재하였다는 점에 관한 증명책임의 소재는 이를 주장하는 자이다(대판 2012.12.27, 2011두27827).

4. 구 「공익사업을 위한 토지 등의 취득 및 보상에 관한 법률」 제15조 제1항에 따른 사업시행자의 보상계획공고 등으로 공익사업의 시행과 보상 대상 토지의 범위 등이 객관적으로 확정된 후 해당 토지에 지장물을 설치하는 경우, 원칙적으로 손실보상의 대상에 해당하지 않는다
구 공익사업법상 손실보상 및 사업인정고시 후 토지 등의 보전에 관한 위 각 규정의 내용에 비추어 보면, 사업인정고시 전에 공익사업시행지구 내 토지에 설치한 공작물 등 지장물은 원칙적으로 손실보상의 대상이 된다고 보아야 한다. 그러나 손실보상은 공공필요에 의한 행정작용에 의하여 사인에게 발생한 특별한 희생에 대한 전보라는 점을 고려할 때, 구 공익사업법 제15조 제1항에 따른 사업시행자의 보상계획공고 등으로 공익사업의 시행과 보상 대상 토지의 범위 등이 객관적으로 확정된 후 해당 토지에 지장물을 설치하는 경우에 그 공익사업의 내용, 해당 토지의 성질, 규모 및 보상계획공고 등 이전의 이용실태, 설치되는 지장물의 종류, 용도, 규모 및 그 설치시기 등에 비추어 그 지장물이 해당 토지의 통상의 이용과 관계없거나 이용 범위를 벗어나는 것으로 손실보상만을 목적으로 설치되었음이 명백하다면, 그 지장물은 예외적으로 손실보상의 대상에 해당하지 아니한다고 보아야 한다(대판 2013.2.15, 2012두22096).

5. 「산업입지 및 개발에 관한 법률」에 따른 산업단지개발사업의 경우, 토지소유자 및 관계인에 대한 손실보상 여부 판단의 기준시점은 산업단지 지정 고시일이다(대판 2019.12.12, 2019두47629).

6. '지역·지구 등'을 지정하는 경우 지형도면 작성·고시방법과 '지역·지구 등' 지정의 효력이 지형도면을 고시한 때 발생하고, '지역·지구 등' 지정과 운영에 관하여 다른 법률의 규정이 있더라도 이를 따르도록 정한 「토지이용규제 기본법」 제3조, 제8조에도 불구하고 「산업입지 및 개발에 관한 법률」에 따른 산업단지 지정의 효력은 산업단지 지정 고시를 한 때에 발생하고, 산업단지개발사업의 경우 산업단지 지정 고시일을 손실보상 여부 판단의 기준시점으로 보아야 한다(대판 2019.12.12, 2019두47629).

3. 재산권보상

(1) 토지보상

토지에 대한 보상액은 가격시점에서의 현실적인 이용 상황과 일반적인 이용방법에 의한 객관적 상황을 고려하여 산정하되, 일시적인 이용 상황과 토지소유자나 관계인이 갖는 주관적 가치 및 특별한 용도에 사용할 것을 전제로 한 경우 등은 이를 고려하지 아니한다(토지보상법 제70조 제2항).

(2) 토지 이외의 재산권보상

① 지상물건에 대한 보상(이전비보상) : 건축물·입목·공작물과 그 밖에 토지에 정착한 물건에 대하여는 이전에 필요한 비용(이전비)으로 보상하여야 한다. 다만, 다음 각 호의 어느 하나에 해당하는 경우에는 해당 물건의 가격으로 보상하여야 한다(같은 법 제75조 제1항).

1. 건축물 등을 이전하기 어렵거나 그 이전으로 인하여 건축물 등을 종래의 목적대로 사용할 수 없게 된 경우
2. 건축물 등의 이전비가 그 물건의 가격을 넘는 경우
3. 사업시행자가 공익사업에 직접 사용할 목적으로 취득하는 경우

1. 「공익사업을 위한 토지 등의 취득 및 보상에 관한 법률」의 보상 대상인 '기타 토지에 정착한 물건에 대한 소유권 그 밖의 권리를 가진 관계인'의 범위
「공익사업을 위한 토지 등의 취득 및 보상에 관한 법률」의 보상 대상이 되는 '기타 토지에 정착한 물건에 대한 소유권 그 밖의 권리를 가진 관계인'에는 **독립하여 거래의 객체가 되는 정착물에 대한 소유권 등을 가진 자뿐 아니라, 당해 토지와 일체를 이루는 토지의 구성부분이 되었다고 보기 어렵고 거래관념상 토지와 별도로 취득 또는 사용의 대상이 되는 정착물에 대한 소유권이나 수거·철거권 등 실질적 처분권을 가진 자도 포함된다**(대판 2009.2.12, 2008다76112).
2. 「공익사업을 위한 토지 등의 취득 및 보상에 관한 법률」상 보상 대상이 되는 '기타 토지에 정착한 물건에 대한 소유권 그 밖의 권리를 가진 관계인'에 수거·철거권 등 실질적 처분권을 가진 자가 포함된다(대판 2019.4.11, 2018다277419).
3. 사업시행에 방해되는 지장물에 관하여 「공익사업을 위한 토지 등의 취득 및 보상에 관한 법률」 제75조 제1항 단서 제2호에 따라 이전비용에 못 미치는 물건 가격을 보상한 경우, 사업시행자가 지장물의 소유권을 취득하거나 지장물의 소유자에 대하여 철거 및 토지의 인도를 요구할 수는 없고 단지 자신의 비용으로 이를 직접 제거할 수 있을 권한과 부담을 가질 뿐이고, 이 경우 지장물의 소유자는 원칙적으로 사업시행자의 지장물 제거와 그 과정에서 발생하는 물건의 가치 상실을 수인하여야 할 지위에 있다(대판 2019.4.11, 2018다277419).
4. 철도건설사업 시행자인 甲 공단이 乙 소유의 건물 등 지장물에 관하여 중앙토지수용위원회의 수용재결에 따라 건물 등의 가격 및 이전보상금을 공탁한 다음 乙이 공탁금을 출급하자 위 건물의 일부를 철거하였고, 乙은 위 건물 중 철거되지 않은 나머지 부분을 계속 사용하고 있었는데, 그 후 丙 재개발정비사업조합이 위 건물을 다시 수용하면서 수용보상금 중 위 건물 등에 관한 설치이전비용 상당액을 丙 조합과 乙 사이에 성립한 조정에 따라 피공탁자를 甲 공단 또는 乙로 하여 채권자불확지 공탁을 한 사안에서, 丙 조합에 대한 지장물 보상청구권은 乙이 아니라 위 건물에 대한 가격보상 완료 후 이를 인도받아 철거한 권리를 보유한 甲 공단에 귀속된다고 보아야 하는데도, 이와 달리 위 건물의 소유권이 乙에게 있다는 이유만으로 공탁금출급청구권이 乙에게 귀속된다고 본 원심판단에는 법리오해의 잘못이 있다고 한 사례(대판 2019.4.11, 2018다277419)
5. 공익사업의 시행자가 사업시행에 방해가 되는 지장물에 관하여 「공익사업을 위한 토지 등의 취득 및 보상에 관한 법률」 제75조 제1항 단서 제2호에 따라 이전에 드는 실제 비용에 못 미치는 물건의 가격으로 보상한 경우, 사업시행자가 해당 물건의 소유권을 취득하지 못하고, 지장물의 소유자에 대하여 철거 등을 요구할 수 없다(대판 2021.5.7, 2018다256313).
6. 택지개발사업의 사업시행자인 한국토지주택공사가 공공용지로 협의취득한 토지 위에 있는 갑 소유의 지장물에 관하여 중앙토지수용위원회의 재결에 따라 보상금을 공탁하였는데, 위 토지에 폐합성수지를 포함한 산업쓰레기 등 폐기물이 남아 있자 갑을 상대로 폐기물 처리비용의 지급을 구한 사안에서, 한국토지주택공사는 갑에게 폐기물을 이전하도록 요청하거나, 그 불이행을 이유로 처리비에 해당하는 손해배상을 청구할 수 없다고 본 원심판결이 정당하다고 한 사례(대판 2021.5.7, 2018다256313)

사업시행자(토지소유자가 아님)는 사업예정지에 있는 건축물 등이 제1항 제1호 또는 제2호에 해당하는 경우에는 관할 토지수용위원회에 그 물건의 수용 재결을 신청할 수 있다(같은 조 제5항).

1. 지장물인 건물은 그 건물이 적법한 건축허가를 받아 건축된 것인지 여부에 관계없이 토지수용법상의 사업인정의 고시 이전에 건축된 건물이기만 하면 손실보상의 대상이 됨이 명백하다(대판 2000.3.10, 99두10896).
2. 도시개발사업의 시행자가 사업시행에 방해되는 건축물 등에 관하여 구 「공익사업을 위한 토지 등의 취득 및 보상에 관한 법률」 제75조 제1항 단서 제2호에 따라 물건의 가격으로 보상한 경우, 보상만으로 해당 물건의 소유권을 취득하는 것은 아니고 시행자가 해당 물건의 소유권을 취득하지 못한 경우 도시개발법 제38조 제1항에 따라 건축물 등을 이전하거나 제거할 수 있다(대판 2014.9.4, 2013다89549).

농작물에 대한 손실은 그 종류와 성장의 정도 등을 종합적으로 고려하여 보상하여야 한다(같은 조 제2항).

토지에 속한 흙·돌·모래 또는 자갈(흙·돌·모래 또는 자갈이 해당 토지와 별도로 취득 또는 사용의 대상이 되는 경우만 해당한다)에 대하여는 거래가격 등을 고려하여 평가한 적정가격으로 보상하여야 한다(같은 조 제3항).

1. 구 「공익사업을 위한 토지 등의 취득 및 보상에 관한 법률」 제75조 제3항에서 정한 '흙·돌·모래 또는 자갈이 당해 토지와 별도로 취득 또는 사용의 대상이 되는 경우'의 의미
   '흙·돌·모래 또는 자갈이 당해 토지와 별도로 취득 또는 사용의 대상이 되는 경우'란 흙·돌·모래 또는 자갈이 속한 수용대상 토지에 관하여 토지의 형질변경 또는 채석·채취를 적법하게 할 수 있는 행정적 조치가 있거나 그것이 가능하고 구체적으로 토지의 가격에 영향을 미치고 있음이 객관적으로 인정되어 토지와는 별도의 경제적 가치가 있다고 평가되는 경우 등을 의미한다(대판 2014.4.24, 2012두16534).
2. 甲이 자신의 토지에서 토석채취허가를 받아 채석장을 운영하면서 건축용 석재를 생산해 왔는데, 고속철도건설사업의 시행으로 토석채취기간의 연장허가가 거부된 이후 사업시행지구에 편입된 위 토지에 대하여 매장된 돌의 경제적 가치를 고려하지 않은 채 보상액을 산정하여 수용재결한 사안에서, 위 토지에 매장된 돌을 적법하게 채취할 수 있는 행정적 조치의 가능성을 부정하여 위 토지와 별도로 구 「공익사업을 위한 토지 등의 취득 및 보상에 관한 법률」 제75조 제3항에 따른 보상의 대상이 될 수 없다고 본 원심판결에 법리오해의 위법이 있다고 한 사례
   수용대상 토지에 속한 돌 등에 대한 손실보상을 인정하기 위한 전제로서 그 경제적 가치를 평가할 때에는, 토지수용의 목적이 된 당해 공익사업의 시행으로 토지에 관한 토석채취허가나 토석채취기간의 연장허가를 받지 못하게 된 경우까지 행정적 조치의 가능성을 부정하여 행정적 조치가 없거나 불가능한 것으로 보아서는 아니 됨에도, 위 토지에 매장된 돌을 적법하게 채취할 수 있는 행정적 조치의 가능성을 부정하여 위 토지와 별도로 구 「공익사업을 위한 토지 등의 취득 및 보상에 관한 법률」 제75조 제3항에 따른 보상의 대상이 될 수 없다고 본 원심판결에 법리오해의 위법이 있다(대판 2014.4.24, 2012두16534).
3. 구 「공익사업을 위한 토지 등의 취득 및 보상에 관한 법률」 제75조 제1항에 따른 이전비 보상과 관련하여

수목의 이식비용을 산정할 때, 수목 1주당 가액을 산정기준으로 대량의 수목을 이식하는 경우, 규모의 경제 원리에 따라 이식비용을 감액할 수 있다

수목의 이식비용을 산정할 때에, 그 산정기준이 수목 1주당 가액을 기준으로 한 것이라면 대량의 수목이 이식되는 경우에는 특별한 사정이 없는 한 규모의 경제 원리가 작용하여 그 이식비용이 감액될 가능성이 있다고 봄이 경험칙에 부합한다(대판 2015.10.29, 2015두2444).

4. 수목을 대량으로 이식하는 경우, 규모의 경제 원리에 따라 고손액을 감액하여야 하는 것은 아니다

고손액은 이식 과정에서 고사 또는 훼손되는 수목의 손실을 보상하기 위한 항목으로서, '수목의 가격'에 수목이 이식 후 정상적으로 성장하지 못하고 고사할 가능성을 비율로 표시한 수치인 '고손율'을 곱하는 방법으로 산정되므로, 실제로 수목을 굴취하여 차량 등으로 운반한 후 다시 식재하는 데에 소요되는 실비에 대한 변상인 이식비용과는 그 성격이 전혀 다르다. 따라서 수목을 대량으로 이식하는 경우가 낱개로 이식하는 경우에 비하여 수목이 고사할 가능성인 '고손율'이 더 낮다고 인정할 만한 특별한 사정이 없는 한, 고손액이 이식비용과 마찬가지로 규모의 경제의 원리에 따라 감액되어야 한다고 단정할 수 없다(대판 2015.10.29, 2015두2444).

분묘에 대하여는 이장에 드는 비용 등을 산정하여 보상하여야 한다(같은 조 제4항).

② **권리의 보상**: 광업권·어업권·양식업권 및 물(용수시설을 포함한다) 등의 사용에 관한 권리에 대하여는 투자비용, 예상 수익 및 거래가격 등을 고려하여 평가한 적정가격으로 보상하여야 한다(같은 법 제76조 제1항).

1. 물을 사용하여 사업을 영위하는 지위가 독립하여 재산권으로 평가될 수 있는 경우, 「댐건설 및 주변지역지원 등에 관한 법률」 제11조 제1항, 제3항 및 「공익사업을 위한 토지 등의 취득 및 보상에 관한 법률」 제76조 제1항에 따라 손실보상의 대상이 되는 '물의 사용에 관한 권리'에 해당한다

「댐건설 및 주변지역지원 등에 관한 법률」(댐건설법) 제11조 제1항, 제3항, 「공익사업을 위한 토지 등의 취득 및 보상에 관한 법률」(토지보상법) 제1조, 제61조, 제76조 제1항, 제77조 제1항의 내용을 종합해 볼 때, 물을 사용하여 사업을 영위하는 지위가 독립하여 재산권, 즉 처분권을 내포하는 재산적 가치 있는 구체적인 권리로 평가될 수 있는 경우에는 댐건설법 제11조 제1항, 제3항 및 토지보상법 제76조 제1항에 따라 손실보상의 대상이 되는 '물의 사용에 관한 권리'에 해당한다고 볼 수 있다(대판 2018.12.27, 2014두11601).

2. 하천법 제50조에 따른 하천수 사용권은 「공익사업을 위한 토지 등의 취득 및 보상에 관한 법률」 제76조 제1항에서 손실보상의 대상으로 규정하고 있는 '물의 사용에 관한 권리'에 해당한다

하천법 제50조에 의한 하천수 사용권(2007. 4. 6. 하천법 개정 이전에 종전의 규정에 따라 유수의 점용·사용을 위한 관리청의 허가를 받음으로써 2007. 4. 6. 개정 하천법 부칙 제9조에 따라 현행 하천법 제50조에 의한 하천수 사용허가를 받은 것으로 보는 경우를 포함)은 하천법 제33조에 의한 하천의 점용허가에 따라 해당 하천을 점용할 수 있는 권리와 마찬가지로 특허에 의한 공물사용권의 일종으로서, 양도가 가능하고 이에 대한 민사집행법상의 집행 역시 가능한 독립된 재산적 가치가 있는 구체적인 권리라고 보아야 한다. 따라서 하천법 제50조에 의한 하천수 사용권은 공익사업을 위한 「토지 등의 취득 및 보상에 관한 법률」 제76조 제1항이 손실보상의 대상으로 규정하고 있는 '물의 사용에 관한 권리'에 해당한다(대판 2018.12.27, 2014두11601).

3. 물건 또는 권리 등에 대한 손실보상액 산정의 기준이나 방법에 관하여 구체적으로 정하고 있는 법령의 규정이 없는 경우, 그 성질상 유사한 물건 또는 권리 등에 대한 관련 법령상의 손실보상액 산정의 기준이나 방법에 관한 규

정을 유추적용할 수 있다(대판 2018.12.27, 2014두11601).

4. 甲 주식회사(인세홀딩스 주식회사)가 한탄강 일대 토지에 수력발전용 댐을 건설하고 한탄강 하천수에 대한 사용허가를 받아 하천수를 이용하여 소수력발전사업을 영위하였는데, 한탄강 홍수조절지댐 건설사업 등의 시행자인 한국수자원공사가 댐 건설에 필요한 위 토지 등을 수용하면서 지장물과 영업손실에 대하여는 보상을 하고 甲 회사의 하천수 사용권에 대하여는 별도로 보상금을 지급하지 않자 甲 회사가 재결을 거쳐 하천수 사용권에 대한 별도의 보상금을 산정하여 지급해 달라는 취지로 보상금증액 소송을 제기한 사안에서, 甲 회사의 하천수 사용권에 대한 '물의 사용에 관한 권리'로서의 정당한 보상금액은 어업권이 취소되거나 어업면허의 유효기간 연장이 허가되지 않은 경우의 손실보상액 산정 방법과 기준을 유추적용하여 산정하는 것이 타당하다고 본 원심판단을 수긍한 사례(대판 2018.12.27, 2014두11601)

③ 일실손실보상(영업의 손실 등에 대한 보상)

㉠ 영업손실: 영업을 폐업하거나 휴업함에 따른 영업손실에 대하여는 영업이익과 시설의 이전비용 등을 고려하여 보상하여야 한다(같은 법 제77조 제1항). 법 제77조제1항에 따라 영업손실을 보상하여야 하는 영업은 다음 각 호 모두에 해당하는 영업으로 한다(동 시행규칙 제45조).

1. 사업인정고시일등 전부터 적법한 장소(무허가건축물등, 불법형질변경토지, 그 밖에 다른 법령에서 물건을 쌓아놓는 행위가 금지되는 장소가 아닌 곳을 말한다)에서 인적·물적시설을 갖추고 계속적으로 행하고 있는 영업. 다만, 무허가건축물등에서 임차인이 영업하는 경우에는 그 임차인이 사업인정고시일등 1년 이전부터 「부가가치세법」 제8조에 따른 사업자등록을 하고 행하고 있는 영업을 말한다.
2. 영업을 행함에 있어서 관계법령에 의한 허가등을 필요로 하는 경우에는 사업인정고시일등 전에 허가등을 받아 그 내용대로 행하고 있는 영업

1. 영업손실에 관한 보상에 있어서 영업의 폐지 또는 휴업 여부의 구별 기준은 영업의 이전 가능성 여부이고, 이전 가능성 여부는 법령상의 이전 장애사유 유무와 인근 주민들의 이전 반대 등과 같은 사실상의 이전 장애사유 유무 등을 종합하여 판단하여야 한다(대판 2000.11.10, 99두3645).
2. 영업손실의 보상대상인 영업을 정한 '공익사업을 위한 토지 등의 취득 및 보상에 관한 법률 시행규칙' 제45조 제1호에서 말하는 '적법한 장소에서 인적·물적 시설을 갖추고 계속적으로 행하고 있는 영업'에 해당하는지 여부의 판단기준 시기
「공익사업을 위한 토지 등의 취득 및 보상에 관한 법률」 제67조 제1항은 공익사업의 시행으로 인한 손실보상액의 산정은 협의에 의한 경우에는 협의성립 당시의 가격을, 재결에 의한 경우에는 수용 또는 사용의 재결 당시의 가격을 기준으로 한다고 규정하므로, 위 법 제77조 제4항의 위임에 따라 영업손실의 보상대상인 영업을 정한 같은 법 시행규칙 제45조 제1호에서 말하는 '적법한 장소(무허가 건축물 등, 불법형질변경토지, 그 밖에 다른 법령에서 물건을 쌓아놓는 행위가 금지되는 장소가 아닌 곳을 말한다)에서 인적·물적시설을 갖추고 계속적으로 행하고 있는 영업'에 해당하는지 여부는 협의성립, 수용재결 또는 사용재결 당시를 기준으로 판단하여야 한다(대판 2010.9.9, 2010두11641).
3. 수용재결 이전의 사업인정고시 등 절차의 진행으로 입은 영업상의 손실은 손실보상의 대상이 되지 않는다. 구 토지수용법 제51조가 규정하고 있는 '영업상의 손실'이란 수용의 대상이 된 토지·건물 등을 이용하여 영업을 하다가 그 토지·건물 등이 수용됨으로 인하여 영업을 할 수 없거나 제한을 받게 됨으로 인하여 생

기는 직접적인 손실을 말하는 것이므로 수용재결 이전의 사업인정고시 등 절차의 진행으로 입은 영업상의 손실에 대한 보상의 근거 규정이 될 수 없고, 구 토지수용법이나 구 공공용지의 취득 및 손실보상에 관한 특례법, 같은 법 시행령 및 같은 법 시행규칙 등 관계 법령에서 수용재결 이전의 위와 같은 영업상의 손실에 대하여 보상청구를 할 수 있는 근거 규정이나 그 보상의 기준과 방법 등에 관한 규정이 없으므로, 이러한 영업상의 손실은 그 보상의 대상이 된다고 할 수 없다(대판 2005.7.29, 2003두2311).

4. 영업을 하기 위하여 투자한 비용이나 그 영업을 통하여 얻을 것으로 기대되는 이익은 손실보상의 대상이 되지 않는다(대판 2006.1.27, 2003두13106).
5. 신고 없이 종계업을 영위한 경우 휴업보상 대상이 되지 않는다(대판 2009.12.10, 2007두10686).
6. 영업손실 등에 대한 보상을 받기 위해서는 재결절차를 거쳐야 하고, 재결절차를 거치지 않은 당사자소송은 각하사유이다(대판 2011.9.29, 2009두10963).
7. 영업손실 보상대상인 영업에 관한 구 '공익사업을 위한 토지 등의 취득 및 보상에 관한 법률 시행규칙' 제45조 제2호의 해석 방법
   모든 국민의 재산권은 보장되고, 공공필요에 의한 재산권의 수용 등에 대하여는 정당한 보상을 지급하여야 하는 것이 우리 헌법의 원칙이다(헌법 제23조). 그에 따라 공익사업을 위한 필요에 의하여 영업시설 등이 수용되는 경우에는 그 영업의 폐지 등에 따른 영업손실도 당연히 보상의 대상이 되고, 법률도 그런 취지에서 보상의 기준 등에 관한 상세한 규정을 마련해 두거나 하위법령에 세부사항을 정하도록 위임하고 있다(구 공익사업법 제77조 등). 그런데 구 공익사업법의 위임에 의한 그 시행규칙 제45조는, 영업손실의 보상대상인 영업은 '관계 법령에 의한 허가·면허·신고 등을 필요로 하는 경우에는 허가 등을 받아 그 내용대로 행하고 있는 영업'에 해당하여야 한다고 규정하고 있다(제2호). 이는 위법한 영업은 보상대상에서 제외한다는 의미로서 그 자체로 헌법에서 보장한 '정당한 보상의 원칙'에 배치된다고 할 것은 아니다. 다만 영업의 종류에 따라서는 관련 행정법규에서 일정한 사항을 신고하도록 규정하고는 있지만 그러한 신고를 하도록 한 목적이나 관련 규정의 체제 및 내용 등에 비추어 볼 때 신고를 하지 않았다고 하여 영업 자체가 위법성을 가진다고 평가할 것은 아닌 경우도 적지 않고, 이러한 경우라면 신고 등을 하지 않았다고 하더라도 그 영업손실 등에 대해서는 보상을 하는 것이 헌법상 정당보상의 원칙에 합치하므로, 위 구 공익사업법 시행규칙의 규정은 그러한 한도에서만 적용되는 것으로 제한하여 새겨야 한다(대판 2012.12.13, 2010두12842).
8. 체육시설업의 영업주체가 영업시설의 양도나 임대 등에 의하여 변경되었으나 그에 관한 신고를 하지 않은 채 영업을 하던 중에 공익사업으로 영업을 폐지 또는 휴업하게 된 경우, 그 임차인 등의 영업은 보상대상에서 제외되는 위법한 영업이 아니다(대판 2012.12.13, 2010두12842).
9. 구 '공익사업을 위한 토지 등의 취득 및 보상에 관한 법률 시행규칙' 제45조 제1호에서 영업손실보상의 대상으로 정한 영업에 '매년 일정한 계절이나 일정한 기간 동안에만 인적·물적시설을 갖추어 영리를 목적으로 영업을 하는 경우'가 포함된다(대판 2012.12.13, 2010두12842).
10. 중앙토지수용위원회가 생태하천조성사업에 편입되는 토지상의 무허가건축물에서 축산업을 영위하는 甲에 대하여 '공익사업을 위한 토지 등의 취득 및 보상에 관한 법률 시행규칙' 제45조 제1호에 따라 영업손실을 인정하지 않는 내용의 수용재결을 한 사안에서, 위 조항이 「공익사업을 위한 토지 등의 취득 및 보상에 관한 법률」의 위임 범위를 벗어나거나 정당한 보상의 원칙에 위배된다고 하기 어렵다고 본 원심 판단을 정당하다고 한 사례
    ① 무허가건축물을 사업장으로 이용하는 경우 사업장을 통해 이익을 얻으면서도 영업과 관련하여 해당 사업장에 부과되는 행정규제의 탈피 또는 영업을 통하여 얻는 이익에 대한 조세 회피 등 여러 가지 불법행위를 저지를 가능성이 큰 점, ② 건축법상의 허가절차를 밟을 경우 관계 법령에 따라 불허되거나 규모가 축소되었을 건물에서 건축허가를 받지 않은 채 영업을 하여 법적 제한을 넘어선 규모의 영업을 하고도 그로 인한 손실 전부를 영업손실로 보상받는 것은 불합리한 점 등에 비추어 보면, 위 규칙 조항이 '영업'의 개념에 '적법한 장소에서 운영될 것'이라는 요소를 포함하고 있다고 하여 「공익사업을 위한 토지 등의 취득 및 보상에 관한 법률」의 위임 범위를 벗어났다거나 정당한 보상의 원칙에 위배된다고 하기 어렵다(대판 2014.3.27, 2013두25863).

11. 「공익사업을 위한 토지 등의 취득 및 보상에 관한 법률 시행규칙」 제46조 제1항에서 정한 '제품 및 상품 등 재고자산의 매각손실액'의 의미
「공익사업을 위한 토지 등의 취득 및 보상에 관한 법률 시행규칙」 제46조 제1항에 의하면, 공익사업의 시행으로 인하여 영업을 폐지하는 경우에는 2년간의 영업이익에 영업용 고정자산·원재료·제품 및 상품 등의 매각손실액을 더한 금액을 평가하여 보상한다. 여기에서 제품 및 상품 등 재고자산의 매각손실액이란 영업의 폐지로 인하여 제품이나 상품 등을 정상적인 영업을 통하여 판매하지 못하고 일시에 매각해야 하거나 필요 없게 된 원재료 등을 매각해야 함으로써 발생하는 손실을 말한다(대판 2014.6.26, 2013두13457).

12. 매각손실액 산정의 기초가 되는 재고자산의 가격에 당해 재고자산을 판매할 경우 거둘 수 있는 이윤은 포함되지 않는다
위 영업이익에는 이윤이 이미 포함되어 있는 점 등에 비추어 보면 매각손실액 산정의 기초가 되는 재고자산의 가격에 당해 재고자산을 판매할 경우 거둘 수 있는 이윤은 포함되지 않는다(대판 2014.6.26, 2013두13457).

13. 잔여 영업시설 손실보상의 요건인 "공익사업에 영업시설의 일부가 편입됨으로 인하여 잔여시설에 그 시설을 새로이 설치하거나 잔여시설을 보수하지 아니하고는 그 영업을 계속할 수 없는 경우"의 의미
사업시행자가 동일한 토지소유자에 속하는 일단의 토지 일부를 취득함으로 인하여 잔여지의 가격이 감소하거나 그 밖의 손실이 있을 때 등에는 잔여지를 종래의 목적으로 사용하는 것이 가능한 경우라도 잔여지 손실보상의 대상이 되며, 잔여지를 종래의 목적에 사용하는 것이 불가능하거나 현저히 곤란한 경우이어야만 잔여지 손실보상청구를 할 수 있는 것이 아니다. 마찬가지로 잔여 영업시설 손실보상의 요건인 "공익사업에 영업시설의 일부가 편입됨으로 인하여 잔여시설에 그 시설을 새로이 설치하거나 잔여시설을 보수하지 아니하고는 그 영업을 계속할 수 없는 경우"란 잔여 영업시설에 시설을 새로이 설치하거나 잔여 영업시설을 보수하지 아니하고는 그 영업이 전부 불가능하거나 곤란하게 되는 경우만을 의미하는 것이 아니라, 공익사업에 영업시설 일부가 편입됨으로써 잔여 영업시설의 운영에 일정한 지장이 초래되고, 이에 따라 종전처럼 정상적인 영업을 계속하기 위해서는 잔여 영업시설에 시설을 새로 설치하거나 잔여 영업시설을 보수할 필요가 있는 경우도 포함된다고 해석함이 타당하다(대판 2018.7.20, 2015두4044).

14. 공익사업에 영업시설 일부가 편입됨으로 인하여 잔여 영업시설에 손실을 입은 자가 재결절차를 거치지 않은 채 곧바로 사업시행자를 상대로 잔여 영업시설의 손실에 대한 보상을 청구할 수 없고, 영업의 단일성·동일성이 인정되는 범위에서 보상금 산정의 세부요소를 추가로 주장하는 경우, 별도로 재결절차를 거쳐야 하는 것은 아니다(대판 2018.7.20, 2015두4044).

15. 공익사업으로 인하여 공익사업시행지구 밖에서 영업을 휴업하는 자가 「공익사업을 위한 토지 등의 취득 및 보상에 관한 법률」 제34조, 제50조 등에 규정된 재결절차를 거치지 않은 채 곧바로 사업시행자를 상대로 「공익사업을 위한 토지 등의 취득 및 보상에 관한 법률 시행규칙」 제47조 제1항에 따라 영업손실에 대한 보상을 청구할 수 없다(대판 2019.11.28, 2018두227).

16. 어떤 보상항목이 공익사업을 위한 토지 등의 취득 및 보상에 관한 법령상 손실보상대상에 해당함에도 관할 토지수용위원회가 사실을 오인하거나 법리를 오해함으로써 손실보상대상에 해당하지 않는다고 잘못된 내용의 재결을 한 경우, 피보상자가 제기할 소송과 그 상대방
어떤 보상항목이 공익사업을 위한 토지 등의 취득 및 보상에 관한 법령상 손실보상대상에 해당함에도 관할 토지수용위원회가 사실을 오인하거나 법리를 오해함으로써 손실보상대상에 해당하지 않는다고 잘못된 내용의 재결을 한 경우에는, 피보상자는 관할 토지수용위원회를 상대로 그 재결에 대한 취소소송을 제기할 것이 아니라, 사업시행자를 상대로 「공익사업을 위한 토지 등의 취득 및 보상에 관한 법률」 제85조 제2항에 따른 보상금증감소송을 제기하여야 한다(대판 2019.11.28, 2018두227).

㉡ 농업손실 : 농업의 손실에 대하여는 농지의 단위면적당 소득 등을 고려하여 실제 경작자에게

보상하여야 한다. 다만, 농지소유자가 해당 지역에 거주하는 농민인 경우에는 농지소유자와 실제 경작자가 협의하는 바에 따라 보상할 수 있다(같은 법 제77조 제2항).

1. 구 「공익사업을 위한 토지 등의 취득 및 보상에 관한 법률」 제77조 제2항의 농업손실에 대한 보상청구권은 공법상 권리로서 그에 관한 쟁송은 행정소송절차에 의하여야 한다(대판 2011. 10.13, 2009다43461).
2. 사업시행자가 보상금 지급이나 토지소유자 및 관계인의 승낙 없이 공익사업을 위한 공사에 착수하여 영농을 계속할 수 없게 한 경우, 2년분의 영농손실보상금 지급과 별도로 공사의 사전 착공으로 토지소유자나 관계인이 영농을 할 수 없게 된 때부터 수용개시일까지 입은 손해를 배상할 책임이 있다
   구 「공익사업을 위한 토지 등의 취득 및 보상에 관한 법률」(공익사업법) 제40조 제1항, 제62조, 제77조 제2항, 구 '공익사업을 위한 토지 등의 취득 및 보상에 관한 법률 시행규칙' 제48조 제1항, 제3항 제5호의 규정들을 종합하여 보면, 공익사업을 위한 공사는 손실보상금을 지급하거나 토지소유자 및 관계인의 승낙을 받지 않고는 미리 착공해서는 아니 되는 것으로, 이는 그 보상권리자가 수용대상에 대하여 가지는 법적 이익과 기존의 생활관계 등을 보호하고자 하는 것이고, 수용대상인 농지의 경작자 등에 대한 2년분의 영농손실보상은 그 농지의 수용으로 인하여 장래에 영농을 계속하지 못하게 되어 생기는 이익 상실 등에 대한 보상을 하기 위한 것이다. 따라서 사업시행자가 토지소유자 및 관계인에게 보상금을 지급하지 아니하고 그 승낙도 받지 아니한 채 미리 공사에 착수하여 영농을 계속할 수 없게 하였다면 이는 공익사업법상 사전보상의 원칙을 위반한 것으로서 위법하다 할 것이므로, 이 경우 사업시행자는 2년분의 영농손실보상금을 지급하는 것과 별도로, 공사의 사전 착공으로 인하여 토지소유자나 관계인이 영농을 할 수 없게 된 때부터 수용개시일까지 입은 손해에 대하여 이를 배상할 책임이 있다(대판 2013.11.14, 2011다27103).
3. 공익사업으로 농업의 손실을 입게 된 자가 「공익사업을 위한 토지 등의 취득 및 보상에 관한 법률」 제34조, 제50조 등에 규정된 재결절차를 거치지 않은 채 곧바로 사업시행자를 상대로 손실보상을 청구할 수 없다(대판 2019.8.29, 2018두57865).

ⓒ **임금손실**: 휴직하거나 실직하는 근로자의 임금손실에 대하여는 근로기준법에 따른 평균임금 등을 고려하여 보상하여야 한다(같은 조 제3항).

④ **기타 손실의 보상**: 그 밖에 공익사업의 시행으로 인하여 발생하는 손실의 보상 등에 대하여는 국토교통부령이 정하는 기준에 따른다(제79조 제4항). 이 규정에 대하여는 포괄위임에 해당한다는 비판이 제기된다.

1. 구 「공익사업을 위한 토지 등의 취득 및 보상에 관한 법률」 제79조 제2항 등에 따른 사업폐지 등에 대한 보상청구권에 관한 쟁송형태는 행정소송이고 공익사업으로 인한 사업폐지 등으로 손실을 입은 자가 위 법률에 따른 보상을 받기 위해서 재결절차를 거쳐야 한다(대판 2012.10.11, 2010다23210).
2. 피수용자가 부가가치세법상의 납세의무자인 사업자로서 손실보상금으로 수용된 건축물 등을 다시 신축하는 것이 자기의 사업을 위하여 사용될 재화 또는 용역을 공급받는 경우에 해당하는 경우, 사업시행자에게 건축비 등에 포함된 부가가치세 상당을 손실보상으로 구할 수 없다
   피수용자가 부가가치세법상의 납세의무자인 사업자로서 손실보상금으로 수용된 건축물 등을 다시 신축하는 것이 자기의 사업을 위하여 사용될 재화 또는 용역을 공급받는 경우에 해당하면 건축비 등에 포함된 부가가치세는 부가가치세법 제38조 제1항 제1호에서 정한 매입세액에 해당하여 피수용자가 자기의 매출세액에서 공제받거나

환급받을 수 있으므로 위 부가가치세는 실질적으로는 피수용자가 부담하지 않게 된다. 따라서 이러한 경우에는 다른 특별한 사정이 없는 한 피수용자가 사업시행자에게 위 부가가치세 상당을 손실보상으로 구할 수는 없다(대판 2015.11.12, 2015두2963).

4. 확장수용보상

일정한 사유로 인해 공익사업에 필요한 토지 이외의 토지를 수용하는 것을 확장수용이라 하고, 그에 따른 보상을 확장수용보상이라 한다. 확장수용에는 ① 완전수용, ② 잔지수용, ③ 이전에 갈음하는 수용, ④ 지대수용(사업에 직접 필요한 토지 이외에 그 토지에 인접한 부근 일대의 토지를 수용할 수 있는 경우인데 현행법상 지대사용만 인정되고 지대수용은 부정된다)이 있다.

제6항 손실보상의 원칙과 보상액 결정방법

I 손실보상의 원칙

1. 사업시행자 보상의 원칙↔국가보상의 원칙

공익사업에 필요한 토지 등의 취득 또는 사용으로 인하여 토지소유자나 관계인이 입은 손실은 사업시행자가 보상하여야 한다(제61조). 사업시행자는 보상 또는 이주대책에 관한 업무를 다음 각 호의 기관에 위탁할 수 있다(제81조 제1항).

1. 지방자치단체
2. 보상실적이 있거나 보상업무에 관한 전문성이 있는 「공공기관의 운영에 관한 법률」 제4조에 따른 공공기관 또는 「지방공기업법」에 따른 지방공사로서 대통령령으로 정하는 기관

2. 사전보상(선불)

사업시행자는 해당 공익사업을 위한 공사에 착수하기 이전에 토지소유자와 관계인에게 보상액 전액을 지급하여야 한다. 다만, 천재지변 시의 토지 사용과 시급한 토지 사용의 경우 또는 토지소유자 및 관계인의 승낙이 있은 경우에는 그러하지 아니하다(같은 법 제62조). 보상금지급이 지연되는 경우에는 법정이자율 이상의 이율에 따른 이자를 더하여 지급하여야 한다(징발법 19조 제5항).

3. 현금(금전)보상

손실보상은 다른 법률에 특별한 규정이 있는 경우를 제외하고는 현금으로 지급하여야 한다. 다만, 토지소유자가 원하는 경우로서 사업시행자가 해당 공익사업의 합리적인 토지이용계획과 사업계획 등을 고려하여 토지로 보상이 가능한 경우에는 토지소유자가 받을 보상금 중 본문에 따른 현금 또는 제7항 및 제8항에 따른 채권으로 보상받는 금액을 제외한 부분에 대하여 다음 각 호에서 정하는 기준과 절차에 따라 그 공익사업의 시행으로 조성한 토지로 보상할 수 있다(같은 법 제63조 제1항).

1. 토지로 보상받을 수 있는 자: 건축법 제57조 제1항에 따른 대지의 분할 제한 면적 이상의 토지를 사업시행자에게 양도한 자가 된다. 이 경우 대상자가 경합(競合)할 때에는 제7항 제2호에 따른 부재부동산(不在不動產) 소유자가 아닌 자로서 제7항에 따라 채권으로 보상을 받는 자에게 우선하여 토지로 보상하며, 그 밖의 우선순위 및 대상자 결정방법 등은 사업시행자가 정하여 공고한다.
2. 보상하는 토지가격의 산정 기준금액: 다른 법률에 특별한 규정이 있는 경우를 제외하고는 일반 분양가격으로 한다.
3. 보상기준 등의 공고: 제15조에 따라 보상계획을 공고할 때에 토지로 보상하는 기준을 포함하여 공고한다.

다만, 현금보상의 예외로 ① 채권보상, ② 현물보상, ③ 매수보상, ④ 대토보상의 예외가 인정된다.

4. 개인별 보상(개별불)

(1) 손실보상은 토지소유자나 관계인에게 개인별로 하여야 한다. 다만, 개인별로 보상액을 산정할 수 없을 때에는 그러하지 아니하다(같은 법 제64조).

(2) 일단의 피보상자에게 지급할 보상액의 합계액을 그중의 일인에게 지급하는 일괄불 금지

토지수용법에 의한 보상은 피보상자 개인별 보상이 원칙이고, 피보상자가 수용 대상물건 중 전부 또는 일부에 관하여 불복이 있는 경우, 그 불복의 사유를 주장하여 행정소송을 제기할 수 있다(대판 2000.1.28, 97누11720).

5. 일시급

일시급이 원칙이고, 분할급이 이루어지는 경우에는 이자와 물가변동에 따르는 불이익은 보상책임자가 부담해야 한다. 징발재산에 대한 보상금은 현금으로 지급하되 국가의 재정 형편상 부득이한 경우에는 국무회의의 심의를 거쳐 징발보상증권으로 지급할 수 있다. 다만, 보상금

액 또는 그 끝수가 증권의 액면가액 미만인 경우에는 현금으로 지급한다(징발법 제22조의2 제1항). 증권으로 지급하는 경우에는 10년의 범위에서 기간을 정하여 일시 또는 분할 상환하여야 하며, 상환금에 대한 이율과 지급 절차 및 증권의 액면가액은 대통령령으로 정하되 상환금에 대한 이율은 법정이자율 이상으로 한다(같은 조 제2항).

6. 일괄보상

사업시행자는 동일한 사업지역에 보상시기를 달리하는 동일인 소유의 토지 등이 여러개 있는 경우 토지소유자나 관계인이 요구할 때에는 한꺼번에 보상금을 지급하도록 하여야 한다(토지보상법 제65조).

7. 사업시행 이익과의 상계금지

사업시행자는 동일한 토지소유자에 속하는 일단의 토지의 일부를 취득하거나 사용하는 경우 해당 공익사업의 시행으로 인하여 잔여지의 가격이 증가하거나 그 밖의 이익이 발생한 경우에도 그 이익을 그 취득 또는 사용으로 인한 손실과 상계할 수 없다(같은 법 제66조).

II 금전보상원칙의 예외

1. 채권보상

금전보상원칙의 예외로 일정한 경우에 보상액 중 일부가 채권으로 보상될 수 있다(같은 법 제63조 제7항).

(1) 인정취지

채권보상을 인정하게 된 것은 토지의 가격이 상당히 높기 때문에 보상을 위한 재정의 부족으로 인해 공익사업을 수행하는 데 어려움이 있으므로 일정한 요건하에서 보상액을 채권으로 보상할 수 있도록 함으로써 공익사업의 원활한 수행을 도모하기 위함이다.

(2) 요 건

사업시행자가 국가, 지방자치단체, 그 밖에 대통령령으로 정하는 「공공기관의 운영에 관한 법률」에 따라 지정·고시된 공공기관 및 공공단체인 경우(사인이 사업시행자인 경우는 제외)로서 다음 각 호의 어느 하나에 해당되는 경우에는 제1항 본문에도 불구하고 해당 사업시행자가 발행하는 채권으로 지급할 수 있다(채권보상재량. 같은 법 제63조 제7항).

1. 토지소유자나 관계인이 원하는 경우
2. 사업인정을 받은 사업의 경우에는 대통령령으로 정하는 부재부동산 소유자의 토지(비업무용 토지는 삭제)에 대한 보상금이 대통령령으로 정하는 일정 금액(현재 1억 원)을 초과하는 경우로서 그 초과하는 금액(전액이 아님)에 대하여 보상하는 경우

한편, 토지투기가 우려되는 지역으로서 대통령령이 정하는 지역 안에서 다음 각 호의 어느 하나에 해당하는 공익사업을 시행하는 자 중 대통령령으로 정하는 「공공기관의 운영에 관한 법률」에 따라 지정·고시된 공공기관 및 공공단체는 부재부동산소유자의 토지에 대한 보상금 중 대통령령이 정하는 1억 원 이상의 일정금액을 초과하는 부분에 대하여는 당해 사업시행자가 발행하는 채권으로 지급하여야 한다(채권보상의무. 같은 조 제8항).

1. 택지개발촉진법에 의한 택지개발사업
2. 「산업입지 및 개발에 관한 법률」에 의한 산업단지개발사업
3. 그 밖에 대규모 개발사업으로서 대통령령이 정하는 사업

채권으로 지급하는 경우 채권의 상환기한은 5년을 넘지 아니하는 범위 안에서 정하여야 하며, 그 이율은 다음 각 호와 같다(같은 조 제9항).

1. 제7항 제2호 및 제8항에 따라 부재부동산소유자에게 채권으로 지급하는 경우
   가. 상환기한이 3년 이하인 채권 : 3년 만기 정기예금 이자율(채권발행일 전월의 은행법에 따라 설립된 금융기관 중 전국을 영업구역으로 하는 은행이 적용하는 이자율을 평균한 이자율로 한다)
   나. 상환기한이 3년 초과 5년 이하인 채권 : 5년 만기 국고채 금리(채권발행일 전월의 국고채 평균 유통금리로 한다)
2. 부재부동산소유자가 아닌 자가 원하여 채권으로 지급하는 경우
   가. 상환기한이 3년 이하인 채권 : 3년 만기 국고채 금리(채권발행일 전월의 국고채 평균 유통금리로 한다)로 하되, 제1호 (가)목에 따른 3년 만기 정기예금 이자율이 3년 만기 국고채 금리보다 높은 경우에는 3년 만기 정기예금 이자율을 적용한다.
   나. 상환기한이 3년 초과 5년 이하인 채권 : 5년 만기 국고채 금리(채권발행일 전월의 국고채 평균 유통금리로 한다)

(3) 문제점

현금보상과는 달리 채권은 그 환가면에서 물가나 기타의 사정에 의해 그 수익률이 영향을 받게 되어 정당한 보상으로 볼 수 없으므로 위헌이라는 견해가 있지만, 통상적인 수익만 보장된다면 법률로써 보상의 방법을 후급으로 정할 수도 있으므로 합헌이라는 견해가 다수설이다.

2. 현물보상(공용환지·공용환권)

수용할 물건에 대신하여 일정한 시설물이나 다른 토지를 제공하는 보상방법으로서 '공용환지'

나 '공용환권'이 이에 해당한다.

3. 매수보상

물건에 대한 이용제한에 의해 종래의 이용목적대로 물건을 사용하기가 곤란하게 된 경우에 상대방에게 그 물건의 매수청구권을 인정하고 그에 따라 그 물건을 매수함으로써 실질적으로 보상을 행하는 방법을 말한다. 이는 통상적인 수용의 범위를 개별적인 사정에 따라 확대한 것으로 금전보상의 변형으로 보아야 한다.

4. 대토보상

(1) 의 의

대토보상은 사업시행자의 손실보상금의 부담을 경감하고, 토지구입 수요를 줄임으로써 인근지역 부동산 가격의 상승을 억제할 수 있으며 토지소유자가 개발혜택을 일정 부분 공유할 수 있도록 하는 기능을 갖는 제도이다. 손실보상은 다른 법률에 특별한 규정이 있는 경우를 제외하고는 현금으로 지급하여야 한다. 다만, 토지소유자가 원하는 경우로서 사업시행자가 해당 공익사업의 합리적인 토지이용계획과 사업계획 등을 고려하여 토지로 보상이 가능한 경우에는 토지소유자가 받을 보상금 중 본문에 따른 현금 또는 채권으로 보상받는 금액을 제외한 부분에 대하여 그 공익사업의 시행으로 조성한 토지로 보상할 수 있다(토지보상법 제63조 제1항).

(2) 토지로 보상받을 수 있는 자

토지로 보상받을 수 있는 자는 건축법 제49조 제1항에 따른 대지의 분할제한 면적 이상의 토지를 사업시행자에게 양도한 자가 된다. 이 경우 대상자가 경합하는 때에는 부재부동산소유자가 아닌 자로서 채권으로 보상을 받는 자에게 우선하여 토지로 보상하며, 그 밖의 우선순위 및 대상자 결정방법 등에 관하여는 사업시행자가 정하여 공고한다(같은 조 제1항 제1호).

(3) 요 건

토지소유자가 원하는 경우로서 사업시행자가 해당 공익사업의 합리적인 토지이용계획과 사업계획 등을 고려하여 토지로 보상이 가능한 경우이어야 한다(같은 조 제1항).

(4) 범 위

토지소유자가 받을 보상금 중 본문에 따른 현금 또는 채권으로 보상받는 금액을 제외한 부분에 대하여 대토보상이 행해진다(같은 조 제1항).

(5) 보상하는 토지가격의 산정 기준금액(일반분양가격)

다른 법률에 특별한 규정이 있는 경우를 제외하고는 일반 분양가격으로 한다(같은 조 제1항 제2호).

(6) 토지로 보상하는 면적

토지소유자에 대하여 토지로 보상하는 면적은 사업시행자가 그 공익사업의 토지이용계획과 사업계획 등을 고려하여 정한다(같은 조 제2항).

(7) 전매제한

제1항 단서에 따라 토지로 보상받기로 결정된 권리(제4항에 따라 현금으로 보상받을 권리를 포함한다)는 그 보상계약의 체결일부터 소유권이전등기를 마칠 때까지 전매(매매, 증여, 그 밖에 권리의 변동을 수반하는 모든 행위를 포함하되, 상속 및 부동산투자회사법에 따른 개발전문 부동산투자회사에 현물출자를 하는 경우는 제외한다)할 수 없으며, 이를 위반할 때에는 사업시행자는 토지로 보상하기로 한 보상금을 현금으로 보상할 수 있다. 이 경우 현금보상액에 대한 이자율은 제9항 제1호 가목에 따른 이자율의 2분의 1로 한다(같은 조 제3항). 제1항 단서에 따라 토지소유자가 토지로 보상받기로 한 경우 그 보상계약 체결일부터 1년이 경과하면 이를 현금으로 전환하여 보상하여 줄 것을 요청할 수 있다. 이 경우 현금보상액에 대한 이자율은 제9항 제2호 가목에 따른 이자율로 한다(같은 조 제4항).

(8) 현금으로 보상할 수 있는 경우

① **대토보상이 불가능한 경우** : 사업시행자는 해당 사업계획의 변경 등 국토교통부령으로 정하는 사유로 보상하기로 한 토지의 전부 또는 일부를 토지로 보상할 수 없는 경우에는 현금으로 보상할 수 있다. 이 경우 현금보상액에 대한 이자율은 제9항 제2호 가목에 따른 이자율로 한다(같은 조 제5항).

② **토지소유자에게 부득이한 사유가 있는 경우** : 사업시행자는 토지소유자가 다음 각 호의 어느 하나에 해당하여 토지로 보상받기로 한 보상금에 대하여 현금보상을 요청한 경우에는 이를 현금으로 보상하여야 한다. 이 경우 현금보상액에 대한 이자율은 제9항 제2호 가목에 따른 이자율로 한다(같은 조 제6항).

1. 국세 및 지방세의 체납처분 또는 강제집행을 받는 경우
2. 세대원 전원이 해외로 이주하거나 2년 이상 해외에 체류하려는 경우
3. 그 밖에 제1호·제2호와 유사한 경우로서 국토교통부령으로 정하는 경우

Ⅲ 보상액의 결정방법

1. 당사자 사이의 협의에 의하는 경우

사업시행자는 토지 등에 대한 보상에 관하여 토지소유자 및 관계인과 성실하게 협의하여야 하며(토지보상법 제16조), 사업시행자는 협의가 성립된 때에는 토지소유자 및 관계인과 계약을 체결하여야 한다(같은 법 제17조). 손실보상에 관한 당사자 사이의 협의는 행정청의 일방적 결정(재결)의 전단계로서 행해진다. 협의의 법적 성질에 관해서 판례는 사법상 계약으로 보고 있으나, 공법상 계약으로 보는 견해가 다수설이다.

「공익사업을 위한 토지 등의 취득 및 보상에 관한 법률」 제30조 제1항에서 정한 '협의가 성립되지 아니한 때'에, 토지소유자 등이 손실보상대상에 해당한다고 주장하며 보상을 요구하는데도 사업시행자가 손실보상대상에 해당하지 않는다며 보상대상에서 이를 제외한 채 협의를 하지 않아 결국 협의가 성립하지 않은 경우도 포함된다(대판 2011.7.14, 2011두2309)

2. 행정청에 의한 결정

(1) 토지수용위원회 등 행정청의 재결에 의한 결정

① 개 설

당사자 사이에 보상금에 관한 협의가 이루어지지 아니한 경우 토지수용위원회와 같은 행정청의 일방적 결정이나 재결에 의해 손실보상이 결정되는 경우이다. 이러한 재결·결정의 유형에는 ㉠ 재산권의 제약행위(예 수용 여부)의 허용 여부와 그 손실보상액을 함께 결정하는 경우(예 토지수용위원회의 토지수용에 관한 재결)와 ㉡ 손실보상액만을 결정하는 경우(예 징발법에 의한 징발보상금 결정, 도로법·하천법 등에 의한 토지수용위원회의 재결 등) 등이 있다. 토지수용위원회는 사업시행자·토지소유자 또는 관계인이 신청한 범위 안에서 재결하여야 한다. 다만, 손실의 보상에 있어서는 증액재결을 할 수 있다(「공익사업을 위한 토지 등의 취득 및 보상에 관한 법률」 제50조 제2항).

1. 편입토지 보상, 지장물 보상, 영업·농업 보상에 관하여 토지소유자나 관계인이 사업시행자에게 재결신청을 청구했음에도 사업시행자가 재결신청을 하지 않을 경우, 토지소유자나 관계인의 불복 방법 및 이때 사업시행자에게 재결신청을 할 의무가 있는지는 소송요건 심사단계에서 고려할 요소는 아니다(대판 2019.8.29, 2018두57865).

2. 한국수자원공사법에 따른 사업을 수행하기 위한 토지 등의 수용 또는 사용으로 손실을 입게 된 토지소유자나 관계인이 「공익사업을 위한 토지 등의 취득 및 보상에 관한 법률」 제30조에 따라 한국수자원공사에 재결신청을 청구하는 경우, 위 사업의 실시계획을 승인할 때 정한 사업시행기간 내에 해야 한다(대판 2019.8.29, 2018두57865).

② 재결의 신청(사업시행자)

협의가 성립되지 아니하거나 협의를 할 수 없을 때에는 사업시행자(토지소유자가 아님)는 사업인정고시가 된 날부터 1년 이내에 관할 토지수용위원회에 재결을 신청할 수 있다(같은 법 제28조 제1항).

③ 재결신청의 청구(토지소유자 및 관계인)

사업인정고시가 된 후 협의가 성립되지 아니하였을 때에는 토지소유자와 관계인은 서면으로 사업시행자에게 재결을 신청할 것을 청구할 수 있다(같은 법 제30조 제1항). 즉, 피수용자는 직접 수용재결을 신청할 수 없고 사업시행자에게 재결을 신청할 것을 청구할 수 있을 뿐이다. 사업시행자는 청구를 받았을 때에는 그 청구를 받은 날부터 60일 이내에 관할 토지수용위원회에 재결을 신청하여야 한다(같은 조 제2항). 사업시행자가 제2항에 따른 기간을 넘겨서 재결을 신청하였을 때에는 그 지연된 기간에 대하여 「소송촉진 등에 관한 특례법」 제3조에 따른 법정이율을 적용하여 산정한 금액을 관할 토지수용위원회에서 재결한 보상금에 가산(加算)하여 지급하여야 한다(같은 조 제3항).

(2) 이의신청(행정심판)

지방토지수용위원회의 재결에 대하여 이의가 있는 자는 당해 지방토지수용위원회를 거쳐 중앙토지수용위원회에, 중앙토지수용위원회의 재결에 대하여 이의가 있는 자는 중앙토지수용위원회에 이의를 신청할 수 있다(토지보상법 제83조).

(3) 행정소송

① **재결취소소송(항고소송)**: 사업시행자, 토지소유자 또는 관계인은 제34조에 따른 재결(수용재결, 원처분, 대리)에 불복할 때에는 재결서를 받은 날부터 90일 이내에(행정심판임의주의), 이의신청을 거쳤을 때에는 이의신청에 대한 재결서(이의재결, 확인행위)를 받은 날부터 60일 이내에 각각 행정소송을 제기할 수 있다. 이 경우 사업시행자는 행정소송을 제기하기 전에 제84조에 따라 늘어난 보상금을 공탁하여야 하며, 보상금을 받을 자는 공탁된 보상금을 소송이 종결될 때까지 수령할 수 없다(같은 법 제85조 제1항). 이의의 신청이나 행정소송의 제기는 사업의 진행 및 토지의 수용 또는 사용을 정지시키지 아니한다(같은 법 제88조).

1. 공유수면매립사업으로 인해 관행어업권을 상실하게 된 자가 취득한 손실보상청구권은 행정소송으로 행사해야 한다(대판 2001.6.29, 99다56468).
2. 하천법 개정(1984. 12. 31.) 후 하천법 본문에 따라 하천법상 준용하천의 제외지로 편입된 토지소유자의 손실보상청구는 토지수용위원회를 상대로 행정소송(항고소송)을 제기할 수 있다(대판 2003.4.25, 2001두1369).
3. 사업시행자가 재결에 불복하여 이의신청을 거쳐 행정소송을 제기하는 경우 이의재결에서 증액된 보상금을 공탁하여야 할 시기

   「공익사업을 위한 토지 등의 취득 및 보상에 관한 법률」 제85조 제1항의 규정 및 관련 규정들의 내용, 사업시행자가 행정소송 제기 시 증액된 보상금을 공탁하도록 한 위 제85조 제1항 단서 규정의 입법 취지, 그 규정에 의해 보호되는 보상금을 받을 자의 이익과 그로 인해 제한받게 되는 사업시행자의 재판청구권과의 균형 등을 종합적으로 고려하여 보면, **사업시행자가 재결에 불복하여 이의신청을 거쳐 행정소송을 제기하는 경우에는 원칙적으로 행정소송 제기 전에 이의재결에서 증액된 보상금을 공탁하여야 하지만, 제소 당시 그와 같은 요건을 구비하지 못하였다 하여도 사실심 변론종결 당시까지 그 요건을 갖추었다면 그 흠결의 하자는 치유되었다고 본다**(대판 2008.2.15, 2006두9832).

이의신청 후 이의재결에 불복하여 취소소송을 제기하는 경우에도 이의재결이 아니라 원처분인 수용재결을 대상으로 하여야 한다(원처분주의).

② 당사자소송

1. 하천법 개정(1984. 12. 31.) 전 하천법 부칙 제2조 제1항 및 「법률 제3782호 하천법 중 개정법률 부칙 제2조의 규정에 의한 보상청구권의 소멸시효가 만료된 하천구역 편입토지 보상에 관한 특별조치법」 제2조 제1항에서 정하고 있는 손실보상청구권의 법적 성질은 공권이다[대판(전합) 2006.5.18, 2004다6207].
2. 하천법 개정(1984. 12. 31) 전 하천법 부칙 제2조 제1항 및 「법률 제3782호 하천법 중 개정법률 부칙 제2조의 규정에 의한 보상청구권의 소멸시효가 만료된 하천구역 편입토지 보상에 관한 특별조치법」 제2조 제1항에서 정하고 있는 손실보상청구권에 대한 쟁송절차는 당사자소송이다[대판(전합) 2006.5.18, 2004다6207].
3. 제방부지 및 제외지가 법률 제2292호 하천법 개정법률 시행일인 1971. 7. 20.부터 법률 제3782호 하천법 중 개정법률 시행일인 1984. 12. 31. 전에 국유로 된 경우, 명시적인 보상규정이 없더라도 관할 관청이 소유자가 입은 손실을 보상해야 하고 보상대상은 등기된 토지에 한정되지 않는다

   법률 제2292호 하천법 개정법률 제2조 제1항 제2호 (나)목 및 (다)목, 제3조에 의하면, 제방부지 및 제외지는 법률 규정에 의하여 당연히 하천구역이 되어 국유로 되는데도, 「하천편입토지 보상 등에 관한 특별조치법」(특별조치법)이 법률 제2292호 하천법 개정법률 시행일인 1971. 7. 20.부터 법률 제3782호 하천법 중 개정법률 시행일인 1984. 12. 31. 전에 국유로 된 제방부지 및 제외지에 대하여는 명시적인 보상규정을 두고 있지 않지만, 제방부지 및 제외지가 유수지와 더불어 하천구역이 되어 국유로 되는 이상 그로 인하여 소유자가 입은 손실은 보상되어야 하고, 보상방법을 유수지에 관한 것과 달리할 아무런 합리적인 이유가 없으므로, 법률 제2292호 하천법 개정법률 시행일부터 법률 제3782호 하천법 중 개정법률 시행

일 전에 국유로 된 제방부지 및 제외지에 대하여도 특별조치법 제2조를 유추적용하여 소유자에게 손실을 보상하여야 한다. 한편 특별조치법의 입법 목적이나 관련 규정의 문언 등에 비추어 위 법에 따른 보상대상이 되는 토지가 등기된 것으로 한정된다고 볼 수 없다(대판 2011.11.10, 2011두16636).

4. 시·도지사가 「하천편입토지 보상 등에 관한 특별조치법」에 따른 보상청구절차를 통지 또는 공고를 하지 않는 등 보상절차를 진행하지 아니함에 따라 손실보상청구권자가 직접 시·도지사를 상대로 행정소송을 제기한 경우, 보상액 평가의 기준 시기

시·도지사가 「하천편입토지 보상 등에 관한 특별조치법」(특별조치법)에 따른 보상청구절차를 통지 또는 공고를 하지 않는 등 보상절차를 진행하지 아니함에 따라 손실보상청구권자가 직접 시·도지사를 상대로 행정소송을 제기한 경우에는 보상을 위한 감정평가 당시 가격을 기준으로 보상액을 산정하는 것이 원칙이나, 하천에 편입된 토지의 경우 이용상황이나 해당 토지에 대한 공법상 제한 등에 비추어 가격 변화가 크지 않은 것이 일반적이므로 특별조치법 시행일 이후의 시점을 기준으로 보상액을 산정하더라도 특별한 사정이 없는 한 위법하다고 볼 것은 아니다(대판 2011.11.10, 2011두16636).

5. 국가가 진정한 소유자가 아닌 자를 하천 편입 당시의 소유자로 보아 손실보상금을 지급한 경우, 민법 제470조(채권의 준점유자에 대한 변제)에 따라 진정한 소유자에 대한 손실보상금 지급의무를 면하지 않고, 국가가 하천 편입 당시의 진정한 소유자가 손실보상대상자임을 전제로 하여 손실보상금청구권이 자신에게 귀속되는 것과 같은 외관을 가진 자에게 손실보상금을 지급하였고 지급에 과실이 없는 경우, 민법 제470조에 따라 채무를 면한다(대판 2016.8.24, 2014두46966).

6. 「하천편입토지 보상 등에 관한 특별조치법」 제6조 제1항에서 정한 보상액 평가기준의 해석

「하천편입토지 보상 등에 관한 특별조치법」 제6조 제1항은 '보상에 대한 평가는 편입 당시의 지목 및 토지이용상황, 해당 토지에 대한 공법상의 제한, 현재의 토지이용상황 및 유사한 인근 토지의 정상가격 등을 고려하여야 한다.'고 규정하고 있어서, 평가기준으로 제시된 '편입 당시의 지목 및 토지이용상황'과 '현재의 토지이용상황'이 서로 상충되는 듯한 부분이 있다. 그러나 1971. 1. 19. 법률 제2292호로 전부 개정된 구 하천법에는 그 시행으로 당연히 하천구역이 되는 토지에 관하여 아무런 보상규정을 두지 아니하였는데, 1984. 12. 31. 개정 하천법 부칙 제2조 제1항에 의하여 비로소 보상규정이 마련된 하천법의 연혁, 그리고 보상액은 보상의 대상이 되는 권리가 소멸한 때의 현황을 기준으로 산정하는 것이 보상에 관한 일반적인 법리에 부합하는 점 등에 비추어 보면, 위 조문은 원칙적으로 '편입 당시의 지목 및 토지이용상황'을 기준으로 평가하되, 편입 당시의 지목 및 토지이용상황을 알 수 없을 때에는 예외적으로 '현재의 토지이용상황'을 고려하여야 한다는 취지로 해석하는 것이 타당하다(대판 2016.8.24, 2014두46966).

③ **보상금증감청구소송(형식적 당사자소송)** : 재결의 내용 중 손실보상액에 대하여만 불복이 있는 경우 이의신청을 거치지 않은 경우에는 재결서를 송달받은 날로부터 90일 이내에, 이의신청을 거친 경우에는 60일 이내에 보상금증감청구소송을 제기할 수 있는데, 이 경우 당해 소송을 제기하는 자가 토지소유자 또는 관계인인 때(보상금증액청구소송)에는 사업시행자를, 사업시행자인 때(보상금감액청구소송)에는 토지소유자 또는 관계인을 각각 피고로 한다(같은 조 제2항).

구 토지수용법하에서는 같은 법 제75조의2 제2항에서 "제1항의 규정에 의하여 제기하고자 하는 행정소송이 보상금의 증감에 관한 소송인 때에는 당해 소송을 제기하는 자가 토지소유자 또는 관계인인 경우에는 재결청 외에 기업자를, 기업자인 경우에는 재결청 외에 토지소유자 또는 관계인을 각각 피고로 한다."라고 규정하고 있어 형식적 당사자소송으로 이해하는 견

해와 특수한 항고소송으로 이해하는 견해가 대립하고 있었고, 판례는 당사자소송으로 이해하고 소송구조에 대해서는 필요적 공동소송설을 취하고 있었다.

1. 토지수용법 제25조의3 제3항에 의한 지연가산금 청구를 보상금의 증감에 관한 행정소송이 아닌 민사소송으로 제기할 수 없고 보상금증액청구소송에 의해야 한다(대판 1997.10.24, 97다31175).
2. 수용에 대한 재결절차에서 정한 보상액과 행정소송절차에서 정한 보상금액의 차액에 대한 지연손해금이 발생한다(대판 1991.12.24, 91누308).
3. 공익사업법 제85조 제1항이 정한 제소기간 내에 일부 청구임을 명시하여 보상금의 증감에 관한 소송을 제기하여 전부 승소한 경우 청구취지 확장을 위한 항소의 이익이 인정되지 않는다
   공익사업법 제85조 제1항이 정한 제소기간 내에 일부 청구임을 명시하여 보상금의 증감에 관한 소송을 제기한 경우, 원고로서는 제소기간이 도과한 후에라도 사실심 변론종결시까지는 청구취지를 확장할 수 있을 뿐만 아니라 그 확장하는 부분에 해당하는 청구를 별소를 제기하여 구할 수도 있다고 보아야 할 것이다. 이와 같은 법리에 의할 때 제소기간 내에 일부 청구임을 명시하여 보상금의 증액에 관한 이 사건 소송을 제기한 원고들로서는 제소기간이 도과한 후에라도 사실심 변론종결시까지 나머지 부분의 보상금을 구하는 별소를 제기할 수 있다고 할 것이고, 따라서 원고들에게 청구취지 확장을 위한 항소의 이익을 인정할 필요는 없다 할 것이다(대판 2010.11.11, 2010두14534).
4. 토지소유자 등이 구 「공익사업을 위한 토지 등의 취득 및 보상에 관한 법률」 제85조에서 정한 제소기간 내에 관할 토지수용위원회에서 재결한 보상금의 증감에 대한 소송을 제기한 경우, 같은 법 제30조 제3항에서 정한 지연가산금은 위 제85조에서 정한 제소기간에 구애받지 않고 그 소송절차에서 청구취지 변경 등을 통해 청구할 수 있다(대판 2012.12.27, 2010두9457).

그러나 현행 토지보상법하에서는 재결청인 토지수용위원회를 피고에서 배제시킴으로써 형식적 당사자소송과 단일소송임을 명확히 하여 이러한 논쟁을 입법적으로 해결하였다.

3. 소송에 의한 결정

개별법에서 손실보상의 원칙만을 규정하고, 보상금결정기관에 관한 규정이 전혀 존재하지 않는 경우 토지소유자 등은 직접 보상금지급청구소송을 법원에 제기할 수 있다. 이 경우 손실보상청구권의 법적 성질을 공권으로 보느냐 사권으로 보느냐에 따라 소송의 종류가 달라진다. 손실보상청구권을 공권으로 보는 다수설에 의하면 당사자소송을, 사권으로 보는 판례에 의하면 민사소송을 제기해야 한다.

수용 목적물의 소유자 또는 관계인은 관계 법령에 손실보상에 관하여 관할 토지수용위원회에 재결신청 등의 불복절차에 관한 규정이 있으면 그 규정에 따라서, 이에 관한 **아무런 규정이 없으면 사업시행자를 상대로 민사소송**으로 그 손실보상금을 청구할 수 있다(대판 1998.1.20, 95다29161).

제4절 손해전보를 위한 그 밖의 제도

제1항 개 설

구분			요건	특징
전통적 손해전보제도	국가배상제도	공무원의 위법한 직무집행행위	1. 공무원, 2. 직무집행행위, 3. 고의·과실, 4. 위법성, 5. 손해발생·인과관계	위법·유책(고의·과실)
		영조물 설치·관리의 하자	1. 영조물, 2. 설치·관리의 하자, 3. 손해발생·인과관계	무과실책임 (다수설. 판례는 최근 주관설)
	손실보상제도		1. 재산권에 대한 공권적 침해 ① 재산권에 대한 침해 ② 공권적침해(=공용침해=수용·사용·제한) ③침해의 직접성 2. 공공필요 3. 적법성 4. 보상규정의 존재 5. 특별한 희생	1. 적법·무책(무과실) 2. 침해의 직접성 3. 보상규정의 존재 4. 재산적 침해에 한정
새로운 손해전보제도	수용유사침해		기타요건은 손실보상과 동일	1. 위법(보상규정이 없다는 의미)·무책 2. 재산적 침해에 한정
	수용적 침해		기타요건은 손실보상과 동일	1. 적법·무책. 그러나 결과적(부수적·비의도적·비전형적·간접적) 침해 2. 재산적 침해에 한정
	희생보상청구권		기타요건은 손실보상과 동일	적법한비재산적(생명, 신체) 침해
	결과제거청구권 (원상회복청구권)		1. 행정주체의 공행정작용으로 인한 침해(권력작용·사실행위 등 단순 고권작용 등) 2. 법률상 이익의 침해, 관계이익의 보호가치성(불법주차차량의 견인 시 원상회복 부인) 3. 위법한 상태의 존재 및 계속 4. 결과제거의 가능성·허용성·기대가능성	원상회복

제2항 수용유사침해이론

I 의 의

1. 개 념

수용·유사침해이론은 위법한 공용침해로 인해 재산권에 특별한 희생을 입은 자에 대한 보상이론이다. 즉, 손실보상의 요건은 갖추고 있으나, 손실보상규정을 결하고 있는 경우에 문제된다.

2. 국가배상과의 구별

수용·유사침해는 공공필요를 위해 생긴 희생에 대한 보상(위법·무책)인 데 대하여, 국가배상은 공무원이 그 직무를 집행하면서 고의 또는 과실로 법령에 위반하여 타인에게 가한 손해에 대한 배상(위법·유책)이다.

3. 독일에서의 논의

(1) 성 립

독일 기본법은 적법·무책한 침해에 대해서는 손실보상, 위법·유책의 침해에 대해서는 손해배상만을 인정하고 있기 때문에, 위법·무책의 공용침해로 인한 특별한 희생에 대해서는 구제수단이 없었다. 수용·유사침해법리는 손해전보에 대한 실정법상의 흠결을 보충하기 위해 독일의 연방민사법원의 판례를 통해 형성되었다. 즉, 적법한 공용침해에 대해서도 보상을 해야 한다면 위법한 침해에 대해서는 말할 것도 없이 보상을 해야 하는 것이 당연하다는 '당연보상의 법리'에 근거한 것이다.

(2) 확 대

공용침해의 다른 요건의 충족 여부에 대한 구체적인 검토 없이 재산권에 대한 모든 위법한 침해의 경우에 적용하여 사실상 수용·유사침해이론을 재산권의 영역에서 국가무과실배상책임제도로 확대시켰다.

(3) 자갈채취판결

연방헌법재판소는 1981년 7월 15일 자갈채취사건에서 기본법 제14조 제3항상의 수용관념을 협의로 파악하여 같은 조상의 수용은 그에 따른 보상의 종류와 범위를 정하고 있는 법률에 기한 재산권의 일부 또는 전부의 박탈행위로 보고 있다. 보상규정을 두지 않은 수용법률은 위헌무효이고, 위헌무효인 법률에 근거한 처분은 위법이므로, 그에 대한 구제는 근거 법률의 무효화와 침해행위의 취소소송에 의해 침해행위를 배제하여 재산권을 회복시킬 수 있을 뿐이고, 침해행위의 취소에 갈음하여 보상을 허용할 수는 없다고 판시하였다. 즉, 관계인에겐 취소소송과 손실보상청구 사이의 선택권이 인정되지 않는다.

(4) 자갈채취판결 후의 동향(제한·축소)

독일민사법원은 1984년 1월 26일의 판결에서 좁은 의미의 수용의 경우 보상규정을 두지 않으면 더 이상 독일기본법 제14조 제3항을 유추적용하여 보상을 청구할 수 없지만, 수용이 아닌 사용·제한의 경우에는 프로이센 일반주법에 근거한 관습법상의 희생보상청구권에 의해 보상을 청구할 수 있다고 판결함으로써 제한된 범위에서 수용유사침해법리를 인정하고 있다.

II 수용유사침해의 성립요건

침해의 위법성만 제외하면 손실보상의 요건과 같다. 여기서의 위법은 국가배상법상의 위법성과 달리 재산권에 대한 공용침해 자체는 법률에 근거하여 이루어졌는데, 그 법률에서 손실보상에 관한 규정을 두지 않았기 때문에 그러한 법률에 근거한 공용침해가 결과적으로 위헌이 된다는 의미의 위법이다.

III 우리나라에서의 인정문제

1. 학 설

(1) 부정설(다수설)

독일에서와 같은 관습법으로서의 희생보상청구권의 법리가 없는 우리나라에서 수용유사침해의 법리에 의해 손실보상을 청구할 수 없다는 점을 논거로 수용유사침해를 인정하지 않는 견해가 다수설이다.

(2) 긍정설

손실보상에 있어서 침해행위가 적법인가 위법인가는 중요한 것이 아니고, 본질적으로 중요한 것은 공익을 위해 개인에게 특별한 희생을 강요했다는 사실에 있기 때문에 위법한 침해행위에도 손실보상의 법리를 유추적용할 수 있다고 본다.

2. 판례(부정설)

판례는 수용유사침해이론에 대해서 명시적으로 판단하지 않았지만, 인정한 판례가 없기 때문에 부정하는 입장이라고 할 수 있다.

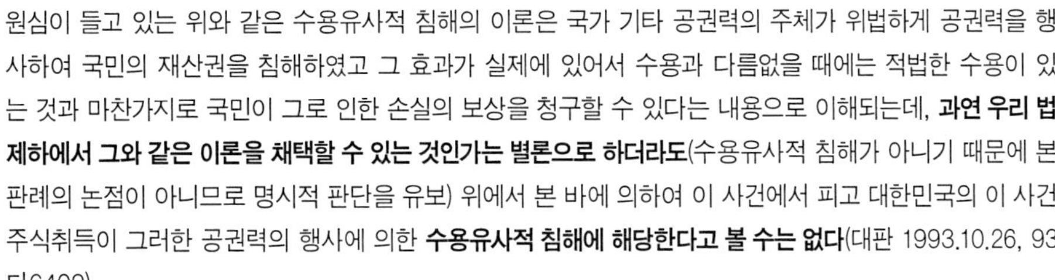

MBC 문화방송주식 강제증여

원심이 들고 있는 위와 같은 수용유사적 침해의 이론은 국가 기타 공권력의 주체가 위법하게 공권력을 행사하여 국민의 재산권을 침해하였고 그 효과가 실제에 있어서 수용과 다름없을 때에는 적법한 수용이 있는 것과 마찬가지로 국민이 그로 인한 손실의 보상을 청구할 수 있다는 내용으로 이해되는데, **과연 우리 법제하에서 그와 같은 이론을 채택할 수 있는 것인가는 별론으로 하더라도**(수용유사적 침해가 아니기 때문에 본 판례의 논점이 아니므로 명시적 판단을 유보) 위에서 본 바에 의하여 이 사건에서 피고 대한민국의 이 사건 주식취득이 그러한 공권력의 행사에 의한 **수용유사적 침해에 해당한다고 볼 수는 없다**(대판 1993.10.26, 93다6409).

제3항 수용적 침해이론

I 개 설

1. 의의 및 법적 근거

수용적 침해란 적법한 행정작용으로 인해 개인의 재산권에 대해 발생한 결과적(비의도적·비전형적·이형적·비의욕적·부수적), 간접적 침해를 말한다. 예컨대, ① 지하철공사가 장기간 계속됨으로 인해 인근상가나 백화점 고객이 현저히 감소함에 따라 발생한 손해, ② 쓰레기 적치장과 같은 공공시설의 경영으로 인근 주민이 받는 손해, ③ 도시관리계획으로 도로구역으로 고시되었으나 공사를 함이 없이 오랫동안 방치해 둠으로 인하여 고시구역 내의 가옥주 등이 심대한 불이익을 입고 있는 경우 등이 수용적 침해에 해당한다. 통상의 경우에는 재산권에 대한 사회적 제약으로 보아 보상의 대상이 될 수 없는 것이 원칙이지만, 피해의 정도가 심한 경우에는 수용유사침해법리에 준한 보상이 문제된다.

독일에서는 수용적 침해의 근거로 희생보상청구권을 들고 있다.

2. 손실보상·수용유사적 침해와 구별

수용적 침해는 손실보상과는 '비의도적 침해'라는 점에서, 수용유사적 침해와는 '적법한' 침해라는 점에서 구별된다.

Ⅱ 성립요건

적법한 행정작용의 비의도적(비전형적·결과적·이형적·비의욕적·부수적)으로 발생한 개인의 재산권에 대한 손해라는 점을 제외하고는 손실보상의 경우와 같다.

Ⅲ 우리나라에서의 인정문제(부정)

수용적 침해의 인정 여부에 대해 다수설은 부정하는 입장이고, 판례도 수용적 침해를 인정한 바 없다.

제4항 희생보상청구권

Ⅰ 의 의

1. 개 념

희생보상이라 함은 생명·건강·명예·자유 등과 같은 비재산적 법익의 적법한 침해에 대한 보상을 말한다. 예컨대, ① 국가기관의 검정을 받은 약품을 복용하여 뜻밖의 질병에 걸린 경우, ② 국립병원의 의사가 예방주사를 놓았는데 특이체질의 사람이 그로 인해 병을 얻은 경우, ③ 범인을 향해 발사한 총탄이 범인을 관통하여 옆 사람에게 상해를 입힌 경우 등에 대한 보상 등을 들 수 있다.

2. 법적 근거(희생보상청구권)

희생보상의 원칙은 독일 판례상 발전된 것으로 헌법적 관습법으로서 효력을 지닌 프로이센 일반주법(ALR) 제74·75조에 표현된 법원칙, 즉 공익을 위해 특별한 희생을 당한 자는 보상을 받아야 한다는 원리(희생보상청구권)에 기원을 두고 있다는 것이 일반적 견해이다.

우리의 경우 실정법상 희생보상청구권에 대한 일반법은 존재하지 않고, 개별법에서만 인정하고 있다. 예컨대, 예방접종에 따른 건강피해에 대한 보상을 규정한 「감염병의 예방 및 관리에 관한 법률」 제71조가 그 예에 해당한다.

II 성립요건

비재산권에 대한 침해라는 점을 제외하고는 행정상 손실보상의 요건과 동일하다. 희생보상청구권의 성립에는 고의 또는 과실을 요하지 않는다.

1. 구 전염병예방법 제54조의2에 따른 국가보상을 받기 위한 전제로서 요구되는 인과관계 증명의 정도
   구 전염병예방법 제54조의2의 규정에 의한 국가의 보상책임은 무과실책임이기는 하지만, 책임이 있다고 하기 위해서는 질병, 장애 또는 사망(장애 등)이 당해 예방접종으로 인한 것임을 인정할 수 있어야 한다. 그러나 위와 같은 국가의 보상책임은 예방접종의 실시 과정에서 드물기는 하지만 불가피하게 발생하는 부작용에 대해서, 예방접종의 사회적 유용성과 이에 따른 국가적 차원의 권장 필요성, 예방접종으로 인한 부작용이라는 사회적으로 특별한 의미를 가지는 손해에 대한 상호부조와 손해분담의 공평, 사회보장적 이념 등에 터 잡아 구 전염병예방법이 특별히 인정한 독자적인 피해보상제도인 점, 구 「전염병예방법 시행령」 제19조의2에 예방접종으로 인한 피해에 대한 보상기준이 항목별로 구체적으로 정해져 있는데 액수가 그리 크지 않은 점, 예방접종으로 인한 부작용으로 사망이라는 중대한 결과까지 초래될 가능성이 있는 반면, 장애 등의 발생 기전은 명확히 밝혀져 있지 않고 현재의 의학수준에 의하더라도 부작용을 완전히 방지할 수는 없는 점 등에 비추어, 구 전염병예방법 제54조의2의 규정에 의한 보상을 받기 위한 전제로서 요구되는 인과관계는 반드시 의학적·자연과학적으로 명백히 증명되어야 하는 것은 아니고, 간접적 사실관계 등 제반 사정을 고려할 때 인과관계가 있다고 추단되는 경우에는 증명이 있다고 보아야 한다. 인과관계를 추단하기 위해서는 특별한 사정이 없는 한 예방접종과 장애 등의 발생 사이에 시간적·공간적 밀접성이 있고, 피해자가 입은 장애 등이 당해 예방접종으로부터 발생하였다고 추론하는 것이 의학이론이나 경험칙상 불가능하지 않으며, 장애 등이 원인불명이거나 당해 예방접종이 아닌 다른 원인에 의해 발생한 것이 아니라는 정도의 증명이 있으면 족하다(대판 2014.5.16, 2014두274).
2. 「감염병의 예방 및 관리에 관한 법률」 제71조에 따른 예방접종 피해에 대한 국가의 보상책임이 인정되기 위한 요건
   「감염병의 예방 및 관리에 관한 법률」(감염병예방법) 제71조에 의한 예방접종 피해에 대한 국가의 보상책임은 무과실책임이지만, 질병, 장애 또는 사망(장애 등)이 예방접종으로 발생하였다는 점이 인정되어야 한다(대판 2019.4.3, 2017두52764).
3. 예방접종과 장애 등 사이의 인과관계가 있다고 추단하기 위한 증명의 정도
   여기서 예방접종과 장애 등 사이의 인과관계는 반드시 의학적·자연과학적으로 명백히 증명되어야 하는 것은 아니고, 간접적 사실관계 등 제반 사정을 고려할 때 인과관계가 있다고 추단되는 경우에는 증명이 있다고 보아야 한다. 인과관계를 추단하기 위해서는 특별한 사정이 없는 한 예방접종과 장애 등의 발생 사이에 시간적 밀접성이 있고, 피해자가 입은 장애 등이 예방접종으로부터 발생하였다고 추론하는 것이 의학이론이나 경험칙상 불가능하지 않으며, 장애 등이 원인불명이거나 예방접종이 아닌 다른 원인에 의해 발생한 것이 아니라는 정도의 증명이 있으면 족하다(대판 2019.4.3, 2017두52764).
4. 피해자가 해당 장애 등과 관련한 다른 위험인자를 보유하고 있다거나, 해당 예방접종이 오랜 기간 널리 시행되었음에도 해당 장애 등에 대한 보고 내지 신고 또는 인과관계에 관한 조사·연구 등이 없는 경우,

이를 인과관계 유무를 판단할 때 고려할 수 있다(대판 2019.4.3, 2017두52764).

Ⅲ 희생보상의 효과 및 절차

1. 보상의 내용과 범위

독일의 판례는 비재산적 권리침해에 따른 재산적(물질적·재산법적) 손해(예치료비·소송비용 등)만을 내용으로 하고, 정신적 침해에 대한 보상으로서의 위자료는 인정하지 않는다.

2. 청구권의 경합

희생보상청구권의 일반원칙은 특별규율을 가하는 명문의 규정이 없는 경우에만 적용된다. 한편, 직무책임으로 인한 손해배상청구권과 희생보상청구권은 서로 배척하지 않고 병렬관계에 선다. 경우에 따라서 하나의 보상청구권은 양자의 근거 위에 중첩적으로 존재할 수 있다.

3. 희생보상의 절차(당사자소송)

공법상 당사자소송에 의한다는 것이 일반적 견해(통설)이다.

Ⅳ 희생유사침해

침해가 위법한 경우(보상규정이 흠결된 경우)에는 희생유사침해로 인한 손실보상의 문제가 된다.

제5항 공법상 결과제거청구권(원상회복청구권)

Ⅰ 개 설

1. 의 의

공법상 결과제거청구권이란 위법한 공행정작용의 불법결과로 인해 자기의 법률상의 이익을 침해받고 있는 자가 행정주체를 상대로 하여 그 위법한 상태를 제거하여 침해 이전의 상태로 회복하여 줄 것을 청구하는 실체법상의 권리(원상회복청구권)를 말한다.

2. 필요성

결과제거청구권은 기존의 국가배상제도로는 구제할 수 없는 결함을 보완하기 위해 인정된 제도이다. 금전배상을 원칙으로 하는 국가배상제도로는 위법한 방해행위의 배제는 청구할 수 없는 문제가 있고, 또한 행정쟁송에 의해서는 원상회복을 청구할 수 없다. 예컨대, ① 토지수용재결이 취소되었음에도 불구하고 사업시행자인 행정주체가 그 토지를 반환하지 않고 있는 경우에 이를 반환받고자 하는 경우, ② 공직자의 직무수행 중의 발언으로 명예를 훼손당한 자가 그 발언의 철회를 요구하고자 하는 경우에 활용될 수 있다.

3. 연 혁

독일의 학설·판례에 의해 발전한 것으로 초기에는 위법한 '행정행위'가 집행된 후 행정행위가 취소되었음에도 여전히 남아 있는 위법한 결과의 제거만을 대상으로 인정되었다. 그러나 현재는 행정행위만이 아니라 그 밖의 위법한 공행정작용이나 사실행위로 인한 위법결과의 제거(예 법정절차 없는 사인토지상의 도로설치의 배제청구, 명예훼손적 발언의 철회청구 등)에 대해서도 확대적용된다.

4. 성 질

(1) 물권적 청구권성 여부(포괄적 권리)

결과제거청구권은 행정청의 정당한 권원 없는 행위로 말미암아 사인의 물권적 지배권이 침해될 경우에 성립한다고 보아 물권적 청구권이라는 견해도 있으나, 명예훼손발언과 같은 비재산적 침해의 경우에도 적용될 수 있으므로, 물권적 청구권[채권적 청구권(×)]으로 한정하는 것은 타당하지 않다는 것이 다수의 견해이다.

(2) 공권성

결과제거청구권을 사권으로 보는 견해도 있으나, 행정주체의 공행정작용으로 인한 침해가 있는 경우에 발생하는 것이기 때문에 공권이라는 견해가 다수설이다. 그러나 판례는 사권설을 취하고 있다.

(3) 행정상 손해배상청구권과의 구별

손해배상청구권은 '고의나 과실'을 요건으로 하며 '금전배상'을 내용으로 하는데, 결과제거청구권은 고의·과실을 불문하고 '원상회복'을 내용으로 한다는 점에서 구별된다. 양자는 청구의 요건과 내용에 있어 차이가 있으므로 양립할 수 있다.

5. 법적 근거

우리의 경우 ① 법치행정의 원리(헌법 제107조)·기본권 규정(제10조, 제37조 제1항)·민법 제213조(소유물반환청구권) 및 제214조(소유물방해제거청구권·소유물방해예방청구권)상의 유추적용에서 찾는 견해(다수설), ② 헌법 제10·23조 제1항 전단·제29조, 민법 제213·214조에서 찾는 견해도 있고, ③ 민법상 소유권에 기한 방해배제청구권인 민법 제213·214조에서 각각 그 법적 근거를 찾는 견해 등이 있다. 그 외에도 행정소송법상의 취소판결의 기속력 규정(제30조)과 관련청구의 이송과 병합에 관한 규정(제10조), 당사자소송에 관한 규정(제39조 내지 제44조)을 근거로 제시하기도 한다.

II 성립요건

1. 행정주체의 공행정작용으로 인한 침해

공행정작용에는 법적 행위·사실행위, 작위·부작위(예 행정기관이 압류해제된 물건을 반환하지 않고 있는 경우), 권력작용·비권력작용도 포함된다. 사실행위에 대한 결과제거청구권 인정은 권익구제확대와 관련된다. 그러나 행정주체의 사법적 활동으로 인한 침해의 경우에는 민법상 방해제거청구권의 대상이므로 결과제거청구권이 인정되지 않는다.

2. 법률상 이익의 침해

공행정작용으로 인해 타인의 권리 또는 법률상의 이익을 침해하여야 한다. 권리 또는 법률상 이익은 재산적 가치 있는 것에만 한정되는 것은 아니고, 명예·신용·호평 등 정신적인 것도 포함된다. 예를 들면, 공직자의 공석에서의 발언으로 자신의 명예를 훼손당한 자는 명예훼손발언의 철회를 요구할 수 있다.

3. 관계이익의 보호가치성

침해된 권리나 법률상 이익은 보호가치가 있는 경우에만 인정된다. 예컨대, 불법주차차량을 다른 장소에 견인한 경우에 차주는 원상회복을 청구할 수 없다.

4. '위법'한 결과의 존재

결과제거청구권은 위법한 결과의 제거를 목적으로 하기 때문에 행정주체의 공행정작용으로 인해 야기된 위법한 결과가 존재해야 한다. 위법한 상태의 존재 여부는 사실심 변론종결시를 기준으로 판단해야 한다. 위법성은 처음부터 발생할 수도 있고(예 정당한 법률상의 원인 없이 타인의 토지를 도로부지로 편입한 경우), 기간의 경과·해제조건의 성취 및 행정행위의 취소·철회에 의해 사후에 발생할 수도 있다.

그러나 취소할 수 있는 행정행위의 경우에는 결과제거청구권이 성립하지 않는다. 공정력에 의해 취소되기 전에는 그 행위는 유효하게 존속하며 따라서 행정행위에 의해 야기되고 있는 상태가 정당하기 때문이다. 따라서 상대방은 행정행위의 취소소송을 제기하여 취소가 확정된 후에 결과제거청구권을 행사하거나 취소소송의 청구에 병합하여 결과제거청구를 하여야 한다.

5. 위법한 '결과의 계속'

공행정작용에 의해 야기된 위법한 침해결과가 계속되고 있어야 한다. 위법결과상태가 더 이상 존재하지 않을 경우에는 결과제거의 문제는 발생하지 않고, 권리침해로서 불이익이 남아 있는 때에는 손해배상이나 손실보상만 문제된다.

Ⅲ 내용과 한계

1. 내 용

(1) 원상회복의 청구

결과제거청구권의 내용은 행정작용으로 인해 야기된 결과적인 위법상태를 제거하여 위법적인 침해가 없는 원래의 상태나 이와 동가치적인 상태로 회복(원상회복)시켜 줄 것을 청구하는 것이다.

(2) 직접적인 결과의 제거

결과제거청구권은 공행정작용의 직접적인 결과만을 그 대상으로 한다. 예를 들면, 행정청이 위법하게 무주택자로 하여금 특정 개인의 주택에 입주하도록 한 경우에 당해 주택의 소유자는 행정청에게 당해 무주택자를 주택으로부터 퇴거시킬 것을 청구할 수 있을 뿐 무주택자가 손상시킨 부분의 원상회복을 청구할 수는 없다. 제3자에 의한 간접적인 침해는 공법상 결과제거청구권이 아니라, 제3자를 상대로 민법상 물권적 청구권을 주장할 수 있을 뿐이다.

(3) 결과제거의 의무주체

결과제거청구권은 일반적으로 결과를 야기시킨 '행정주체'에 대해 행사된다. 그러나 행정조직의 개편으로 권한의 변동이 일어나게 되면 결과제거를 위해 필요한 작용에 대한 권한을 갖게 되는 행정주체가 결과제거의 의무를 지게 된다.

2. 한 계

(1) 결과제거의 가능성·허용성

결과제거청구권의 요건이 충족된 경우에도 결과제거로 인해 원상회복이 사실상·법률상 가능해야 한다는 한계가 있다. 원상회복이 사실상이나 법률상으로 불가능한 경우에는 침해행위의 적법·위법에 따라 손실보상이나 손해배상에 의한 구제만이 가능하다.

1. 원상회복 부정, 손해배상 인정사례(도로)
   도로를 구성하는 부지에 대하여는 사권을 행사할 수 없으므로 그 부지의 소유자는 불법행위를 원인으로 하여 손해배상을 청구함은 별론으로 하고 그 부지에 관하여 그 소유권을 행사하여 인도를 청구할 수 없다(대판 1968.10.22, 68다1317).
2. 원상회복 부정, 부당이득반환청구 인정사례(도로)
   도로를 구성하는 부지에 관하여는 도로법 제5조에 의하여 사권의 행사가 제한된다고 하더라도 이는 도로법상의 도로에 관하여 도로로서의 관리, 이용에 저촉되는 사권을 행사할 수 없다는 취지이지 부당이득반환청구권의 행사를 배제하는 것은 아니다(대판 1989.1.24, 88다카6006).
3. 원상회복 인정사례(상수도관)
   대지소유자가 그 소유권에 기하여 그 대지의 불법점유자인 시에 대하여 권원 없이 그 대지의 지하에 매설한 상수도관의 철거를 구하는 경우에 공익사업으로서 공중의 편의를 위하여 매설한 상수도관을 철거할 수 없다거나 이를 이설할 만한 마땅한 다른 장소가 없다는 이유만으로써는 대지소유자의 위 철거청구가 오로지 타인을 해하기 위한 것으로서 권리남용에 해당한다고 할 수는 없다(대판 1987. 7.7, 85다카1383).

(2) 기대가능성

결과제거청구를 위한 원상회복이 가능하다 하더라도 지나치게 많은 비용을 요하거나 신의성실의 원칙에 반하는 때에는 기대가능성이 없기 때문에 손해배상이나 손실보상으로 만족해야 한다.

(3) 결과제거청구권은 피해구제가 원상회복을 통해 실현될 수 있는 경우에는 손해배상청구를 성립시키지 않는 것으로 본다. 다만, 원상회복을 통해 충분히 구제가 되지 않는 경우에는 손해배상을 청구할 수 있다(경합관계).

(4) 위법한 상태의 원인이 된 행위가 다른 적법한 행정행위에 의해 대체되어 위법한 상태가 다시 적법하게 된 경우에는 결과제거청구권은 성립하지 않는다. 예컨대, 위법하게 편입된 토지가 후에 적법하게 수용된 경우가 이에 해당한다.

(5) 위법한 상태의 발생에 대해 피해자에게 과실이 있는 경우에는 민법상 과실상계에 관한 규정이 유추적용된다.

Ⅳ 쟁송절차

결과제거청구권을 공권으로 보는 한 그 쟁송절차는 행정소송, 즉 공법상의 당사자소송에 의한다. 당사자소송은 독자적으로 제기하거나 처분등의 취소소송에 관련청구소송으로 병합하여 제기할 수 있다(행정소송법 제10조). 다만, 판례는 민사소송으로 다루고 있다.

제3장 행정쟁송

제1절 개 설

1. 행정쟁송의 의의

(1) 광의의 행정쟁송

광의의 행정쟁송은 행정상 법률관계에 있어서의 다툼을 심리·판정하는 절차를 총칭하므로 심리기관이 행정청인지 법원인지, 정식절차인지 약식절차인지 불문한다. 행정상의 손해전보가 '금전'에 의한 구제라면, 행정쟁송은 금전이 아닌 '처분 자체의 효력'을 다투어 권리구제를 도모하는 제도이다.

(2) 협의의 행정쟁송

광의의 행정쟁송 중에서 '행정기관'(행정청이나 행정부 소속의 특별행정재판소)이 판정기관인 쟁송만 의미한다. 모든 국가에 의해 채택된 것이 아니고 종래 프랑스에 특유한 제도이지만, 오늘날 영·미법계국가에서도 부분적으로 채택되고 있다.

2. 행정쟁송의 기능

(1) 국민의 권익구제기능(주된 기능)

행정작용이 위법·부당하게 행해짐으로 인해 국민의 권리와 이익이 침해된 경우에 하자 있는 행정작용을 시정하여 침해된 개인의 권익을 구제하는 것이 주된 기능이다. 즉, 행정작용의 합법성을 회복하여 실질적 법치주의를 실현하기 위한 수단이다.

(2) 행정통제기능(부수적 기능)

행정작용의 적법성·타당성(합목적성) 확보를 통해 행정통제의 기능을 수행한다.

3. 행정쟁송의 종류

(1) 절차에 의한 분류

정식쟁송	약식쟁송
1. 판정기관의 독립성, 심리절차에 있어서 당사자에게 구술변론 보장. 분쟁의 공정한 해결을 위한 절차적 요건을 충족한 쟁송 유형 2. 행정소송	1. 정식쟁송의 요건 중 어느 하나가 결여된 쟁송 2. 행정심판

(2) 쟁송단계에 의한 분류

시심적 쟁송	복심적 쟁송
1. 행정법관계의 형성이나 존부에 관한 1차적 결정이 쟁송의 형식 2. 당사자쟁송	1. 이미 행하여진 행정기관의 처분(1차적 결정이 쟁송이 아닌 처분의 형식)의 위법이나 부당을 다투는 쟁송 2. 항고쟁송 : 취소소송, 무효등확인소송, 부작위위법확인소송

(3) 성질에 의한 분류

① 항고쟁송과 당사자쟁송

항고쟁송	당사자쟁송
1. 이미 행하여진 처분의 위법이나 부당을 다투어서 그 취소나 변경을 구하는 쟁송. 행정청을 피고 2. 국세기본법상의 이의신청·심사청구·심판청구, 행정심판법상의 행정심판(항고심판 ; 취소심판, 무효등확인심판, 의무이행심판) 및 행정소송법상의 항고소송(취소소송, 무효등확인소송, 부작위위법확인소송)	1. 서로 대립하는 대등한 당사자(권리의무의 귀속주체) 상호간의 법률관계(권리의무관계)의 형성이나 존부를 다투는 쟁송 2. 권리의무의 귀속주체가 아닌 행정청은 피고에서 제외

② 주관적 쟁송과 객관적 쟁송

주관적 쟁송	객관적 쟁송
1. 개인적 권리·이익(사익)의 구제를 주된 목적으로 하는 쟁송 2. 항고쟁송(취소소송, 무효등확인소송)과 당사자쟁송	1. 행정작용의 적법·타당성 확보(공익)를 주된 목적으로 하는 쟁송 2. 민중쟁송, 기관쟁송

③ 민중쟁송과 기관쟁송

민중쟁송	기관쟁송
1. 적정한 행정법규의 적용을 확보하기 위하여 선거인 등 일반 민중에 의해 제기되는 쟁송 2. 선거소송(선거구민의 선거무효소송) 3. 투표소송(국민투표소송·주민투표소송·주민소환투표소송) 4. 주민소송	1. 국가 또는 공공단체의 기관 상호 간에 있어서의 권한의 존부 또는 그 행사에 관한 다툼이 있을 때 제기하는 소송 2.지방자치단체장(교육감)의 지방의회 재의결에 대한 대법원 제소

(4) 심판기관에 의한 분류

행정심판	행정소송
1. 행정법상의 분쟁에 대하여 '행정기관'이 스스로 심리하고 판정하는 쟁송절차로서 약식쟁송 2. 분쟁에 대한 심판작용이면서, 동시에 그 자체가 행정행위라는 이중적 성격. 실질적 의미의 사법	'법원'이 주체가 되어 행정법상의 분쟁을 해결하는 절차로서 정식쟁송

(5) 그 밖의 분류

실질적 의미의 쟁송	형식적 의미의 쟁송
1. 위법·부당한 행정작용으로 인해 권리(법률상 이익)가 침해된 자가 침해된 권리·이익의 회복을 구하는 쟁송 2. 행정심판·행정소송	1. 공권력행사를 신중·공정히 행하기 위한 절차 2. 행정절차

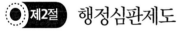

제2절 행정심판제도

제1항 개 설

I 행정심판의 의의

1. 행정심판의 개념

(1) 실질적 의미의 행정심판

행정청의 위법·부당한 처분으로 인해 권익이 침해된 자가 행정기관에 대해 그 시정을 구하는 일련의 쟁송절차를 말한다. 현행법상으로는 행정심판·이의신청·심사청구·심판청구 등 다양한 명칭으로 불리고 있다.

(2) 형식적 의미의 행정심판

행정심판법의 적용을 받는 행정심판만을 의미한다. 현행 행정심판법은 항고심판만을 규율하고 있다.

2. 유사개념과의 구별

(1) 이의신청

① 이의신청의 의의

이의신청은 통상 해당 처분청에 제기하는 처분에 대한 불복절차를 말한다.

② 행정심판인 이의신청과 행정심판이 아닌 이의신청의 구별

㉠ 문제의 소재 : 개별법률에서 이의신청을 규정하면서 행정심판과의 관계를 규정하고 있는 경우가 있다. 이의신청을 거친 후 행정심판을 제기할 수 있는 것으로 규정하고 있는 경우도 있고(예 정보공개법 제18조, 제19조), 이의신청으로 행정심판을 대체하는 것으로 규정한 경우(예 출입국관리법상 난민인정 신청에 대한 거부)도 있다. 이처럼 개별법에서 규정하고 있는 이의신청의 성질이 행정심판인가 아닌가가 문제된다.

㉡ 구별실익

ⓐ 적용법률과 행정심판 제기가능 여부 : 이의신청이 행정심판(특별행정심판)에 해당하면 개별법에서 규정하고 있는 것을 제외하고는 행정심판법이 적용되고, 이의신청을 거친 후에는 행정심판을 다시 제기할 수 없다.

1. 토지수용위원회의 수용재결에 대한 이의절차는 실질적으로 행정심판의 성질을 갖는 것이므로 토지수용법에 특별한 규정이 있는 것을 제외하고는 행정심판법의 규정이 적용된다고 할 것이다(대판 1992.6.9, 92누565).
2. 구 공무원연금법상 공무원연금급여 재심위원회에 대한 심사청구 제도의 법적 성격은 특별행정심판이다 구 공무원연금법 제80조에 의하면, 급여에 관한 결정 등에 관하여 이의가 있는 자는 급여에 관한 결정 등이 있었던 날부터 180일, 그 사실을 안 날부터 90일 이내에 '공무원연금급여 재심위원회'에 심사를 청구할 수 있을 뿐이고(제1항, 제2항), 행정심판법에 따른 행정심판을 청구할 수는 없다(제4항). 이와 같은 공무원연금급여 재심위원회에 대한 심사청구 제도의 입법 취지와 심사청구기간, 행정심판법에 따른 일

반행정심판의 적용 배제, 구 공무원연금법 제80조 제3항의 위임에 따라 구 「공무원연금법 시행령」 제84조 내지 제95조의2에서 정한 공무원연금급여 재심위원회의 조직, 운영, 심사절차에 관한 사항 등을 종합하면, 구 공무원연금법상 공무원연금급여 재심위원회에 대한 심사청구 제도는 사안의 전문성과 특수성을 살리기 위하여 특히 필요하여 행정심판법에 따른 일반행정심판을 갈음하는 특별한 행정불복절차(행정심판법 제4조 제1항), 즉 특별행정심판에 해당한다(대판 2019.8.9, 2019두38656).

그러나 행정심판이 아니라면 행정심판법이 적용되지 않고 이의신청을 거친 후에도 행정심판을 다시 제기할 수 있다.

「국가유공자 등 예우 및 지원에 관한 법률」 제74조의18 제1항이 정한 이의신청을 받아들이지 아니하는 결과를 통보받은 자는 통보받은 날부터 90일 이내에 행정심판 또는 취소소송을 제기할 수 있다(대판 2016.7.27, 2015두45953).

ⓑ 성질 : 행정심판인 이의신청에 대한 결정은 행정심판 재결의 성질을 갖는다. 행정심판이 아닌 이의신청에 따라 한 처분청의 결정통지는 새로운 행정처분이다. 이의신청의 대상이 된 처분을 취소하는 처분은 직권취소이고, 변경하는 결정통지는 종전의 처분을 대체하는 새로운 처분이다. 그러나 행정심판이 아닌 이의신청에서 기각하는 결정통지는 종전의 처분을 단순히 확인하는 행위로서 독립된 처분의 성질을 갖지 않는다.

1. 「민원사무 처리에 관한 법률」 제18조 제1항에서 정한 '거부처분에 대한 이의신청'을 받아들이지 않는 취지의 기각 결정 또는 그 취지의 통지는 항고소송의 대상이 아니다
   「민원사무 처리에 관한 법률」(민원사무처리법) 제18조 제1항에서 정한 거부처분에 대한 이의신청(민원 이의신청)은 행정청의 위법 또는 부당한 처분이나 부작위로 침해된 국민의 권리 또는 이익을 구제함을 목적으로 하여 **행정청과 별도의 행정심판기관에 대하여 불복할 수 있도록 한 절차인 행정심판과는 달리, 민원사무처리법에 의하여 민원사무처리를 거부한 처분청이 민원인의 신청 사항을 다시 심사하여 잘못이 있는 경우 스스로 시정하도록 한 절차이다. 이에 따라, 민원 이의신청을 받아들이는 경우에는 이의신청 대상인 거부처분을 취소하지 않고 바로 최초의 신청을 받아들이는 새로운 처분을 하여야 하지만, 이의신청을 받아들이지 않는 경우에는 다시 거부처분을 하지 않고 그 결과를 통지함에 그칠 뿐이다. 따라서 이의신청을 받아들이지 않는 취지의 기각 결정 내지는 그 취지의 통지는, 종전의 거부처분을 유지함을 전제로 한 것에 불과하고 또한 거부처분에 대한 행정심판이나 행정소송의 제기에도 영향을 주지 못하므로, 결국 민원 이의신청인의 권리의무에 새로운 변동을 가져오는 공권력의 행사나 이에 준하는 행정작용이라고 할 수 없어, 독자적인 항고소송의 대상이 된다고 볼 수 없다**고 봄이 타당하다(대판 2012.11.15, 2010두8676).
2. 한국토지주택공사가 택지개발사업의 시행자로서 일정 기준을 충족하는 손실보상대상자들에 대하여 생활대책을 수립·시행하였는데, 직권으로 甲 등이 생활대책대상자에 해당하지 않는다는 결정을 하고, 甲 등의 이의신청에 대하여 재심사 결과로도 생활대책 대상자로 선정되지 않았다는 통보를 한 사안에서, 재심사 결과 통보는 독립한 행정처분으로서 항고소송의 대상이 된다(대판 2016.7.14, 2015두58645).
3. 「국가유공자 등 예우 및 지원에 관한 법률」 제74조의18 제1항이 정한 이의신청을 받아들이지 아니하는 결정은 항고소송의 대상이 되지 않는다(대판 2016.7.27, 2015두45953).

ⓒ 효력: 행정심판이 아닌 이의신청도 처분에 대한 불복제도이므로 이의신청에 따른 직권취소에도 불가변력이 인정된다(대판 2010.9.30, 2009두1020).

과세관청이 과세처분에 대한 이의신청절차에서 납세자의 이의신청 사유가 옳다고 인정하여 과세처분을 직권으로 취소한 경우, 허위의 자료를 제출하는 등 부정한 방법에 기초하여 직권취소되었다는 등의 특별한 사유 없이 이를 번복하고 종전과 동일한 처분을 하는 것은 위법하다

동일 사항에 관하여 특별한 사유 없이 이를 번복하고 종전과 동일한 처분을 하는 것은 허용될 수 없다. 따라서 과세관청이 과세처분에 대한 이의신청절차에서 납세자의 이의신청 사유가 옳다고 인정하여 과세처분을 직권으로 취소한 경우, **납세자가 허위의 자료를 제출하는 등 부정한 방법에 기초하여 직권취소되었다는 등의 특별한 사유가 없는데도 이를 번복하고 종전과 동일한 과세처분을 하는 것은 위법**하다(대판 2017.3.9, 2016두56790).

ⓓ 제소기간 기산점: 행정심판인 이의신청의 경우 그에 대한 결정은 재결이므로 재결서 정본을 송달받은 날부터 90일, 재결이 있은 날부터 1년 안에 행정소송을 제기할 수 있다.

토지수용재결서정본을 송달함에 있어 이의신청기간을 알리지 않은 경우 행정심판법 제18조 제6항이 적용된다(대판 1992.6.9, 92누565).

그러나 행정심판이 아닌 이의신청의 경우 그에 대한 결정은 재결이 아니므로 거부처분시가 기산점이다.

1. 민원사항에 대한 행정기관의 장의 거부처분에 불복하여 「민원사무 처리에 관한 법률」 제18조 제1항에 따라 이의신청을 한 경우, 이의신청에 대한 결과를 통지받은 날부터 취소소송의 제소기간이 기산된다고 할 수 없고, 위 이의신청 절차는 헌법 제27조에서 정한 재판청구권을 침해하지 않는다

   행정소송법 제18조 내지 제20조, 행정심판법 제3조 제1항, 제4조 제1항, 「민원사무 처리에 관한 법률」(민원사무 처리법) 제18조, 같은 법 시행령 제29조 등의 규정들과 그 취지를 종합하여 보면, **민원사무 처리법에서 정한 민원 이의신청의 대상인 거부처분에 대하여는 민원 이의신청과 상관없이 행정심판 또는 행정소송을 제기할 수 있으며, 또한 민원 이의신청은 민원사무처리에 관하여 인정된 기본사항의 하나로 처분청으로 하여금 다시 거부처분에 대하여 심사하도록 한 절차로서 행정심판법에서 정한 행정심판과는 성질을 달리하고 또한 사안의 전문성과 특수성을 살리기 위하여 특별한 필요에 따라 둔 행정심판에 대한 특별 또는 특례 절차라 할 수도 없어 행정소송법에서 정한 행정심판을 거친 경우의 제소기간의 특례가 적용된다고 할 수도 없으므로, 민원 이의신청에 대한 결과를 통지받은 날부터 취소소송의 제소기간이 기산된다고 할 수 없다.** 그리고 이와 같이 민원 이의신청 절차와는 별도로 그 대상이 된 **거부처분에 대하여 행정심판 또는 행정소송을 제기할 수 있도록 보장**하고 있는 이상, 민원 이의신청 절차에 의하여 국민의 권익 보호가 소홀하게 된다거나 헌법 제27조에서 정한 재판청구권이 침해된다고 볼 수도 없다(대판 2012.11.15, 2010두8676).
2. 「공공감사에 관한 법률」상의 재심의신청 및 「광주광역시교육청 행정감사규정」상의 이의신청은 행정소

송법 제20조 제1항의 '행정심판청구'에 해당하지 않는다
「공공감사에 관한 법률」상의 재심의신청 및 구 「광주광역시교육청 행정감사규정」상의 이의신청은 자체 감사를 실시한 중앙행정기관 등의 장으로 하여금 감사결과나 그에 따른 요구사항의 적법·타당 여부를 스스로 다시 심사하도록 한 절차로서 행정심판을 거친 경우의 제소기간의 특례가 적용된다고 할 수 없다. 개별법상 규정된 이의신청과 행정심판과의 관계가 불분명하게 규정되어 행정소송의 기산일을 언제로 보아야 하는지 문제되는 경우가 많은데, 위 판결은 행정소송법 제20조 제1항의 행정심판은 행정심판법에 따른 일반행정심판과 행정심판법 제4조에서 정하고 있는 특별행정심판을 의미하고, 개별법상 이의신청이 그러한 행정심판의 요건을 갖추고 있지 않다면 그 이의신청 결과통지일이 행정소송의 제소기간 기산일이 될 수 없다는 판단 하에, 같은 취지의 원심판단이 정당하다고 보아 상고를 기각한 사안(대판 2014.4.24, 2013두10809)

ⓒ 구별기준 : 양자의 구별기준으로는 ⓐ 이의신청은 처분청 자체에 제기하는 쟁송인데 행정심판은 직근상급행정청에 제기하는 쟁송이라는 심판기관기준설, ⓑ 사법절차가 준용되면 행정심판으로 보고 그렇지 않으면 행정심판이 아니라고 보는 쟁송절차기준설이 제기되는데, 판례는 명확하지는 않지만 쟁송절차기준설을 취하고 있는 것으로 보인다(박균성).

1. 「부동산 가격공시 및 감정평가에 관한 법률」 제12조, 행정소송법 제20조 제1항, 행정심판법 제3조 제1항의 규정 내용 및 취지와 아울러 **「부동산 가격공시 및 감정평가에 관한 법률」에 행정심판의 제기를 배제하는 명시적인 규정이 없고 「부동산 가격공시 및 감정평가에 관한 법률」에 따른 이의신청과 행정심판은 그 절차 및 담당 기관에 차이**가 있는 점을 종합하면, **「부동산 가격공시 및 감정평가에 관한 법률」이 이의신청에 관하여 규정하고 있다고 하여 이를 행정심판법 제3조 제1항에서 행정심판의 제기를 배제하는 '다른 법률에 특별한 규정이 있는 경우'에 해당한다고 볼 수 없으므로, 개별공시지가에 대하여 이의가 있는 자는 곧바로 행정소송을 제기하거나 「부동산 가격공시 및 감정평가에 관한 법률」에 따른 이의신청과 행정심판법에 따른 행정심판청구 중 어느 하나만을 거쳐 행정소송을 제기할 수 있을 뿐 아니라, 이의신청을 하여 그 결과 통지를 받은 후 다시 행정심판을 거쳐 행정소송을 제기할 수도 있다**고 보아야 하고, 이 경우 행정소송의 제소기간은 그 행정심판 재결서 정본을 송달받은 날부터 기산한다(대판 2010.1.28, 2008두19987).
2. 행정처분에 대하여 이의신청을 제기하여야 하는데도 표제를 행정심판청구서로 한 서류를 제출한 경우에 이를 그 처분에 대한 이의신청으로 볼 수 있는 요건
지방자치법 제140조 제3항은 **사용료·수수료 또는 분담금의 부과나 징수에 대하여 이의가 있는 자는 그 처분을 통지받은 날부터 90일 이내에 그 지방자치단체의 장에게 이의신청할 수 있다고 규정하고 있고, 제5항은 사용료·수수료 또는 분담금의 부과나 징수에 대하여 행정소송을 제기하려면 제4항에 따른 결정을 통지받은 날부터 90일 이내에 처분청을 당사자로 하여 소를 제기하여야 한다**고 규정하고 있다. 그런데 이와 같은 **이의신청은 행정청의 위법·부당한 처분에 대하여 행정기관이 심판하는 행정심판과는 구별되는 별개의 제도라 할 것이나, 이의신청과 행정심판은 모두 본질에 있어서 행정처분으로 인하여 권리나 이익을 침해당한 상대방의 권리구제에 그 목적이 있고, 행정소송에 앞서 먼저 행정기관의 판단을 받는 데에 목적을 둔 엄격한 형식을 요하지 않는 서면행위라 할 것이므로, 이의신청을 제기하여야 할 사람이 처분청에 표제를 행정심판청구서로 한 서류를 제출한 경우라 할지라도, 서류의 내용에 있어서 이의신청의 요건에 맞는 불복취지와 그 사유가 충분히 기재되어 있다면 그 표제에도 불구하고 이를 그 처분에 대한 이의신청으로 볼 수 있다.** 원고가 피고의 도로점용료 부과처분에 불복하면서 행정심판청구서라는 서면을 제출하였던 것에 대하여, 그 서면이 어느 행정청에 접수되었는지 그리고 그 서면의 기재 내용이 사용료부과처분에 대한 이의신청 시의 기재내용을 포함하

고 있는지 여부에 관하여 심리를 하지 않은 채 원고의 위와 같은 서면 제출을 이의신청이 아닌 행정심판 청구로 보아 그 행정심판청구가 부적법하다고 본 다음, 원고가 이의신청 없이 이 사건 처분을 안 날로부터 90일이 경과한 후에야 이 사건 소를 제기하였다는 이유로 소를 각하하여야 한다고 본 원심판결을 파기한 사례(대판 2012.3.29, 2011두26886)

(2) 청 원

행정심판은 기본적으로 행정쟁송제도인 반면, 청원은 행정쟁송제도라기보다 국정에 대한 국민의 정치적 의사표시를 보장하기 위한 제도라는 점에서 본질적 차이가 있다. 또한 청원은 심사절차·재정형식·통지방식 또는 재정내용에 관해 법적 구속력이 없는데, 행정심판은 판정의 형식·절차에 있어서 법적 제한이 있고, 그 판정내용에 대해 기속력·불가쟁력·불가변력 등의 효력이 인정된다는 점에서 차이가 있다.

(3) 진 정

진정이란 법정의 절차와 형식에 의하지 않고 행정청에 대해 어떠한 희망을 진술하는 것을 말한다. 진정은 권리행사가 아니기 때문에 법적 구속력이나 효과를 발생하지 않는 사실행위에 불과하다는 점에서 행정심판과 차이가 있다.

(4) 특별행정심판

행정기관이 심판기관이 되는 행정쟁송절차인 점에서는 행정심판과 성질이 같으나, 행정심판법의 적용이 제한되는 특별법에 의해 심판이 행해지는 점에서 구별된다. 특별행정심판으로는 ① 소청심사, ② 특허심판, ③ 조세심판, ④ 해양안전심판, ⑤ 중앙노동위원회의 재심, ⑥ 감사원법에 의한 재심 등이 있다.

3. 행정심판의 존재이유(기능)

(1) 권력분립·자율적 행정통제

행정심판은 행정의 적법성·타당성을 행정권 스스로 자율적으로 보장하려는 행정의 자율적 통제와 행정감독의 기능을 수행한다.

(2) 사법기능의 보완·법원의 부담경감·구제의 신속성

법원은 고도의 전문적·기술적 문제에 대한 심사에는 적합하지 않다. 이에 비해 행정기관은 법원의 능력을 보충함과 동시에 법원 및 당사자의 시간·노력을 절약하여 부담을 덜어주는 의미를 갖는다.

(3) 행정능률의 보장

사법심사는 상당한 시간이 소요되어 행정의 능률성을 저해할 수 있기 때문에 신속·간편한 절차인 행정심판을 거침으로써 분쟁을 신속히 해결할 수 있게 한다.

행정소송을 제기함에 있어서 행정심판을 먼저 거치도록 한 것은 행정관청으로 하여금 그 행정처분을 다시 검토케 하여 시정할 수 있는 기회를 줌으로써 **행정권의 자주성을 존중**하고 아울러 **소송사건의 폭주를 피함으로써 법원의 부담을 줄이고자** 하는 데 그 취지가 있다(대판 1988.2.23, 87누704).

Ⅱ 행정심판과 행정소송 비교

구 분	행정심판		행정소송	
종 류	항고 심판	1. 취소심판 : 형성적 쟁송	항고 소송	1. 취소소송 : 형성적 소송, 처분의 위법성 일반이 소송물 ⇔ 개개의 위법사유(×)
		2. 무효등확인심판 : 준형성적 쟁송		2. 무효등확인소송 : 준항고소송,처분등의유효성·무효성·존재·부존재·실효가 소송물
		3.의무이행심판 : 이행쟁송, 적극적 변경 가능, 작위의무의 존재가 소송물 ■ 부작위위법확인심판은 인정되지 않음.		3. 부작위위법확인소송 : 확인소송, 부작위의 위법성이 소송물(부작위의무의 존재가 아님)
				행정소송법에 규정이 없는 소송(비법정·무명항고소송) : 소송종류에 관한 열기주의 1. 의무이행소송 : 이행쟁송 ■ 의무이행소송은 작위의무의 존재가 소송물로서 부작위의 적법성이 아님. 2. 불법행위에 대한 위법확인소송 3. 예방적 부작위청구소송·취소처분 저지소송 4. 작위의무확인소송
	기타 심판	행정심판법에는 당사자심판·민중심판·기관심판에 관한 규정이 없고 개별법에만 존재	기타 소송	1. 행정소송법에는 당사자소송·민중소송·기관소송에 관한 규정이 존재 2. 당사자소송 : 공법상 법률관계 자체가 소송물

<table>
<tr><td colspan="2">존재이유</td><td>자율적 통제, 전문성 확보</td><td>타율적 통제, 독립성 확보</td></tr>
<tr><td colspan="2">성 질</td><td>1. 형식적 의미의 행정
2. 실질적 의미의 사법</td><td>1. 형식적 의미의 사법
2. 실질적 의미의 사법</td></tr>
<tr><td colspan="2">목적(기능)</td><td>1. 행정의 적법성 보장(1차적)
2. 국민의 권리구제(2차적)</td><td>1. 국민의 권리구제(1차적)
2. 행정의 적법성 보장(2차적)</td></tr>
<tr><td colspan="2">심판절차</td><td>약식쟁송</td><td>정식쟁송</td></tr>
<tr><td colspan="2">피청구인·
피고경정</td><td>청구인이 피청구인을 잘못 지정한 때 신청만이 아니라 직권에 의하여도 피청구인경정 가능</td><td>원고가 피고를 잘못 지정한 때 신청에 의해서만 피고경정 가능</td></tr>
<tr><td colspan="2">참가통지</td><td>제3자의 참가 여부에 대한 통지규정 존재</td><td>제3자의 참가 여부에 관한 통지규정 부존재</td></tr>
<tr><td colspan="2">심판대상</td><td>1. 처분에 한정되고 재결은 제외
2. 대통령의 처분이나 부작위 제외</td><td>1. 처분등(처분+행정심판재결)
2. 대통령의 처분이나 부작위 포함</td></tr>
<tr><td colspan="2">제기기간</td><td>1. 취소심판·거부처분에 대한 의무이행심판 : 처분이 있음을 알게 된 날부터 90일, 처분이 있었던 날부터 180일. 불가항력으로 인한 특칙 존재
2. 무효등확인심판 : 기간제한 없음.
3. 부작위에 대한 의무이행심판 : 기간제한 없음.</td><td>1. 취소소송 : 처분등이 있음을 안 날로부터 90일(재결서의 정본을 송달받은 날로부터 90일), 처분등이 있은 날로부터 1년(재결이 있은 날로부터 1년). 불가항력으로 인한 특칙규정 없음.
2. 무효등확인소송 : 기간제한 없음.
3. 부작위위법확인소송 : 기간제한 없음(부작위의 경우 처분을 전제로 한 규정). 다만, 재결을 전제로 한 규정은 적용</td></tr>
<tr><td colspan="2">심판기관</td><td>행정청(행정심판위원회)</td><td>법 원</td></tr>
<tr><td colspan="2">집행정지 신청</td><td>1. 집행정지 신청 이유에 대한 소명 불요
2. 심판청구와 동시 또는 심판청구에 대한 의결이 있기 전까지 집행정지의 신청규정</td><td>1. 집행정지 신청 이유에 대한 소명 필요
2. 신청기간 규정 없음.</td></tr>
<tr><td colspan="2">임시처분
(가처분)</td><td>임시처분 인정(제31조)</td><td>가처분 규정 없음.</td></tr>
<tr><td rowspan="2">심리방식</td><td>구술심리</td><td>1. 행정심판의 심리는 구술심리 또는 서면심리로 한다.
2. 법률은 선택적으로 규정하고 있지만, 해석상 서면심리주의를 취했다는 것이 다수설</td><td>명시적 규정은 없지만 민사소송법을 준용하여 구술심리원칙(구두변론주의)
■ 행정소송법에 명시적 규정이 있는 심리원칙
1. 직권심리주의·직권증거조사주의
2. 행정심판기록제출명령</td></tr>
<tr><td>공개 여부</td><td>비공개원칙. 명문의 근거는 없음. 직권심리주의와 서면심리주의를 채택한 전체적 구조로 판단. 위원회가 필요 인정 시 공개
■ 청문도 비공개원칙</td><td>공개재판주의 : 재판의 심리와 판결은 공개한다. 다만, 심리는 국가의 안전보장 또는 안녕질서를 방해하거나 선량한 풍속을 해할 염려가 있을 때에는 법원의 결정으로 공개하지 아니할 수 있다(헌법 제109조).
■ 평의는 비공개</td></tr>
</table>

재결·판결	인용사유	위법·부당(공익판단위배·합목적성 위배)	위법에 한정 ■ 부당은 기각사유
	종 류	1. 취소재결·변경재결, 변경명령재결 가능 2. 사정재결 ① 취소심판과 의무이행심판에 인정 ② 구제수단을 추상적으로 규정 : 상당한 구제방법 ③ 재결주문에 위법 또는 부당 명시 ④ 위원회가 상당한 구제방법을 취하거나 명령	1. 취소판결만 가능하고 취소명령판결은 불가 2.사정판결 ① 취소소송에만 인정되고 부작위위법 확인소송에는 인정되지 않음. ② 구제수단을 구체적으로 규정 : 손해배상, 제해시설의 설치 그 밖에 적당한 구제방법 ③ 판결주문에 위법 명시 ④ 원고가 병합제기해야
	변 경	적극적 변경(예 면허취소처분을 면허정지처분으로 변경하는 것) 가능	소극적 변경으로서 일부취소(예 영업정지 3월을 영업정지 1월로 변경하는 것)만 가능
	기속력 확보수단	시정명령+직접처분권	간접강제(법원에 의한 배상명령)
공통점		1. 당사자의 쟁송제기에 의해서만 개시 2. 청구인적격·원고적격(법률상 이익) 3. 청구인 대 피청구인(행정청), 원고 대 피고의 대심구조 4. 개괄주의 5. 행정청의 처분이나 부작위를 대상 6. 제3자적 기관(행정심판위원회, 법원) 등에 의한 판정 7. 적법한 쟁송제기 시 심판기관의 심리의무 8. 청구의 변경 인정 9. 집행부정지원칙 10. 보충적 직권심리주의 11. 구술심리주의 12. 불고불리의 원칙 13. 불이익변경금지 14. 당사자·이해관계인의 참여 인정 15. 사정재결·사정판결의 인정 16. 재결이나 판결에 특별한 효력(확정력·기속력) 인정	
양자의 관계		개정 전 행정소송법은 행정소송(항고소송)의 제기에 앞서 전심절차로서 행정심판을 거치게 하는 필요적 행정심판전치주의를 취했지만, 현행 행정소송법은 행정심판을 거치지 않고 행정소송을 제기할 수 있는 행정심판임의주의(임의적 행정심판전치주의)를 원칙으로 하고 있다.	

제2항 행정심판의 종류

I 의의 및 종류

취소심판	무효등확인심판	의무이행심판
1. 행정청의 위법 또는 부당한 처분을 취소하거나 변경하는 행정심판(제5조 제1호)[13 서울7급] 2. 취소심판과 변경심판	1. 행정청의 처분의 효력 유무 또는 존재 여부를 확인하는 행정심판(제5조 제2호) 2. 효력 유무(유효확인심판·무효확인심판·실효확인심판), 존재 여부(존재확인심판·부존재확인심판)	1. 당사자의 신청에 대한 행정청의 위법 또는 부당한 거부처분이나 부작위에 대하여 일정한 처분을 하도록 하는 행정심판(제5조 제3호). 의무이행심판은 행정청의 의 소극적인 행위, 즉 거부처분 또는 부작위에 대해 적극적인 처분을 구하는 행정심판이다. 2. 거부처분에 대한 의무이행심판과 부작위에 대한 의무이행심판

II 성 질

1. 취소심판(형성쟁송)

(1) 확인적 쟁송설

취소심판은 처분의 위법성·부당성을 확인하는 성질로 보는 견해이다.

(2) 형성쟁송설(통설)

취소심판은 일정한 법률관계를 성립시킨 당해 처분의 취소·변경을 통하여 법률관계의 변경 또는 소멸을 가져온다는 점에서 형성적 성질로 보는 견해이다.

2. 무효등확인심판(준형성쟁송)

(1) 확인적 쟁송설

무효등확인심판은 적극적으로 처분등의 효력을 소멸 또는 발생시키는 것이 아니라, 처분등의 효력의 유무나 존재 여부를 공권적으로 확인·선언하는 확인적 쟁송의 성질을 가진다는 견해이다.

(2) 형성쟁송설

무효등확인심판도 결국 행정주체가 우월한 지위에서 행한 처분등의 효력 유무, 존재 여부를 다투는 것이므로 본질적으로 형성적 쟁송이라는 견해이다.

(3) 준형성쟁송설(통설)

무효등확인심판은 처분등의 효력 유무, 존재 여부에 대한 확인을 구한다는 점에서 실질적으로 확인적 쟁송의 성질을 가지나, 형식적으로는 처분등의 효력 유무 또는 존재 여부를 직접 심판의 대상으로 하는 점에서 형성적 쟁송의 성질을 아울러 갖는다는 견해이다.

3. 의무이행심판(이행쟁송)

의무이행심판은 행정청에 대하여 일정한 처분을 할 것을 명하는 재결을 구하는 행정심판이므로 이행쟁송(급부쟁송)의 성질을 갖는다.

III 특수성

취소심판	무효등확인심판	의무이행심판
1. 심판청구기간의 제한(제27조) 2. 집행부정지의 원칙(제30조) 3. 사정재결의 인정(제44조)	1. 심판청구기간의 제한을 받지 않고(제27조 제7항), 2. 집행부정지원칙은 명문규정은 없지만 무효등확인심판에도 적용된다. 3. 사정재결에 관한 규정이 적용되지 않는다(제44조 제3항).	1. 거부처분에 대한 의무이행심판은 청구기간의 제한을 받으나, 부작위에 대한 의무이행심판은 그 제한을 받지 않는다(제27조 제7항). 2. 집행정지에 관한 규정은 적용되지 않는다. 3. 사정재결에 관한 규정은 적용된다(제44조 제3항).

제3항 행정심판의 제기

I 당사자와 관계인

1. 개 설

행정심판법은 헌법 제107조 제3항의 취지에 따라 행정심판절차의 사법절차화를 도모하기 위해 대립하는 두 당사자의 대심구조(對審構造)를 원칙으로 하고 있다. 따라서 행정심판에 있어서도 '청구인'과 '피청구인'이 서로 대립되는 당사자관계를 유지하고 있다.

2. 청구인

(1) 의 의

청구인이란 행정심판의 대상인 처분 또는 부작위에 불복하여 그의 취소 또는 변경 등을 구하는 심판청구를 제기하는 자를 말한다.

(2) 청구인능력

법인이 아닌 사단 또는 재단으로서 대표자나 관리인이 정하여져 있는 경우에는 그 사단이나 재단의 이름으로 심판청구를 할 수 있다(제14조).

(3) 청구인적격

청구인적격이란 행정심판의 청구인이 될 수 있는 법률상의 자격을 말한다. 행정심판법은 "취소심판은 처분의 취소 또는 변경을 구할 법률상 이익이 있는 자가 청구할 수 있다."라고 규정하고 있다(제13조 제1항 제1문). 따라서 법률상 이익이 있으면 처분의 상대방뿐만 아니라 제3자도 심판청구인이 될 수 있다. 무효등확인심판은 처분의 효력 유무 또는 존재 여부의 확인을 구할 법률상 이익이 있는 자가(제13조 제2항), 의무이행심판은 처분을 신청한 자로서 행정청의 거부처분 또는 부작위에 대하여 일정한 처분을 구할 법률상 이익이 있는 자가 청구할 수 있다(같은 조 제3항).

사립학교 교원은 임용기간 만료 후에도 계속 근무를 하던 중 신규임용의 취소 통지를 받은 경우 이에 대하여 교원소청심사를 청구할 법률상 이익이 있다(대판 2012.6.14, 2011두29885).

(4) 처분의 소멸

취소심판은 처분의 취소 또는 변경을 구할 법률상 이익이 있는 자가 청구할 수 있다. 처분의 효과가 기간의 경과, 처분의 집행, 그 밖의 사유로 소멸된 뒤에도 그 처분의 취소로 회복되는 법률상 이익이 있는 자의 경우에도 또한 같다(제13조 제1항 제2문).

(5) 선정대표자

여러 명의 청구인이 공동으로 심판청구를 할 때에는 청구인들 중에서 3명 이하의 선정대표자를 선정할 수 있다(제15조 제1항). 청구인들이 선정대표자를 선정하지 아니한 경우에 위원회는 필요하다고 인정하면 청구인들에게 선정대표자를 선정할 것을 권고할 수 있다(같은 조 제2항). 선정대표자는 다른 청구인들을 위하여 그 사건에 관한 모든 행위를 할 수 있다. 다만, 심판청구를 취하하려면 다른 청구인들의 동의를 받아야 하며, 이 경우 동의받은 사실을 서면으로 소명하여야 한다(같은 조 제3항). 선정대표자가 선정되면 다른 청구인들은 그 선정대표자를 통해서만 그 사건에 관한 행위를 할 수 있다(같은 조 제4항). 선정대표자를 선정한 청구인들은 필요하다고 인정하면 선정대표자를 해임하거나 변경할 수 있다. 이 경우 청구인들은 그 사실을 지체 없이 위원회에 서면으로 알려야 한다(같은 조 제5항). 대표자·관리인·선정대표자 또는 대리인의 자격은 서면으로 소명하여야 한다(제19조 제1항). 청구인이나 피청구인은 대표자·관리인·선정대표자 또는 대리인이 그 자격을 잃으면 그 사실을 서면으로 위원회에 신고하여야 한다. 이 경우 소명 자료를 함께 제출하여야 한다(같은 조 제2항).

행정심판절차에서 당사자가 아닌 자를 선정대표자로 선정한 행위는 무효이다(대판 1991.1.25, 90누7791).

(6) 청구인의 지위승계

① **당연승계(상속·합병 등 포괄승계의 경우)** : 청구인이 사망한 경우에는 상속인이나 그 밖에 법령에 따라 심판청구의 대상에 관계되는 권리나 이익을 승계한 자가(제16조 제1항), 법인인 청구인이 합병(合併)에 따라 소멸하였을 때에는 합병 후 존속하는 법인이나 합병에 따라 설립된 법인이 청구인의 지위를 승계한다(같은 조 제2항). 청구인의 지위를 승계한 자는 위원회에 서면으로 그 사유를 신고하여야 한다. 이 경우의 신고서에는 사망 등에 의한 권리·이익의 승계 또는 합병 사실을 증명하는 서면을 함께 제출하여야 한다(같은 조 제3항). 신고가 있을 때까지 사망자나 합병 전의 법인에 대하여 한 통지 또는 그 밖의 행위가 청구인의 지위를 승계한 자에게 도달하면 지위를 승계한 자에 대한 통지 또는 그 밖의 행위로서의 효력이 있다(같은 조 제4항).

② **허가승계(특정승계의 경우)** : 심판청구의 대상과 관계되는 권리나 이익을 양수한 자는 위원회의 허가를 받아 청구인의 지위를 승계할 수 있다(제16조 제5항). 위원회는 지위 승계 신청을 받으면 기간을 정하여 당사자와 참가인에게 의견을 제출하도록 할 수 있으며, 당사자와 참가인이 그 기간에 의견을 제출하지 아니하면 의견이 없는 것으로 본다(같은 조 제6항). 위원회는 지위 승계 신청에 대하여 허가 여부를 결정하고, 지체 없이 신청인에게는 결정서 정본을, 당사자

와 참가인에게는 결정서 등본을 송달하여야 한다(같은 조 제7항). 신청인은 위원회가 지위 승계를 허가하지 아니하면 결정서 정본을 받은 날부터 7일 이내에 위원회에 이의신청을 할 수 있다(같은 조 제8항).

3. 피청구인

(1) 피청구인적격(행정청)

행정심판의 피청구인이란 심판청구를 제기 받은 상대방인 당사자를 말한다. 행정심판법은 "행정심판은 처분을 한 행정청(의무이행심판의 경우에는 청구인의 신청을 받은 행정청)을 피청구인으로 하여 청구하여야 한다. 다만, 심판청구의 대상과 관계되는 권한이 다른 행정청에 승계된 경우에는 권한을 승계한 행정청을 피청구인으로 하여야 한다."라고 규정하고 있다(제17조 제1항).

(2) 피청구인 경정

① **정사유 및 절차**: 청구인이 피청구인을 잘못 지정한 경우에는 위원회는 직권으로 또는 당사자의 신청에 의하여 결정으로써 피청구인을 경정할 수 있다(제17조 제2항). 위원회는 피청구인을 경정하는 결정을 하면 결정서 정본(동본이 아님)을 당사자(종전의 피청구인과 새로운 피청구인을 포함한다)에게 송달하여야 한다(같은 조 제3항). 위원회는 행정심판이 청구된 후에 제1항 단서의 사유가 발생하면 직권으로 또는 당사자의 신청에 의하여 결정으로써 피청구인을 경정한다. 이 경우에는 제3항과 제4항을 준용한다(같은 조 제5항). 당사자는 제2항 또는 위원회의 결정에 대하여 결정서 정본을 받은 날부터 7일 이내에 위원회에 이의신청을 할 수 있다(같은 조 제6항).

② **경정의 효과**: 경정결정이 있으면 종전의 피청구인에 대한 심판청구는 취하되고 종전의 피청구인에 대한 행정심판이 청구된 때에 새로운 피청구인에 대한 행정심판이 청구된 것으로 본다(제17조 제4항).

4. 관계인

(1) 참가인

① **심판참가**: 행정심판의 참가란 행정심판의 결과에 대해 이해관계가 있는 제3자 또는 행정청이 행정심판위원회의 허가나 요구에 의해 심판절차에 참가하는 것을 말한다. 행정심판의 결과에 이해관계가 있는 제3자나 행정청은 해당 심판청구에 대한 위원회나 소위원회의 의결이 있

기 전까지 그 사건에 대하여 심판참가를 할 수 있다(제20조 제1항). 심판참가를 하려는 자는 참가의 취지와 이유를 적은 참가신청서를 위원회에 제출하여야 한다. 이 경우 당사자의 수만큼 참가신청서 부본을 함께 제출하여야 한다(같은 조 제2항). 위원회는 참가신청서를 받으면 참가신청서 부본을 당사자에게 송달하여야 한다(같은 조 제3항). 제3항의 경우 위원회는 기간을 정하여 당사자와 다른 참가인에게 제3자의 참가신청에 대한 의견을 제출하도록 할 수 있으며, 당사자와 다른 참가인이 그 기간에 의견을 제출하지 아니하면 의견이 없는 것으로 본다(같은 조 제4항). 위원회는 참가신청을 받으면 허가 여부를 결정하고, 지체 없이 신청인에게는 결정서 정본을, 당사자와 다른 참가인에게는 결정서 등본을 송달하여야 한다(같은 조 제5항). 신청인은 송달을 받은 날부터 7일 이내에 위원회에 이의신청을 할 수 있다(같은 조 제6항).

② 심판참가의 요구 : 위원회는 필요하다고 인정하면 그 행정심판 결과에 이해관계가 있는 제3자나 행정청에 그 사건 심판에 참가할 것을 요구할 수 있다(제21조 제1항). 참가요구를 받은 제3자나 행정청은 지체 없이 그 사건 심판에 참가할 것인지 여부를 위원회에 통지하여야 한다(같은 조 제2항).

③ 참가인의 지위 : 참가인은 행정심판 절차에서 당사자가 할 수 있는 심판절차상의 행위를 할 수 있다(제22조 제1항). 이 법에 따라 당사자가 위원회에 서류를 제출할 때에는 참가인의 수만큼 부본을 제출하여야 하고, 위원회가 당사자에게 통지를 하거나 서류를 송달할 때에는 참가인에게도 통지하거나 송달하여야 한다(같은 조 제2항). 참가인의 대리인 선임과 대표자 자격 및 서류 제출에 관하여는 제18조(대리인의 선임), 제19조(대표자 등의 자격) 및 이 조 제2항을 준용한다(같은 조 제3항).

(2) 대리인

청구인은 법정대리인 외에 ① 청구인의 배우자, 청구인 또는 배우자의 사촌 이내의 혈족, ② 청구인이 법인이거나 청구인 능력이 있는 법인이 아닌 사단 또는 재단인 경우 그 소속 임직원, ③ 변호사, ④ 다른 법률에 따라 심판청구를 대리할 수 있는 자, ⑤ 그 밖에 위원회의 허가를 받은 자를 대리인으로 선임할 수 있다(제18조 제1항). 피청구인은 그 소속 직원 또는 제1항 제3호부터 제5호까지의 어느 하나에 해당하는 자를 대리인으로 선임할 수 있다(같은 조 제2항). 대리인에 관하여는 제15조 제3항(선정대표자는 다른 청구인들을 위하여 그 사건에 관한 모든 행위를 할 수 있다. 다만, 심판청구를 취하하려면 다른 청구인들의 동의를 받아야 하며, 이 경우 동의받은 사실을 서면으로 소명하여야 한다) 및 제5항(선정대표자를 선정한 청구인들은 필요하다고 인정하면 선정대표자를 해임하거나 변경할 수 있다. 이 경우 청구인들은 그 사실을 지체 없이 위원회에 서면으로 알려야 한다)을 준용한다(같은 조 제3항). 대표자·관리인·선정대표자 또는 대리인의 자격은 서면으로 소명하여야 한다(제19조 제1항). 청구인이나 피청구인은 대표자·관리인·선정대표자 또는 대리인이 그 자격을 잃으면 그 사실을 서면으로 위원회에 신고하여야 한다. 이 경우 소명 자료를 함께 제출하여야 한다(같은 조 제2항).

Ⅱ 행정심판의 대상

1. 열기주의와 개괄주의

열기주의란 행정심판을 제기할 수 있는 사항을 개별화하여 열기해서 특정된 사항만을 행정심판사항으로 하는 제도이다. 개괄주의란 행정심판의 대상을 개별화하여 제한하지 않고, 행정청의 위법·부당한 행정작용을 일반적으로 행정심판사항으로 인정하는 제도이다.

2. 우리나라

(1) 개괄주의의 채택

행정심판법은 "행정청의 처분 또는 부작위에 대하여는 다른 법률에 특별한 규정이 있는 경우 외에는 이 법에 따라 행정심판을 청구할 수 있다."(제3조 제1항)라고 규정함으로써 개괄주의를 채택하고 있다.

(2) 처분과 부작위의 의의

① 처분이란 행정청이 행하는 구체적 사실에 관한 법집행으로서의 공권력의 행사 또는 그 거부, 그 밖에 이에 준하는 행정작용을 말한다(제2조 제1항 제1호).

② 부작위란 행정청이 당사자의 신청에 대하여 상당한 기간 내에 일정한 처분을 하여야 할 법률상 의무가 있는데도 처분을 하지 아니하는 것을 말한다(제2조 제1항 제2호).

1. 사립학교 교원에 대한 신규임용을 취소한다는 내용의 통지는 교원소청심사의 대상이 된다(대판 2012.6.14, 2011두29885).
2. 행정심판의 대상인 처분 개념을 규정한 행정심판법 제2조 제1호 및 제3조 제1항 중 '처분'에 관한 부분은 재판청구권을 침해하지 않는다(합헌)
   이 사건 행정심판법조항들이 행정심판 대상을 한정하고 있더라도, 헌법 제107조 제3항은 행정심판을 임의적 전치제도로 규정함에 그치고 있어 행정심판을 거치지 아니하고 곧바로 행정소송을 제기할 수 있는 선택권이 보장되어 있으므로 법관에 의하여 재판을 받을 권리를 제한하고 있지는 않다(헌재결 2014.6.26, 2012헌바333).
3. 행정심판의 대상인 처분 개념을 규정한 행정심판법 제2조 제1호 및 제3조 제1항 중 '처분'에 관한 부분은

'구체적 사실에 대한 법집행으로서의 공권력의 행사'에 의하여 권리 또는 이익을 침해당한 사람들만이 행정심판을 제기할 수 있도록 하는 것은 평등권을 침해하지 않는다(합헌)

이 사건 행정심판법조항들은 '구체적 사실에 대한 법집행으로서의 공권력의 행사'에 의하여 권리 또는 이익을 침해당한 사람들만이 행정심판을 제기할 수 있도록 하고, 그렇지 아니한 사람들은 행정심판을 제기할 수 없도록 하지만 위 두 집단은 행정청의 공권력 행사에 의하여 권리 또는 이익을 침해당하였는지 여부에서 서로 상이하여 본질적으로 동일한 비교집단에 해당한다고 할 수 없다. 설령 이와 달리 보더라도 행정심판 대상을 한정하는 것은 불필요한 심판을 억제하여 행정청과 당사자의 부담을 경감시킴으로써 효율적인 행정심판제도를 구현하기 위한 것이므로, 행정심판법에서 이와 같이 처분 개념을 한정하고 있는 것은 충분히 합리적인 이유가 있다. 따라서 이 사건 행정심판법조항들은 청구인의 평등권을 침해한다고 할 수 없다(헌재결 2014.6.26, 2012헌바333).

(3) 제외대상

행정심판사항에 대해 개괄주의를 채택했다고 하더라도 행정청의 어떤 행위라도 모두 심판의 대상으로 한다는 의미는 결코 아니다.

① 대통령의 처분 또는 부작위 : 행정심판법은 "대통령의 처분 또는 부작위에 대하여는 다른 법률에서 행정심판을 청구할 수 있도록 정한 경우 외에는 행정심판을 청구할 수 없다."라고 규정하고 있다(제3조 제2항) . 이는 행정심판의 실익이 없다고 보아 대상에서 제외하여 직접 행정소송을 제기하도록 한 것이다.

② 재결 : "심판청구에 대한 재결이 있으면 그 재결 및 같은 처분 또는 부작위에 대하여 다시 행정심판을 청구할 수 없다."라고 규정하고 있다(제51조).

Ⅲ 행정심판의 청구방식과 절차

1. 청구방식(엄격한 형식을 요하지 아니하는 서면주의)

(1) 심판청구의 방식

심판청구는 서면으로 하여야 한다(제28조 제1항). 심판청구를 서면으로 한 취지는 심판청구의 내용을 명확히 하고 일정한 방식으로 통일함으로써 구술제기로 인해 생길 심판의 지체와 번잡을 피하기 위해서이다. 그러나 판례는 행정심판청구는 엄격한 형식을 요하지 아니하는 서면행위이기 때문에 행정심판청구서의 형식을 갖추지 못한 경우라도 보정이 가능한 경우 행정심판청구로 인정한다.

1. 행정심판청구는 엄격한 형식을 요하지 아니하는 서면행위이므로 표제와 제출기관의 여하를 불문하고, 행정심판청구로 보고, 불비된 사항이 보정 가능한 때에는 보정을 명하고 보정이 불가능하거나 보정명령에 따르지 아니한 때에 비로소 부적법각하를 하여야 한다(대판 1995.9.5, 94누16250).
2. 행정심판 제기요건의 불비한 점이 보정이 가능한 것이라면 처분청에 제출한 처분의 취소를 구하는 취지의 진정서를 행정심판청구로 보아야 한다(대판 1995.9.5, 94누16250).

(2) 전자정보처리조직을 통한 심판청구 등

이 법에 따른 행정심판 절차를 밟는 자는 심판청구서와 그 밖의 서류를 전자문서화하고 이를 정보통신망을 이용하여 위원회에서 지정·운영하는 전자정보처리조직(행정심판 절차에 필요한 전자문서를 작성·제출·송달할 수 있도록 하는 하드웨어, 소프트웨어, 데이터베이스, 네트워크, 보안요소 등을 결합하여 구축한 정보처리능력을 갖춘 전자적 장치를 말한다)을 통하여 제출할 수 있다(제52조 제1항). 제출된 전자문서는 이 법에 따라 제출된 것으로 보며, 부본을 제출할 의무는 면제된다(같은 조 제2항). 제출된 전자문서는 그 문서를 제출한 사람이 정보통신망을 통하여 전자정보처리조직에서 제공하는 접수번호를 확인하였을 때에 전자정보처리조직에 기록된 내용으로 접수된 것으로 본다(같은 조 제3항). 전자정보처리조직을 통하여 접수된 심판청구의 경우 심판청구 기간을 계산할 때에는 제3항에 따른 접수가 되었을 때 행정심판이 청구된 것으로 본다(같은 조 제4항).

2. 절 차

(1) 심판청구서의 제출(선택적 경유절차)

행정심판법은 "행정심판을 청구하려는 자는 심판청구서를 작성하여 피청구인이나 위원회에 제출하여야 한다. 이 경우 피청구인의 수만큼 심판청구서 부본을 함께 제출하여야 한다."라고 규정함으로써 종래의 처분청경유주의를 폐지하고, 청구인의 선택에 의하도록 했다(제23조 제1항). 행정청이 고지를 하지 아니하거나 잘못 고지하여 청구인이 심판청구서를 다른 행정기관에 제출한 경우에는 그 행정기관은 그 심판청구서를 지체 없이 정당한 권한이 있는 피청구인에게 보내야 한다(같은 조 제2항). 심판청구서를 보낸 행정기관은 지체 없이 그 사실을 청구인에게 알려야 한다(같은 조 제3항). 심판청구 기간을 계산할 때에는 피청구인이나 위원회 또는 제2항에 따른 행정기관에 심판청구서가 제출되었을 때에 행정심판이 청구된 것으로 본다(같은 조 제4항).

(2) 처분청(경유청)의 처리

① **위원회에의 송부와 피청구인에 통지**: 피청구인이 심판청구서를 접수하거나 송부받으면 10일 이내에 심판청구서(제23조 제1항·제2항의 경우만 해당된다)와 답변서를 위원회에 보내야 한다. 다만, 청구인이 심판청구를 취하한 경우에는 그러하지 아니하다(제24조 제1항). 피청구인은 처분의 상대방이 아닌 제3자가 심판청구를 한 경우에는 지체 없이 처분의 상대방에게 그 사실을 알려야 한다. 이 경우 심판청구서 사본을 함께 송달하여야 한다(같은 조 제2항). 피청구인이 심판청구서를 보낼 때에는 심판청구서에 위원회가 표시되지 아니하였거나 잘못 표시된 경우에도 정당한 권한이 있는 위원회에 보내야 한다(같은 조 제3항). 피청구인은 답변서를 보낼 때에는 청구인의 수만큼 답변서 부본을 함께 보내되, 답변서에는 ㉠ 처분이나 부작위의 근거와 이유, ㉡ 심판청구의 취지와 이유에 대응하는 답변, ㉢ 제2항에 해당하는 경우에는 처분의 상대방의 이름·주소·연락처와 제2항의 의무 이행 여부를 명확하게 적어야 한다(같은 조 제4항). 제2항과 제3항의 경우에 피청구인은 송부 사실을 지체 없이 청구인에게 알려야 한다(같은 조 제5항). 중앙행정심판위원회에서 심리·재결하는 사건인 경우 피청구인은 위원회에 심판청구서 또는 답변서를 보낼 때에는 소관 중앙행정기관의 장에게도 그 심판청구·답변의 내용을 알려야 한다(같은 조 제6항).

② **피청구인의 직권취소 등**: 심판청구서를 받은 피청구인은 그 심판청구가 이유 있다고 인정하면 심판청구의 취지에 따라 직권으로 처분을 취소·변경하거나 확인을 하거나 신청에 따른 처분을 할 수 있다. 이 경우 서면으로 청구인에게 알려야 한다(제25조 제1항). 피청구인은 직권취소 등을 하였을 때에는 청구인이 심판청구를 취하한 경우가 아니면 심판청구서·답변서를 보낼 때 직권취소 등의 사실을 증명하는 서류를 위원회에 함께 제출하여야 한다(같은 조 제2항).

(3) 위원회의 처리

위원회는 심판청구서를 받으면 지체 없이 피청구인에게 심판청구서 부본을 보내야 한다(제26조 제1항). 위원회는 피청구인으로부터 답변서가 제출되면 답변서 부본을 청구인에게 송달하여야 한다(같은 조 제2항).

Ⅳ 행정심판 청구기간

1. 원칙적인 심판청구기간

(1) 행정심판법 규정

행정심판은 처분이 있음을 알게 된 날부터 90일 이내에 청구하여야 한다(제27조 제1항). 행정심판은 처분이 있었던 날부터 180일이 지나면 청구하지 못한다. 다만, 정당한 사유가 있는 경우에는 그러하지 아니하다(같은 조 제3항). 90일은 불변기간(변경할 수 없는 기간. 즉, 기간이 지난 경우 행정심판을 받아줄 수 없다는 의미)이다(같은 조 제4항). 180일은 불변기간이 아니다. 행정심판청구기간의 제한규정은 취소심판과 거부처분에 대한 의무이행심판에는 적용되지만, 무효등확인심판청구와 부작위에 대한 의무이행심판청구에는 이를 적용하지 아니한다(같은 조 제7항).

(2) 처분이 있음을 안 날의 의미

① **특정인의 경우**:판례에 의하면 처분이 있었음을 현실적으로 안 날을 의미하고 추상적으로 알 수 있었던 날(효력발생일, 즉 도달한 날)이 아니다.

1. '안 날'의 의미는 현실적으로 안 날을 의미하고 추상적으로 알 수 있었던 날은 아니지만, 알 수 있는 상태에 놓여진 때 반증이 없는 한 처분이 있음을 알았다고 추정할 수 있다
   행정심판법 제18조 제1항 소정의 심판청구기간 기산점인 '처분이 있음을 안 날'이라 함은 당사자가 통지·공고 기타의 방법에 의하여 **당해 처분이 있었다는 사실을 현실적으로 안 날을 의미하고, 추상적으로 알 수 있었던 날(도달한 날, 효력발생일)을 의미하는 것은 아니지만,** 처분에 관한 서류가 당사자의 주소지에 송달되는 등 **사회통념상 처분이 있음을 당사자가 알 수 있는 상태에 놓여진 때에는 반증이 없는 한 그 처분이 있음을 알았다고 추정할 수 있다.** 아르바이트 직원이 납부고지서를 수령한 경우, 납부의무자는 그때 부과처분이 있음을 알았다고 추정할 수 있다(대판 2002.8.27, 2002두3850).
2. 아파트 경비원이 과징금부과처분의 납부고지서를 수령한 날은 그 납부의무자가 '부과처분이 있음을 안 날'은 아니다(대판 2002.8.27, 2002두3850).
   ■ 그러나 아파트 경비원을 통한 납세고지서 송달 자체는 적법(대판 2000.7.4, 2000두1164)
3. 특정인에 대한 행정처분을 주소불명 등의 이유로 송달할 수 없어 관보 등에 공고한 경우, 상대방이 그 처분이 있음을 안 날은 현실적으로 안 날이다
   특정인에 대한 행정처분을 주소불명 등의 이유로 송달할 수 없어 관보·공보·게시판·일간신문 등에 공고한 경우에는, 공고가 효력을 발생하는 날에 상대방이 그 행정처분이 있음을 알았다고 볼 수는 없고, 상대방이 당해 처분이 있었다는 사실을 현실적으로 안 날에 그 처분이 있음을 알았다고 보아야 한다(대판 2006.4.28, 2005두14851).
4. 취소소송의 제소기간 기산점으로 행정소송법 제20조 제1항이 정한 '처분 등이 있음을 안 날'과 같은 조 제2항이 정한 '처분 등이 있은 날'의 의미에 관한 법리는 행정심판의 청구기간에 관해서도 마찬가지로 적용된다(대판 2019.8.9, 2019두38656).

② **불특정 다수인의 경우(고시 또는 공고에 의하여 행정처분을 하는 경우)**:판례에 의하면 이해관계인이 고시 또는 공고가 있었다는 사실을 알았는지 여부에 관계없이 고시 또는 공고의 효력발

생일(고시·공고한 날부터 5일 후)에 알았다고 본다.

1. 불특정 다수인에 대한 고시 또는 공고(고시의 효력발생일)
   통상 고시 또는 공고에 의하여 행정처분을 하는 경우에는 그 처분의 상대방이 불특정 다수인이고 **그 처분의 효력이 불특정 다수인에게 일률적으로 적용되는 것**이므로, 행정처분에 이해관계를 갖는 자가 **고시 또는 공고가 있었다는 사실을 현실적으로 알았는지 여부에 관계없이 고시가 효력을 발생하는 날에 행정처분이 있음을 알았다고 보아야 한다**(대판 2006.4.14, 2004두3847).
2. 고시 또는 공고 후 5일이 경과한 날이 안 날이다
   통상 고시 또는 공고에 의하여 행정처분을 하는 경우에는 그 처분의 상대방이 불특정 다수인이고, 그 처분의 효력이 불특정 다수인에게 일률적으로 적용되는 것이므로, 그에 대한 행정심판 청구기간도 그 행정처분에 이해관계를 갖는 자가 고시 또는 공고가 있었다는 사실을 **현실적으로 알았는지 여부에 관계없이 고시가 효력을 발생하는 날인 고시 또는 공고가 있은 후 5일이 경과한 날에 행정처분이 있음을 알았다고 보아야 한다**(대판 2000.9.8, 99두11257).

(3) 처분이 있은 날의 의미

처분이 있은 날이란 처분이 고지에 의해 외부에 표시되고 그 효력이 발생한 날을 의미한다.

(4) 처분이 있음을 안 경우와 알지 못한 경우의 관계

두 경우 중 어느 하나의 제기기간이 도과하면 원칙적으로 취소심판을 제기할 수 없다.

행정처분이 있은 것을 안 날로부터 90일이 지나서 제기한 행정심판은 처분이 있는 날로부터 180일이 경과하지 아니하였다 하더라도 부적법하다(대판 1971.6.30, 71누61).

2. 심판청구기간의 예외

(1) 90일의 예외(불가항력)

청구인이 천재지변, 전쟁, 사변, 그 밖의 불가항력으로 인하여 처분이 있음을 알게 된 날부터 90일 내에 심판청구를 할 수 없었을 때에는 그 사유가 소멸한 날부터 14일 이내에 행정심판을 청구할 수 있다. 다만, 국외에서 행정심판을 청구하는 경우에는 그 기간을 30일로 한다(제27조 제2항). 이 기간은 불변기간이다(같은 조 제4항).

(2) 180일의 예외(정당한 사유)

다만, 정당한 사유가 있는 경우에는 그러하지 아니하다(같은 조 제3항). 정당한 사유는 불가항력보다 넓은 개념이다.

개별토지가격결정에 대한 재조사 또는 행정심판의 청구기간

개별토지가격결정에 대한 재조사 또는 행정심판의 청구기간은 그 처분의 상대방이 실제로 그 처분이 있음을 안 날로부터 기산하여야 하므로, 개별토지가격합동조사지침(국무총리훈령 제241호, 제248호) 제12조의2 제1항 소정의 '개별토지가격이 결정된 날로부터'는 위와 같은 의미로 해석하여야 하고, 시장, 군수 또는 구청장이 상대방에 대하여 별도의 고지절차를 취하지 않는 경우에는 원칙적으로 특별히 그 처분을 알았다고 볼만한 사정이 없는 한 개별토지가격결정에 대한 재조사청구 또는 행정심판청구는 행정심판법 제18조 제3항 소정의 처분이 있은 날로부터 180일 이내에 이를 제기하면 되나, 나아가 개별토지가격결정의 경우에 있어서와 같이 그 처분의 통지가 없는 경우에는 그 개별토지가격결정의 대상토지 소유자가 심판청구기간 내에 심판청구가 가능하였다는 특별한 사정이 없는 한 행정심판법 제18조 제3항 단서 소정의 정당한 사유가 있는 때에 해당한다(대판 1995.8.25, 94누13121).

3. 복효적 행정행위의 심판청구기간

복효적 행정행위의 제3자의 경우에도 심판청구기간은 원칙적으로 처분이 있음을 안 날로부터 90일, 처분이 있은 날로부터 180일 이내이다. 그러나 우리는 독일과 달리 복효적 행정행위의 경우 제3자에 대한 통지의무가 없기 때문에 제3자가 현실적으로 처분이 있음을 알기 어려우므로 통상 180일 경과 후에도 심판청구가 가능하였다는 특별한 사정이 없는 한, 예외가 되는 정당한 사유에 해당한다고 보아야 한다.

행정심판법 제18조 제3항에 의하면 행정처분의 상대방이 아닌 **제3자라도 처분이 있은 날로부터 180일을 경과하면 행정심판청구를 제기하지 못하는 것이 원칙**이지만, 다만 정당한 사유가 있는 경우에는 그러하지 아니하도록 규정되어 있는바, **행정처분의 직접 상대방이 아닌 제3자는 일반적으로 처분이 있는 것을 바로 알 수 없는 처지에 있으므로**, 위와 같은 심판청구기간 내에 심판청구를 제기하지 아니하였다고 하더라도, 그 **기간 내에 처분이 있은 것을 알았거나 쉽게 알 수 있었기 때문에 심판청구를 제기할 수 있었다고 볼만한 특별한 사정이 없는 한**, 위 법조항 본문의 적용을 배제할 **'정당한 사유'가 있는 경우에 해당한다고 보아 위와 같은 심판청구기간이 경과한 뒤에도 심판청구를 제기할 수 있다**(대판 1992.7.28, 91누12844).

4. 심판청구기간을 고지하지 않거나(불고지) 잘못 고지한(오고지) 경우

행정심판법은 오고지나 불고지에 대해 절차상 제재적 효과를 부여하여, 행정청이 심판청구기간을 법정기간보다 긴 기간으로 잘못 알린 경우에 그 잘못 알린 기간 내에(제27조 제5항), 심판청구기간을 알리지 아니한 때에는 처분이 있음을 알았더라도 180일 내에 심판청구를 할 수 있도록 규정하고 있다(같은 조 제6항).

V 청구의 변경

청구인은 청구의 기초에 변경이 없는 범위에서 청구의 취지나 이유를 변경할 수 있다(제29조 제1항). 행정심판이 청구된 후에 피청구인이 새로운 처분을 하거나 심판청구의 대상인 처분을 변경한 경우에는 청구인은 새로운 처분이나 변경된 처분에 맞추어 청구의 취지나 이유를 변경할 수 있다(같은 조 제2항). 청구의 변경은 서면으로 신청하여야 한다. 이 경우 피청구인과 참가인의 수만큼 청구변경신청서 부본을 함께 제출하여야 한다(같은 조 제3항). 위원회는 청구변경신청서 부본을 피청구인과 참가인에게 송달하여야 한다(같은 조 제4항). 제4항의 경우 위원회는 기간을 정하여 피청구인과 참가인에게 청구변경 신청에 대한 의견을 제출하도록 할 수 있으며, 피청구인과 참가인이 그 기간에 의견을 제출하지 아니하면 의견이 없는 것으로 본다(같은 조 제5항). 위원회는 청구변경신청에 대하여 허가할 것인지 여부를 결정하고, 지체 없이 신청인에게는 결정서 정본을, 당사자 및 참가인에게는 결정서 등본을 송달하여야 한다(같은 조 제6항). 신청인은 송달을 받은 날부터 7일 이내에 위원회에 이의신청을 할 수 있다(같은 조 제7항). 청구의 변경결정이 있으면 처음 행정심판이 청구되었을 때부터 변경된 청구의 취지나 이유로 행정심판이 청구된 것으로 본다(같은 조 제8항).

VI 행정심판 청구의 효과

1. 위원회에 대한 효과

행정심판이 제기되면 위원회는 심리·의결과 재결을 할 의무를 진다.

2. 처분에 대한 효과

(1) 집행부정지의 원칙

심판청구는 처분의 효력이나 그 집행 또는 절차의 속행에 영향을 주지 아니한다(제30조 제1항).

(2) 예외적 집행정지

위원회는 처분, 처분의 집행 또는 절차의 속행 때문에 중대한 손해가 생기는 것을 예방할 필요성이 긴급하다고 인정할 때에는 직권으로 또는 당사자의 신청에 의하여 처분의 효력, 처분의 집행 또는 절차의 속행의 전부 또는 일부의 정지를 결정할 수 있다. 다만, 처분의 효력정지는 처분의 집행 또는 절차의 속행을 정지함으로써 그 목적을 달성할 수 있을 때에는 허용되지 아니한다(같은 조 제2항).

① 요 건

㉠ 적극적 요건 : 집행정지를 하기 위해서는 ⓐ 집행정지대상인 처분의 존재, ⓑ 심판청구의 계속, ⓒ 중대한 손해가 생기는 것을 예방할 필요성, ⓓ 긴급한 필요의 존재가 충족되어야 한다.

㉡ 소극적 요건 : 집행정지는 공공복리에 중대한 영향을 미칠 우려가 있을 때에는 허용되지 아니한다(같은 조 제3항). 본안에 이유 있을 것을 요하지는 않지만 본안에 이유 없음이 명백하지 않아야 한다.

② 절 차

㉠ 개설 : 집행정지는 위원회가 당사자의 신청 또는 직권에 의해 결정한다(제2항).

㉡ 신청 : 집행정지 신청은 심판청구와 동시에 또는 심판청구에 대한 위원회나 소위원회의 의결이 있기 전까지, 집행정지 결정의 취소신청은 심판청구에 대한 위원회나 소위원회의 의결이 있기 전까지 신청의 취지와 원인을 적은 서면을 위원회에 제출하여야 한다. 다만, 심판청구서를 피청구인에게 제출한 경우로서 심판청구와 동시에 집행정지 신청을 할 때에는 심판청구서 사본과 접수증명서를 함께 제출하여야 한다(같은 조 제5항).

㉢ 직권 : 다만, 위원회의 심리·결정을 기다릴 경우 중대한 손해가 생길 우려가 있다고 인정되면 위원장은 직권으로 위원회의 심리·결정을 갈음하는 결정을 할 수 있다. 이 경우 위원장은 지체 없이 위원회에 그 사실을 보고하고 추인(사후승인)을 받아야 하며, 위원회의 추인을 받지 못하면 위원장은 집행정지 또는 집행정지 취소에 관한 결정을 취소하여야 한다(같은 조 제6항). 위원회는 집행정지 또는 집행정지의 취소에 관하여 심리·결정하면 지체 없이 당사자에게 결정서 정본을 송달하여야 한다(같은 조 제7항).

③ 집행정지결정의 내용과 대상 : 집행정지결정의 내용은 처분의 효력이나 그 집행 또는 절차의 속행의 전부 또는 일부이다. 다만, 처분의 효력정지는 처분의 집행 또는 절차의 속행을 정지함으로써 그 목적을 달성할 수 있는 때에는 허용되지 아니한다(같은 조 제2항).

④ 집행정지결정의 취소 : 위원회는 집행정지를 결정한 후에 집행정지가 공공복리에 중대한 영향을 미치거나 그 정지사유가 없어진 경우에는 직권으로 또는 당사자의 신청에 의하여 집행정지 결정을 취소할 수 있다(같은 조 제4항).

3. 임시처분

(1) 행정심판법 규정

위원회는 처분 또는 부작위가 위법·부당하다고 상당히 의심되는 경우로서 처분 또는 부작위 때문에 당사자가 받을 우려가 있는 중대한 불이익이나 당사자에게 생길 급박한 위험을 막기 위하여 임시지위를 정하여야 할 필요가 있는 경우에는 직권으로 또는 당사자의 신청에 의하여 임시처분을 결정할 수 있다(제31조 제1항). 임시처분에 관하여는 집행정지에 관한 제30조 제3항부터 제7항까지를 준용한다. 이 경우 같은 조 제6항 전단 중 '중대한 손해가 생길 우려'는 '중대한 불이익이나 급박한 위험이 생길 우려'로 본다(같은 조 제2항). 임시처분은 집행정지로 목적을 달성할 수 있는 경우에는 허용되지 아니한다(같은 조 제3항).

(2) 의 의

임시처분은 처분이나 부작위에 대해 인정되는 임시의 지위를 정하는 가구제이다. 임시처분은 행정소송에서의 임시의 지위를 정하는 가처분에 해당하는 것으로서 의무이행심판에 의한 권리구제의 실효성을 보장하기 위한 제도이다.

(3) 요 건

① **의무이행심판청구의 계속**: 행정쟁송에서의 가구제는 본안청구의 범위 내에서만 인정되는 것으로 보아야 하므로 명문규정은 없지만 의무이행심판청구의 계속을 요건으로 한다.
② 처분이나 부작위가 위법 또는 부당하다고 상당히 의심되는 경우일 것
③ 처분이나 부작위 때문에 당사자가 받을 우려가 있는 중대한 불이익이나 당사자에게 생길 급박한 위험을 막기 위해 임시지위를 정하여야 할 필요가 있는 경우일 것(제31조 제1항)
④ 공공복리에 중대한 영향을 미칠 우려가 없을 것(같은 조 제2항)
⑤ **보충성**: 집행정지로 목적을 달성할 수 없는 경우일 것(같은 조 제3항). 임시처분은 집행정지와의 관계에서 보충적 구제제도이다. 실무상 거부처분이나 부작위에 대한 집행정지를 인정하고 있지 않으므로 임시처분은 거부처분이나 부작위에 대한 유일한 행정심판법상의 가구제제도이다.

(4) 임시처분의 결정 및 취소

위원회는 직권으로 또는 당사자의 신청에 의하여 임시처분을 결정할 수 있다(제31조 제1항). 위원회는 임시처분을 결정한 후에 임시처분이 공공복리에 중대한 영향을 미치거나 그 임시처분사유가 없어진 경우에는 직권으로 또는 당사자의 신청에 의하여 임시처분결정을 취소할 수 있다(같은 조 제2항에 의해 준용되는 제30조). 위원회의 심리·결정을 기다릴 경우 중대한 불이익이나 급박한 위험이 생길 우려가 있다고 인정되면 위원장은 직권으로 위원회의 심리·결정을 갈음하는 결정을 할 수 있다. 이 경우 위원장은 지체 없이 위원회에 그 사실을 보고하고 추인을 받아야 하며, 위원회의 추인을 받지 못하면 위원장은 임시처분 또는 임시처분 취소에 관한 결정을 취소하여야 한다.

제4항 행정심판기관

I 개 설

행정심판기관이란 행정심판의 청구를 수리하고 이를 심리·재결할 수 있는 권한을 가진 행정기관을 의미한다. 종래 행정심판법은 행정심판의 심리·재결기관으로 절차의 객관성·공정성을 확보하기 위해 심리·의결기관인 행정심판위원회(실질적 권한)와 재결기관인 재결청(형식적 권한)을 분리하고 있었다. 그러나 개정 행정심판법은 행정심판의 심리·재결기관을 행정심판위원회로 일원화하고 있다.

II 행정심판위원회

1. 법적 지위(합의제 행정청)

행정심판위원회(재결청이 아님)는 행정심판청구를 심리·재결하는 합의제 행정청이다.

2. 설 치

(1) 해당 행정청 소속 행정심판위원회

다음 각 호의 행정청 또는 그 소속 행정청(행정기관의 계층구조와 관계없이 그 감독을 받거나 위탁을 받은 모든 행정청을 말하되, 위탁을 받은 행정청은 그 위탁받은 사무에 관하여는 위탁한 행정청의 소속 행정청으로 본다)의 처분 또는 부작위에 대한 행정심판의 청구(심판청구)에 대하여는 다음 각 호의 행정청에 두는 행정심판위원회에서 심리·재결한다(제6조 제1항).

1. 감사원, 국가정보원장, 그 밖에 대통령령으로 정하는 대통령 소속기관의 장
2. 국회사무총장·법원행정처장·헌법재판소사무처장 및 중앙선거관리위원회사무총장
3. 국가인권위원회, 그 밖에 지위·성격의 독립성과 특수성 등이 인정되어 대통령령으로 정하는 행정청

즉, 감사원장의 처분이나 부작위의 경우 감사원장은 감사원 소속 행정청이기 때문에 이 경우 행정심판위원회는 감사원 소속 행정심판위원회가 된다. '위탁을 받은 행정청은 그 위탁받은 사무에 관하여는 위탁한 행정청의 소속 행정청으로 본다.'는 의미는 예컨대, 감사원이 A지방공사에게 행정권한을 위탁한 경우 감사원 소속으로 본다는 의미이고, 따라서 이 경우 행정심판위원회는 감사원 소속 행정심판위원회가 된다.

(2) 중앙행정심판위원회

다음 각 호의 행정청의 처분 또는 부작위에 대한 심판청구에 대하여는 「부패방지 및 국민권익위원회의 설치와 운영에 관한 법률」에 따른 국민권익위원회에 두는 중앙행정심판위원회에서 심리·재결한다(제6조 제2항).

1. 제1항에 따른 행정청 외의 국가행정기관의 장(행정안전부장관, 해양경찰청장 [14 국가9급], A광역시 지방경찰청장) 또는 그 소속 행정청
2. 특별시장·광역시장·특별자치시장·도지사·특별자치도지사(특별시·광역시·특별자치시·도 또는 특별자치도의 교육감을 포함한다) 또는 특별시·광역시·특별자치시·도·특별자치도(시·도)의 의회(의장, 위원회의 위원장, 사무처장 등 의회 소속 모든 행정청을 포함한다)
3. 지방자치법에 따른 지방자치단체조합 등 관계 법률에 따라 국가·지방자치단체·공공법인 등이 공동으로 설립한 행정청. 다만, 제3항 제3호에 해당하는 행정청은 제외한다.

(3) 광역자치단체장 소속 행정심판위원회

다음 각 호의 행정청의 처분 또는 부작위에 대한 심판청구에 대하여는 시·도지사 소속으로 두는 행정심판위원회에서 심리·재결한다(제6조 제3항).

1. 시·도 소속 행정청
2. 시·도의 관할구역에 있는 시·군·자치구의 장(종로구청장, 동작구청장), 소속 행정청 또는 시·군·자치구의 의회(의장, 위원회의 위원장, 사무국장, 사무과장 등 의회 소속 모든 행정청을 포함한다)
3. 시·도의 관할구역에 있는 둘 이상의 지방자치단체(시·군·자치구를 말한다)·공공법인 등이 공동으로 설립한 행정청

기출지문

1. 노량진1동장의 처분 : 동작구청장이 아닌 서울특별시장 소속 행정심판위원회
2. 광혜원면장 : 진천군수가 아닌 충북도지사 소속 행정심판위원회
3. 서울특별시 서초구청장의 건축에 관한 처분의 행정심판위원회는 서울특별시장 소속 행정심판위원회
4. 서울특별시 소속 행정청의 처분에 대한 행정심판을 관할하는 기관은 서울특별시행정심판위원회

(4) 해당 행정청의 직근 상급행정기관에 두는 행정심판위원회

제2항 제1호에도 불구하고 대통령령으로 정하는 국가행정기관 소속 특별지방행정기관의 장[법무부 및 대검찰청 소속 특별지방행정기관(직근 상급행정기관이나 소관 감독행정기관이 중앙행정기관인 경우는 제외한다)]의 처분 또는 부작위에 대한 심판청구에 대하여는 해당 행정청의 직근 상급행정기관에 두는 행정심판위원회에서 심리·재결한다(제6조 제4항).

3. 구성과 회의

(1) 중앙행정심판위원회

① 구성 : 중앙행정심판위원회는 위원장 1명을 포함하여 70명 이내의 위원으로 구성하되, 위원 중 상임위원은 4명 이내로 한다(제8조 제1항). 중앙행정심판위원회의 위원장은 국민권익위원회의 부위원장 중 1명(법제처장이나 국민권익위원회 위원장이 아님)이 되며, 위원장이 없거나 부득이한 사유로 직무를 수행할 수 없거나 위원장이 필요하다고 인정하는 경우에는 상임위원(상임으로 재직한 기간이 긴 위원 순서로, 재직기간이 같은 경우에는 연장자 순서로 한다)이 위원장의 직무를 대행한다(같은 조 제2항). 중앙행정심판위원회의 상임위원은 일반직공무원으로서 「국가공무원법」 제26조의5에 따른 임기제공무원으로 임명하되, 3급 이상 공무원 또는 고위공무원단에 속하는 일반직공무원으로 3년 이상 근무한 사람이나 그 밖에 행정심판에 관한 지식과 경험이 풍부한 사람 중에서 중앙행정심판위원회 위원장의 제청으로 국무총리를 거쳐 대통령이 임명한다(같은 조 제3항). 중앙행정심판위원회의 비상임위원은 제7조제4항 각 호의 어느 하나에 해당하는 사람 중에서 중앙행정심판위원회 위원장의 제청으로 국무총리가 성별을 고려하여 위촉한다(같은 조 제4항).

② 회의 : 중앙행정심판위원회의 회의(제6항에 따른 소위원회 회의는 제외한다)는 위원장, 상임위원 및 위원장이 회의마다 지정하는 비상임위원을 포함하여 총 9명으로 구성한다(제8조 제5항). 중앙행정심판위원회는 심판청구사건 중 도로교통법에 따른 자동차운전면허 행정처분에 관한 사건(소위원회가 중앙행정심판위원회에서 심리·의결하도록 결정한 사건은 제외한다)을 심리·의결하게 하기 위하여 4명의 위원으로 구성하는 소위원회를 둘 수 있다(같은 조 제6항). 중앙행정심판위원회 및 소위원회는 각각 제5항 및 제6항에 따른 구성원 과반수의 출석과 출석위원 과반수의 찬성으로 의결한다(같은 조 제7항). 중앙행정심판위원회는 위원장이 지정하는 사건을 미리 검토하도록 필요한 경우에는 전문위원회를 둘 수 있다(같은 조 제8항). 위원회에서 위원이 발언한 내용이나 그 밖에 공개되면 위원회의 심리·재결의 공정성을 해칠 우려가 있는 사항으로서 대통령령으로 정하는 사항은 공개하지 아니한다(제41조).

1. 행정심판위원회에서 위원이 발언한 내용 기타 공개할 경우 위원회의 심리·의결의 공정성을 해할 우려가 있는 사항으로서 대통령령이 정하는 사항은 이를 공개하지 아니한다고 규정하고 있는 행정심판법 제26조의2는 정보공개청구권의 본질적 내용을 침해하지 않는다(헌재결 2004.8.26, 2003헌바81·89).
2. 위 조항은 위임입법의 명확성원칙에 위반하지 않는다(헌재결 2004.8.26, 2003헌바81·89).

(2) 일반행정심판위원회

① **구성**: 행정심판위원회(중앙행정심판위원회는 제외한다)는 위원장 1명을 포함한 50명 이내의 위원으로 구성한다(제7조 제1항). 행정심판위원회의 위원장은 그 행정심판위원회가 소속된 행정청이 되며, 위원장이 없거나 부득이한 사유로 직무를 수행할 수 없거나 위원장이 필요하다고 인정하는 경우에는 ㉠ 위원장이 사전에 지명한 위원, ㉡ 제4항에 따라 지명된 공무원인 위원(2명 이상인 경우에는 직급 또는 고위공무원단에 속하는 공무원의 직무등급이 높은 위원 순서로, 직급 또는 직무등급도 같은 경우에는 위원 재직기간이 긴 위원 순서로, 재직기간도 같은 경우에는 연장자 순서로 한다)의 순서에 따라 위원이 위원장의 직무를 대행한다(같은 조 제2항). 제2항에도 불구하고 제6조 제3항에 따라 시·도지사 소속으로 두는 행정심판위원회의 경우에는 해당 지방자치단체의 조례로 정하는 바에 따라 공무원이 아닌 위원을 위원장으로 정할 수 있다. 이 경우 위원장은 비상임으로 한다(같은 조 제3항).

행정심판위원회의 위원은 해당 행정심판위원회가 소속된 행정청이 다음 각 호의 어느 하나에 해당하는 사람 중에서 성별을 고려하여 위촉하거나 그 소속 공무원 중에서 지명한다(같은 조 제4항).

1. 변호사 자격을 취득한 후 5년 이상의 실무 경험이 있는 사람
2. 고등교육법 제2조 제1호부터 제6호까지의 규정에 따른 학교에서 조교수 이상으로 재직하거나 재직하였던 사람
3. 행정기관의 4급 이상 공무원이었거나 고위공무원단에 속하는 공무원이었던 사람
4. 박사학위를 취득한 후 해당 분야에서 5년 이상 근무한 경험이 있는 사람
5. 그 밖에 행정심판과 관련된 분야의 지식과 경험이 풍부한 사람

② **회의**: 행정심판위원회의 회의는 위원장과 위원장이 회의마다 지정하는 8명의 위원(그중 제4항에 따른 위촉위원은 6명 이상으로 하되, 제3항에 따라 위원장이 공무원이 아닌 경우에는 5명 이상으로 한다)으로 구성한다. 다만, 국회규칙, 대법원규칙, 헌법재판소규칙, 중앙선거관리위원회규칙 또는 대통령령(제6조 제3항에 따라 시·도지사 소속으로 두는 행정심판위원회의 경우에는 해당 지방자치단체의 조례)으로 정하는 바에 따라 위원장과 위원장이 회의마다 지정하는 6명의 위원(그중 제4항에 따른 위촉위원은 5명 이상으로 하되, 제3항에 따라 공무원이 아닌 위원이 위원장인 경우에는 4명 이상으로 한다)으로 구성할 수 있다(같은 조 제5항). 행정심판위원회는 제5항에 따른 구성원 과반수의 출석과 출석위원 과반수의 찬성으로 의결한다(제7조 제6항).

4. 위원회의 권한 승계

당사자의 심판청구 후 위원회가 법령의 개정·폐지 또는 피청구인의 경정 결정에 따라 그 심판청

구에 대하여 재결할 권한을 잃게 된 경우에는 해당 위원회는 심판청구서와 관계 서류, 그 밖의 자료를 새로 재결할 권한을 갖게 된 위원회에 보내야 한다(제12조 제1항). 송부를 받은 위원회는 지체 없이 그 사실을 ① 행정심판 청구인, ② 행정심판 피청구인, ③ 심판참가를 하는 자(참가인)에게 알려야 한다(같은 조 제2항).

5. 행정심판위원의 지위

(1) 위원의 임기 및 신분보장 등

제7조 제4항에 따라 지명된 위원은 그 직에 재직하는 동안 재임한다(제9조 제1항). 제8조 제3항에 따라 임명된 중앙행정심판위원회 상임위원의 임기는 3년으로 하며, 1차에 한하여 연임할 수 있다(같은 조 제2항). 제7조 제4항 및 제8조 제4항에 따라 위촉된 위원의 임기는 2년으로 하되, 2차에 한하여 연임할 수 있다. 다만, 제6조 제1항 제2호에 규정된 기관에 두는 행정심판위원회의 위촉위원의 경우에는 각각 국회규칙, 대법원규칙, 헌법재판소규칙 또는 중앙선거관리위원회규칙으로 정하는 바에 따른다(같은 조 제3항). ① 대한민국 국민이 아닌 사람, ② 국가공무원법 제33조 각 호의 어느 하나(결격사유)에 해당하는 사람은 행정심판위원회의 위원이 될 수 없으며, 위원이 이에 해당하게 된 때에는 당연히 퇴직한다(같은 조 제4항). 제7조 제4항 및 제8조 제4항에 따라 위촉된 위원은 금고 이상의 형을 선고받거나 부득이한 사유로 장기간 직무를 수행할 수 없게 되는 경우 외에는 임기 중 그의 의사와 다르게 해촉(解囑)되지 아니한다(같은 조 제5항).

(2) 위원의 제척·기피·회피

① **취지**: 행정심판법은 심판청구사건에 대한 심리·재결의 공정과 국민의 신뢰를 확보하기 위하여 행정심판위원회 위원과 당해 사건의 심리·재결에 관한 사무에 관여하는 위원 아닌 직원에 대해서도 제척·기피·회피를 규정하고 있다(제10조).

② **제척**: 제척은 법정사유가 있을 경우 법률상 당연히 직무집행에서 배제되는 것으로서 제척결정은 확인적 성질에 불과하고 제척결정이 있어야만 비로소 제척되는 것은 아니다. 위원회의 위원은 다음 각 호의 어느 하나에 해당하는 경우에는 그 사건의 심리·의결에서 제척(除斥)된다. 이 경우 제척결정은 위원회의 위원장이 직권으로 또는 당사자의 신청에 의하여 한다(제10조 제1항).

1. 위원 또는 그 배우자나 배우자이었던 사람이 사건의 당사자이거나 사건에 관하여 공동 권리자 또는 의무자인 경우
2. 위원이 사건의 당사자와 친족이거나 친족이었던 경우
3. 위원이 사건에 관하여 증언이나 감정(鑑定)을 한 경우
4. 위원이 당사자의 대리인으로서 사건에 관여하거나 관여하였던 경우
5. 위원이 사건의 대상이 된 처분 또는 부작위에 관여한 경우

③ **기피**: 당사자는 위원에게 공정한 심리·의결을 기대하기 어려운 사정이 있으면 위원장에게 기피신청을 할 수 있다(같은 조 제2항). 기피는 당사자의 신청에 기한 위원장의 결정으로 직무집행에서 배제되는 것으로서 기피결정은 형성적 성질이다. 한편, 위원에게 심리·재결의 공정을 기대하기 어려운 사정이란 통상인의 판단으로써 위원과 사건과의 관계에서 편파적이고 불공정한 심리·재결을 할 염려를 일으킬 수 있는 객관적 사정을 의미하므로, 주관적인 의혹만으로는 기피사유에 해당하지 않는다. 위원에 대한 제척신청이나 기피신청은 그 사유를 소명(疏明)한 문서로 하여야 한다. 다만, 불가피한 경우에는 신청한 날부터 3일 이내에 신청 사유를 소명할 수 있는 자료를 제출하여야 한다(같은 조 제3항). 제척신청이나 기피신청이 제3항을 위반하였을 때에는 위원장은 결정으로 이를 각하한다(같은 조 제4항). 위원장은 제척신청이나 기피신청의 대상이 된 위원에게서 그에 대한 의견을 받을 수 있다(같은 조 제5항). 위원장은 제척신청이나 기피신청을 받으면 제척 또는 기피 여부에 대한 결정을 하고(위원회의 의결을 거치지 않음), 지체 없이 신청인에게 결정서 정본(正本)을 송달하여야 한다(같은 조 제6항).

④ **회피**: 위원회의 회의에 참석하는 위원이 제척사유 또는 기피사유에 해당되는 것을 알게 되었을 때에는 스스로 그 사건의 심리·의결에서 회피할 수 있다. 이 경우 회피하고자 하는 위원은 위원장에게 그 사유를 소명하여야 한다(같은 조 제7항).

⑤ **위원 아닌 직원에의 적용**: 사건의 심리·의결에 관한 사무에 관여하는 위원 아닌 직원에게도 제1항부터 제7항까지의 규정을 준용한다(같은 조 제8항).

⑥ **불복**: 제척·기피결정에는 불복신청을 할 수 없다(같은 법 시행령 제12조 제6항)는 점에서 즉시항고를 할 수 있는 민사소송과 구별된다.

6. 권 한

(1) 심리권

① 요건심리(행정심판을 청구하는 데 필요한 형식적인 요건의 구비 여부에 대한 심리)

② 본안심리(심판청구가 이유 있는지의 여부에 대한 심리)

(2) 심리권에 부수된 권한

① 증거조사권, ② 대표자선정권고권, ③ 청구인의 지위승계허가권, ④ 대리인선임허가권, ⑤ 피청구인 경정결정권, ⑥ 심판참가허가 및 요구권, ⑦ 청구의 변경허가·불허권, ⑧ 심리의 병합·분리, ⑨ 보정명령권·직권보정권

(3) 이행재결의 기속력을 확보하기 위한 직접처분권

(4) 재결권·결정권

① 재결권

② 사정재결권

③ 집행정지결정권 또는 집행정지취소결정권

④ 임시처분결정권 또는 임시처분취소결정권

(5) 시정조치요구권

중앙행정심판위원회는 심판청구를 심리·재결할 때에 처분 또는 부작위의 근거가 되는 명령 등(대통령령·총리령·부령·훈령·예규·고시·조례·규칙 등을 말한다)이 법령에 근거가 없거나 상위 법령에 위배되거나 국민에게 과도한 부담을 주는 등 크게 불합리하면 관계 행정기관에 그 명령 등의 개정·폐지 등 적절한 시정조치를 요청할 수 있다. 이 경우 중앙행정심판위원회는 시정조치를 요청한 사실을 법제처장에게 통보하여야 한다(제59조 제1항). 위 요청을 받은 관계 행정기관은 정당한 사유가 없으면 이에 따라야 한다(같은 조 제2항).

구 분	행정심판	행정소송
주 체	중앙행정심판위원회	대법원(각급법원·대법원장이 아님)
대 상	처분 또는 부작위의 근거가 되는 명령 등(대통령령·총리령·부령·훈령·예규·고시·조례·규칙 등을 말한다) : 행정규칙 포함	명령·규칙 : 법규명령에 한정
사 유	법령에 근거가 없거나(법률유보 위배로 위법) 상위법령에 위배되거나(법률우위 위배로 위법) 국민에게 과도한 부담을 주는 등 크게 불합리한 경우	헌법 또는 법률에 위반된다는 것이 확정된 경우
대상기관	관계 행정기관	행정안전부장관 [법제처장(×)·법무부장관(×)]
조 치	명령 등의 개정·폐지 등 적절한 시정조치를 요청	통보하여야 하고, 통보를 받은 행정안전부장관은 지체 없이 이를 관보에 게재하여야 한다(행정소송법 제6조).

제5항 행정심판의 심리

I 의 의

행정심판의 심리란 재결의 기초가 될 사실관계 및 법률관계를 명확히 하기 위해 당사자 및 관계인의 주장과 반박을 듣고 증거 기타의 자료를 수집·조사하는 일련의 절차를 말한다.

심리절차의 객관적 공정을 보장하기 위하여 헌법 제107조 제3항의 헌법정신을 반영하여 행정심판법은 행정심판에 있어서 심리기관의 객관화와 심리절차의 대심구조화를 취해 심리절차의 사법절차화를 도모하고 있다.

II 내 용

1. 요건심리

요건심리란 당해 심판청구의 제기요건을 갖추고 있는지의 여부를 형식적으로 심리하는 것을 말한다. '형식적 심사' 또는 '본안전심리'라고도 한다. 요건심리의 결과 제기요건을 갖추지 못한 부적법한 경우에는 보정을 명하고, 보정이 불가능한 경우나 보정하지 않는 경우에는 각하재결을 한다.

2. 본안심리

본안심리란 심판청구가 적법한 경우에 청구의 당부(위법 또는 부당)에 대해 실체적으로 심리하는 것을 말한다. 본안심리의 결과 당해 심판청구를 인용할 것인지 아니면 기각할 것인지를 재결로써 하게 된다(인용재결 또는 기각재결). 그러나 본안심리 도중에 형식적 요건을 갖추지 못한 것이 판명될 때에는 언제든지 각하할 수 있다.

III 심리의 범위

1. 불고불리의 원칙과 불이익변경금지의 원칙

행정심판법은 재결에 관해 "위원회는 심판청구의 대상이 되는 처분 또는 부작위 외의 사항에 대하여는 재결하지 못한다(불고불리의 원칙)."(제47조 제1항), "위원회는 심판청구의 대상이 되는 처분보다 청구인에게 불리한 재결을 하지 못한다(불이익변경금지원칙)."(같은 조 제2항)라고 명문으로 이 원칙을 인정하고 있다. 심리에 관해서는 명문규정이 없으나 이 원칙이 인정된다고 해석하는 것이 일반적 견해이다.

2. 법률문제·재량문제

행정심판위원회는 당해 심판청구의 대상인 처분이나 부작위에 관한 적법·위법의 법률문제에 한하지 않고, 당·부당의 재량문제를 포함한 사실문제에 대하여도 심리할 수 있다.

IV 기본원칙

1. 대심주의(당사자주의)

대심주의란 서로 대립하는 분쟁당사자의 공격과 방어에 의해 심리를 진행시키는 제도를 말한다. 행정심판법은 이들이 각각 공격·방어방법을 제출할 수 있고, 원칙적으로 그들 당사자가 제출한 공격·방어방법을 심리의 바탕으로 하는 대심주의를 취하고 있다.

2. 처분권주의

처분권주의란 절차의 개시, 심판의 대상 및 절차의 종결을 당사자의 의사에 일임하는 것을 말한다. 행정심판법도 기본적으로 처분권주의에 입각하고 있지만, 심판청구 제기기간의 제한, 청구인락의 부인 등 공익적 견지에서 여러 가지 제한을 가하고 있다.

3. 구술·서면심리주의

행정심판의 심리는 구술심리나 서면심리로 한다. 다만, 당사자가 구술심리를 신청한 경우에는 서면심리만으로 결정할 수 있다고 인정되는 경우 외에는 구술심리를 하여야 한다(제40조 제1항). 다수설은 서면심리주의가 원칙이라고 해석한다. 위원회는 제1항 단서에 따라 구술심리 신청을 받으면 그 허가 여부를 결정하여 신청인에게 알려야 한다(같은 조 제2항). 제2항의 통지는 간이통지방법으로 할 수 있다(같은 조 제3항).

4. 직권심리주의·직권증거조사주의

(1) 의 의

직권심리주의란 당사자주의에 대한 것으로서 심리의 진행을 위원회의 직권으로 하고(직권진행주의), 심리에 필요한 자료를 당사자가 제출하는 것뿐만 아니라 직권으로 수집·조사하는 제도

(직권탐지주의 가미)를 말한다. 행정심판법은 당사자주의를 원칙으로 하면서도, 심판청구의 심리를 위해 필요하다고 인정되는 경우에는 직권심리주의를 반영하고 있다. 그러나 행정심판법은 동시에 불고불리의 원칙도 채택하고 있으므로, 직권심리라 하더라도 심판청구의 대상이 되는 처분 또는 부작위 이외의 사항에 대해서는 미칠 수 없다.

(2) 행정심판법 규정

위원회는 필요하면 당사자가 주장하지 아니한 사실에 대하여도 심리할 수 있다(제39조). 위원회는 사건을 심리하기 위하여 필요하면 직권으로 또는 당사자의 신청에 의하여 다음 각 호의 방법에 따라 증거조사를 할 수 있다(제36조 제1항).

1. 당사자나 관계인(관계 행정기관 소속 공무원을 포함한다. 이하 같다)을 위원회의 회의에 출석하게 하여 신문(訊問)하는 방법
2. 당사자나 관계인이 가지고 있는 문서·장부·물건 또는 그 밖의 증거자료의 제출을 요구하고 영치(領置)하는 방법
3. 특별한 학식과 경험을 가진 제3자에게 감정을 요구하는 방법

위원회는 필요하면 위원회가 소속된 행정청의 직원이나 다른 행정기관에 촉탁하여 증거조사를 하게 할 수 있다(같은 조 제2항). 증거조사를 수행하는 사람은 그 신분을 나타내는 증표를 지니고 이를 당사자나 관계인에게 내보여야 한다(같은 조 제3항). 당사자등은 위원회의 조사나 요구 등에 성실하게 협조하여야 한다(같은 조 제4항).

5. 비공개주의

행정심판법은 이에 관해 명문규정을 두고 있지 않으나, 전체적인 구조로 보아 비공개주의에 입각한 것으로 보고 있다(다수설). 그러나 행정심판의 공정성과 구술심리를 우선시키고 있는 현행법에 비추어 공개주의에 입각한 것으로 보는 견해도 있다.

V 당사자의 절차적 권리

1. 위원·직원에 대한 기피신청권

당사자는 위원에게 공정한 심리·의결을 기대하기 어려운 사정이 있으면 위원장에게 기피(회피가 아님)신청을 할 수 있다(제10조 제2항).

2. 구술심리신청권

행정심판의 심리는 구술심리나 서면심리로 한다. 다만, 당사자가 구술심리를 신청한 경우에는 서면심리만으로 결정할 수 있다고 인정되는 경우 외에는 구술심리를 하여야 한다(제40조 제1항). 위원회는 제1항 단서에 따라 구술심리 신청을 받으면 그 허가 여부를 결정하여 신청인에게 알려야 한다. 제2항의 통지는 간이통지방법으로 할 수 있다(같은 조 제3항).

3. 보충서면·물적 증거 제출권

당사자는 심판청구서·보정서·답변서·참가신청서·보충서면 등에 덧붙여 그 주장을 뒷받침하는 증거서류나 증거물을 제출할 수 있다(제34조 제1항). 제1항의 증거서류에는 다른 당사자의 수만큼 증거서류 부본을 함께 제출하여야 한다(같은 조 제2항). 위원회는 당사자가 제출한 증거서류의 부본을 지체 없이 다른 당사자에게 송달하여야 한다(같은 조 제3항).

4. 증거조사신청권

VI 기 타

1. 보 정

위원회는 심판청구가 적법하지 아니하나 보정(補正)할 수 있다고 인정하면 기간을 정하여 청구인에게 보정할 것을 요구할 수 있다. 다만, 경미한 사항은 직권으로 보정할 수 있다(제32조 제1항). 청구인은 보정요구를 받으면 서면으로 보정하여야 한다. 이 경우 다른 당사자의 수만큼 보정서 부본을 함께 제출하여야 한다(같은 조 제2항). 위원회는 제출된 보정서 부본을 지체 없이 다른 당사자에게 송달하여야 한다(같은 조 제3항). 보정을 한 경우에는 처음부터 적법하게 행정심판이 청구된 것으로 본다(같은 조 제4항). 보정기간은 재결기간에 산입하지 아니한다(같은 조 제5항).

2. 자료의 제출 요구 등

위원회는 사건 심리에 필요하면 관계 행정기관이 보관 중인 관련 문서, 장부, 그 밖에 필요한 자료를 제출할 것을 요구할 수 있다(제35조 제1항). 위원회는 필요하다고 인정하면 사건과 관련된 법령을 주관하는 행정기관이나 그 밖의 관계 행정기관의 장 또는 그 소속 공무원에게 위원회 회의에 참석하여 의견을 진술할 것을 요구하거나 의견서를 제출할 것을 요구할 수 있다(같은 조 제2항). 관계 행정기관의 장은 특별한 사정이 없으면 위원회의 요구에 따라야 한다(같은 조 제3항). 중앙행정심판위원회에서 심리·재결하는 심판청구의 경우 소관 중앙행정기관의 장은 의견서를 제출하거나 위원회에 출석하여 의견을 진술할 수 있다(같은 조 제4항).

3. 절차의 병합 또는 분리

위원회는 필요하면 관련되는 심판청구를 병합하여 심리하거나 병합된 관련청구를 분리하여 심리할 수 있다(제37조).

4. 심리기일의 지정과 변경

심리기일은 위원회가 직권으로 지정한다(제38조 제1항). 심리기일의 변경은 직권으로 또는 당사자의 신청에 의하여 한다(같은 조 제2항). 위원회는 심리기일이 변경되면 지체 없이 그 사실과 사유를 당사자에게 알려야 한다(같은 조 제3항). 심리기일의 통지나 심리기일 변경의 통지는 서면으로 하거나 심판청구서에 적힌 전화, 휴대전화를 이용한 문자전송, 팩시밀리 또는 전자우편 등 간편한 통지 방법(간이통지방법)으로 할 수 있다(같은 조 제4항).

5. 심판청구 등의 취하

청구인은 심판청구에 대하여 행정심판위원회의 의결이 있을 때까지 서면으로 심판청구를 취하할 수 있다(제42조 제1항). 참가인은 심판청구에 대하여 의결이 있을 때까지 서면으로 참가신청을 취하할 수 있다(같은 조 제2항). 취하서에는 청구인이나 참가인이 서명하거나 날인하여야 한다(같은 조 제3항). 청구인 또는 참가인은 취하서를 피청구인 또는 위원회에 제출하여야 한다(같은 조 제4항). 피청구인 또는 위원회는 계속 중인 사건에 대하여 취하서를 받으면 지체 없이 다른 관계 기관, 청구인, 참가인에게 취하 사실을 알려야 한다(같은 조 제5항).

제6항 행정심판의 재결

I 의 의

재결이란 행정심판의 청구에 대하여 '행정심판위원회'가 행하는 판단을 말한다(제2조 제3호). 준법률행위적 행정행위 중 확인행위이고 준사법행위로서 처분에 해당하고, 재결 자체에 고유한 위법이 있는 경우 행정소송의 대상이 된다.

Ⅱ 재결절차와 형식

1. 재결기간

재결은 피청구인 또는 위원회가 심판청구서를 받은 날부터 60일 이내에 하여야 한다. 다만, 부득이한 사정이 있는 경우에는 위원장이 직권으로 30일을(1995. 12. 6. 법률 5000호 제34조 제1항에서는 "1차에 한하여 30일을 넘지 아니하는 범위 안"이라고 표현하고 있었는데, 1997. 8. 22. 법률 5370호에 의해 본문과 같은 내용으로 개정됨) 연장할 수 있다(제45조 제1항). 위원장은 재결기간을 연장할 경우에는 재결 기간이 끝나기 7일 전까지 당사자에게 알려야 한다(같은 조 제2항). 한편, 심판청구가 부적법한 경우의 보정기간은 재결기간에 산입하지 아니한다(제32조 제5항). '30일을 연장할 수 있다.'의 의미에 대하여는 30일을 넘지 않는 범위 내(30일의 범위 내)라고 해석하는 견해(김동희, 김민호·이광윤, 김성수, 장태주, 한견우, 홍준형)만 존재하고, 이 규정은 훈시규정이라고 해석한다.

2. 재결의 방식(서면주의)

재결은 서면으로 하되(서면주의), 재결서에는 ① 사건번호와 사건명, ② 당사자·대표자 또는 대리인의 이름과 주소, ③ 주문, ④ 청구의 취지, ⑤ 이유, ⑥ 재결한 날짜 등을 기재하고 기명날인하여야 한다(제46조). 재결은 문서의 형식으로만 가능하고, 구두에 의한 재결은 불가능하다. 재결서에 적는 이유에는 주문 내용이 정당하다는 것을 인정할 수 있는 정도의 판단을 표시하여야 한다(같은 조 제3항).

3. 재결의 범위

(1) 불고불리의 원칙

위원회는 심판청구의 대상이 되는 처분 또는 부작위 외의 사항에 대하여는 재결하지 못한다(제47조 제1항).

(2) 불이익변경금지의 원칙

위원회는 심판청구의 대상이 되는 처분보다 청구인에게 불이익한 재결을 하지 못한다(같은 조 제2항).

(3) 재량행위

위원회는 재량권행사의 위법 여부뿐만 아니라 재량권행사의 당·부당에 대하여도 판단할 수 있다.

4. 재결의 송달과 효력발생

위원회는 지체 없이 '당사자'에게 재결서의 '정본'을 송달하여야 한다. 이 경우 중앙행정심판위원회는 재결 결과를 소관 중앙행정기관의 장에게도 알려야 한다(제48조 제1항). 재결은 청구인(피청구인이 아님)에게 송달되었을 때에 그 효력이 생긴다(같은 조 제2항). 위원회는 '참가인'이 있는 경우에는 재결서의 '등본'을 지체 없이 참가인에게 송달하여야 하는데(같은 조 제3항), 참가인에의 송달은 재결의 효력발생과는 직접적인 관계가 없다. 처분의 상대방이 아닌 제3자가 심판청구를 한 경우 위원회는 재결서의 등본을 지체 없이 피청구인을 거쳐 처분의 상대방(행정심판상 제3자)에게 송달하여야 한다(같은 조 제4항).

Ⅲ 재결의 종류

1. 각하재결

위원회는 심판청구가 적법하지 아니하면 그 심판청구를 각하(却下)한다(제43조 제1항).

2. 기각재결

기각재결은 본안심리의 결과 심판청구가 이유 없을 때(즉, 위법·부당하지 않을 때) 청구를 배척하고 원처분을 시인하는 재결을 말한다(제43조 제2항). 기각재결은 청구인의 심판청구를 배척하여 원처분을 시인하는 데 그칠 뿐, 처분청 등에 대해 원처분을 유지해야 할 의무를 지우는 것은 아니므로, 기각재결이 있은 후에도 처분청은 당해 처분을 직권으로 취소·변경할 수 있다.

3. 사정재결

사정재결은 심판청구가 이유 있는 경우에도 인용이 현저히 공공복리에 적합하지 않을 경우 청구를 기각하는 예외적 재결로서 기각재결의 일종이다. 위원회는 심판청구가 이유가 있다고 인정하는 경우에도 이를 인용(認容)하는 것이 공공복리에 크게 위배된다고 인정하면 그 심판청구를 기각하는 재결을 할 수 있다. 이 경우 위원회는 재결의 주문(主文)에서 그 처분 또는 부작위가 위법하거나 부당하다는 것을 구체적으로 밝혀야 한다(제44조 제1항). 위원회는 사정재결을 함에 있어서는 청구인에 대하여 상당한 구제방법을 취하거나, 피청구인에게 상당한 구제방법을 취할 것을 명할 수 있다(같은 조 제2항). 사정재결은 취소심판과 의무이행심판에만 인정되고, 무효등확인심판에는 인정되지 않는다(같은 조 제3항).

4. 인용재결

인용재결이란 본안심리의 결과 청구가 이유 있을 때 청구의 취지를 받아들이는 재결이다.

구 분	형성재결	이행재결
취소심판 (형성쟁송)	처분'취소'재결, 처분'변경'재결	처분'변경명령'재결(형성쟁송의 성질에 맞지 않는 이행재결 인정) ■ 처분'취소명령'재결은 삭제
의무이행심판 (이행쟁송)	'처분'재결(이행쟁송의 성질에 맞지 않는 형성재결 인정)	'처분명령'재결

(1) 취소·변경재결

위원회는 취소심판의 청구가 이유가 있다고 인정하면 처분을 취소 또는 다른 처분으로 변경하거나 처분을 다른 처분으로 변경할 것을 피청구인에게 명한다(제43조 제3항). 즉, 취소·변경재결이란 취소심판의 청구가 이유가 있다고 인정될 때 위원회가 처분을 취소 또는 변경(처분취소재결, 처분변경재결 = 형성재결)하거나, 처분청에 대하여 변경을 명하는 재결(처분변경명령재결=이행재결)을 말한다. 변경의 의미는 적극적 변경, 즉 원처분에 갈음하는 다른 처분으로의 변경(예 운전면허취소처분을 운전면허정지처분으로 변경)을 의미한다. 종전과 달리 개정 행정심판법에서는 처분'취소명령'재결을 삭제하고 처분'변경명령'재결만 인정하고 있다.

(2) 무효등확인재결

무효등확인심판의 청구가 이유 있다고 인정될 때 처분의 효력 유무 또는 존재 여부를 확인하는 재결을 말한다(제43조 제4항). 확인재결에는 처분'무효확인'재결, 처분'유효확인'재결, 처분'존재확인'재결, 처분'부존재확인'재결, 처분'실효확인'재결 등이 있다.

(3) 의무이행재결

① 의의 : 의무이행심판의 청구가 이유 있다고 인정될 때 지체 없이 신청에 따른 처분을 하거나(형성재결인 처분재결) 처분청에게 신청에 따른 처분을 할 것을 명하는 재결(이행재결인 처분명령재결)을 말한다(제43조 제5항).

② 종 류

㉠ 처분재결 : 처분재결은 위원회가 스스로 처분을 하는 것이므로 형성재결이다. 따라서 불가변력은 인정되지만 형성재결이라는 성질상 자력집행력은 인정되지 않는다. 처분재결에는 청구인의 청구내용대로 특정한 처분을 하는 전부인용 처분재결과 청구 중 일부만 인용하는 특정내용의 처분재결이 있다.

㉡ 처분명령재결 : 처분명령재결은 처분청에게 처분을 명하는 재결이므로 이행재결이다. 처분명령재결에는 특정한 처분을 하도록 명하는 특정처분명령재결과 판결의 취지에 따라 일정한 처분을 할 것을 명하는 일정처분명령재결이 있다. 한편, 특정처분명령재결에는 청구인의 청구내용대로 특정한 처분을 하도록 명하는 재결과 청구인의 청구 중 일부만 인용하는 특정내용의 처분을 명하는 재결이 있고, 일부처분명령재결은 절차의 위법을 이유로 하는 재결, 적법재량행사를 명하는 재결 등이 있다.

③ 재결의 기준시(재결시) : 의무이행심판에서 재결은 재결시를 기준으로 하여 내려진다.

Ⅳ 재결의 효력

1. 형성력

재결의 내용에 따라 새로운 법률관계의 발생이나 종래의 법률관계의 변경, 소멸을 가져오는 효력을 말한다. 제3자에게도 미치므로 대세적 효력이라고도 표현한다. 취소·변경재결은 형성력을 갖는다. 판례도 마찬가지이다. 형성력이 인정되는 재결로는 ① 취소재결, ② 변경재결, ③ 처분재결이 있다.

형성적 재결의 효력

행정심판법 제32조 제3항에 의하면 재결청(현재는 행정심판위원회로 변경)은 취소심판의 청구가 이유 있다고 인정할 때에는 처분을 취소·변경하거나 처분청에게 취소·변경할 것을 명한다(현재는 처분취소명령권은 삭제)고 규정하고 있으므로, 행정심판 재결의 내용이 처분청에게 처분의 취소를 명하는 것이 아니라 재결청이 스스로 처분을 취소하는 것일 때에는 그 재결의 형성력에 의하여 당해 처분은 별도의 행정처분을 기다릴 것 없이 당연히 취소되어 소멸되는 것이다(대판 1998.4.24, 97누17131).

2. 기속력

(1) 의 의

기속력이란 처분청 및 관계행정청이 '재결의 취지'에 따르도록 처분청 및 관계행정청을 구속하는 효력을 말한다. 심판청구를 인용하는 재결은 피청구인과 그 밖의 관계행정청을 기속한다(제49조 제1항). 기속력은 '인용재결'에만 인정되고 '각하재결'이나 '기각재결'에는 인정되지 않는다. 따라서 처분청은 기각재결을 받은 후에도 정당한 이유가 있으면 원처분을 취소·변경할 수 있다.

1. 행정심판청구를 인용하는 재결이 행정청을 기속하도록 규정한 행정심판법 제49조 제1항은 헌법 제101조 제1항, 제107조 제2항 및 제3항에 위배되지 않는다(합헌)

헌법 제101조 제1항과 제107조 제2항은 입법권 및 행정권으로부터 독립된 사법권의 권한과 심사범위를 규정한 것일 뿐이다. 헌법 제107조 제3항은 행정심판의 심리절차에서도 관계인의 충분한 의견진술 및 자료제출과 당사자의 자유로운 변론 보장 등과 같은 대심구조적 사법절차가 준용되어야 한다는 취지일 뿐, 사법절차의 심급제에 따른 불복할 권리까지 준용되어야 한다는 취지는 아니다. 그러므로 이 사건 법률조항은 헌법 제101조 제1항, 제107조 제2항 및 제3항에 위배되지 아니한다(헌재결 2014.6.26, 2013헌바122).

2. 행정심판청구를 인용하는 재결이 행정청을 기속하도록 규정한 행정심판법 제49조 제1항은 평등원칙에 위배되지 않는다(합헌)

이 사건 법률조항은 행정청의 자율적 통제와 국민 권리의 신속한 구제라는 행정심판의 취지에 맞게 행정청으로 하여금 행정심판을 통하여 스스로 내부적 판단을 종결시키고자 하는 것으로서 그 합리성이 인정되고, 반면 국민이 행정청의 행위를 법원에서 다툴 수 없도록 한다면 재판받을 권리를 제한하는 것이 되므로 국민은 행정심판의 재결에도 불구하고 행정소송을 제기할 수 있도록 한 것일 뿐이므로, 평등원칙에 위배되지 아니한다(헌재결 2014.6.26, 2013헌바122).

3. 행정심판청구를 인용하는 재결이 행정청을 기속하도록 규정한 행정심판법 제49조 제1항은 지방자치제도의 본질적 부분을 침해하지 않는다(합헌)

행정심판제도가 행정통제기능을 수행하기 위해서는 중앙정부와 지방정부를 포함하여 행정청 내부에 어느 정도 그 판단기준의 통일성이 갖추어져야 하고, 행정청이 가진 전문성을 활용하고 신속하게 문제를 해결하여 분쟁해결의 효과성과 효율성을 높이기 위해 사안에 따라 국가단위로 행정심판이 이루어지는 것이 더욱 바람직할 수 있다. 이 사건 법률조항은 디층적·다면적으로 설계된 현행 행정심판제도 속에서 각 행정심판기관의 인용재결의 기속력을 인정한 것으로서, 이로 인하여 중앙행정기관이 지방행정기관을 통제하는 상황이 발생한다고 하여 그 자체로 지방자치제도의 본질적 부분을 훼손하는 정도에 이른다고 보기 어렵다. 그러므로 이 사건 법률조항은 지방자치제도의 본질적 부분을 침해하지 아니한다(헌재결 2014.6.26, 2013헌바122).

(2) 반복금지효

행정청은 처분의 취소재결, 변경재결 또는 무효, 부존재, 실효재결이 있는 경우 동일한 사정 아래서 같은 내용의 처분을 되풀이하지 못한다.

1. 반복금지효

양도소득세 및 방위세부과처분이 국세청장에 대한 불복심사청구에 의하여 그 불복사유가 이유있다고 인정되어 취소되었음에도 처분청이 동일한 사실에 관하여 부과처분을 되풀이 한 것이라면 설령 그 부과처분이 감사원의 시정요구에 의한 것이라 하더라도 위법하다(대판 1986.5.27, 86누127).

2. 재결의 기속력의 범위

재결의 기속력은 재결의 주문 및 그 전제가 된 요건사실의 인정과 판단, 즉 처분등의 구체적 위법사유에 관한 판단에만 미친다고 할 것이고, **종전 처분이 재결에 의하여 취소되었다 하더라도 종전 처분 시와는 다른 사유를 들어서 처분을 하는 것은 기속력에 저촉되지 않는다**고 할 것이며, 여기에서 **동일 사유인지 다**

른 사유인지는 종전 처분에 관하여 위법한 것으로 재결에서 판단된 사유와 기본적 사실관계에 있어 동일성이 인정되는 사유인지 여부에 따라 판단되어야 한다(대판 2005.12.9, 2003두7705).

(3) 적극적 재처분의무

① **재결의 취지에 따른 재처분의무** : 재결에 의하여 취소되거나 무효 또는 부존재로 확인되는 처분이 당사자의 신청을 거부하는 것을 내용으로 하는 경우에는 그 처분을 한 행정청은 재결의 취지에 따라 다시 이전의 신청에 대한 처분을 하여야 한다(제49조 제2항). 따라서 처분청은 위원회의 재결을 수정재결하거나 재의요구할 수 없다. 당사자의 신청을 거부하거나 부작위로 방치한 처분의 이행을 명하는 재결이 있으면 행정청은 지체 없이 이전의 신청에 대하여 재결의 취지에 따라 처분을 하여야 한다(같은 조 제3항). 신청에 따른 처분이 절차의 위법 또는 부당을 이유로 재결로써 취소된 경우에는 제2항을 준용한다(같은 조 제4항). 법령의 규정에 따라 공고하거나 고시한 처분이 재결로써 취소되거나 변경되면 처분을 한 행정청은 지체 없이 그 처분이 취소 또는 변경되었다는 것을 공고하거나 고시하여야 한다(같은 조 제5항). 법령의 규정에 따라 처분의 상대방 외의 이해관계인에게 통지된 처분이 재결로써 취소되거나 변경되면 처분을 한 행정청은 지체 없이 그 이해관계인에게 그 처분이 취소 또는 변경되었다는 것을 알려야 한다(같은 조 제6항).

② **위원회의 직접처분** : 위원회는 피청구인이 제49조제3항에도 불구하고 처분을 하지 아니하는 경우에는 당사자가 신청하면 기간을 정하여 서면으로 시정을 명하고 그 기간에 이행하지 아니하면 직접 처분을 할 수 있다(직권이 아님). 다만, 그 처분의 성질(예 정보공개결정)이나 그 밖의 불가피한 사유로 위원회가 직접 처분을 할 수 없는 경우에는 그러하지 아니하다(제50조 제1항). 위원회는 직접 처분을 하였을 때에는 그 사실을 해당 행정청에 통보하여야 하며, 그 통보를 받은 행정청은 위원회가 한 처분을 자기가 한 처분으로 보아 관계 법령에 따라 관리·감독 등 필요한 조치를 하여야 한다(같은 조 제2항).

1. 행정심판법 제37조 제2항에 기한 재결청의 직접 처분의 요건(부작위)
   행정심판법 제37조 제2항, 같은 법 시행령 제27조의2 제1항의 규정에 따라 재결청(현행 행정심판위원회)이 직접 처분을 하기 위하여는 처분의 이행을 명하는 재결이 있었음에도 당해 행정청이 아무런 처분을 하지 아니하였어야 하므로, **당해 행정청이 어떠한 처분을 하였다면 그 처분이 재결의 내용에 따르지 아니하였다고 하더라도 재결청이 직접 처분을 할 수는 없다**(대판 2002.7.23, 2000두9151).
2. 지방자치단체인 성남시의 고유사무에 관한 국가기관으로서의 재결청인 경기도지사의 행정심판법 제37조 제2항에 근거한 직접처분이 인용재결의 범위를 넘어 성남시의 권한을 침해한 것으로서 무효임을 확인한 사례
   피청구인이 행한 두차례의 인용재결에서 재결의 주문에 포함된 것은 골프연습장에 관한 것뿐으로서, 이

사건 진입도로에 관한 판단은 포함되어 있지 아니함이 명백하고, 재결의 기속력의 객관적 범위는 그 재결의 주문에 포함된 법률적 판단에 한정되는 것이다. 청구인은 인용재결내용에 포함되지 아니한 이 사건 진입도로에 대한 도시계획사업시행자지정처분을 할 의무는 없으므로, 피청구인이 이 사건 진입도로에 대하여까지 청구인의 불이행을 이유로 행정심판법 제37조 제2항에 의하여 도시계획사업시행자지정처분을 한 것은 인용재결의 범위를 넘어 청구인의 권한을 침해한 것으로서, 그 처분에 중대하고도 명백한 흠이 있어 무효라고 할 것이다(헌재결 1999.7.22, 98헌라4).

③ 취소심판의 경우 : 거부처분에 대한 의무이행심판뿐만 아니라 취소심판청구도 제기할 수 있다는 것이 일반적 견해인데, 행정심판법은 의무이행심판의 기속력만 규정하고 있을 뿐 취소심판의 인용재결에 대하여 처분청의 재처분의무를 인정하는 명시적인 규정이 없다. 이에 대해서 긍정설(김동희, 박윤흔, 정하중, 한견우)과 부정설(박균성)이 대립한다. 판례는 긍정설을 취하고 있다.

거부처분을 취소하는 재결의 효력 및 그 취지와 양립할 수 없는 다른 처분에 대한 취소를 구할 소익의 유무

당사자의 신청을 거부하는 처분을 취소하는 재결이 있는 경우에는 행정청은 그 재결의 취지에 따라 이전의 신청에 대한 처분을 하여야 하는 것이므로 행정청이 그 재결의 취지에 따른 처분을 하지 아니하고 그 처분과는 양립할 수 없는 다른 처분을 하는 것은 위법한 것이라 할 것이고 이 경우 그 재결의 신청인은 위법한 다른 처분의 취소를 소구할 이익이 있다(대판 1988.12.13, 88누7880).

3. 기판력 부정

재결에는 명문의 규정(토지보상법 제86조 제1항)이 없는 한 판결에서와 같은 기판력이 인정되지 않는다.

재결이 확정된 경우, 처분의 기초가 되는 사실관계나 법률적 판단이 확정되고 당사자들이나 법원이 이에 기속되어 모순되는 주장이나 판단을 할 수 없게 되는 것은 아니다

행정심판의 재결은 피청구인인 행정청을 기속하는 효력을 가지므로 재결청이 취소심판의 청구가 이유 있다고 인정하여 처분청에 처분을 취소할 것을 명하면 처분청으로서는 재결의 취지에 따라 처분을 취소하여야 하지만, 나아가 재결에 판결에서와 같은 기판력이 인정되는 것은 아니어서 재결이 확정된 경우에도 처분의 기초가 된 사실관계나 법률적 판단이 확정되고 당사자들이나 법원이 이에 기속되어 모순되는 주장이나 판단을 할 수 없게 되는 것은 아니다(대판 2015.11.27, 2013다6759).

4. 행정행위로서의 효력

행정심판은 기속력에 관해서만 명시적으로 규정하고 있지만, 재결도 행정행위의 일종(확인행위)으로서 내용상 구속력, 공정력, 구성요건적 효력, 형식적 존속력(불가쟁력)과 실질적 존속력(불가변력) 등의 효력을 갖는다.

행정처분이나 행정심판 재결이 불복기간의 경과로 확정된 경우 확정력의 의미

행정처분이나 행정심판 재결이 불복기간의 경과로 인하여 확정될 경우 확정력은 처분으로 인하여 법률상 이익을 침해받은 자가 처분이나 재결의 효력을 더 이상 다툴 수 없다는 의미일 뿐 판결에 있어서와 같은 기판력이 인정되는 것은 아니어서 처분의 기초가 된 사실관계나 법률적 판단이 확정되고 당사자들이나 법원이 이에 기속되어 모순되는 주장이나 판단을 할 수 없게 되는 것은 아니다(대판 1993.4.13, 92누17181).

제7항 불복고지(고지제도)

I 개 설

1. 의 의

불복고지란 행정청이 처분을 하는 경우에 그 상대방에게 처분에 관하여 행정심판을 제기할 수 있는지의 여부, 제기하는 경우의 심판청구절차 및 청구기간을 알려주는 제도를 말한다(제58조).

행정심판법	행정절차법
행정청이 처분을 할 때에는 처분의 상대방에게 ① 해당 처분에 대하여 행정심판을 청구할 수 있는지, ② 행정심판을 청구하는 경우의 심판청구 절차 및 심판청구 기간을 알려야 한다(제58조 제1항). 행정청은 이해관계인이 요구하면 ① 해당 처분이 행정심판의 대상이 되는 처분인지, ② 행정심판의 대상이 되는 경우 소관 위원회 및 심판청구 기간을 지체 없이 알려 주어야 한다. 이 경우 서면으로 알려 줄 것을 요구받으면 서면으로 알려 주어야 한다(같은 조 제2항). ■ 고지제도는 '행정절차법'에 규정되어야 하므로 체계상 맞지 않는 '행정심판법'의 고지규정은 삭제함이 타당	행정청이 처분을 할 때에는 당사자에게 그 처분에 관하여 행정심판 및 행정소송을 제기할 수 있는지 여부, 그 밖에 불복을 할 수 있는지 여부, 청구절차 및 청구기간, 그 밖에 필요한 사항을 알려야 한다(제26조).
행정절차법은 다음과 같은 점에서 행정심판법과 다르다. 1. 신청에 의한 고지는 규정하지 않고 직권고지만 규정 2. 고지의무를 이행하지 않은 경우 제재를 규정하고 있지 않다는 점 3. 행정심판만이 아니라 행정소송, 기타의 불복방법까지 고지해야 한다는 점	

2. 기능(필요성)

(1) 행정심판제기의 기회보장

(2) 행정의 적정화(쟁송제기의 가능성에 대한 인식으로 신중하게 처분)

3. 법적 성질(비권력적 사실행위)

고지의 법적 성질에 대해서는 불복청구에 필요한 사항을 알려 주는 비권력적 사실행위(통지)로서 처분성이 인정되지 않으므로 행정심판이나 행정소송의 대상이 아니라는 견해가 통설이다. 그러나 고지 신청에 대한 거부는 처분성이 인정된다. 고지는 반드시 해야 하는 강행규정이라는 견해가 다수설이다.

II 종 류

1. 대 상

직권고지	신청고지
• 처분(서면에 의한 처분에 한하지 않음)만 대상이므로 처분이 아닌 행정작용의 경우에는 고지를 요하지 않는다. 다른 법령에 의한 심판청구의 대상이 되는 처분 포함. • 예 외 1. 신청에 의한 처분의 경우, 신청대로 처분을 한 경우 2. 수익적인 결과의 처분(각종 하명의 직권취소처분)	모든 처분. 문서 이외의 형식(구두)으로 인한 처분도 포함.

2. 상대방

직권고지	신청고지
처분의 직접 상대방	이해관계인. 단, 직권에 의한 고지를 받지 못한 경우에는 상대방도 포함.

3. 내 용

직권고지	신청고지
1. 해당 처분에 대하여 행정심판을 청구할 수 있는지 2. 행정심판을 청구하는 경우의 심판청구 절차 및 심판청구 기간	1. 해당 처분이 행정심판의 대상이 되는 처분인지 2. 행정심판의 대상이 되는 경우 소관 위원회 및 심판청구 기간

4. 방 법

직권고지	신청고지
제한이 없음(서면 혹은 구술). ■ 직권고지의 방법은 명문규정이 없기 때문에 문서 또는 구술로도 가능하다는 다수설(김동희, 류지태, 박균성, 박윤흔, 정하중, 한견우)과 문서로만 해야 한다는 견해(석종현, 유상현, 장태주, 홍정선)가 대립한다. ■ 이유부기의 경우 처분절차이기 때문에 문서주의라는 해석과 논리적으로 모순	제한이 없으나, 신청자가 서면에 의한 고지를 요구한 때에는 반드시 서면으로 고지하여야 한다.

5. 시 기

직권고지	신청고지
원처분 시	신청 시 지체 없이

Ⅲ 불고지 및 오고지의 효과(제재)

1. 경유절차

불고지	오고지
심판청구서를 지체 없이 정당한 행정청에 이송하고, 그 사실을 청구인에게 통지하여야 한다. 최초의 행정기관에 심판청구서가 제출된 때 정당한 심판청구가 제기된 것으로 의제	불고지와 동일

2. 청구기간

불고지	오고지
처분이 있은 날로부터 180일(상대방이 처분이 있음을 알았는지 여부는 불문)	법정기간보다 길게 고지한 경우 법정청구기간을 경과하였더라도 기간 내에 제기된 것으로 의제, 짧은 기간을 고지한 경우 법정기간 내 제기 가능(국민에게 유리하게 장기간으로 해석)

도로관리청이 도로점용료 상당 부당이득금의 징수고지서를 발부하면서 이의제출기간을 고지하지 않은 경우의 이의제출기간은 처분일로부터 180일이다(대판 1990.7.10, 89누6839).

Ⅳ 고지의 하자와 처분의 효력

불고지나 오고지는 처분 자체의 효력에 직접 영향을 미치지 않고 행정심판법에서 일정한 제재를 규정하고 있을 뿐이라는 견해가 통설·판례(대판 1987.11.24, 87누529)이다.

자동차운수사업법 제31조 등의 규정에 의한 '사업면허의 취소 등의 처분에 관한 규칙'(교통부령) 제7조 제3항에 따른 고지의무의 불이행은 면허취소처분의 하자가 아니다(대판 1987.11.24, 87누529).

Ⅴ 특별행정심판에의 적용 여부(긍정)

행정심판법의 적용을 받지 아니하고 특별법에 의해 인정되는 이의신청·심사청구·재심청구의 경우 당해 특별법이 고지의무를 규정하고 있지 않더라도 처분청은 행정심판법상 고지의무를 진다는 적극설이 다수설이다.

제8항 특별행정심판

Ⅰ 특별행정심판의 의의

사안(事案)의 전문성과 특수성을 살리기 위하여 특히 필요한 경우 외에는 이 법에 따른 행정심판을 갈음하는 특별한 행정불복절차(특별행정심판)나 이 법에 따른 행정심판 절차에 대한 특례를 다른 법률로 정할 수 없다(제4조 제1항). 다른 법률에서 특별행정심판이나 이 법에 따른 행정심판 절차에 대한 특례를 정한 경우에도 그 법률에서 규정하지 아니한 사항에 관하여는 이 법에서 정하는 바에 따른다(같은 조 제2항). 관계 행정기관의 장이 특별행정심판 또는 이 법에 따른 행정심판 절차에 대한 특례를 신설하거나 변경하는 법령을 제정·개정할 때에는 미리 중앙행정심판위원회와 협의(동의가 아님)하여야 한다(같은 조 제3항).

Ⅱ 종류

(1) 공무원 징계에 대한 소청심사

행정기관 소속 공무원의 징계처분, 그 밖에 그 의사에 반하는 불리한 처분이나 부작위에 대한 소청을 심사·결정하게 하기 위하여 인사혁신처에 소청심사위원회를 둔다(국가공무원법 제9조 제1항).

국가공무원법 제2조 제2항 제8호 및 고용원규정에 의하여 임용된 단순한 노무에 종사하는 별정직무공원에 대한 파면처분에 대하여는 국가공무원법 제2장에 의하여 총무처 소청 심사위원회에 소청을 제기할 수 없고, 소원법(현 행정심판법)의 규정에 따라 직근 상급기관에 소원(현 행정심판)을 제기할 수밖에 없다(대판 1979.2.13, 78누233).

(2) 교원소청심사

각급학교 교원의 징계처분과 그 밖에 그 의사에 반하는 불리한 처분(교육공무원법 제11조의4 제4항 및 사립학교법 제53조의2 제6항에 따른 교원에 대한 재임용 거부처분을 포함)에 대한 소청심사(訴請審査)를 하기 위하여 교육부에 교원소청심사위원회를 둔다(「교원의 지위 향상 및 교육활동 보호를 위한 특별법」 제7조 제1항). 교원이 징계처분과 그 밖에 그 의사에 반하는 불리한 처분에 대하여 불복할 때에는 그 처분이 있었던 것을 안 날부터 30일 이내에 심사위원회에 소청심사를 청구할 수 있다. 이 경우에 심사청구인은 변호사를 대리인으로 선임(選任)할 수 있다(같은 법 제9조 제1항).

(3) 조세심판

제55조에 규정된 위법한 처분에 대한 행정소송은 「행정소송법」 제18조제1항 본문, 제2항 및 제3항에도 불구하고 이 법에 따른 심사청구 또는 심판청구와 그에 대한 결정을 거치지 아니하면 제기할 수 없다. 다만, 심사청구 또는 심판청구에 대한 제65조제1항제3호 단서(제81조에서 준용하는 경우를 포함한다)의 재조사 결정에 따른 처분청의 처분에 대한 행정소송은 그러하지 아니하다(국세기본법 제56조 제2항). 여기서의 심사청구 및 심판청구는 행정심판의 성질을 갖는다.

그러나 "제1항과 제2항에 따른 처분이 국세청장이 조사·결정 또는 처리하거나 하였어야 할 것인 경우를 제외하고는 그 처분에 대하여 심사청구 또는 심판청구에 앞서 이 장의 규정에 따른 이의신청을 할 수 있다."(같은 법 제55조 제3항)는 규정의 이의신청은 임의적이고 행정심판이 아니다.

(4) 중앙노동위원회의 재심

노동위원회는 중앙노동위원회, 지방노동위원회 및 특별노동위원회로 구분한다(같은 법 제2조 제1항). 중앙노동위원회와 지방노동위원회는 고용노동부장관 소속으로 두며, 지방노동위원회의 명칭·위치 및 관할구역은 대통령령으로 정한다(같은 조 제2항).

① 노동쟁의 중재재정에 대한 재심

관계 당사자는 지방노동위원회 또는 특별노동위원회의 중재재정이 위법이거나 월권에 의한 것이라고 인정하는 경우에는 그 중재재정서의 송달을 받은 날부터 10일 이내에 중앙노동위원회에 그 재심을 신청할 수 있다(「노동조합 및 노동관계조정법」 제69조 제1항).

② 구제명령·기각결정 등에 대한 재심

지방노동위원회 또는 특별노동위원회의 구제명령 또는 기각결정에 불복이 있는 관계 당사자는 그 명령서 또는 결정서의 송달을 받은 날부터 10일 이내에 중앙노동위원회에 그 재심을 신청할 수 있다(같은 법 제85조 제1항).

③ 노동위원회의 처분에 대한 심사청구

중앙노동위원회는 당사자의 신청이 있는 경우 지방노동위원회 또는 특별노동위원회의 처분을 재심하여 이를 인정·취소 또는 변경할 수 있다(노동위원회법 제26조 제1항). 제1항에 따른 신청은 관계 법령에 특별한 규정이 있는 경우를 제외하고는 지방노동위원회 또는 특별노동위원회가 한 처분을 송달받은 날부터 10일 이내에 하여야 한다(같은 조 제2항). 제2항의 기간은 불변기간으로 한다(같은 조 제2항).

④ 보험급여결정 등에 대한 심사청구

보험급여에 관한 결정, 진료비에 관한 결정 등의 어느 하나에 해당하는 공단의 결정 등(보험급여 결정등)에 불복하는 자는 공단에 심사 청구를 할 수 있다(산업재해보상보험법 제103조 제1항).

제9항 보 칙

I 전자정보처리조직을 통한 행정심판절차의 수행

1. 전자서명 등

위원회는 전자정보처리조직을 통하여 행정심판 절차를 밟으려는 자에게 본인(本人)임을 확인할 수 있는 전자서명법 제2조 제2호에 따른 전자서명(서명자의 실지명의를 확인할 수 있는 것을 말한다)이나 그 밖의 인증(전자서명등)을 요구할 수 있다위(제53조 제1항). 전자서명 등을 한 자는 이 법에 따른 서명 또는 날인을 한 것으로 본다(같은 조 제2항).

2. 전자정보처리조직을 이용한 송달 등

피청구인 또는 위원회는 행정심판을 청구하거나 심판참가를 한 자에게 전자정보처리조직과 그와 연계된 정보통신망을 이용하여 재결서나 이 법에 따른 각종 서류를 송달할 수 있다. 다만, 청구인이나 참가인이 동의하지 아니하는 경우에는 그러하지 아니하다(제54조 제1항). 제1항 본문의 경우 위원회는 송달하여야 하는 재결서 등 서류를 전자정보처리조직에 입력하여 등재한 다음 그 등재 사실을 국회규칙, 대법원규칙, 헌법재판소규칙, 중앙선거관리위원회규칙 또는 대통령령으로 정하는 방법에 따라 전자우편 등으로 알려야 한다(같은 조 제2항). 전자정보처리조직을 이용한 서류 송달은 서면으로 한 것과 같은 효력을 가진다(같은 조 제3항). 서류의 송달은 청구인이 등재된 전자문서를 확인한 때에 전자정보처리조직에 기록된 내용으로 도달한 것으로 본다. 다만, 제2항에 따라 그 등재사실을 통지한 날부터 2주 이내(재결서 외의 서류는 7일 이내)에 확인하지 아니하였을 때에는 등재사실을 통지한 날부터 2주가 지난 날(재결서 외의 서류는 7일이 지난 날)에 도달한 것으로 본다(같은 조 제4항). 서면으로 심판청구 또는 심판참가를 한 자가 전자정보처리조직의 이용을 신청한 경우에는 제52조·제53조 및 이 조를 준용한다(같은 조 제5항). 위원회, 피청구인, 그 밖의 관계 행정기관 간의 서류의 송달 등에 관하여는 제52조·제53조 및 이 조를 준용한다(같은 조 제6항). 송달의 방법이나 그 밖에 필요한 사항은 국회규칙, 대법원규칙, 헌법재판소규칙, 중앙선거관리위원회규칙 또는 대통령령으로 정한다(같은 조 제7항).

Ⅱ 기 타

1. 증거서류 등의 반환

위원회는 재결을 한 후 증거서류 등의 반환 신청을 받으면 신청인이 제출한 문서·장부·물건이나 그 밖의 증거자료의 원본(原本)을 지체 없이 제출자에게 반환하여야 한다(제55조).

2. 주소 등 송달장소 변경의 신고의무

당사자, 대리인, 참가인 등은 주소나 사무소 또는 송달장소를 바꾸면 그 사실을 바로 위원회에 서면으로 또는 전자정보처리조직을 통하여 신고하여야 한다. 전자우편주소 등을 바꾼 경우에도 또한 같다(제56조).

3. 서류의 송달

이 법에 따른 서류의 송달에 관하여는 민사소송법 중 송달에 관한 규정을 준용한다(제57조).

4. 조사·지도 등

중앙행정심판위원회는 행정청에 대하여 ① 위원회 운영 실태, ② 재결 이행 상황, ③ 행정심판의 운영 현황 등을 조사하고, 필요한 지도를 할 수 있다(제60조 제1항). 행정청은 이 법에 따른 행정심판을 거쳐 행정소송법에 따른 항고소송이 제기된 사건에 대하여 그 내용이나 결과 등 대통령령으로 정하는 사항을 반기마다 그 다음 달 15일까지 해당 심판청구에 대한 재결을 한 중앙행정심판위원회 또는 제6조 제3항에 따라 시·도지사 소속으로 두는 행정심판위원회에 알려야 한다(같은 조 제2항). 시·도지사 소속으로 두는 행정심판위원회는 중앙행정심판위원회가 요청하면 제2항에 따라 수집한 자료를 제출하여야 한다(같은 조 제3항).

5. 권한의 위임

이 법에 따른 위원회의 권한 중 일부를 국회규칙, 대법원규칙, 헌법재판소규칙, 중앙선거관리위원회규칙 또는 대통령령으로 정하는 바에 따라 위원장에게 위임할 수 있다(제61조).

제3절 행정소송

제1항 개 설

I 행정소송의 의의

행정소송이란 행정법규의 해석·적용에 관한 소송으로서 법원이 행정법상의 법률관계에 관한 분쟁에 관해 정식재판절차로 행하는 소송을 말한다.

II 행정소송의 성질(사법작용)

행정소송의 성질에 관해 과거 프랑스나 독일에서는 행정부 내부에 행정법원을 따로 설치하여 행정소송을 담당하게 한 결과 행정작용이냐 사법작용이냐에 대해 견해의 대립이 있었으나, 오늘날 프랑스나 독일에서도 행정소송이 사법작용이라고 보는 데 이견이 없으며, 영·미에서는 법의 지배의 원리, 법 앞의 평등의 관념에 의해 이를 당연히 사법작용으로 보아왔고, 우리나라 역시 헌법 제101조 제1항, 제107조 제2항에 근거하여 이를 사법작용으로 보는 데 이론이 없다.

Ⅲ 행정소송의 기능

행정소송법은 행정소송의 목적을 "행정소송절차를 통하여 행정청의 위법한 처분 그 밖에 공권력의 행사·불행사 등으로 인한 국민의 권리 또는 이익의 침해를 구제하고, 공법상의 권리관계 또는 법적용에 관한 다툼을 적정하게 해결함을 목적으로 한다(제1조)."라고 규정하고 있다. 따라서 행정소송은 ① 국민의 권리구제기능(주된 기능)과 ② 행정통제기능(부수적 기능)의 두 가지 기능을 수행하고 있다.

Ⅳ 행정소송제도의 유형

1. 대륙법계의 행정재판제도(행정국가형)

구주대륙의 다수의 국가에 있어서는 일반 사법재판소와는 독립적 지위에 있는 행정재판소가 설치되어 있어, 행정사건에 대해서는 행정재판소가 관장하고 있는데 이를 보통 행정국가라 하고 프랑스가 대표적이다.

2. 영·미법계국가(사법국가형)

영·미법계국가에서는 '법의 지배'의 원리하에 국가나 행정권에 대해 특수한 지위를 인정하지 않고 특별법체제로서의 행정법의 존재도 인정하지 않았다. 따라서 행정사건도 일반법원이 통상의 보통법절차에 의해 적법성 여부를 심사하는 사법국가제도가 확립되었다.

3. 우리의 경우(사법국가형)

(1) 연 혁

우리나라의 경우 1951. 8. 24. 법률 제213호로 14개조의 행정소송법이 제정되었고, 1984. 12. 15. 법률 제3754호로 구 행정소송법이 전면 개정되었으며, 1994. 7. 27. 개정된 행정소송법은 1998. 3. 1. 시행되었는데, 행정심판의 임의절차화·행정법원의 설치 및 행정소송의 3심제화 등

부분개정되었다.

우리나라는 행정사건의 관할이 일반법원이라는 점에서 기본적으로 사법국가이다.

(2) 특수성

행정소송도 법원에 의한 대심구조하에 정식절차에 의해 이루어진다는 점에서 기본적으로 민사소송과 같지만, 행정소송법상 여러 가지 특례가 인정되고 있다. 즉, ① 행정법원의 설치(제9조 제1항, 제40조), ② 관련청구의 병합(제10조), ③ 임의적 행정심판전치주의, ④ 피고적격(행정청, 제13조), ⑤ 제3자 등의 소송참가(제16조)와 행정청의 소송참가(제17조), ⑥ 제소기간의 제한(제20조), ⑦ 소의 변경의 특색(제21·22조), ⑧ 집행부정지원칙(제23조), ⑨ 직권탐지주의 및 불고불리원칙의 완화(제26조), ⑩ 사정판결(제28조), ⑪ 취소판결의 대세적 효력(제29조), ⑫ 거부처분취소판결에 대한 간접강제제도의 채택(제34조) 등이 인정된다.

V 행정소송의 종류

행정소송은 다음의 네 가지로 구분한다(행정소송법 제3조).

1. 항고소송

항고소송이란 행정청의 '처분등이나 부작위'에 대하여 제기하는 소송을 말한다.

2. 당사자소송

당사자소송이란 행정청의 처분등을 원인으로 하는 법률관계에 관한 소송 그 밖에 공법상의 법률관계에 관한 소송으로서 그 법률관계의 한쪽 당사자를 피고로 하는 소송을 말한다.

3. 민중소송

민중소송이란 국가 또는 공공단체의 기관이 법률에 위반되는 행위를 한 때에 직접 자기의 법률상 이익과 관계없이 그 시정을 구하기 위하여 제기하는 소송을 말한다.

4. 기관소송

기관소송이란 국가 또는 공공단체의 기관상호 간에 있어서의 권한의 존부 또는 그 행사에 관한 다툼이 있을 때에 이에 대하여 제기하는 소송을 말한다. 다만, 헌법재판소법 제2조의 규정에 의하여 헌법재판소의 관장사항으로 되는 소송(권한쟁의심판)은 제외한다.

VI 행정소송의 한계

1. 개 설

행정소송의 한계란 행정소송에 대한 법원의 재판권이 어디까지 미치는가 하는 문제이다. 행정소송법은 원칙적으로 개괄주의를 취하고 있으므로, 행정권의 모든 위법한 처분 기타 공권력작용에 대해 권리구제가 가능하다. 그러나 모든 위법한 공행정작용에 대해 어느 경우에든지 행정소송의 제기가 허용되는 것은 아니며, 여기에는 사법의 본질 및 권력분립주의에서 나오는 일정한 한계가 있다.

2. 헌법 명시적인 한계

헌법이 명문의 규정을 두어 설정하고 있는 사법권의 한계는 ① 소극적 한계로 헌법재판소의 권한에 관한 헌법 제111조 제1항, 군사법원의 재판권을 규정한 헌법 제110조 제1·4항, ② 적극적인 한계로 국회의원의 징계·제명·자격심사에 관한 분쟁에 대한 법원제소를 금지한 헌법 제64조 제2~4항(국회자율권)이 있다.

3. 사법의 본질에 의한 한계(법률상 쟁송)

행정소송도 민사·형사소송과 마찬가지로 사법작용으로서의 성질을 갖고 있으므로, 소의 이익이 있는 당사자 간의 '법률상의 쟁송'이 있는 경우에만 허용된다. 법원조직법 제2조 제1항도 "법원은 헌법에 특별한 규정이 있는 경우를 제외한 일체의 '법률상의 쟁송'을 심판하고, 이 법과 다른 법률에 의하여 법원에 속하는 권한을 가진다."라고 규정하여 법률에 특별한 규정이 없는 한, 원칙적으로 법률상 쟁송만이 법원의 심판대상임을 명시하고 있다.

여기서 '법률상 쟁송'이란 법령의 해석·적용에 의해 해결할 수 있는 당사자 사이의 구체적인 권리의무에 관한 분쟁을 의미한다는 것이 일반적인 견해이다. 다시 말하면 행정소송은 당사자 간의 구체적인 권리의무에 관한 분쟁, 즉 구체적 사건성을 전제로 함과 동시에, 법령을 해석·적용함으로써 해결할 수 있는 분쟁, 즉 법적 해결성(법적용상의 분쟁)을 필요로 한다.

(1) 구체적 사건성을 결여한 사건

사법권의 발동대상이 되기 위해서는 당사자 간의 구체적이고 현실적인 권리의무에 관한 분쟁, 즉 구체적 사건성이 있어야 한다.

① **법령의 효력 및 해석(추상적 규범통제)**: 법령의 일반적·추상적인 효력 내지 그 해석에 관한 분쟁(추상적 규범통제)은 구체적 권리의무관계에 관한 쟁송이 아니므로 행정소송의 대상이 되지 않음이 원칙이다. 그러나 구체적 사항의 규율을 내용으로 하는 처분법령은 그를 구체화하는

처분을 매개함이 없이 그 자체가 직접적으로 구체적인 권리의무에 영향을 미치기 때문에 예외적으로 행정소송의 대상이 된다.

② **반사적 이익**: 행정소송을 제기하기 위해서는 '법률상 이익'이 있어야 하는바(행정소송법 제12조 전단), 따라서 '반사적 이익'이나 '사실상 이익'의 침해 여부는 법원의 심판대상이 되지 않는다는 것이 통설과 판례이다.

③ **객관적 소송·단체소송**: 일반적으로 객관적 소송은 공익이나 다른 사람의 이익을 위해 소송을 제기하는 것이므로, 개인의 권리보호와 무관하기 때문에 법률에 특별한 규정이 있는 경우에만 인정된다.

그러나 근래, 객관적 소송과 관련하여 특히 환경법, 소비자보호법 등의 분야에서 관계 법규가 불충분하게 입법·집행되고 있음을 이유로 공익소송으로서의 다수당사자소송(예 독일에서의 단체소송, 미국에서의 집단소송)의 도입이 활발히 논의되고 있다.

:: 집단소송과 단체소송

구분			내용	비고
집단소송			미국의 집단소송(class action)은 공통의 이해를 가진 집단의 1인 또는 수인이 전체를 위하여 제소 또는 피소될 수 있는 소송형태. 집단이란 조직을 갖춘 단체가 아니라, 단순히 공통의 이해를 가진 다수인을 의미. 당사자가 받은 판결의 효력이 전원에게 미친다는 점이 특징	상법에는 도입되었지만, 행정법에는 도입되지 않음.
단체소송	의의		환경단체나 소비자단체가 당해 단체가 목적으로 하는 일반적 이익 또는 집단적 이익의 보호를 위하여 제기하는 소송. 개인만이 아니라 단체에 대해서도 행정소송의 원고적격을 인정함으로써 행정소송을 공익소송으로 활용케 하려는 시도. 특히, 환경법, 소비자보호법 등의 분야에서 관계 법규가 불충분하게 입법·집행되고 있음을 이유로 그 도입이 강조되는 경향	원고적격 확대경향
	진정단체소송	의의	단체 이외의 이익을 대변하는 소송	
		이기적 단체소송	단체가 구성원의 집단적 이익을 방어 또는 관철하기 위하여 단체의 이름으로 제기하는 행정소송. 예컨대, 대한의사협회가 외국에서 의사자격을 취득한 의사에 대해 의사자격을 부여한 행정처분에 대하여 소속의사 전체의 이익을 위하여 당해 처분의 취소소송을 제기하는 경우 [98 행시, 96 입시]	객관적 소송의 성격이므로 법률에 특별한 규정이 없는 한 허용되지 않는다. 현행법상 특별규정은 없다.
		이타적 단체소송	단체가 단체 자체의 이익이나 단체구성원의 이익을 직접적으로 방어 또는 관철하기 위한 것이 아니라, 어떤 제도나 문화적 가치의 보존이나 환경에 대한 훼손방지 및 그 보호와 같은 공익추구를 목적으로 제기하는 행정소송	「개인정보 보호법」 제51조 이하에 규정
	부진정 단체소송		단체가 단체 스스로의 이익을 보호받기 위하여 단체의 이름으로 제기하는 행정소송. 예컨대, 사회단체가 등록취소를 당한 경우 등록취소처분의 취소소송을 제기하는 경우	법률상 이익이 있는 한 현행법상 가능

④ **사실행위**: 사실행위는 그 개념상 법률효과의 발생을 직접적으로 의욕하지 않으므로, 이로 인해 당사자의 권리나 의무에 직접적인 영향을 발생하지 않으므로 행정소송의 대상이 되지 않

는다. 또한 단순한 사실관계의 존부도 행정소송의 대상이 되지 않는다.

다만, 권력적 사실행위의 경우에는 권력적 성질로 인해 당사자 간의 권리나 의무에 관한 분쟁의 존재를 인정할 수 있으므로 행정소송의 대상이 된다.

국가보훈처장 등이 발행한 책자 등에서 독립운동가 등의 활동상을 잘못 기술하였다는 등의 이유로 그 사실관계의 확인을 구하거나, 국가보훈처장의 서훈추천서의 행사, 불행사가 당연무효 또는 위법임의 확인을 구하는 청구는 항고소송의 대상이 되지 않는다(대판 1990.11.23, 90누3553).

(2) 법적용상의 한계

사법권 발동의 대상이 되는 법률상 쟁송은 법규의 해석·적용에 의해 해결할 수 있는 당사자 간의 구체적인 분쟁이어야 한다. 법률적용상의 분쟁에 해당하지 않는 경우에는 권력분립의 원칙상 스스로 해결할 수 없으므로, 이러한 관점에서는 이들 문제는 권력분립상의 한계에 해당한다고 볼 수 있다.

① **통치행위**: 통치행위는 고도의 정치성을 갖는 국가행위로서 성질상 사법심사의 대상이 되기에는 부적당한 행위를 말한다.

② **재량행위**: 오늘날 기속행위에 대해서는 사법심사가 전면적으로 이루어지는 반면, 재량행위의 경우는 재량의 일정한 한계 내의 행사에 있어서는 당·부당의 문제로 보아 사법심사의 대상에서 제외되지만(행정소송법 제1조, 제4조) 행정심판절차에서는 당·부당의 문제도 심판대상이 된다(행정심판법 제1조, 제5조).

③ **학술·예술상의 문제(판단여지)**: 순수한 학술 또는 예술적 차원에서의 진위확인·논쟁·우열의 평가 등은 구체적 권리의무관계에 관한 것이 아니므로 행정소송의 대상이 아니다.

④ **특별행정법관계에서의 분쟁의 문제**: 종래 특별권력관계에서의 특별권력주체의 내부질서유지를 위한 행위는 사법심사의 대상에서 제외된다고 보았으나, 오늘날은 특별권력관계에서의 분쟁도 법률상 이익에 관한 분쟁이기만 하면 사법심사의 대상이 된다고 보는 것이 일반적 견해이다.

4. 권력분립에 따른 한계(무명항고소송)

일반법원이 행정소송에 대한 관할권을 가지고 행정사건을 심리·판단하는 경우에 권력분립의 원리로부터 나오는 행정소송의 한계를 어느 정도 인정할 것인지가 문제된다.

(1) 의무이행소송

① **의의**: 의무이행소송이란 당사자의 수익적 행정행위의 신청에 대해 행정청이 거부하거나 부작

위를 한 경우, 행정청에 대해 일정한 행정행위를 해 줄 것을 청구하는 내용의 행정소송을 말한다.

② 인정 여부 : 독일은 행정법원법(제42조 제1항, 제113조 제4항 등)에서 명문으로 인정하고, 영·미의 경우에도 행정청에 의무를 부과하는 소송이 인정되고 있는데, 우리의 경우 행정소송법에 명문규정이 없기 때문에 그의 인정 여부와 관련하여 소극설·적극설·절충설이 대립하고 있다.

㉠ 소극설 : 소극설은 현행법상 의무이행소송은 인정되지 않는다는 견해(김남진·김연태, 류지태, 이상규)로서 다수설이다.

㉡ 적극설 : 적극설은 의무이행소송이 현행법상 허용된다는 견해(김도창)이다.

소극설(부정설, 다수설)	적극설(긍정설)
1. 행정에 대한 1차적 판단권은 행정기관에 있기 때문에 법원이 행정청에 대하여 어떠한 처분을 명하는 것은 행정권의 1차적 판단권 침해로서 권력분립의 원칙에 반한다. 즉, 이 견해는 권력분립의 원칙을 '형식적'으로 이해한다. 2. 행정소송법이 의무이행소송 대신 부작위위법확인소송만을 규정한 것은 의무이행소송을 부정하는 취지임에 명백하다. 3. 행정소송법 제4조의 항고소송의 유형은 열거적·제한적인 것이다. 4. 행정소송법 제4조 제1호의 '변경'은 소극적 변경으로서 일부취소를 의미한다.	1. 권력분립주의의 진정한 취지는 개인의 권리를 보장하려는 데 있기 때문에 개인의 권리를 침해하는 위법한 행위를 취소하는 것은 당연히 법원의 권한에 속한다. 권력분립원칙을 '기능적·실질적'으로 이해하고 있다. 또한 거부나 부작위는 행정청에 의한 판단권 행사의 결과이므로 행정청의 판단권 침해라는 논거는 설득력이 없다. 2. 행정소송법 제1조의 공권력의 불행사 등으로 인한 국민의 권익침해에 대한 구제는 의무이행소송 등에 의한 구제까지 포함한다. 3. 행정소송법상의 항고소송의 종류는 예시적인 것이다. 4. 취소소송에서의 변경에는 적극적인 변경도 포함된다.

㉢ 절충설(제한적 허용설) : 의무이행소송을 원칙적으로 부인하지만, ⓐ 행정청에게 제1차적 판단권을 행사하게 할 것도 없을 정도로 처분요건이 일의적(一義的)으로 정해져 있고, ⓑ 사전에 구제하지 않으면 회복할 수 없는 손해가 발생할 우려가 있으며, ⓒ 다른 구제방법이 없는 경우에는 예외적으로 의무이행소송이 인정된다는 견해(김동희, 김철용, 박윤흔)이다.

㉣ 판례(소극설) : 판례는 의무이행소송의 인정 여부에 대해 소극설을 따르고 있다(대판 1995.3.10, 94누14018).

1. 행정심판법 제3조에 의하면 행정청의 위법 또는 부당한 거부처분이나 부작위에 대하여 의무이행심판청구를 할 수 있으나 **행정소송법 제4조에서는 행정심판법상의 의무이행심판청구에 대응하여 부작위위법확인소송만을 규정하고 있으므로** 행정청의 부작위에 대한 **의무이행소송은 현행법상 허용되지 않는다**(대판 1989.9.12, 87누868).
2. 검사에게 압수물 환부를 이행하라는 청구는 행정청의 부작위에 대하여 일정한 처분을 하도록 하는 의무이행소송으로 현행 행정소송법상 허용되지 아니한다(대판 1995.3.10, 94누14018).

(2) 예방적 부작위소송(부작위청구소송)

① 의의 : 예방적 부작위소송 또는 부작위청구소송(부작위요구소송)이란, 장래 행정청이 일정한 처분(침익적 처분)을 할 것이 명백한 경우에 그 처분을 하지 않을 것(부작위)을 구하는 내용의 행정소송을 말한다. 일종의 소극적 형태의 의무이행소송으로서 사전적 권리구제수단이라고 할 수 있다.

② 인정 여부 : 의무이행소송과 마찬가지로 행정소송법에 규정이 없기 때문에, 학설은 ㉠ 소극설, ㉡ 적극설, ㉢ 절충설로 나뉘는데, 판례는 소극설을 취하고 있다.

1. **건축건물의 준공처분을 하여서는 아니 된다는 내용의 부작위를 구하는 청구**는 행정소송에서 허용되지 아니하는 것이므로 부적법하다(대판 1987.3.24, 86누182).
2. **행정소송법상 행정청이 일정한 처분을 하지 못하도록 그 부작위를 구하는 청구는 허용되지 않는 부적법한 소송**이라 할 것이므로, 피고 국민건강보험공단은 이 사건 고시를 적용하여 **요양급여비용을 결정하여서는 아니 된다는 내용**의 원고들의 위 피고에 대한 이 사건 청구는 부적법하다 할 것이다(대판 2006.5.25, 2003두11988).

(3) 작위의무확인소송

작위의무확인소송이란 행정청에게 법률상 일정한 행위를 해야 할 작위의무가 있음의 확인을 구하는 소송을 말한다. 행정소송법상 행정청의 부작위에 대해서는 부작위위법확인소송만 인정되고 작위의무의 이행이나 확인을 구하는 행정소송은 허용될 수 없다(대판 1992.11.10, 92누1629).

피고 국가보훈처장 등에게 독립운동가들에 대한 서훈추천권의 행사가 적정하지 아니하였으니 이를 **바로잡아 다시 추천**하고, 잘못 기술된 독립운동가의 활동상을 고쳐 독립운동사 등의 **책자를 다시 편찬·보급**하고, 독립기념관 전시관의 해설문, 전시물 중 잘못된 부분을 고쳐 **다시 전시 및 배치할 의무가 있음의 확인을 구하는 청구는 작위의무확인소송으로서 항고소송의 대상이 되지 아니한다**(대판 1990.11.23, 90누3553).

제2항 항고소송

항고소송이란 행정청의 처분등이나 부작위에 대하여 제기하는 소송을 말한다(제3조 제1호). 즉, 항고소송은 행정청의 처분 또는 재결의 효력을 사후에 심사해서 위법한 처분의 공정력 및 집행력을 소급하여 배척하는 것을 목적으로 하는 소송을 말한다.

항고소송의 종류로는 ① 취소소송, ② 무효등확인소송, ③ 부작위위법확인소송 등이 있다(제4조).

제1목 취소소송

제1관 개 설

I 취소소송의 의의

취소소송이란 행정청의 위법한 처분등을 취소 또는 변경하는 소송을 말한다(제4조 제1호). 행정행위의 무효선언을 구하는 의미의 취소소송도 인정된다. 취소소송은 항고소송 중 가장 기본적인 것이며, 중심적인 지위를 차지하고 있는 소송이다(취소소송중심주의). 따라서 행정소송법은 취소소송에 대해 상세한 규정을 두고, 그 이외의 소송에 대해서는 취소소송에 관한 규정을 준용하고 있다.

II 성질(형성소송)

취소소송의 성질에 대해 ① 형성소송설, ② 확인소송설, ③ 구제소송설 등이 대립하나, 취소소송은 일정한 법률관계를 성립시킨 행정행위의 효력을 다툼으로써 당해 행정행위의 취소·변경을 통하여 법률관계를 변경 또는 소멸시킨다는 점에서 형성적 성질의 것으로 보는 견해인 형성소송설이 통설·판례이다.

III 소송물(처분의 위법성 일반)

소송물이란 심판의 대상이 되는 소송상의 청구를 말한다. 소송물은 소송의 기본단위로서 ① 소송물과 동일한 범위 내에서 중복제소가 금지되고, ② 소송물이 동일한 범위 내에서만 소의 병합, 소의 변경, 처분사유의 추가·변경이 가능하고, ③ 처분권주의의 위반 여부도 소송물의 범위 내에서만 판단할 수 있고, ④ 사물관할·토지관할을 판단하는 기준이 되고, ⑤ 기판력의 객관적 범위를 정하는 데 의미를 갖는다.

1. 위법성 일반으로 보는 견해(통설·판례)

처분등의 위법성 또는 위법성 일반을 소송물로 보는 견해(김동희, 김연태, 김철용, 박윤흔, 박정훈, 장태주, 정하중)로서 현재 통설이다. 이 설의 특징은 하나의 행정행위에 대해서 위법사유가 여러 개 있더라도 소송물을 하나로 보는 것이다. 이에 따르면 개개의 위법사유에 관한 주장은 단순한 공격방어방법에 지나지 않는다. 따라서 청구기각판결의 경우 후소(취소소송, 무효확인소송)에서 처분의 위법성을 주장할 수 없다. 이 견해는 분쟁의 일회적 해결의 요청과 행정작용의 조기확정의 보장필요성을 논거로 한다.

이 견해에 대해서는 재판에서 다투어지지 않은 사항에 대해서도 기판력이 미치게 되어 기판력의 범위를 부당하게 확대한다는 점과 국민의 권리구제의 측면에서도 국민에게 불리하다는 비판이 제기된다. 판례도 행정행위의 위법성 일반을 소송물로 보는 입장이다.

취소소송의 소송물은 위법성 일반이다(대판 1990.3.23, 89누5386).

2. 개개의 위법사유라는 견해

이 견해에 따르면 취소소송의 판결의 기판력은 개개의 위법사유에 한정되므로 청구기각판결의 경우에도 원고는 후소에서도 전소에서 주장한 것과 다른 위법사유를 주장할 수 있다. 기판력의 취지상 다투어진 것에만 기판력이 미친다고 보는 것이 타당하다는 것과 권리구제의 확대를 논거로 한다.

이에 대해서는 분쟁의 일회적 해결에 반한다는 비판이 제기된다.

Ⅳ 특수성

취소소송에는 민사소송과는 달리 행정심판전치주의(예외적), 제소기간의 제한, 직권심리주의의 가미, 집행부정지의 원칙, 사정판결 등의 여러 가지 특수성이 인정된다.

제2관 취소소송의 재판관할

Ⅰ 심급관할

취소소송은 지방법원급인 행정법원(현재 서울에만 설치)을 제1심법원으로 하며, 그 항소심을 고등법원, 상고심을 대법원이 담당하는 3심제를 채택하고 있다(행정소송법 제9조 제1항, 법원조직법 제40조의4). 행정법원이 설치되지 않은 지역에서는 해당 지방법원의 본원이 행정법원이 설치될 때까지 행정법원의 권한에 속하는 사건을 관할한다(법원조직법 부칙 제2조).

다만, 행정사건 가운데는 ① 특허소송(특허법 제186조 제1항), ② 공정거래위원회의 처분에 대한 불복소송(「독점규제 및 공정거래에 관한 법률」 제55조)과 같이 고등법원급인 특허법원이나 서울고등법원의 전속관할로 되어 있는 경우가 있다.

II 사물관할

고등법원·특허법원 및 행정법원의 심판권은 판사 3인으로 구성된 합의부에서 이를 행한다. 다만, 행정법원에 있어서 단독판사가 심판할 것으로 행정법원 합의부가 결정한 사건의 심판권은 단독판사가 이를 행한다(법원조직법 제7조 제3항).

III 토지관할

1. 일반관할

취소소송의 제1심관할법원은 피고의 소재지(원고의 소재지가 아님)를 관할하는 행정법원으로 한다(행정소송법 제9조 제1항). 제1항에도 불구하고 다음 각 호의 어느 하나에 해당하는 피고에 대하여 취소소송을 제기하는 경우에는 대법원소재지를 관할하는 행정법원에 제기할 수 있다(같은 조 제2항).

1. 중앙행정기관, 중앙행정기관의 부속기관과 합의제행정기관 또는 그 장
2. 국가의 사무를 위임 또는 위탁받은 공공단체 또는 그 장

2. 특별관할

토지의 수용 기타 부동산 또는 특정의 장소에 관계되는 처분등에 대한 취소소송은 그 부동산 또는 장소의 주소지를 관할하는 행정법원에 이를 제기할 수 있다(같은 조 제3항).

3. 토지관할의 성질

토지관할은 전속관할이 아니기 때문에 민사소송법상의 합의관할(제29조 제1항)·변론관할(제30조, 구법 제27조는 응소관할) 등의 규정이 준용된다. 또한 일반관할과 특별관할은 선택적이다.

4. 다른 소송에의 준용

재판관할에 관한 제9조의 규정은 무효등확인소송(제38조 제1항), 부작위위법확인소송(제38조 제2항), 당사자소송(제40조)에 준용된다.

Ⅳ 이 송

1. 관할위반을 이유로 한 이송

원고의 고의 또는 중대한 과실 없이 행정소송을 심급을 달리하는 법원에 잘못 제기한 경우에도 법원은 관할법원에 이송해야 한다(제7조).

2. 민사소송법에 의한 이송

한편, 행정소송법이 적용되는 경우 이외에는 민사소송법 제34조에 의한 이송이 준용된다. 법원은 소송의 전부 또는 일부가 그 관할에 속하지 아니함을 인정할 때에는 결정으로 관할법원에 이송한다(행정소송법 제8조 제2항, 민사소송법 제34조 제1항). 판례도 행정소송법 제7조 이외의 관할위반으로 인한 이송을 인정하고 있다.

1. 행정사건을 민사사건으로 오해하여 민사소송을 제기한 경우 행정소송에 대한 관할도 동시에 가지고 있다면 행정소송으로 심리·판단해야 하고, 행정소송에 대한 관할을 가지고 있지 않다면 행정소송의 요건을 결하고 있음이 명백한 경우가 아닌 한 각하할 것이 아니라 관할법원에 이송해야 한다(대판 1997.5.30, 95다28960).
2. 당사자소송을 서울행정법원이 아닌 서울북부지방법원에 제기한 경우 관할법원으로 이송함이 마땅하다(대판 2009.9.24, 2008다60568).

관할위반으로 인한 이송은 법원이 직권으로 이송하고 당사자의 신청권은 인정되지 않는다. 따라서 이송을 기각하는 결정이 있더라도 이에 대해 불복할 수 없다[대판(전합) 1993.12.6, 93마524].

관할위반을 이유로 한 이송신청을 거부하는 재판에 대한 항고의 경우 항고심에서 각하해야 한다[대판(전합) 1993.12.6, 93마524].

3. 편의에 의한 이송

한편, 행정소송에도 민사소송법 제35조가 준용될 수 있다. 따라서 법원은 그 관할에 속한 소송에 관해서 현저한 손해 또는 지연을 피하기 위한 필요가 있는 때에는 직권 또는 당사자의 신청에 의해 소송의 전부나 일부를 다른 관할법원에 이송할 수 있다. 다만, 전속관할이 있는 소송은 그러하지 아니하다.

V 관련청구소송의 이송·병합(행정소송법에 의한 이송)

1. 제도의 취지

서로 관련되는 수개의 청구를 병합하여 하나의 소송절차에서 통일적으로 심판하는 것이 당사자나 법원의 부담을 경감하고, 심리의 중복과 재판의 저촉을 피하면서 사건을 한번에 해결할 수 있기 때문이다.

2. 관련청구의 범위

(1) 당해 처분이나 재결과 관련되는 손해배상·부당이득반환·원상회복 등 청구소송(제10조 제1항 제1호)

당해 처분이나 재결과 관련되었다는 것은 ① 처분이나 재결이 원인이 되어 발생한 청구(예 영업정지처분에 있어서 처분취소소송과 손해배상청구소송) 또는 ② 그 처분이나 재결의 취소·변경을 선결문제로 하는 청구(예 과세처분에 있어서 부당이득반환청구소송과 과세처분 취소소송)를 말한다.

1. 손해배상청구 등의 민사소송이 행정소송에 관련청구로 병합되기 위한 요건
   행정소송법 제10조 제1항 제1호는 행정소송에 병합될 수 있는 관련청구에 관하여 '당해 처분등과 관련되는 손해배상·부당이득반환·원상회복 등의 청구'라고 규정함으로써 그 **병합요건으로 본래의 행정소송과의 관련성을 요구하고 있는바, 이는 행정소송에서 계쟁 처분의 효력을 장기간 불확정한 상태에 두는 것은 바람직하지 않다는 관점에서 병합될 수 있는 청구의 범위를 한정함으로써 사건의 심리범위가 확대·복잡화되는 것을 방지하여 그 심판의 신속을 도모하려는 취지**라 할 것이므로, 손해배상청구 등의 민사소송이 행정소송에 관련청구로 병합되기 위해서는 그 **청구의 내용 또는 발생원인이 행정소송의 대상인 처분등과 법률상 또는 사실상 공통되거나, 그 처분의 효력이나 존부 유무가 선결문제로 되는 등의 관계에 있어야** 함이 원칙이다(대판 2000.10.27, 99두561).
2. 사업인정 전의 사업시행으로 인하여 재산권이 침해되었음을 원인으로 한 손해배상청구는 토지수용사건

에 관련청구로서 병합될 수 있다(대판 2000.10.27, 99두561).

(2) 당해 처분이나 재결과 관련되는 취소소송(제10조 제1항 제2호)

여기에는 ① 당해 처분과 함께 하나의 절차를 구성하는 다른 처분의 취소를 구하는 소송(예 조세체납처분에 있어서의 압류처분과 공매처분), ② 당해 처분에 관한 재결의 취소를 구하는 소송 또는 재결의 대상인 처분의 취소소송, ③ 당해 처분이나 재결의 취소·변경을 구하는 다른 사람(제3자)의 취소소송(예 일반처분에 대해 다수인이 각각 별개의 취소소송을 제기하는 경우) 등이 포함된다.

관련청구소송으로 규정이 없는 것
1. 당해 처분등과 관련되는 무효확인소송
2. 손실보상청구소송

3. 관련청구의 이송

(1) 이송의 의의

취소소송과 관련청구소송이 각각 다른 법원에 계속되고 있는 경우에 관련청구소송이 계속된 법원이 상당하다고 인정할 때에는 당사자의 신청 또는 직권에 의하여 이를 취소소송이 계속된 법원으로 이송하는 것을 말한다(제10조 제1항). 이송은 법원 간의 소송의 이전이므로 동일한 법원 내에서 담당재판부를 달리하는 것은 사무분담의 문제이다. 본 조항은 다른 항고소송은 물론 당사자소송, 민중소송 그리고 기관소송에도 준용된다(제38조·제44조·제46조).

(2) 이송의 요건

이송이 되기 위해서는 ① 취소소송과 관련청구소송이 각각 다른 법원에 계속 중이고, ② 이송하는 데 상당성이 인정되어야 하며, ③ 당사자의 신청 또는 직권에 의해야 한다.

(3) 이송결정의 효과

이송결정은 이송받은 법원을 기속하며, 소송을 이송받은 법원은 이송결정에 따라야 하고, 사건을 다시 다른 법원에 이송하지 못한다(민사소송법 제38조). 이송결정과 이송신청의 기각결정에 대하여는 즉시항고를 할 수 있다(같은 법 제39조). 이송결정이 확정된 때에는 소송은 처음부터 이송받은 법원에 계속(係屬)된 것으로 본다(같은 법 제40조 제1항).

4. 관련청구소송의 병합

(1) 관련청구병합의 의의

① **병합의 개념**: 청구의 병합이란 1개의 소송절차에서 수개의 청구에 대해 일괄적으로 심판이 이루어지는 것을 말한다. 즉, 관련청구소송을 병합하여 하나의 소송절차에서 심리하는 것을 말한다. 취소소송에는 사실심의 변론종결시까지 관련청구소송을 병합하거나 피고 이외의 자를 상대로 한 관련청구소송을 취소소송이 계속된 법원에 병합하여 제기할 수 있다(행정소송법 제10조 제2항).

② **제도의 취지**: 행정소송법이 관련청구의 병합에 관해 특별한 규정을 둔 것은, 특히 항고소송의 경우에는 위법한 처분의 취소 또는 변경을 구함과 아울러 그와 관련되는 손해배상 등을 청구할 경우가 있고, 또한 양 소송은 형식적으로는 독립적인 별개의 소송이지만(예 취소소송은 항고소송이므로 처분행정청이 피고이고, 손해배상청구소송은 민사소송이므로 국가가 피고이다), 실질적으로는 하나의 궁극적 목적을 위한 것으로서 동일사건의 표리의 관계에 지나지 않는다.

(2) 병합의 종류와 형태

병합의 형태에는 ① 객관적 병합(병합제기·추가적 병합), ② 주관적·예비적 병합, 주관적·추가적 병합, ③ 공동소송으로서 단순한 주관적 병합이 있다.

① 객관적 병합

㉠ 의의: 객관적 병합은 같은 원고가 같은 피고에 대해 하나의 소송절차에서 수개의 청구를 하는 경우를 말한다. 소의 객관적 병합은 민사소송법에서는 수개의 청구가 동종의 소송절차에 한하여 인정한다(제253조). 그러나 행정소송법은 관련청구인 이상 같은 종류의 소송절차뿐만 아니라 다른 종류의 소송절차(예 행정소송과 민사소송)에도 인정된다(제10조 제2항 전단). 또한 당사자소송의 취소소송에의 병합도 가능하다(대판 1992.12.24, 92누3335).

㉡ 종류: 취소소송의 원고는 이와 관련된 청구를 병합하여 제소하거나(원시적 병합), 사실심 구두변론종결시까지는 언제든지 추가하여 병합할 수 있다(추가적·후발적 병합). 다만, 제3자에 의한 관련청구의 병합은 소송관계를 복잡하게 할 수 있으므로 인정되지 않는다. 또한 소의 병합에는 ⓐ 단순병합(아무런 관련성이 없는 여러 개의 청구를 단순히 병렬적으로 심판을 구하는 형태의 병합으로서 법원은 원고가 병합시킨 모든 청구에 대해 심판을 해야 한다), ⓑ 선택적 병합(원고가 여러 개의 택일관계에 있는 청구 중 어느 하나가 택일적으로 인용될 것을 해제조건으로 하여 다른 청구에 대해 심판을 구하는 형태. 법원으로서는 이유 있는 청구 중 어느 하나를 선택하여 인용하면 나머지 청구는 심판할 필요가 없다), ⓒ 예

4

2022 삼봉행정법총론

비적 병합이 있는데, 예비적 병합은 양립되지 않는 수개의 청구를 하면서 제1차적 청구(주위적 청구)가 배척(기각, 각하)될 때를 대비하여 제2차적 청구(예비적 청구)에 대해 심판을 구하는 형태, 즉 양립 불가능한 여러 개의 청구에 심판순위를 붙여 제1차적 청구가 인용될 것을 해제조건으로 하여 제2차적 청구에 대하여 심판을 구하는 형태의 병합을 말한다(예 주위적으로 위 피고가 2000. 8. 25. 원고에 대하여 한 청소년유해매체물결정은 무효임을 확인한다. 예비적으로 위 결정을 취소하라). 법원은 원고가 정한 순위에 구속되어 심판을 해야 하고, 제1차적 청구를 인용할 경우에는 제2차적 청구에 대한 심판을 하지 않는다.

1. 행정처분에 대한 무효확인과 취소청구는 서로 양립할 수 없는 청구로서 주위적·예비적 청구로서만 병합(예비적 병합)이 가능하고 선택적 청구로서의 병합이나 단순 병합은 허용되지 아니한다(대판 1999.8.20, 97누6889).
2. 동일한 행정처분에 대하여 무효확인의 소를 제기하였다가 그 후 그 처분의 취소를 구하는 소를 추가적으로 병합한 경우, 주된 청구인 무효확인의 소가 적법한 제소기간 내에 제기되었다면 추가로 병합된 취소청구의 소도 적법하게 제기된 것으로 볼 수 있다
   하자 있는 행정처분을 놓고 이를 무효로 볼 것인지 아니면 단순히 취소할 수 있는 처분으로 볼 것인지는 동일한 사실관계를 토대로 한 법률적 평가의 문제에 불과하고, **행정처분의 무효확인을 구하는 소에는 특단의 사정이 없는 한 그 취소를 구하는 취지도 포함되어 있다고 보아야 하는 점 등에 비추어 볼 때, 동일한 행정처분에 대하여 무효확인의 소를 제기하였다가 그 후 그 처분의 취소를 구하는** 소를 추가적으로 병합한 경우, **주된 청구인 무효확인의 소가 적법한 제소기간 내에 제기되었다면 추가로 병합된 취소청구의 소도 적법하게 제기된 것**으로 봄이 상당하다(대판 2005.12.23, 2005두3554).
3. 국가유공자 요건 또는 보훈보상대상자 요건에 해당함을 이유로 국가유공자 비해당결정처분과 보훈보상대상자 비해당결정처분의 취소를 청구하는 것은 양립가능하지 않고, 두 처분의 취소청구가 국가유공자 비해당결정처분 취소 청구를 주위적 청구로 하는 주위적·예비적 관계에 있다(대판 2016.7.27, 2015두46994).

② **주관적 병합**: 주관적 병합은 원고·피고의 어느 일방 또는 쌍방의 당사자가 다수인 경우를 말한다. 행정소송법은 공동소송으로서 주관적 병합을 인정하고 있다(제15조).

③ **주관적·예비적 병합의 인정문제**: 주관적 병합의 형태 중 이른바 주관적·예비적 병합이 허용되는지가 문제된다. 예컨대, 행정청을 피고로 하여 처분의 취소를 청구함과 동시에 예비적으로 국가를 피고로 하여 손해배상이나 원상회복을 청구하는 경우이다. 판례는 주관적·예비적 병합을 인정하고 있다.

아파트 입주자대표회의 구성원 개인을 피고로 삼아 제기한 동대표지위 부존재확인의 소의 계속 중에 아파트 입주자대표회의를 피고로 추가하는 주관적·예비적 추가를 허용
이 사건 동대표지위의 부존재 확인을 구하는 소송에서 **입주자대표회의와 상대방 중 누가 피고적격을 가지는**

지에 따라 어느 일방에 대한 청구는 부적법하고 다른 일방에 대한 청구는 적법하게 될 수 있으므로 이들 **각 청구는 법률상 양립할 수 없는 경우**에 해당하여 앞에서 본 **주관적·예비적 공동소송**의 한 태양에 속하고, 따라서 민사소송법 제70조 제1항에 의하여 준용되는 같은 법 제68조의 규정에 따라 **그 주관적·예비적 피고의 추가가 허용되는 것으로 보아야** 할 것이다(대결 2007.6.26, 2007마515).

(3) 병합의 요건

병합하기 위해서는 본체인 취소소송이 적법해야 하고 사실심 변론종결 이전이어야 하며 취소소송이 계속된 법원에 병합해야 한다.

① 본체인 취소소송의 적법성 : 관련청구의 병합은 본체인 취소소송이 그 자체로서 소송요건을 갖춘 적법한 것임을 전제로 한다.

취소소송을 제기한 당사자가 국가 또는 공공단체에 대한 당사자소송을 행정소송법 제10조 제2항에 의하여 관련 청구로서 병합하였으나 위 취소소송이 부적법한 경우 법원은 소변경청구로 보아 청구의 기초에 변경이 없는 한 이를 허가하여야 한다(대판 1992.12.24, 92누3335).

② 관련청구의 범위 : 취소소송에 병합할 수 있는 청구는 ㉠ 본체인 취소소송의 대상인 처분등과 관련되는 손해배상·부당이득반환·원상회복 등 청구소송이거나, ㉡ 본체인 취소소송의 대상인 처분등과 관련되는 취소소송이다.

행정처분의 취소를 구하는 취소소송에 당해 처분의 취소를 선결문제로 하는 부당이득반환청구가 병합된 경우, 그 청구가 인용되려면 소송절차에서 당해 처분이 취소되면 충분하고 당해 처분의 취소가 확정되어야 하는 것은 아니다(대판 2009.4.9, 2008두23153).

③ 병합의 시기(사실심 구두변론종결 전) : 주된 취소소송이 계속 중이어야 한다. 또한 관련청구의 병합은 사실심 변론종결 전에 하여야 한다(제10조 제2항). 사실심 구두변론종결 전이면 원시적 병합이든 추가적 병합이든 상관없다.

④ 관할법원(취소소송이 계속된 법원) : 병합되는 소송의 관할법원은 취소소송이 계속된 법원이다.

제1강 개 설

I 당사자의 지위

행정소송도 원고와 피고가 대립하는 대심구조를 취하여 구체적 사건을 다툰다는 점에서 민사소송과 본질적으로 다르지 않다. 그러나 취소소송의 경우에는 민사소송의 경우와 같이 원고와 피고 간의 권리·이익에 관한 대립이 있는 것이 아니다. 즉, 원고는 처분등의 위법을 이유로 하여 그 취소·변경을 구함으로써 그의 권익의 보호를 도모하는 데 대해, 피고인 행정청은 자신의 권익을 주장하는 것이 아니라 행정법규의 적용에 위법이 없음을 주장하게 된다. 그러므로 피고의 지위에 있는 행정청은 국가나 지방자치단체의 기관으로서 공익을 대표하여 피고의 지위에 서게 된다. 이러한 점은 행정청이 원고가 되어 제기하는 기관소송이나 일반선거인이 제기하는 민중소송에서 더욱 뚜렷하게 나타난다.

II 당사자능력과 당사자적격

1. 당사자능력

당사자능력이란 일반적으로 소송당사자(예 원고·피고·참가인)가 될 수 있는 소송법상의 능력(자격)을 말하는 것으로서 자기의 이름으로 재판을 청구하거나 또는 소송상의 효과를 받을 수 있는 자격을 말한다. 민법 기타 법률에 의하여 권리능력을 가진 자(자연인·법인)는 당사자능력을 갖는다(행정소송법 제8조 제2항, 민사소송법 제51조). 법인이 아닌 사단이나 재단은 대표자 또는 관리인이 있는 경우에는 그 사단이나 재단의 이름(대표자나 관리인의 이름이 아님)으로 당사자가 될 수 있다(행정소송법 제8조 제2항, 민사소송법 제52조).

도롱뇽과 자연은 당사자능력을 인정할 수 없다

도롱뇽은 천성산 일원에 서식하고 있는 도롱뇽목 도롱뇽과에 속하는 양서류로서 자연물인 도롱뇽 또는 그를 포함한 자연 그 자체로서는 소송을 수행할 **당사자능력을 인정할 수 없다**(대결 2006.6.2, 2004마1148·1149).

2. 당사자적격

구체적 소송사건에서 당사자(원고·피고·참가인)로서 소송을 수행하고 본안판결을 받기에 적합한 자격으로서 원고적격·피고적격·참가인적격을 말한다. 당사자적격이 있는 자를 보통 정당한 당사자라고 부른다.

| 제2강 원고적격 |

I 원고적격의 의의

원고적격이란 행정소송에서 원고가 될 수 있는 자격, 즉 처분등의 취소를 소구(소송청구)할 수 있는 자격을 의미한다. 최광의의 소의 이익은 ① 대상적격, ② 주관적 측면의 소익(소의 이익)인 원고적격, ③ 객관적 측면의 소익인 권리보호의 필요(협의의 소익)를 포함한다.

II 법률상 이익의 주체

1. 규정의 성격(주관적 소송)

취소소송은 처분등의 취소를 구할 법률상 이익이 있는 자만이 제기할 수 있다(행정소송법 제12조 전단). 법률상 이익이 있는 자만이 제기할 수 있다는 것은 취소소송이 주관적 소송임을 의미하고 민중소송의 배제를 의미한다.

2. 상대방(원칙적으로 원고적격 인정)

침익적·부담적 행정행위의 상대방에게는 관계 법률에 의존함이 없이 헌법상 자유권으로부터 직접 원고적격이 인정되지만(이른바 상대방이론), 수익적 행정행위의 상대방의 원고적격은 부인된다. 영업정지처분의 직접 상대방은 자신에 대한 처분의 취소를 청구할 원고적격이 있다.
한편, 처분의 상대방이 허무인(존재하지 않는 사람)이 아닌 위명(가짜 이름=가명)을 사용한 경우에도 법률상 이익이 인정된다(대판 2017.3.9, 2013두16852).

1. 행정처분에 있어서 불이익처분의 상대방은 직접 개인적 이익의 침해를 받은 자로서 원고적격이 인정되지만 **수익처분의 상대방은 그의 권리나 법률상 보호되는 이익이 침해되었다고 볼 수 없으므로** 달리 특별한 사정이 없는 한 취소를 구할 이익이 없다(대판 1995.8.22, 94누8129).
2. 과세관청이 소득처분을 경정하면서 증액과 감액을 동시에 한 결과 전체로서 소득처분금액이 감소된 경우 법인은 소득금액변동통지처분의 취소를 구할 소의 이익이 없다(대판 2012.4.13, 2009두5510).
3. 미얀마 국적의 갑이 위명(僞名)인 '을' 명의의 여권으로 대한민국에 입국한 뒤 을 명의로 난민 신청을 하였으나 법무부장관이 을 명의를 사용한 갑을 직접 면담하여 조사한 후 갑에 대하여 난민불인정 처분을 한 사

안에서, 갑이 처분의 취소를 구할 법률상 이익이 있다고 한 사례
처분의 상대방은 허무인이 아니라 '을'이라는 위명을 사용한 갑이라는 이유로, 갑이 처분의 취소를 구할 법률상 이익이 있다고 한 사례(대판 2017.3.9, 2013두16852).

3. 제3자

과거에는 처분의 상대방과 달리 제3자에 대하여는 원고적격을 부정한 바 있다. 그러나 오늘날은 제3자의 원고적격에 관해서도 상대방과 마찬가지로 법률상 이익이 인정되는지 여부에 따라 판단한다. 제3자소송은 제3자효 행정행위에서 의미를 갖는다. 그러나 제3자의 경우 상대방과는 달리 헌법상의 자유권에서 바로 원고적격이 도출될 수는 없고 개별법률에서 원고적격을 도출한다.

행정처분의 상대방이 아닌 제3자도 그 처분으로 인하여 법률상 보호되는 이익을 침해당한 경우에는 그 처분의 취소 또는 변경을 구하는 **행정소송을 제기하여 그 당부의 판단을 받을 법률상 자격이 있다**(대판 1999.12.7, 97누12556).

4. 행정심판의 피청구인(행정청)

행정심판에서 기각재결이 있는 경우 사인인 청구인은 당연히 취소소송을 제기할 수 있다. 그러나 인용재결이 있는 경우, 피청구인인 행정청은 재결의 기속력(행정심판법 제49조 제1항)으로 인해 취소소송을 제기할 수 없다.

5. 행정기관

1. 법령이 특정한 행정기관 등으로 하여금 다른 행정기관을 상대로 제재적 조치를 취할 수 있도록 하면서, 그에 따르지 않으면 그 행정기관에 대하여 과태료를 부과하거나 형사처벌을 할 수 있도록 정하는 경우, 제재적 조치의 상대방인 행정기관 등에게 항고소송 원고로서의 당사자능력과 원고적격을 예외적으로 인정할 수 있다

국가기관 등 행정기관(행정기관 등) 사이에 권한의 존부와 범위에 관하여 다툼이 있는 경우에 이는 통상 내부적 분쟁이라는 성격을 띠고 있어 상급관청의 결정에 따라 해결되거나 법령이 정하는 바에 따라 '기관소송'이나 '권한쟁의심판'으로 다루어진다. 그런데 **법령이 특정한 행정기관 등으로 하여금 다른 행정기관을 상대로 제재적 조치를 취할 수 있도록 하면서, 그에 따르지 않으면 그 행정기관에 대하여 과태료를 부과하거나 형사처벌을 할 수 있도록 정하는 경우**가 있다. **이러한 경우에는 단순히 국가기관이나 행정기관의 내부적 문제라거나 권한 분장에 관한 분쟁으로만 볼 수 없다.** 행정기관의 제재적 조치의 내용에 따라 '구체적 사실에 대한 법집행으로서 공권력의 행사'에 해당할 수 있고, 그러한 조치의 상대방인 행정기관이 입게 될 불이익도 명확하다. 그런데도 그러한 제재적 조치를 기관소송이나 권한쟁의심판을 통하여 다툴 수 없다면, 제

재적 조치는 그 성격상 단순히 행정기관 등 내부의 권한 행사에 머무는 것이 아니라 상대방에 대한 공권력 행사로서 항고소송을 통한 주관적 구제대상이 될 수 있다고 보아야 한다. **기관소송 법정주의를 취하면서 제한적으로만 이를 인정하고 있는 현행 법령의 체계에 비추어 보면, 이 경우 항고소송을 통한 구제의 길을 열어주는 것이 법치국가 원리에도 부합**한다. 따라서 이러한 **권리구제나 권리보호의 필요성이 인정된다면 예외적으로 그 제재적 조치의 상대방인 행정기관 등에게 항고소송 원고로서의 당사자능력과 원고적격을 인정할 수 있다**(대판 2018.8.1, 2014두35379).

2. 국가는 기관위임사무에 관하여 지방자치단체의 장을 상대로 취소소송을 제기할 수 없다(국토이용계획의 변경결정권은 원래 국가의 권한으로서 충청남도지사를 거쳐 연기군수에게 재위임되어 있는데, 국가 산하 충북대학교가 농과대학 부설 축산기술연구소를 설립하고 국토이용계획상 용도지역을 준도시지역 중 시설용지지구로 변경하는 국토이용계획변경승인신청을 하였으나 연기군수가 거부처분을 하자, 국가가 연기군수를 상대로 취소소송을 제기한 사건)

   건설교통부장관은 지방자치단체의 장이 기관위임사무인 국토이용계획 사무를 처리함에 있어 자신과 의견이 다를 경우 행정협의조정위원회에 협의·조정 결정에 따라 의견불일치를 해소할 수 있고, **법원에 의한 판결을 받지 않고서도** '행정권한의 위임 및 위탁에 관한 규정'이나 구 지방자치법에서 정하고 있는 지도·감독을 통하여 직접 지방자치단체의 장의 사무처리에 대하여 **시정명령을 발하고 그 사무처리를 취소 또는 정지할 수 있으며, 지방자치단체의 장에게 기간을 정하여 직무이행명령을 하고 지방자치단체의 장이 이를 이행하지 아니할 때에는 직접 필요한 조치를 할 수도 있으므로, 국가가 국토이용계획과 관련한 지방자치단체의 장의 기관위임사무의 처리에 관하여 지방자치단체의 장을 상대로 취소소송을 제기하는 것은 허용되지 않는다**(대판 2007.9.20, 2005두6935).

3. 甲이 국민권익위원회에 「부패방지 및 국민권익위원회의 설치와 운영에 관한 법률」(국민권익위원회법)에 따른 신고와 신분보장조치를 요구하였고, 국민권익위원회가 乙 시·도선거관리위원회 위원장에게 '甲에 대한 중징계요구를 취소하고 향후 신고로 인한 신분상 불이익처분 및 근무조건상의 차별을 하지 말 것을 요구'하는 내용의 조치요구를 한 사안에서, 국가기관인 乙에게 위 조치요구의 취소를 구하는 소를 제기할 당사자능력, 원고적격 및 법률상 이익을 인정한 원심판단을 정당하다고 한 사례

   국가기관 일방의 조치요구에 불응한 상대방 국가기관에 국민권익위원회법상의 제재규정과 같은 중대한 불이익을 직접적으로 규정한 다른 법령의 사례를 찾아보기 어려운 점, 그럼에도 乙이 국민권익위원회의 조치요구를 다툴 별다른 방법이 없는 점 등에 비추어 보면, **처분성이 인정되는 위 조치요구에 불복하고자 하는 乙로서는 조치요구의 취소를 구하는 항고소송을 제기하는 것이 유효·적절한 수단이므로 비록 乙이 국가기관이더라도 당사자능력 및 원고적격을 가진다**고 보는 것이 타당하고, 乙이 위 조치요구 후 甲을 파면하였다고 하더라도 조치요구가 곧바로 실효된다고 할 수 없고 乙은 여전히 조치요구를 따라야 할 의무를 부담하므로 乙에게는 위 조치요구의 취소를 구할 법률상 이익도 있다(대판 2013.7.25, 2011두1214).

4. 구 건축법 제29조 제1항에서 정한 건축협의의 취소는 처분에 해당하고 지방자치단체 등이 건축물 소재지 관할 허가권자인 지방자치단체의 장을 상대로 건축협의취소의 취소를 구할 수 있다

   구 건축법 제29조 제1항, 제2항, 제11조 제1항 등의 규정 내용에 의하면, **건축협의의 실질은 지방자치단체 등에 대한 건축허가와 다르지 않으므로, 지방자치단체 등이 건축물을 건축하려는 경우 등에는 미리 건축물의 소재지를 관할하는 허가권자인 지방자치단체의 장과 건축협의를 하지 않으면, 지방자치단체라 하더라도 건축물을 건축할 수 없다.** 그리고 구 지방자치법 등 관련 법령을 살펴보아도 **지방자치단체의 장이 다른 지방자치단체를 상대로 한 건축협의 취소에 관하여 다툼이 있는 경우에 법적 분쟁을 실효적으로 해결할 구제수단을 찾기도 어렵다. 따라서 건축협의 취소는** 상대방이 다른 지방자치단체 등 행정주체라 하더라도 '행정청이 행하는 구체적 사실에 관한 법집행으로서의 공권력 행사'(행정소송법 제2조 제1항 제1호)로서 **처분에 해당한다**고 볼 수 있고, **지방자치단체인 원고가 이를 다툴 실효적 해결 수단이 없는 이상, 원고는 건축물 소재지 관할 허가권자인 지방자치단체의 장을 상대로 항고소송을 통해 건축협의 취소의 취소를 구할 수 있다**(대판 2014.2.27, 2012두22980).

5. 국민권익위원회가 소방청장에게 인사와 관련하여 부당한 지시를 한 사실이 인정된다며 이를 취소할 것을 요구하기로 의결하고 그 내용을 통지하자 소방청장이 국민권익위원회 조치요구의 취소를 구하는 소송

을 제기한 사안에서, 처분성이 인정되는 국민권익위원회의 조치요구에 불복하고자 하는 소방청장으로서는 조치요구의 취소를 구하는 항고소송을 제기하는 것이 유효·적절한 수단으로 볼 수 있으므로 소방청장이 예외적으로 당사자능력과 원고적격을 가진다고 한 사례

행정기관인 국민권익위원회가 행정기관의 장에게 일정한 의무를 부과하는 내용의 조치요구를 한 것에 대하여 그 조치요구의 상대방인 행정기관의 장이 다투고자 할 경우에 **법률에서 행정기관 사이의 기관소송을 허용하는 규정을 두고 있지 않으므로 이러한 조치요구를 이행할 의무를 부담하는 행정기관의 장으로서는 기관소송으로 조치요구를 다툴 수 없고,** 위 조치요구에 관하여 정부 조직 내에서 그 처분의 당부에 대한 심사·조정을 할 수 있는 다른 방도도 없으며, 국**민권익위원회는 헌법 제111조 제1항 제4호에서 정한 '헌법에 의하여 설치된 국가기관'이라고 할 수 없으므로 그에 관한 권한쟁의심판도 할 수 없고,** 별도의 법인격이 인정되는 국가기관이 아닌 소방청장은 질서위반행위규제법에 따른 구제를 받을 수도 없는 점, **「부패방지 및 국민권익위원회의 설치와 운영에 관한 법률」은 소방청장에게 국민권익위원회의 조치요구에 따라야 할 의무를 부담시키는 외에 별도로 그 의무를 이행하지 않을 경우 과태료나 형사처벌까지 정하고 있으므로 위와 같은 조치요구에 불복하고자 하는 '소속기관 등의 장'에게는 조치요구를 다툴 수 있는 소송상의 지위를 인정할 필요가 있는 점**에 비추어, **처분성이 인정되는 국민권익위원회의 조치요구에 불복하고자 하는 소방청장으로서는 조치요구의 취소를 구하는 항고소송을 제기하는 것이 유효·적절한 수단**으로 볼 수 있으므로 소방청장은 예외적으로 당사자능력과 원고적격을 가진다고 한 사례(대판 2018.8.1, 2014두35379)

6. 법 인

처분등으로 법인 또는 단체의 개인적 이익이 침해된 경우에도 법인이나 단체에게 원고적격이 인정된다.

약제를 제조·공급하는 제약회사가 보건복지부 고시인 '약제급여·비급여 목록 및 급여 상한금액표' 중 약제의 상한금액 인하 부분에 대하여 그 취소를 구할 원고적격이 있다(대판 2006.12.21, 2005두16161).

그러나 판례는 환경상 이익은 본질적으로 자연인에게 귀속되는 것으로서 법인은 환경상 이익의 침해를 이유로 행정소송을 제기할 수 없다고 한다.

환경상 이익은 본질적으로 자연인에게 귀속되는 것으로서 법인(수녀원)은 환경상 이익의 침해를 이유로 행정소송을 제기할 수 없다(대판 2012.6.28, 2010두2005).

III 법률상 이익의 의미

1. 관계규정

행정소송법 제12조는 '원고적격'이라는 표제하에 "취소소송은 처분등의 취소를 구할 법률상 이익(정당한 이익이 아님)이 있는 자가 제기할 수 있다. 처분등의 효과가 기간의 경과, 처분등의 집행 그 밖의 사유로 인하여 소멸된 뒤에도 그 처분등의 취소로 인하여 회복되는 법률상 이익이 있는 자의 경우에는 또한 같다."라고 규정하고 있다. 위 조문의 전단(1문)의 경우만이 원고적격에 해당하고, 후단(2문)의 경우는 협의의 소의 이익(권리보호필요성)에 관한 내용이라는 견해가 통설이다. 그러나 판례는 구별부정설이다.

'법률상 이익'이라는 용어는 그 내용이 일의적이 아닌 일종의 불확정개념이라 할 수 있으므로 그 내용에 관해 학설이 대립하고 있다.

2. 학 설

소익의 내용은 결국 취소소송의 목적과 기능을 어떻게 보는가에 따라 결정되어야 할 것이다. 즉, ① 권리구제설(권리향수회복설, 권리회복설), ② 법률상(보호) 이익설(법률상 이익구제설·통설), ③ 보호가치 있는 이익(구제)설은 취소소송의 목적을 국민의 권익구제로 이해하는 반면, ④ 적법성 보장설은 적법성 확보를 주된 목적으로 본다.

구분	내용	비판
권리구제설(권리향수회복설, 권리회복설)	취소소송의 본질과 목적이 위법한 처분으로 인하여 침해된 권리의 회복에 있다고 보아, 권리가 침해된 자만이 법률상 이익이 있는 자라고 하는 견해이다.	1. 권리가 침해된 자만 항고소송을 제기할 수 있다는 것은 재판청구권이 일반적으로 인정된 오늘날에는 타당하지 않고, 행정소송의 독자성을 무시하고 원고적격을 좁게 보는 점 2. 권리와 법률상 보호이익을 동의어로 이해한다면 권리구제설은 법률상 보호된 이익구제설과 동일하다는 점 3. 행정소송이 개괄주의 소송구조를 취하고 있다는 점
법률상 (보호) 이익설 (법률상 이익구제설·통설)	위법한 처분에 의하여 침해되고 있는 이익이 관계법에 의하여 보호되고 있는 이익인 경우에도 법률상 이익이 있다는 견해로서 통설이다.]	1. 처분의 관계 법규에 의해 보호된 이익이 침해된 자에 한하여 원고적격을 인정하는 것은 원고적격을 제한하는 것이고 2. 소익의 판정을 전적으로 실정법의 해석에 맡김으로써 법률규정에 지나치게 집착하게 되고 새로 등장하는 이익을 소익으로 편입하지 못한다는 점 3. 실정법 만능주의에 빠지기 쉽다는 점 4. 항고소송은 행정통제기능을 주된 기능으로 하는 소송으로 보는 것이 타당하다는 점

보호가치 있는 이익(구제)설	특정이익이 관계법(실정법)에 의해 보호되는 이익이 아니라도 그 실질적 내용이 재판에 의해 보호할 만한 가치가 있는 것으로 판단되는 경우에는 소송을 제기할 수 있다는 견해이다. 법률상 이익구제설에 비하여 원고적격이 넓게 인정된다.	1. 재판상 보호할 가치가 있는 이익의 존재 여부에 대해 일반적 기준을 마련하기가 어렵고 법관의 자의적인 판단에 맡기게 된다는 점 2. 실체법이 보호하지 않는 이익을 쟁송법적으로 보호한다는 것은 논리적이지 못하다는 점 3. 법관이 스스로 보호할 가치가 있는지의 유무를 판단하는 것은 법관의 법창조적 기능을 초래하고 어떤 이익이 보호할 가치가 있는지의 여부는 입법자가 판단할 사항이라는 점(권력분립위반) 4. 소의 이익을 확대하여 남소의 폐단을 초래하며 행정의 원활한 운영을 저해하고 법원에 과다한 부담을 준다는 점
적법성 보장설	취소소송의 목적이 행정의 적법성 보장 내지 행정통제에 있는 것으로 보아, 원고적격의 문제는 원고가 주장하는 이익의 성질을 기준으로 할 것이 아니라 당해 처분에 대한 소송수행(추행)에 있어 가장 적합한 이해관계를 가지는 자에게 원고적격을 인정하는 견해이다.	1. 민중소송의 우려가 있고 2. 취소소송에 대해 주관적 소송의 입장을 견지하고 있는 우리나라에서 항고소송의 주된 기능을 적법성 보장에 있다고 하는 것은 타당하지 않다는 점 3. 항고소송의 본질과 소익의 결정을 혼동하고 있다는 점
학설 간의 관계	권리와 법률상 이익과의 관계에 대해서는 실체법상의 권리의 개념이 보호규범설에 따라 법으로 보호하는 이익으로 확대됨에 따라 표현의 차이일 뿐 동일한 것이라는 견해가 다수설이다.	

3. 판례(법률상 보호이익설)

(1) 법률상 이익

대법원은 통설과 마찬가지로 법률상 보호이익설에 따르고 있다.

1. 행정처분에 대한 취소소송에서의 원고적격이 있는지 여부는 **당해 처분의 상대방인지 여부에 따라 결정되는 것이 아니라 그 취소를 구할 법률상의 이익이 있는지 여부에 따라 결정되는 것**이고, 여기서 말하는 법률상 이익이라 함은 **당해 처분의 근거 법률에 의하여 보호되는 직접적이고 구체적인 이익**이 있는 경우를 가리키며, **간접적이거나 사실적·경제적 이해관계를 가지는 데 불과한 경우는 포함되지 아니한다**(대판 2001.9.28, 99두8565).
2. 행정처분의 직접 상대방이 아닌 제3자가 행정처분의 취소를 구할 수 있는 요건으로서 '법률상 보호되는 이익'의 의미
   행정처분에 대한 취소소송에서 원고적격은 해당 처분의 상대방인지 여부가 아니라 그 취소를 구할 법률상 이익이 있는지 여부에 따라 결정된다. 여기에서 말하는 법률상 이익이란 해당 처분의 근거 법률로 보호되는 직접적이고 구체적인 이익을 가리키고, 간접적이거나 사실적·경제적 이해관계를 가지는 데 불과한 경우는 포함되지 않는다(대판 2019.8.30, 2018두47189).
3. **법률상 보호되는 이익은 당해 처분의 근거 법규 및 관련 법규에 의하여 보호되는 개별적·직접적·구체적 이익**

을 말하며, **원고적격은 소송요건의 하나이므로 사실심 변론종결시는 물론 상고심에서도 존속하여야 하고 이를 흠결하면 부적법한 소가 된다** 할 것이다(대판 2007.4.12, 2004두7924).

따라서 법률상 이익이 아닌 사실적·경제적·반사적 이익은 제외된다.

1. 영업정지처분으로 조달청입찰참가자격사전심사기준 및 조달청시설공사적격심사세부기준에 의하여 **3년 동안 신인도 감점의 불이익**을 받게 된다고 하더라도 그와 같은 불이익은 **사실상·경제상의 불이익에 불과**할 뿐 그 취소를 구할 법률상의 이익이 있는 것이라고 볼 수 없다(대판 1999.2.23, 98두14471).
2. 제주 강정마을 일대가 절대보전지역으로 유지됨으로써 주민들인 원고들이 가지는 주거 및 생활환경상 이익은 그 지역의 경관 등이 보호됨으로써 반사적으로 누리는 것일 뿐 근거 법규 또는 관련 법규에 의하여 보호되는 개별적·직접적·구체적 이익이라고 할 수 없다(대판 2012.7.5, 2011두13187·13914).
3. 과세관청의 소득처분과 그에 따른 소득금액변동통지가 있는 경우, 법인은 소득금액변동통지의 취소를 구할 법률상 이익이 있지만, 소득처분에 따른 소득의 귀속자가 법인에 대한 소득금액변동통지의 취소를 구할 법률상 이익은 없다
   과세관청의 소득처분과 그에 따른 소득금액변동통지가 있는 경우 법인은 소득금액변동통지서를 받은 날에 그 통지서에 기재된 소득의 귀속자에게 당해 소득금액을 지급한 것으로 의제되고 그 때 원천징수하는 소득세 등의 납세의무가 성립함과 동시에 확정되어 원천징수세액을 납부할 의무를 부담하게 되므로 원천징수의무자인 법인은 항고소송으로써 소득금액변동통지의 취소를 구할 법률상 이익이 있다. 그러나 소득처분에 따른 소득의 귀속자의 원천납세의무는 법인에 대한 소득금액변동통지와 상관없이 국세기본법 제21조 제1항 제1호, 소득세법 제39조 제1항, '소득세법 시행령' 제49조 제1항 제3호 등에 의하여 당해 소득이 귀속된 과세기간의 종료시에 성립하는 점, 과세관청이 원천납세의무자에게 소득세 등을 부과할 경우 원천납세의무자는 이에 대한 항고소송으로써 직접 불복할 수 있는 기회가 별도로 보장되어 있는 점 등에 비추어 보면, 원천징수의무자에 대한 소득금액변동통지는 원천납세의무의 존부나 범위와 같은 원천납세의무자의 권리나 법률상 지위에 어떠한 영향을 준다고 할 수 없으므로 소득처분에 따른 소득의 귀속자는 법인에 대한 소득금액변동통지의 취소를 구할 법률상 이익이 없다(대판 2013.4.26, 2012두27954).
4. 설립자나 종전이사가 사립학교 운영에 대하여 가지는 재산적 이해관계는 법률적인 것이 아니다
   원고 학교법인 이화학원(원고 학원)을 피고 보조참가인 학교법인 서울예술학원(참가인)의 설립자로 볼 수 없을 뿐 아니라, **사립학교법 제25조의3 제1항이 학교법인을 정상화하기 위하여 임시이사를 해임하고 이사를 선임하는 절차에서 이해관계인에게 어떠한 청구권 또는 의견진술권을 부여하고 있지 아니하므로**, 설령 원고 학원이 참가인의 설립자로서 사립학교법 제25조 제1항에 따라 임시이사 선임을 청구할 수 있는 '이해관계인'에 해당한다고 보더라도, 그러한 사유만으로는 원고 학원이 임시이사 해임 및 이사 선임에 관하여까지 사립학교법에 의해 보호받는 법률상 이익이 있는 것으로 볼 수 없다(대판 2014.1.23, 2012두6629).

(2) 개별적·직접적·구체적 이익

한편, 법률상 이익도 개별적·직접적·구체적 이익만을 말하고, 공익보호의 결과로 국민 일반이

공통적으로 가지는 일반적·간접적·추상적·평균적 이익이 생기는 경우에는 법률상 보호되는 이익이 있다고 할 수 없다.

행정소송에서의 소의 이익

법률상 직접적이고 구체적인 이익이 없고 다만 사실상이며 간접적인 관계를 가지는 데 불과한 자는 행정소송을 제기할 이익이 없다(대판 1987.5.26, 87누119).

① 인정사례

1. 주식이 소각되거나 주주의 법인에 대한 권리가 소멸하는 등 주주의 지위에 중대한 영향을 초래하게 되는 경우(대판 2004.12.23, 2000두2648)
2. 처분으로 인하여 법인이 더 이상 영업 전부를 행할 수 없게 되고, 영업에 대한 인·허가의 취소 등을 거쳐 해산·청산되는 절차 또한 처분 당시 이미 예정되어 있으며, 그 후속절차가 취소되더라도 그 처분의 효력이 유지되는 한 당해 법인이 종전에 행하던 영업을 다시 행할 수 없는 예외적인 경우의 주주(대판 2005.1.27, 2002두5313)
3. 계약이전결정으로 침해되는 주주들의 이익(대판 1997.12.12, 96누4602)
4. 교육부장관이 사학분쟁조정위원회의 심의를 거쳐 甲 대학교를 설치·운영하는 乙 학교법인의 이사 8인과 임시이사 1인을 선임한 데 대하여 甲 대학교 교수협의회와 총학생회 등이 이사선임처분의 취소를 구하는 소송을 제기한 사안에서, 甲 대학교 교수협의회와 총학생회(대판 2015.7.23, 2012두19496, 19502)
5. 과세관청이 원천징수과정에서 원천납세의무자로 취급된 외국법인이 도관에 불과하고, 그 상위 투자자인 다른 외국법인이 실질과세원칙상 납세의무자로서 국내 고정사업장을 갖고 있다고 보아 그를 상대로 법인세 과세표준과 세액을 결정하는 과정에서, 당초 원천징수된 세액의 환급금을 상위 투자자 외국법인의 결정세액에서 공제하거나 충당하면서 과세연도와 세액 및 산출근거 등이 기재된 결정결의서를 교부하는 등의 방법으로 결정의 내용을 자세하게 고지한 경우, 상위 투자자인 외국법인(대판 2017.10.12, 2014두3044, 3051)
6. 「신문 등의 진흥에 관한 법률」상 등록에 따라 인정되는 신문사업자의 지위(대판 2019.8.30, 2018두47189) : 신문사업자에게 등록한 특정 명칭으로 신문을 발행할 수 있도록 하는 것
7. 지방법무사회가 법무사의 사무원 채용승인 신청을 거부하거나 채용승인을 얻어 채용 중인 사람에 대한 채용승인을 취소한 경우, 그 때문에 사무원이 될 수 없게 된 사람(대판 2020.4.9, 2015다34444) : 법무사 사무원으로 채용되어 근무할 수 없게 되는 불이익
8. 임차인이 구 임대주택법 제21조에 따른 분양전환승인의 효력을 다툴 이익(대판 2020.7.23, 2015두48129)

1. 법인의 주주가 당해 법인에 대한 행정처분의 취소를 구할 원고적격이 있는 경우

   일반적으로 법인의 주주는 당해 법인에 대한 행정처분에 관하여 사실상이나 간접적인 이해관계를 가질 뿐이어서 스스로 그 처분의 취소를 구할 원고적격이 없는 것이 원칙이라고 할 것이지만, 그 처분으로 인하여 궁극적으로 주식이 소각되거나 주주의 법인에 대한 권리가 소멸하는 등 주주의 지위에 중대한 영향을 초래하게 되는데도 그 처분의 성질상 당해 법인이 이를 다툴 것을 기대할 수 없고 달리 주주의 지위를 보전할 구제방법이 없는 경우에는 주주도 그 처분에 관하여 직접적이고 구체적인 법률상 이해관계를 가진다고 보이므로 그 취소를 구할 원고적격이 있다(대판 2004.12.23, 2000두2648).
2. 법인의 주주의 원고적격 인정에 관한 판단기준

법인의 주주는 법인에 대한 행정처분에 관하여 사실상이나 간접적인 이해관계를 가질 뿐이어서 스스로 그 처분의 취소를 구할 원고적격이 없는 것이 원칙이다. 다만 그 **처분으로 인하여 법인이 더 이상 영업 전부를 행할 수 없게 되고, 영업에 대한 인·허가의 취소 등을 거쳐 해산·청산되는 절차 또한 처분 당시 이미 예정되어 있으며, 그 후속절차가 취소되더라도 그 처분의 효력이 유지되는 한 당해 법인이 종전에 행하던 영업을 다시 행할 수 없는 예외적인 경우에는 주주도 그 처분에 관하여 직접적·구체적인 법률상 이해관계를 가진다**고 보아 그 효력을 다툴 원고적격이 있지만, 만일 그 **법인의 주주가 법인에 대한 행정처분 이후의 주식 양수인인 경우에는 특별한 사정이 없는 한 그 처분에 대하여 간접적·경제적 이해관계를 가질 뿐** 법률상 직접적·구체적 이익을 가지는 것은 아니다(대판 2010.5.13, 2010두2043).

3. 처분으로 인하여 법인이 더 이상 영업 전부를 행할 수 없게 되고, 영업에 대한 인·허가의 취소 등을 거쳐 해산·청산되는 절차 또한 처분 당시 이미 예정되어 있으며, 그 후속절차가 취소되더라도 그 처분의 효력이 유지되는 한 당해 법인이 종전에 행하던 영업을 다시 행할 수 없는 예외적인 경우에는 주주도 그 처분에 과하여 직접적이고 구체적인 법률상 이해관계를 가진다(대판 2005.1.27, 2002두5313).

4. 「신문 등의 진흥에 관한 법률」상 등록에 따라 인정되는 신문사업자의 지위는 사법상 권리인 '특정 명칭의 사용권'과 구별되는 직접적·구체적인 이익이다

   「신문 등의 진흥에 관한 법률」(신문법)상 신문 등록의 법적 성격, 동일 명칭 이중등록 금지의 내용과 취지 등을 종합하면, **신문의 등록은 단순히 명칭 등을 공적 장부에 등재하여 일반에 공시(公示)하는 것에 그치는 것이 아니라 신문사업자에게 등록한 특정 명칭으로 신문을 발행할 수 있도록 하는 것**이고, 이처럼 신문법상 등록에 따라 인정되는 신문사업자의 지위는 사법상 권리인 '특정 명칭의 사용권' 자체와는 구별된다(대판 2019.8.30, 2018두47189).

5. 갑 주식회사로부터 '제주일보' 명칭 사용을 허락받아 「신문 등의 진흥에 관한 법률」에 따라 등록관청인 도지사에게 신문의 명칭 등을 등록하고 제주일보를 발행하고 있던 을 주식회사가, 병 주식회사가 갑 회사의 사업을 양수하였음을 원인으로 하여 사업자 지위승계신고 및 그에 따른 발행인·편집인 등의 등록사항 변경을 신청한 네 내하여 도지사가 이를 수리하고 변경등록을 하자, 사업자 지위승계신고 수리와 신문사업변경등록에 대한 무효확인 또는 취소를 구하는 소를 제기한 사안에서, 위 처분은 을 회사가 '제주일보' 명칭으로 신문을 발행할 수 있는 「신문 등의 진흥에 관한 법률」상 지위를 불안정하게 만드는 것이므로, 을 회사에 무효확인 또는 취소를 구할 법률상 이익이 인정된다고 한 사례

   신문사업자의 지위는 신문법상 등록에 따라 보호되는 직접적·구체적인 이익으로 사법상 '특정 명칭의 사용권'과 구별되고, **갑 회사와 을 회사 사이에 신문의 명칭 사용 허락과 관련하여 민사상 분쟁이 있더라도 법원의 판단이 있기 전까지 을 회사의 신문법상 지위는 존재**하기 때문에, **위 처분은 을 회사가 '제주일보' 명칭으로 신문을 발행할 수 있는 신문법상 지위를 불안정하게 만드는 것**이므로, 을 회사에는 무효확인 또는 취소를 구할 법률상 이익이 인정된다는 이유로, 이와 달리 사법상 권리를 상실하면 신문법상 지위도 당연히 소멸한다는 전제에서 을 회사의 원고적격을 부정한 원심판단에 법리를 오해한 잘못이 있다고 한 사례(대판 2019.8.30, 2018두47189)

6. 임차인이 구 임대주택법 제21조에 따른 분양전환승인의 효력을 다툴 이익이 있다

   구 임대주택법 제21조에 의한 **분양전환승인은 '해당 임대주택이 임대의무기간 경과 등으로 분양전환 요건을 충족하는지 여부' 및 '분양전환승인신청서에 기재된 분양전환가격이 임대주택법령의 규정에 따라 적법하게 산정되었는지'를 심사하여 승인하는 행정처분**에 해당하고, 그중 **분양전환가격에 관한 부분은 시장 등이 분양전환에 따른 분양계약의 매매대금 산정의 기준이 되는 분양전환가격의 적정성을 심사하여 그 분양전환가격이 적법하게 산정된 것임을 확인하고 임대사업자로 하여금 승인된 분양전환가격을 기준으로 분양전환을 하도록 하는 처분**이다. 이러한 절차를 거쳐 승인된 분양전환가격은 곧바로 임대사업자와 임차인 사이에 체결되는 분양계약상 분양대금의 내용이 되는 것은 아니지만, 임대사업자는 승인된 분양전환가격을 상한으로

하여 분양대금을 정하여 임차인과 분양계약을 체결하여야 하므로, 분양전환승인 중 분양전환가격에 대한 부분은 임대사업자뿐만 아니라 임차인의 법률적 지위에도 구체적이고 직접적인 영향을 미친다. 따라서 분양전환승인 중 분양전환가격을 승인하는 부분은 단순히 분양계약의 효력을 보충하여 그 효력을 완성시켜 주는 강학상 '인가'에 해당한다고 볼 수 없고, 임차인들에게는 분양계약을 체결한 이후 분양대금이 강행규정인 임대주택법령에서 정한 산정기준에 의한 분양전환가격을 초과하였음을 이유로 부당이득반환을 구하는 민사소송을 제기하는 것과 별개로, 분양계약을 체결하기 전 또는 체결한 이후라도 항고소송을 통하여 분양전환승인의 효력을 다툴 법률상 이익(원고적격)이 있다고 보아야 한다(대판 2020.7.23, 2015두48129).

② 부정사례

1. 단체가 단체구성원의 이익침해에 대해 소송을 제기하는 경우
   ① 연식품협동조합이 그 조합원에 대한 식품제조영업허가 취소처분의 취소를 구할 소익(대판 1987.5.26, 87누119)
   ② 전국고속버스운송사업조합이 도지사의 시외버스운송사업자에 대한 사업계획변경인가처분의 취소를 구할 이익(대판 1990.2.9, 89누4420)
   ③ 노동조합이 근로자의 부당해고 등 구제신청을 규정한 근로기준법 제27조의3의 조항에 의한 구제신청인이 될 수 있는 이익(대판 1992.11.13, 92누11114)
   ④ 사단법인 대한의사협회가 보건복지부 고시인 「건강보험요양급여행위 및 그 상대가치점수 개정」의 취소를 구할 이익(대판 2006.5.25, 2003두11988) : 원고 협회의 장이 요양급여비용협의회의 위원으로서 국민건강보험법 제42조 제1항 소정의 요양급여비용을 정하는 계약 체결에 간접적으로 관여하더라도 마찬가지
2. 단체 구성원이 단체 자체의 이익침해에 대해 소송을 제기하는 경우
   ① 운전기사의 합승행위를 이유로 소속 운수회사에 대하여 과징금부과처분이 있은 경우 당해 운전기사의 이익(대판 1994.4.12, 93누24247)
   ② 상호신용금고가 재정경제원장관의 업무·재산관리명령에 대한 행정심판을 청구하였다가 기각당한 경우 법인이나 비법인사단의 구성원인 회사의 이사 겸 주주나 과점주주(대판 1997.12.12, 97누317)
3. 기타
   ① 국세체납처분을 원인으로 한 압류등기 이후에 압류부동산을 매수한 자(대판 1985.2.8, 82누524)
   ② 전공이 다른 교수를 임용함으로써 학습권을 침해당한 대학생들의 이익(대판 1993.7.27, 93누8139)
   ③ 과세권자의 원천징수의무자에 대한 납세고지에 대하여 원천납세의무자가 항고소송을 제기할 이익 (대판 1994.9.9, 93누22234) : 과세권자가 직접 그에게 원천세액을 부과한 경우가 아닌 한 과세권자의 원천징수의무자에 대한 납세고지로 인하여 자기의 원천세납세의무의 존부나 범위에 아무런 영향을 받지 아니하므로
   ④ 체납압류처분된 부동산의 매수인이나 가압류권자가 그 압류처분의 취소를 구할 이익(대판 1997.2.14, 96누3241)
   ⑤ 법인의 주주가 법인에 대한 행정처분 이후의 주식 양수인인 경우(대판 2010.5.13, 2010두2043)
   ⑥ 부동산압류처분에 대한 금전채권자(가등기담보권자나 저당권자)의 이익(대판 1989.10.10, 89누2080)
   ⑦ 토지구획정리사업 시행자로부터 공사를 도급받은 자가 시행자가 한 환지처분을 다툴 법률상 이익(대판 1999.7.23, 97누1006)
   ⑧ 아파트관리사무소 소장으로 근무하면서 관리사무소를 위하여 종합소득세의 신고·납부, 경정청구 등의 업무를 처리한 경우 소장이 경정청구를 거부한 과세관청의 처분에 대해 취소를 구할 이익(대판 2003.9.23, 2002두1267)
   ⑨ 사법시험에 합격한 보병병과 장교를 법무병과로 전과를 명하고, 그를 법무병과의 소령 진급예정자로 선발한 피고의 이 사건 처분으로 인해 제3자로 군법무관인 원고들이 서열이나 진급 등과 관련하여 받는 영향들(대판 2011.4.14, 2010두27615)
   ⑩ 교육부장관이 사학분쟁조정위원회의 심의를 거쳐 甲 대학교를 설치·운영하는 乙 학교법인의 이사 8인과 임시이사 1인을 선임한 데 대하여 甲 대학교 교수협의회와 총학생회 등이 이사선임처분의 취소를 구하는 소송을 제기한 사안에서, 전국대학노동조합 甲 대학교지부(대판 2015.7.23, 2012두19496, 19502)

교육부장관이 사학분쟁조정위원회의 심의를 거쳐 甲 대학교를 설치·운영하는 乙 학교법인의 이사 8인과 임시이사 1인을 선임한 데 대하여 甲 대학교 교수협의회와 총학생회 등이 이사선임처분의 취소를 구하는 소송을 제기한 사안에서, 甲 대학교 교수협의회와 총학생회는 이사선임처분을 다툴 법률상 이익을 가지지만, 전국대학노동조합 甲 대학교지부는 법률상 이익이 없다

임시이사제도의 취지, 교직원·학생 등의 학교운영에 참여할 기회를 부여하기 위한 개방이사 제도에 관한 법령의 규정 내용과 입법 취지 등을 종합하여 보면, 구 사립학교법과 구 「사립학교법 시행령」 및 乙 법인 정관 규정은 헌법 제31조 제4항에 정한 교육의 자주성과 대학의 자율성에 근거한 甲 대학교 교수협의회와 총학생회의 학교운영참여권을 구체화하여 이를 보호하고 있다고 해석되므로, 甲 대학교 교수협의회와 총학생회는 이사선임처분을 다툴 법률상 이익을 가지지만, 고등교육법령은 교육받을 권리나 학문의 자유를 실현하는 수단으로서 학생회와 교수회와는 달리 학교의 직원으로 구성된 노동조합의 성립을 예정하고 있지 아니하고, 노동조합은 근로자가 주체가 되어 자주적으로 단결하여 근로조건의 유지·개선 기타 근로자의 경제적·사회적 지위의 향상을 도모하기 위하여 조직된 단체인 점 등을 고려할 때, 학교의 직원으로 구성된 노동조합이 교육받을 권리나 학문의 자유를 실현하는 수단으로서 직접 기능한다고 볼 수는 없으므로, 개방이사에 관한 구 사립학교법과 구 「사립학교법 시행령」 및 乙 법인 정관 규정이 학교직원들로 구성된 전국대학노동조합 乙 대학교지부의 법률상 이익까지 보호하고 있는 것으로 해석할 수는 없다고 한 사례(대판 2015.7.23, 2012두19496, 19502)

(3) 개인적 이익(사적 이익)

법에 의해 보호되는 개인적 이익이 있는 자만이 항고소송을 제기할 원고적격이 있고, 공익의 침해만으로는 원고적격이 인정될 수 없다.

외국인에게는 사증발급 거부처분의 취소를 구할 법률상 이익이 인정되지 않지만, 국적법상 귀화불허가처분이나 출입국관리법상 체류자격변경 불허가처분, 강제퇴거명령 등을 다투는 외국인은 해당 처분의 취소를 구할 법률상 이익이 인정된다

외국인에게는 입국의 자유를 인정하지 않는 것이 세계 각국의 일반적인 입법 태도이다. 그리고 우리 출입국관리법의 입법 목적은 "대한민국에 입국하거나 대한민국에서 출국하는 모든 국민 및 외국인의 출입국관리를 통한 안전한 국경관리와 대한민국에 체류하는 외국인의 체류관리 및 난민(난민)의 인정절차 등에 관한 사항을 규정"하는 것이다(제1조). **체류자격 및 사증발급의 기준과 절차에 관한 출입국관리법과 그 하위법령의 위와 같은 규정들은, 대한민국의 출입국 질서와 국경관리라는 공익을 보호하려는 취지일 뿐, 외국인에게 대한민국에 입국할 권리를 보장하거나 대한민국에 입국하고자 하는 외국인의 사익까지 보호하려는 취지로 해석하기는 어렵다.** 사증발급 거부처분을 다투는 외국인은, 아직 대한민국에 입국하지 않은 상태에서 대한민국에 입국하게 해달라고 주장하는 것으로, 대한민국과의 실질적 관련성 내지 대한민국에서 법적으로 보호가치 있는 이해관계를 형성한 경우는 아니어서, 해당 처분의 취소를 구할 법률상 이익을 인정하여야 할 법정책적 필요성도 크지 않다. 반면, **국적법상 귀화불허가처분이나 출입국관리법상 체류자격변경 불허가처분, 강제퇴거명령 등을 다투는 외국인은 대한민국에 적법하게 입국하여 상당한 기간을 체류한 사람이므로, 이미 대한민국과의 실질적 관련성 내지 대한민국에서 법적으로 보호가치 있는 이해관계를 형성한 경우이어서, 해당 처분의 취소를 구할**

법률상 이익이 인정된다고 보아야 한다. 나아가 중화인민공화국(중국) 출입경관리법 제36조 등은 외국인이 사증발급 거부 등 출입국 관련 제반 결정에 대하여 불복하지 못하도록 명문의 규정을 두고 있으므로, 국제법의 상호주의원칙상 대한민국이 중국 국적자에게 우리 출입국관리 행정청의 사증발급 거부에 대하여 행정소송 제기를 허용할 책무를 부담한다고 볼 수는 없다. 이와 같은 사증발급의 법적 성질, 출입국관리법의 입법 목적, 사증발급 신청인의 대한민국과의 실질적 관련성, 상호주의원칙 등을 고려하면, 우리 **출입국관리법의 해석상 외국인에게는 사증발급 거부처분의 취소를 구할 법률상 이익이 인정되지 않는다고 봄이 타당하다** (대판 2018.5.15, 2014두42506).

4. 법률상 이익의 확실한 침해가능성

법률상 이익은 현실적으로 침해된 경우뿐만 아니라 침해가 예상되는 경우에도 원고적격이 인정된다. 다만, 침해가 예상되는 경우에는 침해의 발생이 확실해야 한다. 판례도 같다.

1. 환경영향평가에 관한 자연공원법령 및 환경영향평가법령의 규정들의 취지는 집단시설지구개발사업이 환경을 해치지 아니하는 방법으로 시행되도록 함으로써 집단시설지구개발사업과 관련된 환경공익을 보호하려는 데에 그치는 것이 아니라 그 사업으로 인하여 **직접적이고 중대한 환경피해를 입으리라고 예상되는 환경영향평가 대상지역 안의 주민들이 개발 전과 비교하여 수인한도를 넘는 환경침해를 받지 아니하고 쾌적한 환경에서 생활할 수 있는 개별적 이익까지도 이를 보호**하려는 데에 있다(대판 1998.4.24, 97누3286).
2. 소득처분에 따른 소득의 귀속자는 법인에 대한 소득금액변동통지의 취소를 구할 법률상 이익이 없다. 원천징수의무자에 대한 소득금액변동통지는 원천납세의무의 존부나 범위와 같은 원천납세의무자의 권리나 법률상 지위에 어떠한 영향을 준다고 할 수 없으므로 소득처분에 따른 소득의 귀속자는 법인에 대한 소득금액변동통지의 취소를 구할 법률상 이익이 없다(대판 2015.3.26, 2013두9267).

Ⅳ 법률의 범위(보호규범론)

1. 의 의

보호규범론이란 관련 법규가 보호하는 목적을 탐구하는 행정법학방법론의 하나이다. 다시 말해서 사익보호성을 판단함에 있어 행정주체의 행위의무를 부여하는 법규에 사익보호에 대한 명문의 규정이 없어도 법규범의 목적론적 해석을 통하여 보호의 요구를 찾아내야 한다는 이론이다. 법규범이 특히 제3자의 보호를 목적으로 하는 경우에도 제3자의 사익보호성이 있다는 이론을 '제3자보호규범론(제3자고려명령이론)'이라 한다.

2. 판단기준

(1) 학 설

보호규범의 범위에 대해서는 당해 처분의 근거 법규를 넘어 관계 법규에 의해 보호되는 이익도 포함시키는 견해(관계 법규에는 실체법과 절차법을 포함)가 통설이다. 그러나 기본권에 대해서는 자유권적·방어권적 기본권만 원고적격을 인정한다. 효력의 우위는 헌법이 갖지만, 자유권보다 개별법률이 적용상의 우선권을 갖고 있다고 본다. 처분의 근거 법령이 폐지된 경우 당해 법령에 근거한 신청에 대한 거부처분의 취소를 청구할 법률상 이익이 부인될 수 있다. 처분의 근거가 재량규정인 때에는 처분의 상대방은 당해 처분의 취소를 청구할 원고적격이 인정된다.

(2) 판 례

① 대법원 : 대법원판례는 기본적으로 처분의 근거 법률이라는 테두리를 유지하면서 절차적인 규율이나 처분과 실질적 관련성이 있는 관계 법령을 근거 법률로 표현(학설상 관계 법률에 해당하는 법률에 대해서도 근거 법률로 표현)하는 입장이 주류적인데, 최근에는 관련 법규까지 포함하는 판시가 나온 바 있다. 그러나 기본권인 환경권과 자연방위권에 관해서는 원고적격을 부정하고 있다.

1. 관련 법규(판례문언으로는 근거 법령) 포함(부산광역시 화장장설치사건)
   도시계획법(현 국토의 계획 및 이용에 관한 법률) 제12조 제3항의 위임에 따라 제정된 '도시계획시설기준에 관한 규칙' 제125조 제1항이 화장장의 구조 및 설치에 관하여는 「매장 및 묘지 등에 관한 법률」(현재는 장사 등에 관한 법률)이 정하는 바에 의한다고 규정하고 있어, **도시계획의 내용이 화장장의 설치에 관한 것일 때에는 도시계획법 제12조(학설상 근거 법률로 해석)뿐만 아니라 「매장 및 묘지 등에 관한 법률」 및 같은 법 시행령 역시 그 근거 법률(학설상 관계 법률로 해석)이 된다**고 보아야 할 것이므로, 같은 법 시행령 제4조 제2호가 공설화장장은 20호 이상의 인가가 밀집한 지역, 학교 또는 공중이 수시 집합하는 시설 또는 장소로부터 1,000m 이상 떨어진 곳에 설치하도록 제한을 가하고, 같은 법 시행령 제9조가 국민보건상 위해를 끼칠 우려가 있는 지역, 도시계획법 제17조의 규정에 의한 주거지역, 상업지역, 공업지역 및 녹지지역 안의 풍치지구 등에의 공설화장장 설치를 금지함에 의하여 보호되는 부근 주민들의 이익은 위 도시계획결정처분의 근거 법률에 의하여 보호되는 법률상 이익이다(대판 1995.9.26, 94누14544).
2. 근거 법규 및 관련 법규에 의해 보호되는 개별적·직접적·구체적 이익(최신판례)
   법률상 보호되는 이익이라 함은 당해 처분의 **근거 법규 및 관련 법규에 의하여 보호되는 개별적·직접적·구체적 이익이 있는 경우를 말하고**, 공익보호의 결과로 국민 일반이 공통적으로 가지는 **일반적·간접적·추상적 이익이 생기는 경우에는 법률상 보호되는 이익이 있다고 할 수 없다**(대판 2006.12.22, 2006두14001).
3. 당해 처분의 근거 법규 및 관련 법규에 의하여 보호되는 법률상 이익의 의미
   당해 처분의 근거 법규 및 관련 법규에 의하여 보호되는 법률상 이익은 당해 처분의 근거 법규의 명문 규정에 의하여 보호받는 법률상 이익, 당해 처분의 근거 법규에 의하여 보호되지는 아니하나 당해 처분의

행정목적을 달성하기 위한 일련의 단계적인 관련 처분들의 근거 법규에 의하여 명시적으로 보호받는 법률상 이익, 당해 처분의 근거 법규 또는 관련 법규에서 명시적으로 당해 이익을 보호하는 명문의 규정이 없더라도 근거 법규 및 관련 법규의 합리적 해석상 그 법규에서 행정청을 제약하는 이유가 순수한 공익의 보호만이 아닌 개별적·직접적·구체적 이익을 보호하는 취지가 포함되어 있다고 해석되는 경우까지를 말한다(대판 2015.7.23, 2012두19496, 19502).

4. 자유권인 구속된 피고인 또는 피의자의 타인과의 접견권(만나고 싶은 사람을 만날 수 있는 자유)은 원고적격 인정
만나고 싶은 사람을 만날 수 있다는 것은 인간이 가지는 가장 기본적인 자유 중 하나로서, 이는 헌법 제10조가 보장하고 있는 인간으로서의 존엄과 가치 및 행복추구권 가운데 포함되는 헌법상의 기본권이라고 할 것인바, …… 형사소송법 제89조 및 제213조의2가 규정하고 있는 구속된 피고인 또는 피의자의 타인과의 접견권은 위와 같은 헌법상의 기본권을 확인하는 것일 뿐 형사소송법의 규정에 의하여 비로소 피고인 또는 피의자의 접견권이 창설되는 것으로는 볼 수 없다(대판 1992.5.8, 91부8).

5. 환경권과 환경정책기본법상의 권리는 원고적격 부정(새만금사건)
헌법 제35조 제1항에서 정하고 있는 **환경권에 관한 규정만으로는 그 권리의 주체·대상·내용·행사방법 등이 구체적으로 정립되어 있다고 볼 수 없고, 환경정책기본법 제6조도 그 규정 내용 등에 비추어 국민에게 구체적인 권리를 부여한 것으로 볼 수 없으므로**, 위 원고들에게 헌법상의 환경권 또는 환경정책기본법 제6조에 기하여 이 사건 각 처분을 다툴 원고적격이 있다고 할 수 없다[대판(전합) 2006.3.16, 2006두330].

6. 환경권과 자연방위권은 원고적격 부정(내원사, 미타암, 도롱뇽의 친구들이 천성산을 관통하는 고속철도 원효터널공사착공금지가처분을 신청한 사건)
신청인 내원사, 미타암, 도롱뇽의 친구들이 환경권에 관한 헌법 제35조 제1항이나 자연방위권 등 헌법상의 권리에 의하여 직접 피신청인에 대하여 고속철도 중 일부 구간의 공사 금지를 청구할 수는 없고 환경정책기본법 등 관계 법령의 규정 역시 그와 같이 구체적인 청구권원을 발생시키는 것으로 해석할 수는 없으므로, 원심이 같은 취지에서 **신청인 내원사, 미타암의 신청 중 환경권이나 자연방위권을 피보전권리로 하는 부분 및 신청인 도롱뇽의 친구들의 신청(위 신청인은 천성산을 비롯한 자연환경과 생태계의 보존운동 등을 목적으로 설립된 법인 아닌 사단으로서 헌법상 환경권 또는 자연방위권만을 이 사건 신청의 피보전권리로서 주장하고 있다)에 대하여는 피보전권리를 인정할 수 없다는 취지로 판단한 것은 정당**하고, 환경권 및 그에 기초한 자연방위권의 권리성, 신청인 도롱뇽의 친구들의 당사자적격이나 위 신청인이 보유하는 법률상 보호되어야 할 가치 등에 관한 법리오해 등의 위법이 없다(대결 2006.6.2, 2004마1148·1149).

② 헌법재판소: 헌법재판소도 자유권적 기본권인 경쟁의 자유(헌재결 1998.4.30, 97헌마141)와 알 권리(헌재결 1989.9.4, 88헌마22)에 대해 원고적격을 인정하고 있다.

V 인인소송(이웃소송)

1. 인인(隣人)소송의 의의

인인소송은 이웃하는 자들 사이에서 특정인에게 주어지는 수익적 행위가 제3자에게는 법률상 불이익을 초래하는 경우에 제3자가 자기의 법률상 이익의 침해를 다투는 소송을 말한다. 이웃

소송이라고도 한다. 인인소송은 특히 건축법·환경법분야에서 문제된다.

2. 구체적 사례

(1) 환경관련

행정처분의 직접 상대방이 아닌 자로서 처분에 의하여 자신의 환경상 이익을 침해받거나 침해받을 우려가 있다는 이유로 취소소송을 제기하는 제3자에게 원고적격이 인정되기 위한 요건

행정처분의 직접 상대방이 아닌 자로서 처분에 의하여 자신의 환경상 이익을 침해받거나 침해받을 우려가 있다는 이유로 취소소송을 제기하는 제3자는, 자신의 환경상 이익이 처분의 근거 법규 또는 관련 법규에 의하여 개별적·직접적·구체적으로 보호되는 이익, 즉 법률상 보호되는 이익임을 증명하여야 원고적격이 인정된다(대판 2018.7.12, 2015두3485).

① 법률상 이익 인정사례

1. 주거지역 내에 거주하는 인근 주민의 거주의 안녕과 건전한 생활환경의 보호이익(연탄공장건축허가취소소송)(대판 1975.5.13, 73누96·97)
2. 엘.피.지(L.P.G)자동차충전소에 인접하여 거주하는 주민들의 안전과 환경상의 이익(대판 1983.7.12, 83누59)
3. 도시계획시설인 공설화장장 설치를 금지함에 의하여 보호되는 부근 주민들의 환경상 이익(대판 1995.9.26, 94누14544)
4. 토사채취 허가지의 인근 주민들에게 토사채취허가의 취소를 구할 이익(대판 2007.6.15, 2005두9736)
5. 조망이익(대판 2007.6.28, 2004다54282)
6. 일조이익(대판 2011.4.28, 2009다98652)
7. 광업권설정허가처분과 그에 따른 광산 개발과 관련된 후속 절차로 인하여 재산상·환경상 피해가 예상되는 토지나 건축물의 소유자나 점유자 또는 이해관계인 및 주민들의 이익(증명한 경우)(대판 2008.9.11, 2006 두7577)
8. 고속도로에 편입되는 토지의 소유권자들이 '사업실시계획의 승인 단계'에서 민간투자사업시행자지정처분을 다툴 이익(대판 2009.4.23, 2008두2421)
9. 수돗물을 공급받아 이를 마시거나 이용하는 주민들이 근거 법규 및 관련 법규가 환경상 이익의 침해를 받지 않은 채 깨끗한 수돗물을 마시거나 이용할 수 있는 자신들의 생활환경상의 개별적 이익을 직접적·구체적으로 보호하고 있음을 증명한 경우(대판 2010.4.15, 2007두16127)
10. 김해시장이 낙동강에 합류하는 하천수 주변의 토지에 구 「산업집적활성화 및 공장설립에 관한 법률」 제13조에 따라 공장설립을 승인하는 처분을 한 사안에서, 공장설립으로 수질오염 등이 발생할 우려가 있는 취수장에서 물을 공급받는 부산광역시 또는 양산시에 거주하는 주민들의 이익(대판 2010.4.15, 2007두16127)

1. 수돗물을 공급받아 마시거나 이용하는 주민들이 환경상 이익의 침해를 이유로 공장설립승인처분의 취소 등을 구할 원고적격을 인정받기 위한 요건

   공장설립승인처분의 근거 법규 및 관련 법규인 구 「산업집적활성화 및 공장설립에 관한 법률」 제8조 제4호가 산업자원부장관으로 하여금 관계 중앙행정기관의 장과 협의하여 '환경오염을 일으킬 수 있는 공장의 입지제한에 관한 사항'을 정하여 고시하도록 규정하고 있고, 이에 따른 산업자원부 장관의 공장입지

기준고시(제2004-98호) 제5조 제1호가 '상수원 등 용수이용에 현저한 영향을 미치는 지역의 상류'를 환경오염을 일으킬 수 있는 공장의 입지제한지역으로 정할 수 있다고 규정하고, 「국토의 계획 및 이용에 관한 법률」 제58조 제3항의 위임에 따른 구 '국토의 계획 및 이용에 관한 법률 시행령' 제56조 제1항 [별표 1] 제1호 (라)목 (2)가 '개발행위로 인하여 당해 지역 및 그 주변 지역에 수질오염에 의한 환경오염이 발생할 우려가 없을 것'을 개발사업의 허가기준으로 규정하고 있는 취지는, **공장설립승인처분과 그 후속절차에 따라 공장이 설립되어 가동됨으로써 그 배출수 등으로 인한 수질오염 등으로 직접적이고도 중대한 환경상 피해를 입을 것으로 예상되는 주민들이 환경상 침해를 받지 아니한 채 물을 마시거나 용수를 이용하며 쾌적하고 안전하게 생활할 수 있는 개별적 이익까지도 구체적·직접적으로 보호**하려는 데 있다. 따라서 **수돗물을 공급받아 이를 마시거나 이용하는 주민들로서는 위 근거 법규 및 관련 법규가 환경상 이익의 침해를 받지 않은 채 깨끗한 수돗물을 마시거나 이용할 수 있는 자신들의 생활환경상의 개별적 이익을 직접적·구체적으로 보호하고 있음을 증명하여 원고적격을 인정**받을 수 있다(대판 2010.4.15, 2007두16127).

2. 김해시장이 낙동강에 합류하는 하천수 주변의 토지에 구 「산업집적활성화 및 공장설립에 관한 법률」 제13조에 따라 공장설립을 승인하는 처분을 한 사안에서, 공장설립으로 수질오염 등이 발생할 우려가 있는 취수장에서 물을 공급받는 부산광역시 또는 양산시에 거주하는 주민들도 위 처분의 근거 법규 및 관련 법규에 의하여 법률상 보호되는 이익이 침해되거나 침해될 우려가 있는 주민으로서 원고적격이 인정된다(대판 2010.4.15, 2007두16127).

② 법률상 이익 부정사례

1. 인근 주민들의 농경지 등이 훼손 또는 풍수해를 입을 우려가 제거되는 것과 같은 이익(대판 1991.12.13, 90누10360)
2. 서울에 거주하며 그 공장설립예정지에 인접한 곳에 2필지의 토지를 공유하여 그 지상에 선대의 묘 4기를 두고 있는 자나 공장설립예정지로부터 약 500m 떨어진 곳에서 살고 있는 주민 등의 공장입지지정승인처분이 취소됨으로 인하여 그 공장설립예정지에 인접한 마을과 주위 토지 및 그 지상의 묘소가 분진, 소음, 수질오염 등의 해를 입을 우려에서 벗어나는 이익(대판 1995.2.28, 94누3964)
3. 상수원보호구역변경처분으로 침해되는 상수원에서 급수를 받고 있는 지역주민들이 가지는 상수원의 오염을 막아 양질의 급수를 받을 이익(대판 1995.9.26, 94누14544)
4. 고속도로에 편입되는 토지의 소유권자들이 '사업시행자지정처분의 단계'에서 민간투자사업시행자지정처분을 다툴 이익(대판 2009.4.23, 2008두242)
5. 환경부장관이 생태·자연도 1등급으로 지정되었던 지역을 2등급 또는 3등급으로 변경하는 내용의 생태·자연도 수정·보완을 고시하자, 인근 주민 甲이 생태·자연도 등급변경처분의 무효확인을 청구한 경우, 甲이 무효확인을 구할 이익(대판 2014.2.21, 2011두29052)
6. 비무장지대의 환경보호이익

1. 상수원보호구역변경처분으로 침해되는 상수원에서 급수를 받고 있는 지역주민들이 가지는 상수원의 오염을 막아 양질의 급수를 받을 이익

상수원보호구역 설정의 근거가 되는 **수도법 제5조 제1항 및 동 시행령 제7조 제1항이 보호하고자 하는 것은 상수원의 확보와 수질보전일 뿐이고, 그 상수원에서 급수를 받고 있는 지역주민들이 가지는 상수원의 오염을**

막아 양질의 급수를 받을 이익은 직접적이고 구체적으로는 보호하고 있지 않음이 명백하여 위 지역주민들이 가지는 이익은 상수원의 확보와 수질보호라는 공공의 이익이 달성됨에 따라 **반사적으로 얻게 되는 이익에 불과**하므로 **지역주민들에 불과한 원고들에게는 위 상수원보호구역변경처분의 취소를 구할 법률상의 이익이 없다**(대판 1995.9.26, 94누14544).

2. '민간투자사업시행자지정처분의 단계'에서 환경정책기본법이나 「환경·교통·재해 등에 관한 영향평가법」에 의해 보호되는 원고(인근 주민)들의 환경이익

민간투자사업시행자지정처분 자체로 제3자의 재산권이 침해되지 않고, 구 민간투자법 제18조에 의한 타인의 토지출입 등, 제20조에 의한 토지 등의 수용·사용은 사업실시계획의 승인을 받은 후에야 가능하다. 그러므로 원고(서울 - 춘천 고속도로건설사업시행지 토지소유자)들의 재산권은 사업실시계획의 승인 단계에서 보호되는 법률상 이익이라고 할 것이므로, 그 이전인 사업시행자지정처분 단계에서는 원고들의 재산권 침해를 이유로 그 취소를 구할 수 없다. 이 사건 사업에 대한 사전환경성검토협의나 환경영향평가협의는 모두 이 사건 사업시행자지정처분 이후에 이루어져도 적법하고, 반드시 이 사건 사업시행자지정처분 전에 사전환경성검토협의나 환경영향평가협의 절차를 거칠 필요는 없다. 그러므로 **환경정책기본법이나 「환경·교통·재해 등에 관한 영향평가법」에 의해 보호되는 원고(인근 주민)들의 환경이익은 이 사건 사업시행자지정처분의 단계에서는 아직 법률에 의하여 보호되는 이익이라고 할 수 없다**(대판 2009.4.23, 2008두242).

3. 환경부장관이 생태·자연도 1등급으로 지정되었던 지역을 2등급 또는 3등급으로 변경하는 내용의 생태·자연도 수정·보완을 고시하자, 인근 주민 甲이 생태·자연도 등급변경처분의 무효확인을 청구한 사안에서, 甲은 무효확인을 구할 원고적격이 없다고 한 사례

생태·자연도의 작성 및 등급변경의 근거가 되는 구 자연환경보전법 제34조 제1항 및 그 시행령 제27조 제1항, 제2항에 의하면, 생태·자연도는 토지이용 및 개발계획의 수립이나 시행에 활용하여 자연환경을 체계적으로 보전·관리하기 위한 것일 뿐, 1등급 권역의 인근 주민들이 가지는 생활상 이익을 직접적이고 구체적으로 보호하기 위한 것이 아님이 명백하고, 1등급 권역의 인근 주민들이 가지는 이익은 환경보호라는 공공의 이익이 달성됨에 따라 반사적으로 얻게 되는 이익에 불과하므로, 인근 주민에 불과한 甲은 생태·자연도 등급권역을 1등급에서 일부는 2등급으로, 일부는 3등급으로 변경한 결정의 무효확인을 구할 원고적격이 없다(대판 2014.2.21, 2011두29052).

(2) 환경영향평가 대상지역

① 환경영향평가 대상지역 안의 주민(인정)

종전판례는 환경영향평가 대상지역 내의 주민의 이익은 원고적격을 인정하고, 밖의 주민은 원고적격을 부정했다. 그러나 최신판례에서 환경영향평가 대상지역 내의 주민은 원고적격이 사실상 추정된다고 판시하고 있고, 밖의 주민이라 하더라도 입증(증명)을 한 경우에는 원고적격을 인정하고 있다.

1. 환경영향평가 대상지역 '내'의 주민의 이익
2. 환경영향평가 대상지역 안의 주민들이 속리산 용화집단시설지구개발사업시행허가처분을 다툴 이익(대판 2001.7.27, 99두2970)
3. 환경영향평가 대상지역 안의 주민에게 원전냉각수 순환 시 발생되는 온배수로 인한 환경상의 이익·방사성물질에 의하여 보다 직접적이고 중대한 피해를 입으리라고 예상되는 지역 내의 주민들의 이익(대판 1998.9.4, 97누19588)
4. 환경영향평가 대상지역 내의 주민이 전원개발사업실시계획 승인처분을다툴 이익(대판 1998.9.22, 97누19571) : 강원 인제군 기린면 진동리 방대천 최상류 해발 920m지점의 상부댐과 강원 양양군 서면 영덕리 남대천 안쪽 지류 후천 135m지점의 하부댐으로 구성되는 양수발전소 1 내지 4호기(발전시설용량 100만kw = 25만kw × 4기)를 건설하는 사업
5. 환경영향평가 대상지역 내의 주민이 경부고속철도 서울차량기지 정비창 건설사업실시계획 승인처분을 다툴 이익(대판 2001.6.29, 99두9902)
6. 납골당설치허가처분과 산림형질변경허가처분의 무효확인이나 취소를 구할 환경영향평가 대상지역 안에 거주하는 주민들의 이익(대판 2004.12.9, 2003두12073)
7. 폐기물소각시설의 부지경계선으로부터 300m 밖에 거주하는 주민들이 당해 폐기물처리시설의 설치·운영으로 인하여 환경상 이익에 대한 침해 또는 침해우려가 있다는 것을 입증한 경우(대판 2005.3.11, 2003두13489)
8. 환경영향평가 대상지역 안의 주민들이 개발 전과 비교하여 수인한도를 넘는 환경침해를 받지 아니하고 쾌적한 환경에서 생활할 수 있는 이익은 특단의 사정이 없는 한 환경상의 이익에 대한 침해 또는 침해우려가 있는 것으로 사실상 추정[대판(전합) 2006.3.16, 2006두330]
9. 환경영향평가 대상지역 밖의 주민이 환경상 이익에 대한 침해 또는 침해우려가 있다는 것을 입증한 경우(대판 2006.12.22, 2006두14001)
10. 사전환경성검토협의 대상지역 내에 포함될 개연성이 충분하다고 보이는 주민들인 원고들에 대하여는 그 환경상 이익에 대한 침해 또는 침해 우려가 있는 것으로 추정(대판 2006.12.22, 2006두14001)
11. 영향권 내의 주민들을 비롯하여 그 영향권 내에서 농작물을 경작하는 등 현실적으로 환경상 이익을 향유하는 자의 이익(대판 2009.9.24, 2009두2825)
12. 행정처분으로써 이루어지는 사업으로 환경상 침해를 받으리라고 예상되는 영향권의 범위가 그 처분의 근거 법규 등에 구체적으로 규정되어 있는 경우, 영향권 내의 주민은 사실상 추정, 영향권 밖의 주민들은 환경상 이익에 대한 침해 또는 침해 우려가 있음을 증명한 경우 인정(대판 2010.4.15, 2007두16127)
13. 납골당 설치장소에서 500m 내에 20호 이상의 인가가 밀집한 지역에 거주하는 주민들의 경우 침해 또는 침해우려가 사실상 추정(대판 2011.9.8, 2009두6766)
14. 폐기물매립시설 경계로부터 2km 이내인 간접영향권 지정 가능 범위 내에 거주하는 주민(대판 2018.8.1, 2014두42520) : 침해 또는 침해 우려가 있는 것으로 사실상 추정

1. 행정처분으로써 이루어지는 사업으로 환경상 침해를 받으리라고 예상되는 영향권의 범위가 그 처분의 근거 법규 등에 구체적으로 규정되어 있는 경우, 영향권 내의 주민에게 행정처분의 취소 등을 구할 원고적격이 인정되는지 여부(원칙적 적극) 및 영향권 밖의 주민에게 원고적격이 인정되기 위한 요건

행정처분의 근거 법규 또는 관련 법규에 그 처분으로써 이루어지는 행위 등 사업으로 인하여 환경상 침해를 받으리라고 예상되는 영향권의 범위가 구체적으로 규정되어 있는 경우에는, 그 영향권 내의 주민들에 대하여는 당해 처분으로 인하여 직접적이고 중대한 환경피해를 입으리라고 예상할 수 있고, 이와 같은 환경상

의 이익은 주민 개개인에 대하여 개별적으로 보호되는 직접적·구체적 이익으로서 그들에 대하여는 **특단의 사정이 없는 한 환경상 이익에 대한 침해 또는 침해 우려가 있는 것으로 사실상 추정되어 법률상 보호되는 이익으로 인정**됨으로써 원고적격이 인정되며, 그 **영향권 밖의 주민들은** 당해 처분으로 인하여 그 처분 전과 비교하여 수인한도를 넘는 환경피해를 받거나 받을 우려가 있다는 자신의 환경상 이익에 대한 침해 또는 침해 우려가 있음을 **증명하여야만 법률상 보호되는 이익으로 인정**되어 원고적격이 인정된다(대판 2010.4.15, 2007두16127).

2. 환경영향평가 대상지역 밖의 주민들도 환경상 이익에 대한 침해 또는 침해우려가 있다는 것을 '입증'함으로써 그 처분등의 취소(무효확인)를 구할 원고적격을 인정
   환경영향평가 대상지역 밖의 주민이라 할지라도 공유수면매립면허처분등으로 인하여 그 처분 전과 비교하여 수인한도를 넘는 환경피해를 받거나 받을 우려가 있는 경우에는, 공유수면매립면허처분등으로 인하여 환경상 이익에 대한 침해 또는 침해우려가 있다는 것을 입증함으로써 그 처분등의 취소(무효확인)를 구할 원고적격을 인정받을 수 있다(대판 2006.12.22, 2006두14001).

② 환경영향평가 대상지역 밖의 주민(원칙 부정)

1. 환경영향평가 대상지역 '밖'의 주민·일반국민·산악인·사진가·학자·환경보호단체 등의 환경상 이익이나 전원(電源)개발사업구역 '밖'의 주민 등의 재산상 이익(대판 1998.9.22, 97누19571)
2. 단지 영향권 내의 건물·토지를 소유하거나 환경상 이익을 일시적으로 향유하는데 그치는 자의 이익(대판 2009.9.24, 2009두2825)

1. 환경영향평가 대상지역 '밖'의 주민·일반국민·산악인·사진가·학자·환경보호단체 등의 환경상 이익이나 전원(電源)개발사업구역 밖의 주민 등의 재산상 이익은 부정
   환경영향평가 대상지역 밖의 주민·일반국민·산악인·사진가·학자·환경보호단체 등의 환경상 이익이나 전원(電源)개발사업구역 밖의 주민 등의 재산상 이익에 대하여는 근거 법률에 이를 그들의 개별적·직접적·구체적 이익으로 보호하려는 내용 및 취지를 가지는 규정을 두고 있지 아니하므로, 이들에게는 위와 같은 이익 침해를 이유로 전원(電源)개발사업실시계획승인처분의 취소를 구할 원고적격이 없다(대판 1998.9.22, 97누19571).
2. 단지 영향권 내의 건물·토지를 소유하거나 환경상 이익을 일시적으로 향유하는데 그치는 자의 이익은 부정된다
   환경상 이익에 대한 침해 또는 침해 우려가 있는 것으로 사실상 추정되어 원고적격이 인정되는 자는 환경상 침해를 받으리라고 예상되는 영향권 내의 주민들을 비롯하여 그 영향권 내에서 농작물을 경작하는 등 현실적으로 환경상 이익을 향유하는 자도 포함된다고 할 것이나, **단지 그 영향권 내의 건물·토지를 소유하거나 환경상 이익을 일시적으로 향유하는데 그치는 자는 포함되지 않는다**고 할 것이다(대판 2009.9.24, 2009두2825).

(3) 공물사용관계

인정사례	부정사례
도로의 용도폐지처분에 관하여 직접적인 이해관계를 가지는 이웃주민의 이익(대판 1992.9.22, 91누13212)	1. 일반적인 시민생활에 있어 도로를 이용만 하는 사람(공물의 보통사용자)(대판 1992.9.22, 91누13212) 2. 乙소유의 도로를 공로에 이르는 유일한 통로로 이용하였으나 乙의 신청에 따라 관할행정청이 乙소유의 도로에 대하여 한 도로폐지허가처분을 하였지만, 甲소유의 대지에 연접하여 새로운 공로가 개설된 경우의 이웃주민 甲의 이익(대판 1999.12.7, 97누12556) ■ 유일한 도로가 폐쇄됐지만 대체도로가 개설된 사안 3. 횡단보도가 설치된 도로 인근에서 영업활동을 하는 자의 영업상 이익(대판 2000.10.27, 98두896) ■ 대상적격(처분성)은 인정

(4) 문화재 관련사례

인정사례	부정사례
1. 문화재보호구역 내 토지소유자의 문화재보호구역 지정해제 신청에 대한 행정청의 거부행위(대판 2004.4.27, 2003두8821) : 검토 결과 보호구역의 지정이 적정하지 아니하거나 기타 특별한 사유가 있는 때에는 보호구역의 지정을 해제하거나 그 범위를 조정하여야 하고, 적정성 여부의 검토에 있어서 보호구역의 지정이 재산권 행사에 미치는 영향 등을 고려하도록 규정하고 있는 점과 헌법상 개인의 재산권 보장의 취지 2. 문화재청장이 국가지정문화재[남양주시 금곡동 홍릉(고종황제와 명성황후의 묘릉)·유릉(순종황제와 황후 2인의 묘)]의 보호구역에 인접한 나대지에 건물을 신축하기 위한 국가지정문화재 현상변경신청을 거부한 행위(대판 2006.5.12, 2004 두9920)	1. 공원경관에 대한 조망의 이익이나 문화재의 매장 가능성, 문화재 발견에 의한 표창 가능성에 따른 일반국민으로서의 문화재 보호의 이해관계(공주시 옥룡동 금강빌라거주주민)(대판 1992.9.22, 91누13212) 2. 구 문화재보호법상의 도지정문화재 지정(백이정선생 가묘지정사건)처분으로 인하여 침해될 수 있는 특정 개인의 명예 내지 명예감정(대판 2001. 9.28, 99두8565)

(5) 기타사례

1. 「도시 및 주거환경정비법」상 조합설립추진위원회의 구성에 동의하지 아니한 정비구역 내의 토지등 소유자가 조합설립추진위원회 설립승인처분의 취소를 구할 원고적격 인정

「도시 및 주거환경정비법」 제13조 제1항 및 제2항의 입법 경위와 취지에 비추어 하나의 **정비구역 안에서 복수의 조합설립추진위원회에 대한 승인은 허용되지 않는 점,** 조합설립추진위원회가 조합을 설립할 경우 같은 법 제15조 제4항에 의하여 조합설립추진위원회가 행한 업무와 관련된 권리와 의무는 조합이 포괄승계하며, **주택재개발사업의 경우 정비구역 내의 토지등 소유자**는 같은 법 제19조 제1항에 의하여 **당연히 그 조합원으로 되는 점** 등에 비추어 보면, **조합설립추진위원회의 구성에 동의하지 아니한 정비구역 내의 토지등 소유자도 조합설립추진위원회 설립승인처분에 대하여 같은 법에 의하여 보호되는 직접적이고 구체적인**

이익을 향유하므로 그 설립승인처분의 취소소송을 제기할 원고적격이 있다(대판 2007.1.25, 2006두12289).

2. 개발제한구역을 해제하는 내용의 도시관리계획변경결정에 대하여 특정 토지의 소유자가 자신의 토지가 그 해제대상에 포함되어야 한다고 주장하면서 계획변경결정의 취소를 구할 이익 부정

   원고 소유의 토지가 속한 취락 부분이 개발제한구역으로 지정되어 있다가 원고 소유 토지를 제외한 나머지 취락 지역을 개발제한구역에서 해제하기로 하는 도시관리계획변경결정이 이루어지자, 원고가 그 도시관리계획변경결정이 위법하다며 취소를 구하는 사안에서, 원고 소유 토지는 도시관리계획변경결정 전후를 통하여 개발제한구역으로 지정된 상태에 있으므로 이 사건 도시관리계획변경결정으로 인하여 그 소유자인 원고가 위 토지를 사용·수익·처분하는 데 새로운 공법상의 제한을 받거나 종전과 비교하여 더 불이익한 지위에 있게 되는 것은 아니고, 원고의 청구취지와 같이 이 **사건 도시관리계획변경결정 중 원고 소유 토지가 속한 취락 부분이 취소된다 하더라도 그 결과 이 사건 도시관리계획변경결정으로 개발제한구역에서 해제된 제3자 소유의 토지들이 종전과 같이 개발제한구역으로 남게 되는 결과가 될 뿐, 원고 소유의 이 사건 토지가 개발제한구역에서 해제되는 것도 아니므로, 원고에게는 제3자 소유의 토지에 관한 이 사건 도시관리계획변경결정의 취소를 구할 직접적이고 구체적인 이익이 있다고 할 수 없다**(대판 2008.7.10, 2007두10242).

3. 도시계획시설의 설치에 관한 도시관리계획 대상 지역 내 토지소유자에게 도시관리계획 변경결정의 효력을 다툴 법률상 이익이 있다

   도시계획시설의 설치에 관한 도시관리계획 대상 지역 내 토지의 소유자는 도시관리계획 변경결정에 따라 도시계획시설의 종류, 내용, 범위 등이 변경됨에 따라 토지의 개발 등 이용관계가 달라질 수 있으므로 도시관리계획 변경결정의 효력을 다툴 법률상 이익이 있다고 보아야 할 것이다(대판 2012.12.26, 2012두19311).

4. 재단법인 한국연구재단이 甲 대학교 총장에게 연구개발비의 부당집행을 이유로 '해양생물유래 고부가식품·향장·한약 기초소재 개발 인력양성사업에 대한 2단계 두뇌한국(BK)21 사업' 협약을 해지하고 연구팀장 乙에 대한 국가연구개발사업의 3년간 참여제한 등을 명하는 통보를 하자 乙이 통보 취소를 청구한 사안에서, 乙은 위 협약 해지 통보의 효력을 다툴 법률상 이익이 있다고 한 사례

   「학술진흥 및 학자금대출 신용보증 등에 관한 법률」 등의 입법 취지 및 규정 내용 등과 아울러 위 법 등 해석상 국가가 두뇌한국(BK)21 사업의 주관연구기관인 대학에 연구개발비를 출연하는 것은 '연구 중심대학'의 육성은 물론 그와 별도로 대학에 소속된 연구인력의 역량 강화에도 목적이 있다고 보이는 점, 기본적으로 국가연구개발사업에 대한 연구개발비의 지원은 대학에 소속된 일정한 연구단위별로 신청한 연구개발과제에 대한 것이지, 그 소속 대학을 기준으로 한 것은 아닌 점 등 제반 사정에 비추어 보면, 乙은 위 사업에 관한 협약의 해지 통보의 효력을 다툴 법률상 이익이 있다(대판 2014.12.11, 2012두28704).

Ⅵ 경업자소송(경쟁자소송)

1. 의 의

경업자소송 또는 경쟁자소송은 이미 영업허가·특허·인가를 받아 영업을 하고 있는 기존업자가 경쟁업자에 대한 신규영업허가·특허·인가를 취소해달라고 청구하는 소송이다.

1. 기존의 업자가 경업자에 대한 면허나 인·허가 등 수익적 행정처분의 취소를 구할 당사자 적격이 있는 경우
   일반적으로 면허나 인·허가 등의 수익적 행정처분의 근거가 되는 법률이 해당 업자들 사이의 과당경쟁으로 인한 경영의 불합리를 방지하는 것도 그 목적으로 하고 있는 경우, 다른 업자에 대한 면허나 인·허가 등의 수익적 행정처분에 대하여 미리 같은 종류의 면허나 인·허가 등의 수익적 행정처분을 받아 영업을 하고 있는 기존의 업자는 경업자에 대하여 이루어진 면허나 인·허가 등 행정처분의 상대방이 아니라 하더라도 당해 행정처분의 취소를 구할 당사자적격이 있다(대판 2010.11.11, 2010두4179).
2. 면허나 인허가 등의 수익적 행정처분의 근거가 되는 법률이 해당 업자들 사이의 과당경쟁에 따른 경영의 불합리 방지를 목적으로 하고 있는 경우, 면허나 인허가 등의 수익적 행정처분을 받아 영업을 하고 있는 기존의 업자가 경업자에 대한 면허나 인허가 등의 수익적 행정처분의 무효확인 또는 취소를 구할 이익이 있지만, 경업자에 대한 행정처분이 경업자에게 불리한 내용인 경우, 기존의 업자가 행정처분의 무효확인 또는 취소를 구할 이익이 없다(대판 2020.4.9, 2019두49953).

2. 구체적 사례

판례는 일반적으로 기존업자가 특허기업인 경우에는 법률상 이익을 인정하고, 허가업자의 경우는 반사적 내지 사실적 이익으로서 원고적격을 부정한다.

(1) 특허업자 인정

1. 운수사업
   ① 구 해상운송사업법에 근거한 신규선박운항사업 면허허가처분에 대한 당해 항로에 취항하고 있는 기존업자의 취소청구소송(대판 1969.12.30, 69누106)
   ② 자동차운수사업법에 의한 신규의 노선연장인가처분에 대하여 당해 노선에 관한 기존업자의 이익(대판 1974.4.9, 73누173)
   ③ 70미터밖에 떨어져 있지 않은 길목에 직행버스 정류장의 설치를 인가한 경우의 기존 시외버스 공동정류장운영업자의 이익(대판 1975.7.22, 75누12)
   ④ 다른 운송사업자가 운행하고 있는 기존 시외버스를 시내버스로 전환을 허용하는 사업계획변경 인가처분에 대한 기존 시내버스업자의 이익(대판 1987.9.22, 85누985)
   ⑤ 동일한 사업구역 내의 동종의 사업용 화물자동차면허대수를 늘리는 보충인가처분에 대하여 개별화물자동차운송사업면허를 받아 이를 영위하고 있는 기존업자의 이익(대판 1992.7.10, 91누9107)
   ⑥ 기존의 농어촌버스운송사업계획변경신청을 인가하면 신규의 마을버스운송사업면허를 할 수 없게 되는 경우(대판 1999.10.12, 99두6026)
   ⑦ 신규 노선버스운송사업인가에 대하여 기존 노선버스사업자가 취소를 구할 법률상 이익(대판 2002.10.25, 2001두4450)

⑧ 기존의 시외버스운송사업자인 을 회사에 다른 시외버스운송사업자 갑 회사에 대한 시외버스운송사업계획변경인가 처분의 취소를 구할 법률상 이익(대판 2010.6.10, 2009두10512)
⑨ 직행형 시외버스운송사업자에 대한 사업계획변경인가처분으로 인하여 기존의 고속형 시외버스운송사업자의 노선이 직행형 시외버스운송사업자들의 노선과 일부 중복하게 되어 기존업자의 수익감소가 예상되는 경우, 기존의 고속형 시외버스운송사업자의 이익(대판 2010.11.11, 2010두4179)

2. 광업법상의 거리제한규정을 위배한 광구허가에 대한 인접 광업권자의 경계의 분쟁, 침굴의 우려, 광산작업상의 위해 등을 미연에 방지·제거할 수 있는 이익(대판 1982.7.27, 81누271)
3. 먼저 하천부지점용허가를 받아 점용허가기간 중에 있는 업자의 이익(대판 1993.10.8, 93누5017)
4. 중계유선방송사업 허가를 받은 중계유선방송사업자의 사업상 이익(대판 2007.5.11, 2004다11162)
5. 면허받은 장의자동차운송사업구역에 위반하였음을 이유로 한 행정청의 과징금부과처분에 의하여 보호되는 동종업자의 영업상 이익은 부정(대판 1992.12.8, 91누13700)
6. 한정면허를 받은 시외버스운송사업자(주식회사 대한관광리무진)가 일반면허를 받은 시외버스운송사업자(주식회사 전북고속 외 1인)에 대한 사업계획변경 인가처분으로 수익감소가 예상되는 경우, 일반면허 시외버스운송사업자에 대한 사업계획변경인가처분의 취소를 구할 이익(대판 2018.4.26, 2015두53824)

(2) 허가업자

인정사례	부정사례
1. 보건·위생 ① 자신의 영업허가지역 내로의 약종상 영업소이전허가로 인해 침해되는 기존 약종상의 이익(대판 1988.6.14, 87누873) ② 분뇨 등 관련허가업자의 영업상 이익(대판 2006.7.28, 2004두6716) 2. 국가재정 ① 주류제조면허업자의 영상 이익(대판 1989.12.22, 89누46) ② 적법한 담배일반소매인 지정기준으로서의 거리제한규정에 위반하여 담배일반소매인 지정을 한 경우 침해되는 기존업자의 이익(대판 2008.3.27, 2007두23811) ■ 담배일반소매인의 구내소매인 지정에 대한 이익은 원고적격 부정(대판 2008.4.10, 2008두402)	1. 기존 목욕장업자의 영업상 이익(대판 1963.8.22, 63누97) 2. 무역거래법상 수출입이 금지되는 특정물품의 수입허가로 인한 기존 수입업자의 이익(대판 1971.6.29, 69누91) 3. 「석탄수급조정에 관한 임시조치법」 소정의 석탄가공업허가를 받은 기존업자의 이익(대판 1980.7.22, 80누33·34) 4. 양곡가공업허가를 받은 기존업자의 이익(대판 1981.1.27, 79누433) 5. 당초에 상품매도점포로서의 근린생활시설로 되어 있던 용도를 치과의원을 개설할 수 있도록 의원으로서의 근린생활시설로 변경한 용도변경처분으로 인한 인근치과병원장의 불이익(대판 1990.5.22, 90누813) 6. 유기장업허가업자의 영업상 이익(대판 1986.11.25, 84누147) 7. 건물의 4·5층 일부에 객실을 설비할 수 있도록 숙박업구조변경허가를 함으로써 그곳으로부터 50미터 내지 700미터 정도의 거리에서 여관을 경영하는 원고들이 받게 될 불이익(대판 1990.8.14, 89누7900) 8. 한의사면허를 취득하여 영업하고 있는 기존 한의사의 영업상 이익(대판 1998.3.10, 97누4289) 9. 신규 단란주점 영업허가를 다투는 기존 단란주점업자의 이익

Ⅶ 경원자소송

경원자개념의 특성상 원칙적으로 법률상의 이익이 인정된다. 다만, 구체적인 경우에 있어서 그 처분이 취소된다 하더라도 허가 등의 처분을 받지 못한 불이익이 회복된다고 볼 수 없을 때에는 당해 처분의 취소를 구할 협의의 소의 이익이 없다.

1. 경원관계에 관해서는 원칙적으로 제3자가 처분의 취소를 구할 당사자적격이 있지만, 처분이 취소된다 하더라도 허가 등의 처분을 받지 못한 불이익이 회복된다고 볼 수 없을 때에는 당해 처분의 취소를 구할 정당한 이익이 없다

   면허나 인·허가 등의 수익적 행정처분을 신청한 수인이 서로 경쟁관계에 있어서 일방에 대한 면허나 인·허가 등의 행정처분이 타방에 대한 불면허·불인가·불허가 등으로 귀결될 수밖에 없는 경우(이른바 경원관계(競願關係)에 있는 경우로서 동일 대상지역에 대한 공유수면매립면허나 도로점용허가 혹은 일정지역에 있어서의 영업허가 등에 관하여 거리제한규정이나 업소개수제한규정 등이 있는 경우를 그 예로 들 수 있다)에 면허나 인·허가 등의 행정처분을 받지 못한 사람 등은 **비록 경업자나 경원자에 대하여 이루어진 면허나 인·허가 등 행정처분의 상대방이 아니라 하더라도 당해 행정처분의 취소를 구할 당사자적격이 있다** 할 것이고, **다만 구체적인 경우에 있어서 그 처분이 취소된다 하더라도 허가 등의 처분을 받지 못한 불이익이 회복된다고 볼 수 없을 때에는 당해 처분의 취소를 구할 정당한 이익이 없다**고 할 것이다(대판 1999.10.12, 99두6026).

2. 인가·허가 등 수익적 행정처분을 신청한 여러 사람이 서로 경원관계에 있는 경우, 허가 등 처분을 받지 못한 사람은 원칙적으로 자신에 대한 거부처분의 취소를 구할 원고적격과 소의 이익이 있다

   인가·허가 등 수익적 행정처분을 신청한 여러 사람이 서로 경원관계에 있어서 한 사람에 대한 허가 등 처분이 다른 사람에 대한 불허가 등으로 귀결될 수밖에 없을 때 허가 등 처분을 받지 못한 사람은 신청에 대한 거부처분의 직접 상대방으로서 원칙적으로 자신에 대한 거부처분의 취소를 구할 원고적격이 있고, 취소판결이 확정되는 경우 판결의 직접적인 효과로 경원자에 대한 허가 등 처분이 취소되거나 효력이 소멸되는 것은 아니더라도 행정청은 취소판결의 기속력에 따라 판결에서 확인된 위법사유를 배제한 상태에서 취소판결의 원고와 경원자의 각 신청에 관하여 처분요건의 구비 여부와 우열을 다시 심사하여야 할 의무가 있으며, 재심사 결과 경원자에 대한 수익적 처분이 직권취소되고 취소판결의 원고에게 수익적 처분이 이루어질 가능성을 완전히 배제할 수는 없으므로, 특별한 사정이 없는 한 경원관계에서 허가 등 처분을 받지 못한 사람은 자신에 대한 거부처분의 취소를 구할 소의 이익이 있다(대판 2015.10.29, 2013두27517).

3. 경원관계라 하더라도 명백한 법적 장애로 인하여 원고 자신의 신청이 인용될 가능성이 처음부터 배제되어 있는 경우에는 당해 처분의 취소를 구할 정당한 이익이 없다

   인·허가 등의 수익적 행정처분을 신청한 수인이 서로 경쟁관계에 있어서 일방에 대한 허가 등의 처분이 타방에 대한 불허가 등으로 귀결될 수밖에 없는 때 허가 등의 처분을 받지 못한 자는 비록 경원자에 대하여 이루어진 허가 등 처분의 상대방이 아니라 하더라도 당해 처분의 취소를 구할 원고 적격이 있다. 다만, **명백한 법적 장애로 인하여 원고 자신의 신청이 인용될 가능성이 처음부터 배제되어 있는 경우에는 당해 처분의 취소를 구할 정당한 이익이 없다.** 원고(학교법인 조선대학교)를 포함하여 법학전문대학원 설치인가 신청을 한 41개 대학들은 2,000명이라는 총 입학정원을 두고 그 설치인가 여부 및 개별 입학정원의 배정에 관하여 서로 경쟁관계에 있고 이 사건 각 처분이 취소될 경우 원고의 신청이 인용될 가능성도 배제할 수 없으므로, 원고가 이 사건 각 처분의 상대방이 아니라도 그 처분의 취소 등을 구할 당사자적격이 있다

(대판 2009.12.10, 2009두8359).

4. 원고와 피고보조참가인은 동일한 장소인 포항부두 4번 접안장소 뒤에 바다모래 제염처리시설을 설치하기 위하여 항만공사 시행허가신청을 하였고, **피고는 1개 업체만 허가하기로 하였으므로, 피고보조참가인의 신청을 허가하면 원고의 신청은 거부할 수밖에 없었으니,** 원고에게 피고보조참가인에 대한 허가처분의 취소를 구할 **법률상 이익**이 있다(대판 1998.9.8, 98두6272).

Ⅷ 기 타

1. 원고적격 인정사례

1. 위법한 징계재결을 받은 해양사고관련자가 소로써 불복하지 아니하는 경우 공익의 대표자로서 「해양사고의 조사 및 심판에 관한 법률」상의 조사관(대판 2002.9.6, 2002추54)
2. 정보공개거부처분을 받은 청구인이 그 거부처분의 취소를 구할 이익(대판 2006.1.13, 2003두9459)
3. 채석허가를 받은 자에 대한 관할행정청의 채석허가취소처분에 대하여 수허가자의 지위를 양수한 양수인의 이익(대판 2003.7.11, 2001두6289)
4. 과세관청이 체납자가 점유하고 있는 제3자 소유의 동산을 압류한 경우 체납자의 이익(대판 2006.4.13, 2005두15151) : 압류처분에 의하여 당해 동산에 대한 점유권의 침해를 받은 자로서 그 압류처분에 대하여 법률상 직접적이고 구체적인 이익
5. 제약회사가 보건복지부 고시인 「약제급여·비급여목록 및 급여상한금액표」의 취소를 구할 이익(대판 2006.9.22, 2005두2506) : 보건복지부 고시인 '약제급여·비급여목록 및 급여상한금액표'로 인하여 자신이 제조·공급하는 약제의 상한금액이 인하됨에 따른 이익
6. 해기사 또는 도선사 외의 자로서 해양사고의 원인에 관계있는 자가 해양안전심판원이 자신에 대하여 한 '시정 등 권고 재결'의 취소를 구할 이익(대판 2006.10.26, 2004추58) : 그 내용이 관보에 공고되는 등 개선조치의 권고를 받은 자의 명예와 신용에 영향을 미치고, 개선조치의 권고를 받은 자는 그 취지에 따라 필요한 조치를 취한 다음 조치내용을 지체 없이 통보하여야 하며, 개선조치의 권고를 한 사항에 대한 조치가 미흡하다고 인정될 때에는 그 이행을 요구받을 수 있는 등의 법률상 의무
7. 학교법인의 임원취임승인신청 반려처분에 대하여, 임원으로 선임된 사람이 이를 다툴 수 있는 이익(대판 2007.12.27, 2005두9651) : 관할청이 학교법인의 임원취임승인신청에 대하여 이를 반려하거나 거부하는 경우 학교법인에 의하여 임원으로 선임된 사람은 학교법인의 임원으로 취임할 수 없게 되는 불이익
8. 회원제골프장의 기존 회원이 회원모집계획서에 대한 시·도지사의 검토결과통보의 취소를 구할 이익(대판 2009.2.26, 2006두16243)
9. 임대주택법상 임차인대표회의가 행정청이 임대사업자에게 한 분양전환승인처분의 취소를 구할 이익(대판 2010.5.13, 2009두19168)
10. 관할청이 구 사립학교법 제25조의3에 따라 하는 정식이사 선임 처분에 관하여 '상당한 재산을 출연한 자'와 '학교 발전에 기여한 자'(대판 2013. 9.12, 2011두33044)
11. 보조금지원사업 시행기관의 장인 피고(담양군수)가 (선정된 시공업체와 계약을 체결한 경우에만 보조금을 교부하기 위하여) 보조사업자(농가)의 계약상대방이 될 수 있는 시공업체를 공모절차를 통하여 선정한 사안에서, 선정 제외된 원고들이 선정제외결정을 다툴 이익(대판 2021.2.4, 2020두48772) : 선정제외결정 부분은 불이익처분의 직접 상대방으로서 그 취소를 구할 원고적격이 인정

1. 임대주택법상 임차인대표회의가 행정청이 임대사업자에게 한 분양전환승인처분의 취소를 구할 이익이 있다
   구 임대주택법 제21조 제5항, 제9항, 제34조, 제35조는 **임차인대표회의는 건설임대주택의 임대사업자가 임대의무기간 경과 후 또는 부도, 파산, 그 밖에 대통령령으로 정하는 경우가 발생한 후 각각 1년 이상 분양전환승인을 신청하지 아니하는 경우 임차인 3분의 2 이상의 동의를 받아 직접 분양전환승인을 신청할 수 있고,** 분양전환가격 산정을 위한 감정평가 시 **감정평가에 대하여** 대통령령으로 정하는 사항에 해당하는 경우 임차인 과반수의 동의를 받아 **이의신청을 할 수 있으며,** 분양전환가격 등에 대하여 임대주택분쟁조정위원회에 **분쟁의 조정신청을 할 수 있고,** 임대사업자와 임차인대표회의가 위 조정위원회의 조정안을 받아들이면 당사자 간에 조정조서와 같은 내용의 합의가 성립된 것으로 본다고 규정하고 있는바, 위 각 규정의 내용과 입법경위 및 취지 등에 비추어 보면, **임차인대표회의도 당해 주택에 거주하는 임차인과 마찬가지로 임대주택의 분양전환과 관련하여 그 승인의 근거 법률인 구 임대주택법에 의하여 보호되는 구체적이고 직접적인 이익이 있다**고 봄이 상당하다. **따라서 임차인대표회의인 원고로서는 피고의 이 사건 분양전환승인처분이 승인의 요건을 갖추지 못하였음을 주장하여 그 취소소송을 제기할 원고적격이 있다**고 보아야 할 것이다(대판 2010.5.13, 2009두19168).
2. 관할청이 구 사립학교법 제25조의3에 따라 하는 정식이사 선임 처분에 관하여 '상당한 재산을 출연한 자'와 '학교 발전에 기여한 자'는 법률상 보호되는 이익을 가진다
   구 사립학교법 제25조의3은 정식이사 선임에 관하여 상당한 재산을 출연한 자 및 학교 발전에 기여한 자(상당한 재산출연자 등)의 개별적·구체적인 이익을 보호하려는 취지가 포함되어 있는 것으로 보이고, 상당한 재산출연자 등은 관할청이 정식이사를 선임하는 처분에 관하여 법률상 보호되는 이익을 가진다고 보는 것이 타당하다(대판 2013.9.12, 2011두33044).

2. 원고적격 부정사례

1. 종합유선방송 전송선로시설 제공역무를 사업내용으로 하는 전송망사업자로 지정받은 자가 특정주파수대역을 이용한 무선국개설허가를 받은 뒤 유효기간만료 등으로 그 허가의 효력을 상실한 경우(대판 2007.4.12, 2004두7924)
2. 보조금지원사업 시행기관의 장인 피고(담양군수)가 (선정된 시공업체와 계약을 체결한 경우에만 보조금을 교부하기 위하여) 보조사업자(농가)의 계약상대방이 될 수 있는 시공업체를 공모절차를 통하여 선정한 사안에서, 선정 제외된 원고들이 선정된 업체들을 포함한 선정 및 선정제외 행위 전체의 취소를 구할 이익(대판 2021.2.4, 2020두48772) : 제3자가 해당 처분과 간접적·사실적·경제적인 이해관계를 가지는 데 불과

종합유선방송 전송선로시설 제공역무를 사업내용으로 하는 전송망사업자로 지정받은 자가 특정주파수대역을 이용한 무선국개설허가를 받은 뒤 유효기간만료 등으로 그 허가의 효력을 상실한 경우
원고가 구 종합유선방송법에 의하여 종합유선방송 전송선로시설 제공역무를 사업내용으로 하는 전송망사업자로 지정받고 구 전파법 및 일부 개정 전 구 전파법에 의하여 피고 서울체신청장 등으로부터 이 사건 주파수대역을 이용한 각 무선국개설허가를 받은 바 있으나, 그 후 원심 변론종결 전인 2003. 6.경까지 위 각 무선국개설허가가 사용료 체납으로 취소되거나 유효기간만료로 실효됨으로 인하여 위 각 무선국개설허가의 효력이 모두 상실된 사실을 알 수 있다. 관계 법령을 살펴보면 **전송망사업자지정을 받은 것만으로는 이 사**

건 주파수대역에 대한 이용권이 발생한다고 볼 수 없고, 무선국개설허가를 받으면서 주파수지정을 받은 경우에는 그 주파수대역을 이용할 수 있다고 할 것이나, 위와 같이 원고가 받은 무선국개설허가의 효력이 모두 상실되어 현재 이 사건 주파수대역을 이용할 수 있는 지위가 소멸하였다고 할 것이므로 원고에게 이 사건 주파수대역에 대한 법률상 보호되는 이익이 있다고 할 수 없다. 따라서 피고 서울체신청장이 참가인에게 이 사건 주파수대역 중 일부 대역에 대하여 이 사건 실험국개설허가처분을 하였다고 하더라도 원고로서는 그 취소를 구할 원고적격이 있다고 할 수 없다(대판 2007.4.12, 2004두7924).

❙ 제3강 권리보호의 필요성(협의의 소익) ❙

I 개 설

1. 의 의

협의의 소의 이익이란 구체적 사안에 있어서 계쟁처분에 대해 취소 또는 무효확인 등 판단을 행할 구체적·현실적 필요성이 있는 것을 말하는데, 협의의 소의 이익을 권리보호의 필요 또는 판단의 구체적 이익 내지 필요성이라고도 부른다. 협의의 소익만을 소익 또는 소의 이익이라고 부르기도 한다.

재판은 당사자의 관념적 만족이 아니라 현실적 구제를 목적으로 하는 것인바, 취소소송도 재판의 일종이므로 분쟁을 재판에 의해 해결할 만한 현실적 필요성이 있어야 함은 당연한 이치인데, 승소판결에 의해 이미 원고의 권익구제가 실현될 수 없는 경우에는 협의의 소의 이익은 인정되지 않는다.

권리보호의 필요성은 소송요건이기 때문에 이를 결여한 사안에 대해서는 각하판결을 하여야 한다. 또한 협의의 소익은 상고심 계속 중에도 존속해야 한다.

2. 기 능

소의 이익은 ① 사인의 남소(濫訴 ; 소권남용)방지와 이로 인한 ② 법원과 행정청의 부담완화, ③ 원활한 행정작용을 위한 것이다.

Ⅱ 법률상 이익의 의미와 충족시기

1. 법률상 이익의 의미

(1) 행정소송법 규정

행정소송법 제12조는 '원고적격'이라는 표제하에 "취소소송은 처분등의 취소를 구할 법률상 이익이 있는 자가 제기할 수 있다. 처분등의 효과가 기간의 경과, 처분등의 집행 그 밖의 사유로 인하여 소멸된 뒤에도 그 처분등의 취소로 인하여 회복되는 법률상 이익이 있는 자의 경우에는 또한 같다."라고 규정하고 있다. 위 조문의 전단의 경우만이 원고적격에 해당하고, 후단의 경우는 협의의 소의 이익(권리보호필요성)에 관한 내용이라는 견해가 통설이다. 그러나 소수설은 양자 모두 원고적격에 관한 규정이라는 견해가 있고, 판례는 원고적격과 협의의 소익을 구별하지 않는다.

행정소송법 제12조 제2문에서 정한 법률상 이익, 즉 행정처분을 다툴 협의의 소의 이익 유무를 판단하는 방법

행정소송법 제12조 제2문에서 정한 법률상 이익, 즉 행정처분을 다툴 협의의 소의 이익은 개별·구체적 사정을 고려하여 판단하여야 한다(대판 2020.12.24, 2020두30450).

(2) 회복되는 법률상 이익의 범위

행정소송법 제12조 제2문의 법률상 이익은 ① 독일행정소송법 제113조 제1항 4문과 같이 '위법확인의 정당한 이익'으로 보는 것이 바람직하며, 이에는 법으로 보호하는 이익뿐만 아니라 경제적 이익은 물론 모든 보호가치가 있는 정신적 이익을 포함한다. 특히 법률상 이익에 반복되는 위험의 방지나 명예회복의 필요 등의 인격적·정신적 이익과 보수청구와 같은 재산적 이익 및 불이익제거와 같은 사회적 이익 등을 포함하는 견해(김남진, 김도창, 정하중, 홍정선, 홍준형)와 ② 법률상 이익에만 한정하는 견해(김동희)가 대립한다.

판례는 자격정지처분을 받고 그 정지기간이 경과한 경우에 명예나 신용 등의 인격적 이익의 침해가 기간경과 후에도 잔존하고 있는 경우에도 원고의 권리보호의 필요를 부인하고 있다.

명예, 신용 등 인격적 이익은 제외

자격정지처분의 취소청구에 있어 그 정지기간이 경과된 이상 그 처분의 취소를 구할 이익이 없고 설사 그 처분으로 인하여 명예, 신용 등 인격적인 이익이 침해되어 그 침해상태가 자격정지기간 경과 후까지 잔존하더라도 이와 같은 불이익은 동처분의 직접적인 효과라고 할 수 없다(대판 1978.5.23, 78누72).

2. 소송의 성질(확인소송)

이 소송은 처분등의 효과가 기간의 경과 등으로 이미 소멸된 경우를 대상으로 하므로, 형식적으로는 취소소송이지만 실질적으로는 확인소송이다.

Ⅲ 처분이 취소되어도 원고에게 아무런 실익이 없는 경우

1. 원상회복(목적달성)이 불가능한 경우

위법한 행정처분의 취소를 구하는 소는 위법한 처분에 의해 발생한 위법상태를 배제하여 원상으로 회복시키고 그 처분으로 침해되거나 방해받은 권리와 이익을 보호·구제하고자 하는 소송이므로 비록 그 위법한 처분을 취소한다 하더라도 원상회복이 불가능한 경우에는 그 취소를 구할 이익이 없다(대판 2007.1.11, 2004두8538). 그러나 회복되는 다른 이익이 있는 경우에는 예외적으로 협의의 소익이 인정된다.

1. 행정처분의 위법을 이유로 무효확인 또는 취소 판결을 받더라도 그 처분으로 발생한 위법상태를 원상으로 회복시킬 수 없는 경우, 원칙적으로 무효확인 또는 취소를 구할 법률상 이익이 없다
   행정처분의 무효확인 또는 취소를 구하는 소에서, 비록 행정처분의 위법을 이유로 무효확인 또는 취소 판결을 받더라도 그 처분으로 발생한 위법상태를 원상으로 회복시킬 수 없는 경우에는 원칙적으로 무효확인 또는 취소를 구할 법률상 이익이 없다(대판 2020.2.27, 2018두67152).
2. 예외적으로 처분의 취소를 구할 소의 이익이 있는 경우
   다만 원상회복이 불가능하더라도 무효확인 또는 취소로써 회복할 수 있는 다른 권리나 이익이 남아 있거나, 동일한 소송 당사자 사이에서 동일한 사유로 위법한 처분이 반복될 위험이 있어 행정처분의 위법성 확인 또는 불분명한 법률문제에 대한 해명이 필요하다고 판단되는 경우 등에는 행정의 적법성 확보와 그에 대한 사법통제, 국민의 권리구제 확대 등의 측면에서 예외적으로 처분의 취소를 구할 소의 이익을 인정할 수 있다(대판 2020.2.27, 2018두67152).
3. 행정처분의 무효 확인 또는 취소를 구하는 소송계속 중 해당 행정처분이 기간의 경과 등으로 효과가 소멸한 때에 처분이 취소되어도 원상회복은 불가능하더라도 예외적으로 처분의 취소를 구할 소의 이익을 인정할 수 있는 경우 및 그 예외 중 하나인 '그 행정처분과 동일한 사유로 위법한 처분이 반복될 위험성이 있는 경우'의 의미
   행정처분의 무효 확인 또는 취소를 구하는 소가 제소 당시에는 소의 이익이 있어 적법하였는데, 소송계속 중 해당 행정처분이 기간의 경과 등으로 그 효과가 소멸한 때에 처분이 취소되어도 원상회복이 불가능하다고 보이는 경우라도, **무효 확인 또는 취소로써 회복할 수 있는 다른 권리나 이익이 남아 있거나 또는 그 행정처분과 동일한 사유로 위법한 처분이 반복될 위험성이 있어 행정처분의 위법성 확인 내지 불분명한 법률문제에 대한 해명이 필요한 경우**에는 행정의 적법성 확보와 그에 대한 사법통제, 국민의 권리구제 확대 등의 측면에서 예외적으로 그 처분의 취소를 구할 소의 이익을 인정할 수 있다. 여기에서 **'그 행정처분과 동일한 사유로 위법한 처분이 반복될 위험성이 있는 경우'란 불분명한 법률문제에 대한 해명이 필요한 상황에 대한 대표적인 예시일 뿐**이며, **반드시 '해당 사건의 동일한 소송 당사자 사이에서' 반복될 위험이 있는 경우만을 의미하는 것은 아니다** (대판 2020.12.24, 2020두30450).

(1) 원칙 부정

1. 환지확정처분의 일부에 대한 취소를 구할 법률상 이익(대판 1985.4.23, 84누446) : 환지 전체의 절차를 처음부터 다시 밟지 않는 한 그 일부만을 따로 떼어 환지처분을 변경할 길이 없으므로
2. 환지처분이 공고된 이후에 환지처분의 일부에 대하여 취소나 무효확인을 구할 법률상 이익(대판 2013.2.28, 2010두2289)
3. 건축허가가 건축법 소정의 이격거리를 두지 아니하고 건축물을 건축하도록 되어 있어 위법하다 하더라도 이미 건축공사가 완료된 경우](대판 1992.4.24, 91누11131) : 건축허가를 받은 대지와 접한 대지의 소유자인 원고가 위 건축허가처분의 취소를 받아 이격거리를 확보할 단계는 지났으며 민사소송으로 위 건축물 등의 철거를 구하는 데 있어서도 위 처분의 취소가 필요한 것이 아니므로
4. 사실심 변론종결 전에 건축공사를 완료하고 준공검사필증까지 교부받은 경우 건축허가처분의 무효확인을 소구할 법률상 이익(대판 1993.6.8, 91누11544) : 건축허가처분의 무효확인을 받아 건물의 건립을 저지할 수 있는 단계는 지났다.
5. 광업권취소처분에 대한 쟁송 중 광업권존속기간이 만료된 경우(대판 1995.7.11, 95누4568)
6. 인접주택의 소유자가 건물에 대한 사용승인처분의 취소를 구할 이익(대판 2007.4.26, 2006두18409) : 일조권의 침해 등 생활환경상 이익침해는 실제로 위 건물의 전부 또는 일부가 철거됨으로써 회복되거나 보호받을 수 있는 것인데, 위 건물에 대한 사용승인처분의 취소를 받는다 하더라도 그로 인하여 건축주는 위 건물을 적법하게 사용할 수 없게 되어 사용승인 이전의 상태로 돌아가게 되는 것에 그칠 뿐
7. 대집행의 실행이 완료된 경우(대판 1993.6.8, 93누6164)
8. 토석채취허가기간이 경과한 경우(대판 1993.7.27, 93누3899)
9. 위법한 건축허가처분을 취소한다 하더라도 원상회복이 불가능한 경우(대판 1996.11.29, 96누9768)
10. 현역병입영대상자로 병역처분을 받은 자가 그 취소소송 중 모병에 응하여 현역병으로 자진 입대한 경우(대판 1998.9.8, 98두9165) : 병역처분이 취소된다고 하더라도 현역병으로 채용된 효력이 상실되지 아니하여 계속 현역병으로 복무할 수밖에 없으므로
11. 상등병에서 병장으로의 진급요건을 갖춘 자에 대하여 진급처분을 행하지 아니한 상태에서 예비역편입처분을 한 경우(대판 2000.5.16, 99두7111) : 예비역편입처분이 취소된다 하더라도 그로 인하여 신분이 예비역에서 현역으로 복귀함에 그칠 뿐이고, 상등병에서 병장으로의 진급처분 여부는 원칙적으로 진급권자의 합리적 판단에 의하여 결정
12. 소음·진동배출시설에 대한 설치허가가 취소된 후 그 배출시설이 철거된 경우(대판 2002.1.11, 2000두2457)
13. 종국처분인 농지처분명령의 취소를 구하는 소를 제기하여 원고 패소의 판결이 확정된 후, 그 전 단계인 농지처분의무통지의 취소를 구하는 경우(대판 2003.11.14, 2001두8742)
14. 이미 회사정리계획이 확정된 경우(대판 2005.6.10, 2005다15482)
15. 갑 주식회사와 을 주식회사가 공동으로 건축용 판유리 제품 가격을 인상한 후 갑 회사가 1순위로 부당한 공동행위 자진신고자 등에 대한 시정조치 등 감면신청을 하고 을 회사가 2순위로 감면신청을 하였으나 공정거래위원회가 갑 회사는 감면요건을 충족하지 못했다는 이유로 감면불인정 통지를 하고 을 회사에 1순위 조사협조자 지위확인을 해준 사안에서, 갑 회사가 공정거래위원회의 을 회사에 대한 1순위 조사협조자 지위확인의 취소를 구할 소의 이익(대판 2012.9.27, 2010두3541) : 을 회사에 대한 1순위 조사협조자 지위확인이 취소되더라도 갑 회사가 을 회사의 지위를 승계하는 것이 아니고, 갑 회사에 대한 감면불인정의 위법 여부를 다투어 감면불인정이 번복되는 경우 1순위 조사협조자의 지위를 인정받을 수 있다.
16. 구 주택법상 입주자나 입주예정자가 사용검사처분의 무효확인 또는 취소를 구할 법률상 이익(대판 2015.1.29, 2013두24976) : 건축물에 대한 사용검사처분의 무효확인을 받거나 처분이 취소된다고 하더라도 사용검사 전의 상태로 돌아가 건축물을 사용할 수 없게 되는 것에 그칠 뿐, 일부 입주자나 입주예정자가 사업주체와의 개별적 분쟁 등을 이유로 사용검사처분의 무효확인 또는 취소를 구하게 되면, 처분을 신뢰한 다수의 이익에 반하게 되는 상황이 발생
17. 갑이 구 도시공원법상 도시계획시설인 공원 부지에 포함되어 있던 처와 자녀들 소유 토지에 골프연습장을 설치할 수 있도록 공원조성계획을 변경하여 달라는 내용의 변경입안제안을 하자 관할 시장이 반려하였고, 그 후 도시관리계획 변경결정에 따라 공원 전부를 도시자연공원으로 하던 도시계획시설 결정이 폐지되고 구 「도시공원 및 녹지 등에 관한 법률」에 따라 위 토지가 도시자연공원구역으로 변경·지정되었는데, 갑이 변경입안제안 반려처분의 취소를 구한 사안(대판 2015.12.10, 2013두14221) : 제안지는 더 이상 공원조성계획의 대상이 되는 도시계획시설인 공원이 아니게 되었고, 제안지에 관한 공원조성계획 역시 폐지되어 존재하지 않게 되었으므로

18. 경남도지사(홍준표)가 경상남도에서 설치·운영하는 진주지방의료원을 폐업하겠다는 결정을 발표하고 그에 따라 폐업을 위한 일련의 조치가 이루어진 후 진주지방의료원을 해산한다는 내용의 조례를 공포하고 乙 지방의료원의 청산절차가 마쳐진 경우(대판 2016.8.30, 2015두60617)
19. 세무사 자격 보유 변호사 甲이 관할 지방국세청장에게 조정반 지정 신청을 하였으나 지방국세청장이 '甲의 경우 세무사등록부에 등록되지 않았기 때문에 2015년도 조정반 구성원으로 지정할 수 없다.'는 이유로 거부처분을 한 경우(대판 2020.2.27, 2018두67152) : 2015년도 조정반 지정의 효력기간이 지났으므로 거부처분을 취소하더라도 甲이 2015년도 조정반으로 지정되고자 하는 목적을 달성할 수 없고 장래의 조정반 지정 신청에 대하여 동일한 사유로 위법한 처분이 반복될 위험성이 있다거나 행정처분의 위법성 확인 또는 불분명한 법률문제에 대한 해명이 필요한 경우도 아님

1. 이전고시의 효력발생 후에는 관리처분계획에 대한 인가처분의 취소 또는 무효확인을 구할 법률상 이익이 없다
   이전고시의 효력 발생으로 이미 대다수 조합원 등에 대하여 획일적·일률적으로 처리된 권리귀속 관계를 모두 무효화시키고 다시 처음부터 관리처분계획을 수립하여 이전고시 절차를 거치도록 하는 것은 정비사업의 공익적·단체법적 성격에 배치된다고 할 것이므로, 이전고시가 그 효력을 발생하게 된 이후에는 조합원 등이 관리처분계획의 취소 또는 무효확인을 구할 법률상 이익이 없다고 봄이 타당하고, 이는 관리처분계획에 대한 인가처분의 취소 또는 무효확인을 구하는 경우에도 마찬가지이다(대판 2012.5.24, 2009두22140).
2. 「도시 및 주거환경정비법」상 대지나 건축물의 소유권 이전에 관한 고시의 효력이 발생한 후 일부 내용만을 분리하여 변경하거나 전체 이전고시를 모두 무효화시킬 수 없다
   이전고시의 효력 발생으로 대다수 조합원 등에 대하여 권리귀속 관계가 획일적·일률적으로 처리되는 이상 그 후 일부 내용만을 분리하여 변경할 수 없고, 그렇다고 하여 전체 이전고시를 모두 무효화시켜 처음부터 다시 관리처분계획을 수립하여 이전고시 절차를 거치도록 하는 것도 정비사업의 공익적·단체법적 성격에 배치되어 허용될 수 없다(대판 2014.9.25, 2011두20680).
3. 조합설립인가처분의 취소·무효확인 판결이 확정되기 전에 이전고시의 효력이 발생한 경우 원칙적으로 조합설립인가처분의 취소·무효확인을 구할 법률상 이익이 없다(대판 2014.9.25, 2011두20680).
4. 환지처분이 공고된 이후에는 원칙적으로 환지처분의 일부에 대하여 취소나 무효확인을 구할 법률상 이익이 없다
   행정처분에 관한 무효확인 판결을 받는다고 할지라도 그 권리가 회복될 가능성이 전혀 없다면 그러한 원고의 확인의 소는 그 확인의 이익이 없다. 한편 구 토지구획정리사업법(현 도시개발법) 제61조에 의한 환지처분은 사업시행자가 환지계획구역의 전부에 대하여 구획정리사업에 관한 공사를 완료한 후 **환지계획에 따라 환지교부 등을 하는 처분으로서, 일단 공고되어 효력을 발생하게 된 이후에는 환지 전체의 절차를 처음부터 다시 밟지 않는 한 그 일부만을 따로 떼어 환지처분을 변경할 길이 없으므로, 그 환지확정처분의 일부에 대하여 취소나 무효확인을 구할 법률상 이익은 없다.** 원고가 내세우는 무효사유는 이 사건 환지처분 중 일부에 해당하는 원고 소유의 종전 토지를 새로운 토지로 환지하는 부분의 위법을 주장하는 것에 불과하고, 이 사건 환지처분이 적법하게 인가받은 환지계획대로 이루어지지 않았다는 주장 등과 같이 이 사건 환지처분 전부를 당연무효로 볼만한 사정에 해당하지 않음이 명백하다는 이유로 환지처분이 공고되어 효력을 발생하게 된 이후에 그 환지확정처분의 일부에 대하여 무효확인을 구하는 이 부분 소는 부적법하다고 보아 본안판단을 한 원심판결 중 주위적 청구에 대한 부분을 파기한 사안(대판 2013.2.28, 2010두2289).

5. 구 주택법상 입주자나 입주예정자는 사용검사처분의 취소를 구할 법률상 이익이 없다

건축물에 대한 사용검사처분이 취소된다고 하더라도 사용검사 이전의 상태로 돌아가 건축물을 사용할 수 없게 되는 것에 그칠 뿐 곧바로 건축물의 하자 상태 등이 제거되거나 보완되는 것도 아니다. 그리고 입주자나 입주예정자들은 사용검사처분을 취소하지 않고서도 민사소송 등을 통하여 분양계약에 따른 법률관계 및 하자 등을 주장·증명함으로써 사업주체 등으로부터 하자 제거·보완 등에 관한 권리구제를 받을 수 있으므로, 사용검사처분의 취소 여부에 의하여 법률적인 지위가 달라진다고 할 수 없으며, 구 '주택공급에 관한 규칙'에서 입주금의 납부 및 주택공급계약에 관하여 사용검사와 관련된 규정을 두고 있다고 하더라도 달리 볼 것은 아니다. 오히려 주택에 대한 사용검사처분이 있으면, 그에 따라 입주예정자들이 주택에 입주하여 이를 사용할 수 있게 되므로 일반적으로 입주예정자들에게 이익이 되고, 다수의 입주자들이 사용검사권자의 사용검사처분을 신뢰하여 입주를 마치고 제3자에게 주택을 매매하거나 임대하고 담보로 제공하는 등 사용검사처분을 기초로 다수의 법률관계가 형성되는데, 일부 입주자나 입주예정자가 사업주체와 사이에 생긴 개별적 분쟁 등을 이유로 사용검사처분의 취소를 구하게 되면, 처분을 신뢰한 다수의 이익에 반하게 되는 상황이 발생할 수 있다. 구 주택법에서 사용검사처분 신청의 경우와는 달리, 사업주체 또는 입주예정자 등의 신청에 따라 이루어진 사용검사처분에 대하여 입주자나 입주예정자 등에게 취소를 구할 수 있는 규정을 별도로 두고 있지 않은 것도 이와 같은 취지에서라고 보인다. 따라서 이러한 사정들을 종합해 보면, 구 주택법상 입주자나 입주예정자는 사용검사처분의 취소를 구할 법률상 이익이 없다(대판 2014.7.24, 2011두30465).

(2) 예외적 인정

1. 징계처분으로서 감봉처분이 있은 후 공무원의 신분이 상실된 경우 감봉처분의 취소를 구할 소의 이익(대판 1977.7.12, 74누147)
2. 파면처분이 있은 후에 금고 이상의 형을 선고받아 당연퇴직된 경우 파면처분을 다툴 이익(대판 1985.6.25, 85누39) : 파면처분 후 당연퇴직까지 급여청구권
3. 해임처분 무효확인 또는 취소소송 계속 중 임기가 만료되어 해임처분의 무효확인 또는 취소로 지위를 회복할 수 없는 경우(대판 2012.2.23, 2011두5001) : 무효확인 또는 취소로 해임처분일부터 임기만료일까지 기간에 대한 보수 지급을 구할 수 있는 경우
4. 대학입학고사 불합격처분의 취소를 구하는 소송계속 중 당해 연도의 입학시기가 지나고 서울대학교 입학정원에 못 들어가게 된 경우(대판 1990.8.28, 89누8255) : 당해 연도의 합격자로 인정되면 다음 연도의 입학시기에 입학할 수 있는 이익
5. 광업권 존속기간의 경과와 채광목적의 토지형질변경허가거부처분 취소소송의 소의 이익(대판 1994.4.12, 93누21088) : 광업권자는 상공자원부장관(현 산업통상자원부장관)의 허가를 받아 광업권의 존속기간을 연장할 수도 있는 것이므로
6. 채석불허가처분의 취소를 구하는 임야 임차인이 소송 도중 임야의 사용·수익권을 잃어 허가요건이 불비된 경우(대판 1996.10.29, 96누9621) : 임야 임차인으로서는 다시 사용·수익권을 취득하여 보완할 수도 있는 것
7. 「공공용지의 취득 및 손실보상에 관한 특례법」 제8조 제1항 소정의 이주대책업무가 종결되고 그 공공사업을 완료하여 사업지구 내에 더 이상 분양할 이주대책용 단독택지가 없는 경우에 이주대책대상자 선정신청을 거부한 행정처분의 취소를 구할 법률상 이익(대판 1999.8.20, 98두17043)
8. 공장등록이 취소된 후 그 공장시설물이 철거되었다 하더라도 대도시 안의 공장(서울 성북구 석관동 소재 콘크리트 벽돌 블록 제조업)을 지방으로 이전할 경우 조세특례제한법상의 세액공제 및 소득세 등의 감면혜택이 있고, 간이한 이전절차 및 우선 입주의 혜택이 있는 경우(대판 2002.1.11, 2000두3306)

9. 현역입영대상자가 입영한 후에 현역병입영통지처분의 취소를 구할 소송상의 이익(대판 2003.12.26, 2003두1875) : 현역병입영통지처분이 위법하다 하더라도 법원에 의하여 그 처분의 집행이 정지되지 아니하는 이상 현실적으로 입영을 할 수밖에 없으므로
10. 도시개발사업의 공사 등이 완료되고 원상회복이 사회통념상 불가능하게 된 경우, 도시개발사업의 시행에 따른 도시계획변경결정처분과 도시개발구역지정처분 및 도시개발사업실시계획인가처분의 취소를 구할 이익(대판 2005.9.9, 2003두5402·5419) : 각 처분이 취소된다면 그것이 유효하게 존재하는 것을 전제로 하여 이루어진 토지수용이나 환지 등에 따른 각종의 처분이나 공공시설의 귀속 등에 관한 법적 효력에 영향
11. 부실금융기관에 대한 파산결정이 확정되고 이미 파산절차가 상당부분 진행되고 있는 경우에 금융감독위원회의 부실금융기관에 대한 영업인가의 취소처분에 대한 취소를 구할 소의 이익(대판 2006.7.28, 2004두13219) : 파산종결이 될 때까지는 그 가능성이 매우 적기는 하지만 동의폐지나 강제화의 등의 방법으로 당해 부실금융기관이 영업활동을 재개할 가능성이 여전히 남아 있으므로
12. 인천광역시 서구의회 의원에 대한 제명의결처분 취소소송 계속 중 그 의원의 임기가 만료된 경우(대판 2009.1.30, 2007두13487) : 제명의결 시부터 임기만료일까지의 기간에 대해 월정수당의 지급을 구할 수 있는 이익이 존재
13. 사업시행계획인가 처분의 유효를 전제로 한 일련의 후속행위가 이루어진 경우, 당초 사업시행계획을 실질적으로 변경하는 내용으로 새로운 사업시행계획을 수립하여 시장·군수로부터 인가를 받은 경우 당초 사업시행계획의 무효확인을 구할 소의 이익(대판 2013.11.28, 2011두30199) : 당초 사업시행계획이 무효로 확인되거나 취소될 경우 그것이 유효하게 존재하는 것을 전제로 이루어진 위와 같은 일련의 후속 행위 역시 소급하여 효력을 상실하게 되므로
14. 새로이 조합설립인가 처분을 받는 것과 동일한 요건과 절차를 거쳐 조합설립변경인가 처분을 받는 경우 당초 조합설립인가 처분의 무효확인을 구할 소의 이익(대판 2014.5.16, 2011두27094) : 후속행위를 하였다면, 당초 조합설립인가 처분이 무효로 확인되거나 취소될 경우 그것이 유효하게 존재하는 것을 전제로 이루어진 위와 같은 후속행위 역시 소급하여 효력을 상실하게 되므로
15. 「기간제 및 단시간근로자 보호 등에 관한 법률」 제9조에 따른 차별적 처우의 시정신청 당시 또는 시정절차 진행 도중에 근로계약기간이 만료한 경우, 기간제근로자가 차별적 처우의 시정을 구할 시정이익(대판 2016.12.1, 2014두43288) : 근로계약기간의 만료 여부는 차별적 처우의 시정과는 직접적인 관련이 없는 사정이고, 금전보상명령 또는 배상명령은 과거에 있었던 차별적 처우의 결과로 남아 있는 불이익을 금전적으로 전보하기 위한 것으로서, 그 성질상 근로계약기간이 만료한 경우에도 발할 수 있다.
16. 근로자가 부당해고 구제신청을 하여 해고의 효력을 다투던 중 정년에 이르거나 근로계약기간이 만료하는 등의 사유로 원직에 복직하는 것이 불가능하게 되었으나 해고기간 중의 임금 상당액을 지급받을 필요가 있는 경우[대판(전합) 2020.2.20, 2019두52386]

1. 지방의회(인천광역시 서구의회) 의원에 대한 제명의결처분 취소소송 계속 중 그 의원의 임기가 만료된 경우 협의의 소익 인정(지방의회의원 유급화 이후 최신판례)

지방자치법 제32조 제1항(현행 지방자치법 제33조 제1항 참조)은 지방의회의원에게 지급하는 비용으로 의정활동비(제1호)와 여비(제2호) 외에 월정수당(제3호)을 규정하고 있는바, 이 규정의 입법연혁과 함께 특히 **월정수당(제3호)은 지방의회의원의 직무활동에 대하여 매월 지급되는 것으로서,** 지방의회의원이 전문성을 가지고 의정활동에 전념할 수 있도록 하는 기틀을 마련하고자 하는 데에 그 입법 취지가 있다는 점을 고려해 보면, 지방의회의원에게 지급되는 비용 중 적어도 **월정수당(제3호)은 지방의회의원의 직무활동에 대한 대가로 지급되는 보수의 일종**으로 봄이 상당하다. 따라서 **원고가 이 사건 제명의결 취소소송 계속 중 임기가 만료되어 제명의결의 취소로 지방의회의원으로서의 지위를 회복할 수는 없다 할지라도, 그 취소로 인하여 최소한 제명의결 시부터 임기만료일까지의 기간에 대해 월정수당의 지급을 구할 수 있는 등 여전히 그 제명의결의 취소를 구할 법률상 이익은 남아 있다**고 보아야 한다(대판 2009.1.30, 2007두13487).

2. 해임처분 무효확인 또는 취소소송 계속 중 임기가 만료되어 해임처분의 무효확인 또는 취소로 지위를 회복할 수 없는데도 해임처분의 무효확인 또는 취소를 구할 법률상 이익이 있는 경우
해임처분 무효확인 또는 취소소송 계속 중 임기가 만료되어 해임처분의 무효확인 또는 취소로 지위를 회복할 수는 없다고 할지라도, 그 **무효확인 또는 취소로 해임처분일부터 임기만료일까지 기간에 대한 보수 지급을 구할 수 있는 경우**에는 해임처분의 무효확인 또는 취소를 구할 법률상 이익이 있다. **해임권자와 보수지급의무자가 다른 경우에도 마찬가지이다**(대판 2012.2.23, 2011 두5001).

3. 사업시행계획 인가처분의 유효를 전제로 한 일련의 후속행위가 이루어진 경우, 당초 사업시행계획을 실질적으로 변경하는 내용으로 새로운 사업시행계획을 수립하여 시장·군수로부터 인가를 받았다고 하여 당초 사업시행계획의 무효확인을 구할 소의 이익이 소멸하는지 여부(소극) 및 그 소의 이익이 존재하는지 판단하는 기준
사업시행계획의 경우 그 인가처분의 유효를 전제로 분양공고 및 분양신청 절차, 분양신청을 하지 않은 조합원에 대한 수용절차, 관리처분계획의 수립 및 그에 대한 인가 등 후속 행위가 있었다면, **당초 사업시행계획이 무효로 확인되거나 취소될 경우 그것이 유효하게 존재하는 것을 전제로 이루어진 위와 같은 일련의 후속 행위 역시 소급하여 효력을 상실하게 되므로**, 당초 사업시행계획을 실질적으로 변경하는 내용으로 새로운 사업시행계획이 수립되어 시장·군수로부터 인가를 받았다는 사정만으로 일률적으로 당초 사업시행계획의 무효확인을 구할 소의 이익이 소멸된다고 볼 수는 없고, 위와 같은 후속 행위로 토지등 소유자의 권리의무에 영향을 미칠 정도의 공법상의 법률관계를 형성시키는 외관이 만들어졌는지 또는 존속되고 있는지 등을 개별적으로 따져 보아야 한다(대판 2013.11.28, 2011두30199).

2. 처분등의 효력소멸

(1) 원칙 부정

처분등이 소멸하면 권리보호의 필요는 없게 됨이 원칙이다. 처분등의 소멸이라는 목적이 이미 달성되었으므로 더 이상 달성될 것이 없기 때문이다.

다만, 대법원판례는 동일한 소송 당사자 사이에서 동일한 사유로 위법한 처분이 반복될 위험성이 있어 행정처분의 위법성 확인 내지 불분명한 법률문제에 대한 해명이 필요하다고 판단되는 경우에는 예외적으로 법률상 이익을 인정한다[대판(전합) 2007.7.19, 2006두19297].

1. 처분등이 소멸한 후에도 예외적으로 법률상 이익이 인정되는 경우
제소 당시에는 권리보호의 이익을 모두 갖추었는데 제소 후 취소 대상 행정처분이 기간의 경과 등으로 그 효과가 소멸한 때, 즉 제재적 행정처분의 기간 경과, 행정처분 자체의 효력기간 경과, 특정기일의 경과 등으로 인하여 그 처분이 취소되어도 원상회복이 불가능하다고 보이는 경우라 하더라도, **동일한 소송 당사자 사이에서 그 행정처분과 동일한 사유로 위법한 처분이 반복될 위험성이 있어 행정처분의 위법성 확인 내지 불분명한 법률문제에 대한 해명이 필요하다고 판단되는 경우**, 그리고 **동일한 행정목적을 달성하거나 동일한 법률효과를 발생시키기 위하여 선행처분과 후행처분이 단계적인 일련의 절차로 연속하여 행하여져 후행처분이 선행처분의 적법함을 전제로 이루어짐에 따라 선행처분의 하자가 후행처분에 승계된다고 볼 수 있어 이미 소를 제기하여 다투고 있는 선행처분의 위법성을 확인하여 줄 필요가 있는 경우 등에는 행정의 적법성 확보와 그에 대한 사법통제, 국민의 권리구제의 확대 등의 측면에서 여전히 그 처분의 취소를 구할 법률상 이익이**

있다고 보아야 한다[대판(전합) 2007.7.19, 2006두19297].

2. 학교법인 임원취임승인의 취소처분 후 그 임원의 임기가 만료되고 구 사립학교법 제22조 제2호 소정의 임원결격사유기간마저 경과한 경우 또는 위 취소처분에 대한 취소소송 제기 후 임시이사가 교체되어 새로운 임시이사가 선임된 경우, 위 취임승인취소처분 및 당초의 임시이사선임처분의 취소를 구할 소의 이익 인정
   임시이사 선임처분에 대하여 취소를 구하는 소송의 계속 중 임기만료 등의 사유로 새로운 임시이사들로 교체된 경우, 선행 임시이사 선임처분의 효과가 소멸하였다는 이유로 그 취소를 구할 법률상 이익이 없다고 보게 되면, 원래의 정식이사들로서는 계속 중인 소를 취하하고 후행 임시이사 선임처분을 별개의 소로 다툴 수밖에 없게 되며, **그 별소 진행 도중 다시 임시이사가 교체되면 또 새로운 별소를 제기하여야 하는 등 무익한 처분과 소송이 반복될 가능성이 있으므로,** 이러한 경우 법원이 선행 임시이사 선임처분의 취소를 구할 법률상 이익을 긍정하여 그 위법성 내지 하자의 존재를 판결로 명확히 해명하고 확인하여 준다면 위와 같은 구체적인 침해의 반복 위험을 방지할 수 있을 뿐 아니라, 후행 임시이사 선임처분의 효력을 다투는 소송에서 기판력에 의하여 최초 내지 선행 임시이사 선임처분의 위법성을 다투지 못하게 함으로써 그 선임처분을 전제로 이루어진 후행 임시이사 선임처분의 효력을 쉽게 배제할 수 있어 국민의 권리구제에 도움이 된다. 그러므로 취임승인이 취소된 학교법인의 정식이사들로서는 그 취임승인취소처분 및 임시이사 선임처분에 대한 각 취소를 구할 법률상 이익이 있고, 나아가 선행 임시이사 선임처분의 취소를 구하는 소송 도중에 선행 임시이사가 후행 임시이사로 교체되었다고 하더라도 여전히 선행 임시이사 선임처분의 취소를 구할 법률상 이익이 있다[대판(전합) 2007.7.19, 2006두19297].

3. 처분이 유효하게 존속하는 경우, 취소소송을 제기할 권리보호의 필요성이 인정된다
   행정소송법 제12조 후문은 '처분 등의 효과가 기간의 경과, 처분 등의 집행 그 밖의 사유로 인하여 소멸된 뒤에도 그 처분 등의 취소로 인하여 회복되는 법률상 이익이 있는 자의 경우에는' 취소소송을 제기할 수 있다고 규정하여, 이미 효과가 소멸된 행정처분에 대해서도 권리보호의 필요성이 인정되는 경우에는 취소소송의 제기를 허용하고 있다. 구체적인 사안에서 권리보호의 필요성 유무를 판단할 때에는 국민의 재판청구권을 보장한 헌법 제27조 제1항의 취지와 행정처분으로 인한 권익침해를 효과적으로 구제하려는 행정소송법의 목적 등에 비추어 행정처분의 존재로 인하여 국민의 권익이 실제로 침해되고 있는 경우는 물론이고 권익침해의 구체적·현실적 위험이 있는 경우에도 이를 구제하는 소송이 허용되어야 한다는 요청을 고려하여야 한다. 따라서 처분이 유효하게 존속하는 경우에는 특별한 사정이 없는 한 그 처분의 존재로 인하여 실제로 침해되고 있거나 침해될 수 있는 현실적인 위험을 제거하기 위해 취소소송을 제기할 권리보호의 필요성이 인정된다고 보아야 한다(대판 2018.7.12, 2015두3485).

① 기간의 경과로 효력이 소멸한 경우

행정처분에 그 효력기간이 정하여져 있는 경우, 그 처분의 효력 또는 집행이 정지된 바 없다면 위 기간의 경과로 그 행정처분의 효력은 상실되므로 그 기간 경과 후에는 그 처분이 외형상 잔존함으로 인하여 어떠한 법률상 이익이 침해되고 있다고 볼만한 별다른 사정이 없는 한 그 처분의 취소를 구할 법률상의 이익이 없다(대판 2002.7.26, 2000두7254).

㉠ 원칙 부정

1. 건축사업무정지처분의 취소를 구하는 본안소송을 제기하면서 그 효력정지신청을 하여 '본안판결 선고 시'까지 그 처분의 효력을 정지한다는 효력정지결정을 받은 후 당해 처분을 취소한다는 원고 승소판결이 선고되었으나 피고가 이에 불복하여 상고한 경우, 다시 효력정지결정을 받지 않은 상태에서 상고심 계속 중 업무정지기간이 전부 경과한 경우(대판 1997.2.14, 96누6233)
2. 운전면허 정지처분에서 정한 정지기간이 상고심 계속 중에 도과한 경우, 그 정지처분의 취소를 구할 법률상 이익(대판 1997.9.26, 96누1931)
3. 중재재정 자체에 의하여 효력기간이 정하여져 있는 경우에 중재재정이 유효기간의 경과로 실효된 경우, 노동관계 당사자가 중재재정의 취소를 구할 이익(대판 1997.12.26, 96누10669)
4. 농수산물 지방도매시장의 도매시장법인으로 지정된 유효기간이 만료된 경우(대판 2002.7.26, 2000두7254)

㉡ 예외적 인정

1. 민법상의 법인에 있어 이사의 임기가 만료되었음에도 불구하고 후임이사의 선임이 없는 경우(대판 1972.4.11, 72누86) : 임기 만료된 구이사로 하여금 법인의 업무를 수행케 함이 부적당하다고 인정될 특별한 사정이 없는 한 구이사는 신임이사가 선출될 때까지 종전의 직무를 수행할 수 있다.
2. 국유임산물 매수자격을 3년 간 정지한다는 자격정지처분 시 표시된 자격정지기간이 경과한 경우 자격정지처분에 대해 집행정지결정이 있는 경우(대판 1974.1.29, 73누202)
3. 중앙노동위원회의 원직복귀명령 및 임금지급명령에 관한 재심결정 중 원직복귀명령 부분이 근로계약종료로 인하여 실효된 경우 재심판정의 취소를 구할 법률상 이익(대판 1993.4.27, 92누13196) : 중앙노동위원회의 원직복귀명령 및 임금지급명령에 관한 재심결정 중 원직복귀명령이 사정변경으로 인하여 근로계약 종료일 이후부터 효력이 없게 되는 경우 해고 다음날부터 복직명령이 이행가능하였던 근로계약종료 시까지의 기간 동안에 임금지급명령에 기하여 발생한 구체적인 임금지급의무는 사정변경으로 복직명령이 실효되더라도 소급하여 소멸하는 것이 아니므로 사용자는 사업장이 폐쇄되어 근로계약이 종료한 이후에도 임금 상당액의 지급명령을 포함하는 노동위원회의 결정에 따를 공법상의 의무를 부담하고 있어서 사용자로서는 그 의무를 면하기 위하여 재심판정의 취소를 구할 법률상의 이익이 있다.
4. 유효기간이 경과된 뒤에 중앙노동위원회의 중재재심결정 중 임금인상 부분의 취소를 구할 이익(대판 1997.12.26, 96누10669) : 임금인상에 관한 중재재정이 취소되어 협약 내용이 변경된다면 이미 경과한 중재재정의 유효기간 중에 미지급된 임금차액이 있는 경우 이를 사후에나마 청구할 수 있는 여지가 있으므로, 이로 인한 근로자들의 이익은 단순한 사실상의 이익이 아니라 단체교섭권 등에 기한 법률상의 이익이라고 보아야
5. 도시계획시설사업의 시행자가 실시계획에서 정한 사업시행기간 내에 토지에 대한 수용재결 신청을 하였으나 그 신청을 기각하는 내용의 이의재결이 이루어져 그 취소를 구하던 중 사업시행기간이 경과한 경우 이의재결의 취소를 구할 소의 이익(대판 2007.1.11, 2004두8538) : 이의재결이 취소되면 도시계획시설사업 시행자의 신청에 따른 수용재결이 이루어질 수 있어 원상회복이 가능하므로
6. 학교법인 임원취임승인의 취소처분 후 그 임원의 임기가 만료되고 구 사립학교법 제22조 제2호 소정의 임원결격사유기간마저 경과한 경우 또는 위 취소처분에 대한 취소소송 제기 후 임시이사가 교체되어 새로운 임시이사가 선임된 경우[대판(전합) 2007.7.19, 2006두19297] : 원래의 정식이사들로서는 계속 중인 소를 취하하고 후행 임시이사 선임처분을 별개의 소로 다툴 수밖에 없게 되며, 그 별소 진행 도중 다시 임시이사가 교체되면 또 새로운 별소를 제기하여야 하는 등 무익한 처분과 소송이 반복될 가능성이 있으므로 위와 같은 구체적인 침해의 반복 위험을 방지할 수 있는 이익이 존재

② 직권취소·철회·실효, 기타사유로 인하여 처분의 효력이 소멸된 경우

㉠ 직권취소·철회된 경우

ⓐ 원칙 부정

취소되어 더 이상 존재하지 않는 행정처분을 대상으로 한 취소소송은 소의 이익이 없다
행정처분이 취소되면 그 처분은 효력을 상실하여 더 이상 존재하지 않는 것이고, 존재하지 않는 행정처분을 대상으로 한 취소소송은 소의 이익이 없어 부적법하다(대판 2010.4.29, 2009두16879).

1. 처분청이 당초의 운전면허 취소처분을 철회하고 정지처분을 한 경우, 당초의 취소처분을 대상으로 한 소의 이익(대판 1997.9.26, 96누1931)
2. 입찰참가자격제한에 대한 취소소송 계속 중 처분청이 납품업자에 대한 입찰참가자격 제한처분을 직권으로 취소하고 제1심판결의 취지(처분사유는 존재하지만 재량권의 일탈·남용이 있다는 것)에 따라 그 제재기간만을 3개월로 감경하여 입찰참가자격을 제한하는 내용의 새로운 처분을 다시 한 경우(대판 2002.9.6, 2001두5200)
3. 행정청이 공무원에 대하여 새로운 직위해제사유에 기한 직위해제처분을 한 경우(대판 2003.10.10, 2003두5945) : 이전에 한 직위해제처분은 묵시적으로 철회하였다고 봄이 상당하므로, 그 이전 처분의 취소를 구하는 부분은 존재하지 않는 행정처분을 대상
4. 납세자가 감액경정청구 거부처분에 대한 취소소송을 제기한 후 증액경정처분이 이루어져서 그 증액경정처분에 대하여도 취소소송을 제기한 경우, 감액경정청구 거부처분에 대한 취소소송의 소의 이익(대판 2005.10.14, 2004두8972) : 동일한 납세의무의 확정에 관한 심리의 중복과 판단의 저촉을 피하기 위하여 감액경정청구 거부처분의 취소를 구하는 소는 그 취소를 구할 이익이나 필요가 없어 부적법
5. 보충역편입처분 및 공익근무요원소집처분의 취소를 구하는 소의 계속 중 병역처분변경신청에 따라 제2국민역편입처분으로 병역처분이 변경된 경우, 종전 보충역편입처분 및 공익근무요원소집처분의 취소를 구할 소의 이익(대판 2005.12.9, 2004두6563) : 보충역편입처분은 제2국민역편입처분을 함으로써 취소 또는 철회되어 그 효력이 소멸하였고, 공익근무요원소집처분 또한 효력이 소멸
6. 항소심판결 선고 후 개발부담금 감액경정처분이 이루어진 경우, 감액된 부분에 대한 개발부담금부과처분의 취소를 구할 이익(대판 2006.5.12, 2004 두12698) : 감액경정처분은 당초처분의 일부를 취소하는 효력을 갖는 것이므로 감액된 부분에 대한 부과처분취소청구는 이미 소멸
7. 행정청이 당초의 분뇨 등 관련영업 허가신청 반려처분의 취소를 구하는 소의 계속 중, 사정변경을 이유로 위 반려처분을 직권취소함과 동시에 위 신청을 재반려하는 내용의 재처분을 한 경우(대판 2006.9.28, 2004두5317) : 행정처분이 취소되면 그 처분은 취소로 인하여 그 효력이 상실되어 더 이상 존재하지 않는 것
8. 교원소청심사위원회의 파면처분 취소결정에 대한 취소소송 계속 중 학교법인이 교원에 대한 징계처분을 파면에서 해임으로 변경한 경우(대판 2010.2.25, 2008두20765)
9. 절차상 또는 형식상 하자로 무효인 행정처분에 대하여 행정청이 적법한 절차 또는 형식을 갖추어 동일한 행정처분을 한 경우, 종전의 무효인 행정처분에 대하여 무효확인을 구할 법률상 이익(대판 2010.4.29, 2009두16879)
10. 병역감면신청서 회송처분과 공익근무요원 소집처분이 직권으로 취소된 경우 이에 대한 무효확인과 취소를 구하는 소의 이익(대판 2010.4.29, 2009두16879)
11. 시·도지사의 결정으로 사업구역의 면적이 확장되자 확장된 구역에 속한 토지등 소유자로부터 동의를 새로이 받아 당초의 추진위원회 설립승인에 대한 변경승인을 받은 경우 당초 추진위원회 설립승인에 대한 소의 이익(대판 2012.9.27, 2011두17400)
12. 조합설립변경인가 후에 다시 변경인가를 받은 경우 당초 조합설립변경인가의 취소를 구할 소의 이익(대판 2013.10.24, 2012두12853) : 당초 조합설립변경인가는 취소·철회
13. 공정거래위원회가 부당한 공동행위를 한 사업자에게 과징금 부과처분(선행처분)을 한 뒤, 다시 자진신고 등을 이유로 과징금 감면처분(후행처분)을 한 경우, 선행처분의 취소를 구하는 소(대판 2015.2.12, 2013두987)

1. 교원소청심사위원회의 파면처분 취소결정에 대한 취소소송 계속 중 학교법인이 교원에 대한 징계처분을 파면에서 해임으로 변경한 경우 소의 이익이 없다
   교원소청심사위원회의 파면처분 취소결정에 대한 취소소송 계속 중 학교법인이 교원에 대한 징계처분을 파면에서 해임으로 변경한 경우, 참가인에 대한 징계처분을 파면에서 해임으로 변경함으로써 종전의 파면처분은 소급하여 실효되고 변경된 징계처분인 해임만이 효력을 발생하게 되었으므로, 소급하여 효력을 잃은 종전의 파면처분을 취소한다는 내용의 이 사건 교원소청심사결정은 형식적으로만 존재하고 있을 뿐, 원고에 대하여 아무런 기속력을 가지지 않게 되었다고 할 것이고, 결국 이 사건 소는 원고에 대하여 아무런 기속력을 가지지 않는 교원소청심사결정의 취소를 구하는 것에 불과하여 그 취소를 구할 법률상 이익이 있다고 할 수 없다(대판 2010.2.25, 2008두20765).
2. 조합설립변경인가 후에 다시 변경인가를 받은 경우 당초 조합설립변경인가의 취소를 구할 소의 이익은 원칙적으로 없다
   주택재개발사업조합이 당초 조합설립변경인가 이후 적법한 절차를 거쳐 당초 변경인가를 받은 내용을 모두 포함하여 이를 변경하는 취지의 조합설립변경인가를 받은 경우, 당초 조합설립변경인가는 취소·철회되고 변경된 조합설립변경인가가 새로운 조합설립변경인가가 된다. 이 경우 당초 조합설립변경인가는 더 이상 존재하지 않는 처분이거나 과거의 법률관계가 되므로 특별한 사정이 없는 한 그 취소를 구할 소의 이익이 없다. 다만 당해 주택재개발사업조합이 당초 조합설립변경인가에 기초하여 사업시행계획의 수립 등의 후속 행위를 하였다면 당초 조합설립변경인가가 무효로 확인되거나 취소될 경우 그 유효를 전제로 이루어진 후속 행위 역시 소급하여 효력을 상실하게 되므로, 위와 같은 형태의 변경된 조합설립변경인가가 있다고 하여 당초 조합설립변경인가의 취소를 구할 소의 이익이 소멸된다고 볼 수는 없다(대판 2013.10.24, 2012두12853).
3. 공정거래위원회가 부당한 공동행위를 한 사업자에게 과징금 부과처분(선행처분)을 한 뒤, 다시 자진신고 등을 이유로 과징금 감면처분(후행처분)을 한 경우, 선행처분의 취소를 구하는 소는 부적법하다
   공정거래위원회가 부당한 공동행위를 행한 사업자로서 구 「독점규제 및 공정거래에 관한 법률」 제22조의2에서 정한 자진신고자나 조사협조자에 대하여 과징금 부과처분(선행처분)을 한 뒤, 독점규제 및 공정거래에 관한 법률 시행령 제35조 제3항에 따라 다시 자진신고자 등에 대한 사건을 분리하여 자진신고 등을 이유로 한 과징금 감면처분(후행처분)을 하였다면, 후행처분은 자진신고 감면까지 포함하여 처분상대방이 실제로 납부하여야 할 최종적인 과징금액을 결정하는 종국적 처분이고, 선행처분은 이러한 종국적 처분을 예정하고 있는 일종의 잠정적 처분으로서 후행처분이 있을 경우 선행처분은 후행처분에 흡수되어 소멸한다. 따라서 위와 같은 경우에 선행처분의 취소를 구하는 소는 이미 효력을 잃은 처분의 취소를 구하는 것으로 부적법하다(대판 2015.2.12, 2013두987).

ⓑ 예외적 인정

1. 직위해제처분 후 복직발령을 받은 경우(헌재결 1998.5.28, 96헌가12) : 승진소요최저연수의 계산에 있어서 직위해제기간은 산입되지 않으며 직위해제기간 중 봉급의 감액을 감수할 수밖에 없는 등 승급이나 보수지급 등에 있어서의 불리함을 제거하기 위하여 직위해제처분의 취소를 구할 소의 이익이 인정
2. 근로자를 직위해제한 후 동일한 사유를 이유로 징계처분을 한 경우, 직위해제처분이 효력을 상실하는지 여부(적극) 및 근로자가 직위해제처분에 대한 구제를 신청할 이익이 있는지 여부(한정적극)(대판 2010.7.29, 2007두18406) : 직위해제처분에 기하여 발생한 효과는 당해 직위해제처분이 실효되더라도 소급하여 소멸하는 것이 아니므로, '인사규정 등에서 직위해제처분에 따른 효과로 승진·승급에 제한을 가하는 등의 법률상 불이익을 규정하고 있는 경우'에는 직위해제처분을 받은 근로자는 이러한 법률상 불이익을 제거하기 위하여 그 실효된 직위해제처분에 대한 구제를 신청할 이익이 있다.
3. 주택재건축사업조합이 새로 조합설립인가처분을 받는 것과 동일한 요건과 절차를 거쳐 조합설립변경인가처분을 받은 후 후속 처분을 한 경우 당초 조합설립인가처분의 무효확인을 구할 소의 이익(대판 2012.10.25, 2010두25107)

1. 주택재건축사업조합이 새로 조합설립인가처분을 받는 것과 동일한 요건과 절차를 거쳐 조합설립변경 인가처분을 받는 경우, 당초 조합설립인가처분의 무효확인을 구할 소의 이익이 인정된다
   주택재건축사업조합이 새로 조합설립인가처분을 받는 것과 동일한 요건과 절차를 거쳐 조합설립변경인가처분을 받는 경우 당초 조합설립인가처분의 유효를 전제로 당해 주택재건축사업조합이 매도청구권 행사, 시공자 선정에 관한 총회 결의, 사업시행계획의 수립, 관리처분계획의 수립 등과 같은 후속 행위를 하였다면 당초 조합설립인가처분이 무효로 확인되거나 취소될 경우 그것이 유효하게 존재하는 것을 전제로 이루어진 위와 같은 후속 행위 역시 소급하여 효력을 상실하게 되므로, 특별한 사정이 없으면 위와 같은 형태의 조합설립변경인가가 있다고 하여 당초 조합설립인가처분의 무효확인을 구할 소의 이익이 소멸된다고 볼 수는 없다(대판 2012.10.25, 2010두25107).
2. 주택재건축사업조합이 새로 조합설립인가처분을 받는 것과 동일한 요건과 절차를 거쳐 조합설립변경인가처분을 받는 경우, 당초 조합설립인가처분의 무효확인을 구할 소의 이익이 인정된다
   주택재건축사업조합이 새로 조합설립인가처분을 받는 것과 동일한 요건과 절차를 거쳐 조합설립변경인가처분을 받는 경우 당초 조합설립인가처분의 유효를 전제로 당해 주택재건축사업조합이 매도청구권 행사, 시공자 선정에 관한 총회 결의, 사업시행계획의 수립, 관리처분계획의 수립 등과 같은 후속 행위를 하였다면 당초 조합설립인가처분이 무효로 확인되거나 취소될 경우 그것이 유효하게 존재하는 것을 전제로 이루어진 위와 같은 후속 행위 역시 소급하여 효력을 상실하게 되므로, 특별한 사정이 없으면 위와 같은 형태의 조합설립변경인가가 있다고 하여 당초 조합설립인가처분의 무효확인을 구할 소의 이익이 소멸된다고 볼 수는 없다(대판 2012.10.25, 2010두25107).

ⓛ 쟁송취소나 무효확인재결이 있는 경우(원칙 부정)

부정사례	인정사례
1. 취소소송 제기 후 판결선고 전에 당해 처분을 취소한다는 내용의 형성적 재결이 이루어진 경우(대판 1997.5.30, 96누18632) : 취소의 재결로써 당해 처분은 소급하여 그 효력을 잃게 되므로 2. 특허를 무효로 한다는 심결이 확정된 때(대판 2011.6.30, 2011후620)	개발제한구역 안에서의 공장설립을 승인한 처분이 위법하다는 이유로 쟁송취소되었으나 그 승인처분에 기초한 공장건축허가처분이 잔존하는 경우(대판 2018.7.12, 2015두3485)

ⓒ 실효된 경우

부정사례
1. 유기장의 영업허가를 받은 자가 영업장소를 명도하고 유기시설을 모두 철거하여 매각함으로써 유기장업을 폐업한 경우 영업허가취소처분의 취소를 청구할 소의 이익(대판 1990.7.13, 90누2284) 2. 환지처분 공고 후에 환지 예정지지정처분의 취소를 구할 법률상 이익(대판 1999.10.8, 99두6873) : 환지처분이 일단 공고되어 효력을 발생하게 되면 환지 예정지지정처분은 그 효력이 소멸

(2) 가중된 제재처분의 경우

가중된 제재처분에 관한 규정이 있을 경우에는 일반적인 영업정지처분과는 달리 기간이 지난

후에도 가중된 제재처분을 받을 불이익을 해소할 법률상 이익이 있다. 판례는 가중된 제재처분에 있어서 제재기간이 경과한 후의 권리보호의 필요에 대해 법률이나 대통령령인 시행령에 규정된 경우는 권리보호의 필요를 인정하고, 부령이나 지방자치단체의 규칙형식에 규정된 경우는 권리보호의 필요를 부정해왔다. 그러나 최근 전합판결에서 부령이나 규칙형식에 규정된 경우도 권리보호의 필요를 인정하는 것으로 판례를 변경했다. 그러나 행정규칙형식에 규정된 경우는 부정한 판례를 여전히 유지하고 있다(대판 1982.3.23, 81누243).

1. 구 「화물자동차 운수사업법 시행령」 제5조 제1항 [별표 1] 제재처분기준 제2호 및 비고 제4호에서 정한 「위반행위의 횟수에 따른 가중처분기준」의 취지
   구 「화물자동차 운수사업법 시행령」 제5조 제1항 [별표 1] 제재처분기준 제2호 및 비고 제4호에서 정한 「위반행위의 횟수에 따른 가중처분기준」은 위반행위에 따른 제재처분을 받았음에도 또다시 같은 내용의 위반행위를 반복하는 경우에 더욱 중하게 처벌하려는 데에 취지가 있다(대판 2020.5.28, 2017두73693).
2. 선행 위반행위에 대한 선행 제재처분이 반드시 위 시행령 [별표 1] 제재처분기준 제2호에 명시된 처분내용대로 이루어진 경우이어야 하는 것은 아니다
   「위반행위의 횟수에 따른 가중처분기준」이 적용되려면 실제 선행 위반행위가 있고 그에 대하여 유효한 제재처분이 이루어졌음에도 그 제재처분일로부터 1년 이내에 다시 같은 내용의 위반행위가 적발된 경우이면 족하다고 보아야 한다. 선행 위반행위에 대한 선행 제재처분이 반드시 구 시행령 [별표 1] 제재처분기준 제2호에 명시된 처분내용대로 이루어진 경우이어야 할 필요는 없으며, 선행 제재처분에 처분의 종류를 잘못 선택하거나 처분양정(量定)에서 재량권을 일탈·남용한 하자가 있었던 경우라고 해서 달리 볼 것은 아니다(대판 2020.5.28, 2017두73693).

① 법률이나 법규명령에 규정된 경우(인정)

1. 법 률
   ① 건축사법
   건축사법에 의한 건축사업무정지처분을 받은 후 기간이 도과되었으나 장래 건축사사무소등록취소라는 가중된 제재처분을 받게 될 우려가 있는 경우(대판 1991.8.27, 91누3512) : 장래 건축사사무소 등록취소라는 가중된 제재처분을 받게 될 우려가 있는 것이므로 건축사로서의 업무를 행할 수 있는 법률상 지위에 대한 위험이나 불안을 제거
   ② 의료법
   가중 제재처분규정이 있는 의료법에 의한 의사면허자격정지처분에서 정한 자격정지기간이 지난 후 의사면허자격정지처분의 취소를 구할 소의 이익(대판 2005.3.25, 2004두14106)
2. 대통령령
   「건설기술관리법 시행령」상 업무정지처분을 일반정지처분과 가중정지처분으로 구분하고 전자를 후자의 요건으로 규정하고 있는 경우, 업무정지처분의 업무정지기간이 도과된 경우(대판 1999.2.5, 98두13997) : 감리원으로서 업무를 행할 수 있는 법률상 지위에 대한 위험이나 불안을 제거
3. 부령이나 지방자치단체의 규칙형식
   부령인 시행규칙 또는 지방자치단체의 규칙의 형식으로 정한 처분기준에서 제재적 행정처분을 받은 것을 가중사유나 전제요건으로 삼아 장래의 제재적 행정처분을 하도록 정하고 있는 경우[대판(전합) 2006.6.22, 2003두1684]
   다만, 법적 성질은 여전히 행정규칙설을 변경하지 않았다는 점에 유의

1. 법률인 건축사법(인정)

건축사법 제28조 제1항이 건축사 업무정지처분을 연 2회 이상 받고 그 정지기간이 통산하여 12월 이상이 될 경우에는 가중된 제재처분인 건축사사무소 등록취소처분을 받게 되도록 규정하여 건축사에 대한 제재적인 행정처분인 업무정지명령을 보다 무거운 제재처분인 사무소등록취소처분의 기준요건으로 규정하고 있는 이상, 건축사업무정지처분을 받은 건축사로서는 **위 처분에서 정한 기간이 도과되었다 하더라도 위 처분을 그대로 방치하여 둠으로써 장래 건축사사무소 등록취소라는 가중된 제재처분을 받게 될 우려가 있는 것이므로 건축사로서의 업무를 행할 수 있는 법률상 지위에 대한 위험이나 불안을 제거하기 위하여 건축사 업무정지처분의 취소를 구할 이익이 있다**(대판 1991.8.27, 91누3512).

2. 부령인 시행규칙 또는 지방자치단체의 규칙

제재적 행정처분이 그 처분에서 정한 제재기간의 경과로 인하여 그 효과가 소멸되었으나, 부령인 시행규칙 또는 지방자치단체의 규칙의 형식으로 정한 처분기준에서 제재적 행정처분을 받은 것을 가중사유나 전제요건으로 삼아 장래의 제재적 행정처분을 하도록 정하고 있어 그 규칙이 정한 바에 따라 선행처분을 가중사유 또는 전제요건으로 하는 후행처분을 받을 우려가 현실적으로 존재하는 경우에는, 선행처분을 받은 상대방은 비록 그 처분에서 정한 제재기간이 경과하였다 하더라도 그 처분의 취소소송을 통하여 그러한 불이익을 제거할 권리보호의 필요성이 충분히 인정된다고 할 것이므로, 선행처분의 취소를 구할 법률상 이익이 있다고 보아야 할 것이다[대판(전합) 2006.6.22, 2003두1684].

■ 본 판례는 부령·지방자치단체규칙형식의 행정규칙에 대하여만 판례를 변경했을 뿐 행정규칙형식에 대해서는 파기하지 않았다.

② 행정규칙에 규정된 경우(부정)

1. 훈령에 가중적 제재처분에 관한 규정이 있는 경우(대판 1982.3.23, 81누243)
2. 건축사업무정지처분을 받은 후 새로운 업무정지처분을 받음이 없이 1년이 경과하여 실제로 가중된 제재처분을 받을 우려가 없게 된 경우(대판 2000.4.21, 98두10080)

(3) 보다 실효적인 권리구제절차의 존재 여부

당해 취소소송보다 실효적인(직접적인) 권리구제절차가 있는 경우에는 소의 이익이 부정된다. 그러나 다른 권리구제절차가 있는 경우에도 취소를 구할 현실적 이익이 있어 문제의 취소소송이 분쟁해결의 유효적절한 수단이라고 할 수 있는 경우에는 소의 이익이 인정된다.

1. 행정청이 한 처분 등의 취소를 구하는 소송은 처분에 의하여 발생한 위법 상태를 배제하여 원래 상태로 회복시키고 처분으로 침해된 권리나 이익을 구제하고자 하는 것이다. 따라서 해당 처분 등의 취소를 구하는 것보다 실효적이고 직접적인 구제수단이 있음에도 처분 등의 취소를 구하는 것은 특별한 사정이 없는 한 분쟁해결의 유효적절한 수단이라고 할 수 없어 법률상 이익이 있다고 할 수 없다(대판 2017.10.31, 2015두45045).

2. 당사자의 신청을 받아들이지 않은 거부처분이 재결에서 취소된 경우, 재결의 취소를 구할 법률상 이익이 없다

당사자의 신청을 받아들이지 않은 거부처분이 재결에서 취소된 경우에 행정청은 종전 거부처분 또는 재결 후에 발생한 새로운 사유를 내세워 다시 거부처분을 할 수 있다. 그 재결의 취지에 따라 이전의 신청에 대하여 다시 어떠한 처분을 하여야 할지는 처분을 할 때의 법령과 사실을 기준으로 판단하여야 하기 때문이다. 또한 행정청이 재

결에 따라 이전의 신청을 받아들이는 후속처분을 하였더라도 후속처분이 위법한 경우에는 재결에 대한 취소소송을 제기하지 않고도 곧바로 후속처분에 대한 항고소송을 제기하여 다툴 수 있다. 나아가 거부처분을 취소하는 재결이 있더라도 그에 따른 후속처분이 있기까지는 제3자의 권리나 이익에 변동이 있다고 볼 수 없고 후속처분 시에 비로소 제3자의 권리나 이익에 변동이 발생하며, 재결에 대한 항고소송을 제기하여 재결을 취소하는 판결이 확정되더라도 그와 별도로 후속처분이 취소되지 않는 이상 후속처분으로 인한 제3자의 권리나 이익에 대한 침해 상태는 여전히 유지된다. 이러한 점들을 종합하면, 거부처분이 재결에서 취소된 경우 재결에 따른 후속처분이 아니라 그 재결의 취소를 구하는 것은 실효적이고 직접적인 권리구제수단이 될 수 없어 분쟁해결의 유효적절한 수단이라고 할 수 없으므로 법률상 이익이 없다(대판 2017.10.31, 2015두45045).

IV 처분 후의 사정변경에 의해 권익침해가 해소된 경우

1. 원칙 부정

1. 불합격처분 이후 새로 실시된 치과의사국가시험에 합격한 경우(대판 1993.11.9, 93누6867) : 치과의사국가시험 합격은 치과의사면허를 부여받을 수 있는 전제요건이 된다고 할 것이나 국가시험에 합격하였다고 하여 위 면허취득의 요건을 갖추게 되는 이외에 그 자체만으로 합격한 자의 법률상 지위가 달라지게 되는 것은 아니므로
2. 사법시험 제1차시험 불합격처분 이후에 새로이 실시된 사법시험 제1차시험에 합격하였을 경우 [14·13 세무사] (대판 1996.2.23, 95누2685) : 사법시험 제1차시험에 합격하였다고 할지라도 그것은 합격자가 당회의 제2차시험과 차회의 제2차시험에 응시할 자격을 부여받을 수 있는 전제요건이 되는 데 불과한 것이고, 그 자체만으로 합격한 자의 법률상의 지위가 달라지게 되는 것이 아니므로
3. 사법시험 제2차시험 불합격처분 이후에 새로이 실시된 제2차와 제3차시험에 합격한 사람이 불합격처분의 취소를 구할 법률상 이익(대판 2007.9.21, 2007두12057) : 사법시험에 최종합격한 것은 합격자가 사법연수생으로 임명될 수 있는 전제요건이 되는 것일 뿐이고, 그 자체만으로 합격한 자의 법률상의 지위가 달라지게 되는 것이 아니므로
4. 공익근무요원 소집해제신청을 거부한 후에 원고가 계속하여 공익근무요원으로 복무함에 따라 복무기간 만료를 이유로 소집해제처분을 한 경우(대판 2005. 5.13, 2004두4369)

2. 예외적 인정

퇴학처분을 받은 후 고등학교졸업학력검정고시에 합격한 경우(대판 1992.7.14, 91누4737) : 고등학교졸업이 대학입학 자격이나 학력인정으로서의 의미밖에 없다고 할 수 없으므로 고등학교졸업학력검정고시에 합격하였다 하여 '고등학교 학생으로서의 신분과 명예'가 회복될 수 없는 것

V 기 타

1. 부정사례

1. 기본행위에만 하자가 있고 인가는 적법한 경우 기본행위를 다투어야 하고 인가의 무효확인이나 취소청구 불가(대판 2000.9.5, 99두1854)
2. '원자력건설허가처분이 발령된 후'에 원자력부지사전승인처분을 다툴 이익(대판 1998.9.4, 97누19588)
3. 임대주택에 대한 분양전환승인처분 중 일부 세대에 대한 부분만 취소하는 것이 가능하고 우선 분양전환 대상자인 임차인들이 분양전환승인처분의 취소를 구하는 경우, 다른 세대에 대한 부분까지 취소를 구할 법률상 이익(대판 2020.7.23, 2015두48129)
4. 분양전환승인처분 전부에 대하여 취소소송을 제기한 임차인이 해당 임대주택에 관하여 분양전환 요건이 충족되었다는 점 자체는 다투지 않으면서 분양전환가격 산정에 관해서만 다투는 경우, 분양전환승인처분 중 임대주택의 매각을 허용하는 부분의 취소를 구할 이익(대판 2020.7.23, 2015두48129)
5. 임대주택에 대한 분양전환승인처분 이후 진행된 분양전환절차에서 분양계약을 체결하지 아니한 채 임대주택에서 퇴거한 임차인에게 분양전환승인처분의 취소를 구할 법률상 이익(대판 2020.7.23, 2015두48129)
6. 우선 분양전환 대상자인 임차인들이 분양전환승인처분의 취소를 구하는 경우, 다른 세대에 대한 부분까지 취소를 구할 법률상 이익은 없다
   구 임대주택법의 임대사업자가 여러 세대의 임대주택에 대해 분양전환승인신청을 하여 외형상 하나의 행정처분으로 그 승인을 받았다고 하더라도 이는 승인된 개개 세대에 대한 처분으로 구성되고 각 세대별로 가분될 수 있으므로 임대주택에 대한 분양전환승인처분 중 일부 세대에 대한 부분만 취소하는 것이 가능하다. 따라서 우선 분양전환 대상자인 임차인들이 분양전환승인처분의 취소를 구하는 경우, 특별한 사정이 없는 한 그 취소를 구하는 임차인이 분양전환 받을 세대가 아닌 다른 세대에 대한 부분까지 취소를 구할 법률상 이익(원고적격)은 인정되지 않는다(대판 2020.7.23, 2015두48129).
7. 분양전환승인처분 전부에 대하여 취소소송을 제기한 임차인이 해당 임대주택에 관하여 분양전환 요건이 충족되었다는 점 자체는 다투지 않으면서 분양전환가격 산정에 관해서만 다투는 경우, 분양전환승인처분 중 임대주택의 매각을 허용하는 부분의 취소를 구할 법률상 이익이 없다
   분양전환승인처분은 분양전환의 요건을 심사하여 임대주택의 매각을 허용하는 부분과 분양전환가격을 심사하여 이를 승인하는 부분으로 구분하는 것이 가능하다. 행정청은 분양전환승인처분 중 '분양전환가격의 산정 부분'에만 위법이 있을 경우, '분양전환을 허용하는 부분'의 효력은 그대로 둔 채 '분양전환가격 부분'의 위법을 시정하여 변경하는 처분을 하는 것도 가능하다. 따라서 분양전환승인처분 전부에 대하여 취소소송을 제기한 임차인이 해당 임대주택에 관하여 분양전환 요건이 충족되었다는 점 자체는 다투지 않으면서 다만 분양전환가격 산정에 관해서만 다투는 경우에는 분양전환승인처분 중 임대주택의 매각을 허용하는 부분은 실질적인 불복이 없어 그 취소를 구할 법률상 이익(협의의 소의 이익)이 없다고 보아야 한다(대판 2020.7.23, 2015두48129).
8. 임대주택에 대한 분양전환승인처분 이후 진행된 분양전환절차에서 분양계약을 체결하지 아니한 채 임대주택에서 퇴거한 임차인에게 분양전환승인처분의 취소를 구할 법률상 이익이 인정되지 않는다
   구 임대주택법 제21조 제7항은 임대사업자가 분양전환승인을 받은 이후에도 임차인이 6개월 이상 분양전환에 응하지 아니하는 경우에는 임대사업자는 해당 임대주택을 분양전환가격으로 국토해양부령으로 정하는 바에 따라 제3자에게 매각할 수 있다고 규정하고 있다. 즉, 임대사업자가 임대주택을 분양전환승인일 이후로서 임대사업자로부터 분양전환승인에 따라 분양전환신청을 할 것을 적법하게 안내 또는 통보받은 날부터 6개월이 지나도록 임차인이 분양전환에 응하지 아니하는 경우 임차인의 우선분양전환권은 소멸하여 임대사업자는 해당 임대주택을 제3자에게 매각할 수 있으므로, **분양전환승인처분 이후 진행된 분양전환절차에서 분양계약을 체결하지 아니한 채 임대주택에서 퇴거한 임차인은 분양전환승인일로부터 6개월이 경과하면 우선분양전환권을 상실하게 되고, 임차인이 임대주택에서 퇴거할 당시 분양전환승인처분 취소소송을 제기한 상태였고 이후 그 취소소송에서 승소한다 하더라도 새롭게 우선분양전환권을 취득할 수 있는 것은 아니라고 보는 것이 타당**하다. … 따라서 분양전환승인처분 이후 진행된 분양전환절차에서 분양계약을 체결하지 아니한 채 임대주택에서 퇴거한 임차인은, 분양전환승인처분에 관하여 효력정지결정이 이루어져 임대사업자가 제3자에게 해당 임대주택을 매각하지 않았다는 등의 특별한 사정이 없는 한, 분양전환승인처분의 취소를 구할 법률상 이익(협의의 소의 이익)이 인정되지 않는다고 보아야 한다(대판 2020.7.23, 2015두48129).

2. 인정사례

1. 징계에 관한 일반사면이 있은 후 파면처분의 취소를 구할 이익(대판 1983.2.8, 81누121) : 사면법에 의하면 징계처분에 의한 기성의 효과는 사면으로 인하여 변경되지 않는다고 되어 있고 이는 사면의 효과가 소급하지 않음을 의미하는 것이므로, 일반사면이 있었다고 할지라도 파면처분으로 이미 상실된 원고의 공무원 지위가 회복될 수는 없는 것
2. 동일한 내용의 후행거부처분이 존재하는 경우 선행거부처분 취소소송의 소의 이익(대판 1994.4.12, 93누21088)
3. 기본행위는 적법유효하나 보충행위인 인가처분에만 하자가 있는 경우에는 그 인가처분의 취소나 무효확인소송을 다툴 이익(대판 2000.9.5, 99두1854)
4. 원자력부지사전승인처분 후 '원자로 등의 건설허가처분이 발령되지 않은 경우' 원자력부지사전승인처분을 다툴 이익(대판 1998.9.4, 97누19588)
5. 군인사법상 진급예정자 명단에서 삭제된 사람이 그 삭제처분에 대하여 취소소송으로 다툴 수 있는 이익(대판 2007.9.20, 2005두13971)
6. 분양신청을 하지 아니하거나 철회한 도시환경정비사업구역 내의 토지등 소유자가 관리처분계획의 취소를 구할 소의 이익(대판 2011.12.8, 2008두18342)
7. 공정거래위원회가 부당한 공동행위의 시정명령 및 과징금 부과와 자진신고자 또는 조사협조자에 대한 감면 여부를 분리 심리하여 별개로 의결한 후 과징금 등 처분과 별도의 처분서로 감면기각처분을 한 경우, 각 처분에 대하여 함께 또는 별도로 불복할 수 있고, 과징금 등 처분과 감면기각처분의 취소를 구하는 소를 함께 제기한 경우, 감면기각처분의 취소를 구할 소의 이익(대판 2016.12.27, 2016두43282)

1. 군인사법상 진급예정자 명단에서 삭제된 사람이 그 삭제처분에 대하여 취소소송으로 다툴 수 있는 이익
   군인사법 제31조 제2항은 진급예정자로 선발·공표된 자에게 '진급발령 전에 진급시킬 수 없는 사유'가 발생한 경우 진급권자로 하여금 진급예정자 명단에서 '삭제할 수 있도록' 규정하고 있을 뿐이므로, 비록 이 사건 처분 이후 원고가 **업무상 횡령 등으로 군사법원에 기소되어 원고에게 법 제31조 제2항의 '진급발령 전에 진급시킬 수 없는 사유'가 발생하였다고 하더라도 진급권자가 반드시 진급예정자 명단에서 원고를 삭제하여야 하는 것은 아니고,** 설령 진급권자가 위와 같은 이유로 **진급예정자 명단에서 원고를 삭제하는 내용의 새로운 처분을 한다고 하더라도 원고가 그 새로운 처분에 대하여 취소를 구하는 소를 제기하여 그 소송에서 처분이 취소될 수도 있는 것이므로** 이 사건 처분의 취소로 인하여 원고에게 회복할 수 있는 법률상 이익이 없다거나 이 사건 처분의 하자가 치유되었다고 할 수는 없다(대판 2007.9.20, 2005두13971).
2. 분양신청을 하지 아니하거나 철회한 도시환경정비사업구역 내의 토지등 소유자도 관리처분계획의 취소를 구할 소의 이익이 있다
   도시환경정비사업에 대한 사업시행계획에 당연무효인 하자가 있는 경우에는 도시환경정비사업조합은 그 사업시행계획을 새로이 수립하여 관할관청으로부터 인가를 받은 후 다시 분양신청을 받아 관리처분계획을 수립하여야 할 것인바, **분양신청기간 내에 분양신청을 하지 않거나 분양신청을 철회함으로 인해 「도시 및 주거환경정비법」 제47조 및 조합 정관 규정에 의하여 조합원의 지위를 상실한 토지등 소유자도 그때 분양신청을 함으로써 건축물 등을 분양받을 수 있으므로** 관리처분계획의 무효확인 또는 취소를 구할 법률상 이익이 있다고 할 것이다(대판 2011.12.8, 2008두18342).

I 원칙(행정청)

1. 행정소송법 규정

취소소송은 다른 법률에 특별한 규정이 없는 한 그 처분등을 행한 '행정청'을 피고로 한다(행정소송법 제13조). 즉, 원처분을 대상으로 제기하는 경우에는 '원처분청'이, 재결을 대상으로 제기하는 경우에는 '행정심판위원회'가 피고가 된다. 조세부과처분에 대한 항고소송의 피고는 당해 처분을 행한 세무서장이다.

2. 행정청

(1) 행정청의 의의

'처분등을 행한 행정청'이란 원처분을 행한 행정청과 행정심판위원회를 의미한다. 행정청이란 강학상(학문적)으로 국가 또는 공공단체 등 행정주체의 의사를 외부에 대해 결정·표시할 수 있는 권한을 가진 행정기관을 말한다. 그러나 여기서의 행정청은 기능적인 의미로 사용되고 있다. 따라서 공무수탁사인, 법원행정처장이나 국회사무총장 역시 행정청의 지위를 갖고, 지방의회도 처분을 발하는 경우에는 행정청의 지위를 갖는다.

또한 행정청에는 단독기관뿐만 아니라 합의제기관(예 국가배상심의회, 토지수용위원회)도 포함된다. 정당한 권한을 가진 행정청인지 여부는 불문한다. 판례에 의하면 원칙적으로 소송의 대상인 행정처분등을 외부적으로 그의 명의로 행한 행정청을 의미한다(대판 1994.6.14, 94누1197). 따라서 처분청 명의로 단순히 통지한 데 불과한 경우에는 통지한 행정청이 아니라 처분청이 피고이다.

1. 행정소송법 제13조 제1항에서 취소소송의 피고로 정한 행정청의 의미(=처분 권한을 가진 기관)
   '행정청'이란 국가 또는 공공단체의 기관으로서 국가나 공공단체의 의견을 결정하여 외부에 표시할 수 있는 권한, 즉 처분 권한을 가진 기관을 말한다(대판 2019.4.3, 2017두52764).
2. 인천직할시장 명의의 사업장폐쇄명령처분을 통지한 인천직할시 북구청장은 피고적격이 없다(대판 1990. 4.27, 90누233).
3. 국무회의에서 건국훈장 독립장이 수여된 망인에 대한 서훈취소를 의결하고 대통령이 결재함으로써 서훈취소가 결정된 후 국가보훈처장이 망인의 유족 甲에게 '독립유공자 서훈취소결정 통보'를 하자 甲이 국가보훈처장을 상대로 서훈취소결정의 무효 확인 등의 소를 제기한 사안에서, 위 소는 피고를 잘못 지정하였다고 한 사례(대판 2014.9.26, 2013두2518)

4. 甲이 서훈취소 처분을 행한 행정청(대통령)이 아니라 국가보훈처장을 상대로 제기한 위 소는 피고를 잘못 지정한 경우에 해당하므로, 법원으로서는 석명권을 행사하여 정당한 피고로 경정하게 하여 소송을 진행해야 함에도 국가보훈처장이 서훈취소 처분을 한 것을 전제로 처분의 적법 여부를 판단한 원심판결에 법리오해 등의 잘못이 있다(대판 2014.9.26, 2013두2518).
5. 감염병의 예방 및 관리에 관한 법령상 예방접종 피해에 대한 국가의 보상금 지급에 대한 처분 권한을 가진 기관은 질병관리본부장이다(대판 2019.4.3, 2017두52764).

피고가 잘못 지정된 경우에는 소송이 각하되지만, 예외적으로 피고경정의 절차를 통해 바로잡을 수 있다.

(2) 규정의 취지(소송수행의 편의제공)

행정청은 국가·지방자치단체 등의 기관으로서의 지위를 갖는 데 불과하므로, 취소소송의 피고는 원칙적으로 처분이나 재결의 효과가 귀속되는 권리주체인 국가나 공공단체가 되어야 할 것이나, 행정소송수행의 편의상 행정소송법은 행정청을 피고로 하고 있다.

3. 지방의회와 지방자치단체장

(1) 처분적 조례에 대한 피고적격(지방자치단체장, 교육감)

구 분	처분적 '조례'에 대한 소송	'조례안'에 대한 소송
종 류	항고소송	기관소송
원 고	주 민	지방자치단체장(교육감)
피 고	지방자치단체장(일반조례), 교육감(교육조례)]	지방의회관
관할법원	행정법원(지방법원)	대법원
제소기간	취소소송의 경우(무효확인소송의 경우 제한규정 없음) 1. 처분이 있음을 안 날부터 90일 2. 처분이 있은 날부터 1년	재의결된 날로부터 20일 이내

지방의회가 의결한 처분적 조례를 다투는 경우에 있어서 피고를 누구로 할 것인가에 대해서는 ① 지방자치단체장으로 보는 견해(다수설), ② 지방의회로 보는 견해, ③ 지방자치단체로 보는 견해가 대립한다.
대법원판례도 지방자치단체장(일반조례의 경우)이나 시·도 교육감(교육조례의 경우)이 피고로 된다는 입장이다.

조례에 대한 항고소송의 피고는 지방자치단체장이고, 교육조례에 대한 피고는 교육감이다

조례에 대한 무효확인소송을 제기함에 있어서 행정소송법 제38조 제1항, 제13조에 의하여 피고적격이 있는 처분등을 행한 행정청은, 행정주체인 지방자치단체 또는 지방자치단체의 내부적 의결기관으로서 지방자치단체의 의사를 외부에 표시할 권한이 없는 **지방의회가 아니라,** 구 지방자치법 제19조 제2항, 제92조에 의하여 **지방자치단체의 집행기관으로서 조례로서의 효력을 발생시키는 공포권이 있는 지방자치단체의 장이다.** 구 「지방교육 자치에 관한 법률」 제14조 제5항, 제25조에 의하면 시·도의 교육·학예에 관한 사무의 집행기관은 시·도 교육감이고 **시·도 교육감에게 지방교육에 관한 조례안의 공포권이 있다고 규정되어 있으므로, 교육에 관한 조례의 무효확인소송을 제기함에 있어서는 그 집행기관인 시·도 교육감을 피고로 하여야 한다**(대판 1996.9.20, 95누8003).

(2) 지방의회의원에 대한 징계의결이나 지방의회의장선거, 지방의회의장에 대한 불신임의결(지방의회)

지방의회의원에 대한 징계의결이나 지방의회의장선거, 지방의회의장에 대한 불신임의결의 처분청은 지방의회이므로 이들 처분에 대한 취소소송의 피고는 지방의회이다.

4. 위원회

처분청이 토지수용위원회나 공정거래위원회와 같은 합의제 행정관청인 경우에는 당해 합의제 행정관청인 위원회 자체가 피고가 되지만, 법률에 특별한 규정이 있을 경우에는 위원장이 피고가 되는 경우도 있다(예 중앙노동위원회위원장, 중앙해양안전심판원장).

1. 중앙노동위원회의 처분에 대한 소송은 중앙노동위원회 위원장을 피고(被告)로 하여 처분의 송달을 받은 날부터 15일 이내에 제기하여야 한다(노동위원회법 제27조 제1항).
2. 중앙심판원의 재결에 대한 소의 피고는 중앙해양안전심판원장 : 중앙심판원의 재결에 대한 소에 있어서는 '중앙심판원장'을 피고로 한다(「해양사고의 조사 및 심판에 관한 법률」 제75조).

그러나 의결기관이나 자문기관으로서의 위원회는 피고적격이 인정되지 않는다.

1. 지방노동위원회의 처분에 대하여 불복하기 위하여는 중앙노동위원장을 피고로 하여 재심판정취소의 소를 제기하여야 한다(대판 1995.9.15, 95누6724).
2. 시·도 인사위원회 위원장의 명의로 한 7급 지방공무원의 신규임용시험 불합격결정에 대한 피고는 시·도 인사위원회 위원장이다(대판 1997.3.28, 95누7055).

5. 재결의 경우 피고적격(행정심판위원회)

재결에 고유한 위법이 있는 경우 재결의 취소를 구하는 취소소송은 '행정심판위원회'가 피고가 된다.

II 예 외

처분청이 아니면서 피고가 되는 경우로 다음을 들 수 있다.

1. 대통령 등이 처분청인 경우(소속장관)

대통령이 처분청인 경우에는 법률의 규정에 의해 각각 소속장관(법무부장관이나 국무총리가 아님)이 피고가 된다(국가공무원법 제16조 제2항). 또한 국회의장이 처분청인 경우에는 국회사무총장(국회의원이 아님)(국회사무처법 제4조 제3항), 대법원장의 처분에 대한 피고는 법원행정처장(대법관이 아님)(법원조직법 제70조), 헌법재판소장이 처분청인 경우에는 사무처장(재판관이 아님)(헌법재판소법 제17조 제5항)으로 한다.

2. 권한의 위임·위탁의 경우(수임기관·수탁기관)

행정권한의 위임이나 위탁이 있는 경우에는 법적 권한이 수임청 또는 수탁청에게 이전되기 때문에 수임청 또는 수탁청이 피고가 된다. 예컨대 행정안전부장관의 위임을 받아 전자정부국장이 행한 행위에 대한 소송에서 전자정부국장이 피고가 된다. 아울러 사인도 행정권한이 위탁된 공무수탁사인의 경우에는 행정청이 된다. 행정소송법도 "이 법을 적용함에 있어서 행정청에는 법령에 의하여 행정권한의 위임 또는 위탁을 받은 행정기관, 공공단체 및 그 기관 또는 사인이 포함된다."라고 명시적으로 규정하고 있다(행정소송법 제2조 제2항).

1. 지방철도청장은 그 소속 8급 공무원에 대하여 징계파면처분을 행할 권한이 있다(대판 1996.6.25, 96누570).
2. 세무서장의 공매권한이 성업공사에게 위임된 경우 공매를 한 성업공사가 피고이다
   성업공사(현재는 한국자산관리공사)가 체납압류된 재산을 공매하는 것은 세무서장의 공매권한 위임에 의한 것으로 보아야 할 것이므로, 성업공사가 한 그 공매처분에 대한 취소 등의 항고소송을 제기함에 있어서는 **수임청으로서 실제로 공매를 행한 성업공사를 피고**로 하여야 하고, 위임청인 세무서장은 피고적격이 없다(대판 1997.2.28, 96누1757).
3. 서울특별시장으로부터 이주대책 수립권한이 에이에이치공사에게 위탁된 경우 피고는 공사이다(대판 2007.8.23, 2005두3776).

4. 문화관광부장관으로부터 저작권 등록업무에 관한 권한을 위탁받은 '저작권심의조정위원회'가 피고이다(대판 2009.7.9, 2007두16608).
5. 근로복지공단이 甲 지방자치단체에 고용보험료 부과처분을 하자, 甲 지방자치단체가 구 「고용보험 및 산업재해보상보험의 보험료징수 등에 관한 법률」 제4조 등에 따라 국민건강보험공단을 상대로 위 처분의 무효확인 및 취소를 구한 사안에서, 위 처분의 무효확인 및 취소 소송의 피고는 국민건강보험공단이 되어야 함에도 이와 달리 위 처분의 주체는 여전히 근로복지공단이라고 본 원심판결에 고용보험료 부과고지권자와 항고소송의 피고적격에 관한 법리를 오해한 위법이 있다고 한 사례(대판 2013.2.28, 2012두22904)

3. 대리·내부위임·위임전결

(1) 피대리기관·위임기관이 피고(원칙)

대리나 내부위임의 경우에는 권한이 이전되는 것이 아니기 때문에 피대리기관이나 위임기관이 피고가 된다. 따라서 대리관청, 내부위임을 받은 자 등은 원칙적으로 피고가 될 수 없다.

행정관청이 특정한 권한을 법률에 따라 다른 행정관청에 이관한 경우와 달리 내부적인 사무처리의 편의를 도모하기 위하여 그의 보조기관 또는 하급행정관청으로 하여금 그의 권한을 사실상 행하도록 하는 **내부위임의 경우에는 수임관청이 그 위임된 바에 따라 위임관청의 이름으로 권한을 행사하였다면 그 처분청은 위임관청**이므로 그 처분의 취소나 무효확인을 구하는 소송의 **피고는 위임관청**으로 삼아야 한다(대판 1991.10.8, 91누520).

(2) 수임기관의 명의로 처분을 한 경우(명의기관인 수임기관)·피대리기관을 밝히지 않은 경우(대리기관)

한편, 판례는 내부적으로 위임한 경우에 수임관청이 자신의 이름으로 행하였다면 피고가 내부위임을 받은 자(즉, 명의자)가 된다고 한다. 이는 외부위임과 내부위임의 구별이 실제로 어렵기 때문에 처분명의에 따른 것이라고 할 수 있다.

대리의 경우 피대리기관을 위한 뜻을 밝혀야 하는데 이를 밝히지 않고 대리기관 자신의 명의로 한 경우에도 명의기관인 대리기관이 피고가 된다.

1. 내부위임의 경우 수임청의 명의로 처분을 한 경우에는 명의기관인 수임청이 피고이다
행정처분을 행할 적법한 권한 있는 상급행정청으로부터 **내부위임을 받은 데 불과한 하급행정청이 권한 없이 행정처분을 한 경우에도 실제로 그 처분을 행한 하급행정청을 피고로 하여야 할 것이지 그 처분을 행할 적법한 권한 있는 상급행정청을 피고로 할 것이 아니다**(대판 1991.2.22, 90누5641).

2. 내부위임이나 대리의 경우 원행정청 명의나 대리관계를 밝히지 않고 자기 명의로 한 처분의 경우 처분명의자인 행정청이 피고이다

항고소송은 원칙적으로 소송의 대상인 행정처분등을 외부적으로 그의 명의로 행한 행정청을 피고로 하여야 하는 것으로서, 그 행정처분을 하게 된 연유가 상급행정청이나 타 행정청의 지시나 통보에 의한 것이라 하여 다르지 않으며, 권한의 위임이나 위탁을 받아 수임행정청이 정당한 권한에 기하여 수임행정청 명의로 한 처분에 대하여는 말할 것도 없고, **내부위임이나 대리권을 수여 받은 데 불과하여 원행정청 명의나 대리관계를 밝히지 아니하고는 그의 명의로 처분등을 할 권한이 없는 행정청이 권한 없이 그의 명의로 한 처분에 대하여도 처분명의자인 행정청이 피고가 되어야 한다**(대판 1994.6.14, 94누1197).

3. 대리관계를 밝히지 않고 자기 명의로 한 처분의 경우에도 처분명의자는 물론 그 상대방도 그 행정처분이 피대리 행정청을 대리하여 한 것임을 알고서 이를 받아들인 예외적인 경우에는 피대리 행정청이 피고이다(대결 2006.2.23, 2005부4).

4. 대리기관이 대리관계를 표시하고 피대리 행정청을 대리하여 행정처분을 한 경우, 행정처분에 대한 항고소송의 피고는 피대리 행정청이다(대판 2018.10.25, 2018두43095).

Ⅲ 피고의 경정

1. 의의 및 제도의 취지

피고경정이란 소송의 계속 중에 피고로 지정된 자를 다른 자로 변경하거나 추가하는 것을 의미한다. 원래 행정법규나 행정조직은 복잡할 뿐만 아니라 수시로 변경되기 때문에 어느 행정청을 취소소송의 피고로 할지 판단하는 것은 쉽지 않으며, 이에 따라 피고의 지정이 잘못되는 경우도 적지 않게 발생한다. 이 경우 그 소를 부적법한 것으로 각하하게 되면, 다시 정당한 피고를 정하여 제소하려고 해도 제소기간의 경과 등으로 권리구제를 받을 수 없게 되는 경우가 있다. 행정소송법 제14조는 이와 같은 원고의 불측의 손해를 막기 위해 피고경정에 관한 규정을 두고 있다.

2. 피고경정이 허용되는 경우

(1) 피고를 잘못 지정한 때(신청)

원고가 피고를 잘못 지정한 때에는 법원은 원고의 '신청'에 의하여 결정으로써 피고의 경정을 허가할 수 있다(제14조 제1항). 피고를 잘못 지정한 것에 원고의 고의·과실을 요하지 아니한다.

1. 세무서장의 위임에 의하여 성업공사가 한 공매처분에 대하여 피고 지정을 잘못하여 피고적격이 없는 세무서장을 상대로 그 공매처분의 취소를 구하는 소송이 제기된 경우, **법원으로서는 석명권을 행사하여 피고**

를 성업공사로 경정하게 하여 소송을 진행하여야 한다(대판 1997.2.28, 96누1757).

2. 법원이 피고적격 여부에 관하여 석명권을 행사하여 당사자에게 의견을 진술할 기회를 부여하였음에도 원고가 정당한 피고로의 경정신청을 하지 않은 경우에 법원이 피고의 지정이 잘못되었다는 이유로 소를 각하하였다고 하여 이를 위법하다고 할 수 없다(대판 2011.1.13, 2009두20755).

(2) 권한승계(신청 또는 직권)

처분등이 있은 뒤에 그 처분등에 관계되는 권한이 승계된 경우에는 권한을 '승계한 행정청'(승계 전의 행정청이 아님)이 피고가 된다(제13조 제1항 단서).

행정소송법 제13조 제1항 소정의 '그 처분등에 관계되는 권한이 다른 행정청에 승계된 때'의 의미

'그 처분등에 관계되는 권한이 다른 행정청에 승계된 때'라고 함은 처분등이 있은 뒤에 **행정기구의 개혁, 행정주체의 합병·분리 등에 의하여 처분청의 당해 권한이 타 행정청에 승계된 경우뿐만 아니라** 처분등의 상대방인 **사인의 지위나 주소의 변경 등에 의하여 변경 전의 처분등에 관한 행정청의 관할이 이전된 경우** 등을 말한다(대판 2000.11.14, 99두5481).

다만, 그 승계가 취소소송 제기 후에 발생한 것이면 법원은 당사자의 '신청 또는 직권' 에 의해 피고를 경정한다. 이때 종전의 소는 취하된 것으로 보며, 새로운 피고에 대한 소송은 처음에 소를 제기한 때에 제기한 것으로 본다(제14조 제6항).

(3) 처분청이 없게 된 때(신청 또는 직권)

처분등을 행한 행정청이 없게 된 때에는 그 처분등에 관한 사무가 귀속되는 국가 또는 공공단체(국무총리, 법무부장관이나 직근 상급행정청이 아님)를 피고로 한다(행정소송법 제13조 제2항). 다만, 그 승계가 취소소송 제기 후에 발생한 것이면, 법원은 당사자의 '신청 또는 직권'에 의해 피고를 경정한다.

(4) 소의 변경의 경우

소의 변경과 당사자의 변경으로서 피고경정은 성질이 다르긴 하나 소의 변경 시에도 피고의 경정이 인정되고 있다(제21조 제2·4항). 예컨대, 취소소송을 당사자소송으로 변경할 경우 취소소송의 경우 행정청이 피고가 되지만 당사자소송의 경우 국가 등이 피고가 되므로 피고경정이 필요하다.

3. 피고경정 가능시기(사실심 구두변론종결시)

피고경정은 사실심 구두변론종결시까지(제1심이 아님)만 가능하다는 것이 판례의 입장이다.

행정소송법 제14조 제1항 소정의 피고경정은 **사실심 변론종결시까지만 가능**하고 **상고심에서는 허용되지 않는다**(대판 1996.1.23, 95누1378).

4. 피고경정의 요건

(1) 변경 전 소의 적법성

피고경정제도는 피고적격의 문제를 제외한다면 흠 없는 소에 대해서 피고를 변경함으로써 신소(新訴)의 기간이 경과한 불이익을 구제하기 위해 특별히 인정한 것이므로, 처음의 소송 자체가 기간을 경과한 후에 제기하여 이미 부적법한 소로 된 경우에는 피고의 경정은 허용되지 않는다.

(2) 피고를 잘못 지정하였을 것

여기서 '피고'는 행정소송법 제13조 소정의 피고적격을 갖는 정당한 피고를 말한다. 또한 '잘못 지정하였을 것'은 정당한 피고가 아닌 자를 피고로 하여 소송을 제기한 것을 말한다.

5. 피고경정의 절차

피고를 잘못 지정한 경우에 피고의 경정은 원고의 '신청'에 의하여 행한다(제14조 제1항). 법원은 결정의 정본을 새로운 피고에게 송달하여야 한다(같은 조 제2항). 신청을 각하하는 결정에 대하여는 즉시항고할 수 있다(같은 조 제3항). 소의 제기 후에 권한승계나 기관폐지로 인한 피고경정의 경우에 법원은 당사자의 '신청 또는 직권'에 의하여 피고를 경정할 수 있다(같은 조 제6항). 피고경정의 요건충족 여부는 법원의 직권조사사항이다.

6. 피고경정허가의 효과

(1) 새로운 피고에 대한 신소(新訴)의 제기

피고경정의 허가가 있으면 '처음에 소를 제기한 때'에 제기된 것으로 본다(제14조 제4항).

(2) 구소(舊訴)의 취하효과

또한 종전의 피고에 대한 소송은 취하된 것으로 본다(같은 조 제5항).

❙ 제5강 공동소송(관련청구의 주관적 병합) ❙

행정소송법은 수인(數人)의 청구 또는 수인에 대한 청구가 처분등의 취소청구와 관련되는 청구에 한하여 그 수인은 공동소송인이 될 수 있다고 규정하고 있다(제15조 참조). 이는 관련청구소송에 관해 주관적 병합을 인정한 것이다. 민사소송법상의 공동소송의 경우에는 소송의 목적이 되는 권리의무가 수인에게 공동될 것 등의 제약이 있으나(같은 법 제65조), 행정소송법에서의 취소소송의 경우에는 관련청구인 이상 병합이 인정된다.

❙ 제6강 소송참가 ❙

I 개 설

1. 소송참가의 의의

소송참가란 소송의 계속 중에 소송 외의 제3자가 자기의 법률상의 지위를 보호하기 위해 계속 중인 타인 간의 소송에 참가하는 것을 의미하는데, 이에는 '제3자의 소송참가'(제16조)와 '행정청의 소송참가'(제17조)가 있다.

2. 필요성

행정소송법은 취소판결의 효력(형성력)이 소송상의 제3자에 대해서도 미치는 것으로 규정하고 있으므로(제29조 제1항), 제3자의 이익보호를 위한 제도적 보장이 요청된다. 한편, 관계행정청의 참가가 인정되는 것은 취소판결의 기속력이 관계행정청에게도 미치기 때문이다. 처분등을 취소하는 확정판결은 당사자인 행정청과 그 밖의 관계행정청을 기속한다(행정소송법 제30조 제1항). 소송참가제도는 취소소송 이외의 항고소송·당사자소송·민중소송 및 기관소송에도 준용된다(제38조, 제44조 제1항, 제16조).

II 소송참가의 형태

1. 제3자의 소송참가

(1) 의 의

법원은 소송의 결과에 따라 권리 또는 이익의 침해를 받을 제3자가 있는 경우에는, 당사자 또는 제3자의 '신청 또는 직권'에 의하여 결정으로써 제3자를 소송에 참가시킬 수 있다(제16조 제1항).

(2) 참가의 요건

① 타인의 취소소송이 계속 중일 것

② 소송의 결과에 따라 권리 또는 이익의 침해를 받는 제3자일 것

㉠ 제3자의 의의: 제3자라 함은 소송당사자 이외의 자를 말한다. 국가나 지방자치단체도 제3자가 될 수 있지만, 행정청은 당사자능력이 없기 때문에 '제3자의 소송참가'는 불가능하고, '행정청의 소송참가'에 의한 참가가 가능하다.

㉡ 소송의 결과에 따라 권리 또는 이익의 침해를 받을 것: 침해된 권리 또는 이익이란 '법률상 이익'을 말하고, 단순한 '사실상 이익' 내지 '경제적 이익'은 포함되지 않는다. 한편, 소송의 결과에 따라 권리 또는 이익의 침해를 받는다는 것은 판결의 형성력을 받기 때문에 판결주문에 의해 직접 자기의 권리 또는 이익을 침해받는 것을 말하므로, 취소판결의 효력 즉, 형성력 자체에 의해 직접 권리 또는 이익을 침해받는 경우에 한한다고 엄격하게 해석할 것은 아니고, 취소판결의 기속력 때문에 이루어지는 행정청의 새로운 처분에 의해 권리 또는 이익을 침해받는 경우도 포함한다고 해석해야 한다.

1. 보조참가를 하려면 법률상의 이해관계가 있어야 한다
   특정 소송사건에서 당사자 일방을 보조하기 위하여 보조참가를 하려면 당해 소송의 결과에 대하여 이해관계가 있어야 하고, 여기서 말하는 **이해관계라 함은 사실상·경제상 또는 감정상의 이해관계가 아니라 법률상의 이해관계**를 가리킨다(대판 2000.9.8, 99다26924).
2. 학교법인의 이사 겸 이사장에 대한 임원취임승인취소처분 취소소송에 대하여 관할청인 피고를 돕기 위하여 이사장직무대행자가 학교법인의 이름으로 보조참가를 하는 경우 보조참가의 요건인 법률상 이해관계에 해당한다
   임원취임승인취소처분이 취소되어 원고가 학교법인의 이사 및 이사장으로서의 지위를 회복하게 되면 학교법인으로서는 결과적으로 그 의사와 관계없이 이사회의 구성원이나 대표자가 변경되는 관계에 있다고 할 것이고, 이는 위 취소소송의 결과에 의하여 그 법률상의 지위가 결정되는 관계로서 보조참가의 요건인 법률상 이해관계에 해당한다(대판 2003.5.30, 2002두11073).
3. 공정거래위원회가 명한 시정조치의 취소 등을 구하는 행정소송에서 당해 시정조치가 사업자의 상대방에 대한 특정행위를 중지·금지시키는 것을 내용으로 하는 경우, 그 행위의 상대방은 위 행정소송에서 공정거래위원회를 보조하기 위하여 보조참가를 할 수 있다
   공정거래위원회가 명한 시정조치에 대하여 그 취소 등을 구하는 행정소송에서 당해 시정조치가 사업자의 상대방에 대한 특정행위를 중지·금지시키는 것을 내용으로 하는 경우, 당해 소송의 판결 결과에 따라 해당 사업

자가 특정행위를 계속하거나 또는 그 행위를 할 수 없게 되고, 따라서 그 행위의 상대방은 그 판결로 법률상 지위가 결정된다고 볼 수 있으므로 그는 위 행정소송에서 공정거래위원회를 보조하기 위하여 보조참가를 할 수 있다(대결 2013.7.12, 2012무84).

(3) 참가의 절차(신청 또는 직권)

제3자의 소송참가는 당사자 또는 제3자의 '신청 또는 직권'에 의한다. 참가신청이 있는 경우에 법원은 결정으로써 허가 또는 각하의 재판을 하고, 직권참가인 경우에는 결정으로써 제3자에게 참가를 명한다(제16조 제1항). 법원이 허가 또는 각하결정을 하고자 할 때에는 미리 '당사자 및 제3자'(당해 행정청이 아님)의 의견(동의가 아님)을 들어야 한다(같은 조 제2항). 신청을 한 제3자는 그 신청을 각하한 결정에 대하여 즉시항고할 수 있다(같은 조 제3항). 즉, 법원이 참가결정을 하고자 할 때에는 당사자 및 당해 행정청의 의견에 기속되지 않는다. 소송참가는 판결의 선고 전까지 가능하기 때문에 상고심인 대법원에서도 가능하다. 그러나 소송의 취하가 있거나 재판상 화해가 있은 후에는 참가시킬 수 없다.

(4) 참가인의 지위(공동소송적 보조참가와 유사)

제3자를 소송에 참가시키는 결정이 있으면 제3자는 참가인의 지위를 획득한다. 즉, 참가인은 피참가인과 필요적 공동소송에 있어서의 공동소송인에 준하는 지위에 있지만, 당사자에 대해 독자적인 청구를 하는 것은 아니므로 그 성질은 공동소송적 보조참가와 비슷하다는 것이 통설이다.

1. 행정소송 사건에서 참가인이 한 보조참가는 민사소송법 제78조에 규정된 공동소송적 보조참가이다

행정소송 사건에서 참가인이 한 보조참가가 행정소송법 제16조가 규정한 제3자의 소송참가에 해당하지 않는 경우에도, 판결의 효력이 참가인에게까지 미치는 점 등 행정소송의 성질에 비추어 보면 그 참가는 민사소송법 제78조에 규정된 공동소송적 보조참가라고 볼 수 있다(대판 2017.10.12, 2015두36836).

2. 참가인이 상소를 할 경우 피참가인은 상소취하나 상소포기를 할 수 없다

민사소송법 제78조의 공동소송적 보조참가에는 필수적 공동소송에 관한 민사소송법 제67조 제1항, 즉 "소송목적이 공동소송인 모두에게 합일적으로 확정되어야 할 공동소송의 경우에 공동소송인 가운데 한 사람의 소송행위는 모두의 이익을 위하여서만 효력을 가진다."라고 한 규정이 준용되므로, 피참가인의 소송행위는 모두의 이익을 위하여서만 효력을 가지고, 공동소송적 보조참가인에게 불이익이 되는 것은 효력이 없으므로, 참가인이 상소를 할 경우에 피참가인이 상소취하나 상소포기를 할 수는 없다(대판 2017.10.12, 2015두36836).

3. 민사소송법상 보조참가신청에 대하여 당사자가 이의를 신청하지 아니한 채 변론하거나 변론준비기일에서 진술을 한 경우, 수소법원의 보조참가 허가 결정 없이 계속 소송행위를 할 수 있다

민사소송법상 보조참가신청에 대하여 당사자가 이의를 신청한 때에는 수소법원은 참가를 허가할 것인지 여부를 결정하여야 하지만, 당사자가 이의를 신청하지 아니한 채 변론하거나 변론준비기일에서 진술을 한 경우에는 이의

를 신청할 권리를 잃게 되고(민사소송법 제73조 제1항, 제74조) 수소법원의 보조참가 허가 결정 없이도 계속 소송행위를 할 수 있다(대판 2017.10.12, 2015두36836).

(5) 참가의 효과

참가인은 피참가인에게 불리한 소송행위를 할 수 없으며, 참가인의 소송행위는 공동소송인 전원의 이익을 위해서만 효력이 있고 참가인에 대한 상대방의 소송행위는 공동소송인 전원에 대해 효력이 있으며, 또한 참가인에 대한 소송절차의 중단 또는 중지는 공동소송인 전원에 대하여 효력을 발생하게 된다(행정소송법 제16조 제4항, 민사소송법 제67조).

① **피참가인의 행위와 어긋나는(모순되는) 행위는 허용**: 참가인은 피참가인이 이미 행한 행위와 어긋나는(모순되는) 행위를 할 수 있다(민사소송법 제67조 제1항 준용). 참가인이 상고를 제기한 경우에 피참가인이 상소권포기나 상고취하를 하여도 상고의 효력은 지속된다. 참가인에게 소송절차의 중단·중지의 사유가 발생하여 참가인의 이익을 해할 우려가 있으면 소송절차는 정지된다(같은 법 제67조 제3항 준용).

1. 행정소송 사건에서 참가인이 한 보조참가가 행정소송법 제16조가 규정한 제3자의 소송참가에 해당하지 않는 경우에도 민사소송법 제78조에 규정된 공동소송적 보조참가이다(대판 2013.3.28, 2011두13729).
2. 피참가인이 공동소송적 보조참가인의 동의 없이 한 소취하의 효력은 유효이고 이는 피참가인이 제기한 행정소송에 민사소송법의 준용에 의한 공동소송적 보조참가를 한 경우에도 마찬가지이다
   민사소송법 제78조의 공동소송적 보조참가에는 필수적 공동소송에 관한 민사소송법 제67조 제1항, 즉 "소송목적이 공동소송인 모두에게 합일적으로 확정되어야 할 공동소송의 경우에 공동소송인 가운데 한 사람의 소송행위는 모두의 이익을 위하여서만 효력을 가진다."고 한 규정이 준용되므로, **피참가인의 소송행위는 모두의 이익을 위하여서만 효력을 가지고, 그 반대로 공동소송적 보조참가인에게 불이익이 되는 것은 효력이 없다**고 할 것이다. 그런데 **공동소송적 보조참가는 그 성질상 필수적 공동소송 중에서는 이른바 유사필수적 공동소송에 준한다 할 것인데 유사필수적 공동소송의 경우에는 원고들 중 일부가 소를 취하하는 데 다른 공동소송인의 동의를 받을 필요가 없다.** 또한 소취하는 판결이 확정될 때까지 할 수 있고 취하된 부분에 대해서는 소가 처음부터 계속되지 아니한 것으로 간주되며(민사소송법 제267조) 본안에 관한 종국판결이 선고된 경우에도 그 판결 역시 처음부터 존재하지 아니한 것으로 간주되므로, 이는 **재판의 효력과는 직접적인 관련이 없는 소송행위로서 공동소송적 보조참가인에게 불이익이 된다고 할 것도 아니다. 따라서 피참가인이 공동소송적 보조참가인의 동의 없이 소를 취하하였다 하더라도 이는 유효하다.** 그리고 이러한 법리는 피참가인이 제기한 행정소송에 민사소송법의 준용에 의한 공동소송적 보조참가를 한 경우에도 마찬가지로 적용된다(대결 2013.3.28, 2012아43).

② **피참가인에게 불이익한 행위금지**: 참가인은 피참가인의 승소보조자이므로 피참가인에게 불이익한 행위는 할 수 없다.

③ 소송참가인에 대한 판결의 효력 : 소송참가인으로서의 지위를 취득한 제3자는 실제 소송에 참가하여 소송행위를 하였는지 여부를 불문하고 판결의 효력을 받는다. 참가인이 된 제3자는 판결확정 후 행정소송법 제31조에 의한 재심의 소를 제기할 수 없다.

2. 행정청의 소송참가

(1) 의 의

법원은 다른 행정청을 소송에 참가시킬 필요가 있다고 인정할 때에는 당사자 또는 당해 행정청의 '신청 또는 직권'에 의하여 결정으로써 그 행정청을 소송에 참가시킬 수 있다(제17조 제1항). 다른 행정청의 소송참가는 다른 행정청의 협력(동의)을 요하는 행정행위의 경우 의미를 갖는다. 다른 행정청의 참가가 인정되는 것은 취소판결의 기속력이 관계행정청에게도 미치기 때문이다(제30조 제1항).

(2) 참가의 요건

① 타인 간의 취소소송의 계속

② 다른 행정청일 것(예 감독청, 동의기관) : 예컨대, 행정심판의 재결이 취소소송의 대상이 된 경우 원처분청을 소송에 참가시킬 수 있다.

③ 참가의 필요성

(3) 참가의 절차(신청 또는 직권)

참가는 당사자나 당해 행정청의 신청 또는 직권에 의한다. 참가의 허부의 재판은 결정의 형식으로 하며, 법원은 참가결정을 하고자 할 때에는 '당사자 및 당해 행정청'의 의견을 들어야 한다(제17조 제2항). 그 결정에 대해서는 불복할 수 없다.

(4) 참가행정청의 지위(보조참가인)

소송에 참가한 행정청에 대하여는 민사소송법 제76조의 규정을 준용하므로(제17조 제3항), 참가행정청은 보조참가인에 준한 지위이다. 따라서 참가행정청은 소송에 관하여 공격·방어, 이의, 상소 기타 일체의 소송행위를 할 수 있지만, 피참가인의 소송행위와 저촉되는 소송행위를 할 수 없다. 참가인의 소송행위가 피참가인의 소송행위와 어긋나는 때에는 그 효력이 없다(민사소송법 제76조).

❙ 제7강 행정소송의 대리인 ❙

행정소송법에는 소송대리에 관한 특별한 규정이 없으므로, 행정소송의 대리인에 관해서는 민사소송법상의 소송대리인에 관한 규정이 일반적으로 적용된다. 다만, 국가를 당사자 또는 참가인으로 하는 소송에 있어서는 민사소송이든 행정소송이든 불문하고 법무부장관 등의 소송에의 관여가 인정된다. 국가를 당사자 또는 참가인으로 하는 소송(국가소송)에서는 법무부장관이 국가를 대표한다(국가를 당사자로 하는 소송에 관한 법률 제2조).

제4관 취소소송의 대상(처분등)

❙ 제1강 대상적격 일반론 ❙

I 처분의 의의

1. 행정소송법 규정

취소소송은 처분등을 대상으로 한다(행정소송법 제19조). 즉, 처분등은 '행정청이 행하는 구체적 사실에 관한 법집행으로서의 공권력의 행사 또는 그 거부와 그 밖에 이에 준하는 행정작용(처분) 및 행정심판에 대한 재결'로 정의된다(제2조 제1항 제1호).

행정소송에 있어서 행정처분의 존부는 직권조사사항이고 사실심 변론종결시까지 당사자가 주장하지 않던 직권조사사항에 해당하는 사항을 상고심에서 비로소 주장하는 경우, 그 사항은 상고심의 심판범위에 해당한다

행정소송에서 쟁송의 대상이 되는 행정처분의 존부는 소송요건으로서 직권조사사항이고, 자백의 대상이 될 수 없는 것이므로, 설사 **그 존재를 당사자들이 다투지 아니한다 하더라도 그 존부에 관하여 의심이 있는 경우에는 이를 직권으로 밝혀 보아야** 할 것이고, 사실심에서 변론종결시까지 당사자가 주장하지 않던 직권조사사항에 해당하는 사항을 상고심에서 비로소 주장하는 경우 그 직권조사사항에 해당하는 사항은 상고심의 심판범위에 해당한다(대판 2004.12.24, 2003두15195).

2. 처분의 의의

행정소송법상의 처분개념이 실체법상의 행정행위와 동일한 것인지에 대해서는 견해가 대립한다. 양자를 동일시하는 견해를 실체법적 처분개념설 또는 일원설이라고 하고, 양자를 다르게 이해하는 견해를 쟁송법적 개념설 또는 이원설이라고 한다.

(1) 학 설

① 실체법적 처분개념설(일원설) : 행정소송법상의 처분개념을 학문상 행정행위와 동일한 것으로 보는 견해이다.

② 쟁송법적 처분개념설(이원설)(다수설) : 행정쟁송법상 처분개념은 실체법상의 행정행위개념보다는 넓은 행정쟁송법상의 독자적인 개념으로 보는 견해로서 다수설이다.

③ 형식적 행정행위론 : 형식적 행정행위란 '실체법상의 행정행위는 아니고 단지 쟁송법상으로만 그 처분성을 인정하려는 것으로서, 행정기관 내지는 그에 준하는 자의 행위가 공권력 행사로서의 실체는 갖고 있지 않으나, 그것이 행정목적 실현을 위해 국민의 법익에 계속적으로 사실상의 지배력을 미치는 경우에 국민의 실효적인 권익구제라는 관점에서 쟁송법상 처분으로 파악되는 행위'를 말한다.

(2) 판 례

판례는 원칙상 실체법적 처분개념설에 입각하여 행정행위를 항고소송의 주된 대상으로 보면서도 예외적으로 행정행위가 아닌 공권력 행사에도 항고소송의 대상이 될 수 있는 여지를 남겨두고 있다.

1. 실체법적 처분개념설을 취한 판례(주류적 판례)
   (1) 항고소송의 대상이 되는 행정처분이라 함은 원칙적으로 행정청의 공법상 행위로서 특정 사항에 대하여 법규에 의한 권리의 설정 또는 의무의 부담을 명하거나 기타 법률상 효과를 발생하게 하는 등으로 일반국민의 권리의무에 직접 영향을 미치는 행위를 가리키는 것이지만, **어떠한 처분의 근거가 행정규칙에 규정되어 있다고 하더라도, 그 처분이 상대방에게 권리의 설정 또는 의무의 부담을 명하거나 기타 법적인 효과를 발생하게 하는 등으로 그 상대방의 권리의무에 직접 영향을 미치는 행위라면, 이 경우에도 항고소송의 대상이 되는 행정처분에 해당한다**(대판 2004.11.26, 2003두10251·10268).
   (2) 항고소송의 대상이 되는 **행정처분이라 함은 행정청의 공법상의 행위로서 특정사항에 대하여 권리의 설정 또는 의무의 부담을 명하거나 기타 법적인 효과를 발생하게 하는 등 국민의 구체적인 권리의무에 직접 영향을 미치는 행위**를 말하는 것으로서, 그 **주체, 내용, 절차, 형식에 있어서 어느 정도 성립 내지 효력요건을 충족하느냐에 따라 개별적으로 결정하여야 한다**(대판 2007.4.12, 2004두7924).
2. 쟁송법적 처분개념설에 입각한 판례
   (1) 행위의 성질, 효과 외에 **행정소송제도의 목적 또는 사법권에 의한 국민의 권리보호의 기능도 충분히 고려**

하여 합목적적으로 판단(대판 1984.2.14, 82누370)

(2) 행정청의 어떤 행위가 **항고소송의 대상이 될 수 있는지의 문제는 추상적·일반적으로 결정할 수 없고**, 구체적인 경우 행정처분은 행정청이 공권력의 주체로서 행하는 구체적 사실에 관한 법집행으로서 국민의 권리의무에 직접적으로 영향을 미치는 행위라는 점을 염두에 두고, 관련 법령의 내용과 취지, 그 행위의 주체·내용·형식·절차, 그 **행위와 상대방 등 이해관계인이 입는 불이익과의 실질적 견련성, 그리고 법치행정의 원리와 당해 행위에 관련한 행정청 및 이해관계인의 태도 등을 참작**하여 개별적으로 결정하여야 한다[대판(전합) 2010.11.18, 2008두167].

(3) 행정청의 행위가 항고소송의 대상이 되는지 판단하는 기준
행정청의 행위가 항고소송의 대상이 될 수 있는지는 추상적·일반적으로 결정할 수 없고, 구체적인 경우에 관련 법령의 내용과 취지, 그 행위의 주체·내용·형식·절차, 그 행위와 상대방 등 이해관계인이 입는 불이익 사이의 실질적 견련성, 법치행정의 원리와 그 행위에 관련된 행정청이나 이해관계인의 태도 등을 고려하여 개별적으로 결정하여야 한다. 또한 어떠한 처분에 법령상 근거가 있는지, 행정절차법에서 정한 처분절차를 준수하였는지는 본안에서 당해 처분이 적법한가를 판단하는 단계에서 고려할 요소이지, 소송요건 심사단계에서 고려할 요소가 아니다(대판 2020.1.16, 2019다264700).

(4) 행정청의 행위가 '처분'에 해당하는지 불분명한 경우, 이를 판단하는 방법
행정청의 행위가 '처분'에 해당하는지가 불분명한 경우에는 그에 대한 불복방법 선택에 중대한 이해관계를 가지는 상대방의 인식가능성과 예측가능성을 중요하게 고려하여 규범적으로 판단하여야 한다(대판 2020.4.9, 2019두61137).

Ⅱ 처분의 개념적 징표

1. 행정청

(1) 행정청의 의의

여기서 말하는 행정청은 행정조직법상 행정청과 일치하는 것이 아니다. 행정소송법상 행정청의 개념은 기능적으로 이해되어야 한다. 따라서 법원이나 국회의 기관(예 국회사무총장, 법원행정처장)이 행하는 실질적 의미의 행정(예 소속직원의 임면 등)에 속하는 구체적인 사실에 관한 법집행으로서의 공권력 행사는 처분에 해당한다. 행정청에는 법령에 의해 행정권한의 위임 또는 위탁을 받은 행정기관, 공공단체 및 그 기관 또는 사인도 행정청과 동일한 기능을 수행하면 행정청에 포함된다(제2조 제2항).

1. 행정청이 아닌 자의 행위는 처분이 아니다
행정소송의 대상이 되는 행정처분은, 행정청 또는 그 소속기관이나 법령에 의하여 행정권한의 위임 또는 위탁을 받은 공공기관이 국민의 권리의무에 관계되는 사항에 관하여 공권력을 발동하여 행하는 공법상의 행

위를 말하며, 그것이 **상대방의 권리를 제한하는 행위라 하더라도 행정청 또는 그 소속기관이나 권한을 위임받은 공공기관의 행위가 아닌 한 이를 행정처분이라고 할 수 없다**(대결 2010.11.26, 2010무137).

2. 행정소송의 대상이 되는 행정처분의 의미

   행정소송의 대상이 되는 행정처분은, 행정청 또는 그 소속기관이나 법령에 의하여 행정권한의 위임 또는 위탁을 받은 공공기관이 국민의 권리의무에 관계되는 사항에 관하여 공권력을 발동하여 행하는 공법상의 행위를 말하며, 그것이 상대방의 권리를 제한하는 행위라 하더라도 행정청 또는 그 소속기관이나 권한을 위임받은 공공기관의 행위가 아닌 한 이를 행정처분이라고 할 수 없다(대판 2014.12.24, 2010두6700).

① 입법기관

인정사례

1. 지방의회의 의원징계의결(대판 1993.11.26, 93누7341)
   - 피고는 지방의회
2. 지방의회의장에 대한 불신임의결(대결 1994.10.11, 94두23)
   - 피고는 지방의회
3. 지방의회의 의장선거(대판 1995.1.12, 94누2602)
   - 피고는 지방의회

1. 지방의회 의장선거

   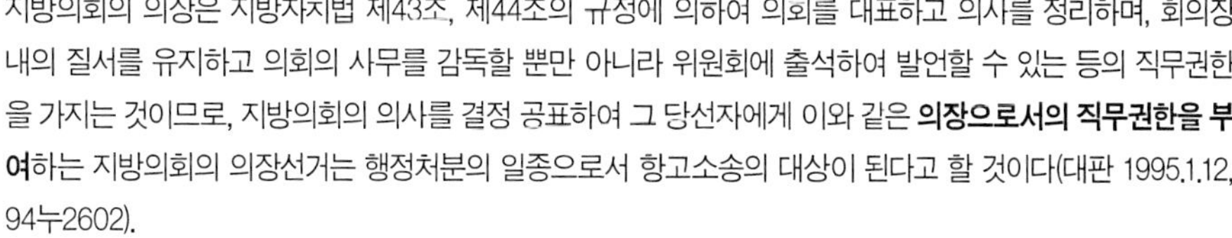

   지방의회의 의장은 지방자치법 제43조, 제44조의 규정에 의하여 의회를 대표하고 의사를 정리하며, 회의장 내의 질서를 유지하고 의회의 사무를 감독할 뿐만 아니라 위원회에 출석하여 발언할 수 있는 등의 직무권한을 가지는 것이므로, 지방의회의 의사를 결정 공표하여 그 당선자에게 이와 같은 **의장으로서의 직무권한을 부여**하는 지방의회의 의장선거는 행정처분의 일종으로서 항고소송의 대상이 된다고 할 것이다(대판 1995.1.12, 94누2602).

2. 등교하던 중 학교 복도에서 쓰러진 후 사망한 고등학생 甲의 아버지 乙이 서울특별시학교안전공제회에 甲에 대한 요양급여 등의 지급을 구하는 학교안전공제보상심사청구를 하였으나 공제회가 심사청구를 기각하는 결정을 한 경우 보상심사청구 기각결정은 항고소송의 대상인 행정처분이 아니다

   공제회는 행정청 또는 그 소속기관이나 법령에 의하여 행정권한을 위임받은 공공단체가 아닐 뿐만 아니라, 학교안전공제보상심사청구를 기각한 결정을 乙의 권리·의무에 관계되는 사항에 관하여 직접 효력을 미치는 공권력의 발동으로서 하는 공법상의 행위로 볼 수도 없다는 이유로, 공제회가 한 보상심사청구 기각결정은 항고소송의 대상인 행정처분이 아니라고 본 원심판단을 정당하다고 한 사례(대판 2012.12.13, 2010두20874)

② 행정청, 공공단체, 공무수탁사인

㉠ 인정사례

1. 공공조합직원의 근무관계 : 농지개량조합의 직원에 대한 징계처분(대판 1995.6.9, 94누10870)
2. 환지 예정지지정처분(대판 1965.6.22, 64누106), 환지처분(대판 1999.8.20, 97누6889)
   ■ 환지처분이 확정된 후 별도로 행하여진 환지청산금교부처분은 사법적 심사의 대상인 행정처분이 아님(대판 1987.3.24, 85누926) : 환지청산금교부처분도 환지계획에 따른 환지처분에 포함되는 것이므로
3. 도시재개발법상 종전 토지소유자에 대한 분양처분(대판 1995.6. 30, 95다10570) : 재개발구역 안의 종전의 토지 또는 건축물에 대하여 재개발사업에 의하여 조성되거나 축조되는 대지 또는 건축 시설의 위치 및 범위 등을 정하고 그 가격의 차액에 상당하는 금액을 청산하거나, 대지 또는 건축 시설을 정하지 않고 금전으로 청산하는 공법상 처분
4. 성업공사의 체납압류된 재산에 대한 공매처분(대판 1997.2.28, 96누1757)
5. 토지구획정리조합의 조합원에 대한 경비부과징수(대판 2002.5.28, 2000다5817)
6. 행정기관이 한 입찰참가자격제한처분
   ① 국방부장관의 입찰참가자격제한처분(대판 1996.2.27, 95누4360)
   ② 관악구청장의 입찰참가자격제한처분(대판 1999.3.9, 98두18565)
   ③ 서울특별시장의 입찰참가자격제한처분(대판 1994.8.23, 94누3568)
   ④ 공기업·준정부기관이 법령에 근거하여 계약상대방에게 한 입찰참가자격 제한 조치(대판 2018.10.25., 2016두33537)
7. 과세관청이 납세의무자에 대하여 양도소득세의 과세표준과 세액이 기한후과세표준신고서 제출 당시 이미 자진납부한 금액과 동일하여 별도로 고지할 세액이 없다는 내용의 신고시인결정 통지(대판 2020.2.27, 2016두60898) : 과세관청의 결정
8. 법무사의 사무원 채용승인 신청에 대하여 소속 지방법무사회가 '채용승인을 거부'하는 조치 또는 일단 채용승인을 하였으나 법무사규칙 제37조 제6항을 근거로 '채용승인을 취소'하는 조치(대판 2020.4.9, 2015다34444) : 공법인인 지방법무사회가 행하는 구체적 사실에 관한 법집행으로서 공권력의 행사 또는 그 거부에 해당
9. 근로복지공단이 사업주에 대하여 하는 '개별 사업장의 사업종류 변경결정'(대판 2020.4.9, 2019두61137)
10. 법무사의 사무원 채용승인 신청에 대하여 소속 지방법무사회가 '채용승인을 거부'하는 조치 또는 일단 채용승인을 하였으나 법무사규칙 제37조 제6항을 근거로 '채용승인을 취소'하는 조치(대판 2020.4.9, 2015다34444) : 공법인인 지방법무사회가 행하는 구체적 사실에 관한 법집행으로서 공권력의 행사 또는 그 거부에 해당

1. 양도소득세 기한후과세표준신고서 제출 시 과세관청이 이미 자진납부한 금액과 동일하므로 별도로 고지할 세액이 없다는 신고시인결정 통지를 한 경우, 위 통지는 구 국세기본법 제45조의3 제3항이 정한 과세관청의 결정으로서 항고소송의 대상이 되는 행정처분에 해당한다(대판 2014.10.27, 2013두6633).
2. 법무사의 사무원 채용승인 신청에 대하여 소속 지방법무사회가 '채용승인을 거부'하는 조치 또는 일단 채용승인을 하였으나 법무사규칙 제37조 제6항을 근거로 '채용승인을 취소'하는 조치는 항고소송의 대상인 '처분'에 해당한다(대판 2020.4.9, 2015다34444).
3. 「공공기관의 운영에 관한 법률」 제39조 제2항과 그 하위법령에 따른 입찰참가자격제한 조치는 행정처분에 해당하고 한국수력원자력 주식회사는 법령에 따라 행정처분권한을 위임받은 공공기관으로서 행정청에 해당한다(대판 2020.5.28, 2017두66541).

ⓛ 부정사례

1. 공사나 공단직원의 근무관계
   ① 한국조폐공사 직원의 근무관계(대판 1978.4.25, 78다414)
   ② 서울특별시 지하철공사 임직원 징계(대판 1989.9.12, 89누2103)
2. 행정기관이 아닌 공사나 공단이 한 입찰참가자격제한처분 : 다수설은 긍정설
   ① 한국전력공사나 그 예하 발전소 등의 대표자가 한 입찰참가자격 제한처분(대판 1985.1.22, 84누647)
   ② 한국토지개발공사가 일정기간 입찰참가자격을 제한하는 내용의 부정당업자제재처분(대결 1995.2.28, 94두36)
   ③ 공기업·준정부기관이 계약에 근거하여 계약상대방에게 한 입찰참가자격 제한 조치(대판 2018.10.25, 2016두33537)
3. 조세원천징수의무자의 원천징수행위(대판 1984.2.14, 82누177)
4. 한국마사회의 조교사 및 기수 면허 부여 또는 취소(대판 2008.1.31, 2005두8269)

한국마사회의 조교사 및 기수 면허 부여 또는 취소는 행정처분이 아니다(한국마사회의 행정청으로서의 지위부정)

한국마사회가 조교사 또는 기수의 면허를 부여하거나 취소하는 것은 경마를 독점적으로 개최할 수 있는 지위에서 우수한 능력을 갖추었다고 인정되는 사람에게 경마에서의 일정한 기능과 역할을 수행할 수 있는 자격을 부여하거나 이를 박탈하는 것에 지나지 아니하므로, 이는 **국가 기타 행정기관으로부터 위탁받은 행정권한의 행사가 아니라 일반 사법상의 법률관계에서 이루어지는 단체 내부에서의 징계 내지 제재처분이다**(대판 2008.1.31, 2005두8269).

③ 기 타

구분		사례
의결기관	부정	국가보훈처 산하 보훈심사위원회의 의결(대판 1989.1.24, 88누3314) : 보훈심사위원회는 국가보훈처장을 돕기 위해 필요한 사항을 심의 의결함에 불과하고 스스로 의사를 결정하고 이를 대외적으로 표시할 수 있는 기관이 아니어서 독립하여 행정처분이나 재결을 할 수 있는 행정청이라 할 수 없으므로
서울특별시 학교 안전공제회	부정	등교하던 중 학교 복도에서 쓰러진 후 사망한 고등학생 甲의 아버지 乙이 서울특별시학교안전공제회에 甲에 대한 요양급여 등의 지급을 구하는 학교안전공제보상심사청구를 하였으나 공제회가 심사청구를 기각하는 결정을 한 경우 보상심사청구 기각결정은 처분성 부정(대판 2012.12.13, 2010두20874)

등교하던 중 학교 복도에서 쓰러진 후 사망한 고등학생 甲의 아버지 乙이 서울특별시학교안전공제회에 甲에 대한 요양급여 등의 지급을 구하는 학교안전공제보상심사청구를 하였으나 공제회가 심사청구를 기각하는 결정을 한 경우 보상심사청구 기각결정은 항고소송의 대상인 행정처분이 아니다

공제회는 행정청 또는 그 소속기관이나 법령에 의하여 행정권한을 위임받은 공공단체가 아닐 뿐만 아니라, 학교안전공제보상심사청구를 기각한 결정을 乙의 권리·의무에 관계되는 사항에 관하여 직접 효력을 미치는 공권력의 발동으로서 하는 공법상의 행위로 볼 수도 없다는 이유로, 공제회가 한 보상심사청구 기각결정은 항고소송의 대상인 행정처분이 아니라고 본 원심판단을 정당하다고 한 사례(대판 2012.12.13, 2010두20874)

2. 구체적 사실에 관한 법집행행위

(1) 의 의

처분은 구체적 사실에 관한 공권력 행사이다. 구체적 사실이란 기본적으로 관련자가 개별적이고 규율대상이 구체적인 것을 의미한다. 따라서 일반적·추상적 사실에 대한 규율인 행정입법은 처분이 아니다. 관련자가 일반적이고 규율사건이 구체적인 경우의 규율은 일반처분이라 하고 이것 역시 처분에 해당한다.

(2) 행정입법

일반·추상적 규율로서의 행정입법(명령)은 직접 취소소송의 대상이 되지 않는다(대판 1987.3.24, 86누656). 그러나 법규명령이라 하더라도 개별적 행위를 매개하지 아니하고 직접 개인의 법률상 이익을 침해할 경우에 예외적으로 이른바 처분적 명령으로서 취소쟁송의 대상이 된다(대판 1996.9.20, 95누8003).

3. 공권력의 행사

행정소송법상 처분은 공권력 행사이다. 공권력 행사란 행정청이 우월한 공권력의 지위에서 일방적으로 행하는 권력적 단독행위를 의미한다. 따라서 행정청이 행하는 사법작용이나 사인과의 대등한 관계에서 이루어지는 공법상 계약 등은 여기서 말하는 공권력 행사에 해당하지 아니한다.

(1) 권력적 사실행위

권력적 사실행위의 처분성에 대해 통설과 판례는 권력적 사실행위 그 자체로 처분성을 인정하지만, 순수사실행위(예 건물철거행위)와 행정행위(철거 시 상대방의 수인의무)의 합성적인 행위로 보고 행정행위인 수인하명에 대해서만 처분성을 인정하는 견해(합성처분설)도 유력하게 제시된다.

(2) 권고 등 비권력적 행위

권고 등 비권력적 사실행위는 원칙상 처분이 아니다. 따라서 이에 대한 구제수단으로는 공법상 당사자소송에 의한다(실무에서는 민사소송과 함께 공사중지 가처분 신청).

4. 공권력 행사의 거부

(1) 거부처분의 의의

거부처분이란 소극적 행정행위의 하나로서 현존하는 법률상태에 변동을 가져오지 아니하는 내용의 행정행위를 말한다. 거부처분은 부작위와는 달리 소극적 내용이긴 하지만 외관상 일정한 행정행위가 있다는 점에서 처분적 행정행위와 같다.

(2) 거부행위의 처분성 인정 요건

① 행정처분의 거부일 것 : 항고소송의 대상적격으로서의 거부처분은 모든 공권력 행사의 거부를 의미하는 것이 아니라 거부된 행정작용이 행정청이 행하는 구체적 사실에 관한 법집행으로서의 공권력 행사의 거부인 경우만을 의미한다. 즉, 처분의 거부에 한정된다. 따라서 처분이 아닌 사경제적 행위에 대한 거부행위나, 공법상의 법률관계에 대한 거부행위, 비권력적 사실행위에 대한 거부행위 등은 거부처분이 아니다.

사경제적 행위의 거부	공법상의 법률관계에 대한 거부
1. 국유임야의 무상양여신청 거부행위(대판 1984.12.11, 83누291) 2. 국유재산 매각신청 반려(대판 1986.6.24, 86누171) 3. 기부채납 부동산의 사용허가기간 연장신청 거부행위(대판 1994.1.25, 93누7365) 4. 지방자치단체장의 국유 잡종재산 대부신청 거부(대판 1998.9.22, 98두7602)	1. 공무원연금관리공단이 퇴직연금 중 일부 금액에 대하여 한 지급거부의 의사표시(대판 2004.7.8, 2004두244) : 공법상의 법률관계의 한쪽 당사자로서 그 지급의무의 존부 및 범위에 관하여 나름대로의 사실상·법률상 의견을 밝힌 것일 뿐 2. 석탄산업합리화사업단의 재해위로금 지급거부의 의사표시(대판 1999.1.26, 98두12598) : 그 의사표시는 재해위로금 청구권을 형성·확정하는 행정처분이 아니라 공법상의 법률관계의 한쪽 당사자로서 그 지급의무의 존부 및 범위에 관하여 나름대로의 사실상·법률상 의견을 밝힌 것에 불과

② 거부행위가 신청인의 법률관계에 영향을 미치는 거부일 것 : 거부행위는 국민의 권리의무에 직접적 변동을 초래하는 것이어야 한다. 따라서 사실행위로서의 거부행위는 신청인의 권리의무에 아무런 영향을 미치는 것이 아니므로 거부처분이 아니다.

'신청인의 법률관계에 어떤 변동을 일으키는 것'의 의미는 신청인의 실체상의 권리관계에 직접적인 변동을 일으키는 것은 물론, 그렇지 않다 하더라도 신청인이 실체상의 권리자로서 권리를 행사함에 중대한 지장을 초래하는 것도 포함한다

국민의 적극적 행위 신청에 대하여 행정청이 그 신청에 따른 행위를 하지 않겠다고 거부한 행위가 항고소송의 대상이 되는 행정처분에 해당하는 것이라고 하려면, 그 신청한 행위가 공권력의 행사 또는 이에 준하는 행정작용

이어야 하고, 그 거부행위가 신청인의 법률관계에 어떤 변동을 일으키는 것이어야** 하며, 그 국민에게 그 행위발동을 요구할 법규상 또는 조리상의 신청권이 있어야 하는바, 여기에서 **'신청인의 법률관계에 어떤 변동을 일으키는 것'이라는 의미는 신청인의 실체상의 권리관계에 직접적인 변동을 일으키는 것은 물론, 그렇지 않다 하더라도 신청인이 실체상의 권리자로서 권리를 행사함에 중대한 지장을 초래하는 것도 포함한다**(대판 2007.10.11, 2007두1316).

권리의무와 관련된 거부(인정)	사실행위로서의 거부(부정)
1. 건축계획심의신청에 대한 반려(대판 2007.10.11, 2007두1316) : 이 사건 반려처분은 객관적으로 행정처분으로 인식할 정도의 외형을 갖추고 있고, 원고도 이를 행정처분으로 인식하고 있는 점, 피고는 건축위원회의 심의대상이 되는 건축물에 대한 건축허가를 신청하려는 사람으로 하여금 그 신청에 앞서 건축계획심의신청을 하도록 하고, 그 절차를 거치지 아니한 경우 건축허가를 접수하지 아니하고 있어 원고로서는 이 사건 건축물의 건축허가신청에 중대한 지장이 초래된 점 2. 상수원 수질보전을 위하여 필요한 지역 내 토지의 매수신청에 대한 거부(대판 2009.9.10, 2007두20638) : 토지 등의 매수제도는 환경침해적인 토지이용을 예방하여 상수원의 수질개선을 도모함과 아울러 상수원지역의 토지이용규제로 인한 토지 등의 소유자의 재산권 침해에 대해 보상하려는 것을 목적으로 하는 것으로서 손실보상을 대체하는 성격 3. 결손금액증액경정청구 거부처분(대판 2009.7.9, 2007두1781) 4. 평택~시흥 간 고속도로 건설공사 사업시행자인 한국도로공사가 구 지적법 제24조 제1항, 제28조 제1호에 따라 고속도로 건설공사에 편입되는 토지소유자들을 대위하여 토지면적등록 정정신청을 하였으나 화성시장이 이를 반려한 반려처분(대판 2011.8.25, 2011두3371)	1. 국가공무원법의 규정에 의하여 당연퇴직된 이후 오랜 시간이 경과한 이후 당연퇴직의 내용과 상반되는 처분을 해줄 것을 구하는 신청에 대한 행정청의 거부(헌재결 2003.10.30, 2002헌가24) : 당연퇴직의 효과가 법률상 계속하여 존재하는 사실을 알려주는 일종의 안내에 불과 2. 과거에 법률에 의하여 당연퇴직된 공무원의 복직 또는 재임용신청에 대한 행정청의 거부(대판 2006.3.10, 2005두562) : 당연퇴직의 효과가 계속하여 존재한다는 것을 알려주는 일종의 안내에 불과 3. 종교단체가 납골탑 설치신고를 함에 있어 관리사무실, 유족편의시설 등과 같은 부대시설에 관한 사항을 신고한 데 대한 행정청의 반려(대판 2005.2.25, 2004두4031) : 위와 같은 시설들은 신고한 납골탑을 실제로 설치·관리함에 있어 마련해야 하는 시설에 불과한 것으로서 납골탑 설치신고의 신고대상이 되지 않는다. ■ 다만, 동 판례에서 납골탑 설치신고반려는 처분성 인정

1. 상수원 수질보전을 위하여 필요한 지역 내 토지의 매수신청에 대한 거부는 처분에 해당한다

「금강수계 물관리 및 주민지원 등에 관한 법률」 제8조의 **토지 등의 매수제도는 환경침해적인 토지이용을 예방하여 상수원의 수질개선을 도모함과 아울러 상수원지역의 토지이용규제로 인한 토지 등의 소유자의 재산권 침해에 대해 보상하려는 것을 목적으로 하는 것으로서 손실보상을 대체하는 성격**도 있는 점, 위 규정에 따른 **매수신청에 대하여 유역환경청장 등이 매수거절의 결정을 할 경우 토지 등의 소유자로서는 재산권에 대한 제한을 피할 수 없게 되는데, 위 매수거절을 항고소송의 대상이 되는 행정처분으로 보지 않는다면 달리 이에 대하여는 다툴 방법이 없게 되는 점** 등에 비추어 보면, 유역환경청장 등의 **매수 거부행위는 공권력의 행사 또는 이에 준하는 행정작용으로서 항고소송의 대상이 되는 행정처분에 해당**한다고 봄이 상당하고, 구체적으로 원고의 매수신청 인용 여부에 대하여는 본안에서 심리 후 판단하여야 할 사항이다(대판 2009.9.10, 2007두20638).

2. 결손금액증액경정청구 거부처분

구 국세기본법 제45조의2 제1항 제2호, 제3항의 규정에 의하면, 납세자가 법정신고기한 내에 과세표준신고서를 제출하였으나 그 **과세표준신고서에 기재된 결손금액이 세법에 의하여 신고하여야 할 결손금액에 미달하는 때에는 관할세무서장에게 결손금액의 증액을 내용으로 하는 경정청구를 할 수 있고,** 이 경우 경정청구를 받은 세무서장은 그 청구를 받은 날부터 2월 이내에 결손금액을 경정하거나 경정하여야 할 이유가 없다는 뜻을 그 청구를 한 자에게 통지하여야 할 의무가 있으므로, 만약 **세무서장이 납세자의 결손금액증액경정청구에 대하여 그 전부나 일부를 거부한 경우에는 납세자로서는 그 거부처분의 취소를 구하는 항고소송을 제기할 수 있다**(대판 2009.7.9, 2007두1781).

③ 원고에게 신청에 대한 법규상 또는 조리상 신청권이 있을 것 : 일반적인 작위처분과는 달리 거부행위나 부작위의 경우는 처분이 되기 위해 법규상 또는 조리상 신청권이 추가적으로 요구된다.

법규상 또는 조리상 신청권의 존재

행정청이 국민의 신청에 대하여 한 거부행위가 항고소송의 대상이 되는 행정처분이 된다고 하기 위하여는 **국민이 그 신청에 따른 행정행위를 요구할 수 있는 법규상 또는 조리상의 권리가 있어야** 하고 이러한 권리에 의하지 아니한 국민의 신청을 행정관청이 받아들이지 아니하고 거부한 경우에는 이로 인하여 신청인의 권리나 법적 이익에 어떤 영향을 주는 것이 아니므로 그 거부행위를 가리켜 항고소송의 대상이 되는 행정처분이라고 할 수 없다(대판 2006.6.30, 2004두701).

㉠ 법규상 또는 조리상 신청권의 체계적 지위 : 법규상 또는 조리상의 신청권의 분류에 대하여는 ⓐ 특정한 행정결정을 요구할 수 있는 것이 아니라 형식적 신청권에 해당하고 이는 대상적격의 문제라는 대상적격설(김남진·김연태, 박균성), ⓑ 원고적격에 관련된다는 원고적격설(홍정선), ⓒ 소송요건의 문제가 아니라 본안판단의 문제라는 본안요건설(홍준형)이 대립한다. 판례는 대상적격설을 취한다.

㉡ 신청권의 판단기준 : 신청권의 존부에 대한 판단기준은 일반국민을 기준으로 추상적·형식적으로 결정하고 인용이라는 만족적 결과를 얻을 권리는 본안판단의 문제라는 것이 판례이다.

신청권의 존부에 대한 판단기준(일반국민을 기준으로 추상적·형식적으로 결정) **[08 국가9급]**

거부처분의 처분성을 인정하기 위한 전제요건이 되는 신청권의 존부는 구체적 사건에서 신청인이 누구인가를 고려하지 않고 관계 법규의 해석에 의하여 일반국민에게 그러한 신청권을 인정하고 있는가를 살펴 추상적으로 결정되는 것이고, 신청인이 그 신청에 따른 단순한 응답을 받을 권리를 넘어서 신청의 인용이라는 만족적 결과를 얻을 권리를 의미하는 것은 아니다. 따라서 국민이 어떤 신청을 한 경우에 그 신청의 근거가 된 조항의 해석상 행정발동에 대한 개인의 신청권을 인정하고 있다고 보여지면 그 거부행위는 항고소송의 대상이 되는 처분으로 보아야 할 것이고, **구체적으로 그 신청이 인용될 수 있는가 하는 점은 본안에서 판단하여야 할 사항인 것이다**(대판 1996.6.11, 95누12460).

④ 거부의 의사표시가 있을 것

1. 행정청의 어떠한 조치가 사인의 행정재산 사용·수익허가 신청에 대한 거부처분에 해당한다고 보기 위한 요건

   행정재산의 사용·수익허가처분의 성질상 국민에게는 행정재산의 사용·수익허가를 신청할 법규상 또는 조리상의 권리가 있으므로, 이러한 **법규상 또는 조리상의 권리에 기한 사인의 적법한 신청에 대하여 행정청이 정당한 이유 없이 그 신청에 따르는 행위를 거부하거나 상당한 기간 내에 일정한 처분을 하지 아니하는 것은 위법하다** 할 것인데, 행정청의 어떠한 조치가 이와 같이 **신청에 대한 거부처분에 해당한다고 보기 위해서는 행정청의 종국적이고 실질적인 거부의 의사결정이 권한 있는 기관에 의하여 외부로 표시되어 신청인이 이를 알 수 있는 상태에 다다른 것으로 볼 수 있어야 한다**(대판 2008.10.23, 2007두6212, 6229).
2. 대학의 상근강사로서 근무를 마친 자가 정규교원에 임용하여 줄 것을 요청하는 내용의 탄원서에 대하여 교장이 민원서류 처리 결과통보의 형식으로 인사위원회에서 임용동의가 부결되어 임용하지 못한다는 설명을 담은 서신을 보낸 경우를 임용거부처분으로 본 사례(대판 1990.9.25, 89누4758)
3. 서울대공원 시설을 기부채납한 사람이 무상사용기간 만료 후 확약 사실에 근거하여 10년 유상사용 등의 허가를 구하는 확정적인 취지의 신청을 한 사안에서, 서울대공원 관리사업소장이 그 신청서를 반려하고 조건부 1년의 임시사용허가처분을 통보한 것은 사실상 거부처분에 해당한다고 한 사례

   원고의 위 2005년도 제2차 신청은 이 사건 무상사용기간의 만료에 즈음하여 원고 참여하의 새로운 민자사업방식에 의한 50년 내지 100년의 장기간 유상사용방안을 제안하면서 그에 대한 피고의 의사를 타진하는 포괄적이고 일반적인 취지의 신청에 불과한 2004년도 제1차 신청과 달리 그 주장의 확약사실에 기한 10년의 유상사용 등을 구하는 확정적인 취지의 신청이라 할 것이고, 이에 대해 피고 또한 종국적이고 명시적인 거부의사를 밝힌 것으로 보아야 할 것이다(대판 2008.10.23, 2007두6212, 6229).

(3) 구체적 사례

① 공무원임용관련

㉠ 신청권 인정사례(기대권자)

1. 국립서울교육대학 상근강사의 정규교원 임용신청거부(대판 1990.9.25, 89누4758) : 시보임용 내지 조건부채용 시 특별한 사정이 없는 한 정규공무원으로 임용될 권리를 취득하고, 시보임용기간 종료 후 정규공무원 내지 교원으로서의 임용이 거부된 경우 소청심사청구권
2. 인천광역시장이 종전 사립대학 소속교원의 신분에 대하여 교육공무원으로의 임용결격사유가 없는 한 전원 교육공무원으로 임용한다고 약정하였고, 교육부장관 스스로도 학교법인에 대하여 설립자변경과 관련하여 교원의 신분보장상의 문제점을 보완하도록 지시한 경우(대판 1997.10.10, 96누4046)

3 대학교원의 임용권자가 임용기간이 만료된 조교수(서울대학교 미대 김민수교수)에 대하여 재임용을 거부하는 취지로 한 임용기간만료의 통지[대판(전합) 2004.4.22, 2000두7735] : 기준에 부합되면 특별한 사정이 없는 한 재임용되리라는 기대를 가지고 재임용 여부에 관하여 합리적인 기준에 의한 공정한 심사를 요구할 법규상 또는 조리상 신청권

4. 대학교원의 신규채용에 있어서 유일한 면접심사대상자로 선정된 임용지원자에 대한 교원신규채용 중단조치(대판 2004.6.11, 2001두7053) : 임용권자에 대하여 나머지 심사를 공정하게 진행하여 그 심사에서 통과되면 대학교원으로 임용해 줄 것을 신청할 조리상의 권리가 있다.
5. 학교법인이 대학강의전담교원에게 계약기간의 만료로 인하여 교원의 신분이 상실되었음을 통보한 행위(대판 2009.10.29, 2008두12092)

1. 대학교원의 임용권자가 임용기간이 만료된 조교수에 대하여 재임용을 거부하는 취지로 한 임용기간만료의 통지는 행정소송의 대상이 되는 처분에 해당한다
   기간제로 임용되어 임용기간이 만료된 국·공립대학의 조교수는 교원으로서의 능력과 자질에 관하여 합리적인 기준에 의한 공정한 심사를 받아 위 기준에 부합되면 **특별한 사정이 없는 한 재임용되리라는 기대를 가지고 재임용 여부에 관하여 합리적인 기준에 의한 공정한 심사를 요구할 법규상 또는 조리상 신청권을 가진다**고 할 것이니, 임용권자가 임용기간이 만료된 조교수에 대하여 재임용을 거부하는 취지로 한 임용기간만료의 통지는 위와 같은 대학교원의 법률관계에 영향을 주는 것으로서 행정소송의 대상이 되는 처분에 해당한다[대판(전합) 2004.4.22, 2000두7735].
2. 학교법인이 교원에게 계약기간의 만료로 교원의 신분이 상실되었음을 통보한 사안에서, 학교법인과 교원 사이에 계약 내용에 관한 의사의 불일치로 재임용계약의 체결이 무산되었다고 하더라도 교원이 재임용을 원하고 있었던 이상 재임용계약의 무산은 결과적으로 재임용거부행위로 볼 여지가 있는 점 등에 비추어, 위 통보행위가 **재임용거부처분**에 해당하여 「교원지위향상을 위한 특별법」 제9조 제1항에 정한 소청심사청구의 대상이 된다고 한 사례(대판 2009.10.29, 2008두12092)

㉡ 신청권 부정사례

1. 사립대학(인천전문대학)을 공립대학(시립대학)으로 신설하는 경우 설립자변경 인가처분의 효력발생일 이전에 임용기간이 만료된 교원들의 교육공무원으로의 임용을 신청할 권리(대판 1997.10.10, 96누4046)
2. 국·공립 대학교원 임용지원자에 대한 거부행위(대판 2003.10.23, 2002두12489)
3. 교육공무원법 제12조에 따른 특별채용대상자로서의 자격을 갖춘 임용지원자의 특별채용신청거부(대판 2005.4.15, 2004두11626)

② 이주대책·특별분양

신청권 인정사례	신청권 부정사례
1. 사업주체인 서울시 양천구청장이 주택건설촉진법의 위임에 따라 건설부장관이 제정한 「주택공급에 관한 규칙」 제15조 제1항 제5호에 해당함을 이유로 특별분양을 요구하는 자에게 입주권부여를 거부한 행위(대판 1992.1.21, 91누2649) : 공공사업에 협력한 자에게 특별공급의 기회를 요구할 수 있는 법적인 이익을 부여하고 있는 것이라고 보아야 할 것이므로 특별공급신청권(이는 특별공급을 받을 권리와는 다른 개념이다)이 인정 2. 택지개발촉진법에 따른 사업시행을 위하여 토지 등을 제공한 자가 「공공용지의 취득 및 손실보상에 관한 특례법」 제8조(이주대책)에 해당함을 이유로 특별분양을 요구한 데 대하여 이를 거부한 행위(대판 1992.11.27, 92누3618) 3. 사업시행자가 「공공용지의 취득 및 손실보상에 관한 특례법」 제8조 제1항에 기한 특별분양 신청을 거부한 행위(대판 1999.8.20, 98두17043) : 이주대책은 공공사업에 협력한 자에게 특별공급의 기회를 요구할 수 있는 법적인 이익을 부여	1. 서울특별시의 시영아파트에 대한 특별분양불허의 의사표시(대판 1993.5.11, 93누2247) : 서울특별시의 '철거민에 대한 시영아파트 특별분양개선지침'은 서울특별시 내부에 있어서의 행정지침에 불과하고 지침 소정의 사람에게 공법상의 분양신청권이 부여되는 것이 아니라 할 것이므로 2. 서울특별시 자치구의 '철거민에 대한 국민주택특별공급지침'에 의한 주택공급신청 거부행위(대판 1997.3.14, 96누19079) : 서울특별시 자치구의 구청장이 제정하여 시행하던 '철거민에 대한 국민주택특별공급지침'은 행정청 내부에 있어서의 행정지침에 불과하며 그 지침 소정의 사람에게 공법상의 분양신청권이 부여되는 것은 아니므로

③ 문화재 지정해제신청거부

신청권 인정사례	신청권 부정사례
1. 문화재보호구역 내 토지소유자의 문화재보호구역 지정해제신청에 대한 행정청의 거부행위(대판 2004.4.27, 2003두8821) : 검토 결과 보호구역의 지정이 적정하지 아니하거나 기타 특별한 사유가 있는 때에는 보호구역의 지정을 해제하거나 그 범위를 조정하여야 하고, 적정성 여부의 검토에 있어서 보호구역의 지정이 재산권 행사에 미치는 영향 등을 고려하도록 규정하고 있는 점과 헌법상 개인의 재산권 보장의 취지 2. 문화재청장이 국가지정문화재[남양주시 금곡동 홍릉(고종황제와 명성황후의 묘릉)·유릉(순종황제와 황후 2인의 묘)]의 보호구역에 인접한 나대지에 건물을 신축하기 위한 국가지정문화재 현상변경신청을 거부한 행위(대판 2006.5.12, 2004두9920)	백이정선생의 가묘에 대한 경상남도지정문화재 지정에 대해 후손들이 명예감정의 훼손을 이유로 한 해제신청거부(대판 2001.9.28, 99두8565) : 법규상으로 개인에게 그러한 신청권이 있다고 할 수 없고, 신청권을 부여하지 아니한 취지는, 도지사로 하여금 개인의 신청에 구애됨이 없이 문화재의 보존이라는 공익적인 견지에서 객관적으로 지정해제사유 해당 여부를 판정하도록 함에 있다고 할 것이므로

문화재보호구역 내 토지소유자의 문화재보호구역 지정해제 신청에 대한 행정청의 거부행위

문화재보호법은 문화재를 보존하여 이를 활용함으로써 국민의 문화적 생활의 향상을 도모함과 아울러 인류문화의 발전에 기여함을 목적으로 하면서도, 문화재보호구역의 지정에 따른 재산권행사의 제한을 줄이기 위하여, 행정청에게 보호구역을 지정한 경우에 일정한 기간마다 적정성 여부를 검토할 의무를 부과하고, 그 검토사항 등에 관한 사항은 문화관광부령으로 정하도록 위임하였으며, 검토 결과 보호구역의 지정이 적정하지 아니하거나 기타 특별한 사유가 있는 때에는 보호구역의 지정을 해제하거나 그 범위를 조정하여야

한다고 규정하고 있는 점, 같은 법 제8조 제3항의 위임에 의한 같은 법 시행규칙 제3조의2 제1항은 그 **적정성 여부의 검토에 있어서 당해 문화재의 보존 가치 외에도 보호구역의 지정이 재산권 행사에 미치는 영향 등을 고려하도록 규정**하고 있는 점 등과 헌법상 개인의 재산권 보장의 취지에 비추어 보면, **문화재보호구역 내에 있는 토지소유자 등으로서는 위 보호구역의 지정해제를 요구할 수 있는 법규상 또는 조리상의 신청권이 있다고 할 것**이고, **이러한 신청에 대한 거부행위는 항고소송의 대상이 되는 행정처분에 해당**한다(대판 2004.4.27, 2003두8821).

---

④ 신청에 의한 행정행위의 거부(인정)

1. 허가거부 : 영업허가갱신신청에 대한 거부행위
2. 특허거부 : 행정재산의 사용·수익에 대한 허가신청을 거부한 행위(대판 1998.2.27, 97누1105), 공유수면점용기간 연장신청거부(대판 1982.2.23, 81누7)
3. 인가거부 : 방송위원회가 중계유선방송사업자에게 한 종합유선방송사업 승인거부처분(대판 2005.1.14, 2003두13045)

⑤ 기 타

㉠ 인정사례

1. 사회단체등록신청 반려[대판(전합) 1989.12.26, 87누308] : 등록신청의 법적 성질은 사인의 공법행위로서의 신고이고 등록은 당해 신고를 수리하는 것을 의미하는 준법률행위적 행정헹위
2. 검사임용신청에 대한 거부(대판 1991.2.12, 90누5825) : 법령상 검사임용신청 및 그 처리의 제도에 관한 명문규정이 없다고 하여도 조리상 임용권자는 임용신청자들에게 전형의 결과인 임용 여부의 응답을 해 줄 의무가 있다.
3. 주민등록 전입신고에 따른 등록거부(대판 1992.4.28, 91누8753)
4. 구속피고인에 대한 교도소장의 접견허가거부처분(대판 1992.5.8, 91누7552)
5. 국세징수법에 따른 담보권자의 매각대금배분신청 거부(대판 1992.12.22, 92누7580)
6. 상이등급 재분류 신청에 대한 지방보훈지청장의 거부(대판 1998.4.28, 97누13023)
7. 진료기관의 의료보호비용 청구에 대한 지급거부(대판 1999.11.26, 97다42250)
8. 근로기준법상 평균임금정정신청거부(대판 2002.10.25, 2000두9717) : 처분성 인정을 전제로 본안판단
9. 실용신안권이 특허청장의 직권에 의하여 불법 또는 착오로 소멸등록된 경우 특허청장에 대하여 한 실용신안권의 회복등록신청거부(대판 2002.11.22, 2000두9229) : 권리를 표창하지 못하고 처분이나 담보제공 불가
10. 학력인정 학교형태의 평생교육시설의 설치자 명의변경신청에 대한 행정청의 거부(대판 2003.4.11, 2001두9929)
11. 정보제공신청에 대한 거부
12. 「지방이전기업유치에 대한 국가의 재정자금지원기준」 제7조에 따라 입지보조금 등 지급을 신청하였고 이에 따라 광주광역시장이 지식경제부장관에게 지급신청을 하였는데, 이후 지식경제부장관이 광주광역시장에게 반려하자 광주광역시장이 다시 갑 회사에 반려한 사안에서, 지식경제부장관의 반려회신은 항고소송 대상이 되는 행정처분에 해당하지 않고, 광주광역시장의 반려처분은 항고소송 대상이 되는 행정처분에 해당(대판 2011.9.29, 2010 두26339)

13. 뉴타운개발 사업시행자가 사업시행으로 생활근거 등을 상실하는 주민들을 위한 주거대책 및 생활대책을 공고함에 따라 화훼도매업을 하던 갑이 사업시행자에게 생활대책신청을 하였으나, 사업시행자가 갑은 위 주거대책 및 생활대책에서 정한 '이주대책 기준일 3개월 이전부터 사업자등록을 하고 영업을 계속한 화훼영업자'에 해당하지 않는다는 이유로 화훼용지 공급대상자에서 제외한 거부행위(대판 2011.10.13, 2008두17905)
14. 토지사용승낙서를 작성해주었던 건축허가 대상 토지 소유자의 건축허가 철회신청을 거부한 행위(대판 2017.3.15, 2014두41190)
15. 甲 등이 인터넷 포털사이트 등의 개인정보 유출사고로 자신들의 주민등록번호 등 개인정보가 불법 유출되자 이를 이유로 관할 구청장(서울특별시 성북구청장)에게 주민등록번호를 변경해 줄 것을 신청하였으나 구청장이 '주민등록번호가 불법 유출된 경우 주민등록법상 변경이 허용되지 않는다.'는 이유로 주민등록번호 변경을 거부하는 취지의 통지(대판 2017.6.15, 2013두2945)

1. 수도권 소재 갑 주식회사가 본사와 공장을 광주광역시로 이전하는 계획하에 광주광역시장에게 구 '지방자치단체의 지방이전기업유치에 대한 국가의 재정자금지원기준' 제7조에 따라 입지보조금 등 지급을 신청하였고 이에 따라 광주광역시장이 지식경제부장관에게 지급신청을 하였는데, 이후 지식경제부장관이 광주광역시장에게 반려하자 광주광역시장이 다시 갑 회사에 반려한 사안에서, 지식경제부장관의 반려회신은 항고소송 대상이 되는 행정처분에 해당하지 않고, 광주광역시장의 반려처분은 항고소송 대상이 되는 행정처분에 해당한다

   수도권 소재 갑 주식회사가 본사와 공장을 광주광역시로 이전하는 계획하에 광주광역시장에게 구 '지방자치단체의 지방이전기업유치에 대한 국가의 재정자금지원기준 제7조에 따라 입지보조금 등 지급을 신청하였고 이에 따라 광주광역시장이 지식경제부장관에게 지급신청을 하였는데, 이후 지식경제부장관이 광주광역시장에게 갑 회사가 지원대상요건을 충족하지 못한다는 이유로 반려하자 광주광역시장이 다시 갑 회사에 같은 이유로 반려한 사안에서, 「국가균형발전 특별법」 제19조 제1항, 제3항, '국가균형발전 특별법 시행령' 제17조 제2항, 제3항 등 관련 규정들의 형식 및 내용에 의하면, **지식경제부장관에 대한 국가보조금 지급신청권은 해당 지방자치단체장에게 있고, 지방이전기업은 해당 지방자치단체장에게 국가 보조금 지급신청을 할 수 있을 뿐 지식경제부장관에게 국가 보조금 지급을 요구할 법규상 또는 조리상 신청권이 있다고 볼 수 없으므로, 지식경제부장관의 반려회신은 항고소송 대상이 되는 행정처분에 해당하지 않고, 원고는** 관련 규정 및 구 '광주광역시 투자유치 촉진 조례' 제18조 제1항 제3호, 제19조, 제20조, 제21조 및 구 '광주광역시 투자유치 촉진 조례 시행규칙' 제8조, 제9조, 제10조에 따라 **피고 광주광역시장에 대하여 보조금 지급신청권을 가진다고 할 것이어서 피고 광주광역시장의 반려처분은 항고소송의 대상이 되는 처분에 해당한다**(대판 2011.9.29, 2010두26339).
2. 사업시행자 스스로 공익사업의 원활한 시행을 위하여 생활대책을 수립·실시할 수 있도록 하는 내부규정을 두고 이에 따라 생활대책대상자 선정기준을 마련하여 생활대책을 수립·실시하는 경우, 생활대책대상자 선정기준에 해당하는 자가 자신을 생활대책대상자에서 제외하거나 선정을 거부한 행위는 행정처분이므로 사업시행자를 상대로 항고소송을 제기할 수 있다(대판 2011. 10.13, 2008두17905).
3. 도시계획시설결정에 이해관계가 있는 주민에게 도시시설계획의 입안 내지 변경을 요구할 수 있는 법규상 또는 조리상의 신청권이 있고, 이러한 신청에 대한 거부행위는 항고소송의 대상이 되는 행정처분에 해당한다

   「국토의 계획 및 이용에 관한 법률」은 국토의 이용·개발과 보전을 위한 계획의 수립 및 집행 등에 필요한 사항을 규정함으로써 공공복리를 증진시키고 국민의 삶의 질을 향상시키는 것을 목적으로 하면서도 도

시계획시설결정으로 인한 개인의 재산권행사의 제한을 줄이기 위하여, 도시·군계획시설부지의 매수청구권(제47조), 도시·군계획시설결정의 실효(제48조)에 관한 규정과 아울러 도시·군관리계획의 입안권자인 특별시장·광역시장·특별자치시장·특별자치도지사·시장 또는 군수(이입안권자)는 5년마다 관할 구역의 도시·군관리계획에 대하여 타당성 여부를 전반적으로 재검토하여 정비하여야 할 의무를 지우고(제34조), 주민(이해관계자 포함)에게는 도시·군관리계획의 입안권자에게 기반시설의 설치·정비 또는 개량에 관한 사항, 지구단위계획구역의 지정 및 변경과 지구단위계획의 수립 및 변경에 관한 사항에 대하여 도시·군관리계획도서와 계획설명서를 첨부하여 도시·군관리계획의 입안을 제안할 권리를 부여하고 있고, 입안제안을 받은 입안권자는 그 처리 결과를 제안자에게 통보하도록 규정하고 있다. 이들 규정에 헌법상 개인의 재산권 보장의 취지를 더하여 보면, 도시계획구역 내 토지 등을 소유하고 있는 사람과 같이 당해 도시계획시설결정에 이해관계가 있는 주민으로서는 도시시설계획의 입안권자 내지 결정권자에게 도시시설계획의 입안 내지 변경을 요구할 수 있는 법규상 또는 조리상의 신청권이 있고, 이러한 신청에 대한 거부행위는 항고소송의 대상이 되는 행정처분에 해당한다(대판 2015.3.26, 2014두42742).

4. 건축주가 토지 소유자로부터 토지사용승낙서를 받아 토지 위에 건축물을 건축하는 대물적(對物的) 성질의 건축허가를 받았다가 착공에 앞서 건축주의 귀책사유로 해당 토지를 사용할 권리를 상실한 경우, 토지 소유자가 건축허가의 철회를 신청할 수 있고, 토지 소유자의 신청을 거부한 행위는 항고소송의 대상이 된다

   건축허가는 대물적 성질을 갖는 것이어서 행정청으로서는 허가를 할 때에 건축주 또는 토지 소유자가 누구인지 등 인적 요소에 관하여는 형식적 심사만 한다. 건축주가 토지 소유자로부터 토지사용승낙서를 받아 그 토지 위에 건축물을 건축하는 대물적(對物的) 성질의 건축허가를 받았다가 착공에 앞서 건축주의 귀책사유로 해당 토지를 사용할 권리를 상실한 경우, 건축허가의 존재로 말미암아 토지에 대한 소유권 행사에 지장을 받을 수 있는 토지 소유자로서는 건축허가의 철회를 신청할 수 있다고 보아야 한다. 따라서 토지 소유자의 위와 같은 신청을 거부한 행위는 항고소송의 대상이 된다(대판 2017.3.15, 2014두41190).

5. 산업단지관리공단이 구 「산업집적활성화 및 공장설립에 관한 법률」 제38조 제2항에 따른 변경계약을 취소한 것은 항고소송의 대상이 되는 행정처분에 해당한다

   입주변경계약 취소는 행정청인 관리권자로부터 관리업무를 위탁받은 산업단지관리공단이 우월적 지위에서 입주기업체들에게 일정한 법률상 효과를 발생하게 하는 것으로서 항고소송의 대상이 되는 행정처분에 해당한다(대판 2017.6.15, 2014두46843).

㉡ 부정사례

1. 시장개설자의 시장점포 소유자에 대한 시장개설허가처분변경 거부(대판 1989.12.12, 89누5348) : 도·소매업진흥법에 시장개설허가 및 그 변경에 대하여 어떠한 신청을 할 수 있는 아무런 규정이 없을 뿐 아니라 원고들에게 그 시장개설허가처분내용의 변경을 청구할 조리상의 권리가 있다고 할 수 없는 것
2. 학교법인 설립자라고 주장하는 자가 한 학교법인설립자 명의정정신청을 거부한 행정청의 회신(대판 1998.7.10, 96누14036)
3. 세법에 근거하지 아니한 납세의무자의 경정청구에 대한 과세관청의 거부회신(대판 2006.5.12, 2003 두7651) : 국세기본법 또는 개별 세법에 경정청구권을 인정하는 명문의 규정이 없는 이상, 조리에 의한 경정청구권을 인정할 수는 없고, 별도로 조리상의 경정청구권을 인정할 실익도 없다.

4. 제소기간이 도과하여 불가쟁력이 생긴 행정처분(대판 2007.4.26, 2005두11104) : 제소기간이 이미 도과하여 불가쟁력이 생긴 행정처분에 대하여는 개별 법규에서 그 변경을 요구할 신청권을 규정하고 있거나 관계 법령의 해석상 그러한 신청권이 인정될 수 있는 등 특별한 사정이 없는 한 국민에게 그 행정처분의 변경을 구할 신청권이 있다 할 수 없다.
5. 학교법인의 금전채권자가 학교법인을 대위하여 관할청에 기본재산의 처분허가신청을 할 수 있는 신청권(대판 2011.12.8, 2011두14357)
6. 문화재구역 내 토지 소유자 甲이 구「공익사업을 위한 토지 등의 취득 및 보상에 관한 법률」제30조 제1항에 의한 재결신청 청구를 하였으나, 문화재청장에게서 문화재청은 위 법 제30조 제2항에 따른 관할 토지수용위원회에 대한 재결신청 의무를 부담하지 않는다는 이유로 한 거부 회신(대판 2014.7.10, 2012두22966)
7. 경기민요보유자추가인정거부처분(대판 2015.12.10, 2013두20585)
8. 업무상 재해를 당한 甲의 요양급여 신청에 대하여 근로복지공단이 요양승인 처분을 하면서 사업주를 乙 주식회사로 보아 요양승인 사실을 통지하자, 乙 회사가 甲이 자신의 근로자가 아니라고 주장하면서 사업주 변경신청을 하였으나 근로복지공단이 한 거부 통지(대판 2016.7.14, 2014두47426)

1. 문화재구역 내 토지 소유자 甲이 구「공익사업을 위한 토지 등의 취득 및 보상에 관한 법률」제30조 제1항에 의한 1. 재결신청 청구를 하였으나, 문화재청장에게서 문화재청은 위 법 제30조 제2항에 따른 관할 토지수용위원회에 대한 재결신청 의무를 부담하지 않는다는 이유로 거부 회신을 받은 사안에서, 위 회신은 항고소송의 대상이 되는 거부처분에 해당하지 않는다고 한 사례

   문화재보호법 제83조 제2항 및 구 공익사업법 제30조 제1항은 문화재청장이 문화재의 보존·관리를 위하여 필요하다고 인정하여 지정문화재나 보호구역에 있는 토지 등을 구 공익사업법에 따라 수용하거나 사용하는 경우에 비로소 적용되는데, 문화재청장이 토지조서 및 물건조서를 작성하는 등 위 토지에 대하여 구 공익사업법에 따른 수용절차를 개시한 바 없으므로, 甲에게 문화재청장으로 하여금 관할 토지수용위원회에 재결을 신청할 것을 청구할 법규상의 신청권이 인정된다고 할 수 없으므로, 위 회신은 항고소송의 대상이 되는 거부처분에 해당하지 않는다(대판 2014.7.10, 2012두22966).

2. **중요무형문화재 보유자의 추가인정 여부는 문화재청장의 재량에 속하고, 법규상 개인에게 신청권이 없다**

   중요무형문화재 보유자의 추가인정에 관한 구 문화재보호법 제24조 제1항, 제2항, 제3항, 제5항, 구「문화재보호법 시행령」제12조 제1항 제1호, 제2항, 제3항 등의 내용에 의하면, 중요무형문화재 보유자의 추가인정 여부는 문화재청장의 재량에 속하고, 특정 개인이 자신을 보유자로 인정해 달라고 신청할 수 있다는 근거 규정을 별도로 두고 있지 아니하므로 법규상으로 개인에게 신청권이 있다고 할 수 없다(대판 2015.12.10, 2013두20585).

3. **구 문화재보호법 및 그 시행령이 개인에게 신청권을 부여하고 있지 아니한 취지 및 추가인정에 관한 법령의 규정은 중요무형문화재의 보유자로 인정될 개인의 이익도 함께 보호하고 있지 않다**

   구 문화재보호법 및 구「문화재보호법 시행령」이 개인에게 신청권을 부여하고 있지 아니한 취지는 문화재청장이 개인의 신청에 구애되지 않고 중요무형문화재의 보존과 전승이라는 공익적 관점에서 객관적으로 보유자 추가인정의 필요성 또는 타당성 유무를 판단하도록 함에 있다. 또한 문화재를 보존하여 민족문화를 계승하고, 이를 활용할 수 있도록 함으로써 국민의 문화적 향상을 도모함과 아울러 인류문화의 발전에 기여한다는 문화재보호법의 입법 목적과 중요무형문화재 보유자의 추가인정 절차에 관한 규정 내용 등을 고려할 때, 추가인정에 관한 법령의 규정이 중요무형문화재의 보존이라는 공익 이외에 중요무형문화재의 보유자로 인정될 개인의 이익도 함께 보호하고 있다고 해석되지 아니한다(대판 2015.12.10, 2013두20585).

5. 외부에 대하여 직접적인 법적 효과(권리의무의 발생·변경·소멸)를 발생하는 행위

(1) 개 설

취소소송의 대상이 되는 공권력 행사는 법적 행위에 한정된다. 여기서 말하는 법적 행위란 외부적으로 직접적인 법효과를 의도하는 의사표시, 즉 특정사항에 대해 법규에 의한 권리의 설정 또는 의무의 부담을 명하고 기타 법률상의 효과를 발생케 하는 등 국민의 권리의무에 직접적 변동을 초래하는 행위를 의미한다.

① 인정사례

1. 노동조합규약의 변경보완시정명령(대판 1993.5.11, 91누10787)
2. 구 문화재관리법하의 지방문화재에 대한 보호구역 지정처분(대판 1993.6.29, 91누6986) : 시·도지정문화재에 대하여도 보호구역에 관한 권리행사의 제한규정을 준용하고 있고, 또 신법 제75조에서 지방자치단체의 장에게 보호구역 내의 토지에 대한 수용 또는 사용권을 부여하고 있는 점
3. 도시재개발법상 종전 토지소유자에 대한 분양처분(대판 1995.6.30, 95다10570) : 재개발구역 안의 종전의 토지 또는 건축물에 대하여 재개발사업에 의하여 조성되거나 축조되는 대지 또는 건축 시설의 위치 및 범위 등을 정하고 그 가격의 차액에 상당하는 금액을 청산하거나, 대지 또는 건축 시설을 정하지 않고 금전으로 청산하는 공법상 처분
4. 지방노동위원회가 노동쟁의에 대하여 한 중재회부결정(대판 1995.9.15, 95누6724) : 중재회부결정은, 중재에 회부된 날로부터 15일간 쟁의행위를 금지시키고, 이를 위반하여 쟁의행위를 한 자에 대한 형사처벌을 할 수 있으며, 그 금지기간 중의 쟁의행위를 부당한 쟁의행위로 보는 결과 그로 인하여 발생한 사용자의 손해에 대하여 노동조합 또는 조합원에게 배상책임을 부담시키는 등의 법률상 효과를 발생
5. 공무원연금관리공단의 급여에 관한 결정(대판 1996.12.6, 96누6417)
6. 「징발재산정리에 관한 특별조치법」에 의한 국방부장관의 징발재산 매수결정(대판 1991.10.22, 91다26690)
   ■ 징발물보상청구권은 사법관계(대판 1970.3.24, 69다1561)
7. 금융감독위원회가 부실금융기관에 대하여 내린 계약이전결정(대판 2002.4.12, 2001다38807) : 금융감독위원회의 일방적인 결정에 의하여 금융거래상의 계약상의 지위가 이전되는 사법상의 법률효과
   ■ 주주들의 원고적격을 인정한 이례적(예외적)인 판례임.
8. 국방부장관이 군인연금법령상 퇴역연금 등의 급여를 받을 권리의 인정 청구를 거부하거나 청구 중의 일부만을 인정하는 처분(대판 2003.9.5, 2002두3522)
9. 정부 간 항공노선의 개설에 관한 잠정협정 및 비밀양해각서와 건설교통부 내부지침에 의한 항공노선에 대한 운수권 배분처분(대판 2004.11.26, 2003두10251·10268) : 추후 당해 노선상의 합의된 업무를 운영함에 있어 중국의 영역 내에서 무착륙비행, 비운수목적의 착륙 등 제 권리를 가지게 된다.
10. 금융기관의 임원에 대한 금융감독원장의 문책경고(대판 2005.2.17, 2003두14765) : 상대방에 대한 직업선택의 자유를 직접 제한하는 효과를 발생하게 하는 등 상대방의 권리의무에 직접 영향
11. 구 「남녀차별금지 및 구제에 관한 법률」상 국가인권위원회의 성희롱결정 및 시정조치권고(대판 2005.7.8, 2005두487) : 남녀차별행위의 중지, 원상회복·손해배상 기타 필요한 구제조치, 재발방지를 위한 교육 및 대책수립 등을 위한 조치, 일간신문의 광고란을 통한 공표 등의 의무

12. 과세관청의 소득처분에 따른 소득금액변동통지[대판(전합) 2006.4.20, 2002두1878]
   ■ 구 「소득세법 시행령」 제192조 제1항 단서에 따른 소득의 귀속자에 대한 소득금액변동통지는 항고소송의 대상이 되는 행정처분이 아니다(대판 2014.7.24, 2011두14227).
13. 「국토의 계획 및 이용에 관한 법률」상 토지거래허가구역의 지정(대판 2006.12.22, 2006두12883) : 당사자는 공동으로 행정관청으로부터 허가를 받아야 하는 등 일정한 제한을 받게 되고, 허가를 받지 아니하고 체결한 토지거래계약은 그 효력이 발생하지 아니하며, 토지거래계약허가를 받은 자는 5년의 범위 이내에서 토지를 허가받은 목적대로 이용하여야 하는 의무도 부담하며, 같은 법에 따른 토지이용의무를 이행하지 아니하는 경우 이행강제금을 부과
14. 「민주화운동관련자 명예회복 및 보상 등에 관한 법률」상의 보상심의위원회의 결정[대판(전합) 2008.4.17, 2005두16185]
15. 교육감이 학교법인에 대한 감사 실시 후 처리지시를 하고 그와 함께 그 시정조치에 대한 결과를 증빙서를 첨부한 문서로 보고하도록 한 것(대판 2008.9.11, 2006두18362)
16. 특수임무수행자 및 그 유족으로서 보상금 등을 지급받고자 하는 자의 신청에 대하여 위원회가 특수임무수행자에 해당하지 않는다는 이유로 한 기각결정(대판 2008.12.11, 2008두6554)
17. 퇴직연금이 잘못 지급되어 급여가 과오급된 경우 과다하게 지급된 급여의 환수를 위한 행정청의 환수통지(대판 2009.5.14, 2007두16202)
18. 친일반민족행위자재산조사위원회의 재산조사개시결정(대판 2009.10.15, 2009두6513)
19. 방산물자 지정취소(대판 2009.12.24, 2009두12853) : 방산물자 지정이 취소되는 경우 당해 물자에 대한 방산업체 지정도 취소, 방산물자 등에 대한 수출지원을 받을 수 없을 뿐 아니라 방산업체로서 누릴 수 있는 각종 지원과 혜택을 상실, 수의계약에 의할 수 있는 지위도 상실
20. 부과처분을 위한 과세관청의 질문조사권이 행해지는 세무조사결정](대판 2011.3.10, 2009두23617·23624)
21. 구 「산업집적활성화 및 공장설립에 관한 법률」 제42조 제1항 제6호에 따른 산업단지 입주계약의 해지통보(대판 2011.6.30, 2010두23859)
22. 한국보건산업진흥원장이 자신이 지원하는 대학교 산학협력단의 주관연구책임자인 갑에게 '한의약연구개발사업 참여제한 2년, 행정제재기간 이후 선정평가 시 감점 2점'을 내용으로 하는 행정제재처분(대판 2012.6.14, 2010두23002)
23. 구 '부당한 공동행위 자진신고자 등에 대한 시정조치 등 감면제도 운영고시' 제14조 제1항에 따른 시정조치 등 감면신청에 대한 감면불인정 통지(대판 2012.9.27, 2010두3541)
24. 「진실·화해를 위한 과거사정리 기본법」 제26조에 따른 진실·화해를 위한 과거사정리위원회의 진실규명결정(대판 2013.1.16, 2010두22856)
25. 요양급여의 적정성 평가 결과 전체 하위 20% 이하에 해당하는 요양기관이 건강보험심사평가원으로부터 받은 입원료 가산 및 별도 보상 적용 제외 통보(대판 2013.11.14, 2013두13631)
26. 구 「표시·광고의 공정화에 관한 법률」 위반을 이유로 한 공정거래위원회의 경고의결(대판 2013.12.26, 2011두4930) : 위반행위를 할 경우 과징금 부과 여부나 그 정도에 영향을 주는 고려사항이 되어 사업자의 자유와 권리를 제한
27. 구 건축법 제29조 제1항에서 정한 건축협의의 취소(대판 2014.2.27, 2012두22980)
28. 한국환경산업기술원장이 구 「국가연구개발사업의 관리 등에 관한 규정」, 「환경기술개발사업운영규정」에 따라 주관연구기관에 대하여 한 연구개발 중단 조치와 연구비 집행중지 조치(대판 2015.12.24, 2015두264)
29. 도지사의 지방의료원 폐업결정(대판 2016.8.30, 2015두60617)
30. 「여객자동차 운수사업법」 제85조 제1항 제38호에 따른 감차명령(대판 2016.11.24, 2016두45028)
31. 「도시 및 주거환경정비법」에 따른 이전고시(대판 2016.12.29, 2013다73551)

32. 산업단지관리공단이 구 「산업집적활성화 및 공장설립에 관한 법률」 제38조 제2항에 따른 변경계약을 취소한 것(대판 2017.6.15, 2014두46843)
33. 교육부장관이 대학에서 추천한 복수의 총장 후보자들 전부 또는 일부를 임용제청에서 제외하는 행위(대판 2018.6.15, 2016두57564)
34. 조달청의 기업에 대한 나라장터 종합쇼핑몰 거래정지 조치(대판 2018.11.29, 2015두52395) : 나라장터를 통하여 수요기관의 전자입찰에 참가하거나 나라장터 종합쇼핑몰에서 등록된 물품을 수요기관에 직접 판매할 수 있는 지위를 직접 제한하거나 침해하는 행위에 해당
35. 조달청장이 '「중소기업제품 구매촉진 및 판로지원에 관한 법률」 제8조의2 제1항에 해당하는 자는 입찰 참여를 제한하고, 계약체결 후 해당 기업으로 확인될 경우 계약해지 및 기 배정한 물량을 회수한다.'는 내용의 레미콘 연간 단가계약을 위한 입찰공고를 하고 입찰에 참가하여 낙찰 받은 甲 주식회사 등과 레미콘 연간 단가계약을 각 체결하였는데, 甲 회사 등으로부터 중소기업청장이 발행한 참여제한 문구가 기재된 중소기업 확인서를 제출받고 甲 회사 등에 '중소기업자 간 경쟁입찰 참여제한 대상기업에 해당하는 경우 물량 배정을 중지하겠다'는 내용의 통보(대판 2019.5.10, 2015두46987)
36. 병무청장이 병역법 제81조의2 제1항에 따라 병역의무 기피자의 인적사항 등을 인터넷 홈페이지에 게시하는 등의 방법으로 공개한 경우, 병무청장의 공개결정(대판 2019.6.27, 2018두49130)
근로복지공단이 사업주에 대하여 하는 '개별 사업장의 사업종류 변경결정'(대판 2020.4.9, 2019두61137)
37. 지방자치단체의 장이 「공유재산 및 물품관리법」에 근거하여 기부채납 및 사용·수익허가 방식으로 민간투자사업을 추진하는 과정에서 사업시행자를 지정하기 위한 전 단계에서 공모제안을 받아 일정한 심사를 거쳐 우선협상대상자를 선정하는 행위와 이미 선정된 우선협상대상자를 그 지위에서 배제하는 행위(대판 2020.4.29, 2017두31064) : 공유재산의 사용·수익허가를 우선적으로 부여받을 수 있는 지위를 설정하거나 또는 이미 설정한 지위를 박탈하는 조치
38. 제안비용보상금 지급 청구에 관한 주무관청의 결정(대판 2020.10.15, 2020다222382)
39. 구 법인세법에 신설된 제13조 제1호 후문 규정의 시행일 이후 최초로 과세표준을 신고한 사업연도에 발생한 결손금 등에 대한 과세관청의 결손금 감액경정(대판 2020.7.9, 2017두63788) : 이후 사업연도의 이월결손금 공제와 관련하여 법인세 납세의무자인 법인의 납세의무에 직접 영향을 미치는 과세관청의 행위

1. 과세관청의 소득처분에 따른 소득금액변동통지는 처분에 해당한다

과세관청의 소득처분과 그에 따른 **소득금액변동통지가 있는 경우 원천징수의무자인 법인은 소득금액변동통지서를 받은 날에 그 통지서에 기재된 소득의 귀속자에게 당해 소득금액을 지급한 것으로 의제되어 그때 원천징수하는 소득세의 납세의무가 성립함과 동시에 확정**되고, 원천징수의무자인 법인으로서는 소득금액변동통지서에 기재된 소득처분의 내용에 따라 원천징수세액을 그 다음달 10일까지 관할 세무서장 등에게 납부하여야 할 의무를 부담하며, 만일 이를 이행하지 아니하는 경우에는 가산세의 제재를 받게 됨은 물론이고 형사처벌까지 받도록 규정되어 있는 점에 비추어 보면, **소득금액변동통지는 원천징수의무자인 법인의 납세의무에 직접 영향을 미치는 과세관청의 행위**로서, 항고소송의 대상이 되는 조세행정처분이라고 봄이 상당하다[대판(전합) 2006.4.20, 2002두1878].

2. 「민주화운동관련자 명예회복 및 보상 등에 관한 법률」상의 보상심의위원회의 결정은 처분에 해당한다

「민주화운동관련자 명예회복 및 보상 등에 관한 법률」 제2조 각 목은 민주화운동과 관련한 피해유형을 추상적으로 규정한 것에 불과하여 같은 법 제2조 제1호에서 정의하고 있는 민주화운동의 내용을 함께 고려하더라도 그 **규정들만으로는 바로 위 법상의 보상금 등의 지급 대상자가 확정된다고 볼 수는 없고, 민주화운동관련자 명예회복 및 보상심의위원회에서 심의·결정을 받아야만 비로소 보상금 등의 지급대상자로 확정**될 수 있다. **따라서 그와 같은 보상심의위원회의 결정은 국민의 권리의무에 직접 영향을 미치는 행정처분에**

해당한다고 할 것이므로, 관련자 등으로서 보상금 등을 지급받고자 하는 신청에 대하여 보상심의위원회가 관련자 해당 요건의 전부 또는 일부를 인정하지 아니하여 보상금 등의 지급을 기각하는 결정을 한 경우에는 신청인은 보상심의위원회를 상대로 그 결정의 취소를 구하는 소송을 제기하여 보상금 등의 지급대상자가 될 수 있다[대판(전합) 2008.4.17, 2005두16185].

■ 「광주민주화운동관련자 보상 등에 관한 법률」에 의거하여 관련자 및 유족들이 갖게 되는 보상 등에 관한 권리에 관한 소송은 당사자소송(대판 1992.12.24, 92누3335)

3. 친일반민족행위자재산조사위원회의 재산조사개시결정은 항고소송의 대상이 되는 행정처분에 해당한다
친일반민족행위자재산조사위원회의 재산조사개시결정이 있는 경우 조사대상자는 위원회의 보전처분 신청을 통하여 재산권행사에 실질적인 제한을 받게 되고, 위원회의 자료제출요구나 출석요구 등의 조사행위에 응하여야 하는 법적 의무를 부담하게 되는 점, 법에서 인정된 재산조사결정에 대한 이의신청절차만으로는 조사대상자에 대한 권리구제 방법으로 충분치 아니한 점, 조사대상자로 하여금 개개의 과태료처분에 대하여 불복하거나 조사종료 후의 국가귀속결정에 대하여만 다툴 수 있도록 하는 것보다는 그에 앞서 재산조사개시결정에 대하여 다툼으로써 분쟁을 조기에 근본적으로 해결할 수 있는 점 등을 종합하면, **위원회의 재산조사개시결정은 조사대상자의 권리의무에 직접 영향을 미치는 독립한 행정처분으로서 항고소송의 대상이 된다**(대판 2009.10.15, 2009두6513).

4. 부과처분을 위한 과세관청의 질문조사권이 행해지는 세무조사결정은 항고소송의 대상이 되는 처분에 해당한다
부과처분을 위한 과세관청의 질문조사권이 행해지는 세무조사결정이 있는 경우 납세의무자는 세무공무원의 과세자료 수집을 위한 질문에 대답하고 검사를 수인하여야 할 법적 의무를 부담하게 되는 점, 세무조사는 기본적으로 적정하고 공평한 과세의 실현을 위하여 필요한 최소한의 범위 안에서 행하여져야 하고, 더욱이 동일한 세목 및 과세기간에 대한 재조사는 납세자의 영업의 자유 등 권익을 심각하게 침해할 뿐만 아니라 과세관청에 의한 자의적인 세무조사의 위험마저 있으므로 조세공평의 원칙에 현저히 반하는 예외적인 경우를 제외하고는 금지될 필요가 있는 점, **납세의무자로 하여금 개개의 과태료 처분에 대하여 불복하거나 조사 종료 후의 과세처분에 대하여만 다툴 수 있도록 하는 것보다는 그에 앞서 세무조사결정에 대하여 다툼으로써 분쟁을 조기에 근본적으로 해결할 수 있는 점 등을 종합하면, 세무조사결정은 납세의무자의 권리의무에 직접 영향을 미치는 공권력의 행사에 따른 행정작용으로써 항고소송의 대상이 된다**고 할 것이다(대판 2011.3.10, 2009두23617·23624).

5. 구 「산업집적활성화 및 공장설립에 관한 법률」 제42조 제1항 제6호에 따른 산업단지 입주계약의 해지통보는 행정처분에 해당한다
같은 법 제42조 제1항 제6호에 따른 산업단지 입주계약의 해지통보는 단순히 대등한 당사자의 지위에서 형성된 공법상 계약을 계약당사자의 지위에서 종료시키는 의사표시에 불과하다고 볼 것이 아니라 행정청인 관리권자로부터 관리업무를 위탁받은 피고가 우월적 지위에서 원고에게 일정한 법률상 효과를 발생하게 하는 것으로서 항고소송의 대상이 되는 행정처분에 해당한다(대판 2011.6.30, 2010두23859).

6. 한국보건산업진흥원장이 자신이 지원하는 대학교 산학협력단의 주관연구책임자인 갑에게 '한의약연구개발사업 참여제한 2년, 행정제재기간 이후 선정평가 시 감점 2점'을 내용으로 하는 행정제재를 한 사안에서, 위 처분은 제재기간 동안 국가연구개발사업에 대한 갑의 참여를 제한하는 점 등에 비추어 항고소송의 대상이 되는 행정처분이다
제재기간 동안 국가연구개발사업에 대한 원고의 참여를 제한하는 처분인 점, 피고가 한국과학기술평가원에 이 사건 처분을 통보함으로써 원고는 중앙행정기관이 발주하는 국가연구개발사업에 참여하지 못하게 된 점, 피고는 이 사건 처분 당시 '보건의료기술연구개발사업 관리규정'을 그 근거로 제시하였고 그 **처분서의 제목도 '행정제재 조치 통보'로 기재되어 있는 점** 등 그 판시와 같은 사정을 들어 이 사건 처분은 항고소송의 대상이 되는 행정처분이다(대판 2012.6.14, 2010두23002).

7. 구 「부당한 공동행위 자진신고자 등에 대한 시정조치 등 감면제도 운영고시」 제14조 제1항에 따른 시정

조치 등 감면신청에 대한 감면불인정 통지는 항고소송의 대상이 되는 행정처분에 해당한다

「독점규제 및 공정거래에 관한 법률」 제22조의2 제1항, 구 '독점규제 및 공정거래에 관한 법률 시행령' 제35조 제1항, 구 '부당한 공동행위 자진신고자 등에 대한 시정조치 등 감면제도 운영고시' 등 관련 법령의 내용, 형식, 체제 및 취지를 종합하면, 부당한 공동행위 자진신고자 등에 대한 시정조치 또는 과징금 감면 신청인이 고시 제11조 제1항에 따라 **자진신고자 등 지위확인을 받는 경우에는 시정조치 및 과징금 감경 또는 면제, 형사고발 면제 등의 법률상 이익**을 누리게 되지만, 그 **지위확인을 받지 못하고 고시 제14조 제1항에 따라 감면불인정 통지를 받는 경우에는 위와 같은 법률상 이익을 누릴 수 없게 되므로,** 감면불인정 통지가 이루어진 단계에서 신청인에게 그 적법성을 다투어 법적 불안을 해소한 다음 조사협조행위에 나아가도록 함으로써 장차 있을지도 모르는 위험에서 벗어날 수 있도록 하는 것이 법치행정의 원리에도 부합한다. 따라서 부당한 공동행위 자진신고자 등의 시정조치 또는 과징금 감면신청에 대한 감면불인정 통지는 항고소송의 대상이 되는 행정처분에 해당한다고 보아야 한다(대판 2012.9.27, 2010두3541).

8. 「진실·화해를 위한 과거사정리 기본법」 제26조에 따른 진실·화해를 위한 과거사정리위원회의 진실규명결정은 항고소송의 대상이 되는 행정처분이다

「진실·화해를 위한 과거사정리 기본법」과 구 '과거사 관련 권고사항 처리에 관한 규정'의 목적, 내용 및 취지를 바탕으로, **피해자 등에게 명문으로 진실규명 신청권, 진실규명결정 통지 수령권 및 진실규명결정에 대한 이의신청권 등이 부여된 점, 진실규명결정이 이루어지면 그 결정에서 규명된 진실에 따라 국가가 피해자 등에 대하여 피해 및 명예회복 조치를 취할 법률상 의무를 부담하게 되는 점, 진실·화해를 위한 과거사정리위원회가 위와 같은 법률상 의무를 부담하는 국가에 대하여 피해자 등의 피해 및 명예 회복을 위한 조치로 권고한 사항에 대한 이행의 실효성이 법적·제도적으로 확보되고 있는 점** 등 여러 사정을 종합하여 보면, 법이 규정하는 진실규명결정은 국민의 권리의무에 직접적으로 영향을 미치는 행위로서 항고소송의 대상이 되는 행정처분이라고 보는 것이 타당하다(대판 2013.1.16, 2010두22856).

9. 요양급여의 적정성 평가 결과 전체 하위 20% 이하에 해당하는 요양기관이 건강보험심사평가원으로부터 받은 입원료 가산 및 별도 보상 적용 제외 통보는 항고소송의 대상이 되는 행정처분이다

구 국민건강보험 제42조 제1항, 제7항, 제43조 제5항, 제56조 제1항, 제2항, 구 '국민건강보험법 시행령' 제24조 제1항, 제2항, 구 '국민건강보험법 시행규칙' 제11조, 제21조 제1항, 제3항 등 관계 법령과 '요양급여의 적정성평가 및 요양급여비용의 가감지급 기준' 제12조, '건강보험 행위 급여·비급여 목록표 및 급여 상대가치 점수 개정' 제3편 라항, 마항, 사항, 아항 등의 내용에 비추어 볼 때, **요양급여의 적정성 평가 결과 전체 하위 20% 이하에 해당하는 요양기관이 평가결과와 함께 그로 인한 입원료 가산 및 별도 보상 제외 통보를 받게 되면, 해당 요양기관은 평가결과 발표 직후 2분기 동안 요양급여비용 청구 시 입원료 가산 및 별도 보상 규정을 적용받지 못하게 되므로, 결국 위 통보는 해당 요양기관의 권리 또는 법률상 이익에 직접적인 영향을 미치는 공권력의 행사이고, 해당 요양기관으로 하여금 개개의 요양급여비용 감액 처분에 대하여만 다툴 수 있도록 하는 것보다는 그에 앞서 직접 위 통보의 적법성을 다툴 수 있도록 함으로써 분쟁을 조기에 근본적으로 해결하도록 하는 것이 법치행정의 원리에도 부합한다.** 따라서 위 통보는 항고소송의 대상이 되는 처분으로 보는 것이 타당하다(대판 2013.11.14, 2013두13631).

10. 구 「표시·광고의 공정화에 관한 법률」 위반을 이유로 한 공정거래위원회의 경고의결은 행정처분에 해당한다

구 「표시·광고의 공정화에 관한 법률」 위반을 이유로 한 공정거래위원회의 경고의결은 당해 표시·광고의 위법을 확인하되 구체적인 조치까지는 명하지 않는 것으로 사업자가 장래 다시 「표시·광고의 공정화에 관한 법률」 위반행위를 할 경우 과징금 부과 여부나 그 정도에 영향을 주는 고려사항이 되어 사업자의 자유와 권리를 제한하는 행정처분에 해당한다(대판 2013.12.26, 2011두4930).

11. 교육부장관이 대학에서 추천한 복수의 총장 후보자들 전부 또는 일부를 임용제청에서 제외하는 행위는 항고소송의 대상이 되는 처분에 해당한다

대학의 장 임용에 관하여 교육부장관의 임용제청권을 인정한 취지는 대학의 자율성과 대통령의 실질적

인 임용권 행사를 조화시키기 위하여 대통령의 최종적인 임용권 행사에 앞서 대학의 추천을 받은 총장 후보자들의 적격성을 일차적으로 심사하여 대통령의 임용권 행사가 적정하게 이루어질 수 있도록 하기 위한 것이다. 대학의 추천을 받은 총장 후보자는 교육부장관으로부터 정당한 심사를 받을 것이라는 기대를 하게 된다. 만일 교육부장관이 자의적으로 대학에서 추천한 복수의 총장 후보자들 전부 또는 일부를 임용제청하지 않는다면 대통령으로부터 임용을 받을 기회를 박탈하는 효과가 있다. 이를 항고소송의 대상이 되는 처분으로 보지 않는다면, 침해된 권리 또는 법률상 이익을 구제받을 방법이 없다. 따라서 교육부장관이 대학에서 추천한 복수의 총장 후보자들 전부 또는 일부를 임용제청에서 제외하는 행위는 제외된 후보자들에 대한 불이익처분으로서 항고소송의 대상이 되는 처분에 해당한다고 보아야 한다(대판 2018.6.15, 2016두57564).

12. 교육부장관이 특정 후보자를 임용제청에서 제외하고 다른 후보자를 임용제청함으로써 대통령이 임용제청된 다른 후보자를 총장으로 임용한 경우, 임용제청에서 제외된 후보자가 행정소송으로 다툴 처분은 대통령의 임용 제외처분이다

교육부장관이 특정 후보자를 임용제청에서 제외하고 다른 후보자를 임용제청함으로써 대통령이 임용제청된 다른 후보자를 총장으로 임용한 경우에는, 임용제청에서 제외된 후보자는 대통령이 자신에 대하여 총장 임용 제외처분을 한 것으로 보아 이를 다투어야 한다(대통령의 처분의 경우 소속 장관이 행정소송의 피고가 된다. 국가공무원법 제16조 제2항). 이러한 경우에는 교육부장관의 임용제청 제외처분을 별도로 다툴 소의 이익이 없어진다(대판 2018.6.15, 2016두57564).

② 부정사례

1. 의료보호진료기관이 보호기관에 제출한 진료비청구명세서에 대한 의료보험연합회의 심사결과통지(대판 1999.6.25, 98두15863)
2. 구 「독점규제 및 공정거래에 관한 법률」 제49조 제2항에 따른 신고에 대해 공정거래위원회가 신고 내용에 따른 조치를 취하지 아니하고 이를 거부하는 취지로 한 무혐의 또는 각하 처리한다는 내용의 회시(대판 2000.4.11, 98두5682)
3. 시장·군수 또는 자치구의 구청장이 더 이상 연장허가를 받을 수 없는 어업권의 유효기간이 만료되는 수면을 어장이용개발계획에서 반영하지 않은 것(대판 2007.10.26, 2005두7853)
4. 해양수산부장관의 항만 명칭결정(대판 2008.5.29, 2007두23873)
5. 구 부가가치세법상 사업자등록의 위장사업자의 사업자명의를 직권으로 실사업자의 명의로 정정하는 행위(대판 2011.1.27, 2008두2200)
6. '결손처분' 또는 '결손처분의 취소'(대판 2011.3.24, 2010두25527) : 개정 국세징수법 아래에서 결손처분은 체납처분절차의 종료라는 의미만 가지게 되었고, 결손처분의 취소도 종료된 체납처분절차를 다시 시작하는 행정절차로서의 의미만을 가질 뿐

1. 의료보호진료기관이 보호기관에 제출한 진료비청구명세서에 대한 의료보험연합회의 심사결과통지는 행정처분이 아니다

의료보호법 및 같은법시행령의 관계 규정에 의하면, 의료보호진료기관의 의료보호비용 청구에 대한 최종적인 심사 및 지급권한은 의료보호비용의 재원인 의료보호기금의 관리책임을 맡고 있는 의료보호기관에게 주어져 있는 것이고, 다만 그 과정에서 진료비청구명세서를 심사·조정하는 업무는 의료에 관한 전문적 지식을 요하는 것이어서 의료보호기관이 심사업무의 능률과 다른 의료보호기관 사이의 의료보호비용지급기준의 통일을 기하기 위하여 진료비심사의 전문기관인 의료보험연합회에게 이를 위탁한 것으로서 진료비청구명세서에 대한 의료보험연합회의 심사결과통지는 그 자체로서 원고의 의료보호비용

청구에 관한 법률상 지위에 직접적인 법률적 변동을 가져오는 것은 아니므로 이를 가리켜 항고소송의 대상이 되는 행정처분이라고 볼 수는 없다(대판 1999.6.25, 98두15863).

2. 구「소득세법 시행령」제192조 제1항 단서에 따른 소득의 귀속자에 대한 소득금액변동통지는 항고소송의 대상이 되는 행정처분이 아니다

소득의 귀속자는 **소득세 부과처분에 대한 취소소송은 물론 구 국세기본법 제45조의2 제1항 등에 따른 경정청구를 통해서도 소득처분에 따른 원천납세의무의 존부나 범위를 충분히 다툴 수 있는 점** 등에 비추어 보면, 구「소득세법 시행령」제192조 제1항 단서에 따른 소득의 귀속자에 대한 소득금액변동통지는 원천납세의무자인 소득 귀속자의 법률상 지위에 직접적인 법률적 변동을 가져오는 것이 아니므로, 항고소송의 대상이 되는 행정처분이라고 볼 수 없다(대판 2014.7.24, 2011두14227).

---

(2) 행정행위

행정행위는 원칙적으로 처분성이 인정된다.

1. 징계처분
   ① 처분법률인 구 국가보위입법회의법 부칙 제4항 후단에 의한 공무원면직발령(대판 1991.6.28, 90누9346)
   ② 국립교육대학 학생에 대한 퇴학처분(대판 1991.11.22, 91누2144)
   ③ 사립학교교원의 징계에 대한 교원징계재심위원회의 결정(대판 1993.2.12, 92누13707)
      ■ 사립학교교직원에 대한 징계처분은 사법관계이므로 처분성 부정
   ④ 국·공립학교교원에 대한 징계처분(대판 1994.2.8, 93누17874)
   ⑤ 국가나 지방자치단체에 근무하는 청원경찰에 대한 징계처분(대판 1993.7.13, 92다47564)
   ⑥ 공무원에 대한 견책처분, 공무원에 대한 감봉처분
2. 공시지가
   ① 개별공시지가결정(대판 1994.2.8, 93누111) : 관계 법령에 의한 조세 또는 개발부담금 산정의 기준
   ② 표준지 공시지가결정(대판 1995.3.28, 94누12920) : 손실보상액 산정의 기준
      ■ 구 국토이용관리법상의 기준지가고시의 처분성 부정(대판 1979.4.24, 78누242)
3. 일반처분, 물적 행정행위, 이형적 대인처분
4. 보조금교부결정
5. 재량행위
   ① 자유재량행위·기속재량행위
   ② 외교관 자녀 등의 입학고사 특별전형에 관한 대학교총장의 처분(대판 1990.8.28, 89누8255)

(3) 반복된 처분

처분성 인정사례	처분성 부정사례
반복된 거부처분(대판 1992.12.8, 92누7542)	1. 제3차 철거명령 및 대집행계고(대판 2000.2.22, 98두4665) 2. 대집행계고서에 기재된 2차의 자진철거 및 원상복구명령(대판 2004.6.10, 2002두12618) 3. 의료보험법에 기하여 보험자 또는 보험자단체가 의료기관에게 부당이득금 또는 가산금의 납부를 독촉한 후 다시 동일한 내용의 독촉을 한 경우, 후에 한 동일한 내용의 독촉(대판 1999.7.13, 97누119) 4. 지방병무청장이 복무기관을 정하여 공익근무요원 소집통지를 한 후 소집대상자의 원에 의하여 또는 직권으로 그 기일을 연기한 다음 다시 한 공익근무요원 소집통지(대판 2005.10.28, 2003두14550) : 최초의 공익근무요원 소집통지에 관하여 다시 의무이행기일을 정하여 알려주는 연기통지에 불과

(4) 변경처분

① 증액경정처분(증액경정처분이 소송대상)

1. 증액경정처분은 증액경정처분이 소송 대상(흡수설)

   과세표준과 세액을 **증액하는 경정처분이 있은 경우** 그 경정처분은 당초 처분을 그대로 둔 채 당초처분에서의 과세표준과 세액을 초과하는 부분만을 추가 확정하려는 처분이 아니고, 재조사에 의하여 판명된 결과에 따라서 당초처분에서의 과세표준과 세액을 포함시켜 전체로서의 과세표준과 세액을 결정하는 것이므로, 증액경정처분이 되면 **먼저 된 당초처분은 증액경정처분에 흡수되어 당연히 소멸하고 오직 경정처분만이 쟁송의 대상이 되는 것**이고, 이는 증액경정 시에 당초 결정분과의 차액만을 추가로 고지한 경우에도 동일하다 할 것이며, 당초처분이 불복기간의 경과나 전심절차의 종결로 확정되었다 하여도 증액경정처분에 대한 소송절차에서 납세자는 증액경정처분으로 증액된 과세표준과 세액에 관한 부분만이 아니라 당초 처분에 의하여 결정된 과세표준과 세액에 대하여도 그 위법 여부를 다툴 수 있으며 법원은 이를 심리·판단하여 위법한 때에는 취소를 할 수 있다(대판 1999.5.28, 97누16329).
2. 증액경정처분이 있는 경우 당초 신고나 결정에 대한 위법사유도 함께 주장할 수 있으나 확정된 당초 신고나 결정에서의 세액에 관하여는 취소를 구할 수 없고 증액된 세액을 한도로 취소를 구할 수 있다(대판 2011.4.14, 2008두22280).
3. 증액경정처분의 취소를 구하는 항고소송에서 과세관청의 증액경정사유뿐만 아니라 당초신고에 관한 과다신고사유도 함께 주장하여 다툴 수 있다

   과세표준과 세액을 증액하는 증액경정처분은 당초 납세의무자가 신고하거나 과세관청이 결정한 과세표준과 세액을 그대로 둔 채 탈루된 부분만을 추가로 확정하는 처분이 아니라 당초신고나 결정에서 확정된 과세표준과 세액을 포함하여 전체로서 하나의 과세표준과 세액을 다시 결정하는 것이므로, 당초신고나 결정에 대한 불복기간의 경과 여부 등에 관계없이 오직 증액경정처분만이 항고소송의 심판대상이 되는 점, 증액경정처분의 취소를 구하는 항고소송에서 증액경정처분의 위법 여부는 그 세액이 정당한 세액을 초과하는지 여부에 의하여 판단하여야 하고 당초신고에 관한 과다신고사유나 과세관청의 증액경정사유는 증액경정처분의 위

법성을 뒷받침하는 개개의 위법사유에 불과한 점, 경정청구나 부과처분에 대한 항고소송은 모두 정당한 과세표준과 세액의 존부를 정하고자 하는 동일한 목적을 가진 불복수단으로서 납세의무자로 하여금 과다신고사유에 대하여는 경정청구로써, 과세관청의 증액경정사유에 대하여는 항고소송으로써 각각 다투게 하는 것은 납세의무자의 권익보호나 소송경제에도 부합하지 않는 점 등에 비추어 보면, 납세의무자는 증액경정처분의 취소를 구하는 항고소송에서 과세관청의 증액경정사유뿐만 아니라 당초신고에 관한 과다신고사유도 함께 주장하여 다툴 수 있다고 할 것이다[대판(전합) 2013. 4.18, 2010두11733].

4. 원천징수의무자에 대하여 납세의무의 단위를 달리하여 순차 이루어진 2개의 징수처분에 대해 당초 처분과 증액경정처분에 관한 법리가 적용되지 않는다

원천징수의무자에 대하여 납세의무의 단위를 달리하여 순차 이루어진 2개의 징수처분은 별개의 처분으로서 당초 처분과 증액경정처분에 관한 법리가 적용되지 아니하므로, 당초 처분이 후행 처분에 흡수되어 독립한 존재가치를 잃는다고 볼 수 없고, 후행 처분만이 항고소송의 대상이 되는 것도 아니다(대판 2013.7.11, 2011두7311).

5. 증액경정처분이 있는 경우 증액된 세액 이외에 확정된 당초 신고나 결정에서의 세액에 관하여 취소를 구할 수 없다

증액경정처분이 있는 경우 당초 신고나 결정은 증액경정처분에 흡수됨으로써 독립한 존재가치를 잃게 되어 원칙적으로 당초 신고나 결정에 대한 불복기간의 경과 여부 등에 관계없이 증액경정처분만이 항고소송의 심판대상이 되고, 납세자는 그 항고소송에서 당초 신고나 결정에 대한 위법사유도 함께 주장할 수 있다. 그런데 구 국세기본법 제22조의2 제1항은 "세법의 규정에 의하여 당초 확정된 세액을 증가시키는 경정은 당초 확정된 세액에 관한 이 법 또는 세법에서 규정하는 권리·의무관계에 영향을 미치지 아니한다."라고 규정하고 있다. 위 규정의 문언내용 및 그 주된 입법취지가 증액경정처분이 있더라도 불복기간의 경과 등으로 확정된 당초 신고나 결정에서의 세액에 대한 불복을 제한하려는 데 있는 점을 고려하면, 확정된 당초 신고나 결정에서의 세액에 관하여는 취소를 구할 수 없고 증액경정처분에 의하여 증액된 세액의 한도 내에서만 취소를 구할 수 있다 할 것이다(대판 2020.4.9, 2018두57490).

② 감액경정처분(감액되고 남은 당초처분이 대상)

감액경정처분은 당초의 처분 중 취소되지 않고 남은 부분이 소송대상(역흡수설)

과세표준과 세액을 감액하는 경정처분은 당초 부과처분과 별개 독립의 과세처분이 아니라 그 실질은 당초 부과처분의 변경이고, 그에 의하여 세액의 일부취소라는 납세자에게 유리한 효과를 가져오는 처분이므로 그 감액경정처분으로도 아직 취소되지 아니하고 남아 있는 부분이 위법하다 하여 다투는 경우, **항고소송 대상은 당초의 부과처분 중 경정처분에 의하여 취소되지 않고 남은 부분**이고, 경정처분이 항고소송의 대상이 되는 것은 아니며, 이 경우 적법한 전심절차를 거쳤는지 여부, **제소기간의 준수 여부도 당초처분을 기준으로 판단하여야 한다**(대판 2007.10.26, 2005두3585).

③ 유리한 변경처분(변경된 내용의 당초처분)

행정청이 식품위생법령에 따라 영업자에게 행정제재처분을 한 후 당초 처분을 영업자에게 유리하게 변경하는 처분(과징금부과처분)을 한 경우, 취소소송의 대상 및 제소기간 판단기준이 되는 처분은 '당초처분'이다

행정청이 식품위생법령에 따라 영업자에게 행정제재처분을 한 후 그 처분을 영업자에게 유리하게 변경하는 처분을 한 경우, 변경처분에 의하여 당초 처분은 소멸하는 것이 아니고 당초부터 유리하게 변경된 내용의 처분으로 존재하는 것이므로, 변경처분에 의하여 유리하게 변경된 내용의 행정제재가 위법하다 하여 그 취소를 구하는 경우 **그 취소소송의 대상은 변경된 내용의 당초처분이지 변경처분은 아니고, 제소기간의 준수 여부도 변경처분이 아닌 변경된 내용의 당초 처분을 기준으로 판단하여야 한다**(대판 2007.4.27, 2004두9302).

④ 과징금 감액

행정청이 과징금부과처분을 하였다가 감액처분을 한 것에 대하여 그 감액처분으로도 아직 취소되지 않고 남아 있는 부분이 위법하다고 하여 다투는 경우 항고소송의 대상은 '취소되지 않고 남은 당초처분'이다

과징금부과처분에서 행정청이 납부의무자에 대하여 부과처분을 한 후 그 부과처분의 하자를 이유로 과징금의 액수를 감액하는 경우에 그 **감액처분은 감액된 과징금 부분에 관하여만 법적 효과가 미치는 것으로서 처음의 부과처분과 별개 독립의 과징금부과처분이 아니라 그 실질은 당초 부과처분의 변경**이고, 그에 의하여 과징금의 일부취소라는 납부의무자에게 유리한 결과를 가져오는 처분이므로 처음의 부과처분이 전부 실효되는 것은 아니며, 그 **감액처분으로도 아직 취소되지 않고 남아 있는 부분이 위법하다고 하여 다투는 경우 항고소송의 대상은 처음의 부과처분 중 감액처분에 의하여 취소되지 않고 남은 부분이고 감액처분이 항고소송의 대상이 되는 것은 아니다**(대판 2008.2.15, 2006두3957).

⑤ 적극적 변경처분의 경우

㉠ 원칙(변경처분) : 판례는 적극적 변경처분의 경우 당초처분은 효력을 상실하므로 변경처분을 대상으로 항고소송을 제기하여야 한다고 판시하고 있다.

1. 관리처분계획의 주요 부분을 실질적으로 변경하는 내용으로 새로운 관리처분계획을 수립하여 시장·군수의 인가를 받아 고시한 경우, 당초 관리처분계획은 효력을 상실한다(대판 2012.3.29, 2010두7765).
2. 기존의 행정처분을 변경하는 후속처분의 내용이 종전처분의 유효를 전제로 내용 중 일부만을 추가·철회·변경하는 것이고 그 부분이 내용과 성질상 나머지 부분과 불가분적인 것이 아닌 경우, 종전처분이 항고소송의 대상이 된다

   기존의 행정처분을 변경하는 내용의 행정처분이 뒤따르는 경우, 후속처분이 종전처분을 완전히 대체하는 것이거나 주요 부분을 실질적으로 변경하는 내용인 경우에는 특별한 사정이 없는 한 종전처분은 효력을 상실하고 후속처분만이 항고소송의 대상이 되지만, 후속처분의 내용이 종전처분의 유효를 전제로 내용 중 일부만을 추가·철회·변경하는 것이고 추가·철회·변경된 부분이 내용과 성질상 나머지 부분과 불가분적인 것이 아닌 경우에는, 후속처분에도 불구하고 종전처분이 여전히 항고소송의 대상이 된다[대판(전합) 2015.11.19, 2015두295].

3. 종전처분을 변경하는 내용의 후속처분이 있는 경우 법원이 항고소송의 대상이 되는 행정처분을 확정하는 방법

따라서 종전처분을 변경하는 내용의 후속처분이 있는 경우 법원으로서는, 후속처분의 내용이 종전처분 전체를 대체하거나 주요 부분을 실질적으로 변경하는 것인지, 후속처분에서 추가·철회·변경된 부분의 내용과 성질상 나머지 부분과 가분적인지 등을 살펴 항고소송의 대상이 되는 행정처분을 확정하여야 한다 [대판(전합) 2015.11.19, 2015두295].

ⓛ 예외(당초처분) : 선행처분의 내용 중 일부만을 소폭 변경하는 정도에 불과한 경우나 당초처분과 동일한 요건과 절차가 요구되지 않는 경미한 사항에 대한 변경처분과 같이 분리가능한 일부변경처분의 경우에는 선행처분이 소멸한다고 볼 수 없다. 이 경우 선행처분과 후행변경처분을 별도로 다툴 수 있고, 선행처분 취소소송의 취소를 구하는 소를 제기한 후 후행처분의 취소를 구하는 청구를 추가하여 청구를 변경하였다면 후행처분에 관한 제소기간 준수 여부는 청구변경 당시를 기준으로 판단하여야 한다.

1. 선행처분의 내용을 변경하는 후행처분이 있는 경우, 선행처분의 효력 존속 여부

선행처분의 주요 부분을 실질적으로 변경하는 내용으로 후행처분을 한 경우에 선행처분은 특별한 사정이 없는 한 그 효력을 상실하지만, 후행처분이 있었다고 하여 일률적으로 선행처분이 존재하지 않게 되는 것은 아니고 선행처분의 내용 중 일부만을 소폭 변경하는 정도에 불과한 경우에는 선행처분이 소멸한다고 볼 수 없다(대판 2012.12.13, 2010두20782·20799).

2. 선행처분이 후행처분에 의하여 변경되지 아니한 범위 내에서 존속하고 후행처분은 선행처분의 내용 중 일부를 번경하는 범위 내에서 효력을 가지는 경우에 있어서 선행처분의 취소를 구하는 소를 제기한 후 후행처분의 취소를 구하는 청구를 추가하여 청구를 변경하는 경우, 후행처분에 관한 제소기간 준수 여부의 판단기준시기

선행처분이 후행처분에 의하여 변경되지 아니한 범위 내에서 존속하고 후행처분은 선행처분의 내용 중 일부를 변경하는 범위 내에서 효력을 가지는 경우에, 선행처분의 취소를 구하는 소를 제기한 후 후행처분의 취소를 구하는 청구를 추가하여 청구를 변경하였다면 후행처분에 관한 제소기간 준수 여부는 청구변경 당시를 기준으로 판단하여야 하나, 선행처분에만 존재하는 취소사유를 이유로 후행처분의 취소를 청구할 수는 없다(대판 2012.12.13, 2010두20782·20799).

3. 조합설립인가처분 후에 토지 등 건축물의 매매 등으로 조합원의 권리가 이전되어 토지등 소유자의 수가 변경되고, 추가로 동의서를 제출받아 조합설립 동의자 수가 변경되었음을 이유로 조합설립 변경인가처분을 한 경우, 당초의 조합설립인가처분이 변경인가처분에 흡수되어 존재하지 않게 되는 것은 아니다(대판 2010.12.9, 2009두4555

(5) 내부결정, 준비행위(처분성 부정)

행정기관의 결정이 오직 행정기관의 내부적 사무처리절차인 경우에는 취소소송의 대상이 되지 아니한다. 또한 행정기관 상호 간의 내부적 행위는 국민의 권리의무에 직접적으로 법률적 영향

을 미치는 행위는 아니므로 취소소송의 대상으로 되지 않고, 이에 기해서 외부에 대해 행해진 구체적 행위를 다투어야 할 것이다.

1. 국세 관련
   ① 법인세과세표준결정(대판 1986.1.21, 82누236) : 조세부과처분에 앞선 결정으로서 그로 인하여 바로 과세처분의 효력이 발생하는 것이 아님.
   ② 국세기본법 제51조 및 제52조의 국세환급금 및 국세가산금 결정[대판(전합) 1989.6.15, 88누6436] : 이미 납세의무자의 환급청구권이 확정된 국세환급금 및 가산금에 대한 내부적 사무처리절차
   ③ 국세징수법상 가산금 또는 중가산금의 고지(대판 2005.6.10, 2005다15482) : 국세를 납부기한까지 납부하지 아니하면 과세청의 확정절차 없이도 법률 규정에 의하여 당연히 발생
   ④ 국세환급금의 충당(대판 2005.6.10, 2005다15482) : 민사소송에 의하여 이미 결정된 국세환급금의 반환을 청구
   ⑤ 국세환급금결정이나 그 결정을 구하는 신청에 대한 환급거부결정(대판 2009.11.26, 2007두4018) : 국세환급금 결정에 관한 규정은 이미 납세의무자의 환급청구권이 확정된 국세환급금에 대하여 내부적 사무처리절차로서 과세관청의 환급절차를 규정한 것에 지나지 않고 위 규정에 의한 국세환급금결정에 의하여 비로소 환급청구권이 확정되는 것은 아니므로
   ⑥ 과세관청의 물납재산에 대한 환급결정이나 그 환급결정을 구하는 신청에 대한 환급거부결정(대판 2009.11.26, 2007두4018) : 물납재산에 대한 환급청구권은 과세처분의 전부 또는 일부가 취소되거나 감액경정된 때에 확정되는 것이고, 과세관청의 환급결정에 의하여 비로소 확정되는 것은 아니므로
2. 감사원이 심사청구에 대하여 관계기관에게 통지하는 시정결정이나 이유 없다고 기각하는 결정(대판 1967.6.27, 67누44)
3. 외환은행장이 수입허가의 유효기간연장을 승인하고자 할 때 상공부장관과 하는 협의(대판 1971.9.14, 71누99)
4. 감사원의 시정요구(대판 1977.6.28, 76누294)
5. 도시계획사항을 명시한 지형도면을 승인하는 처분(대판 1978.12.26, 78누281) : 건설부장관의 도시계획결정에 따라 서울특별시장이 도시계획사항을 명시한 지형도면을 승인하는 처분은 그 자체 새로운 법률적 효과가 형성되는 것은 아님.
6. 교육공무원법상 총·학장의 교수 등 임용제청이나 그 철회 (대판 1989.6.27, 88누9640) : 행정기관 상호 간의 내부적인 의사결정과정
   ■ 대학교원의 임용권자가 임용기간이 만료된 조교수에 대하여 재임용을 거부하는 취지로 한 임용기간만료의 통지는 행정소송의 대상이 되는 처분에 해당[대판(전합) 2004.4.22, 2000두7735]
   ■ 교육부장관이 대학에서 추천한 복수의 총장 후보자들 전부 또는 일부를 임용제청에서 제외하는 행위는 처분성 인정(대판 2018.6.15, 2016두57564)
7. 택지개발촉진법상 택지개발사업 시행자의 택지공급방법결정행위(대판 1993.7.13, 93누36) : 내부적인 행정계획에 불과
8. 경제기획원장관의 정부투자기관에 대한 예산편성지침통보(대판 1993.9.14, 93누9163) : 정부투자기관의 경영합리화와 정부투자의 효율적 관리를 도모하기 위한 감독작용에 불과
9. 대학입시기본계획 내의 내신성적산정지침(대판 1994.9.10, 94두33) : 교육부장관이 내신성적산정기준의 통일을 기하기 위해 대학입시기본계획의 내용에서 내신성적산정기준에 관한 시행지침을 마련하여 시·도 교육감에서 통보한 것은 행정조직 내부에서 내신성적 평가에 관한 내부적 심사기준을 시달한 것에 불과
10. 공정거래위원회의 검찰총장에 대한 고발조치·의결(대판 1995.5.12, 94누13794) : 사직 당국(검찰총장)에 대하여 형벌권 행사를 요구하는 행정기관 상호 간의 행위에 불과
11. 상급행정기관의 하급행정기관에 대한 승인·지시·동의(대판 1997.9.26, 97누8540) : 행정기관 상호 간의 내부행위로서 국민의 권리의무에 직접 영향을 미치는 것이 아님.

12. 지방자치단체장이 개발제한구역 안에서의 혐오시설 설치허가에 앞서 건설부훈령인 '개발제한구역관리규정'에 의해 사전승인신청을 함에 따라 건설교통부장관이 한 승인행위(대판 1997.9.26, 97누8540) : 지방자치단체장에 대한 지도·감독작용으로서 행한 것으로서 행정기관 내부의 행위에 불과
13. 임용권자가 특정인을 경찰공무원시험승진후보자명부에서 삭제한 행위(대판 1997.11.14, 97누7325) : 명부에 등재된 자에 대한 승진 여부를 결정하기 위한 행정청 내부의 준비과정에 불과
 ■ 군인사법상 진급예정자 명단에서 삭제한 처분은 행정처분이고 협의의 소익도 인정(대판 2007.9.20, 2005두13971)
14. 금융감독위원회의 부실금융기관에 대한 파산신청(대판 2006.7.28, 2004두13219) : 법원에 대한 재판상 청구로서 그 자체가 국민의 권리의무에 어떤 영향을 미치는 것이 아님.
15. 전파주관청인 정보통신부장관이 국제공용자원인 위성궤도 및 주파수를 국제전기통신연합의 전파규칙에 따라 국제전기통신연합에 대하여 하는 위성망국제등록신청(대판 2007.4.12, 2004두7924) : 등록신청은 전파주관청이 '국제전기통신연합'에 대하여 하는 신청행위일 뿐 국민을 직접 상대방으로 하는 행위가 아니며, 정보통신부장관이 확보된 주파수를 등록신청의 요청자인 참가인에게 할당하는 경우 원고가 지정받은 주파수의 일부를 이용할 수 없게 되는 등의 불이익을 입는다 할지라도, 이는 위성망국제등록절차를 거쳐 실제로 위성궤도 및 주파수가 확보되는 경우에 비로소 문제될 수 있는 것으로서, 등록신청 단계에 있어서는 국민의 권리의무에 아무런 영향을 미치지 못하므로
16. 성업공사(한국자산관리공사)의 공매(재공매)결정(대판 2007.7.27, 2006두8464) : 내부적인 의사결정에 불과
17. 정부의 수도권 소재 공공기관의 지방이전시책을 추진하는 과정에서 도지사가 도 내 특정시를 공공기관이 이전할 혁신도시 최종입지로 선정한 행위(대판 2007.11.15, 2007두10198) : 공공기관의 지방이전을 위한 정부 등의 조치와 공공기관이 이전할 혁신도시 입지선정을 위한 사항 등을 규정하고 있을 뿐 혁신도시입지 후보지에 관련된 지역 주민 등의 권리의무에 직접 영향을 미치는 규정을 두고 있지 않으므로
18. 충남도지사가 태안군수의 국토이용계획변경결정 요청을 반려한 것(대판 2008.5.15, 2008두2583) : 행정기관 내부의 행위에 불과할 뿐 국민의 구체적인 권리의무에 직접적인 변동을 초래하는 것이 아니므로
19. 각 군 참모총장이 '군인 명예전역수당 지급대상자 결정절차'에서 국방부장관에게 수당지급대상자를 추천하거나 신청자 중 일부를 추천하지 않는 행위(대판 2009.12.10, 2009두14231) : 행정기관 상호 간의 내부적인 의사결정과정의 하나일 뿐 그 자체만으로는 직접적으로 국민의 권리의무가 설정, 변경, 박탈되거나 그 범위가 확정되는 등 기존의 권리상태에 어떤 변동을 가져오는 것이 아님.
20. 국토교통부, 환경부, 문화체육관광부, 농림수산식품부가 합동으로 2009. 6. 8. 발표한 '4대강 살리기 마스터플랜' 등 [대결(전합) 2011.4.21, 2010무111]
21. 상급행정청이나 타행정청의 지시나 통보, 권한의 위임이나 위탁(대판 2013.2.28, 2012두22904)
22. 교육공무원법상 승진후보자 명부에 의한 승진심사 방식으로 행해지는 승진임용에서 승진후보자 명부에 포함되어 있던 후보자를 승진임용인사발령에서 제외하는 행위(대판 2018.3.27, 2015두47492)
23. 병무청장이 법무부장관에게 '가수 甲(스티브유)이 공연을 위하여 국외여행허가를 받고 출국한 후 미국 시민권을 취득함으로써 사실상 병역의무를 면탈하였으므로 재외동포 자격으로 재입국하고자 하는 경우 국내에서 취업, 가수활동 등 영리활동을 할 수 없도록 하고, 불가능할 경우 입국 자체를 금지해 달라'고 요청함에 따라 법무부장관이 한 甲의 입국을 금지하는 결정(대판 2019.7.11, 2017두38874) : 단지 그 정보를 내부전산망인 '출입국관리정보시스템'에 입력하여 관리한 것에 지나지 않으므로
24. 교통경찰관의 교통사고 조사서, 자동차운전면허대장상 교통사고기록 등재행위

1. 일반적으로 항고소송의 대상이 되는 행정처분이라 함은 행정청의 공법상의 행위로서 특정사항에 대하여 법규에 의한 권리의 설정 또는 의무의 부담을 명하고 기타 법률상의 효과를 발생케 하는 등 국민의 권리 의무에 직접적 변동을 초래하는 행위를 가리키는 것으로서 **행정권 내부에서의 행위나 사실상의 통지 등과 같이 상대방 또는 기타 관계자들의 법률상 지위에 직접적인 법률적 변동을 일으키지 아니하는 행위는 항고소송의 대상이 될 수 없다**(대판 2000.9.8, 99두1113 ; 헌재결 1994.5.6, 89헌마35).
2. 대학입시기본계획 내의 내신성적산정지침은 항고소송의 대상인 행정처분이 아니다
   교육부장관이 내신성적 산정기준의 통일을 기하기 위해 대학입시기본계획의 내용에서 내신성적 산정기준에 관한 시행지침을 마련하여 시·도 교육감에서 통보한 것은 **행정조직 내부에서 내신성적 평가에 관한 내부적 심사기준을 시달한 것에 불과**하며, 각 고등학교에서 위 지침에 일률적으로 기속되어 내신성적을 산정할 수밖에 없고 또 대학에서도 이를 그대로 내신성적으로 인정하여 입학생을 선발할 수밖에 없는 관계로 장차 일부 수험생들이 위 지침으로 인해 어떤 불이익을 입을 개연성이 없지는 아니하나, 그러한 사정만으로서 위 지침에 의하여 곧바로 개별적이고 구체적인 권리의 침해를 받은 것으로는 도저히 인정할 수 없으므로, 그것만으로는 **현실적으로 특정인의 구체적인 권리의무에 직접적으로 변동을 초래케 하는 것은 아니라 할 것**이어서 내신성적 산정지침을 항고소송의 대상이 되는 행정처분으로 볼 수 없다(대판 1994.9.10, 94두33).
3. 국토교통부, 환경부, 문화체육관광부, 농림축산식품부가 합동으로 2009. 6. 8. 발표한 '4대강 살리기 마스터플랜' 등은 행정기관 내부에서 사업의 기본방향을 제시하는 계획일 뿐 국민의 권리의무에 직접 영향을 미치는 것이 아니어서 행정처분에 해당하지 않는다
   국토교통부, 환경부, 문화체육관광부, 농림축산식품부가 합동으로 2009. 6. 8. 발표한 '4대강 살리기 마스터플랜' 등은 4대강 정비사업과 주변 지역의 관련 사업을 체계적으로 추진하기 위하여 수립한 종합계획이자 '4대강 살리기 사업'의 기본방향을 제시하는 계획으로서, **행정기관 내부에서 사업의 기본방향을 제시하는 것일 뿐**, 국민의 권리의무에 직접 영향을 미치는 것이 아니어서 행정처분에 해당하지 않는다[대결(전합) 2011.4.21, 2010무111].
4. 상급행정청이나 타행정청의 지시나 통보, 권한의 위임이나 위탁은 항고소송의 대상이 되는 행정처분이 아니다
   항고소송은 원칙적으로 소송의 대상인 행정처분 등을 외부적으로 그의 명의로 행한 행정청을 피고로 하여야 하는 것으로서, 그 행정처분을 하게 된 연유가 상급행정청이나 타행정청의 지시나 통보에 의한 것이라 하여 다르지 않고, 권한의 위임이나 위탁을 받아 수임행정청이 자신의 명의로 한 처분에 관하여도 마찬가지이다. 그리고 위와 같은 **지시나 통보, 권한의 위임이나 위탁은 행정기관 내부의 문제일 뿐 국민의 권리의무에 직접 영향을 미치는 것이 아니어서** 항고소송의 대상이 되는 행정처분에 해당하지 않는다(대판 2013.2.28, 2012두22904).

(6) 중간행위(권리의무에 간접적 관련성)

중간행위는 일반적으로 최종행위와 같이 국민의 구체적인 권리의무에 변동을 초래하지 않기 때문에 항고소송의 대상이 되지 않는다. 그러나 중간행위도 그 자체가 직접 사인의 권리와 이익을 침해하는 행위이거나 법률의 규정으로 독립하여 출소할 수 있는 길을 허용하고 있는 경우에는 처분이 된다.

① 처분성 인정사례

1. 등급결정 : 산업재해보상보험법상 장해보상금 결정의 기준이 되는 장해등급결정(대판 2002.4.26, 2001두8155)
2. 다단계 행정결정
   ① 예비결정, 폐기물관리법상의 폐기물처리업의 허가 전의 사업계획서에 대한 적정·부적정통보(대판 1998.4.28, 97누21086)
   ② 부분허가(예비결정 또는 부분허가)(대판 1998.9.4, 97누19588)

② 처분성 부정사례

1. 등급결정
   ① 「국가유공자 예우 등에 관한 법률 시행령」 제15조 소정의 재심신체검사 시 행하는 등외판정(대판 1993.5.11, 91누9206) : 법률의 적용대상 여부를 결정하기 위한 일련의 절차 중의 하나를 이루는 것에 불과
   ② 군의관의 신체등위판정(대판 1993.8.27, 93누3356) : 지방병무청장이 병역처분을 함으로써 비로소 병역의무의 종류가 정하여지는 것
   ③ 상이등급 재분류(변경) 과정 중에 있는 보훈병원장의 상이등급재분류판정(대판 1998.4.28, 97누13023) : 상이등급을 결정하거나 재분류(변경)하기 위한 일련의 절차 중의 하나를 이루는 것에 불과
2. 광주민주화운동관련자 보상심의위원회의 보상금지급신청에 대한 결정(대판 1992.12.24, 92누3335) : 당사자소송을 제기하기 위한 전치요건에 불과
3. 토지구획정리사업법에 정한 건설부장관의 구획정리사업 시행명령(대판 1996.12.23, 95누17700) : 사업시행자를 지정하기 위한 준비절차로서 중간적인 처분
4. 운전면허 행정처분처리대장상 벌점의 부과(배점)(대판 1994.8.12, 94누2190) : 자동차운전면허의 취소, 정지처분의 기초자료로 제공하기 위한 것
5. 확약, 어업면허우선순위결정 (대판 1995.1.20, 94누6529)
   - 다수설은 행정행위설, 판례는 처분성 부정
   - 확약의 불이행은 처분성 인정
6. 감사원의 징계 요구와 재심의결정(대판 2016.12.27, 2014두5637)

갑 시장이 감사원으로부터 감사원법 제32조에 따라 을에 대하여 징계의 종류를 정직으로 정한 징계 요구를 받게 되자 감사원에 징계 요구에 대한 재심의를 청구하였고, 감사원이 재심의청구를 기각하자 을이 감사원의 징계 요구와 그에 대한 재심의결정의 취소를 구하고 갑 시장이 감사원의 재심의결정 취소를 구하는 소를 제기한 사안에서, 감사원의 징계 요구와 재심의결정이 항고소송의 대상이 되는 행정처분이라고 할 수 없고, 갑 시장이 제기한 소송이 기관소송으로서 감사원법 제40조 제2항에 따라 허용된다고 볼 수 없다고 한 사례

징계 요구는 징계 요구를 받은 기관의 장이 요구받은 내용대로 처분하지 않더라도 불이익을 받는 규정도 없고, 징계 요구 내용대로 효과가 발생하는 것도 아니며, 징계 요구에 의하여 행정청이 일정한 행정처분을 하였을 때 비로소 이해관계인의 권리관계에 영향을 미칠 뿐, 징계 요구 자체만으로는 징계 요구 대상 공무원의 권리·의무에 직접적인 변동을 초래하지도 아니하므로, 행정청 사이의 내부적인 의사결정의 경로로서

'징계 요구, 징계 절차 회부, 징계'로 이어지는 과정에서의 중간처분에 불과하여, 감사원의 징계 요구와 재심의결정이 항고소송의 대상이 되는 행정처분이라고 할 수 없고, 감사원법 제40조 제2항을 갑 시장에게 감사원을 상대로 한 기관소송을 허용하는 규정으로 볼 수는 없고 그 밖에 행정소송법을 비롯한 어떠한 법률에도 갑 시장에게 '감사원의 재심의 판결'에 대하여 기관소송을 허용하는 규정을 두고 있지 않으므로, 갑 시장이 제기한 소송이 기관소송으로서 감사원법 제40조 제2항에 따라 허용된다고 볼 수 없다고 한 사례(대판 2016.12.27, 2014두5637)

(7) 별도의 권리구제수단이 있는 경우

권리침해에 대해 형사소송법, 질서위반행위규제법에 따른 절차 등의 별도의 권리구제수단이 존재하는 경우에는 그에 의해 구제되면 되기 때문에 별도로 행정소송을 인정할 필요가 없고, 따라서 처분성이 부정된다.

1. 형사소송절차에 의한 구제
   ① 통고처분(대판 1980.10.14, 80누380 ; 헌재결 1998.5.28, 96헌바4)
   ② 검사의 공소·기소결정(대판 2000.3.28, 99두11264)
   ③ 검사의 불기소결정(대판 2018.9.28, 2017두47465)
   형집행정지 취소처분
2. 비송사건절차법에 의한 구제
   건축법상 이행강제금부과처분(대판 2000.9.22, 2000두5722)
   ■ 현행법상으로는 처분성이 인정됨에 유의
3. 질서위반행위규제법에 의한 구제
   「서울특별시 수도조례」 및 「서울특별시 하수도사용조례」에 근거한 과태료부과처분(대판 2012.10.11, 2011두19369)
4. 민사소송에 의한 구제가 가능한 경우
   ① 이주대책 시행공고 중 이주택지의 공급조건에서 공공시설의 설치비용을 분양가에 포함시키는 내용이 있는 경우(대판 2000.9.8, 99두1113)
   ② 법무법인의 공정증서 작성행위(대판 2012.6.14, 2010두19720)

1. 근거 법률에서 행정소송 이외의 다른 절차에 의하여 불복할 것을 예정하고 있는 행정처분은 항고소송의 대상이 되는 처분이 아니다
   행정소송법 제2조 소정의 행정처분이라고 하더라도 그 처분의 근거 법률에서 행정소송 이외의 다른 절차에 의하여 불복할 것을 예정하고 있는 처분은 항고소송의 대상이 될 수 없다(대판 2000.3.28, 99두11264).
2. 법무법인의 공정증서 작성행위는 항고소송의 대상이 되는 행정처분이 아니다
   행정청이 한 행위가 단지 사인 간 법률관계의 존부를 공적으로 증명하는 공증행위에 불과하여 그 효력을 둘러싼 분쟁의 해결이 사법원리에 맡겨져 있거나 행위의 근거 법률에서 행정소송 이외의 다른 절차에 의하여 불복할 것을 예정하고 있는 경우에는 항고소송의 대상이 될 수 없다고 보는 것이 타당하다(대판

2012.6.14, 2010두19720).

3. 검사의 불기소결정에 대하여 행정소송법상 항고소송을 제기할 수 없다

'처분'이란 행정소송법상 항고소송의 대상이 되는 처분을 의미하는 것으로서, 행정소송법 제2조의 **처분의 개념 정의에는 해당한다고 하더라도 그 처분의 근거 법률에서 행정소송 이외의 다른 절차에 의하여 불복할 것을 예정하고 있는 처분은 항고소송의 대상이 될 수 없다.** 검사의 불기소결정에 대해서는 **검찰청법에 의한 항고와 재항고, 형사소송법에 의한 재정신청에 의해서만 불복**할 수 있는 것이므로, 이에 대해서는 행정소송법상 항고소송을 제기할 수 없다(대판 2018.9.28, 2017두47465).

4. 형사소송법 제258조 제1항의 처분결과 통지 내지 형사소송법 제259조의 공소불제기이유고지를 별도의 독립한 처분으로 볼 수 없다

형사소송법 제258조 제1항의 처분결과 통지는 불기소결정에 대한 항고기간의 기산점이 되며, 형사소송법 제259조의 공소불제기이유고지 제도는 고소인 등으로 하여금 항고 등으로 불복할지 여부를 결정하는 데 도움을 주도록 하기 위한 것이므로, 이러한 **통지 내지 고지는 불기소결정이라는 검사의 처분이 있은 후 그에 대한 불복과 관련한 절차일 뿐 별도의 독립한 처분이 된다고는 볼 수 없다.** 만약 검사가 형사소송법 제258조 제1항의 처분결과 통지 의무를 이행하지 않은 경우에는 항고기간이 진행하지 않는 효과가 발생하고, 형사소송법 제259조의 공소불제기이유고지 의무를 이행하지 않은 경우에는 고소인 등이 검사의 불기소결정의 이유를 알 수 없어 그에 대한 불복 여부를 결정하는 데 장애를 초래할 수 있게 되므로, 고소인 등이 검찰청법 제10조 제6항에 따라 '자신에게 책임이 없는 사유로 정하여진 기간 내에 항고를 제기하지 못하여' 그 사유가 해소된 때부터 항고기간이 진행하게 될 여지가 있게 될 뿐이다(대판 2018.9.28, 2017두47465).

6. 그 밖에 이에 준하는 행정작용

그 밖에 이에 준하는 행정작용으로 거론되는 것은 ① 비권력적 공행정작용이지만 실질적으로 개인의 권익에 일방적인 영향을 미치는 작용(권력적 성격을 갖는 행정지도), ② 처분적 법령, ③ 행정입법, ④ 구속적 행정계획, ⑤ 권력적 사실행위 등이다. 그러나 이 가운데 ①③은 처분성이 부정되고, ②④는 행정행위에 해당하므로 '그 밖에 이에 준하는 행정작용'에 해당하지 않고, 결국 ⑤ 권력적 사실행위만 행정행위가 아니면서 '그 밖에 이에 준하는 행정작용'으로 인정된다.

III 재 결

재결이 항고소송의 대상이 되는 경우는 행정심판의 재결이 행정소송법 제19조에 의해 항고소송의 대상이 되는 경우와 개별법률에서 재결주의를 취하는 결과 당해 법률상의 재결이 항고소송의 대상이 되는 경우로 나뉜다.

행정심판법은 재결을 "행정심판의 청구에 대하여 행정심판위원회가 행하는 판단을 말한다."라고 정의하고 있다(같은 법 제2조 제3호). 그런데 행정소송법에서 말하는 재결은 행정심판법이 정하

는 절차에 따른 재결만을 뜻하는 것은 아니고, 그 밖에 국세심판·당사자심판이나 이의신청에 의한 재결, 재심청구 등의 행정쟁송절차를 모두 포함한다.

❙ 제2강 원처분주의와 재결주의 ❙

I 개 설

1. 개 념

구 분	원처분주의	재결주의
소송대상	원칙 원처분, 예외 재결(소송대상 확대)	재결만(소송대상 제한)
위법사유	1. 원처분 취소소송 : 본안에서 원처분 자체의 고유한 하자만 주장 가능 2. 재결취소소송 : 본안에서 재결 자체의 고유한 하자만 주장 가능	본안에서 재결 자체의 고유한 하자만이 아니라 원처분의 하자도 주장 가능

(1) 원처분주의

원처분주의는 ① 원처분(원칙)과 재결(예외)에 대해 다 같이 소를 제기할 수 있지만, ② 원처분의 위법은 원처분에 대한 취소소송에서만 주장할 수 있고, 재결에 대한 취소소송에 있어서는 원처분의 하자가 아닌 재결 자체의 고유한 하자만 주장할 수 있도록 하는 제도를 말한다.

(2) 재결주의

재결주의는 ① 원처분에 대해서는 제소 자체가 허용되지 않고 재결에 대해서만 취소소송의 대상으로 인정하되, ② 재결 자체의 위법뿐만 아니라 원처분의 위법도 재결취소소송에서 주장할 수 있도록 하는 제도를 말한다.

2. 행정소송법 규정(원처분주의)

행정소송법 제19조는 "취소소송은 처분등을 대상으로 한다. 다만, 재결취소소송의 경우에는 재결 자체에 고유한 위법이 있음을 이유로 하는 경우에 한한다."고 규정함으로써, 원처분과 아울러 재결에 대해서도 취소소송이나 무효등확인소송 등 항고소송을 제기할 수 있도록 하되, 다만 재결에 대한 소송에 있어서는 재결 자체에 고유한 위법이 있음을 이유로 하는 경우에만 소제기를 허용함으로써 원처분주의를 채택하고 있다.

Ⅱ 재결 자체의 고유한 위법의 의미

1. 의 의

재결 자체의 고유한 위법이란 원처분에는 없고 재결에만 있는 흠을 말한다. 다수설(김철용, 박균성, 박윤흔, 유상현, 이상규, 정하중, 한견우)·판례는 재결 자체의 주체·내용·절차·형식상의 위법을 의미한다고 보고 있다(대판 1997.9.12, 96누14661). 소수설은 재결 자체의 주체·절차·형식상의 위법만을 의미하고 내용상의 위법은 제외한다.

다수설에 의할 때 재결 자체에 고유한 위법이란 재결 자체에 ① 주체(예 행정심판위원회가 아닌 자가 한 재결, 행정심판위원회에 권한이 없는 경우, 행정심판위원회의 구성에 위법사유가 있는 상태에서 행한 재결. 구성원의 결격사유가 있는 행정심판위원회에 의한 재결), ② 내용(예 행정심판청구가 부적법한 것임에도 인용된 재결, 행정심판청구가 부적법하지 않음에도 각하된 재결, 제3자효 있는 행정행위에 대한 행정심판청구에 있어서 제3자의 권리를 침해하는 인용재결, 행정심판청구의 대상이 되지 않는 사항에 대하여 행한 재결, 행정심판에 있어서 원처분보다 청구인에게 불이익하게 행한 재결), ③ 절차(예 행정심판위원회의 의결이 없는 경우, 행정심판법상의 심판절차를 준수하지 않은 경우), ④ 형식(예 문서에 의하지 않고 구두로 한 재결, 재결에 주문만 기재되고 이유가 전혀 기재되어 있지 않거나 이유가 불충분한 경우, 재결서에 기명날인을 하지 아니한 경우)의 위법을 의미한다.

1. 행정소송법 제19조에서 말하는 '재결 자체에 고유한 위법'이란 원처분에는 없고 재결에만 있는 재결청의 권한 또는 구성의 위법, 재결의 절차나 형식의 위법, 내용의 위법 등을 뜻하고, 그중 내용의 위법에는 위법·부당하게 인용재결을 한 경우가 해당한다(대판 1997.9.12, 96누14661).
2. 행정심판의 재결에 이유모순의 위법이 있다는 사유는 재결처분 자체에 고유한 하자로서 재결처분의 취소를 구하는 소송에서는 그 위법사유로서 주장할 수 있으나, 원처분의 취소를 구하는 소송에서는 그 취소를 구할 위법사유로서 주장할 수 없다(대판 1996.2.13, 95누8027).

2. 구체적 고찰

(1) 인용재결

① 제3자효 행정행위에 대한 인용재결·형성재결

처분의 상대방에는 유리하나 제3자에게 불리한 복효적 행정행위에 대한 취소심판에서 인용재결이 행해진 경우에 의미를 가진다. 형성적 재결의 경우에는 재결 이외에 별도의 처분이 존재하지 않으므로 재결 자체가 쟁송의 대상이 될 수밖에 없다.

1. 제3자효를 수반하는 행정행위에 대한 행정심판청구의 인용재결에 대하여 제3자가 재결취소를 구할 소의 이익이 있는지 여부

   이른바 복효적 행정행위, 특히 제3자효를 수반하는 행정행위에 대한 행정심판청구에 있어서 그 청구를 인용하는 내용의 재결로 인하여 비로소 권리이익을 침해받게 되는 자(예컨대, 제3자가 행정심판청구인인 경우의 행정처분 상대방 또는 행정처분 상대방이 행정심판청구인인 경우의 제3자)는 재결의 당사자가 아니라고 하더라도 그 인용재결의 취소를 구하는 소를 제기할 수 있으나, 그 인용재결로 인하여 새로이 어떠한 권리이익도 침해받지 아니하는 자인 경우에는 그 재결의 취소를 구할 소의 이익이 없다(대판 1995.6.13, 94누15592).

2. 어업면허취소처분에 대한 면허권자의 행정심판청구를 인용한 재결에 대하여 제3자가 재결취소를 구할 소의 이익이 없다고 본 사례

   처분상대방이 아닌 제3자가 당초의 양식어업면허처분에 대하여는 아무런 불복조치를 취하지 않고 있다가 도지사가 그 어업면허를 취소하여 처분상대방인 면허권자가 그 어업면허취소처분의 취소를 구하는 행정심판을 제기하고 이에 재결기관인 수산청장이 그 심판청구를 인용하는 재결을 하자 비로소 그 제3자가 행정소송으로 그 인용재결을 다투고 있는 경우, 수산청장의 그 인용재결은 도지사의 어업면허취소로 인하여 상실된 면허권자의 어업면허권을 회복하여 주는 것에 불과할 뿐 인용재결로 인하여 제3자의 권리이익이 새로이 침해받는 것은 없고, 가사 그 인용재결로 인하여 그 면허권자의 어업면허가 회복됨으로써 그 제3자에 대하여 사실상 당초의 어업면허에 따른 효과와 같은 결과를 초래한다고 하더라도 이는 간접적이거나 사실적·경제적인 이해관계에 불과하므로, 그 제3자는 인용재결의 취소를 구할 소의 이익이 없다고 본 사례(대판 1995. 6.13, 94누15592)

3. 형성적 재결을 한 경우, 그 재결 외에 그에 따른 별도의 처분이 없기 때문에 재결 자체가 쟁송의 대상이다

   당해 재결과 같이 그 인용재결청인 문화체육부장관(현 문화체육관광부장관) 스스로가 직접 당해 사업계획승인처분을 취소하는 **형성적 재결을 한 경우에는 그 재결 외에 그에 따른 행정청의 별도의 처분이 있지 않기 때문에 재결 자체를 쟁송의 대상**으로 할 수밖에 없다(대판 1997.12.23, 96누10911).

② 이행재결

명령재결인 취소명령재결의 경우에는 '재결'이 소의 대상인지, 아니면 '재결에 따른 처분'이 소의 대상인지의 여부가 문제된다. 판례는 재결과 재결의 기속력에 따른 처분 양자에 대한 항고소송을 인정하고 있다.

행정심판법 제37조 제1항의 규정에 의하면 재결은 행정청을 기속하는 효력을 가지므로 재결청이 취소심판의 청구가 이유 있다고 인정하여 처분청에 처분의 취소를 명하면(현행법상으로는 처분취소명령재결은 삭제됨) 처분청으로서는 그 재결의 취지에 따라 처분을 취소하여야 하지만, 그렇다고 하여 그 **재결의 취지에 따른 취소처분이 위법할 경우 그 취소처분의 상대방이 이를 항고소송으로 다툴 수 없는 것은 아니다.** 재결취지에 따른 취소처분의 상대방이 재결 자체의 효력을 다투는 별소를 제기하였고 그 소송에서 판결이 확정되지 아니하였다 하여 재결의 취지에 따른 취소처분의 취소를 구하는 항고소송 사건을 심리하는 법원이 그 청구의 당부를 판단할 수 없는 것이라고 할 수 없다(대판 1993.9.28, 92누15093).

③ 일부인용재결과 수정재결

이 경우 다투어지는 원처분이 애초에 '처분청이 내린 처분'인가 아니면 '재결에 의해 감경된 처분'인가 하는 것이 문제된다. 판례의 입장은 일관되지 않다. 즉, 판례는 감봉처분을 소청심사위원회가 견책처분으로 변경한 재결에 대한 취소소송에서 소청심사위원회의 재량권의 일탈이나 남용은 재결에 고유한 하자라고 볼 수 없다고 하면서 당해 변경재결에 대한 취소소송을 인정하고 있지 않다(대판 1993.8.24, 93누5673). 그러나 해임처분을 소청심사위원회가 정직 2월로 변경한 경우 원처분청을 상대로 정직 2월의 처분에 대한 취소소송을 제기한 사건에서 본안판단을 한 판결이 있다(대판 1997.11.14, 97누7325).

감봉의 원처분을 견책으로 변경한 소청결정의 경우

징계혐의자에 대한 감봉 1월의 징계처분을 견책으로 변경한 소청결정 중 그를 견책에 처한 조치는 재량권의 남용 또는 일탈로서 위법하다는 사유는 소청결정 자체에 고유한 위법을 주장하는 것으로 볼 수 없어 소청결정의 취소사유가 될 수 없다(대판 1993.8.24, 93누5673).

(2) 기각재결

원처분이 그대로 유지되는 각하·기각재결에 대하여는 원처분주의의 원칙상 원처분을 상대로 소를 제기하여야 한다. 그러나 사정재결에 대해서는 원처분을 취소하더라도 현저히 공공복리에 부적합한 것이 아니라는 등의 이유로 재결취소의 소를 제기할 수 있다.

(3) 각하재결

① 심판청구가 부적법하여 각하해야 함에도 인용재결을 한 경우

심판청구가 부적법하여 각하하여야 함에도 인용재결을 한 것은 재결 자체에 고유한 하자가 있다고 할 수 있다(대판 2001.5.29, 99두10292).

② 행정심판청구가 부적법하지 않음에도 각하한 경우

행정심판청구가 부적법하지 않음에도 각하한 재결은 심판청구인의 실체심리를 받을 권리를 박탈한 것으로서 원처분에 없는 고유한 하자가 있다(대판 2001.7.27, 99두2970).

Ⅲ 행정소송법 제19조 단서에 위반한 소송의 처리(기각판결)

통설과 판례는 행정소송법 제19조의 표제(취소소송의 대상)와 상관없이 같은 조 단서의 규정을 이유제한의 형식으로 이해하여 '소송요건'이 아닌 '본안판단사항'으로 보고 있다. 따라서 법원은 재결 자체에 고유한 하자가 없는 경우 재결에 대한 항고소송을 제기하면 각하가 아닌 기각판결을 해야 한다(대판 1994.1.25, 93누16901).

재결취소소송의 경우 재결 자체에 고유한 위법이 있는지 여부를 심리할 것이고, 재결 자체에 고유한 위법이 없는 경우에는 원처분의 당부와는 상관없이 당해 재결취소소송은 이를 기각하여야 한다(대판 1994.1.25, 93누16901).

Ⅳ 원처분주의의 예외로서의 재결주의

1. 의 의

행정소송법이 취하고 있는 원처분주의에 대한 예외로서 개별법이 재결주의를 채택하고 있는 경우가 있다.

재결주의의 인정 근거
위법한 원처분을 소송의 대상으로 하여 다투는 것보다는 행정심판에 대한 재결을 다투는 것이 **당사자의 권리구제에 보다 효율적이고, 판결의 적정성을 더욱 보장할 수 있는 경우에는 행정심판에 대한 재결에 대하여만 제소하도록 하는 것이 국민의 재판청구권의 보장이라는 측면에서 더욱 바람직한 경우도 있으므로,** 개별법률에서 이러한 취지를 정하는 때에는 원처분주의의 적용은 배제되고 재결에 대해서만 제소를 허용하는 이른바 '재결주의'가 인정된다(헌재결 2001.6.28, 2000헌바77).

2. 적용범위

재결주의가 적용되는 처분이라도 원처분이 당연무효인 경우에는 원처분에 대한 무효확인의 소를 제기하는 것도 허용된다는 것이 통설과 판례[대판(전합) 1993.1.19, 91누8050]의 입장이므로 취소소송의 경우에만 적용된다.

3. 문제가 되는 사례

(1) 원처분주의

1. 국·공립학교교원에 대한 징계처분

   국·공립학교교원에 대한 징계 등 불리한 처분은 행정처분이므로 국·공립학교교원이 징계 등 불리한 처분에 대하여 불복이 있으면 **교원징계재심위원회(현 교원소청심사위원회)에 재심청구를 하고** 위 재심위원회의 재심결정에 불복이 있으면 항고소송으로 이를 다투어야 할 것인데, 이 경우 그 **소송의 대상이 되는 처분은 원칙적으로 원처분청의 처분**이다(대판 1994.2.8, 93누17874).

2. 사립학교 교원에 대한 교원징계재심위원회의 결정

   사립학교 교원에 대한 해임처분에 대한 구제방법으로 학교법인을 상대로 한 민사소송 이외 「교원지위 향상을 위한 특별법」 제7~10조에 따라 교육부 내에 설치된 교원징계재심위원회(현 교원소청심사위원회)에 재심청구를 하고 **교원징계재심위원회의 결정에 불복하여 행정소송을 제기하는 방법도 있으나, 이 경우에도 행정소송의 대상이 되는 행정처분은 교원징계재심위원회의 결정이지 학교법인의 해임처분이 행정처분으로 의제되는 것이 아니며 또한 교원징계재심위원회의 결정을 이에 대한 행정심판으로서의 재결에 해당되는 것으로 볼 수는 없다**(대판 1993.2.12, 92누13707).

3. 재심결정에 대하여 교원에게만 행정소송을 제기할 수 있도록 하고 학교법인에게는 이를 금지한 교원지위향상을 위한 특별법 제10조 제3항은 헌법에 위배된다(위헌)(헌재결 2006.2.23, 2005헌가7).

4. 중앙토지수용위원회가 수용재결을 하고 다시 이의재결을 한 경우, 토지수용 자체의 위법성을 다투기 위하여 취소를 구하여야 하는 대상은 수용재결(현행법상 최신판례)

   공익사업법 제85조 제1항 전문의 문언 내용과 공익사업법 제83조, 제85조가 **중앙토지수용위원회에 대한 이의신청을 임의적 절차로 규정**하고 있는 점, 행정소송법 제19조 단서가 **행정심판에 대한 재결은 재결 자체에 고유한 위법이 있음을 이유로 하는 경우에 한하여 취소소송의 대상으로 삼을 수 있도록 규정하고 있는 점** 등을 종합하여 보면, **수용재결에 불복하여 취소소송을 제기하는 때에는 이의신청을 거친 경우에도 수용재결을 한 중앙토지수용위원회 또는 지방토지수용위원회를 피고로 하여 수용재결의 취소를 구하여야** 하고, 다만 이의신청에 대한 재결 자체에 고유한 위법이 있음을 이유로 하는 경우에는 그 이의재결을 한 중앙토지수용위원회를 피고로 하여 이의재결의 취소를 구할 수 있다고 보아야 한다(대판 2010.1.28, 2008두1504).

5. 불리한 처분을 받은 사립학교 교원의 소청심사청구에 대하여 교원소청심사위원회가 그 사유 자체가 인정되지 않는다는 이유로 처분을 취소하는 결정을 하고, 그에 대하여 학교법인 등이 제기한 행정소송 절차에서 심리한 결과 처분사유 중 일부 사유는 인정된다고 판단되는 경우, 법원이 교원소청심사위원회의 결정을 취소해야 한다

   교원소청심사위원회의 결정은 학교법인 등에 대하여 기속력을 가지고 이는 그 결정의 주문에 포함된 사항뿐 아니라 그 전제가 된 요건사실의 인정과 판단, 즉 불리한 처분 등의 구체적 위법사유에 관한 판단에까지 미친다. 따라서 교원소청심사위원회가 사립학교 교원의 소청심사청구를 인용하여 불리한 처분 등을 취소한 데 대하여 행정소송이 제기되지 아니하거나 그에 대하여 학교법인 등이 제기한 행정소송에서 법원이 교원소청심사위원회 결정의 취소를 구하는 청구를 기각하여 그 결정이 그대로 확정되면, 결정의 주문과 그 전제가 되는 이유에 관한 판단만이 학교법인 등을 기속하게 되고, 설령 판결 이유에서 교원소청심사위원회의 결정과 달리 판단된 부분이 있더라도 이는 기속력을 가질 수 없다. 그러므로 사립학교 교원이 어떠한 불리한 처분을 받아 교원소청심사위원회에 소청심사청구를 하였고, 이에 대하여 교원소청심사위원회가 그 사유 자체가 인정되지 않는다는 이유로 양정의 당부에 대해서는 나아가 판단하지 않은 채 처분을 취소하는 결정을 한 경우, 그에 대하여 학교법인 등이 제기한 행정소송 절차에서 심리한 결과 처분사유 중 일부 사유는 인정된다고 판단되면 법원으로서는 교원소청심사위원회의 결정을 취소하여

야 한다. 법원이 교원소청심사위원회 결정의 결론이 타당하다고 하여 학교법인 등의 청구를 기각하게 되면 결국 행정소송의 대상이 된 교원소청심사위원회의 결정이 유효한 것으로 확정되어 학교법인 등이 이에 기속되므로, 그 결정의 잘못을 바로잡을 길이 없게 되고 학교법인 등도 해당 교원에 대하여 적절한 재처분을 할 수 없게 되기 때문이다(대판 2018.7.12, 2017두65821).

6. **불리한 처분을 받은 사립학교 교원의 소청심사청구에 대하여 교원소청심사위원회가 학교법인 등이 교원에 대하여 불리한 처분을 한 근거인 내부규칙이 위법하여 효력이 없다는 이유로 학교법인 등의 처분을 취소하는 결정을 하고, 그에 대하여 학교법인 등이 제기한 행정소송 절차에서 심리한 결과 내부규칙은 적법하지만 교원이 내부규칙을 위반하였다고 볼 증거가 없다고 판단한 경우, 법원이 교원소청심사위원회의 결정을 취소할 필요 없이 학교법인 등의 청구를 기각할 수 있다**
교원소청심사위원회가 학교법인 등이 교원에 대하여 불리한 처분을 한 근거인 내부규칙이 위법하여 효력이 없다는 이유로 학교법인 등의 처분을 취소하는 결정을 하였고 그에 대하여 학교법인 등이 제기한 행정소송 절차에서 심리한 결과 내부규칙은 적법하지만 교원이 그 내부규칙을 위반하였다고 볼 증거가 없다고 판단한 경우에는, 비록 교원소청심사위원회가 내린 결정의 전제가 되는 이유와 판결 이유가 다르다고 하더라도 법원은 교원소청심사위원회의 결정을 취소할 필요 없이 학교법인 등의 청구를 기각할 수 있다고 보아야 한다. 왜냐하면 교원의 내부규칙 위반사실이 인정되지 않는 이상 학교법인 등이 해당 교원에 대하여 다시 불리한 처분을 하지 못하게 되더라도 이것이 교원소청심사위원회 결정의 기속력으로 인한 부당한 결과라고 볼 수 없기 때문이다. 그리고 행정소송의 대상이 된 교원소청심사위원회의 결정이 유효한 것으로 확정되어 학교법인 등이 이에 기속되더라도 그 기속력은 당해 사건에 관하여 미칠 뿐 다른 사건에 미치지 않으므로, 학교법인 등은 다른 사건에서 문제가 된 내부규칙을 적용할 수 있기 때문에 법원으로서는 이를 이유로 취소할 필요도 없다(대판 2018.7.12, 2017두65821).

(2) 재결주의

현행법상 ① 감사원의 재심의판정(감사원법 제40조 제2항), ② 중앙노동위원회의 재심판정(노동조합 및 노동관계조정법 제85조), ③ 특허심판원의 심결(특허법 제186조)에 대해 재결주의에 대한 특별규정을 두고 있다. ④ 구 토지수용법 제75조의2 제1항의 토지수용소송에 대해서 판례는 재결주의를 취한 바 있지만, 현행 「공익사업을 위한 토지 등의 취득 및 보상에 관한 법률」 제85조 제1항에서는 "사업시행자·토지소유자 또는 관계인은 제34조의 규정에 의한 재결(원처분인 수용재결)에 대하여 불복이 있는 때에는 재결서를 받은 날부터 60일 이내에, 이의신청을 거친 때에는 이의신청에 대한 재결(행정심판재결인 이의재결)서를 받은 날부터 30일 이내에 각각 행정소송을 제기할 수 있다."라고 규정함으로써, 종래 학설상 논란이 되어 온 재결주의의 문제를 원처분주의로 입법적으로 해결하였다.

1. 중앙노동위원회의 재심판정
지방노동위원회가 노동쟁의에 대하여 한 **중재회부결정은, 중재에 회부된 날로부터 15일간 쟁의행위를 금지**시키고(노동쟁의조정법 제31조), 이를 **위반하여 쟁의행위를 한 자에 대한 형사처벌**을 할 수 있으며(같은 법 제47조), 그 금지기간 중의 쟁의행위를 부당한 쟁의행위로 보는 결과 그로 인하여 발생한 **사용자의 손해에**

대하여 노동조합 또는 조합원에게 배상책임을 부담시키는(같은 법 제8조 참조) 등의 **법률상 효과를 발생하게 하는 행정처분**이라 할 것이고, 또한 위 중재회부결정이 중재재정을 위한 선행처분에 해당한다고 보더라도 중재회부결정은 위와 같은 자체의 독립한 법률효과를 가지고 노동조합은 지방노동위원회의 중재회부결정 자체에 대하여도 불복할 수 있다. 노동위원회법 제19조의2 제1항의 규정은 **행정처분의 성질을 가지는 지방노동위원회의 처분에 대하여 중앙노동위원장을 상대로 행정소송을 제기할 경우의 전치요건에 관한 규정**이라 할 것이므로 당사자가 지방노동위원회의 처분에 대하여 불복하기 위하여는 처분 송달일로부터 10일 이내에 **중앙노동위원회에 재심을 신청하고 중앙노동위원회의 재심판정서 송달일로부터 15일 이내에 중앙노동위원장을 피고로 하여 재심판정취소의 소를 제기하여야 할 것이다**(대판 1995.9.15, 95누6724).

2. 수용재결에 대한 제소를 금지하고, 이의재결에 대해서만 제소를 허용하는 이른바 '재결주의'를 정한 토지수용법 제75조의2 제1항 본문은 비례의 원칙에 위반되지 않는다(합헌)(헌재결 2001.6.28, 2000헌바77).

| 제3강 처분등의 위법주장 |

처분이 취소소송의 대상이 되기 위해서는 처분등의 존재와는 별도로, 처분등이 성립요건과 효력발생요건을 갖추지 못한 하자가 있어 위법하다는 원고의 주장이 요구된다. 위법하다는 원고의 주장은 '위법의 가능성'이 있는 것으로 족하며, 그 처분이 사실상 위법하다는 것, 즉 그 '객관적 위법성'이 요구되는 것은 아니다. 처분의 객관적 위법성 자체는 소송요건이 아니라 본안의 이유 유무이기 때문이다.

제5관 취소소송의 제기

| 제1강 개설(소송요건) |

취소소송의 소송요건은 일반적으로 소송을 제기하여 그 청구의 당부에 관한 법원의 본안에 대한 심판을 받을 수 있는 요건을 말한다. 유효한 취소소송을 제기하기 위해서는 ① 행정청의, ② 처분등이 존재하고, ③ 처분등이 위법하여, ④ 원고적격을 가진 자가, ⑤ 피고적격을 가진 행정청을 피고로 하여, ⑥ 제소기간 내에, ⑦ 일정한 형식의 소장에 의하여, ⑧ 예외적으로는 행정심판을 거쳐, ⑨ 관할 행정법원에, ⑩ 취소·변경을 구하는 것이어야 한다. 소송요건을 갖추지 않은 소는 부적법한 것으로 각하된다. 원고적격과 대상적격은 소송요건의 일부인데, 소송요건의 확대는 권익구제확대와 관련된다.

소송요건의 충족 여부는 법원의 직권조사사항이다. 사실심의 변론종결시까지 당사자가 주장하지 않던 직권조사사항을 상고심에서 비로소 주장하는 경우 그 직권조사사항은 상고심의 심판범위에 해당한다. 그러나 처분권한 유무와 처분의 위법성 여부같은 본안판단사항은 직권조사사항이 아니다.

1. 행정소송에 있어서 처분청의 처분권한 유무는 직권조사사항이 아니다[대판(전합) 1997.6.19, 95누8669].
2. 소송에서 당사자가 누구인가를 법원이 직권으로 확정하여야 한다(대판 2016.12.27, 2016두50440).
3. 개인이나 법인이 과세처분에 대하여 심판청구 등을 제기하여 전심절차를 진행하던 중 사망하거나 흡수합병되는 등으로 당사자능력이 소멸하였으나, 전심절차에서 이를 알지 못한 채 소멸된 당사자를 청구인으로 표시하여 청구에 관한 결정이 이루어지고, 상속인이나 합병법인이 결정에 불복하여 소를 제기하면서 소장에 착오로 소멸한 당사자를 원고로 기재한 경우, 법원이 취할 조치

   개인이나 법인이 과세처분에 대하여 심판청구 등을 제기하여 전심절차를 진행하던 중 사망하거나 흡수합병되는 등으로 당사자능력이 소멸하였으나, 전심절차에서 이를 알지 못한 채 사망하거나 합병으로 인해 소멸된 당사자를 청구인으로 표시하여 청구에 관한 결정이 이루어지고, 상속인이나 합병법인이 결정에 불복하여 소를 제기하면서 소장에 착오로 소멸한 당사자를 원고로 기재하였다면, 실제 소를 제기한 당사자는 상속인이나 합병법인이고 다만 그 표시를 잘못한 것에 불과하므로, **법원으로서는 이를 바로잡기 위한 당사자표시정정신청을 받아들인 후 본안에 관하여 심리·판단하여야 한다**(대판 2016.12.27, 2016두50440).

I 관할법원·원고적격·피고적격

앞에서 설명한 바와 같다.

II 소 장

취소소송은 일정한 형식의 소장을 갖추어 제기해야 한다. 소를 제기하는 방식에 대해서는 행정소송법에 특별한 규정이 없으므로 민사소송법의 규정이 준용된다(행정소송법 제8조 제2항). 소장에는 당사자·법정대리인·청구의 취지 및 원인을 기재하여야 한다(민사소송법 제249조 제1항).

III 제소기간

제소기간도 소송요건의 하나로서 제소기간 준수 여부는 법원의 직권조사사항이다.

1. 행정심판의 재결을 거치지 않는 경우(원칙)

(1) 처분이 있음을 안 경우

행정심판을 거치지 않고 바로 취소소송을 제기하는 경우에는 처분등이 있음을 안 날로부터 90일 이내에 제기하여야 한다(행정소송법 제20조 제1항 본문). 제1항의 규정에 의한 기간은 불변기간이다(같은 조 제3항). 법원은 법정기간 또는 법원이 정한 기간을 늘이거나 줄일 수 있다. 다만, 불변기간은 그러하지 아니하다(민사소송법 제172조 제1조). 법원은 불변기간에 대하여 주소 또는 거소가 멀리 떨어진 곳에 있는 사람을 위하여 부가기간(附加期間)을 정할 수 있다(같은 조 제2항). 재판장·수명법관 또는 수탁판사는 제1항 및 제2항의 규정에 따라 법원이 정한 기간 또는 자신이 정한 기간을 늘이거나 줄일 수 있다(같은 조 제3항). 이 법에 의한 기간의 계산에 있어서 국외에서의 소송행위 추완에 있어서는 그 기간을 14일에서 30일로, 제3자에 의한 재심청구에 있어서는 그 기간을 30일에서 60일로, 소의 제기에 있어서는 그 기간을 60일에서 90일로 한다(행정소송법 제5조).

① **처분이 송달된 경우**: 판례는 처분이 있음을 안 날이란 당해 처분이 있었음을 현실적으로 안 날을 의미하고, 처분이 있음을 당사자가 알 수 있는 상태에 놓이게 된 때 반증이 없는 한 처분이 있음을 알았다고 추정할 수 있다고 판시하고 있다.

1. 안 날이란 처분이 있었다는 사실을 현실적으로 안 날을 의미하고 처분의 위법 여부를 판단한 날이 아니다(대판 1991.6.28, 90누6521).
2. 처분 당시에는 취소소송의 제기가 법제상 허용되지 않아 소송을 제기할 수 없다가 위헌결정으로 인하여 비로소 취소소송을 제기할 수 있게 된 경우 위헌결정이 있은 날 또는 위헌결정이 있음을 안 날이 제소기간의 기산점이다(대판 2008.2.1, 2007두20997).
3. 서울특별시장이 배출가스 저감장치 제조사 갑 주식회사에 배출가스 저감장치를 부착한 차량의 의무운행 기간 미준수 등을 이유로 보조금 회수처분을 하자, 갑 회사가 위 처분의 전부 취소를 구하는 행정심판을 제기하였다가 취소청구액 일부를 감축하고 그 후 위 처분 전부에 대하여 취소소송을 제기한 사안에서, 위 처분에 대한 취소소송 제소기간 준수 여부를 판단할 때에는 청구감축 부분을 포함하여 위 처분 전부에 대하여 적법한 행정심판을 거친 것으로 보아야 한다고 한 사례

   구 행정심판법 제39조, 제36조 제1항, 행정소송법 제18조 제1항 단서, 제3항 제1호의 규정 취지 등에 비추어 **행정심판의 심판대상은 처분 상대방의 불복 범위와 관계없이 처분의 위법·부당성이라고 보아야 할 것인 점, 처분 상대방이 하나의 처분 중 일부의 취소를 구하는 행정심판청구를 제기하거나 처분의 전부 취소를 구하는 행정심판청구를 제기하였다가 처분 중 일부의 취소를 구하는 것으로 청구를 감축한 경우에도 그 후 제기되는 취소소송의 제소기간 준수 여부는 행정심판에서 청구를 감축한 부분과 불복한 부분을 구분함이 없이 통일적으로 규율하는 것이 행정법 관계의 안정이라는 제소기간의 규정 취지에도 부합한다고 할 수 있는 점, 하나의 보조금 회수처분 중 일부의 액수에 대하여만 취소를 구하는 소송을 제기하였다가 그 후 청구취지를 보조금 회수처분 전부의 취소를 구하는 것으로 확장하는 것과 같이 동일한 처분의 범위 내에서 청구의 기초에 변경이 없이 이루어지는 청구의 변경은 허용되는 점** 등을 고려할 때, 원고가 위 각 처분이 있음을 안 날부터 90일 이

내인 2008. 3. 21. 위 각 처분의 전부 취소를 구하는 행정심판청구를 제기하였다가 그 취소청구액 일부를 감축하였다 하더라도, 그 후 위 각 처분에 대하여 제기된 취소소송의 제소기간 준수 여부를 판단함에 있어서는 청구감축 부분을 포함한 위 각 처분 전부에 대하여 적법한 행정심판을 거친 것으로 봄이 상당하다(대판 2012.11.29, 2012두3743).

4. 행정소송법 제20조 제1항이 정한 제소기간의 기산점인 '처분 등이 있음을 안 날'의 의미 및 상대방이 있는 행정처분의 경우 위 제소기간의 기산점

행정소송법 제20조 제1항이 정한 제소기간의 기산점인 '처분 등이 있음을 안 날'이란 통지, 공고 기타의 방법에 의하여 당해 처분 등이 있었다는 사실을 현실적으로 안 날을 의미한다. 상대방이 있는 행정처분의 경우에는 특별한 규정이 없는 한 의사표시의 일반적 법리에 따라 행정처분이 상대방에게 고지되어야 효력을 발생하게 되므로, 행정처분이 상대방에게 고지되어 상대방이 이러한 사실을 인식함으로써 행정처분이 있다는 사실을 현실적으로 알았을 때 행정소송법 제20조 제1항이 정한 제소기간이 진행한다고 보아야 한다(대판 2014.9.25, 2014두8254).

5. 지방보훈청장이 허혈성심장질환이 있는 甲에게 재심 서면판정 신체검사를 실시한 다음 종전과 동일하게 전(공)상군경 7급 국가유공자로 판정하는 '고엽제후유증전환 재심신체검사 무변동처분' 통보서를 송달하자 甲이 위 처분의 취소를 구한 사안에서, 甲이 통보서를 송달받기 전에 정보공개를 청구하여 위 처분을 하는 내용의 통보서를 비롯한 일체의 서류를 교부받은 날부터 기산하여 위 소는 제소기간을 넘긴 것으로서 부적법하다고 본 원심판결에 법리를 오해한 위법이 있다고 한 사례

위 처분이 甲에게 고지되어 처분이 있다는 사실을 현실적으로 알았을 때 행정소송법 제20조 제1항에서 정한 제소기간이 진행한다고 보아야 함에도, 甲이 통보서를 송달받기 전에 자신의 의무기록에 관한 정보공개를 청구하여 위 처분을 하는 내용의 통보서를 비롯한 일체의 서류를 교부받은 날부터 제소기간을 기산하여 위 소는 90일이 지난 후 제기한 것으로서 부적법하다고 본 원심판결에 법리를 오해한 위법이 있다(대판 2014.9.25, 2014두8254).

② **제3자의 경우**: 제3자가 제기하는 경우에도 원칙적으로 제소기간의 제한규정이 적용된다. 그러나 현행법은 제3자효 행정행위의 경우 이해관계 있는 제3자에 대한 처분의 통지의무를 부과하고 있지 않다. 따라서 제3자는 제3자효 행정처분이 있은 날로부터 180일 이내에 행정심판, 1년 이내에 취소소송을 제기할 수 있다. 그러나 제3자가 어떤 경위로든 행정처분이 있음을 알았다면 90일 내에 제기하여야 한다.

처분의 당사자가 아닌 제3자인 원고로서는 그 처분이 있었는지를 쉽사리 알 수 없었으므로 제소 이후 처분청이 본인가처분을 하였음을 자인하는 내용의 답변서를 수령한 때에 이르러 비로소 그 처분이 있었음을 알았다고 봄이 상당하다(대판 1992.7.10, 91누9107).

③ **처분이 고시 또는 공고된 경우**: 처분이 고시 또는 공고된 경우 처분의 상대방이 실제로 고시 또는 공고를 보았다면 공고 또는 고시를 본 날이 처분이 있음을 안 날이다. 문제는 상대방이 고시 또는 공고를 보지 못한 경우이다. 판례는 특정인의 경우에는 현실적으로 안 날을, 불특정

다수인의 경우에는 고시 또는 공고의 효력발생일이 처분이 있음을 안 날이라고 판시하고 있다.

1. 특정인에 대한 행정처분을 주소불명 등의 이유로 송달할 수 없어 관보 등에 공고한 경우, 상대방이 그 처분이 있음을 안 날은 현실적으로 안 날이다(대판 2006.4.28, 2005두14851).
2. 고시 또는 공고에 의하여 행정처분을 하는 경우, 그에 대한 취소소송 제소기간의 기산일은 고시 또는 공고의 효력발생일이다

   통상 고시 또는 공고에 의하여 행정처분을 하는 경우에는 그 처분의 상대방이 불특정 다수인이고 그 처분의 효력이 불특정 다수인에게 일률적으로 적용되는 것이므로, 그 행정처분에 이해관계를 갖는 자가 **고시 또는 공고가 있었다는 사실을 현실적으로 알았는지 여부에 관계없이 고시가 효력을 발생하는 날** 행정처분이 있음을 알았다고 보아야 한다(대판 2007.6.14, 2004두619).

④ 불고지·오고지의 경우

행정청으로부터 행정처분 시나 그 이후 행정심판 제기기간에 관해 법정 심판청구기간보다 긴 기간으로 잘못 통지받아 행정소송법상 법정 제소기간을 도과한 경우, 당사자가 책임질 수 없는 사유에 해당하지 않는다(대판 2001.5.8, 2000두6916).

(2) 처분이 있음을 알지 못한 경우

취소소송은 처분등이 있은 날부터 1년을 경과하면 이를 제기하지 못한다. 다만, 정당한 사유가 있는 때에는 그러하지 아니하다(행정소송법 제20조 제2항). 처분등이 있은 날이란 처분이 통지에 의해 외부에 표시되어 효력을 발생한 날을 의미한다.

상대방이 있는 행정처분의 경우 행정소송법 제20조 제2항 소정의 제소기간의 기산점인 '처분이 있은 날'은 처분이 고지되어 효력이 발생한 날을 의미한다(대판 1990.7.13, 90누2284).

한편, 당사자가 책임질 수 없는 사유로 인해 이를 준수할 수 없었을 때는 행정소송법 제8조에 의해 준용되는 민사소송법 제173조 제1항에 의해 그 사유가 없어진 후 2주일 이내에 제소행위를 추완할 수 있다.

1. 1년에 대한 예외로서 '정당한 사유'의 의미와 판단기준

행정소송법 제20조 제2항 소정의 '정당한 사유'란 불확정 개념으로서 그 존부는 사안에 따라 개별적·구체적으로 판단하여야 하나 민사소송법 제160조의 '당사자가 그 책임을 질 수 없는 사유'나 **행정심판법 제18조 제2항 소정의 '천재지변, 전쟁, 사변 그 밖에 불가항력적인 사유'보다는 넓은 개념이라고 풀이**되므로, 제소기간 도과의 원인 등 여러 사정을 종합하여 지연된 제소를 허용하는 것이 사회통념상 상당하다고 할 수 있는가에 의하여 판단하여야 한다(대판 1991.6.28, 90누6521).

2. 민사소송법상 '당사자가 책임질 수 없는 사유'의 의미
취소소송은 처분등이 있음을 안 날부터 90일 이내에 제기하여야 하고(행정소송법 제20조 제1항 본문), 그 제소기간은 불변기간이며(같은 조 제3항), 다만 당사자가 책임질 수 없는 사유로 인하여 이를 준수할 수 없었던 경우에는 같은 법 제8조에 의하여 준용되는 민사소송법 제173조 제1항에 의하여 그 사유가 없어진 후 2주일 내에 해태된 제소행위를 추완할 수 있다고 할 것이며, 여기서 '당사자가 책임질 수 없는 사유'란 **당사자가 그 소송행위를 하기 위하여 일반적으로 하여야 할 주의를 다하였음에도 불구하고, 그 기간을 준수할 수 없었던 사유를 말한다**고 할 것이다(대판 2008.6.12, 2007두16875).

3. 위헌결정을 선고받은 법률조항의 합헌성을 신뢰했다는 사정은 정당한 사유가 아니다
위헌결정을 선고받은 법률조항의 합헌성을 신뢰했다는 사정은 행정소송법 제8조에 의하여 소제기행위의 추완에 준용되는 민사소송법 제160조 제1항에서 정한 '당사자가 책임질 수 없는 사유'에 해당하지 아니한다(대판 2005.1.13, 2004두9951).

4. 원고 주식회사 플러스상호저축은행(원고 은행)의 대표이사는 그 직무집행이 정지되고 피고가 선임한 관리인이 원고 은행의 업무를 관리하는 경우, 원고 은행에 대한 영업인가취소처분에 대한 취소소송의 제소기간의 기산점
구 상호저축은행법 제24조의3, 제24조의4, 제24조의5의 규정 등에 의하면, 피고의 경영관리에 의하여 그 직무집행 권한이 정지된 기존의 대표이사가 원고 주식회사 플러스상호저축은행(원고 은행)을 대표하여 경영관리 또는 영업인가취소처분의 취소소송을 제기할 수는 없고, 공익(예금주 등 제3자의 이익) 보호를 위하여 선임된 관리인도 원고 은행 자체의 이익 보호를 위한 업무임과 동시에 원고 은행의 통상의 업무가 아닌 위 취소소송을 제기할 수 없으며, 다만 원고 은행의 주주나 임원 등 이해관계인은 행정소송법 제8조 제2항, 민사소송법 제62조, 제64조의 규정에 따라 법원에 특별대리인 선임신청을 하여 위와 같은 취소소송을 제기할 수 있다. 한편, 관리인은 상호저축은행의 **업무를 집행하고 그 재산을 관리·처분하는 권한을 가진 자로서 각종 송달이나 행정처분등을 통지받을 권한이 있다고 할 것이므로, 원고 은행으로서는 그 관리인에게 원고 은행에 대한 영업인가취소처분(이 사건 처분)이 통지된 때에 이 사건 처분이 있음을 알았다고 볼 것이다. 따라서 원고 은행이 행정소송법 제20조 제1항에 규정된 처분등이 있음을 안 날부터 90일 이내에 이 사건 처분의 취소소송을 제기하지 아니한 이상, 원고 은행의 이 사건 소는 제소기간이 도과된 상태에서 제기되었다고 할 것이다.** 그러나 위에서 본 바와 같이 **원고 은행의 기존의 대표이사와 관리인이 취소소송을 제기할 수 없었던 이상, 원고 은행이 이 사건 처분 통지일로부터 90일의 제소기간이 도과한 후에 소를 제기하였다고 하더라도 이는 민사소송법 제173조 제1항에 규정된 책임질 수 없는 사유로 말미암아 불변기간을 지킬 수 없었던 경우로서, 원고 은행은 특별대리인이 선임되어 그 사유가 없어진 날부터 2주 내에 그 게을리 한 소송행위를 보완할 수 있다고 볼 여지가 있고, 이러한 책임질 수 없는 사유가 존재하였는지 여부는 취소소송의 당사자인 원고 은행을 기준으로 살펴야 한다**(대판 2012.3.15, 2008두4619).

5. 피고(한국산업기술평가관리원장)가 이 사건 처분 시에 행정소송의 제기절차 등을 고지하지 않았다는 사정은 행정소송의 제소기간을 준수할 수 없었던 '당사자가 책임질 수 없는 사유'에 해당하지 않는다(대판 2018.10.25, 2015두38856).

(3) 처분이 있음을 안 경우와 알지 못한 경우의 관계

두 경우 중 어느 하나의 제소기간이 도과하면 원칙적으로 취소소송을 제기할 수 없다.

2. 행정심판의 재결을 거치는 경우(예외)

다른 법률에 당해 처분에 대한 행정심판의 재결을 거치지 않으면 취소소송을 제기할 수 없다는 규정이 있는 경우(행정심판절차가 필요적인 경우), 필요적으로 거쳐야 하는 것은 아니지만 행정심판청구를 할 수 있는 경우 또는 행정청이 행정심판청구를 할 수 있다고 잘못 알린 경우에 행정심판청구가 있은 때의 제소기간은 재결서의 정본을 송달받은 날로부터 90일 이내에 제기하여야 한다(행정소송법 제20조 제1항 단서). 이 기간은 불변기간이다(같은 법 같은 조 제3항). 이 경우에도 재결이 있은 날로부터 1년을 경과하면 취소소송을 제기할 수 없다. 다만, 정당한 사유가 있는 때에는 그러하지 아니하다(같은 법 같은 조 제2항 단서).

1. 행정소송법 제20조 제1항에서 말하는 '행정심판'은 행정심판법에 따른 일반행정심판과 이에 대한 특례로서 다른 법률에서 사안의 전문성과 특수성을 살리기 위하여 특히 필요하여 일반행정심판을 갈음하는 특별한 행정불복절차를 정한 경우의 특별행정심판을 뜻한다

   행정소송법 제20조 제1항에 따르면, 취소소송은 처분 등이 있음을 안 날부터 90일 이내에 제기하여야 하는데, 행정심판청구를 할 수 있는 경우에 행정심판청구가 있은 때의 기간은 재결서의 정본을 송달받은 날부터 기산한다. 이처럼 취소소송의 제소기간을 제한함으로써 처분 등을 둘러싼 법률관계의 안정과 신속한 확정을 도모하려는 입법 취지에 비추어 볼 때, 여기서 말하는 **'행정심판'은 행정심판법에 따른 일반행정심판과 이에 대한 특례로서 다른 법률에서 사안의 전문성과 특수성을 살리기 위하여 특히 필요하여 일반행정심판을 갈음하는 특별한 행정불복절차를 정한 경우의 특별행정심판(행정심판법 제4조)을 뜻한다**고 보아야 할 것이다(대판 2014.4.24, 2013두10809).
2. 행정청이 행정심판청구를 할 수 있다고 잘못 알려 행정심판청구를 한 경우 취소소송의 제소기간 기산점은 재결서 정본 송달일이다(대판 2006.9.8, 2004두947).
3. 임의적으로 이의신청을 거쳐 취소소송을 제기할 경우 이의신청에 대한 결정 정본을 송달받은 날부터 90일 이내에 제기해야 한다(대판 2001.9.18, 2000두2662).
4. 행정처분이 있음을 안 날부터 90일을 넘겨 행정심판을 청구하였다가 부적법하다는 이유로 각하재결을 받은 후 재결서를 송달받은 날부터 90일 내에 원래의 처분에 대하여 취소소송을 제기한 경우, 취소소송의 제소기간을 준수한 것으로 볼 수 없다(대판 2011.11.24, 2011두18786).
5. 이미 제소기간이 지나 불가쟁력이 발생한 후에 행정청이 행정심판청구를 할 수 있다고 잘못 알린 경우, 그 안내에 따라 청구된 행정심판 재결서 정본을 송달받은 날부터 다시 취소소송의 제소기간이 기산되지 않는다(대판 2012.9.27, 2011두27247).
6. 제소기간에 관한 행정소송법 제20조 제1항에서 말하는 '행정심판'의 의미

   취소소송의 제소기간을 제한함으로써 처분 등을 둘러싼 법률관계의 안정과 신속한 확정을 도모하려는 입법 취지에 비추어 볼 때, 여기서 말하는 '행정심판'은 행정심판법에 따른 일반행정심판과 이에 대한 특례로서 다른 법률에서 사안의 전문성과 특수성을 살리기 위하여 특히 필요하여 일반행정심판을 갈음하는 특별한 행정불복절차를 정한 경우의 특별행정심판(행정심판법 제4조)을 뜻한다(대판 2019.4.3, 2017두52764).

3. 제소기간 준수여부 판단 기준시

(1) 원칙(제소시)

소 제기기간 준수 여부에 대한 판단은 원칙적으로 제소시를 기준으로 한다.

(2) 소변경의 경우

① 소종류의 변경

소의 종류의 변경의 경우 새로운 소에 대한 제소기간의 준수는 변경된 처음의 소가 제기된 때를 기준으로 한다(행정소송법 제21조 제4항).

② 청구취지의 교환적 변경

청구취지를 교환적으로 변경하여 종전의 소가 취하되고 새로운 소가 제기된 것으로 보게 되는 경우 새로운 소에 대한 제소기간의 준수 여부는 원칙적으로 소의 변경이 있은 때를 기준으로 판단한다. 그러나 선행처분의 취소를 구하는 소가 후속처분의 취소를 구하는 소로 교환적으로 변경되었다가 다시 선행처분의 취소를 구하는 소로 변경된 경우 후속처분의 취소를 구하는 소의 제소기간은 최초의 소가 제기된 때를 기준으로 정해야 한다(대판 2013.7.11, 2011두27544).

③ 소의 추가적 병합

소의 추가적 병합의 경우 추가적으로 병합된 소의 제소기간은 원칙상 추가병합 신청이 있은 때를 기준으로 한다(대판 2004.12.10, 2003두12257).

동일한 행정처분에 대한 무효확인의 소에 그 처분의 취소를 구하는 소를 추가적으로 병합한 경우, 주된 청구인 무효확인의 소가 적법한 취소소송의 제소기간 내에 제기되었다면 추가적으로 병합된 취소청구의 소도 적법하게 제기된 것으로 본다(대판 2005.12.23, 2005두3554).

④ 청구취지의 추가

1. 공정거래위원회의 처분에 대하여 불복의 소를 제기하였다가 청구취지를 추가하는 경우, 추가된 청구취지에 대한 제소기간 준수 여부를 판단하는 기준시점은 청구취지의 추가·변경 신청이 있는 때이다

청구취지를 추가하는 경우, 청구취지가 추가된 때에 새로운 소를 제기한 것으로 보므로, 추가된 청구취지에 대한 제소기간 준수 등은 원칙적으로 청구취지의 추가·변경 신청이 있는 때를 기준으로 판단하여야 한다. 그러나 선행 처분의 취소를 구하는 소를 제기하였다가 이후 후행 처분의 취소를 구하는 청구취지를 추가한 경우에도, 선행 처분이 종국적 처분을 예정하고 있는 일종의 잠정적 처분으로서 후행 처분이 있을 경우 선행 처분은 후행 처분에 흡수되어 소멸되는 관계에 있고, 당초 선행 처분에 존재한다고 주장되는 위법사유가 후행 처분에도 마찬가지로 존재할 수 있는 관계여서 **선행 처분의 취소를 구하는 소에 후행 처분의 취소를 구**

하는 취지도 포함되어 있다고 볼 수 있다면, 후행 처분의 취소를 구하는 소의 제소기간은 선행 처분의 취소를 구하는 최초의 소가 제기된 때를 기준으로 정하여야 한다(대판 2018.11.15, 2016두48737).

2. 청구취지를 추가하는 경우, 청구취지가 추가된 때에 새로운 소를 제기한 것으로 보므로, 추가된 청구취지에 대한 제소기간 준수 등은 원칙적으로 청구취지의 추가·변경 신청이 있는 때를 기준으로 판단하여야 한다(대판 2018.11.15, 2016두48737).
3. 선행 처분의 취소를 구하는 소를 제기하였다가 후행 처분의 취소를 구하는 청구취지를 추가하였으나 선행 처분이 잠정적 처분으로서 후행 처분에 흡수되어 소멸되는 관계에 있고, 선행 처분의 취소를 구하는 소에 후행 처분의 취소를 구하는 취지도 포함되어 있는 경우, 후행 처분의 취소를 구하는 소의 제소기간 준수 여부를 판단하는 기준 시점은 선행 처분의 취소를 구하는 취초의 소가 제기된 때이다

   선행 처분의 취소를 구하는 소를 제기하였다가 이후 후행 처분의 취소를 구하는 청구취지를 추가한 경우에도, 선행 처분이 종국적 처분을 예정하고 있는 일종의 잠정적 처분으로서 후행 처분이 있을 경우 선행 처분은 후행 처분에 흡수되어 소멸되는 관계에 있고, 당초 선행 처분에 존재한다고 주장되는 위법사유가 후행 처분에도 마찬가지로 존재할 수 있는 관계여서 선행 처분의 취소를 구하는 소에 후행 처분의 취소를 구하는 취지도 포함되어 있다고 볼 수 있다면, 후행 처분의 취소를 구하는 소의 제소기간은 선행 처분의 취소를 구하는 최초의 소가 제기된 때를 기준으로 정하여야 한다(대판 2018.11.15, 2016두48737).

4. 무효처분과 제소기간

무효등확인소송의 경우에는 제소기간의 제한이 없다. 판례는 무효선언을 구하는 취소소송의 경우 제소기간의 제한규정이 적용된다는 입장이다.

취소소송의 제소요건을 갖추어야 한다

행정처분의 당연무효를 선언하는 의미에서 그 취소를 청구하는 행정소송을 제기한 경우에도 전심절차와 제소기간의 준수 등 취소소송의 제소요건을 갖추어야 한다(대판 1990.12.26, 90누6279).

IV 전심절차

1. 임의적 전치주의(원칙)

행정소송법 제18조 제1항 본문은 "취소소송은 법령의 규정에 의하여 당해 처분에 대한 행정심판을 제기할 수 있는 경우에도 이를 거치지 아니하고 제기할 수 있다."라고 규정하고 있다. 따라서 현행 행정소송법상 원칙적으로 임의적 전치주의, 예외적으로 필요적 전치주의를 채택하고 있다고 할 수 있다. 여기서 말하는 행정심판은 반드시 행정심판법상의 행정심판에 한정하지 않으며 행정기관이 심판기관이 되는 행정쟁송(예 행정심판·이의신청·심사청구·심판청구 기타 행정청에 대한 불복신청 등)을 총칭하는 개념이다.

2. 필요적 전치주의(예외)

행정소송법 제18조 제1항 단서에서는 "다만, 다른 법률에 당해 처분에 대한 행정심판의 재결을 거치지 아니하면 취소소송을 제기할 수 없다는 규정이 있는 때에는 그러하지 아니하다."라고 규정함으로써 예외적으로 필요적 행정심판전치주의를 인정하고 있다.

(1) 필요적 전치주의 사례

① 공무원과 교원에 대한 소청심사

소청을 제기한 자가 소청심사위원회의 결정에 불복이 있는 때에는 행정소송을 제기할 수 있다. 징계처분, 그 밖에 본인의 의사에 반한 불리한 처분이나 부작위에 관한 행정소송은 소청심사위원회의 심사·결정을 거치지 아니하면 제기할 수 없다(국가공무원법 제16조 제1항). 처분, 그 밖에 본인의 의사에 반한 불리한 처분이나 부작위에 관한 행정소송은 심사위원회의 심의·결정을 거치지 아니하면 제기할 수 없다(지방공무원법 제20조의2). 교원소청심사위원회의 결정에 대하여 교원, 학교법인 또는 사립학교 경영자 등 당사자는 그 결정서를 송달받은 날부터 90일 이내에 행정소송법으로 정하는 바에 따라 소송을 제기할 수 있다(「교원지위 향상을 위한 특별법」제10조 제3항).

교원에 대한 징계처분에 관하여 재심청구를 거치지 아니하고서는 행정소송을 제기할 수 없도록 한 국가공무원법 제16조 제2항 중 교원에 대한 부분은 재판청구권을 침해하지 않는다(합헌)(헌재결 2007.1.17, 2005헌바86).

② 조세부과처분

위법한 국세부과처분에 대한 행정소송은 심사청구 또는 심판청구와 그에 대한 결정을 거치지 아니하면 이를 제기할 수 없다(국세기본법 제56조 제2항). 동일한 처분에 대해서는 심사청구와 심판청구를 중복하여 제기할 수 없다(같은 법 제55조 제9항). 청구인은 제43조 및 제46조에 따른 심사청구 및 결정을 거친 행정기관의 장의 처분에 대하여는 해당 처분청을 당사자로 하여 해당 결정의 통지를 받은 날부터 90일 이내에 행정소송을 제기할 수 있다(감사원법 제46조의2). 따라서 국세부과처분에 대해 행정소송을 제기하기 위해서는 국세기본법상의 심사청구나 심판청구 또는 감사원법상의 심사청구 가운데 하나를 반드시 거쳐야 한다.

그러나 지방세의 경우 지방세법 제78조 제2항에서 필요적 전치주의를 규정하고 있었으나 위헌결정으로 인해 삭제되어, 행정심판을 거치지 않고 곧바로 항고소송을 제기할 수 있다(헌재결 2001.6.28, 2000헌바30).

③ 도로교통법상 처분

이 법에 의한 처분으로서 해당 처분에 대한 행정소송은 행정심판의 재결을 거치지 아니하면 이를 제기할 수 없다(도로교통법 제142조).

(2) 요 건

① **심판청구의 적법성**(실질에 의해 판단)

㉠ **부적법한 심판청구를 각하하지 않고 본안에 대한 재결을 한 경우**: 전치요건충족을 부정하는 것이 통설·판례(대판 1991.6.25, 90누8091)이다.

제기기간을 도과한 행정심판청구의 부적법을 간과한 채 행정청이 실질적 재결을 한 경우 행정소송의 전치요건을 충족하지 못한다(대판 1991.6.25, 90누8091).

㉡ **적법한 심판청구가 부적법한 것으로 각하된 경우**: 이 경우는 행정청이 착오로 부적법한 것으로 각하했다 하더라도 행정심판전치주의의 근본취지가 행정청에게 자기반성의 기회를 제공하는 데 있음을 고려할 때 전치요건을 충족했다고 보는 것이 통설과 판례의 입장이다.

② **인적 관련성**: 행정심판전치의 취지는 당해 행정처분에 대해 행정청에 의한 재심사를 구하는 데 있다. 그러므로 특정한 처분에 대해 행정심판이 제기되어 재결이 있었으면 전치요건을 충족시켰다고 볼 수 있으므로, 행정심판의 청구인과 행정소송의 원고가 동일인일 필요는 없다. 따라서 ㉠ 공동소송의 경우 공동소송인 중 1인이 행정심판을 거쳤다면 다른 공동소송인은 행정심판을 거치지 않고 행정소송을 제기할 수 있고(대판 1986.10.14, 83누584), ㉡ 또한 행정소송법은 '동종사건에 관하여 이미 행정심판의 기각재결이 있은 때'에는 행정심판을 제기할 필요가 없음을 명시함으로써(제18조 제3항 제1호), 행정심판의 기각결정이 있으면 누구든 관계없이 행정심판을 거치지 않고 행정소송을 제기할 수 있도록 했다.

③ **사물적 관련성**: 행정심판의 대상으로서의 행정처분과 행정소송의 대상으로서의 행정처분은 원칙적으로 동일한 것이어야 한다(대판 1969.1.3, 69누9). 다만, 행정소송법은 서로 내용상 관련되는 처분 또는 동일한 목적을 위해 단계적으로 진행되는 처분 중 어느 하나가 이미 행정심판의 재결을 거친 때에는 행정심판을 제기하지 않고 취소소송을 제기할 수 있다(제18조 제3항 제2호)고 규정하고 있다.

의제배당소득임을 전제로 한 원천징수고지에 대하여 전심절차를 거친 경우에 의제배당소득을 포함한 종합소득세부과처분 취소소송에서 별도의 전심절차를 거쳐야 한다(대판 2009.5.28, 2007두25817).

④ 주장사유의 관련성 : 판례는 양자의 주장이 전혀 별개의 것이 아닌 한 반드시 일치하는 것은 아니므로, 행정심판에서 주장하지 않은 사항도 기본적인 점에서 부합되는 것이면 행정소송에서 주장할 수 있다고 판시하고 있다.

항고소송에 있어 전심절차에서 주장하지 아니한 공격방어방법을 소송절차에서 주장할 수 있다
항고소송에 있어서 원고는 전심절차에서 주장하지 아니한 공격방어방법을 소송절차에서 주장할 수 있고 법원은 이를 심리하여 행정처분의 적법 여부를 판단할 수 있는 것이므로, 원고가 전심절차에서 주장하지 아니한 처분의 위법사유를 소송절차에서 새롭게 주장하였다고 하여 다시 그 처분에 대하여 별도의 전심절차를 거쳐야 하는 것은 아니다(대판 1996.6.14, 96누754).

⑤ 전치요건 충족 여부의 판단

㉠ 직권조사사항

전심절차를 거친 여부는 행정소송제기의 소송요건으로서 직권조사사항이라 할 것이므로 이를 거치지 않았음을 원고 소송대리인이 시인하였다고 할지라도 그 사실만으로 전심절차를 거친 여부를 단정할 수는 없다(대판 1986.4.8, 82누242).

㉡ 판단의 기준시 : 행정심판의 재결이 있기 전에 제기된 행정소송은 위법하나, 소가 각하되지 않는 동안에 재결이 있게 되면 그 흠은 치유된다. 판례도 행정심판을 거치지 않고 소를 제기하였으나, 사실심 변론종결 전까지 행정심판전치의 요건을 갖추었다면 흠의 치유를 인정한다(대판 1987.4.28, 86누29).

전심절차를 밟지 아니한 채 증여세부과처분취소소송을 제기하였다면 제소당시로 보면 전치요건을 구비하지 못한 위법이 있다 할 것이지만, 소송계속 중 심사청구 및 심판청구를 하여 각 기각결정을 받았다면 원심변론종결일 당시에는 위와 같은 전치요건흠결의 하자는 치유되었다고 볼 것이다(대판 1987.4.28, 86누29).

(3) 필요적 행정심판전치주의의 적용범위

① **실정법규정**: 행정소송법은 취소소송에 대해 예외적으로 필요적 행정심판전치주의를 채택하고(제18조 제1항 단서), 부작위위법확인소송에 이를 준용하고 있다(제38조 제2항). 그러나 항고소송 중 무효등확인소송과 당사자소송에는 행정심판전치주의가 적용되지 않는다(제38조 제1항, 제44조).

행정처분의 당연무효를 구하는 소송에 있어서는 소원(현행법상 행정심판)전치의 요건을 구비할 필요가 없다(대판 1962.9.27, 62누29).

② **무효선언을 구하는 의미의 취소소송(긍정)**

㉠ **학설**: 소송의 형식이 취소소송을 취하는 한 행정심판전치주의가 적용된다는 적극설과 형식만 취소소송일 뿐 그 소송으로 구하는 판결은 당해 행정행위가 무효임을 확인하는 무효확인소송이므로, 행정심판전치주의의 적용이 없다는 소극설이 대립한다.

㉡ **판례(적극설)**: 판례는 적극설을 취하고 있다.

행정처분의 당연무효를 선언하는 의미에서 그 취소를 구하는 행정소송을 제기하는 경우에는 전치절차와 그 제소기간의 준수 등 취소소송의 제소요건을 갖추어야 한다(대판 1993.3.12, 92누11039).

③ **2단계 이상의 행정심판절차가 규정되어 있는 경우**: 관계 법령이 하나의 처분에 대해 2단계 이상의 행정심판절차를 규정하고 있는 경우에 당해 절차를 모두 거쳐야 하는가에 대해, 통설은 명문규정이 있는 경우를 제외하고는 그중의 하나만 거치면 족하다는 입장이다.

④ **제3자에 의한 제소의 경우(긍정)**: 판례는 긍정설을 취하고 있다(대판 1989.5.9, 88누5150).

행정소송법 제20조 제2항은 행정심판을 제기하지 아니하거나 그 재결을 거치지 아니하는 사건을 적용대상으로 한 것임이 규정 자체에 의하여 명백하고, 행정처분의 상대방이 아닌 **제3자가 제기하는 사건은 같은 법 제18조 제3항 소정의 행정심판을 제기하지 아니하고 제소할 수 있는 사건에 포함되어 있지 않으므로** 같은 법 제20조 제2항 단서를 적용하여 제소에 관한 제척기간의 규정을 배제할 수는 없다(대판 1989.5.9, 88누5150).

(4) 행정심판전치주의의 예외

행정심판의 재결을 거치지 아니하고 취소소송을 제기할 수 있는 경우(제18조 제2항)[14 국회8급]	행정심판을 제기함이 없이 취소소송을 제기할 수 있는 경우(제18조 제3항)
1. 행정심판청구가 있은 날로부터 60일이 지나도 재결이 없는 때(제1호) 2. 처분의 집행 또는 절차의 속행으로 생길 중대한 손해를 예방하여야 할 긴급한 필요가 있는 때(제2호) 3. 법령의 규정에 의한 행정심판기관이 의결 또는 재결을 하지 못할 사유가 있는 때(제3호) 4. 그 밖의 정당한 사유가 있는 때(제4호)[09 국가7급]	1. 동종사건에 관하여 이미 행정심판의 기각재결이 있은 때(제1호) 2. 서로 내용상 관련되는 처분 또는 같은 목적을 위하여 단계적으로 진행되는 처분 중 어느 하나가 이미 행정심판의 재결을 거친 때(제2호) 3. 행정청이 사실심의 변론종결 후 소송의 대상인 처분을 변경하여 당해 변경된 처분에 관하여 소를 제기하는 때(제3호) 4. 처분을 행한 행정청이 행정심판을 거칠 필요가 없다고 잘못 알린 때(제4호) 5. 처분변경으로 인한 소의 변경의 경우(제22조 제3항

1. 처분청이 아닌 재결청 소속의 행정심판 업무 담당 공무원이 행정심판을 거칠 필요가 없다고 잘못 알린 경우, 행정심판 제기 없이 그 취소소송을 제기할 수 있다
   행정소송법 제18조 제3항 제4호의 규정이 행정청이 행정심판을 거칠 필요가 없다고 잘못 알린 때에는 행정심판을 제기하지 않고도 취소소송을 제기할 수 있도록 행정심판 전치주의에 대한 예외를 두고 있는 것은 행정에 대한 국민의 신뢰를 보호하려는 것이므로, 처분청이 아닌 재결청이 이와 같은 잘못된 고지를 한 경우에도 행정소송법 제18조 제3항 제4호의 규정을 유추·적용하여 행정심판을 제기함이 없이 그 취소소송을 제기할 수 있다고 할 것이다(대판 1996.8.23, 96누4671).
2. 조세소송에서 납세의무자가 전심절차를 거치지 않고 과세처분취소청구소송을 제기할 수 있는 경우
   조세행정에 있어서 **2개 이상의 같은 목적의 행정처분이 단계적·발전적 과정에서 이루어진 것으로서 서로 내용상 관련**이 있다든지, **세무소송 계속 중에 그 대상인 과세처분을 과세관청이 변경하였는데 위법사유가 공통**된다든지, 동일한 행정처분에 의하여 **수인이 동일한 의무를 부담하게 되는 경우에 선행처분에 대하여 또는 그 납세의무자들 중 1인이 적법한 전심절차를 거친 때**와 같이, **과세관청과 국세심판원으로 하여금 기본적 사실관계와 법률문제에 대하여 다시 판단할 수 있는 기회를 부여하였을 뿐더러 납세의무자로 하여금 굳이 또 전심절차를 거치게 하는 것이 가혹하다고 보이는 등 정당한 사유가 있는 때**에는 납세의무자가 전심절차를 거치지 아니하고도 과세처분의 취소를 청구하는 행정소송을 제기할 수 있다. 과세관청이 갑 주식회사 주식 전부를 소유한 과점주주인 을, 병, 정, 무를 갑 회사의 제2차 납세의무자로 지정하여 갑 회사의 체납 부가가치세 등을 납부하라는 내용의 제1차 처분 및 제2차 처분을 하자, 을, 병, 정, 무가 국세심판원을 상대로 제1차 처분에 대한 심판청구를 제기하여 을, 병은 인용결정을, 정, 무는 기각결정을 받았는데, 이후 과세관청이 위 결정에 따라 정에 대해 추가 세액을 납부하라는 내용의 제3차 처분을 하자, 정, 무가 납세의무 성립일 이전에 이미 위 주식을 양도하였다며 위 각 과세처분의 취소를 청구하였던 사안에서, 정, 무가 제2차 및 제3차 처분에 대해 전심절차를 거치지 않았다 하더라도 이에 대한 청구는 적법하다고 한 사례(대판 2011.1.27, 2009두13436)
3. 당초의 과세처분에 존재하고 있다고 주장되는 위법사유가 증액경정처분에도 존재하고 있어 당초의 과세처분이 위법하다고 판단되면 증액경정처분도 위법하다고 하지 않을 수 없는 경우, 당초의 과세처분에 대한 전심절차에서 청구의 취지나 이유를 변경하지 아니하였다고 하더라도 증액경정처분에 대한 별도의 전심절차 없이 증액경정처분의 취소를 구할 수 있다(대판 2013.2.14, 2011두25005).
4. 조세행정소송에서 납세의무자가 전심절차를 거치지 않고 정당한 사유 없이 전심절차를 거치지 아니하고 과세처분 취소청구소송을 제기할 수 없다(대판 2014.12.11, 2012두20618).

I 의 의

1. 개 념

소의 변경은 소송의 계속 중에 원고가 심판의 대상인 청구를 변경하는 것을 말하고 청구의 변경은 소송물의 변경을 말하므로 소의 변경을 청구의 변경이라고도 한다.

일반적으로 소의 변경에는 종래의 청구를 철회하고 새로운 청구를 하는 '교환적 변경'과 종래의 청구는 그대로 두고 새로운 청구를 추가하는 '추가적 변경'이 있다.

항소심에서 소가 교환적으로 변경된 경우 항소취하는 무효이다

항소심에서 소의 교환적 변경이 있으면 제1심판결은 소취하로 실효되고, 항소심의 심판대상은 교환된 청구에 대한 새로운 소송으로 바뀌어 항소심은 사실상 제1심으로 재판하는 것이 되므로, 그 뒤에 항소인이 항소를 취하한다 하더라도 항소취하는 그 대상이 없어 아무런 효력을 발생할 수 없다(대판 2008.5.29, 2008두2606).

2. 유사개념과의 구별

(1) 공격방어방법의 변경

소의 변경은 '청구 그 자체의 변경'을 요한다. 따라서 청구를 이유 있게 하기 위한 공격방어방법의 변경은 소의 변경이 아니다.

(2) 청구취지의 정정

청구취지의 정정이란 청구취지의 기재에 착오가 있을 때 청구취지를 바로잡는 것을 의미한다. 청구취지의 정정의 경우 청구가 변경되는 것이 아니므로 전심절차 및 제소기간의 준수 여부는 정정되기 전의 소송의 제기를 기준으로 판단해야 한다.

주택건설사업의 양수인이 사업주체의 변경승인신청을 한 이후에 행정청이 양도인에 대한 사업계획승인을 취소하는 처분을 하면서 양수인에게 그 사실을 통지하고 변경승인신청서를 반려한 것에 대하여 양수인이 행정소송을 제기하면서 청구취지에 처분성이 결여된 위 통지를 소송의 대상으로 기재하였으나 청구원인에 비추어 볼 때 사업계획승인취소처분을 소송의 대상으로 삼았다고 봄이 합리적인 경우에는 위 통지의 취소를 사업계획승인취소처분의 취소로 청구취지를 정정하는 것이 가능하다(대판 2000.9.26, 99두646).

II 행정소송법상 소의 변경

행정소송법은 '소의 종류의 변경'과 '처분변경으로 인한 소의 변경' 두 가지를 규정하고 있다.

1. 소의 종류의 변경

(1) 의 의

취소소송을 당해 처분등에 관계되는 사무가 귀속하는 국가 또는 공공단체에 대한 당사자소송 또는 취소소송 외의 항고소송으로 변경하는 것이 이에 해당한다.

(2) 인정이유

행정소송법이 소의 종류 자체의 변경을 인정한 것은 행정소송은 그 종류가 다양할 뿐 아니라, 소송의 성질과 제소요건이 다르기 때문에 원고가 자칫 행정소송의 종류의 선택을 잘못함으로써 권리와 이익의 구제에 차질이 있을 수 있기 때문이다. 또한 취소소송의 계속 중에 대상인 처분이 조건의 성취, 종기의 도래 또는 목적물의 소멸 등으로 소의 이익이 상실될 가능성이 있다. 이 경우 별소의 제기를 강요하는 것은 원고의 보호 및 소송경제의 관점에서 바람직하지 않기 때문이다.

(3) 종 류

구분	내용
소 종류의 변경	1. 항고소송 상호 간 - 취소소송 상호 간 - 무효확인소송과 부작위위법확인소송 상호 간 2. 항고소송과 당사자소송 상호 간
처분변경으로 인한 소변경	1. 항고소송 - 부작위위법확인소송 2. 당사자소송

소의 종류의 변경에는 ① 취소소송을 다른 항고소송인 무효등확인소송이나 부작위위법확인소송으로 변경하거나 당해 처분등에 관계되는 사무가 귀속하는 국가 또는 공공단체에 대한 당사자소송으로 변경하는 경우(실무에서 가장 많이 이루어지는 취소소송 상호 간의 소의 변경에 관해서는 규정이 없음)와(제21조 제1항), ② 무효등확인소송 또는 부작위위법확인소송을 취소소송 또는 당사자소송으로(무효등확인소송과 부작위위법확인소송 간은 규정이 없음) 변경하거나(제37조), ③ 당사자소송을 당해 행정청 상대의 취소소송이나 그 밖의 항고소송으로 변경하는 경우(제42조)를 포함한다.

일반적인 소의 변경과는 달리 행정소송법 제21조의 소의 변경은 교환적 변경만 허용되고 추가적 변경은 허용되지 않는다는 것이 다수설(정하중, 홍준형)·판례이다. 소의 추가적 변경은 관련 청구소송의 병합제기의 방법에 의해야 한다.

행정소송법상 소의 종류의 변경에 따른 당사자(피고)의 변경은 교환적 변경에 한한다고 봄이 상당하므로 예비적 청구만이 있는 피고의 추가경정신청은 허용되지 않는다(대결 1989.10.27, 89두1).

항고소송 상호 간의 소의 변경의 경우에는 피고경정을 수반하지 않지만, 항고소송과 당사자소송 상호 간의 소의 변경일 경우에는 피고경정이 수반된다는 점이, 피고경정을 수반하는 소의 변경을 인정하지 않는 민사소송에서의 소의 변경과 다르다.

(4) 요건 및 절차

① 취소소송이 계속되고 있을 것

② 사실심의 변론종결시까지 원고의 신청이 있을 것: 따라서 직권으로는 안 되고, 상고심은 법률심이기 때문에 상고심인 대법원에서의 소변경은 허용되지 않는다.

③ 취소소송을 '당해 처분등에 관계되는 사무가 귀속하는 국가 또는 공공단체에 대한 당사자소송 또는 취소소송 외의 항고소송'으로 변경하는 것일 것: 사무의 귀속이란 조직법상의 귀속이 아니라 처분등의 효과의 귀속을 말한다. 행정소송법이 예정하는 소의 변경은 당사자의 변경까지 포함하고 있다는 점에서 민사소송법상의 소변경에 대한 특례라고 할 수 있다.

④ 청구의 기초에 변경이 없을 것

동일한 생활사실 또는 동일한 경제적 이익에 기한 청구의 변경과 청구의 기초
소변경제도를 인정하는 취지는 소송으로서 요구받고 있는 당사자 쌍방의 분쟁에 합리적 해결을 실질적으로 달성시키고 동시에 소송경제에 적합하도록 함에 있다 할 것이므로 동일한 생활사실 또는 동일한 경제적 이익에 관한 분쟁에 있어서 그 해결방법에 차이가 있음에 불과한 청구취지의 변경은 청구의 기초에 변경이 없다(대판 1987.7.7, 87다카225).

⑤ 변경된 소는 적법할 것

⑥ 법원이 상당하다고 인정하여 허가결정을 할 것: 상당한 이유란 불확정개념이지만 민사소송법 단서의 "소송절차를 현저히 지연시키는 경우에는 그러하지 아니하다."라고 규정하고 있는 것보다는 넓은 개념으로서 구체적인 사안에 따라 법원이 원고의 권익구제요구를 해석하여 판단할 문제이다. 한편, 민사소송에서와 같이 소변경신청서만을 제출함으로써 가능한 것이 아니라 원

고의 신청과 법원의 허가결정이 있을 것을 요한다.

⑦ 법원은 소의 변경을 허가함에 있어 피고를 달리하게 될 때에는 새로이 피고로 될 자의 의견을 들어야 하며, 허가결정이 있게 되면 결정의 정본을 새로운 피고에게 송달하여야 한다(제21조 제2항, 제14조 제2항). 의견을 듣는 방법은 법에 규정이 없기 때문에 구두나 문서 어느 것도 무방하다.

(5) 소변경의 효과

소변경이 허가되면 신소(新訴)는 처음에 소를 제기한 때에 제기된 것으로 보며, 변경된 구소(舊訴)는 취하된 것으로 본다(제21조 제4항). 따라서 구소에 대해 행해진 종전의 소송절차는 신소에 유효하게 승계된다. 이와 같은 제소기간 준수의 소급효를 인정한 것은 우리나라에 특유한 것이고, 민사소송법의 대원칙에 대한 예외로서 중요한 의미가 있다.

취소소송을 제기하였다가 나중에 당사자소송으로 변경하는 경우에는 행정소송법 제21조 제4항, 제14조 제4항에 따라 처음부터 당사자소송을 제기한 것으로 보아야 하므로 당초의 취소소송이 적법한 기간 내에 제기된 경우에는 당사자소송의 제소기간을 준수한 것으로 보아야 할 것이다(대판 1992.12.24, 92누3335).

(6) 불복방법

소의 변경을 허가하는 결정에 대해 새로운 소의 피고와 변경된 소의 피고는 즉시항고할 수 있다(제21조 제3항). 그러나 청구취지변경을 불허한 결정에 대하여는 법에 규정이 없기 때문에 독립하여 항고할 수 없고 새 피고를 상대로 별소를 제기하거나(정하중) 종국판결에 대한 상소로써만 다툴 수 있다(대판 1992.9.25, 92누5096).

2. 처분변경으로 인한 소의 변경

(1) 의 의

행정청이 소송의 대상인 처분을 소가 제기된 후 변경한 때에 원고가 법원의 허가를 얻어 청구의 취지 또는 원인을 변경하는 경우가 이에 해당한다(제22조 제1항). 예컨대, 영업허가취소처분의 취소소송의 계속 중에 행정청이 허가취소처분을 허가정지처분으로 변경한 경우가 이에 해당한다. 행정소송이 제기된 후 행정청이 소송의 대상이 된 처분을 변경하면 민사소송법에 의한 소의 변경이 인정되지 않는 경우에는 종전의 처분에 대한 소송을 취하하고 새로운 처분에 대해 새로운 소송을 제기해야 하는데, 이는 소송경제 및 권익구제기능에 반하기 때문에 행정소송법은 제22조에서 처분변경으로 인한 소의 변경을 규정하고 있다.

(2) 요 건

① **처분의 변경이 있을 것**: 처분의 변경은 처분내용의 동일성이 없는 다른 처분으로 변경하는 실질적 변경(예 영업허가취소처분을 영업정지처분으로 변경)뿐만 아니라, 구처분과 동일한 내용의 처분 또는 구처분과 기초를 같이 하는 다른 처분(예 하천점용료부과처분을 절차상의 하자로 취소한 이후 동일한 내용의 하천점용료부과처분을 하는 경우)으로 변경하는 형식적 변경을 포함한다.

동일한 내용의 하천점용료를 대상으로 한 청구의 변경과 기초의 동일성

피고(남원시장)가 원고에게 하천점용료부과처분을 하였다가 절차상 하자를 이유로 이를 취소하고 다시 동일한 내용의 처분을 한 경우에, 원고가 당초의 부과처분에 대한 취소청구를 새로운 부과처분에 대한 취소청구로 변경하더라도 두 처분이 모두 동일한 내용의 하천점용료를 대상으로 한 것으로서 별개의 두 부과처분이 병존하는 것이 아닌 이상 그 청구의 기초에 변경이 없다고 볼 것이다(대판 1984.2.28, 83누638).

행정청이 소송의 대상인 처분을 소가 제기된 후에 변경했어야 한다. 따라서 관련되는 처분이 변경된 경우는 이 요건에 해당하지 않는다. 처분의 변경은 주로 처분청이나 상급감독청의 직권에 의해 행해지지만, 행정소송의 계속 중에 행정심판의 재결에 의해 처분이 일부취소되거나 적극적으로 변경되는 경우도 포함한다. 처분변경으로 인한 소변경이 인정되는 소송은 취소소송과 무효등확인소송 및 당사자소송이다(제22조 제1항, 제38조 제1항, 제44조 제1항). 거부처분이 있었음에도 부작위인 줄 알고 부작위위법확인소송을 제기한 경우 행정소송법 제37조에 의해 부작위위법확인소송을 취소소송으로 변경하는 것이 가능하다. 그러나 부작위에 대해 부작위위법확인소송을 제기한 후에 행정청의 처분이 있는 경우 행정소송법 제22조(처분변경으로 인한 소의 변경)가 부작위위법확인소송에 준용되지 않기 때문에 행정소송법 제37조에 의해 거부처분에 대한 취소소송으로 변경하는 것이 가능한지 논란이 있다.

② **처분의 변경이 있음을 안 날로부터 60일 이내일 것**(제22조 제2항): 따라서 60일을 경과한 경우에는 90일 내에 별소를 제기해야 한다.

③ 원고의 신청에 의해 법원의 허가결정이 있을 것

④ 기타 취소소송이 계속 중이고 사실심 변론종결 전이어야 하며, 변경되는 신소는 적법해야 한다. 행정청에 의한 처분변경으로 인한 소변경의 청구는 행정심판전치의 요건을 갖춘 것으로 본다(제22조 제3항).

(3) 효 과

소의 변경을 허가하는 결정이 있으면, 신소(新訴)는 구소(舊訴)가 제기된 때에 제기된 것으로 보며, 구소는 취하된 것으로 본다.

Ⅲ 민사소송법상 소의 변경

1. 개 설

행정소송법에서 소의 변경에 관한 규정이 없는 경우에 민사소송법에 의한 소의 변경이 가능한지의 문제이다. 행정소송법에 규정이 없는 경우란 ① 행정소송과 민사소송 사이의 소의 변경과 ② 소의 종류를 변경하지 않고 청구의 내용만을 변경하는 경우가 있다.

행정소송에서 민사소송법상의 청구의 변경이 인정된다

행정소송법 제21조와 제22조가 정하는 소의 변경은 그 법조에 의하여 특별히 인정되는 것으로서 민사소송법상의 소의 변경을 배척하는 것이 아니므로, 행정소송의 원고는 행정소송법 제8조 제2항에 의하여 준용되는 민사소송법 제235조에 따라 청구의 기초에 변경이 없는 한도에서 청구의 취지 또는 원인을 변경할 수 있다(대판 1999.11.26, 99두9407).

2. 행정소송과 민사소송 사이의 소의 변경

항고소송, 특히 무효확인소송을 처분의 무효를 원인으로 하는 부당이득반환청구소송과 같은 민사소송으로 변경하는 것을 민사소송법의 소의 변경에 관한 규정을 준용해서 인정할 수 있는가의 문제이다.

대법원은 수소법원의 관할권이 있는 경우 민사소송의 행정소송으로의 소의 변경을 인정한다. 그러나 항고소송의 민사소송으로의 소의 변경에 관한 판례는 없다. 소의 변경이 인정되는 경우 행정소송의 제기기간의 준수 여부는 이송 시가 아니라 행정소송으로 변경된 민사소송의 제기 시를 기준으로 판단해야 한다(박균성).

1. 행정소송으로 제기하여야 할 사건을 민사소송으로 잘못 제기하고 수소법원이 그 행정소송에 대한 관할도 동시에 가지고 있는 경우, 수소법원이 취하여야 할 조치(진료비지급청구의 민사소송을 진료비지급 거부처분취소소송으로 소변경을 허용)

행정소송법 제7조는 원고의 고의 또는 중대한 과실 없이 행정소송이 심급을 달리하는 법원에 잘못 제기된 경우에 민사소송법 제31조 제1항을 적용하여 이를 관할 법원에 이송하도록 규정하고 있을 뿐 아니라 관할 위반의 소를 부적법하다고 하여 각하하는 것보다 관할 법원에 이송하는 것이 당사자의 권리 구제나 소송경제의 측면에서 바람직하므로, 원고가 고의 또는 중대한 과실 없이 행정소송으로 제기하여야 할 사건을 민사소송으로 잘못 제기한 경우 수소법원으로서는 만약 그 행정소송에 대한 관할도 동시에 가지고 있는 경우라면, 행정소송으로서의 전심절차 및 제소기간을 도과하였거나 행정소송의 대상이 되는 처분등이 존재하지도 아니한 상태에 있는 등 **행정소송으로서의 소송요건을 결하고 있음이 명백하여 행정소송으로 제기되었더라도 어차피 부적법하게 되는 경우가 아닌 이상, 원고로 하여금 항고소송으로 소 변경을 하도록 하여 그 1심법원으로 심리·판단하여야 한다**(대판 1999.11.26, 97다42250).

2. 행정소송법상 항고소송으로 제기하여야 할 사건을 민사소송으로 잘못 제기하였으나 수소법원이 항고소송에 대한 관할도 동시에 가지고 있는 경우, 원고에게 항고소송으로 소를 변경하도록 석명권을 행사하여 행정소송법이 정하는 절차에 따라 심리·판단하여야 한다
   행정소송법상 항고소송으로 제기하여야 할 사건을 민사소송으로 잘못 제기한 경우에 수소법원이 그 항고소송에 대한 관할도 동시에 가지고 있다면, 전심절차를 거치지 않았거나 제소기간을 도과하는 등 항고소송으로서의 소송요건을 갖추지 못했음이 명백하여 항고소송으로 제기되었더라도 어차피 부적법하게 되는 경우가 아닌 이상, 원고로 하여금 항고소송으로 소 변경을 하도록 석명권을 행사하여 행정소송법이 정하는 절차에 따라 심리·판단하여야 한다(대판 2020.1.16, 2019다264700).
3. 관리처분계획에 대한 인가·고시 후 관리처분계획안에 대한 총회결의의 무효확인을 구하는 소송은 행정소송임에도 민사소송으로 제기된 경우에 관할위반의 위법이 없는 경우 원심은 행정소송법에 따라 심리하고 소 변경 여부에 대한 석명권을 행사하여야 한다(대판 2009.10.29, 2008다97737).

3. 처분의 변경을 전제로 하지 않고 소의 종류를 변경하지 않는 청구의 변경(취소소송 상호 간의 소 변경)

청구의 기초에 변경이 없는 범위 내에서 청구의 변경이 인정된다. 예를 들면, 처분의 전부취소소송을 일부취소소송으로 변경하는 경우이다. 또한, 청구의 기초에 변경이 없는 범위 내에서 청구의 범위를 확장하거나 축소하는 것도 가능하다. 이 경우에 제소기간의 준수 여부는 민사소송법의 일반원칙에 따라 소의 변경이 있은 때를 기준으로 하고 제소기간 준수의 소급효를 부정하는 입장이다.

1. 소의 교환적 변경의 경우 청구취지를 변경하여 구소가 취하되고 새로운 소로 변경된 경우, 새로운 소에 대한 소 제기기간 준수 여부의 기준시점은 소 변경 시이다(대판 2004.11.25, 2004두7023).
2. 행정소송법상 취소소송에서 청구취지를 변경하여 구 소가 취소되고 새로운 소가 제기된 것으로 변경된 경우, 새로운 소에 대한 제소기간 준수 여부를 판단하는 기준시점은 소의 변경이 있은 때이다(대판 2019.7.4, 2018두58431).
3. 소의 추가적 변경의 경우 제소기간 준수 여부의 기준시점은 소 변경 시이다(대판 2004.12.10, 2003두12257).
4. 당초의 조세부과처분 취소소송 계속 중 당초의 부과처분을 증액 변경하는 증액경정결정 또는 재경정결정이 있는 경우에 당초의 소송이 제소기간 내에 제기된 경우 청구취지변경의 제소기간 준수를 따질 필요가 없다(대판 2012.11.29, 2010두7796).

5. 선행처분의 취소를 구하는 소가 후속처분의 취소를 구하는 소로 교환적으로 변경되었다가 다시 선행처분의 취소를 구하는 소로 변경되고, 후속처분의 취소를 구하는 소에 선행처분의 취소를 구하는 취지가 그대로 남아 있었던 경우, 선행처분의 취소를 구하는 소의 제소기간은 최초의 소가 제기된 때를 기준으로 정하여야 한다(대판 2013.7.11, 2011두27544).
6. 제소기간 내에 적법하게 제기된 선행 처분에 대한 취소소송 계속 중에 행정청이 선행 처분서 문언의 일부 오기를 정정할 수 있음에도 선행 처분을 직권 취소하고 실질적으로 동일한 내용의 후행 처분을 함으로써 두 처분 사이에 밀접한 관련성이 있고 선행 처분에 존재한다고 주장되는 위법사유가 후행 처분에도 존재할 수 있는 관계인 경우, 후행 처분의 취소를 구하는 소변경의 제소기간 준수 여부를 따로 따질 필요가 없다(대판 2019.7.4, 2018두58431).

제3강 처분사유의 추가·변경

I 개 설

1. 의 의

(1) 처분사유

처분사유란 처분의 적법성을 유지하기 위해 처분청에 의해 주장되는 처분의 사실적·법적 근거를 말한다.

(2) 처분사유의 추가·변경

처분사유의 추가란 항고소송의 심리단계에서 처분청이 처분 당시 근거로 삼았던 사유와 다른 사유를 추가적으로 주장하는 것을 말하며, 처분사유의 변경이란 항고소송의 심리단계에서 처분청이 처분 당시 근거로 삼았던 사유를 다른 사유로 변경하는 것을 말한다. 따라서 처분사유를 변경하기 위해 소의 변경을 하여야 하는 것은 아니다.

2. 유사개념과의 구별

(1) 행정행위의 치유와 전환

하자의 치유나 전환과 처분사유의 추가·변경은 처분의 적법성을 인정하는 것과 관련이 있다는 점에서는 유사하다. 그러나 ① 처분사유의 추가·변경은 처분 시에 하자 있는 처분을 전제로 하지 않고 그 사유도 처분 시에 존재하는 사유인데, 하자의 치유와 전환은 처분 시의 하자를 전제로 하고 그 사유도 처분 시가 아닌 후발적인 사유라는 점, ② 처분사유의 추가·변경은 원래의 행정행위는 그대로 두고 처분의 사유만 추가·변경하는 것이므로 하자 있는 행위를 새로운 행위로 대체하는 행정행위의 전환과는 구분되고, ③ 처분사유의 추가·변경은 기본적 사실관계의 동일성이 인정되고 1개의 처분을 상정하는데, 하자의 전환은 별개의 행위로 적법하게 되고 2개 이상의 처분을 상정하는 점, ④ 처분사유의 추가·변경은 소송단계에서 논의되는 소송법상의 문제인데, 하자의 치유는 소송단계에서는 허용되지 않는 처분의 하자론이라는 행정작용상의 문제라는 점에서 다르다.

(2) 근거법조의 추가·변경

판례에 의하면 처분사유의 추가·변경은 단순히 근거법조만을 추가·변경하는 것과 구별된다.

1. 행정처분의 취소를 구하는 항고소송에서 처분청이 처분 당시에 적시한 구체적 사실을 변경하지 아니하는 범위 내에서 단지 그 처분의 근거 법령만을 추가·변경하거나 당초의 처분사유를 구체적으로 표시하는 것에 불과한 경우, 새로운 처분사유의 추가·변경에 해당하지 않는다(대판 2007.2.8, 2006두4899).
2. 자동차운송사업면허취소처분의 취소를 구하는 소송 계속 중 헌법재판소의 위헌결정으로 처분의 당초 근거 규정이 효력을 상실하자 처분청이 그 법률상의 근거를 적법하게 변경한 경우, 위 면허취소처분이 법률의 근거가 없는 위법한 처분이라고 할 수 없다(대판 2005.3.10, 2002두9285).

(3) 공격방어방법의 변경과 구별

경정거부처분취소소송에서 과세관청이 당초의 거부처분사유 외의 새로운 사유를 주장할 수 있다

경정청구가 이유 없다고 내세우는 개개의 거부처분사유는 과세표준신고서에 기재된 과세표준 및 세액이 세법에 의하여 신고하여야 할 객관적으로 정당한 과세표준 및 세액을 초과하는 것이 아니라고 주장하는 공격방어방법에 불과한 것이다. **따라서 과세관청은 당초 내세웠던 거부처분사유 이외의 사유도 그 거부처분취소소송에서 새로이 주장할 수 있다**(대판 2008.12.24, 2006두13497).

(4) 처분사유의 근거가 되는 기초사실 내지 평가요소

1. 구 국적법 제5조 각호 사유 중 일부를 갖추지 못하였다는 이유로 행정청이 귀화 신청을 받아들이지 않는 처분을 한 경우, '그 각호 사유 중 일부를 갖추지 못하였다는 판단' 자체가 처분의 사유가 된다(대판 2018.12.13, 2016두31616).

2. 외국인 甲이 법무부장관에게 귀화신청을 하였으나 법무부장관이 심사를 거쳐 '품행 미단정'을 불허사유로 국적법상의 요건을 갖추지 못하였다며 신청을 받아들이지 않는 처분을 하였는데, 법무부장관이 甲을 '품행 미단정'이라고 판단한 이유에 대하여 제1심 변론절차에서 자동차관리법위반죄로 기소유예를 받은 전력 등을 고려하였다고 주장하였다가 원심 변론절차에서 불법 체류한 전력이 있다는 추가적인 사정까지 고려하였다고 주장한 사안에서, 법무부장관이 원심에서 추가로 제시한 불법 체류 전력 등의 제반 사정은 처분사유의 근거가 되는 기초 사실 내지 평가요소에 지나지 않으므로, 추가로 주장할 수 있다고 한 사례(대판 2018.12.13, 2016두31616)

(5) 처분사유의 구체적 표시나 설명

단지 처분사유를 구체적으로 표시하거나 설명하는 것은 처분사유의 추가변경이 아니다.

1. 행정청이 처분서에 불확정개념으로 규정된 법령상의 허가기준 등을 충족하지 못하였다는 취지만 간략히 기재하여 폐기물처리사업계획서 부적합 통보를 한 경우, 부적합 통보에 대한 취소소송절차에서 행정청은 구체적 불허가사유를 분명히 하여야 하고, 원고는 행정청이 제시한 구체적인 불허가사유에 관한 판단과 근거에 재량권 일탈·남용의 위법이 있음을 밝히기 위해 추가적인 주장 및 자료를 제출할 필요가 있다(대판 2019.12.24, 2019두45579).
2. 폐기물 중간처분업체인 甲 주식회사(신대한정유산업 주식회사)가 소각시설을 허가받은 내용과 달리 설치하거나 증설한 후 허가받은 처분능력의 100분의 30을 초과하여 폐기물을 과다소각하였다는 이유로 한강유역환경청장으로부터 과징금 부과처분을 받았는데, 甲 회사가 이를 취소해 달라고 제기한 소송에서 한강유역환경청장이 '甲 회사는 변경허가를 받지 않은 채 소각시설을 무단 증설하여 과다소각하였으므로 구 「폐기물관리법 시행규칙」 제29조 제1항 제2호 (마)목 등 위반에 해당한다.'고 주장하자 甲 회사가 이는 허용되지 않는 처분사유의 추가·변경에 해당한다고 주장한 사안에서, 한강유역환경청장의 위 주장은 소송에서 새로운 처분사유를 추가로 주장한 것이 아니라, 처분서에 다소 불명확하게 기재하였던 '당초 처분사유'를 좀 더 구체적으로 설명한 것이라고 한 사례(대판 2020.6.11, 2019두49359)

II 허용 여부(제한적 긍정설)

1. 문제의 소재

처분사유의 추가나 변경을 전혀 허용하지 않으면 원고가 승소한 후에 행정청이 다른 사유를 근거로 처분을 하게 되고, 그에 대한 소송이 반복된다는 점에서 분쟁의 1회적 해결의 요청에 반하게 된다. 한편, 이를 제한 없이 허용하면 원고의 공격방어에 지장을 초래하게 된다. 따라서 '소송경제 및 분쟁의 1회적 해결'이라는 요청과 '원고의 신뢰보호 및 공격방어권의 존중'의 요청을 어떻게 조화시키느냐가 문제된다. 행정소송의 계속 중에 처분사유의 추가·변경을 허용할 것인가에 대하여 행정소송법은 명문의 규정을 두고 있지 않다. 따라서 견해가 대립된다.

2. 학설(제한적 긍정설)

(1) 긍정설

취소소송의 소송물을 위법성 일반으로 보는 입장에서 주장되는 견해로서, 분쟁의 일회적 해결 및 행정소송은 기본적으로 직권탐지주의라는 것을 논거로 제시한다. 즉, 처분사유의 추가나 변경이 허용되지 않는다 하더라도 행정청으로서는 다른 사유를 근거로 동일한 처분을 할 수 있으므로 분쟁의 종국적 해결이 아니라 연기시킬 뿐이므로 제한 없이 허용해야 국민에게 유리하다는 견해이다.

그러나 이 견해에 대하여는 실질적 법치주의 및 상대방의 신뢰보호의 견지에서나 행정절차법상의 이유제시의 의무조항을 무시한다는 점에서 문제가 있다는 비판이 제기된다. 즉, 행정절차법 제23조에서 행정청에 처분에 대한 이유제시의무가 부과되는 중요한 이유는 행정청의 신중과 자기통제를 기하고 처분에 대한 관계인의 권리구제를 원활히 하는 데 있는데, 처분사유의 추가·변경을 제한 없이 허용할 경우에는 이유부기의 취지가 유명무실해질 우려가 있다.

(2) 부정설

취소소송의 소송물을 처분이유에서 특정된 처분의 위법성으로 보는 입장에서, 당초의 처분사유를 다른 사유로 대체하는 것은 처분의 변경으로서 별개의 처분이 있는 것과 같은 결과가 되는 것으로 본다. 즉, 처분사유의 추가·변경을 허용하면 원고의 공격방어에 지장을 초래하여 예기치 않은 법적 불안을 초래하므로 일체 허용할 수 없다는 견해이다.

이 견해에 대하여는 행정의 효율성에 반하고, 처분의 내용이 동일함에도 불구하고 수회에 걸쳐 재판이 반복되어 분쟁의 일회적 해결이라고 하는 소송경제에 반한다는 점 및 불성실한 원고를 유리하게 취급한다는 비판이 제기된다.

(3) 제한적 긍정설(통설)

실질적 법치주의 내지 소송경제의 관점과 처분 상대방의 신뢰보호를 조화시키는 견지에서 일정한 범위 내에서만 제한적으로 허용된다는 견해이다. 즉, 기본적 사실관계의 동일성이 인정되고, 원고의 권리방어가 침해되지 않는 한도 내에서 인정된다는 견해로서 통설적 견해이다. 즉, 최소한 처분사유의 추가·변경으로 원고인 당사자가 불이익을 받을 수 없다는 기본적인 한계는 준수되어야 한다는 것이 일반적인 견해이다. 또한 행정절차법 제23조에서 행정청에 처분에 대한 이유제시의무가 부과되는 중요한 이유는 행정청의 신중과 자기통제를 기하고 처분에 대한 관계인의 권리구제를 원활히 하는 데 있는데, 처분사유의 추가·변경을 제한 없이 허용할 경우에는 이유부기의 취지가 유명무실해질 우려가 있다.

3. 판례(제한적 긍정설)

(1) 제한적 긍정설

판례도 통설인 제한적 긍정설의 견지에서 기본적 사실관계의 동일성이 인정되는 한도 내에서만 인정하고 있다. 기본적 사실관계의 동일성 유무는 처분사유를 법률적으로 평가하기 이전의 구체적인 사실에 착안하여 그 기초가 되는 사회적 사실관계가 기본적인 점에서 동일한지 여부에 따라 결정된다(대판 2003.12.11, 2003두8395).

1. 제한적 긍정설
   행정처분취소소송에 있어서는 실질적 법치주의와 행정처분의 상대방인 국민에 대한 신뢰보호라는 견지에서 처분청은 당초의 처분사유와 기본적 사실관계에 있어서 동일성이 인정되는 한도 내에서만 새로운 처분사유를 추가하거나 변경할 수 있고 기본적 사실관계와 동일성이 전혀 없는 별개의 사실을 들어 처분사유로서 주장함은 허용되지 아니하며 법원으로서도 당초 처분사유와 기본적 사실관계의 동일성이 없는 사실은 처분사유로 인정할 수 없다(대판 2004.11.26, 2004두4482).
2. 기본적 사실관계의 동일성 판단기준
   기본적 사실관계의 동일성 유무는 처분사유를 법률적으로 평가하기 이전의 구체적인 사실에 착안하여 그 기초가 되는 사회적 사실관계가 기본적인 점에서 동일한지 여부에 따라 결정된다(대판 2003.12.11, 2003두8395).
3. 추가 또는 변경된 사유가 당초의 처분 시 그 사유를 명기하지 않았을 뿐 처분 시에 이미 존재하고 있었고 당사자도 그 사실을 알고 있었다 하여 당초의 처분사유와 동일성이 인정되지 않는다(대판 2003.12.11, 2003두8395).
4. 갑의 '좌측 슬관절 외측 반월상 연골 파열'을 상이로 한 국가유공자등록신청에 대하여 지방보훈지청장이 국가유공자등록을 거부한 사안에서, **지방보훈지청장의 처분사유는 갑이 위 상이를 입은 사실 자체는 인정하면서도 다만 갑의 과실이 경합하여 발생한 것이어서 국가유공자등록을 거부한다는 취지**인데 반해, **원심의 판시 취지는 결국 갑이 위 상이를 입은 사실이 없다는 것이어서 당초의 처분사유와 기본적 사실관계에서 동일성이 인정된다고 보기 어려우므로, 원심이 새로운 처분사유를 인정하여 위 거부처분의 정당성을 판단한 것은 위법하다**고 한 사례(대판 2011.1.13, 2010두21310)
5. 근로복지공단이 '우측 감각신경성 난청'으로 장해보상청구를 한 근로자 甲에 대하여 소멸시효 완성을 이유로 장해보상급여부지급결정을 하였다가, 甲이 불복하여 심사청구를 하자 甲의 상병이 업무상 재해인 소음성 난청으로 보기 어렵다는 처분사유를 추가하여 심사청구를 기각한 사안에서, 甲의 상병과 업무 사이의 상당인과관계 부존재를 처분사유 중 하나로 본 원심판단을 정당하다고 한 사례(대판 2012.9.13, 2012두3859)
6. 항고소송에서 행정청이 처분의 근거 사유를 추가하거나 변경하기 위한 요건인 '기본적 사실관계의 동일성' 유무의 판단 방법 및 법리는 행정심판 단계에서도 적용된다(대판 2014.5.16, 2013두26118).

(2) 구체적 사례

① 거부처분사유의 추가·변경

㉠ 기본적 사실관계의 동일성 인정사례

1. 골프연습장 및 근린생활시설을 신축하는 내용의 건축허가신청반려처분 시 내세운 당초의 처분사유인 한화의 화약종합개발 및 성능시험장 부지조성을 위하여 매립된 공유수면매립지에 대한 도시계획수립 등 향후 토지이용계획 검토가 이루어질 때까지 건축허가결정을 유보한다는 사유와 2002. 3.부터 11.경까지 사이에 주민휴식공간으로 조성한 호수 주변에 철골구조물의 골프연습장이 건축될 경우 주변경관과의 부조화가 예상되어 「국토의 계획 및 이용에 관한 법률」 제58조 제1항 제4호에 저촉된다는 사유(대판 2006.10.13, 2005두10446) : 당초의 처분사유와 피고가 이 사건 소송에서 새로 추가한 처분사유는, 그 내용이 모두 이 사건 신청지가 공유수면매립 과정에서 형성된 이 사건 호수에 인접하여 있다는 점을 공통으로 하고 있을 뿐만 아니라, 그 취지도 주변환경과 관련한 도시계획 내지 주변경관의 보전 등 중대한 공익상의 필요가 있어 건축허가를 불허한다는 것으로서, 기본적 사실관계의 동일성이 인정된다고 할 것이며, 피고가 이 사건 소송에서 주장하는 처분사유는 당초의 처분사유를 구체화하는 것에 불과하여 이를 처분사유의 추가나 변경이라고 볼 것은 아니라고 할 것이다. ① 허가기준에 맞지 않아 허가신청을 반려한다는 사유와 이격거리 기준위배라는 사유(대판 1989.7.25, 88누11926)
2. 토지 등 거래허가의 기준을 정한 국토이용관리법 제21조의4 제1항 제2호 각 목의 불허가처분사유(대판 1991.11.26, 91누5150)
3. 전교조신문에 대한 정기간행물등록신청거부처분시 발행주체가 불법단체라는 사유와 소정의 첨부서류가 제출되지 아니하였다는 사유(대판 1998.4.24, 96누13286) : 발행주체가 단체라는 점이 공통
4. 주유소건축예정토지에 관하여 "도시계획법 제4조 및 구 '토지의 형질변경 등 행위허가기준 등에 관한 규칙'에 의거하여 행위제한을 추진하고 있다."라는 사유와 위 신청이 토지형질변경허가의 요건을 갖추지 못하였다는 사유 및 도심의 환경보전의 공익상 필요라는 사유(대판 1999.4.23, 97누14378)
5. 국립공원에 인접한 미개발지의 합리적인 이용대책수립 시까지 그 허가를 유보한다는 사유와 국립공원 주변의 환경·풍치·미관 등을 크게 손상시킬 우려가 있으므로 공공목적상 원형유지의 필요가 있는 곳으로서 형질변경허가 금지대상이라는 사유(대판 2001.9.28, 2000두8684)
6. 당초의 정보공개거부처분사유인 검찰보존사무규칙 제20조(재판확정기록의 열람·등사를 피고인이었던 자 또는 그와 같이 볼 수 있는 자에게만 일반적으로 허용하고, 나머지 사건 관계자들에 대하여는 본인의 진술이 기재되거나 본인이 제출한 서류 등에 대하여만 열람·등사를 허용하는 내용) 소정의 신청권자에 해당하지 아니한다는 사유와 새로이 추가된 거부처분사유인 「공공기관의 정보공개에 관한 법률」 제7조 제1항 제6호(당해 정보에 포함되어 있는 이름·주민등록번호 등 개인에 관한 사항으로서 공개될 경우 개인의 사생활의 비밀 또는 자유를 침해할 우려가 있다고 인정되는 정보)의 사유(대판 2003.12.11, 2003두8395)
7. 공유수면이 포락지로서 현 상태로는 건축부지로 이용이 불가하다는 것과 연안도로변 근린공원 조성을 위한 도시계획을 입안하는 절차 중에 있어서 장차 건축을 제한할 예정이라는 당초의 공유수면점·사용 불허가처분사유와 구 공유수면관리법 제5조 제2항과 같은 법 시행령 제5조 제1항에 따라 허가될 수 있는 건축물에 해당하지 아니한다는 사유(대판 2004.5.28, 2002두5016)
8. 주택신축을 위한 산림형질변경허가신청에 대하여 행정청이 거부처분을 하면서 당초 거부처분의 근거로 삼은 준농림지역에서의 행위제한이라는 사유와 나중에 거부처분의 근거로 추가한 자연경관 및 생태계의 교란, 국토 및 자연의 유지와 환경보전 등 중대한 공익상의 필요라는 사유(대판 2004.11.26, 2004두4482)
9. 입주자가 개별적으로 공장의 용도를 변경하는 것이 불가하다는 당초의 처분사유와 건물의 용도를 변경하려면 원고가 관리기관인 한국산업단지공단과 새로운 입주계약을 체결하여야 한다는 사실, 구분소유자들의 동의를 받아야 한다는 사실과 대표위원회의 의결 또는 그 의결을 거쳐 입주자 총회의 의결을 받아야 한다는 사실(대판 2013.10.11, 2012두24825)
10. '위 토지가 건축법상 도로에 해당하여 건축을 허용할 수 없다.'는 사유와 '위 토지가 인근 주민들의 통행에 제공된 사실상의 도로인데, 주택을 건축하여 주민들의 통행을 막는 것은 사회공동체와 인근 주민들의 이익에 반하므로 甲의 주택 건축을 허용할 수 없다'는 주장(대판 2019.10.31, 2017두74320) : 토지상의 사실상 도로의 법적 성질에 관한 평가를 다소 달리하는 것일 뿐, 모두 토지의 이용현황이 '도로'이므로 거기에 주택을 신축하는 것은 허용될 수 없다는 것

㉡ 기본적 사실관계의 동일성 부정사례

1. 이 사건 각 광구가 도시계획지구 또는 국토이용관리법에 의한 산림보전지구, 경지지구, 자연환경보전지구이어서 이로부터 광물을 채굴함이 공익을 해하므로 광업법 제29조에 의하여 광업권설정출원에 대한 피고의 불허가처분사유와 원고가 이 사건 출원 당시 불석을 채굴하고 있지 아니하였으며, 이 사건 광구에는 이미 소외인들에 의하여 광업권설정등록이 필하여져 있어서 광업법 규정상 원고에 대하여 새로운 광업권의 설정을 허가할 수 없다는 불허가사유(대판 1987.7.21, 85누694)
2. 시세완납증명발급거부처분 시 중기취득세의 체납이라는 당초의 처분사유와 자동차세의 체납이라는 사유(대판 1989.6.27, 88누6160)
3. 사업장소인 토지가 관할 군부대장의 동의를 얻지 못하였다는 이유와 탄약창에 근접한 지점에 위치하고 있어 공공의 안전과 군사시설의 보호라는 공익적인 측면에서 보아 허가신청을 불허한다는 이유(대판 1991.11.8, 91누70)
4. 추가 또는 변경된 사유가 당초의 처분 시 이미 존재하고 있었고 당사자도 그 사실을 알고 있었다는 사유(대판 1992.2.14, 91누3895)
5. 충전소설치예정지의 인근 주민들이 충전소설치를 반대하고, 전라남도 고시에 자연녹지의 경우 충전소의 외벽으로부터 100미터 내에 있는 건물주의 동의를 받도록 되어 있는데 그 설치예정지로부터 80미터에 위치한 전주이씨제 각 소유주의 동의가 없다는 이유로 이를 반려한 사유와, 충전소설치예정지역 인근도로가 낭떠러지에 접한 S자 커브의 언덕길로 되어 있어서 교통사고로 인한 충전소폭발의 위험이 있어 허가하지 아니하였다는 사유(대판 1992.5.8, 91누13274)
6. 인근 주민들의 동의서를 제출하지 아니하였다는 당초의 토석채취허가신청 반려사유와 토석채취를 하게 되면 자연경관이 심히 훼손되고 암반의 발파 시 생기는 소음, 토석운반차량의 통행 시 일어나는 소음, 먼지의 발생, 토석채취장에서 흘러내리는 토사가 부근의 농경지를 매몰할 우려가 있는 등 공익에 미치는 영향이 지대하고 이는 산림내토석채취사무취급요령 제11조 소정의 제한사유에도 해당되기 때문에 위 반려처분이 적법하다는 이유(대판 1992.8.18, 91누3659)
7. 규정온도가 미달되어 온천에 해당하지 않는다는 처분사유와 온천으로서의 이용가치, 기존의 도시계획 및 공공사업에의 지장 여부 등을 고려하여 이 사건 온천발견신고수리를 거부하였다는 사유(대판 1992.11.24, 92누3052)
8. 당초 자동차관리사업불허처분사유인 기존 공동사업장과의 거리제한규정에 저촉된다는 사실과 피고 주장의 최소주차용지에 미달한다는 사실(대판 1995.11.21, 95누10952)
9. 이주대책대상자 선정신청을 거부한 사유로서 당해 사업지구대상자가 아니라는 사유와 이주대책 실시기간을 도과하였다는 사유(대판 1999. 8.20, 98두17043)
10. 전통사찰인 대한불교 조계종 수국사 소유의 경내지에 대한 부동산양도허가신청을 반려하면서 허가신청서의 구비서류 미비라는 처분의 형식적 사유와 당해 사안이 그 고유목적에 부합되지 아니한다는 처분의 실체적 사유(대판 1999.11.26, 97누13474)
11. 당초의 정보공개거부처분사유인 「공공기관의 정보공개에 관한 법률」 제7조 제1항 제4호 및 제6호의 사유와 같은 항 제5호의 사유(대판 2003. 12.11, 2001두8827)
12. 당초의 정보공개거부 처분사유인 구 「공공기관의 정보공개에 관한 법률」 제7조 제1항 제2호, 제4호, 제6호의 사유와 같은 항 제1호의 사유(대판 2006.1.13, 2004두12629)
13. 당초의 처분사유인 대상 정보가 「공공기관의 정보공개에 관한 법률」 제9조 제1항 제7호에 해당한다는 것에다 같은 항 제1호에 해당한다는 사유를 추가하는 경우(대판 2008.10.23, 2007 두1798)
14. 이축신청지가 이축을 허가받을 수 있는 범위 내의 토지에 해당하지 않는다는 당초의 사유와 이미 이축신청권을 포기해 놓고 다른 사람으로 하여금 개발제한구역 안에서 건물을 신축할 수 있도록 하기 위하여 이축신청을 하였다는 사유(대판 2004.2.13, 2001두4030)

15. 주택건설사업계획승인신청반려처분을 하면서 당초처분사유인 46필지 전체를 개발하지 아니한 채 이 사건 토지만을 개발하는 것은 도시미관과 지역여건을 고려하지 아니한 불합리한 계획으로 지역의 균형개발을 저해한다는 사유와 이 사건 처분 이후에 새로이 이 사건 토지가 제1종 일반주거지역으로 지정되었다는 사유(대판 2005.4.15, 2004두10883)
16. "'개발제한구역의 지정 및 관리에 관한 특별조치법 시행령' 제13조의 규정에 의한 배치계획이 수립되어 있지 않다."는 당초의 액화석유가스충전사업허가신청에 대한 불허가처분사유와 "당해 개발제한구역 또는 동일권역으로 볼 수 있는 개발제한구역 안에 개발제한구역 지정 당시나 허가 신청일 당시 거주하였다고 볼 수 없다."는 사유(대판 2007.10.11, 2007두9365)
17. 원고의 건축신고와 관련된 행정심판이 계속 중이므로 그 건축신고 건이 종결되지 않은 상황에서 이 사건 신청을 처리할 수 없다는 당초의 건축물대장기재신청서반려처분사유와 원고가 이 사건 건축물을 건축하면서 사전 허가 없이 「국토의 이용 및 계획에 관한 법률」상의 허가사항인 토지의 형질변경행위를 하였다거나 이 사건 토지가 경상남도의 화포천 유역 종합치수계획에 의하여 화포천 유역의 침수방지를 위한 저류지 부지에 포함되어 하천구역으로 지정·고시될 예정이어서 이 사건 신청을 받아들일 수 없다는 처분사유(대판 2009.2.12, 2007두17359)
18. 공무원연금법이 정하는 바에 따라 매월 납부하는 기여금이나 부담금을 납부한 사실이 없을 뿐만 아니라 공무원연금법 적용대상자가 아니므로 퇴직급여청구권자가 될 수 없다는 이유로 한 당초의 퇴직금지급거부처분사유와 원고의 퇴직급여청구권이 소멸시효기간의 경과로 소멸했다는 사유(대판 2009.2.26, 2006두2572·2006두2589)
19. 금융위원회위원장 등이 정보가 대법원 재판과 별개 사건인 서울중앙지방법원에 진행 중인 재판에 관련된 정보에도 해당한다며 처분사유를 추가로 주장하는 것(대판 2011.11.24, 2009두19021)

② 침해적(제재적) 처분사유·징계사유의 추가·변경

㉠ 기본적 사실관계의 동일성 인정사례

1. 자동차운수사업법 제26조(명의이용금지)를 위반하였다는 사유와 버스 6대에 대한 지입제 운영행위는 면허 및 인가처분 시에 유보된 취소권의 행사대상이 될 뿐만 아니라 직영으로 운영하도록 한 위 면허 및 인가조건을 위반하였다는 사유(대판 1992.10.9, 92누213)
2. 과세표준과 세액이 동일한 원천징수 갑종근로소득세의 세목 아래에서 의제소득을 현실소득의 귀속으로 달리 주장하는 것은 동일한 소송물의 범위 내로서 처분사유의 변경이 허용(대판 1997.12.26, 97누4456)
3. 구 법인세법 제32조 제5항에 대한 헌법재판소의 위헌결정으로 효력을 상실한 같은 법 시행령 제94조의2에 근거한 소득처분과는 별도로 소득금액이 대표이사 등에게 현실적 소득으로 귀속되었다는 주장과 함께 합산과세되는 종합소득의 범위 안에서 그 소득의 원천만을 달리 주장하는 것(대판 1999.9.17, 97누9666)
4. 동일한 법인세 및 농어촌특별세의 세목 아래 부동산 양도를 부당행위계산부인의 대상인 저가매매로 보고 시가에 따라 당초 부과처분을 했다가 소송 도중에 실지양도가액으로 처분사유를 변경할 경우(대판 2001.8.24, 2000두4873)
5. 종합소득세등부과처분 시 과세관청이 과세대상 소득에 대하여 이자소득이 아니라 대금업에 의한 사업소득에 해당한다고 처분사유를 변경한 것(대판 2002.3.12, 2000두2181)
6. 법인세 면제세액의 계산에 관한 납세의무자의 신고내용의 오류를 시정하여 정당한 면제세액을 다시 계산하여 당초의 결정세액을 일부 감액하는 감액경정처분(대판 2002.9.24, 2000두6657)

7. 과세관청이 당초처분사유로 양도건물의 주택용도 이외 부분의 면적이 주택용도부분의 면적보다 크다는 사유를 내세워 양도소득세가 비과세되는 구 소득세법 제5조 제6호 (자)목 소정의 '1세대 1주택'의 요건을 갖추지 못하였다고 주장하다가 소송 중 양도인이 위 건물의 양도 당시 다른 주택 1채를 더 소유하고 있어 위 요건을 갖추지 못하였다고 주장하는 것(대판 2002.10.11, 2001두1994)
8. 사업예정지에 폐기물처리시설을 설치할 경우 인근 농지의 농업경영과 농어촌 생활환경 유지에 피해를 줄 것이 예상되어 농지전용이 불가능하고 또 구거의 목적 외 사용승인도 용이하지 아니하다는 당초의 폐기물처리업사업계획부적정통보사유와 사업예정지에 폐기물처리시설을 설치할 경우 인근 주민의 생활이나 주변 농업활동에 피해를 줄 것이 예상되어 이 사건 사업예정지가 폐기물처리시설의 부지로서 적절하지 아니하다는 사유(대판 2006.6.30, 2005두364)
9. 담합을 주도하거나 담합하여 입찰을 방해하였다는 것과 특정인의 낙찰을 위하여 담합한 자라는 주장(대판 2008.2.28, 2007두13791·13807)
10. '개발이익의 환수에 관한 법률 시행령' 제4조 제1항 [별표 1]의 9.에 정한 '지목변경이 수반되는 개발사업'에 해당한다고 보아 개발부담금을 부과한 것이라는 당초의 처분사유와 이 사건 각 농지전용변경허가를 기준으로 하여 개발부담금 부과의 대상인지 여부를 판단하여야 한다는 사유(대판 2009.5.14, 2008두1856)
11. 甲이 자신의 아버지가 출자에 의하여 지배하고 있는 법인의 감사로서 특수관계자 乙로부터 비상장주식을 저가로 양수하였다고 보고 증여세 부과처분을 하였다가, 후에 위 주식의 실질적인 보유자는 甲의 부(父)이고 乙은 명의수탁자에 불과하므로 甲이 특수관계자인 부(父)로부터 주식을 저가로 양수하였다는 처분사유를 예비적으로 추가한 것(대판 2011.1.27, 2009두1617)

㉡ 기본적 사실관계의 동일성 부정사례

1. 구청위생과직원인 원고가 당구장이 정화구역 외인 것처럼 허위표시를 함으로써 정화위원회의 심의를 면제하여 허가처분을 하였다는 당초의 감봉처분사유와 정부문서규정에 위반하여 이미 결재된 서류의 도면에 상사의 결재를 받음이 없이 거리표시를 기입하였다는 사유(대판 1983.10.25, 83누396)
2. 이 사건 공유수면점용허가 및 공작물설치허가에 붙은 부관 제6항 및 제7항에 의하여 피고에게 유보된 취소권을 행사하여 위 공유수면점용허가취소처분을 했다는 당초의 처분사유와 원고 측의 탈법행위로 인하여 허가가 되었다거나 이 사건 공유수면이 수도권정비기본계획 대상구역이어서 실직적으로 위 공유수면의 매립을 수반하게 되는 허가가 위법부당하다는 취소사유(대판 1989.12.8, 88누9299)
3. 자동차운수사업법 제6조 제1항 제3호 소정의 요건을 충족하지 못한다는 당초의 토지거래계약체결중지권고처분사유와 같은 법 제6조 제1항 제4호 소정의 요건을 충족하지 못한다는 사유(대판 1995.10.12, 95누4704)
4. 무자료 주류판매 및 위장거래금액이 부가가치세 과세기간별 총주류판매액의 100분의 20 이상에 해당한다는 것을 근거로 한 당초의 종합주류도매업면허취소사유와 무면허판매업자에 대한 주류판매라는 사유(대판 1996.9.6, 96누7427)
5. 입찰참가자격을 제한시킨 당초의 처분사유인 정당한 이유 없이 계약을 이행하지 않은 사실과 계약의 이행과 관련하여 관계공무원에게 뇌물을 준 사실(대판 1999.3.9, 98두18565)
6. 원고가 출소한 후 기간이 일천하다거나 보안관찰처분을 위한 검찰의 소환에 불응하였다는 등의 사유, 원고가 이 사건 처분을 위한 경찰 조사 시에 당시의 정부를 권위주의적 정권이라고 평가하고 국가보안법 폐지를 주장한 일이 있다는 사유, 원고가 출소 후 자신과 마찬가지로 남한사회주의노동자동맹 관련자로 유죄판결을 받은 적이 있는 소외 1과 한 차례, 소외 2와는 몇 차례 안부도 묻고 식사도 같이 할 겸해서 만났다는 사유, 원고가 미혼으로서 생활능력이 없는 부모와 함께 누나의 집에서 동거하고 있다는 당초의 보안관찰처분사유와 이 사건 처분을 위한 경찰 조사 시 "출소 후 당국의 지시사항을 어떻게 이행하고 있나요?"라는 담당자의 질문에 대하여 원고가 "제가 나오면서 관할경찰서에서 나와 신고사항을 준수하고 이행할 것을 촉구하여 지킬 것은 지키고 안 지킬 것은 안 지키기로 하였습니다."라고 대답하였다는 사유(대판 1999.2.12, 98두11861)

7. 의료보험요양기관지정취소처분을 하면서 본인부담금 수납대장을 비치하지 아니한 사유와 보건복지부장관의 관계서류 제출명령에 위반했다는 사유(대판 2001.3.23, 99두6392)

Ⅲ 처분사유의 추가·변경 허용시기(사실심 변론종결시)

과세관청은 과세처분 이후는 물론 소송 도중이라도 사실심 변론종결시까지 처분의 동일성이 유지되는 범위 내에서 처분사유를 추가·변경할 수 있다(대판 2001.10.30, 2000두5616).

처분사유의 추가·변경은 사실심 변론종결시까지만 허용된다

과세관청은 소송 도중이라도 당해 처분에서 인정한 과세표준 또는 세액의 정당성을 뒷받침할 수 있는 새로운 자료를 제출하거나 처분의 동일성이 유지되는 범위 내에서 그 사유를 교환·변경할 수 있다고 할 것이나 이는 사실심 변론종결시까지만 허용된다(대판 1999.2.9, 98두16675).

Ⅳ 처분사유의 추가·변경의 결과

1. 기본적 사실관계의 동일성이 부정되는 경우

이 경우는 처분의 변경이 있는 것이 되므로, 원고가 새로운 상황에 대비할 수 있도록 처분변경으로 인한 소의 변경이 허용되어야 한다(행정소송법 제22조).

2. 기본적 사실관계의 동일성이 인정되는 경우

원고가 변경된 처분사유로 인해 처분의 적법성을 비로소 인식하게 되는 경우 소취하의 기회를 부여하고, 그로 인한 소송비용의 전부나 일부를 피고가 부담하도록 하는 것이 타당하다.

I 개 설

1. 가구제(假救濟)의 의의

(1) 의 의

가구제는 본안판결의 실효성을 확보하기 위해 분쟁 있는 행정작용이나 공법상의 권리관계에 관해 잠정적인 효력관계나 지위를 정함으로써 본안판결이 확정될 때까지 잠정적으로 권리구제를 도모하는 것을 말한다.

(2) 필요성

소송은 판결로써 확정되기까지는 오랜 시일이 걸린다. 그 결과 승소판결을 얻더라도 처분등의 집행종료나 목적달성 등으로 회복할 수 없는 손해가 발생해서 실질적인 권리구제를 받을 수 없게 되는 경우가 있다. 이를 방지하기 위해 판결에 이르기 전까지의 잠정적인 조치로서의 가구제제도가 필요하게 된다. 즉, 원고의 입장에서 보면 집행정지제도는 효과적인 권리보호를 위한 제도이기 때문에, 집행정지 신청에도 법률상 이익이 있어야 한다.

행정처분에 대한 효력정지신청을 구함에 있어서도 법률상 이익이 있어야 한다

행정처분에 대한 효력정지신청을 구함에 있어서도 이를 구할 법률상 이익이 있어야 하는바, 이 경우 법률상 이익이라 함은 그 행정처분으로 인하여 발생하거나 확대되는 손해가 당해 **처분의 근거 법률에 의하여 보호되는 직접적이고 구체적인 이익과 관련된 것을 말하는 것이고 단지 간접적이거나 사실적·경제적 이해관계를 가지는 데 불과한 경우는 여기에 포함되지 않는다**(대결 2000.10.10, 2000무17).

2. 취소소송 제기의 효과

(1) 법원 등에 대한 효과(주관적 효과)

취소소송이 제기되면 절차법적으로 소송계속의 효과가 발생된다. 소송계속의 효과로서 ① 중복제소가 금지되고, ② 법원은 소송을 심리하여 판결할 의무를 지고, ③ 소송참가의 기회가 생기게 되며(제16·17조), ④ 관련청구의 이송·병합이 인정되고(제10조 제1항), ⑤ 처분등의 집행정지결정이 가능하게 되고(제23조), ⑥ 법률상의 기간준수의 효과(제20조)가 발생한다.

(2) 처분에 대한 효과(객관적 효과)

취소소송이 제기되었다고 하여 소송의 대상인 처분의 집행을 정지시키면 행정의 계속성이 저해되어 공공복리에 영향을 끼치며, 소송제기를 남용할 우려도 있으므로 행정심판의 경우와 마찬가지로 집행부정지를 원칙으로 하고 예외적으로 집행정지의 결정을 할 수 있도록 했다.

II 집행정지

1. 집행부정지원칙

행정소송법은 "취소소송의 제기는 처분등의 효력이나 그 집행 또는 절차의 속행에 영향을 주지 아니한다."(제23조 제1항)라고 규정하여 집행부정지원칙을 천명하고 있다.

(1) 집행부정지원칙의 취지

집행부정지원칙을 행정행위의 공정력의 당연한 귀결로 생각한다는 견해(윤세창)도 있었으나, 항고소송의 가구제제도로서 집행부정지원칙을 취하는가(예 한국, 일본, 프랑스 등), 집행정지원칙을 취하는가(예 독일)는 입법정책의 문제로 보는 견해가 통설이다. 즉, 우리와 같이 행정행위의 공정력을 인정하는 독일에서도 집행부정지원칙을 취했다가 지금은 집행정지원칙을 취하고 있다. 우리의 경우 집행부정지의 원칙을 택한 이유로 공익과 행정능률 중시 내지는 행정작용의 신속한 집행의 필요성을 들 수 있다.

(2) 예외적 집행정지

취소소송이 제기된 경우에 처분등이나 그 집행 또는 절차의 속행으로 인하여 생길 회복하기 어려운 손해를 예방하기 위하여 긴급한 필요가 있다고 인정할 때 법원은 당사자의 신청이나 직권에 의하여 집행정지결정을 할 수 있으며(같은 조 제2항), 이는 무효등확인소송에도 준용되는데(제38조 제1항), 부작위위법확인소송에는 준용되지 않는다.

(3) 집행정지결정의 성질(사법작용, 소극적 가구제)

집행정지는 ① 잠정적인 보전처분이고, ② 사법작용이며, ③ 소극적인 가구제의 성질이다.

(4) 집행정지의 종류

집행정지는 ① 대상에 따라 원처분정지와 재결정지로, ② 내용에 따라 처분효력정지·처분집행정지·절차속행정지로, ③ 효력이 미치는 범위에 따라 전부정지와 일부정지로 나눌 수 있다.

2. 집행정지의 요건

(1) 적극적 요건

① 처분등의 존재

㉠ 부작위 : 집행정지의 대상인 처분등이 존재해야 한다. 따라서 처분등이 효력을 발생하기 전이나, 소멸되어 존재하지 않는 경우에는 원칙적으로 집행정지결정의 실익이 없다. 그러므로 집행정지는 본안소송이 취소소송이나 무효등확인소송(행정소송법 제38조 제1항)인 경우에만 허용되고, 부작위위법확인소송의 경우에는 허용되지 않는다.

㉡ 거부처분 : 행정처분의 집행정지는 행정처분이 없었던 것과 같은 상태를 만드는 것을 의미하고 그 이상으로 행정청에게 처분을 명하는 등 적극적인 상태를 만드는 것은 그 내용이 될 수 없다는 논거로 거부처분에 대한 집행정지를 부인하는 것이 통설·판례이다.

1. 거부처분의 경우 효력정지를 구할 이익이 없다

신청에 대한 거부처분의 효력을 정지하더라도 거부처분이 없었던 것과 같은 상태, 즉 거부처분이 있기 전의 신청 시의 상태로 되돌아가는 데에 불과하고 행정청에게 신청에 따른 처분을 하여야 할 의무가 생기는 것이 아니므로, 거부처분의 효력정지는 그 거부처분으로 인하여 **신청인에게 생길 손해를 방지하는 데 아무런 보탬이 되지 아니하여** 그 효력정지를 구할 이익이 없다(대결 1995.6.21, 95두26).

2. 교도소장의 접견허가신청에 대한 거부처분의 경우 효력정지의 필요성이 없다(대결 1991.5.2, 91두15).

㉢ 복효적 행정행위(제3자효 행정행위) : 행정소송법상 명문규정은 없지만, 다수설은 집행정지의 필요성과 가능성을 인정하고 있다. 다만, 제3자는 참가인의 지위에서는 집행정지를 신청할 수 없고, 원고의 지위에서 집행정지를 신청할 수 있다.

㉣ 부관 내지 가분적 처분 : 부관에 대해서도 집행정지가 가능하다.

㉤ 처분의 일부 : 행정소송법은 처분의 일부에 대한 집행정지도 가능하다고 규정하고 있다. 따라서 처분이 가분적인 경우에는 처분의 일부에 대한 집행정지도 가능하다. 예컨대 압류재산의 일부에 대한 압류의 집행정지, 영업정지처분 중 일정기간에 대한 집행정지, 외국인의 강제퇴거명령 중 수용소수용부분을 제외한 송환부분의 집행정지 등이 있다. 그런데 계쟁처분이 재량행위인 경우에도 처분의 일부에 대한 집행정지가 처분청의 재량권에 비추어 가능한 것인지 문제된다. 판례는 재량행위인 과징금처분의 일부에 대한 집행정지도 가능한 것으로 보고 있다(대결 2011.5.2, 2011무6).

㉥ 사실행위 : 사실행위에 대한 집행정지는 행정쟁송의 대상이 되는 권력적 사실행위에 한정된다.

② 적법한 본안소송의 계속 : 본안소송이 계속되어 있어야 한다는 점에서 본안소송 제기 전에 신청

이 가능한 민사집행법상의 가처분과 차이가 있다. 따라서 본안소송이 취하되면 집행정지결정은 당연히 소멸한다(대판 1975.11.11, 75누97). 실무에 있어서는 통상 본안소송의 제기와 집행정지 신청이 동시에 행해지고, 권리구제를 위해 실효적이다.

행정처분의 집행정지결정을 하려면 이에 대한 본안소송이 법원에 제기되어 계속 중임을 요건으로 할 것이고 집행정지결정을 한 후에라도 본안소송이 취하되어 그 소송에 계속하지 아니한 것으로 되면 이에 따라 집행정지결정은 당연히 그 효력이 소멸되는 것이고 별도의 취소조치를 필요로 하는 것은 아니다(대판 1975.11.11, 75누97).

③ 회복하기 어려운 손해발생의 우려(손해예방의 필요)

행정소송법 제23조 제2항 소정의 '회복하기 어려운 손해'라 함은 특별한 사정이 없는 한 금전으로 보상할 수 없는 손해라 할 것인데 이는 금전보상이 불능인 경우뿐만 아니라 금전보상으로는 사회관념상 행정처분을 받은 당사자가 참고 견딜 수 없거나 또는 참고 견디기가 현저히 곤란한 경우의 유형, 무형의 손해를 일컫는다(대결 2003.4.25, 2003무2).

㉠ 경제적인 손해

당사자의 경제적 손실이나 기업 이미지 및 신용의 훼손으로 인한 손해가 '회복하기 어려운 손해'에 해당하기 위한 요건(사업 자체를 계속할 수 없거나 중대한 경영상의 위기)

당사자가 행정처분등이나 그 집행 또는 절차의 속행으로 인하여 재산상의 손해를 입거나 기업 이미지 및 신용이 훼손당하였다고 주장하는 경우에 그 손해가 금전으로 보상할 수 없어 '회복하기 어려운 손해'에 해당한다고 하기 위해서는, 그 경제적 손실이나 기업 이미지 및 신용의 훼손으로 인하여 **사업자의 자금사정이나 경영 전반에 미치는 파급효과가 매우 중대하여 사업 자체를 계속할 수 없거나 중대한 경영상의 위기를 맞게 될 것으로 보이는 등의 사정이 존재**하여야 한다(대결 2003.4.25, 2003무2).

회복하기 어려운 손해 인정사례	회복하기 어려운 손해 부정사례
1. 경제적 손실이나 기업 이미지 및 신용의 훼손으로 인하여 사업자의 자금사정이나 경영 전반에 미치는 파급효과가 매우 중대하여 사업 자체를 계속할 수 없거나 중대한 경영상의 위기를 맞게 될 것으로 보이는 등의 사정(대결 2003.4.25, 2003무2)	1. 유흥접객영업허가의 취소처분으로 5,000여만 원의 시설비를 회수하지 못하게 된다면 생계까지 위협받게 되는 결과가 초래될 수 있다는 등의 사정(대결 1991.3.2, 91두1) 2. 과세처분 취소소송을 제기하여 일부 취소판결을 받은 후 기납부세액 중 취소판결이 선고된 부분에 해당하는 세액을 환급받음으로써 얻게 되는 이익(대결 1998.8.23, 99무15)

2. 사업여건의 악화 및 막대한 부채비율로 인하여 외부자금의 신규차입이 사실상 중단된 상황에서 285억 원 규모의 과징금을 납부하기 위하여 무리하게 외부자금을 신규차입하게 되면 주거래은행과의 재무구조개선약정을 지키지 못하게 되어 사업자가 중대한 경영상의 위기를 맞게 될 것으로 보이는 경우 [12 국회9급](대결 2001.10.10, 2001무29) 3. 약제 및 치료재료의 산정기준 등에 관한 보건복지부 고시로 약제상한금액이 인하됨으로써 매출액의 감소, 시장점유율 및 판매신장률의 감소, 거래처의 감소, 신약의 공급중단위기가능성, 이 사건 약제들의 적정한 상한금액을 확보하지 못할 위험성 등의 경제적 손실과 기업 이미지 및 신용의 훼손 등을 입게 되는 손해(대결 2004.5.12, 2003무41)	3. 경쟁 항공회사에 대한 국제항공노선면허처분으로 인하여 노선의 점유율이 감소됨으로써 경쟁력과 대내외적 신뢰도가 상대적으로 감소되고 연계노선망개발이나 타항공사와의 전략적 제휴의 기회를 얻지 못하게 되는 손해(대결 2000.10.10, 2000무17) 4. 경쟁 항공회사에 대한 국제항공노선면허처분이 효력정지되면 행정청으로부터 항공법상의 전세운항계획에 관한 인가를 받아 취항할 수 있게 되는 지위를 가지게 된다는 점(대결 2000.10.10, 2000무17) 5. 항정신병 치료제의 요양급여 인정기준에 관한 보건복지부 고시의 효력이 계속 유지됨으로 인한 제약회사의 경제적 손실, 기업 이미지 및 신용의 훼손(대결 2003.10.9, 2003무23) 6. 방송통신위원회가 개인휴대통신 서비스 부문의 기간통신사업자인 갑 주식회사의 신청으로 2G PCS 사업폐지 승인처분을 하자, 갑 회사와 이용계약을 체결하여 2G 이동통신 서비스를 이용하던 을 등이 위 처분의 효력정지를 구한 사안(대결 2012.2.1, 2012무2)

㉡ 기타사례

회복하기 어려운 손해 인정사례	회복하기 어려운 손해 부정사례
1. 출입국관리법 제63조 제1항에 기한 강제퇴거명령의 집행정지(대결 1997.1.20, 96두31) 2. 현역병입영처분의 효력이 정지되지 아니한 채 본안소송이 진행된다면 특례보충역으로 방위산업체에 종사하던 신청인이 입영하여 다시 현역병으로 복무하지 않을 수 없는 경우(대결 1992.4.29, 92두7) 3. 상고심에 계속 중인 형사피고인을 안양교도소로부터 진주교도소로 이송한 조치(대결 1992.8.7, 92두30) 4. 지방의회(전북 전주시의회)의 지방의원제명의결(대결 1997.9.9, 97두29) 5. 주무관청이 민법 제38조에 의하여 비영리법인에 대하여 그 설립허가를 취소한 경우(대결 2014.1.23, 2011무178)	1. 교육과학기술부장관의 법학전문대학원예비인가 대상에서 제외함으로써 침해되는 학교법인 동국대학교의 이익(대결 2008.8.26, 2008 무51) 2. 국토교통부 등에서 발표한 '4대강 살리기 마스터플랜'에 따른 '한강 살리기 사업' 구간 인근에 거주하는 주민들이 각 공구별 사업실시계획승인처분에 대한 효력정지를 신청한 사안에서, 토지 소유권 수용 등으로 인한 손해[대결(전합) 2011.4.21. 2010무111] 3. 방송통신위원회가 개인휴대통신 서비스 부문의 기간통신사업자인 갑 주식회사의 신청으로 2G PCS 사업폐지 승인처분을 하자, 갑 회사와 이용계약을 체결하여 2G 이동통신 서비스를 이용하던 을 등이 위 처분의 효력정지를 구한 사안(대결 2012.2.1, 2012무2)

1. 상고심에 계속 중인 형사피고인을 안양교도소로부터 진주교도소로 이송한 조치(인정)

신청인 및 그 가족들의 주소는 서울이고 위 형사피고사건의 상고심에서 신청인을 위하여 선임된 변호인도 서울지방변호사회 소속 변호사임을 알 수 있으므로 신청인이 그에 관한 형사피고사건이 상고심에 계속 중에 안양교도소로부터 진주교도소로 이송되는 경우에는 그로 인하여 **변호인과의 접견이 어려워져 방어권의 행사에 지장을 받게 됨은 물론 가족이나 친지 등과의 접견권의 행사에도 장애를 초래할 것임이 명백하고 이로 인한 손해는 금전으로 보상할 수 없는 손해**라 할 것이어서 이 사건 이송처분으로 인하여 신청인에게 회복할 수 없는 손해가 발생할 염려가 있다(대결 1992.8.7, 92두30).

2. 지방의회(전북 전주시의회)의 지방의원제명의결(인정)

본안소송에서 승소한다면 **신청인이 그 기간 동안 지방의회의원으로서의 업무를 수행할 수 없어 신분과 명예상의 불이익을 입게 되고 상당한 정신적 고통을 받게 될 것**임은 짐작하기 어렵지 아니하며 이와 같은 손해는 쉽게 금전으로 보상할 수 있는 성질의 것도 아니어서 사회관념상 회복하기 어려운 손해에 해당된다고 보여지고, 또한 이와 같은 손해를 예방하기 위하여 이 사건 처분의 효력을 정지시킬 긴급한 필요 역시 인정된다고 할 것이며, 이 사건 제명의결의 집행을 정지함이 공공복리에 중대한 영향을 미칠 우려가 있다고도 보여지지 아니한다(대결 1997.9.9, 97두29).

3. 국토교통부 등에서 발표한 '4대강 살리기 마스터플랜'에 따른 '한강 살리기 사업' 구간 인근에 거주하는 주민들이 각 공구별 사업실시계획승인처분에 대한 효력정지를 신청한 사안에서, 토지 소유권 수용 등으로 인한 손해는 행정소송법 제23조 제2항의 효력정지 요건인 금전으로 보상할 수 없거나 사회관념상 금전보상으로는 참고 견디기 어렵거나 현저히 곤란한 경우의 유·무형 손해에 해당하지 않는다(국토교통부 등에서 발표한 '4대강 살리기 마스터플랜'에 따른 '한강 살리기 사업' 구간 인근에 거주하는 주민들이 각 공구별 사업실시계획승인처분에 대한 효력정지를 신청한 사안)[대결(전합) 2011.4.21, 2010무111].

4. 주무관청이 민법 제38조에 의하여 비영리법인에 대하여 그 설립허가를 취소한 경우에 회복하기 어려운 손해를 입을 우려가 적지 아니하므로, 이러한 손해를 예방하기 위하여 이 사건 처분의 효력을 정지할 긴급한 필요가 있다고 본 사안

주무관청이 민법 제38조에 의하여 비영리법인에 대하여 그 설립허가를 취소한 경우 그 법인은 민법 제77조 제1항에 따라 해산하게 되고, 법인이 해산하면 본래의 목적을 위한 활동을 중단하고 청산절차를 이행하기 위하여 청산법인으로 존속하게 되어 청산의 목적범위 내에서만 권리가 있고 의무를 부담하며(민법 제81조), 청산절차를 마치면 소멸하게 된다. 따라서 이 사건 **처분의 효력을 정지하지 아니할 경우, 재항고인이 제기한 이 사건 처분의 취소를 구하는 소송이 진행되는 사이에 청산절차가 진행 완료되어 재항고인 법인 자체가 소멸할 수도 있고, 그 후 이 사건 처분이 취소되더라도 재항고인은 회복하기 어려운 손해를 입을 우려가 적지 아니하므로**, 이러한 손해를 예방하기 위하여 이 사건 처분의 효력을 정지할 긴급한 필요가 있다고 봄이 타당하다(대결 2014.1.23, 2011무178).

④ 긴급한 필요의 존재 : 긴급한 필요라 함은 손해발생가능성과 시간적 절박성을 포괄하는 개념이다. 환언하면 회복하기 어려운 손해의 발생가능성이 시간적으로 절박하여 본안판결을 기다릴 여유가 없음을 의미한다.

회복하기 어려운 손해의 예방과 긴급한 필요는 각각 별개로서 판단할 것이 아니라 합일적으로 해석하여 앞의 요건이 충족되면 뒤의 요건도 충족되는 것으로 판단해야 한다(통설).

1. '처분등이나 그 집행 또는 절차의 속행으로 인하여 생길 회복하기 어려운 손해를 예방하기 위하여 긴급한 필요'가 있는지의 판단기준

'처분등이나 그 집행 또는 절차의 속행으로 인하여 생길 회복하기 어려운 손해를 예방하기 위하여 긴급한 필요'가 있는지는 **처분의 성질과 태양 및 내용, 처분상대방이 입는 손해의 성질·내용 및 정도, 원상회복·금전배상의 방법 및 난이 등은 물론 본안청구의 승소가능성 정도 등을 종합적으로 고려하여 구체적·개별적으로 판단**하여야 한다[대결(전합) 2011.4.21, 2010무111].

2. '처분등이나 그 집행 또는 절차의 속행으로 인하여 생길 회복하기 어려운 손해를 예방하기 위하여 긴

급한 필요'가 있는지 판단하는 방법
'처분 등이나 그 집행 또는 절차의 속행으로 인하여 생길 회복하기 어려운 손해를 예방하기 위하여 긴급한 필요'가 있는지는 **처분의 성질, 양태와 내용, 처분상대방이 입는 손해의 성질·내용과 정도, 원상회복·금전배상의 방법과 난이도 등은 물론 본안청구의 승소가능성 정도 등을 종합적으로 고려하여 구체적·개별적으로 판단**하여야 한다(대결 2018.7.12, 2018무600).

3. 한국문화예술위원회 위원장이 자신의 해임처분의 무효확인을 구하는 소송을 제기한 후 다시 해임처분의 집행정지 신청을 한 사안에서, 해임처분으로 신청인에게 회복하기 어려운 손해가 발생할 우려가 있어 이를 예방하기 위하여 긴급한 필요가 있다고 볼 수 없을 뿐만 아니라, 그 효력을 정지할 경우 공공복리에 중대한 영향을 미칠 우려가 있다는 이유로 위 효력정지 신청을 기각한 사례(대결 2010.5.14, 2010무48)
4. 주무관청이 민법 제38조에 의하여 비영리법인에 대하여 그 설립허가를 취소한 경우에 회복하기 어려운 손해를 입을 우려가 적지 아니하므로, 이러한 손해를 예방하기 위하여 이 사건 처분의 효력을 정지할 긴급한 필요가 있다고 본 사안(대결 2014.1.23, 2011무178)
5. 서울특별시장이 도시환경정비구역을 지정하였다가 해당구역 및 주변지역의 역사·문화적 가치 보전이 필요하다는 이유로 정비구역을 해제하고 개발행위를 제한하는 내용을 고시함에 따라 사업시행예정구역에서 설립 및 사업시행인가를 받았던 甲 도시환경정비사업조합(사직제2구역도시환경정비사업조합)에 대하여 구청장이 조합설립인가를 취소하자, 甲 조합이 해제 고시의 무효확인과 인가취소처분의 취소를 구하는 소를 제기하고 판결 선고 시까지 각 처분의 효력 정지를 신청한 사안에서, 각 처분의 효력을 정지하지 않을 경우 甲 조합에 특별한 귀책사유가 없는데도 정비사업의 진행이 법적으로 불가능해져 甲 조합에 회복하기 어려운 손해가 발생할 우려가 있으므로 이러한 손해를 예방하기 위하여 각 처분의 효력을 정지할 긴급한 필요가 있다고 한 사례(대결 2018.7.12, 2018무600)

(2) 소극적 요건

① 공공복리에 중대한 영향을 미칠 우려가 없을 것: 집행정지가 공공복리에 중대한 영향을 미칠 우려가 있는 때에는 집행정지는 허용되지 않는다.

1. 행정소송법 제23조 제3항이 집행정지의 요건으로 '공공복리에 중대한 영향을 미칠 우려가 없을 것'을 규정하고 있는 취지 및 '공공복리에 미칠 영향이 중대한지' 여부의 판단기준
행정소송법 제23조 제3항이 집행정지의 요건으로 '공공복리에 중대한 영향을 미칠 우려가 없을 것'을 규정하고 있는 취지는, 집행정지 여부를 결정하는 경우 신청인의 손해뿐만 아니라 공공복리에 미칠 영향을 아울러 고려하여야 한다는데 있고, 따라서 공공복리에 미칠 영향이 중대한지의 여부는 절대적 기준에 의하여 판단할 것이 아니라, 신청인의 '회복하기 어려운 손해'와 '공공복리' 양자를 비교·교량하여, 전자를 희생하더라도 후자를 옹호하여야 할 필요가 있는지 여부에 따라 상대적·개별적으로 판단하여야 한다(대결 2010.5.14, 2010무48).
2. 의의 및 주장·소명책임(행정청)
행정소송법 제23조 제3항에서 집행정지의 요건으로 규정하고 있는 '공공복리에 중대한 영향을 미칠 우려'가 없을 것이라고 할 때의 **'공공복리'는 그 처분의 집행과 관련된 구체적이고도 개별적인 공익**을 말하는 것으로서 이러한 집행정지의 **소극적 요건에 대한 주장·소명책임은 행정청**에게 있다(대결 1999.12.20, 99무42).

3. 출입국관리법 제63조 제1항에 기한 보호명령의 집행정지

출입국관리법상의 강제퇴거명령 및 그 집행을 위한 같은 법 제63조 제1항, 같은 법 시행령 제78조 제1항 소정의 보호명령에 대하여 그 취소를 구하는 소송이 제기되고 나아가 **강제퇴거명령의 집행이 정지되었다면, 강제퇴거명령의 집행을 위한 보호명령의 보호기간은 결국 본안소송이 확정될 때까지의 장기간으로 연장되는 결과가 되어 그 보호명령이 그대로 집행된다면 본안소송에서 승소하더라도 회복하기 어려운 손해를 입게 된다**고 할 것이나, 그 **보호명령의 집행을 정지하면 외국인의 출입국 관리에 막대한 지장을 초래하여 공공복리에 중대한 영향을 미칠 우려가 있다**(대결 1997.1.20, 96두31).

② 본안에서의 이유 유무 : 행정소송법에 명시적 규정이 없기 때문에 견해의 대립이 있다. [06 세무사]

㉠ 학 설

ⓐ 소극설 : 본안청구가 이유 없음이 명백하지 않다는 것은 집행정지의 요건이 아니라는 견해이다.

ⓑ 적극적 요건설 : 본안에 이유 있음이 명백한 경우에는 긴급보전의 필요라는 요건이 미흡하더라도 집행정지결정을 할 수 있다고 한다.

ⓒ 소극적 요건설(다수설) : 본안청구가 인용되지 않을 것이 명백한 경우에는 본안심리단계에서 최종적으로 권리구제를 받기 위해 임시적인 권리보호를 얻고자 하는 집행정지제도의 존재목적이 달성되지 않을 것이 명백하므로 집행정지가 허용되지 않는다는 견해이다.

㉡ 판례(소극적 요건설)

ⓐ 원칙적으로 본안판단의 적법 여부는 판단하지 않음.

ⓑ 예외적으로 본안청구가 이유 없음이 명백하지 않을 것이 요건에 포함

1. 본안에 이유 없음이 명백하지 않을 것(소극적 요건설)

집행정지는 공공복리에 중대한 영향을 미칠 우려가 없어야 허용되고, **이 제도는 신청인이 본안소송에서 승소판결을 받을 때까지 그 지위를 보호함과 동시에 후에 받을 승소판결을 무의미하게 하는 것을 방지하려는 것**이어서 본안소송에서의 처분의 취소가능성이 없음에도 처분의 효력이나 집행의 정지를 인정한다는 것은 제도의 취지에 반하므로 **집행정지사건 자체에 의하여도 신청인의 본안청구가 이유 없음이 명백하지 않아야 한다는 것도 집행정지의 요건에 포함시켜야 할 것이다**(대결 1999.11.26, 99부3).

2. 행정처분의 효력정지나 집행정지를 구하는 신청사건에서 집행정지사건 자체에 의하여도 신청인의 본안청구가 적법한 것이어야 한다는 것을 집행정지의 요건에 포함시켜야 한다

행정처분의 효력정지나 집행정지를 구하는 신청사건에서는 **행정처분 자체의 적법 여부는 원칙적으로 판단의 대상이 아니고, 그 행정처분의 효력이나 집행을 정지할 것인가에 관한 행정소송법 제23조 제2항에서 정한 요건의 존부만이 판단의 대상**이 되는 것이다. 다만, 집행정지는 행정처분의 집행부정지원칙의 예외로서 인정되는 것이고, 또 본안에서 **원고가 승소할 수 있는 가능성을 전제로 한 권리보호수단**이라는 점에 비추어 보면, **집행정지사건 자체에 의하여도 신청인의 본안청구가 적법한 것이어야 한다는 것을 집행정지의 요건에 포함시키는 것이 옳다**(대결 2010.11.26, 2010무137).

3. 집행정지의 절차(신청 또는 직권)

집행정지는 당사자의 신청 또는 법원의 직권에 의해 개시되나(제23조 제2항), 집행정지신청에 대한 이유에 관해 소명이 있어야 한다(같은 조 제4항). 집행정지의 적극적 요건의 존재는 신청인이 소명해야 하고, 집행정지로 인한 공공복리에 중대한 영향을 미칠 우려의 존재와 같은 소극적 요건은 피신청인인 행정청이 소명해야 한다. 집행정지결정의 관할법원은 본안이 계속된 법원이며, 집행정지신청은 상고심에서도 가능하다.

1. 행정소송에 있어서 본안판결에 대한 상소 후 본안의 소송기록이 원심법원에 있는 경우, 행정소송법 제23조 제2항에 의한 집행정지사건의 관할법원은 원심법원이다(대결 2005.12.12, 2005무67).
2. 행정소송에 있어서 본안판결에 대한 상소 후 본안의 소송기록이 상소심법원으로 송부되기 전에 원심법원이 한 집행정지 결정에 대한 즉시항고사건의 관할법원은 상소심법원이다(대결 2005.12.12, 2005무67).

4. 집행정지의 내용

집행정지는 본안소송이 종결될 때까지 처분등의 효력이나 그 집행 또는 절차의 속행의 전부 또는 일부를 정지함을 그 내용으로 한다.

(1) 효력의 전부 또는 일부의 정지(보충성)

효력이 정지되면 처분이 갖는 제 효력(예 구속력·공정력·존속력 등)이 정지되어 처분이 잠정적으로 존재하지 아니하는 상태가 된다. 따라서 처분의 효력정지는 처분등의 집행 또는 절차의 속행을 정지함으로써 목적을 달성할 수 있는 경우에는 허용되지 아니한다(제23조 제2항).

(2) 처분의 집행의 전부 또는 일부정지

집행의 정지란 처분내용의 강제적인 실현을 위한 공권력 행사의 정지를 의미한다. 예컨대, 강제출국명령에 따른 강제출국의 정지가 이에 해당한다.

(3) 절차의 속행의 전부 또는 일부의 정지

절차의 속행의 정지란 처분의 효력은 유지하면서 당해 처분의 후속절차를 잠정적으로 정지하게 하는 것을 말한다. 예컨대, 토지수용절차나 행정대집행절차의 경우에 후속적인 절차를 정지하는 행위가 이에 해당한다.

5. 집행정지결정의 효력

집행정지결정의 효력도 판결의 효력과 마찬가지로 ① 형성력과 형성력의 제3자효, ② 기속력이 인정된다. 그러나 집행정지결정에는 기판력이 인정되지 않는다.

(1) 형성력

집행정지결정 중 효력정지결정은 효력 그 자체를 정지시키는 것이므로 행정처분이 없었던 원래상태와 같은 상태를 가져온다. 따라서 처분등의 효력이나 그 집행 또는 절차의 속행의 전부 또는 일부의 정지결정이 있게 되면, 정지결정에 위배된 후속행위들은 무효가 된다(대판 1961.11.23, 4294행상3). 집행정지결정과 취소결정의 경우 제3자효 행정행위에 있어서는 제3자에도 형성력이 미친다(제29조 제2항).

(2) 기속력(대인적 효력)

집행정지결정의 효력은 당사자인 행정청과 그 밖의 관계행정청을 기속한다(제23조 제6항에 의해 준용되는 제30조 제1항). 따라서 기속력에 간한 규정 중 대인적 효력에 관한 규정만 준용되고, 재처분의무에 관한 제30조 제2항은 준용되지 않는다. 관계행정청에게 효력이 미치는 이유는 행정소송에서 실질적인 피고는 행정주체인 국가 또는 지방자치단체이기 때문이다. 집행정지결정에 위배되는 행정처분은 무효이다.

(3) 시간적 효력

집행정지결정의 효력은 결정의 주문에 정해진 시기까지 존속하는 것이나, 특별한 정함이 없는 때에는 본안판결이 확정될 때까지 존속하는 것으로 볼 것이다(대판 1962.4.12, 4294민상1541). 집행정지결정의 효력은 원칙적으로 장래에 향하여 발생하지만 예외적으로 소급하는 경우도 있다(예 처분의 효력정지의 경우).

관련 판례

1. 행정처분 집행정지결정의 효력 시한

   행정소송법 제23조에 의한 집행정지결정의 효력은 결정주문에서 정한 시기까지 존속하며 그 시기의 도래와 동시에 효력이 당연히 소멸하는 것이므로, 일정기간 동안 영업을 정지할 것을 명한 행정청의 영업정지처분에 대하여 법원이 집행정지결정을 하면서 주문에서 당해 법원에 계속 중인 본안소송의 판결선고 시까지 처분의 효력을 정지한다고 선언하였을 경우에는 처분에서 정한 영업정지기간의 진행은 그때까지 저지되는 것이고 **본안소송의 판결선고에 의하여 당해 정지결정의 효력은 소멸하고 이와 동시에 당초의 영업정지처분의 효력이 당연히 부활되어 처분에서 정하였던 정지기간(정지결정 당시 이미 일부 진행되었다면 나머지 기간)은 이때부터 다시 진행한다**(대판 1999.2.23, 98두14471).

2. 행정소송법 제23조 소정의 처분에 대한 집행정지의 취지 및 그 효력의 시적 범위

과징금부과처분에 대한 법원의 집행정지결정에도 불구하고 당초의 과징금부과처분에서 정한 기한의 도과로서 가산금이 발생한다고 보게 되면 이는 과징금납부의무자로 하여금 그 의무의 이행을 간접적으로 강제하는 결과가 된다고 할 것이어서 집행정지결정의 의미가 거의 없게 된다고 할 것인데, 이러한 취지 등을 감안하여 볼 때, 일정한 납부기한을 정한 과징금부과처분에 대하여 법원이 소명자료를 검토한 끝에 '회복하기 어려운 손해'를 예방하기 위하여 긴급한 필요가 있고 달리 공공복리에 중대한 영향을 미치지 아니한다는 이유로 그에 대한 **집행정지결정을 하였다면 행정청에 의하여 과징금부과처분이 집행되거나 행정청·관계행정청 또는 제3자에 의하여 과징금부과처분의 실현을 위한 조치가 행하여져서는 아니되며, 따라서 부수적인 결과인 가산금 등은 발생되지 아니한다**고 보아야 할 것이다(대판 2003.7.11, 2002다48023).

3. 일정한 납부기한을 정한 과징금부과처분에 대한 집행정지결정이 내려진 경우 그 집행정지기간 동안 납부기간이 진행되지 않는다(대판 2003.7.11, 2002다48023).
4. 보조금 교부결정 취소처분에 대한 효력정지결정에 따라 효력정지기간 중 계속하여 보조금이 지급되었으나 이후 본안소송에서 원고 패소 판결이 선고된 경우 효력정지기간 중 교부된 보조금을 반환하여야 한다(대판 2017.7.11, 2013두25498).
5. 제재처분에 대한 행정쟁송절차에서 처분에 대해 집행정지결정이 이루어지고 본안에서 해당 처분이 최종적으로 적법한 것으로 확정되어 집행정지결정이 실효되고 제재처분을 다시 집행할 수 있게 된 경우 및 반대로 처분상대방이 집행정지결정을 받지 못했으나 본안소송에서 해당 제재처분이 위법하다는 것이 확인되어 취소하는 판결이 확정된 경우, 처분청이 취할 조치

   집행정지결정의 효력은 결정 주문에서 정한 기간까지 존속하다가 그 기간이 만료되면 장래에 향하여 소멸한다. 집행정지결정은 처분의 집행으로 회복하기 어려운 손해를 예방하기 위하여 긴급한 필요가 있고 달리 공공복리에 중대한 영향을 미치지 않을 것을 요건으로 하여 본안판결이 있을 때까지 해당 처분의 집행을 잠정적으로 정지함으로써 위와 같은 손해를 예방하는 데 취지가 있으므로, 항고소송을 제기한 원고가 본안소송에서 패소확정판결을 받았더라도 집행정지결정의 효력이 소급하여 소멸하지 않는다. 그러나 제재처분에 대한 행정쟁송절차에서 처분에 대해 집행정지결정이 이루어졌더라도 본안에서 해당 처분이 최종적으로 적법한 것으로 확정되어 집행정지결정이 실효되고 제재처분을 다시 집행할 수 있게 되면, 처분청으로서는 당초 집행정지결정이 없었던 경우와 동등한 수준으로 해당 제재처분이 집행되도록 필요한 조치를 취하여야 한다. 집행정지는 행정쟁송절차에서 실효적 권리구제를 확보하기 위한 잠정적 조치일 뿐이므로, 본안 확정판결로 해당 제재처분이 적법하다는 점이 확인되었다면 제재처분의 상대방이 잠정적 집행정지를 통해 집행정지가 이루어지지 않은 경우와 비교하여 제재를 덜 받게 되는 결과가 초래되도록 해서는 안 된다. 반대로, 처분상대방이 집행정지결정을 받지 못했으나 본안소송에서 해당 제재처분이 위법하다는 것이 확인되어 취소하는 판결이 확정되면, 처분청은 그 제재처분으로 처분상대방에게 초래된 불이익한 결과를 제거하기 위하여 필요한 조치를 취하여야 한다(대판 2020.9.3, 2020두34070).

(4) 본안판결과 집행정지결정의 효력

본안에서 계쟁 처분이 최종적으로 적법한 것으로 확정되면 집행정지결정은 장래를 향해 실효되고처분을 다시 집행할 수 있게 된다. 이 경우 처분청으로서는 당초 집행정지결정이 없었던 경우와 동등한 수준으로 해당 처분이 집행되도록 필요한 조치를 취해야 한다는 것이 판례이다.

「중소기업제품 구매촉진 및 판로지원에 관한 법률」에 따른 1차 직접생산확인 취소처분에 대하여 중소기업자가 제기한 취소소송절차에서 집행정지결정이 이루어졌다가 본안소송에서 중소기업자의 패소판결이 확정되어 집행정지가 실효되고 취소처분을 집행할 수 있게 되었으나 1차 취소처분 당시 유효기간이 남아 있었던 직접생산확인의 전부 또는 일부가 집행정지기간 중 유효기간이 모두 만료되고 집행정지기간 중 새로 받은 직접생산확인의 유효기간이 남아 있는 경우, 관할 행정청이 직접생산확인 취소 대상을 '1차 취소처분 당시' 유효기간이 남아 있었던 모든 제품에서 '1차 취소처분을 집행할 수 있게 된 시점 또는 그와 가까운 시점'을 기준으로 유효기간이 남아 있는 모든 제품으로 변경하는 처분을 할 수 있다

직접생산확인을 받은 중소기업자가 공공기관의 장과 납품 계약을 체결한 후 직접생산하지 않은 제품을 납품하였다. 관할 행정청은 중소기업제품 구매촉진 및 판로지원에 관한 법률 제11조 제3항에 따라 당시 유효기간이 남아 있는 중소기업자의 모든 제품에 대한 직접생산확인을 취소하는 1차 취소처분을 하였다. 중소기업자는 1차 취소처분에 대하여 취소소송을 제기하였고, 집행정지결정이 이루어졌다. 그러나 결국 중소기업자의 패소판결이 확정되어 집행정지가 실효되고, 취소처분을 집행할 수 있게 되었다. 그런데 1차 취소처분 당시 유효기간이 남아 있었던 직접생산확인의 전부 또는 일부는 집행정지기간 중 유효기간이 모두 만료되었고, 1차 취소처분 당시 유효기간이 남아 있었던 직접생산확인 제품 목록과 취소처분을 집행할 수 있게 된 시점에 유효기간이 남아 있는 직접생산확인 제품 목록은 다르다. 위와 같은 경우 관할 행정청은 1차 취소처분을 집행할 수 있게 된 시점으로부터 상당한 기간 내에 직접생산확인 취소 대상을 '1차 취소처분 당시' 유효기간이 남아 있었던 모든 제품에서 '1차 취소처분을 집행할 수 있게 된 시점 또는 그와 가까운 시점'을 기준으로 유효기간이 남아 있는 모든 제품으로 변경하는 처분을 할 수 있다. 이러한 변경처분은 중소기업자가 직접생산하지 않은 제품을 납품하였다는 점과 중소기업제품 구매촉진 및 판로지원에 관한 법률 제11조 제3항 중 제2항 제3호에 관한 부분을 각각 궁극적인 '처분하려는 원인이 되는 사실'과 '법적 근거'로 한다는 점에서 1차 취소처분과 동일하고, 제재의 실효성을 확보하기 위하여 직접생산확인 취소 대상만을 변경한 것이다(대판 2020.9.3, 2020두34070).

6. 집행정지결정의 취소

집행정지의 결정이 확정된 후 집행정지가 공공복리에 중대한 영향을 미치거나 그 정지사유가 없어진 때에는 당해 집행정지결정을 한 법원은 당사자의 신청 또는 직권에 의하여 결정으로써 집행정지의 결정을 취소할 수 있다(제24조 제1항). 취소신청 시 그 사유를 신청인이 소명해야 한다.

'집행정지가 공공복리에 중대한 영향을 미치는 때'의 의미

행정소송법 제24조 제1항에서 규정하고 있는 **집행정지결정의 취소사유는 특별한 사정이 없는 한 집행정지결정이 확정된 이후에 발생한 것이어야 하고, 그중 '집행정지가 공공복리에 중대한 영향을 미치는 때'라 함은 일반적·추상적인 공익에 대한 침해의 가능성이 아니라 당해 집행정지 결정과 관련된 구체적·개별적인 공익에 중대한 해를 입힐 개연성을 말하는 것이다**(대결 2005.7.15, 2005무16).

7. 집행정지결정에 대한 불복

집행정지결정이나 집행정지신청기각결정 또는 집행정지결정의 취소결정에 대하여는 즉시항고를 할 수 있다. 이 경우 집행정지의 결정에 대한 즉시항고에는 결정의 집행을 정지하는 효력이 없다. 다만, 즉시항고는 즉시항고의 대상인 결정의 집행을 정지하지 아니한다(제24조 제2항에 의해 준용되는 제23조 제5항).

행정소송법 제23조 제2항에서 정한 요건을 결여하였다는 이유로 효력정지 신청을 기각한 결정에 대하여 행정처분 자체의 적법 여부를 가지고 불복사유로 삼을 수 없다[대결(전합) 2011.4.21, 2010무111].

Ⅲ 가처분(假處分)

1. 가처분의 의의

가처분이란 금전 이외의 특정한 급부를 목적으로 하는 청구권의 집행보전을 도모하거나, 다툼이 있는 권리관계에 관해 임시의 지위를 정함을 목적으로 하는 보전처분으로서의 가구제를 말한다. 민사집행법은 가처분으로서 계쟁물에 관한 가처분과 쟁의 있는 권리관계에 대해 임시의 지위를 정하기 위한 가처분을 인정하고 있다(제300조 이하).

2. 가처분의 가능성(민사집행법상의 가처분규정의 준용 여부)

행정심판법이나 민사집행법과 달리 행정소송법에는 가처분에 관한 명시적 규정이 존재하지 않기 때문에 인정 여부에 대해 견해가 대립한다.

(1) 학 설

① 소극설 : 행정소송에 민사집행법상의 가처분에 관한 규정이 준용될 수 없다는 견해이다 . 주된 논거로는, ㉠ 법원은 행정청의 판단에 앞서 행정처분에 대한 가처분을 명령하는 것은 권력분립원리에 위반된다는 점, ㉡ 처분의 집행정지에 관해 규정한 행정소송법 제23조 제2항은 민사집행법상의 가처분에 대한 '특별규정'이기 때문에 민사집행법상의 규정은 준용될 수 없다는 점 등을 들고 있다.

② 적극설 : 행정소송에 민사집행법상의 가처분에 관한 규정이 준용될 수 있다는 견해이다. 논거로는 ㉠ 현행 행정소송법은 가처분에 관해 아무런 규정도 두지 않고 있으므로 같은 법 제8조

제2항(행정소송에 관하여 이 법에 특별한 규정이 없는 사항에 대하여는 법원조직법과 민사소송법 및 민사집행법의 규정을 준용한다)에 의해 민사집행법상의 가처분규정을 준용할 수 있다는 점, ㉡ 헌법 제27조의 재판을 받을 권리와 권력분립주의는 형식적인 소권의 보장에 그치는 것이 아니라 사법권에 의한 위법한 행정작용으로부터 국민의 권익구제를 목적으로 함과 동시에 법치행정주의의 확보를 도모하려는 데 있다는 점 등을 들고 있다.

③ **절충설**(다수설) : 행정소송법이 처분등의 집행정지제도를 두고 있는 관계상 원칙적으로 집행정지를 통해 권리구제목적이 달성될 수 있는 상황에서는 가처분규정이 준용될 수 없지만, 집행정지를 통하여서는 실효적인 권리구제가 되지 못하는 경우(예 거부처분의 경우)에는 민사집행법상의 가처분제도가 인정된다는 견해이다.

(2) 판례(소극설)

대법원판례는 소극설을 취하고 있다.

1. 구 행정소송법이 정한 소송 중 특히 행정처분의 취소 또는 변경에 관한 소송, 소위 항고소송에 있어서는 민사소송법 중 가처분에 관한 규정이 적용되지 않는다(대결 1961.11.20, 4292행항2).
2. 민사소송법상의 가처분으로써 행정행위의 금지를 구할 수 없다
   민사소송법상의 보전처분은 민사판결절차에 의하여 보호받을 수 있는 권리에 관한 것이므로, 민사소송법상의 가처분으로써 행정청의 어떠한 행정행위의 금지를 구하는 것은 허용될 수 없다 할 것이다(대결 1992.7.6, 92마54).

제6관 취소소송의 심리

I 개 설

행정소송이 제기된 경우 법원은 이를 심리·판결할 의무를 진다. 소송의 심리라 함은 법원이 소에 대한 판결을 하기 위해 그 기초가 되는 소송자료(주로 사실과 증거)를 수집하는 절차를 말하며, 소송절차의 핵심이다.

행정소송의 심리는 민사소송에 준하여 변론주의가 심리의 기본이 되지만, 행정소송의 특수성에 비추어 보충적으로 직권심리주의가 적용되고 있다.

II 심리의 내용

1. 요건심리(형식적 심리)

요건심리란 소가 소송요건을 갖춘 적법한 것인지의 여부를 심리하는 것으로서 형식적 심리를 말한다. 요건심리는 법원의 직권조사사항으로서, 소송요건을 결하여 그 보정이 불가능한 경우에는 그 소는 부적법한 것으로서 각하된다.

처분을 다툴 법률상 이익이 있는지에 관한 당사자의 주장에 관하여 원심법원이 판단하지 않은 것은 판단유탈의 상고이유가 되지 않는다

해당 처분을 다툴 법률상 이익이 있는지 여부는 직권조사사항으로 이에 관한 당사자의 주장은 직권발동을 촉구하는 의미밖에 없으므로, 원심법원이 이에 관하여 판단하지 않았다고 하여 판단유탈의 상고이유로 삼을 수 없다(대판 2017.3.9, 2013두16852).

소송요건의 존재의 판정시기는 원칙적으로 제소시라는 견해(김철용, 박윤흔, 석종현, 유상현, 이상규, 정하중)와 구두변론종결시라는 견해(박균성, 한견우)가 대립한다. 그러나 제소 당시에는 소송요건이 흠결되어도 바로 각하하지는 않고 사실심 구두변론종결시까지 구비하면 하자가 치유된다.

2. 본안심리(실체적 심리)

본안심리란 요건심리의 결과 소송요건이 구비된 경우, 그 소에 대한 청구를 인용할 것인지 또는 기각할 것인지를 판단하기 위해 사건의 본안을 실체적으로 심리하는 절차를 말한다.

III 심리의 범위

1. 불고불리(不告不理)의 원칙과 그 예외

취소소송의 경우 비록 행정심판법 제47조와는 달리 명문규정은 없지만 민사소송과 마찬가지로 불고불리의 원칙이 적용된다. 따라서 법원은 소제기가 없는 사건에 대해 심리·재판할 수 없으며, 소제기가 있는 사건에 대해서도 당사자의 청구범위를 넘어서 심리·재판할 수 없음이 원칙이다. 한편, 행정소송법은 부분적으로 직권탐지주의를 가미함으로써 예외를 인정하고 있다(제26조).

2. 재량문제의 심리

재량이 인정된 범위에서 재량을 그르친 경우에는 기속행위와는 달리 부당에 머무르고, 부당한 처분은 행정소송의 대상에서 제외되기 때문에 재량행위의 타당성(합목적성)의 문제는 법원의 심리대상이 되지 않는다.

행정처분의 취소소송에 있어 판단의 대상이 되는 하자

행정처분의 취소소송은 행정청의 위법한 처분등을 취소 또는 변경하는 소송이므로 법원은 그 처분의 위법 여부를 가려서 판단하면 되는 것이고, 그 처분의 부당 여부까지 판단할 필요는 없다(대판 1988. 12.13, 88누7880).

그러나 재량행위도 일탈·남용 등 재량하자가 있는 경우에는 부당함에 그치는 것이 아니라 위법한 행정행위가 되는 것이므로 심리대상이 된다. 과거에는 재량행위에 대해서 취소소송이 제기된 경우 법원은 청구내용에 대한 심리를 함이 없이 그 소를 각하하였으나, 오늘날에는 법원은 그에 대한 심리를 함으로써 재량권의 일탈·남용 여부를 판단하여 기각하거나 당해 처분등을 취소해야 한다. 행정소송법 역시 "행정청의 재량에 속하는 처분이라도 재량권의 한계를 넘거나 그 남용이 있는 때에는 법원은 이를 취소할 수 있다."(제27조)라고 규정하여 이러한 취지를 명문화하였다.

3. 법률문제·사실문제

법원은 취소소송의 심리에 있어서 당해 소송의 대상이 된 처분이나 재결의 실체면·절차면 및 법률문제·사실문제의 모든 점에 관해 심사권을 가진다.

그러나 입법례에 따라서는 전문적·기술적 지식을 요하는 사항에 관해 행정의 전문성·통일성을 보장한다는 관점에서 법원의 심리문제를 법률문제에 한정시키는 입장도 있다. 이와 관련된 이론으로 미국의 '실질적 증거의 법칙'과 독일의 '판단여지이론'을 들 수 있다.

Ⅳ 심리의 절차(심리에 관한 제 원칙)

행정소송사건의 심리에 있어서도 행정소송법에 특별한 규정이 없는 한 법원조직법과 민사소송법 및 민사집행법이 준용된다(제8조 제2항). 따라서 취소소송의 심리절차에 대해서도 처분권주의·공개심리주의·구술심리주의 등이 적용된다. 그러나 행정소송의 특수성에 비추어 일정한 범위에서 직권심리주의가 인정되는 등 민사소송에 대한 특칙이 인정되고 있다.

1. 심리에 관한 일반원칙

(1) 처분권주의(⇔ 직권주의)

처분권주의란 행정소송절차의 개시, 심판의 대상 및 절차의 종료를 당사자, 특히 '원고'의 의사에 일임하는 것으로서 법원이나 권한 있는 국가기관이 직권으로 결정하는 직권주의에 대립되는 원칙이다. 불고불리의 원칙도 처분권주의의 하나로 볼 수 있다. 다만, 소송의 종료에 있어서는 민사소송과 달리 청구의 인락이나 화해는 허용되지 않는다.

(2) 변론주의(⇔ 직권탐지주의)

변론주의란 재판의 기초가 되는 소송자료의 수집·제출책임을 당사자에게 지우고, 당사자가 수집·제출한 소송자료만을 재판의 기초로 삼는 원칙으로서 직권심리주의에 대립되는 원칙이다. 변론주의는 넓은 의미에서는 처분권주의를 포함하지만, 엄밀한 의미에서는 소송자료의 수집에 관한 문제이다. 민사소송법은 "당사자는 소송에 대하여 법원에서 변론하여야 한다(제134조 제1항)."고 규정하여 변론주의를 택하고 있는데, 행정소송에 있어서도 변론주의가 원칙이나 직권주의가 가미되어 있다.

법원이 당사자의 변론재개신청을 받아들일지 여부를 재량으로 결정할 수 있는지 여부(원칙적 적극) 및 법원이 당사자의 변론재개신청을 받아들여 변론을 재개할 의무가 있는 예외적인 경우

당사자가 변론종결 후 주장·증명을 하기 위하여 변론재개신청을 한 경우에, 변론재개신청을 한 당사자가 변론종결 전에 그에게 책임을 지우기 어려운 사정으로 주장·증명할 기회를 제대로 갖지 못하였고 그 주장·증명의 대상이 판결의 결과를 좌우할 수 있는 사실에 해당하는 경우 등과 같이, 당사자에게 변론을 재개하여 그 주장·증명을 제출할 기회를 주지 않은 채 패소의 판결을 하는 것이 행정소송법 제8조 제2항에서 준용하도록 규정하고 있는 민사소송법이 추구하는 절차적 정의에 반하는 경우가 아니라면 법원은 당사자의 변론재개신청을 받아들일지 여부를 재량으로 결정할 수 있다(대판 2018.7.26, 2016두45783).

(3) 공개심리주의(⇔ 비밀재판)

공개심리주의란 재판의 심리와 판결의 선고를 일반인이 방청할 수 있는 상태에서 행하는 것을 말한다(헌법 제109조, 법원조직법 제57조 제1항). 이는 역사적으로 비밀재판의 전단을 막고 판결의 공정성에 대한 국민의 신뢰를 확보하기 위함이다. 다만, 심리는 국가의 안전보장 또는 안녕질서를 방해하거나 선량한 풍속을 해할 염려가 있을 때에는 법원의 결정으로 공개하지 아니할 수 있다(헌법 제109조 단서, 법원조직법 제57조 제1항 단서).

(4) 구술심리주의(⇔ 서면심리주의)

구술심리주의란 심리에 임하여 당사자 및 법원의 소송행위, 특히 변론 및 증거조사를 구술로 행하는 것으로서 서면심리주의에 대응한 원칙이다. 이는 사실상태와 법적 판단에 대해 법원과 소송당사자의 대화가능성을 열어줌으로써 신속한 재판진행과 판결에 대한 당사자의 수용가능성을 높여주고, 사건의 진상파악이 쉽고, 의문 나는 점을 석명을 통해 쉽게 해명할 수 있다는 장점을 갖는다.

(5) 직접심리주의

직접심리주의란 판결을 하는 법관이 변론의 청취 및 증거조사를 직접 행하는 것을 말한다. 민사소송법은 직접심리주의에 의할 것을 규정하면서도 예외를 인정하고 있다.

(6) 쌍방심문주의

쌍방심문주의란 소송의 심리에 있어 당사자 쌍방에게 주장을 진술할 기회를 평등하게 부여하는 것을 말하며, 당사자대등의 원칙, 무기대등의 원칙이라고도 한다. 이는 공평한 재판을 위한 기본원칙이며, 헌법상의 평등원칙(제11조)의 소송법상 표현이다.

(7) 법관의 석명(釋明)의무

석명이란 당사자의 진술에 불명·모순·결함이 있거나 또는 입증을 다하지 못한 경우에 법관(재판장 및 합의부원)이 질문하거나 시사하는 형식으로 보충함으로써 변론을 보다 완전하게 하는 법원의 권능을 말한다.

법원의 석명권 행사의 내용 및 그 한계

법원의 석명권 행사는 사안을 해명하기 위하여 당사자에게 그 주장의 모순된 점이나 불완전·불명료한 부분을 지적하여 이를 정정·보충할 수 있는 기회를 주고, 계쟁사실에 대한 증거의 제출을 촉구하는 것을 그 내용으로 하는 것이며, 당사자가 주장하지도 않은 법률효과에 관한 요건사실이나 공격방어방법을 시사하여 그 제출을 권유하는 행위는 변론주의의 원칙에 위배되고 석명권 행사의 한계를 일탈한 것이 된다(대판 2005.1.14, 2002두7234).

2. 행정소송의 심리에 특수한 절차

(1) 직권증거조사주의·직권탐지주의(직권심리주의)

① 의의 : 직권심리주의란 소송자료의 수집을 법원이 직권으로 할 수 있는 심리원칙을 말한다. 행

정소송은 공익과 관련이 있기 때문에 당사자의 노력에 의해 실체적 진실이 발견되지 않는 경우 법원이 적극적으로 개입해서 실체적 진실을 밝혀내 적정한 재판이 되도록 해야 한다. 이를 위해 행정소송법 제26조는 "법원은 필요하다고 인정할 때에는 직권으로 증거조사를 할 수 있고(직권증거조사주의), 당사자가 주장하지 아니한 사실에 대하여도 판단할 수 있다."(직권탐지주의)라고 규정하고 있다. 직권증거조사주의란 재판의 기초가 되는 소송자료의 수집·제출책임을 법원이 지는 것을 말한다.

② 직권탐지주의 인정 여부 : 행정소송법 제26조의 해석과 관련해서 학설이 대립되고 있다.

㉠ 변론주의 보충설(통설) : 행정소송법 제26조는 당사자가 주장하는 사실에 대한 당사자의 입증활동이 불충분하여 심증을 얻기 어려운 경우 당사자의 증거신청에 의하지 않고 직권으로 증거조사를 할 수 있다고 해석하는 견해(김성수, 박균성, 박윤흔, 이상규)이다. 따라서 이 견해에 따르면 당사자가 주장하지 아니한 사실은 심판대상이 될 수 없다. 이 견해는 행정소송에 공익적인 측면이 있다 하더라도 사인이 원고로서 자신의 이익을 확보하기 위해 가능한 모든 소송자료를 제출해야 한다는 점은 민사소송과 같다고 한다. 그러나 이는 행정소송의 특수성을 무시하는 견해이고, 행정소송법 제26조 후단의 '당사자가 주장하지 아니한 사실에 대하여 판단할 수 있다.'는 규정에 반한다는 점에서 비판이 제기된다.

㉡ 직권탐지주의설 : 당사자가 주장한 사실에 대해 법원이 보충적으로 증거조사를 할 수 있을 뿐만 아니라, 당사자가 주장하지 않은 사실에 대해서도 직권으로 증거를 조사하고 이를 판단의 자료로 삼는 직권탐지주의를 채택하고 있다는 견해(정하중)이다.

이 견해는 ⓐ 행정소송의 목적은 권리구제에만 있는 것이 아니라 행정의 적법성 통제도 목적으로 하고 있고, ⓑ 행정소송법 제26조에서 "당사자가 주장하지 아니한 사실에 대하여 판단할 수 있다."고 규정하고 있는 점, ⓒ 처분등을 취소하는 확정판결은 당사자뿐만 아니라 제3자에 대해서도 효력이 미치므로 제3자의 이익을 해할 우려가 있기 때문에 법원이 적극적으로 소송에 개입하여 재판의 적정·타당성을 기해야 한다는 것을 논거로 한다.

㉢ 판례 : 판례도 변론주의 보충설을 취하지만 민사소송보다는 넓게 직권증거조사를 인정하고 있다.

1. 행정소송에서 기록상 자료가 나타나 있다면 당사자가 주장하지 않더라도 판단할 수 있다

구 행정소송법이 정한 소송 중 특히 행정처분의 취소 또는 변경에 관한 소송, 소위 항고소송에 있어서는 당사자가 주장하지 아니한 사실에 대하여도 판단할 수 있다고 규정하고 있지만, 이는 행정소송의 특수성에 연유하는 **당사자주의, 변론주의에 대한 일부 예외규정일 뿐 법원이 아무런 제한 없이 당사자가 주장하지 아니한 사실을 판단할 수 있는 것은 아니고, 일건기록에 현출되어 있는 사항에 관하여서만 직권으로 증거조사**를 하고 이를 기초로 하여 판단할 수 있을 따름이고, **그것도 법원이 필요하다고 인정할 때에 한하여 청구의**

범위 내에서 증거조사를 하고 판단할 수 있을 뿐이다(대판 1994.10.11, 94누4820).

2. 행정소송에서 기록상 자료가 나타나 있다면 당사자가 주장하지 않더라도 판단할 수 있다(대판 2011.2.10, 2010두20980).

(2) 행정심판기록제출명령

① 행정소송법 규정 : 법원은 당사자의 '신청'이 있는 때에는 결정으로써 재결을 행한 행정청에 대하여 행정심판에 관한 기록의 제출을 명할 수 있다(행정소송법 제25조 제1항). 제출명령을 받은 행정청은 '지체없이'(90일이 아님) 당해 행정심판에 관한 기록을 법원에 제출하여야 한다(같은 조 제2항).

② 취지 : 행정심판기록제출명령은 입증자료의 용이한 확보 등 당사자의 소송상 지위보장을 위해 인정되는 제도이다.

③ 내용 : 행정심판기록이란 당해 행정심판에 관한 기록 전체를 의미한다. 따라서 행정심판청구서와 그에 대한 답변서 및 재결서뿐만 아니라, 행정심판위원회의 회의록 기타 행정심판위원회에서 심리를 위해 제출된 모든 증거 기타 자료를 포괄하는 것이다.

V 주장책임과 입증책임

1. 주장책임

(1) 의 의

주장책임이란 변론주의하에서 당사자가 자기에게 유리한 주요사항을 주장하지 않음으로써 그 사실이 없는 것으로 취급받게 되는 불이익을 말한다. 행정소송에서도 변론주의가 채택되어 있으므로 주장책임이 인정되는데, 예외적으로 법원은 당사자가 주장하지 아니한 사실에 대하여도 판단할 수 있다(제26조).

행정청이 폐기물처리사업계획서 부적합 통보를 하면서 처분서에 불확정개념으로 규정된 법령상의 허가기준 등을 충족하지 못하였다는 취지만 간략히 기재한 경우, 부적합 통보에 대한 취소소송절차에서 행정청은 구체적 불허가사유를 분명히 하여야 하고, 이 경우 부적합 통보의 효력을 다투는 상대방은 구체적인 불허가사유에 관한 판단과 근거에 재량권 일탈·남용의 위법이 있음을 밝히기 위하여 추가적인 주장 등을 할 필요가 있다

처분이 재량권을 일탈·남용하였다는 사정은 처분의 효력을 다투는 자가 주장·증명하여야 한다. 행정청이 폐기물처리사업계획서 부적합 통보를 하면서 처분서에 불확정개념으로 규정된 법령상의 허가기준 등을 충족하지 못하였다는 취지만을 간략히 기재하였다면, 부적합 통보에 대한 취소소송절차에서 행정청은 처분을 하게 된 판단 근거나 자료 등을 제시하여 구체적 불허가사유를 분명히 하여야 한다. 이러한 경우 재량행위인 폐기물처리사업계획서 부적합 통보의 효력을 다투는 원고로서는 행정청이 제시한 구체적인 불허가사유에 관한 판단과 근거에 재량권 일탈·남용의 위법이 있음을 밝히기 위하여 소송절차에서 추가적인 주장을 하고 자료를 제출할 필요가 있다(대판 2020.7.23, 2020두36007).

(2) 주장책임과 입증책임

주장책임은 주요사실의 존부에 관한 입증이 문제되기 전에 먼저 주요사실의 주장이 있어야 한다는 점에서 입증책임과는 별개의 문제로서 독자적 의미를 갖는다.

2. 입증책임

(1) 의 의

입증책임이란 소송상의 일정한 사실의 존부가 확정되지 않을 때, 불리한 법적 판단을 받게 되는 당사자 일방의 위험 또는 불이익을 말한다. 입증책임은 변론주의하에서 특히 중요한 의미를 가진다. 그러나 진위가 명확하지 않은 사태가 예상되는 한 직권증거조사주의에서도 나름대로 의미를 가지므로, 민사소송에서와 마찬가지로 행정소송에서도 입증책임의 분배가 문제된다.

(2) 입증책임의 분배기준

입증책임의 주된 문제는 어떠한 사실에 대해 어느 당사자가 입증책임을 질 것인가의 문제, 즉 입증책임의 분배이다. 입증책임이 특히 문제되는 것은 취소소송을 중심으로 한 항고소송의 경우이다. 당사자소송에 있어서의 입증책임은 민사소송과 유사하기 때문이다.

① 원고부책설(원고책임설) : 행정행위에는 공정력이 인정되기 때문에 처분의 적법성이 추정되므로, 처분의 위법사유에 관한 입증책임은 원고에게 있다는 견해로서, 과거 독일·일본 등의 판례와 학설의 입장이다.

② 피고부책설(피고책임설) : 법치행정의 원리상 행정기관은 스스로 자신의 적법성을 보장해야 하므로, 피고인 행정기관에 적법성에 대한 입증책임이 있다는 견해이다.

③ 법률요건분류설(일반원칙설)(다수설·판례) : 행정행위의 공정력은 입증책임의 문제와는 직접 관계가 없으며, 소송에 있어서 당사자의 지위는 대등한 것이므로 취소소송에서도 민사소송의 일반원칙에 따라 입증책임을 분배해야 한다는 견해로서 다수설·판례의 입장이다. 즉, 행정소송에 있어서도 각 당사자는 자기에게 유리한 법규범의 모든 요건사실의 존재에 관해 입증책임

을 진다고 보는 입장이다.

1. 행정소송에 있어서 특단의 사정이 있는 경우를 제외하면 **당해 행정처분의 적법성에 관하여는 당해 처분청이 이를 주장·입증**하여야 하고, 행정소송에 있어서 직권주의가 가미되어 있다고 하여도 여전히 당사자주의, 변론주의를 기본구조로 하는 이상 행정처분의 위법을 들어 그 취소를 청구함에 있어서는 **직권조사사항을 제외하고는 그 취소를 구하는 자가 위법된 구체적인 사항을 먼저 주장하여야 한다**(대판 2000.3.23, 98두2768).
2. 행정소송에서 증명책임의 분배

   민사소송법 규정이 준용되는 행정소송에서의 증명책임은 원칙적으로 민사소송 일반원칙에 따라 당사자 간에 분배되고, 항고소송의 경우에는 그 특성에 따라 처분의 적법성을 주장하는 피고에게 적법사유에 대한 증명책임이 있다. 피고가 주장하는 일정한 처분의 적법성에 관하여 합리적으로 수긍할 수 있는 일응의 증명이 있는 경우에 처분은 정당하며, 이와 상반되는 주장과 증명은 상대방인 원고에게 책임이 돌아간다(대판 2016.10.27, 2015두42817).

④ 행정소송법독자분배설(특수성인정설) : 행정소송에서의 입증책임분배는 행정소송과 민사소송의 목적과 성질의 차이, 행위규범과 재판규범과의 차이 등에 비추어 독자적으로 정해야 한다는 견해이다.

(3) 입증책임의 구체적 사례

① 권리관계

㉠ 권리근거 규정의 요건사실(원고)

1. 손해배상청구권:불법행위로 인한 손해의 발생 사실(대판 2020.10.15, 2017다278446)
2. 손실보상청구권
3. 행정재산이 공용폐지되어 취득시효의 대상이라는 사실(대판 1999.1.15, 98다49548)
4. 부당이득반환청구권
   ① 국민건강보험공단이 요양기관에 급여를 지급한 후 그 지급이 부당하다며 환수를 구하는 경우 증명책임은 국민건강보험공단(대판 2011.11.24, 2011두16025)
   ② 국민건강보험공단 요양급여의 범위와 이에 해당한다는 점에 관한 증명책임의 소재는 요양기관(대판 2012.11.29, 2008두21669)
   ③ '임의 비급여 진료행위'가 구 의료급여법 제28조 제1항 제1호 소정의 '속임수 그 밖의 부당한 방법으로 수급권자로부터 급여비용을 받은 때'에 해당하지 않는 예외적인 경우에 관한 증명책임의 소재는 의료급여기관(대판 2012.9.13, 2010두27974)
   ④ 산재보험의 요양기관이 거짓이나 그 밖의 부정한 방법으로 진료비를 지급받았다는 사실에 관한 증명책임의 소재는 근로복지공단(대판 2013.2.15, 2011두22785)

㉡ 권리장애·권리소멸(멸각)·권리저지규정의 요건사실(피고)

② 소송요건

소송요건 충족은 원고에게 유리하므로 원고에게, 소송요건 흠결은 피고에게 유리한 요건이므로 피고에게 입증책임이 있다.

구분	원고	피고
취소소송	처분의 존재·제소기간의 준수 등 소송요건	
부작위위법확인소송	일정한 처분을 신청한 사실 및 신청권의 존재, 상당한 기간이 경과하였다는 것	상당한 기간이 경과한 것에 대하여 이를 정당화할 특별한 사유가 있었다는 것

③ 처분의 위법·적법

처분의 위법은 원고에게 유리하므로 원고에게, 처분의 적법은 피고에게 유리한 요건이므로 피고에게 입증책임이 있다.

㉠ 권한행사 규정(명령규정)과 권한불행사규정(금지규정)

원고	피고
소극적 처분	적극적 처분
적극적 처분	소극적 처분

㉡ 처분

ⓐ 원고(위법)

1. 재량의 일탈·남용
2. 일반법원칙(신뢰보호원칙)의 요건충족, 과세관청이 납세자에게 신뢰의 대상이 되는 공적인 견해를 표명하였다는 사실(대판 1992.3.31, 91누9824)
3. 공개를 구하는 정보를 행정기관이 보유·관리하고 있을 상당한 개연성이 있다는 점(대판 2006.1.13, 2003 두9459)
4. 과세처분의 위법
5. 비과세·면제대상(대판 1996.4.26, 94누12708)

ⓑ 피고(적법, 처분의 요건사실·거부사유의 존재)

1. 처분의 적법, 송달, 처분절차의 적법
2. 정보공개거부처분취소소송에서 비공개사유(대판 1999.9.21, 98두3426)
3. 정보를 더 이상 보유·관리하고 있지 아니하다는 점(대판 2004.12.9, 2003 두12707)
4. 대집행의 요건충족
5. 과세처분의 적법
6. 과세요건사실의 존재(대판 1996.4.26, 96누1627)
7. 국민에게 일정한 이득과 권리를 취득하게 한 종전 행정처분을 취소할 수 있는 경우 및 취소해야 할 필요성에 대한 증명책임(대판 2012.3.29, 2011두23375)

8. 「독점규제 및 공정거래에 관한 법률」(공정거래법) 제19조 제1항이 금지하는 '부당한 공동행위'에 관한 증명책임의 소재는 공정거래위원회(대판 2014.2.13, 2011두16049)
9. 법인세 부과처분 취소소송에서 과세표준의 기초가 되는 각 사업연도의 익금과 손금에 대한 증명책임(대판 2014.8.20, 2012두23341)
10. 국민에게 일정한 이익과 권리를 취득하게 한 종전 행정처분을 직권으로 취소할 수 있는 경우 및 취소해야 할 필요성에 관한 증명책임(대판 2014.11.27, 2014두9226)
11. 소득 등의 귀속 명의와 실질적인 귀속주체가 다르다고 다투어지는 경우, 과세요건사실의 존부와 과세표준에 관한 증명책임(대판 2017.10.26, 2015두53084)
12. 성희롱을 사유로 한 징계처분의 당부를 다투는 행정소송에서 징계사유에 대한 증명책임(대판 2018.4.12, 2017두74702)
13. 결혼이민[F-6 (다)목] 체류자격 거부처분 취소소송에서 처분사유(대판 2019.7.4, 2018두66869
14. 과세소득의 존재 및 그 귀속사업연도(대판 2020.4.9, 2018두57490)

㉢ 기타 항고소송

구분		원고	피고
무효등 확인소송	소극적 확인소송	처분등의 무효·부존재·실효	존재·유효성(적법성)
	적극적 확인소송	처분등의 유효·존재	처분등의 무효·부존재·실효

1. 조세부과처분의 취소소송에서 과세요건사실에 관한 증명책임의 소재는 과세관청에 있다(대판 2013.3.28, 2010두20805).
2. 법인세 부과처분 취소소송에서 과세표준의 기초가 되는 각 사업연도의 익금과 손금에 대한 증명책임의 소재는 원칙적으로 과세관청이다(대판 2014.8.20, 2012두23341).
3. 조세부과처분 취소소송에서 과세요건사실에 관한 증명책임
   조세부과처분 취소소송의 구체적인 소송과정에서 경험칙에 비추어 과세요건사실이 추정되는 사실이 밝혀진 경우에는 과세처분의 위법성을 다투는 납세의무자가 문제 된 사실이 경험칙을 적용하기에 적절하지 아니하다거나 해당 사건에서 그와 같은 경험칙의 적용을 배제하여야 할 만한 특별한 사정이 있다는 점 등을 증명하여야 하지만, 그와 같은 경험칙이 인정되지 아니하는 경우에는 원칙으로 돌아가 과세요건사실에 관하여 과세관청이 증명하여야 한다(대판 2015.9.10, 2015두41937).
4. 항고소송에서 처분사유의 증명 정도
   민사소송법 규정이 준용되는 행정소송에서 증명책임은 원칙적으로 민사소송 일반원칙에 따라 당사자 간에 분배되고, 항고소송의 경우에는 그 특성에 따라 처분의 적법성을 주장하는 피고에게 그 적법사유에 대한 증명책임이 있다. 피고가 주장하는 일정한 처분의 적법성에 관하여 합리적으로 수긍할 만한 증명이 있는 경우에는 그 처분은 정당하다고 볼 수 있고, 이와 상반되는 예외적인 사정에 대한 주장과 증명은 그 상대방인 원고에게 그 책임이 있다(대판 2017.7.11, 2015두2864).
5. 행정청이 현장조사를 실시하는 과정에서 조사상대방으로부터 구체적인 위반사실을 자인하는 내용의 확인서를 작성 받은 경우, 그 확인서의 증거가치를 부정할 수 없다(대판 2017.7.11, 2015두2864).

6. 성희롱을 사유로 한 징계처분의 당부를 다투는 행정소송에서 징계사유에 대한 증명책임의 소재(=피고) 및 증명의 정도

성희롱을 사유로 한 징계처분의 당부를 다투는 행정소송에서 징계사유에 대한 증명책임은 그 처분의 적법성을 주장하는 피고에게 있다. 다만 민사소송이나 행정소송에서 사실의 증명은 추호의 의혹도 없어야 한다는 자연과학적 증명이 아니고, 특별한 사정이 없는 한 경험칙에 비추어 모든 증거를 종합적으로 검토하여 볼 때 어떤 사실이 있었다는 점을 시인할 수 있는 고도의 개연성을 증명하는 것이면 충분하다(대판 2018.4.12, 2017두74702).

7. 징계사유인 성희롱 관련 형사재판에서 공소사실에 관하여 무죄가 선고되었다는 사정만으로 행정소송에서 징계사유의 존재를 부정할 수 없다(대판 2018.4.12, 2017두74702).

8. 결혼이민[F-6 (다)목] 체류자격을 신청한 외국인에 대하여 행정청이 그 요건을 충족하지 못하였다는 이유로 거부처분을 하는 경우 처분사유

결혼이민[F-6 (다)목] 체류자격을 신청한 외국인에 대하여 행정청이 그 요건을 충족하지 못하였다는 이유로 거부처분을 하는 경우에는 '그 요건을 갖추지 못하였다는 판단', 다시 말해 '혼인파탄의 주된 귀책사유가 국민인 배우자에게 있지 않다는 판단' 자체가 처분사유가 된다(대판 2019.7.4, 2018두66869).

결혼이민[F-6 (다)목] 체류자격 거부처분 취소소송에서 위 처분사유에 관한 증명책임의 소재는 행정청이다 부부가 혼인파탄에 이르게 된 여러 사정들은 그와 같은 판단의 근거가 되는 기초 사실 내지 평가요소에 해당한다. 결혼이민[F-6 (다)목] 체류자격 거부처분 취소소송에서 원고와 피고 행정청은 각자 자신에게 유리한 평가요소들을 적극적으로 주장·증명하여야 하며, 수소법원은 증명된 평가요소들을 종합하여 혼인파탄의 주된 귀책사유가 누구에게 있는지를 판단하여야 한다. 수소법원이 '혼인파탄의 주된 귀책사유가 국민인 배우자에게 있다'고 판단하게 되는 경우에는, 해당 결혼이민[F-6 (다)목] 체류자격 거부처분은 위법하여 취소되어야 하므로, 이러한 의미에서 결혼이민[F-6 (다)목] 체류자격 거부처분 취소소송에서도 그 처분사유에 관한 증명책임은 피고 행정청에 있다. 일반적으로 혼인파탄의 귀책사유에 관한 사정들이 혼인관계 당사자의 지배영역에 있는 것이어서 피고 행정청이 구체적으로 파악하기 곤란한 반면, 혼인관계의 당사자인 원고는 상대적으로 쉽게 증명할 수 있는 측면이 있음을 고려하더라도 달리 볼 것은 아니다. 피고 행정청은 처분 전에 실태조사를 통해 혼인관계 쌍방 당사자의 진술을 청취하는 방식으로 혼인파탄의 귀책사유에 관한 사정들을 파악할 수 있고, 원고의 경우에도 한국의 제도나 문화에 대한 이해나 한국어 능력이 부족하여 평소 혼인파탄의 귀책사유에 관하여 자신에게 유리한 사정들을 증명할 수 있는 증거를 제대로 수집·확보하지 못한 상황에서 별거나 이혼을 하게 되는 경우가 있기 때문이다(대판 2019.7.4, 2018두66869).

9. 행정소송의 수소법원이 관련 확정판결에서 인정한 사실과 반대되는 사실을 인정할 수 없고, 출입국관리 행정청이나 행정소송의 수소법원은 결혼이민[F-6 (다)목] 체류자격 부여에 관하여 가정법원이 이혼확정판결에서 내린 판단을 존중해야 한다(대판 2019.7.4, 2018두66869).

10. 구 국민건강보험법 제98조 제1항 제1호에 따른 업무정지처분을 하기 위해 행정청이 증명할 사항 및 해당 요양기관이 '속임수'를 사용하지 않았다는 사정에 관한 증명책임의 소재

구 국민건강보험법 제98조 제1항 제1호에 따른 업무정지처분을 하려면 행정청은 처분사유, 즉 요양기관이 요양급여비용을 청구하여 지급받은 어떤 진료행위가 국민건강보험법령과 그 하위 규정들에 따르면 요양급여비용으로 지급받을 수 없는 경우에 해당한다는 객관적 사정을 증명하는 것으로 족하며, 해당 요양기관이 '속임수'를 사용하지 않았다는 사정은 행정청의 처분양정 단계에서 그리고 이에 대한 법원의 재량권 일탈·남용 여부 심사 단계에서 고려할 사정이므로 이를 자신에게 유리한 사정으로 주장하는 원고가 증명하여야 한다(대판 2020.6.25, 2019두52980).

④ 기 타

원고	피고
집행정지의 적극적 요건	1. 집행정지의 소극적 요건 2. 사정재결·사정판결의 필요성

1. 「친일반민족행위자 재산의 국가귀속에 관한 특별법」 제2조 제2호에 의한 추정력을 번복하는 방법
「친일반민족행위자 재산의 국가귀속에 관한 특별법」 제2조 제2호에 의한 추정력을 번복하기 위해서는 재산의 취득시기가 러·일전쟁 개전시부터 1945년 8월 15일까지 사이라는 전제사실에 대하여 법원의 확신을 흔들리게 하는 반증을 제출하거나 또는 취득한 재산이 친일행위의 대가가 아니라는 추정사실에 반대되는 사실의 존재를 증명하여야 한다(대판 2013.5.23, 2011두31390).
2. 친일반민족행위자재산조사위원회가 친일반민족행위자 甲이 1913년 사정받은 임야가 친일재산으로 인정된다는 이유로 국가의 소유로 귀속시키는 결정을 한 사안에서, 위 임야가 「친일반민족행위자 재산의 국가귀속에 관한 특별법」 제2조 제2호에 따라 친일재산으로 추정된다는 이유로, 이와 달리 본 원심판결에 법리오해 등의 위법이 있다고 한 사례
친일반민족행위자재산조사위원회가 「친일반민족행위자 재산의 국가귀속에 관한 특별법」상 친일반민족행위자 甲이 1913년 사정받은 임야가 같은 법 제2조 제2호(추정조항)에서 정한 '친일반민족행위자가 러·일전쟁 개전시부터 1945년 8월 15일까지 일본 제국주의에 협력한 대가로 취득하거나 이를 상속받은 재산 또는 친일재산임을 알면서 유증·증여를 받은 재산'으로 인정된다는 이유로 위 임야를 취득원인행위 시에 소급하여 국가의 소유로 귀속시키는 결정을 한 사안에서, 위 임야의 일부에 러·일전쟁 개전시 이전에 甲의 일부 선조들의 분묘가 설치되어 관리되고 있었다는 사정만으로는 그 선조들이 위 임야에 관한 소유권을 취득하였다고 보기 부족하므로, 이들로부터 위 임야를 순차 취득하였다는 甲 역시 위 임야를 사정받기 전에 위 임야에 관한 소유권을 취득하고 있었다고 볼 수 없고, 위 임야에 관한 토지조사부에는 그 적요난에 아무런 기재가 없으며, 甲이 삼림법이 시행된 1908. 1. 21.부터 3년 이내에 임야의 지적 및 면적의 약도를 첨부하여 농상공부대신에게 신고하였다거나 '삼림 산야 및 미간지 국유 사유 구분표준'에서 정한 바에 따라 소유권을 증명받았다는 등의 사정에 관한 증거를 전혀 제출하지 못하고 있는 점 등 제반사정에 비추어, 위 임야가 추정조항에 따라 여전히 친일재산으로 추정됨에도, 친일재산의 추정이 깨어졌다고 본 원심판결에 증거 없이 사실을 인정하거나 추정조항에 관한 법리를 오해한 위법이 있다고 한 사례(대판 2013.5.23, 2011두31390)
3. 여러 개의 징계사유 중 일부 징계사유만으로 근로자에 대한 해당 징계처분의 타당성을 인정하기에 충분한지 판단하는 기준 및 그에 관한 증명책임의 소재(=사용자)
여러 개의 징계사유 중 일부가 인정되지 않더라도 인정되는 다른 일부 징계사유만으로 해당 징계처분의 타당성을 인정하기에 충분한 경우에는 그 징계처분을 유지하여도 위법하지 아니하다. 다만 여러 개의 징계사유 중 일부 징계사유만으로 근로자에 대한 해당 징계처분의 타당성을 인정하기에 충분한지는 해당 기업의 구체적인 상황에 따라 다를 수 있으므로, 사용자가 징계처분에 이르게 된 경위와 주된 징계사유, 전체 징계사유 중 인정된 징계사유의 내용과 비중, 징계사유 중 일부가 인정되지 않은 이유, 해당 징계처분의 종류, 해당 기업이 정하고 있는 징계처분 결정 절차, 해당 기업의 규모·사업 성격 및 징계에 관한 기준과 관행 등에 비추어 인정된 징계사유만으로 동일한 징계처분을 할 가능성이 있는지를 고려하여 해당 징계처분을 유지하는 것이 근로자에게 예측하지 못한 불이익이 되지 않도록 신중하게 판단하여야 한다.
근로기준법 제31조에 의하여 부당해고구제재심판정을 다투는 소송에서 해고의 정당성에 관한 증명책임은 이를 주장하는 사용자가 부담하므로, 인정되는 일부 징계사유만으로 해당 징계처분의 타당성을 인정하기에 충분한지에 대한 증명책임도 사용자가 부담한다(대판 2019.11.28, 2017두57318).

제7관 취소소송의 판결

| 제1강 개 설 |

I 판결의 의의 및 기재사항

1. 판결의 의의

판결이란 소송의 대상인 구체적 쟁송을 해결하기 위해 법원이 원칙적으로 변론을 거쳐 무엇이 법인가를 판단하여 선언하는 행위이다.

2. 판결의 기재사항

판결서에는 다음 각호의 사항을 적고, 판결한 법관이 서명날인하여야 한다(민사소송법 제208조 제1항).

1. 당사자와 법정대리인
2. 주문
3. 청구의 취지 및 상소의 취지
4. 이유
5. 변론을 종결한 날짜. 다만, 변론 없이 판결하는 경우에는 판결을 선고하는 날짜
6. 법원

판결서의 이유에는 주문이 정당하다는 것을 인정할 수 있을 정도로 당사자의 주장, 그 밖의 공격·방어방법에 관한 판단을 표시한다(같은 조 제2항).

판결서의 이유에 당사자의 모든 주장이나 공격·방어방법에 관한 판단이 표시되어야 하는 것은 아니고 법원의 판결에 당사자가 주장한 사항에 대한 구체적·직접적인 판단이 표시되어 있지 않지만 판결 이유의 전반적인 취지로 주장의 인용 여부를 알 수 있는 경우 또는 실제로 판단을 하지 않았지만 주장이 배척될 것이 분명한 경우, 판단누락의 위법이 있다고 할 수 없다(대판 2019.9.26, 2017두48406).

판결서의 이유에는 주문이 정당하다는 것을 인정할 수 있을 정도로 당사자의 주장, 그 밖의 공격·방어방법에 관한 판단을 표시한다(같은 조 제2항).

II 판결의 종류

1. 중간판결과 종국판결

중간판결은 종국판결을 할 준비로서 소송진행 중에 생긴 개개의 쟁점을 해결하기 위해 하는 확인적 성질의 판결을 말한다. 종국판결은 취소소송의 전부나 일부를 종료시키는 판결로서 ① 각하판결(소송판결), ② 인용판결, ③ 기각판결, ④ 사정판결이 그 전형적 예이나, 소송종료선언, 상급심의 환송판결과 이송판결도 이에 속한다.

2. 일부판결과 전부판결

일부판결은 동일한 소송절차로 계속되어 있는 사건의 일부를 다른 부분으로부터 분리시켜 재판하는 것을 말하고, 전부판결이란 당해 사건의 전부에 대해 동시에 재판하는 것을 말한다.

3. 소송판결과 본안판결

소송판결은 당해 소가 소송요건을 결여하고 있는 경우에 부적법한 소로서 각하하는 판결을 말한다. 예컨대, 권리보호의 필요성을 결여한 사안에 대해서는 각하판결을 하여야 한다. 각하판결은 처분의 취소청구 그 자체에 대해 판단하는 것은 아니므로 계쟁처분의 효과를 확정하는 효력은 없다. 본안판결은 취소소송에 의한 청구의 당부에 대한 판결로서, 본안심리결과 청구의 전부 또는 일부에 대한 ① 인용판결이나 ② 기각판결, ③ 사정판결을 내용으로 한다.

부적법하여 각하되어야 할 신청을 기각한 원심결정은 신청을 배척한 결론에 있어서는 정당하므로, 그 표현상의 잘못을 들어 원심결정을 특별히 파기할 것은 아니다(대판 1995.6.21, 95두26).

4. 인용판결

(1) 의의

처분의 취소청구가 '이유 있다'고 인정하여 청구의 전부 또는 일부를 인용하는 판결이다.

법원이 비관리청 항만공사 시행허가신청에 대한 거부처분의 적법 여부를 심사하는 방법
비관리청 항만공사 시행허가신청에 대한 거부처분의 적법 여부를 심사하는 경우 법원은 구 항만법 제9조 제3항의 허가 요건에 관한 사실인정과 관련 법령의 해석·적용을 통하여 항만공사 시행허가를 받으려는 비관리청이 허가 요건을 갖추었는지를 판단한 뒤 그 결론에 비추어 거부처분의 적법 여부를 판정하여야 한다(대판 2014.8.28, 2013두3900).

(2) 종류

① 개설

행정소송법은 취소소송에 관해 '행정청의 위법한 처분등을 취소 또는 변경하는 소송'이라고 규정하고 있으므로(제4조 제1호), 취소소송의 인용판결에는 '처분 또는 재결의 취소판결', '무효선언의 의미의 취소판결' 및 '처분 또는 재결의 변경판결'이 포함된다. 취소소송의 판결은 형성판결이다.

② 적극적 형성판결

행정소송법상 이행판결이나 형성판결을 구하는 소송은 허용되지 않는다

현행 행정소송법상 행정청으로 하여금 일정한 행정처분을 하도록 명하는 이행판결을 구하는 소송이나 법원으로 하여금 행정청이 일정한 행정처분을 행한 것과 같은 효과가 있는 행정처분을 직접 행하도록 하는 형성판결을 구하는 소송은 허용되지 아니한다(대판 1997.9.30, 97누3200).

③ 일부취소판결

일부인용판결이 허용되기 위해서는 ⓐ 계쟁처분이 분리가능하고 일부취소의 대상에 대해서만 위법성이 인정되어야 하며(일부특정성), ⓑ 잔존하는 처분만으로도 의미가 있고, ⓒ 행정청의 의사에 명백히 반하지 않아야 한다.

1. 과세처분취소소송의 심판대상과 그 자료의 제출시한 및 취소범위
   과세처분취소소송에 있어 처분의 적법 여부는 정당한 세액을 초과하느냐의 여부에 따라 판단되는 것으로서, 당사자는 사실심 변론종결시까지 객관적인 조세채무액을 뒷받침하는 주장과 자료를 제출할 수 있고, 이러한 자료에 의하여 적법하게 부과될 정당한 세액이 산출되는 때에는 그 정당한 세액을 초과하는 부분만 취소하여야 할 것이고 그 전부를 취소할 것이 아니다(대판 2001.6.12, 99두8930).
2. 개발부담금부과처분 취소소송에 있어서 취소의 범위
   개발부담금부과처분 취소소송에 있어 당사자가 제출한 자료에 의하여 적법하게 부과될 정당한 부과금액이 산출할 수 없을 경우에는 부과처분 전부를 취소할 수밖에 없으나, 그렇지 않은 경우에는 그 정당한 금액을 초과하는 부분만 취소하여야 한다(대판 2004.7.22, 2002두11233).
3. 여러 개의 상이에 대한 국가유공자요건비해당처분에 대한 취소소송에서 그중 일부 상이가 국가유공자요건이 인정되는 상이에 해당하고 나머지 상이는 해당하지 않는 경우, 비해당처분 전부를 취소할 수는 없다(대판 2012.3.29, 2011두9263).
4. 여러 개의 상이에 대한 국가유공자 요건 비해당결정처분에 대한 취소소송에서 그중 일부 상이에 대해서만 국가유공자 요건이 인정될 경우, 비해당결정처분 중 요건이 인정되는 상이에 대한 부분만 취소해야 한다(대판 2016.8.30, 2014두46034).
5. 여러 처분사유에 관하여 하나의 제재처분을 하였을 때 그중 일부가 인정되지 않으나 나머지 처분사유

들만으로도 처분의 정당성이 인정되는 경우, 그 처분을 위법하다고 보아 취소할 수 없다(대판 2020.5.14, 2019두63515).

6. 행정청이 여러 개의 위반행위에 대하여 하나의 제재처분을 하였으나, 위반행위별로 제재처분의 내용을 구분하는 것이 가능하고 여러 개의 위반행위 중 일부의 위반행위에 대한 제재처분 부분만이 위법한 경우, 제재처분 전부를 취소할 수는 없다(대판 2020.5.14, 2019두63515).

④ 전부취소판결

따라서 불가분처분이나 재량처분의 경우에는 원칙적으로 일부취소판결을 할 수 없고 전부취소판결을 해야 한다.

1. 기속행위와 재량행위에 대한 사법심사 방식
행정행위를 기속행위와 재량행위로 구분하는 경우 양자에 대한 사법심사는, **전자(기속행위)의 경우 그 법규에 대한 원칙적인 기속성으로 인하여 법원이 사실인정과 관련 법규의 해석·적용을 통하여 일정한 결론을 도출한 후 그 결론에 비추어 행정청이 한 판단의 적법 여부를 독자의 입장에서 판정하는 방식(완전심사·판단대체방식)에 의하게 되나, 후자(재량행위)의 경우 행정청의 재량에 기한 공익판단의 여지를 감안하여 법원은 독자의 결론을 도출함이 없이 당해 행위에 재량권의 일탈·남용이 있는지 여부만을 심사(제한심사방식)**하게 되고, 이러한 재량권의 일탈·남용 여부에 대한 심사는 사실오인, 비례·평등의 원칙 위배 등을 그 판단대상으로 한다(대판 2005.7.14, 2004두6181).
2. 영업정지처분이 적정한 영업정지기간을 초과하여서 위법한 경우 그 초과부분만을 취소할 수 없다
행정청이 영업정지처분을 함에 있어서 그 정지기간을 어느 정도로 할 것인지는 행정청의 재량권에 속하는 사항인 것이며, 다만 그것이 공익의 원칙이나 평등의 원칙 또는 비례의 원칙등에 위반하여 재량권의 한계를 벗어난 재량권 남용에 해당하는 경우에만 위법한 처분으로서 사법심사의 대상이 되는 것이나, 법원으로서는 영업정지처분이 재량권 남용이라고 판단될 때에는 위법한 처분으로서 그 처분의 취소를 명할 수 있을 뿐이고, 재량권의 한계 내에서 어느 정도가 적정한 영업정지 기간인지를 가리는 일은 사법심사의 범위를 벗어난다(대판 1982.9.28, 82누2).
3. 재량권을 일탈한 과징금 납부명령에 대하여 법원이 적정한 처분의 정도를 판단하여 그 초과되는 부분만 취소할 수 없다
처분을 할 것인지 여부와 처분의 정도에 관하여 재량이 인정되는 과징금 납부명령에 대하여 그 명령이 재량권을 일탈하였을 경우, 법원으로서는 재량권의 일탈 여부만 판단할 수 있을 뿐이지 재량권의 범위 내에서 어느 정도가 적정한 것인지에 관하여는 판단할 수 없어 그 전부를 취소할 수밖에 없고, 법원이 적정하다고 인정하는 부분을 초과한 부분만 취소할 수는 없다(대판 2009.6.23, 2007두18062).
4. 징계처분을 받은 사립학교 교원의 소청심사청구에 대하여 교원소청심사위원회가 징계사유 자체가 인정되지 않는다는 이유로 징계처분을 취소하는 결정을 하고, 그에 대하여 학교법인 등이 제기한 행정소송 절차에서 심리한 결과 징계사유 중 일부 사유는 인정된다고 판단되는 경우, 법원은 위원회의 결정을 취소하여야 한다
교원소청심사위원회(위원회)의 결정은 처분청에 대하여 기속력을 가지고 이는 그 결정의 주문에 포함된 사항뿐 아니라 그 전제가 된 요건사실의 인정과 판단, 즉 처분등의 구체적 위법사유에 관한 판단에까지 미친다. 따라서 위원회가 사립학교 교원의 소청심사청구를 인용하여 징계처분을 취소한 데 대하여 행정

소송이 제기되지 아니하거나 그에 대하여 학교법인 등이 제기한 행정소송에서 법원이 위원회 결정의 취소를 구하는 청구를 기각하여 위원회 결정이 그대로 확정되면, 위원회 결정의 주문과 그 전제가 되는 이유에 관한 판단만이 학교법인 등 처분청을 기속하게 되고, 설령 판결 이유에서 위원회의 결정과 달리 판단된 부분이 있더라도 이는 기속력을 가질 수 없다. 그러므로 사립학교 교원이 어떠한 징계처분을 받아 위원회에 소청심사청구를 하였고, 이에 대하여 위원회가 그 징계사유 자체가 인정되지 않는다는 이유로 징계양정의 당부에 대해서는 나아가 판단하지 않은 채 징계처분을 취소하는 결정을 한 경우, 그에 대하여 학교법인 등이 제기한 행정소송 절차에서 심리한 결과 징계사유 중 일부 사유는 인정된다고 판단이 되면 법원으로서는 위원회의 결정을 취소하여야 한다. 이는 설령 인정된 징계사유를 기준으로 볼 때 당초의 징계양정이 과중한 것이어서 그 징계처분을 취소한 위원회 결정이 결론에 있어서는 타당하다고 하더라도 마찬가지이다. 위와 같이 행정소송에 있어 확정판결의 기속력은 처분 등을 취소하는 경우에 그 피고인 행정청에 대해서만 미치는 것이므로, 법원이 위원회 결정의 결론이 타당하다고 하여 학교법인 등의 청구를 기각하게 되면 결국 행정소송의 대상이 된 위원회 결정이 유효한 것으로 확정되어 학교법인 등도 이에 기속되므로, 위원회 결정의 잘못은 바로잡을 길이 없게 되고 학교법인 등도 해당 교원에 대한 적절한 재징계를 할 수 없게 되기 때문이다(대판 2013.07.25, 2012두12297).

5. 기각판결

처분의 취소청구가 '이유 없다'고 하여 원고의 청구를 배척하는 내용의 판결을 말한다.

행정소송의 대상인 처분에 원고가 주장하는 바와 같은 위법성이 없는 경우에 이루어진다. 따라서 분이 '부당'한 경우에 기각판결을 받게 된다.

한편, 청구가 이유가 있는 경우에도 예외적으로 기각판결을 할 수 있는데, 이를 특히 사정판결이라고 한다.

6. 사정판결

(1) 의 의

원고의 청구가 '이유 있다'고 인정하는 경우에도 처분등을 취소하는 것이 '현저히 공공복리에 적합하지 아니하다고 인정'하는 때에는 법원은 원고의 청구를 기각할 수 있는데(제28조 제1항), 이를 사정판결이라고 한다. 사정판결은 집행부정지원칙과 함께 대표적인 공익조항이다. 사정판결의 예로는 댐건설허가처분으로 인해 하천점용허가를 받은 자의 권리가 침해되더라도 댐건설허가처분을 취소하면 댐건설비용으로 들어간 막대한 돈이 낭비되는 결과가 될 경우, 댐건설허가를 취소하는 대신 대상적 조치로 손해전보를 해주는 제도를 말한다.

(2) 사정판결과 법치행정의 원리

사정판결제도는 위법한 처분등을 그대로 유지하는 것이므로, 법치행정의 원리에 비추어 이례적인 제도이다. 따라서 사정판결의 요건은 엄격한 비교형량하에서만 인정되고, 대상적 권익구제조치가 반드시 병행되어야 한다.

사정판결제도는 합헌이다

행정처분이 위법한 때에는 이를 취소함이 원칙이고 그 위법한 처분을 취소·변경함이 도리어 현저히 공공의 복리에 적합하지 않은 경우에 극히 예외적으로 위법한 행정처분의 취소를 허용하지 않는다는 **사정판결을 할 수 있으므로 사정판결의 적용은 극히 엄격한 요건 아래 제한적으로 하여야 하고,** 그 요건인 현저히 공공복리에 적합하지 아니한가의 여부를 판단함에 있어서는 위법·부당한 행정처분을 취소·변경하여야 할 필요와 그 취소·변경으로 인하여 발생할 수 있는 공공복리에 반하는 사태 등을 비교교량하여 그 적용 여부를 판단하여야 한다. 아울러 **사정판결을 할 경우 미리 원고가 입게 될 손해의 정도와 구제방법, 그 밖의 사정을 조사하여야 하고, 원고는 피고인 행정청이 속하는 국가 또는 공공단체를 상대로 손해배상 등 적당한 구제방법의 청구를 당해 취소소송 등이 계속된 법원에 청구할 수 있는 점**(행정소송법 제28조 제2항, 제3항) 등에 비추어 보면, **사정판결제도가 위법한 처분으로 법률상 이익을 침해당한 자의 기본권을 침해하고, 법치행정에 반하는 위헌적인 제도라고 할 것은 아니다**(대판 2009.12.10, 2009두8359).

(3) 사정판결의 요건

사정판결은 기각판결, 즉 원고 패소판결의 일종이므로 그 요건을 완화하면 원고에게 불리하게 되므로 국민의 권익구제 축소라는 결과를 초래한다.

① 원고의 청구가 이유 있을 것 : 청구가 이유 있다고 함은 쟁송의 대상인 처분등이 위법하고, 그 위법한 처분등에 의해 원고의 법률상의 이익이 침해되었음을 의미한다. 원고의 청구가 이유 없는 경우(처분이 적법한 경우)에는 당연히 기각판결을 하게 되므로 사정판결의 문제는 발생하지 않는다.

② 처분등의 취소가 현저히 공공복리에 적합하지 아니할 것 : 공공복리의 보호로 인해 사익이 지나치게 제약된다는 문제가 발생하므로 이 요건은 엄격한 비교형량하에서만 적용되어야 한다.

사정판결 인정사례	사정판결 부정사례
1. 건축불허가 처분 당시에 위 처분이 위법하다고 하더라도 구두변론 종결 당시에는 이미 진주시 도시계획 재정비 결정으로 도시계획법 제21조에 의한 녹지지역으로 지정고시된 경우(대판 1970.3.24, 69누29) 2. 재개발조합설립 및 사업시행인가처분이 처분 당시 법정요건인 토지 및 건축물 소유자 총수의 각 3분의 2 이상의 동의를 얻지 못하여 위법하더라도 그 후 90% 이상의 소유자가 재개발사업의 속행을 바라고 있는 경우(대판 1995.7.28, 95누4629)	1. 과세처분취소소송에서 과세처분을 취소하더라도 어차피 원고가 세금을 납부할 의무가 있으므로 무용한 과세처분을 되풀이함으로써 경제적, 시간적, 정신적 낭비만을 초래한다는 사정이 있는 경우(대판 1983.7.26, 82누420) 2. 생활폐기물을 수집·운반하여 온 기존의 동종업체에게 경쟁상대를 추가시킴으로써 일시적인 공급시설의 과잉현상이 나타나 어느 정도의 손해가 발생한 것이 예상되는 경우(대판 1998.5.8, 98두4061)

3. 법학전문대학원(조선대학교)이 개원한 후에 예비인가취소를 하는 경우(대판 2009.12.10, 2009두8359)	3. 징계면직된 검사의 복직이 검찰조직의 안정과 인화를 저해할 우려가 있다는 등의 사정(대판 2001.8.24, 2000두7704) 4. 관리처분계획취소사건에서 관리처분계획의 수정을 위한 조합원총회의 재결의를 위하여 시간과 비용이 많이 소요된다는 등의 사정이 있는 경우(대판 2001.10.12, 2000두4279) 5. 보건복지부 고시인 약제급여·비급여목록 및 급여상한금액표 중 약제의 상한금액 부분을 취소하는 것(대판 2006.9.22, 2005두2506)

1. 사정판결을 부정한 판례(심재륜사건)

이른바 '심재륜사건'에서의 **징계면직된 검사의 복직이 검찰조직의 안정과 인화를 저해할 우려가 있다는 등의 사정은 검찰 내부에서 조정·극복하여야 할 문제일 뿐이고 준사법기관인 검사에 대한 위법한 면직처분의 취소 필요성을 부정할 만큼 현저히 공공복리에 반하는 사유라고 볼 수 없기 때문에**, 사정판결을 할 경우에 해당하지 않는다(대판 2001.8.24, 2000두7704).

2. 사정판결을 인정한 판례

(1) 건축불허가처분 당시에 위 처분이 위법하다고 하더라도 본건 구두변론종결 당시에는 이미 진주시 도시계획 재정비 결정으로 도시계획법 제21조에 의한 녹지지역으로 지정고시된 경우

피고가 위 건축불허가 처분 당시에 위 처분이 위법하다고 하더라도 본건 **구두변론 종결 당시에는(사정판결의 필요성은 구두변론종결시) 이미 진주시 도시계획 재정비 결정으로 도시계획법**(현 국토의 계획 및 이용에 관한 법률) **제21조에 의한 녹지지역으로 지정고시** 되었는 만큼 동조의 규정에 의하면 녹지지역 내에서는 보건위생 또는 보안에 필요한 시설 및 녹지지역으로서의 효용을 해할 우려가 없는 용도에 공하는 건축물이 아니면 건축을 할 수 없다고 규정한 위 법조의 취지로 보아 본건 건축불허가처분을 취소하는 것은 현저히 공공의 복리에 적합하지 아니하다고 인정된다(대판 1970.3.24, 69누299).

(2) 법학전문대학원이 이미 개원한 후에 법학전문대학원 예비인가처분의 취소를 구하는 경우

법학전문대학원이 장기간의 논의 끝에 사법개혁의 일환으로 출범하여 2009년 3월초 일제히 개원한 점, **전남대 법학전문대학원도 120명의 입학생을 받아들여 교육을 하고 있는데 인가처분이 취소되면 그 입학생들이 피해**를 입을 수 있는 점, 법학전문대학원의 인가 취소가 이어지면 우수한 법조인의 양성을 목적으로 하는 **법학전문대학원 제도 자체의 운영에 큰 차질**을 빚을 수 있는 점, 법학전문대학원의 설치인가 심사기준의 설정과 각 평가에 있어 법 제13조에 저촉되지 않는 점, 교수위원이 제15차 회의에 관여하지 않았다고 하더라도 그 소속대학의 평가점수에 비추어 동일한 결론에 이르렀을 것으로 보여, 전남대에 대한 이 사건 인가처분을 취소하고 다시 심의하는 것은 무익한 절차의 반복에 그칠 것으로 보이는 점 등을 종합하여, 전남대에 대한 이 사건 인가처분이 법 제13조에 위배되었음을 이유로 취소하는 것은 현저히 공공복리에 적합하지 아니하다고 인정하였다(대판 2009.12.10, 2009두8359).

③ 피고인 행정청의 신청이 있을 것: 명문규정은 없으나 공익과 사익의 신중한 형량을 위해, 행정기관의 신청을 기다려 그 허용 여부가 결정되도록 하는 것이 타당하다는 것이 다수설이다. 그러나 판례는 당사자의 주장 없이도 법원이 직권으로 사정판결을 할 수 있다는 입장이다(대판

1992.2.14, 90누9032).

직권에 의한 사정판결 가능

행정소송법 제26조, 제28조 제1항 전단의 각 규정에 비추어 행정소송에 있어서 **법원이 사정판결을 할 필요가 있다고 인정하는 때에는 당사자의 명백한 주장이 없는 경우에도 일건기록에 나타난 사실을 기초로 하여 직권으로 사정판결을 할 수 있다**(대판 1992.2.14, 90누9032).

(4) 위법성 인정기준시(처분 시), 필요성 판단기준시(판결 시), 주장·입증책임(피고 행정청)

사정판결의 대상이 되는 위법성의 인정은 일반원칙에 따라 처분 시를 기준으로 판단하지만, 사정판결의 필요성은 성질상 처분 후의 사정이 고려되어야 하므로 판결 시(사실심 구두변론종결 시)를 기준으로 판단한다(대판 1970.3.24, 69누29). 사정판결의 필요성에 대한 주장·입증책임은 사정판결의 예외성에 비추어 피고인 행정청이 부담하여야 한다.

(5) 사정판결의 적용범위(취소소송에만 인정)

사정판결은 취소소송에서만 인정 되고 당사자소송이나 기관소송의 경우에는 인정되지 않는다. 사정판결은 법치주의에 대한 예외적 제도이므로 무효등확인소송과 부작위위법확인소송의 경우에는 인정되지 않는다고 하는 부정설이 통설·판례이다.

무효확인소송에서는 사정판결을 할 수 없다

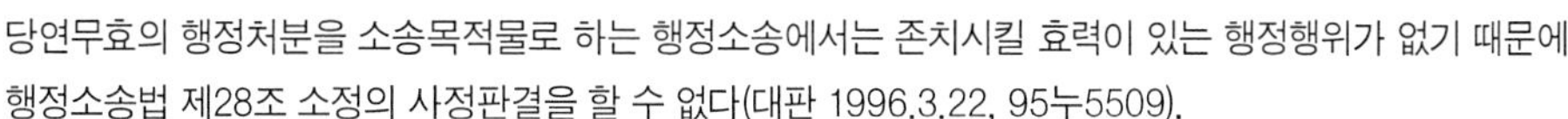

당연무효의 행정처분을 소송목적물로 하는 행정소송에서는 존치시킬 효력이 있는 행정행위가 없기 때문에 행정소송법 제28조 소정의 사정판결을 할 수 없다(대판 1996.3.22, 95누5509).

(6) 사정판결의 효과

① 청구기각 및 위법의 명시(판결주문) : 사정판결은 청구기각판결이므로, 비록 당해 소송의 대상인 처분등이 위법하여 원고의 청구가 이유 있다 하더라도 원고의 청구는 배척된다. 그러나 사정판결은 당해 처분의 위법성을 치유하는 것이 아니라 공익적 견지에서 위법성을 지닌 채로 그 효력을 지속시키는 것이므로, 처분 자체의 위법성 인정에는 아무런 영향을 미치지 않는다. 따라서 법원이 사정판결을 하고자 할 때에는 판결주문(이유가 아님) [에서 그 처분등이 위법함을 명시하여야 한다(제28조 제1항 후단). 판결주문에 처분이 위법함을 명시하는 이유는 위법성에 대해 기판력이 발생하도록 함으로써 국가배상을 인정하기 위해서다.

② 원고의 권익보호 및 불복 : 행정소송법은 사정판결제도를 허용함과 아울러 그에 대응하여 원고

에 대한 구제수단을 사정재결과 달리 구체적으로 마련해 놓고 있다. 즉, 원고는 피고인 행정청이 속하는 국가 또는 공공단체(행정청이 아님)를 상대로 손해배상, 제해시설의 설치 그 밖에 적당한 구제방법의 청구를 당해 취소소송 등이 계속된 법원에 병합하여 제기할 수 있다(제28조 제3항). 법원이 사정판결을 함에 있어서는 미리 원고가 그로 인하여 입게 될 손해의 정도와 배상방법 그 밖의 사정을 조사하여야 한다(제28조 제2항). 사정판결 역시 기각판결의 일종이므로 그에 불복하는 원고는 물론 당사자는 항소 및 상고를 제기할 수 있다.

③ 소송비용부담(피고) : 사정판결은 원고의 청구가 이유 있음에도 불구하고 공공복리를 위해 원고의 청구를 기각하는 것이기 때문에, 소송비용은 일반적인 소송비용부담의 예와는 달리 패소자인 원고가 아닌 피고가 부담한다(제32조).

Ⅲ 위법판단의 기준시(처분 시)

1. 처분시설(통설)

행정처분의 위법 여부의 판단은 처분 시의 법령 및 사실을 기준으로 하여 판단하여야 한다는 견해로서 통설·판례의 입장이다.

1. 행정처분의 위법 여부의 판단기준시는 처분 시이다
행정소송에서 행정처분의 위법 여부는 **행정처분이 행하여졌을 때의 법령과 사실상태를 기준으로 하여 판단하여야 하고, 처분 후 법령의 개폐나 사실상태의 변동에 의하여 영향을 받지는 않는다**(대판 2007.5.11, 2007두1811).
2. 항고소송에서 행정처분의 적법 여부는 행정처분 당시를 기준으로 판단하여야 한다
항고소송에서 행정처분의 적법 여부는 특별한 사정이 없는 한 행정처분 당시를 기준으로 판단하여야 한다. 여기서 행정처분의 위법 여부를 판단하는 기준 시점에 관하여 판결 시가 아니라 처분 시라고 하는 의미는 **행정처분이 있을 때의 법령과 사실상태를 기준으로 하여 위법 여부를 판단하며 처분 후 법령의 개폐나 사실상태의 변동에 영향을 받지 않는다는 뜻**이지 **처분 당시 존재하였던 자료나 행정청에 제출되었던 자료만으로 위법 여부를 판단한다는 의미는 아니다.** 그러므로 **처분 당시의 사실상태 등에 관한 증명은 사실심 변론종결 당시까지 할 수 있고, 법원은 행정처분 당시 행정청이 알고 있었던 자료뿐만 아니라 사실심 변론종결 당시까지 제출된 모든 자료를 종합하여 처분 당시 존재하였던 객관적 사실을 확정하고 그 사실에 기초하여 처분의 위법 여부를 판단할 수 있다**(대판 2017.4.7, 2014두37122).
3. 행정처분의 적법성을 판단함에 있어 처분 후에 추가·변경한 근거 법령을 적용할 수 있다(대판 1988.1.19, 87누603).
4. 공정거래위원회의 시정명령 및 과징금 납부명령이 재량권 일탈·남용으로 위법한지 판단하는 기준 시점은 의결일 당시이다(대판 2015.5.28, 2015두36256).
5. 교원소청심사위원회가 한 결정의 취소를 구하는 소송에서 결정의 적부를 판단하는 기준 시점 및 판단대상

교원소청심사위원회가 한 결정의 취소를 구하는 소송에서 그 결정의 적부는 결정이 이루어진 시점을 기준으로 판단하여야 하지만, 그렇다고 하여 소청심사 단계에서 이미 주장된 사유만을 행정소송의 판단대상으로 삼을 것은 아니다. 따라서 소청심사 결정 후에 생긴 사유가 아닌 이상 소청심사 단계에서 주장하지 아니한 사유도 행정소송에서 주장할 수 있고, 법원도 이에 대하여 심리·판단할 수 있다(대판 2018.7.12, 2017두65821).

6. 공정거래위원회가 과징금 산정 시 위반 횟수 가중의 근거로 삼은 위반행위에 대한 시정조치가 그 후 '위반행위 자체가 존재하지 않는다는 이유로 취소판결이 확정된 경우', 과징금 부과처분은 비례·평등원칙 및 책임주의 원칙에 위배될 수 있다

   구 「과징금부과 세부기준 등에 관한 고시」(IV. 2. 나. (2)항은 과거 시정조치의 횟수 산정 시 시정조치의 무효 또는 취소판결이 확정된 건을 제외하도록 규정하고 있다. 공정거래위원회가 과징금 산정 시 위반 횟수 가중의 근거로 삼은 위반행위에 대한 시정조치가 그 후 '위반행위 자체가 존재하지 않는다는 이유로 취소판결이 확정된 경우' 과징금 부과처분의 상대방은 결과적으로 처분 당시 객관적으로 존재하지 않는 위반행위로 과징금이 가중되므로, 그 처분은 비례·평등원칙 및 책임주의 원칙에 위배될 여지가 있다(대판 2019.7.25, 2017두55077).

7. 시정조치를 위반 횟수 가중을 위한 횟수 산정에서 제외하더라도, 그 사유가 과징금 부과처분에 영향을 미치지 아니하여 처분의 정당성이 인정되는 경우, 그 처분은 위법하지 않다

   공정거래위원회는 독점규제 및 공정거래에 관한 법령상의 과징금 상한의 범위 내에서 과징금 부과 여부 및 과징금 액수를 정할 재량을 가지고 있다. 또한 재량준칙인 '구 과징금 고시' IV. 2. 나. (1)항은 위반 횟수와 벌점 누산점수에 따른 과징금 가중비율의 상한만을 규정하고 있다. 따라서 법 위반행위 자체가 존재하지 않아 위반행위에 대한 시정조치에 대하여 취소판결이 확정된 경우에 위반 횟수 가중을 위한 횟수 산정에서 제외하더라도, 그 사유가 과징금 부과처분에 영향을 미치지 아니하여 처분의 정당성이 인정되는 경우에는 그 처분을 위법하다고 할 수 없다(대판 2019.7.25, 2017두55077).

2. 판결시설

행정소송의 목적은 당해 처분등이 현행 법규에 비추어 유지될 수 있는지의 여부를 판단·선언하는 데 있기 때문에 판결 시(엄밀히 말하면 구두변론종결시)의 법령 및 사실관계를 기준으로 판단해야 한다는 견해이다.

IV 판결의 형식과 절차

1. 판결의 형식

취소소송의 판결형식에 관해 행정소송법에는 특별한 규정이 없으므로 민사소송법의 규정이 준용된다. 따라서 판결은 서면에 의하되, 당사자와 법정대리인·주문·청구의 취지·이유·변론종결의 연월일 및 법원을 기재하고 판결한 법관이 서명날인하여야 한다(민사소송법 제208조).

2. 판결의 절차

판결의 절차에 관해서도 행정소송법에 특별한 규정이 없으므로 민사소송의 예에 따라 판결은 선고기일에 선고됨으로써 대외적으로 효력을 발생하게 된다.

┃ 제2강 취소판결의 효력 ┃

취소판결의 효력에 대해 행정소송법은 기속력(구속력)만을 규정하고 있으나 민사소송에서 인정되는 일반적인 효력인 자박력·확정력 및 형성력 등의 효력을 발생하게 된다. 그 밖에 행정소송법은 취소판결에 제3자에 대한 효력(제29조 제1항)과 기속력(제30조)을 인정하고, 이를 다른 행정소송에 준용하고 있다.

Ⅰ 자박력(불가변력) — 선고법원에 대한 효력

자박력(불가변력)이란 행정소송에 있어서도 판결이 일단 선고되면 선고법원 자신도 이를 취소·변경할 수 없는 기속을 받게 되는 효력을 말한다.

Ⅱ 형식적 확정력(불가쟁력) — 당사자에 대한 효력

형식적 확정력이란 취소소송의 판결을 더 이상 정식재판절차를 통해 다툴 수 없게 되는 효력을 말한다. 즉, 판결에 대해 불복이 있는 경우에는 상소를 통해 그의 효력을 다툴 수 있는데, 이때 상소기간(14일)의 도과, 상소의 취하, 상소권의 포기, 기타 사유로 상소할 수 없는 경우에 판결이 갖는 효력을 말한다.

행정처분이 불복기간의 경과로 확정될 경우, 그 효력으로서 확정력의 의미

행정처분이 불복기간의 경과로 인하여 확정될 경우 그 확정력은, 처분으로 인하여 법률상 이익을 침해받은 자가 해당 처분이나 재결의 효력을 더 이상 다툴 수 없다는 의미일 뿐, 더 나아가 판결에 있어서와 같은 기판력이 인정되는 것은 아니어서 처분의 기초가 된 사실관계나 법률적 판단이 확정되고 당사자들이나 법원이 이에 기속되어 모순되는 주장이나 판단을 할 수 없게 되는 것은 아니다(대판 2019.10.17, 2018두104).

Ⅲ 실질적 확정력(기판력) — 당사자와 후소법원에 대한 효력

1. 의 의

기판력(실질적 확정력)이란 행정소송의 대상인 소송물에 관해 확정된 종국판결(기판)이 내려지면 이후 동일사항이 문제된 경우에 있어 당사자는 그에 반하는 주장을 하여 다투는 것이 허용되지 아니하며(일사부재리효), 법원도 그와 모순·저촉되는 판단을 해서는 안 되는(모순금지효) 구속력을 말한다. 기판력은 소송절차의 반복과 모순된 재판의 방지라는 법적 안정성의 요청에 따라 인정되는 효력이다. 당사자 일방이 이미 판결이 난 사항에 관해 다시 소를 제기한 경우 상대방은 기판력에 의한 항변에 기해 각하를 청구할 수 있으며, 법원도 기판력에 따라 당해 소를 각하해야 한다. 또한 기판력은 형식적 확정력(불가쟁력)의 발생을 전제로 한다. 행정소송법은 기판력에 관해 명시적으로 규정하고 있지 않다.

행정소송법 제30조 제1항이 규정하는 취소 확정판결의 '기속력'과 같은 법 제8조 제2항에 의하여 행정소송에 준용되는 민사소송법 제216조, 제218조가 규정하는 '기판력'의 의미

행정소송법 제30조 제1항은 "처분 등을 취소하는 확정판결은 그 사건에 관하여 당사자인 행정청과 그 밖의 관계행정청을 기속한다."라고 규정하고 있다. 이러한 취소 확정판결의 '기속력'은 취소 청구가 인용된 판결에서 인정되는 것으로서 당사자인 행정청과 그 밖의 관계행정청에게 확정판결의 취지에 따라 행동하여야 할 의무를 지우는 작용을 한다. 이에 비하여 행정소송법 제8조 제2항에 의하여 행정소송에 준용되는 민사소송법 제216조, 제218조가 규정하고 있는 '기판력'이란 기판력 있는 전소 판결의 소송물과 동일한 후소를 허용하지 않음과 동시에, 후소의 소송물이 전소의 소송물과 동일하지는 않더라도 전소의 소송물에 관한 판단이 후소의 선결문제가 되거나 모순관계에 있을 때에는 후소에서 전소 판결의 판단과 다른 주장을 하는 것을 허용하지 않는 작용을 한다(대판 2016.3.24, 2015두48235).

2. 기판력 있는 재판

(1) 확정된 종국판결

종국판결이 확정되면 원칙적으로 기판력이 생긴다. 다만, 종국판결이라도 미확정판결이나 무효인 판결에는 미치지 않는다. 기속력과 형성력이 인용판결에만 미치는 것과 달리 기판력은 ① 인용판결, ② 기각판결, ③ 사정판결, ④ 각하판결에도 미친다. 소송판결인 각하판결도 소송요건의 흠으로 소가 부적법하다는 판단에 기판력이 생기는 것이고, 소송물에 관한 판단에는 미치지 않는다. 예컨대, 소각하판결로 인해 소송대상이 된 처분이 적법한 것으로 확정되는 것은 아니므로, 동일 처분에 대해 다시 소송요건을 갖춘 소가 제기되면 법원은 이를 심리·판결해야 한다.

(2) 결정·명령

결정·명령이라도 실체관계를 종국적으로 해결하는 것은 기판력이 생긴다. 예를 들면 소송비용에 관한 결정, 간접강제의 수단으로 하는 배상금의 지급결정 등이다.

3. 범 위

(1) 주관적 범위(인적 범위)

민사소송에 있어서는 패소판결의 경우 기판력은 원칙적으로 당해 소송의 당사자 및 당사자와 동일시할 수 있는 승계인에게만 미치고, 제3자에게는 미치지 않으므로(기판력의 상대성) 소송참가를 한 제3자에게는 기판력이 미치지 않고, 기판력과 구별되는 참가적 효력이 미친다는 것이 통설이다. 그러나 행정소송의 경우에는 원고와 피고만이 아니라 보조참가인에게도 미친다. 왜냐하면 행정소송에 있어서는 취소판결의 효력이 제3자에게 미치기 때문에 제3자의 소송참가를 허용하는 것이고, 참가인의 지위는 '통상적인 보조참가인'이 아니라 '공동소송적 보조참가인'이기 때문에 기판력이 미치는 것이다. 판례도 마찬가지이다(대판 1966.12.6, 66다1880).

확정판결의 기판력이라 함은 확정판결의 주문에 포함된 법률적 판단의 내용은 이후 그 소송당사자의 관계를 규율하는 새로운 기준이 되는 것이므로 동일한 사항이 소송상 문제가 되었을 때 당사자는 이에 저촉되는 주장을 할 수 없고 법원도 이에 저촉되는 판단을 할 수 없는 기속력을 의미하는 것이고 이 경우 **적극당사자(원고)가 되어 주장하는 경우는 물론이고 소극당사자(피고)로서 항변하는 경우에도 그 기판력에 저촉되는 주장은 할 수 없다**(대판 1987.6.9, 86다카2756).

한편, 취소소송에 있어서는 편의상 권리주체인 국가·공공단체가 아닌 처분청을 피고로 하기 때문에, 그 판결의 기판력은 피고인 처분청이 속하는 국가나 공공단체에도 미친다.

과세처분 취소소송의 피고는 처분청이므로 행정청을 피고로 하는 취소소송에 있어서의 기판력은 당해 처분이 귀속하는 국가 또는 공공단체에 미친다(대판 1998.7.24, 98다10854).

(2) 객관적 범위(물적 범위)

① 개설(판결주문) : 기판력은 민사소송과 마찬가지로 판결주문 중에 표시된 소송물에 관한 판단에 대해서만 발생하고 그에 이르기까지의 전제적 문제에 관한 판단에는 미치지 않는 것이 원칙이다. 그러므로 원칙적으로 판결이유 중에서 판단된 사실인정, 선결적 법률관계, 항변 그리

고 법규의 해석적용에 대해서는 기판력이 미치지 않는다는 것이 통설·판례(대판 1996.11.15, 96다31406)이다. 또한 취소판결의 기판력은 행정행위의 위법 또는 적법성의 판단에 관해서만 생기며, 공격방어방법에 지나지 않는 개개의 위법사유에는 미치지 않는다(예컨대 사업인정이 위법하다는 이유로 토지수용위원회의 재결을 취소하는 판결이 확정되어도, 사업인정의 위법 여부는 다른 소송에서 판단할 수 있다). 즉, 취소소송은 하나의 행정처분을 전제하여 그 위법성(소송물)을 다투는 불복소송이므로 구체적으로 어느 점이 위법한가는 공격방어에 지나지 않으며, 소송물에는 영향을 미치지 않는다.

1. **확정판결의 기판력은 소송물로 주장된 법률관계의 존부에 관한 판단의 결론 그 자체에만 미치는 것**이고 그 전제가 되는 법률관계의 존부에까지 미치는 것이 아니며, 소송판결은 그 판결에서 확정한 소송요건의 흠결에 관하여 기판력이 발생하는 것이다(대판 1996.11.15, 96다31406).
2. 부과처분 취소소송에서 이미 행사하였던 공격방어방법을 그에 대한 경정청구 거부처분 취소소송에서 다시 행사하는 것은 확정된 부과처분 취소소송 판결의 기판력에 반하여 허용될 수 없다(대판 2020.6.25, 2017두58991).

한편, 기판력은 동일한 소송물에만 미치고 소송물이 다를 경우에는 기판력이 미치지 않는다.

1. 주된 납세의무자가 제기한 전소와 제2차 납세의무자가 제기한 후소가 각기 다른 처분에 관한 것이어서 그 소송물을 달리하는 경우, 전소 확정판결의 기판력이 후소에 미치지 않는다(대판 2009.1.15, 2006두14926).
2. 전소의 기판력 있는 법률관계가 후소의 선결적 법률관계가 되는 경우, 전소판결의 기판력은 후소에 미친다(대판 2000.2.25, 99다55472).

② 취소판결의 기판력과 무효확인소송 : 취소청구 기각판결의 기판력은 당해 '처분이 적법'이라는 것에 대해 기판력이 미치기 때문에 다시 취소소송을 제기하거나 무효확인소송을 소구할 수는 없다. 그러나 전소인 무효확인소송에서 기각판결이 확정된 경우 처분이 무효가 아니고 유효라는 점에 대해서만 기판력이 미치므로 당해 처분에 대한 취소소송을 다시 제기할 수 있다.

과세처분 취소소송에서 청구가 기각된 확정판결의 기판력은 과세처분 무효확인소송에 미친다

과세처분 취소청구를 기각하는 판결이 확정되면 그 처분이 적법하다는 점에 관하여 기판력이 생기고 그 후 원고가 이를 무효라 하여 무효확인을 소구할 수 없는 것이어서 과세처분의 취소소송에서 청구가 기각된 확정판결의 기판력은 그 과세처분의 무효확인을 구하는 소송에도 미친다(대판 2003.5.16, 2002두3669).

③ 취소판결의 기판력과 국가배상소송 : 취소소송에 있어서의 처분의 위법성과 국가배상소송에서의 선결문제로서의 처분의 위법성(법령위반)을 동일하게 보는 일원설을 취하는가, 그렇지 않으면 양자를 다르게 보는 이원설(다수설)을 취하는가에 따라 달라지게 된다. 일원설을 취하면 취소판결의 기판력은 국가배상소송에 미친다는 긍정설을 취하게 되고, 이원설을 취하면 취소소송의 인용판결의 기판력은 국가배상청구소송에 영향을 미치지만, 청구기각판결의 기판력은 미치지 않는다고 본다.

④ 행정청의 공사중지명령에 대한 취소소송에서 명령이 적법한 것으로 확정된 경우, 이후 그 명령의 상대방이 명령의 해제신청을 거부한 처분의 취소를 구하는 소송에서 명령의 적법성을 다툴 수 없다

행정청이 관련 법령에 근거하여 행한 공사중지명령의 상대방이 명령의 취소를 구한 소송에서 패소함으로써 그 명령이 적법한 것으로 이미 확정되었다면, 이후 이러한 공사중지명령의 상대방은 그 명령의 해제신청을 거부한 처분의 취소를 구하는 소송에서 그 명령의 적법성을 다툴 수 없다. 그와 같은 공사중지명령에 대하여 그 명령의 상대방이 해제를 구하기 위해서는 명령의 내용 자체로 또는 성질상으로 명령 이후에 원인사유가 해소되었음이 인정되어야 한다(대판 2014.11.27, 2014두37665).

(3) 시간적 범위(사실심 구두변론종결시)

기판력은 사실심의 변론종결시를 표준시로 하여 발생한다(대판 1995.9.29, 94다46817). 즉, 당사자는 사실심 변론종결시까지 소송자료를 제출할 수 있고, 종국판결도 그때까지 제출한 자료를 기초로 한 결과이기 때문에 이 시점에서 기판력이 생긴다.

일반적으로 판결이 확정되면 법원이나 당사자는 확정판결에 반하는 판단이나 주장을 할 수 없는 것이나, 이러한 **확정판결의 효력은 그 표준시인 사실심 변론종결시를 기준으로 하여 발생**하므로, 그 이후에 새로운 사유가 발생한 경우까지 전소의 확정판결의 기판력이 미치는 것은 아니며, 이와 같이 **변론종결 이후에 발생한 새로운 사유는 원칙적으로 사실자료에 그치는 것으로, 법률의 변경, 판례의 변경 혹은 판결의 기초가 된 행정처분의 변경은 그에 포함되지 아니한다**(대판 1998.7.10, 98다7001).

Ⅳ 기속력 — 행정기관에 대한 효력

1. 기속력의 의의

(1) 개 념

기속력이란 소송당사자인 행정청과 관계행정청에게 확정판결의 취지에 따라 행동하도록 실체법상의 의무를 지우는 판결의 효력을 말한다.

(2) 인정취지

확정판결에 의해 위법한 부담적 행정처분(예 영업허가 취소처분)이 취소된 경우에 행정청이 그에 따르지 않고 동일한 행위를 반복하거나, 수익적 처분의 발급신청에 대한 위법한 거부처분이 취소된 경우에도 처분청이 판결의 취지에 따르는 처분을 하지 않는 경우에는 취소소송은 그 의의를 상실한다. 이에 따라 행정소송법은 "처분등을 취소하는 확정판결은 그 사건에 관하여 당사자인 행정청과 그 밖의 관계행정청을 기속한다."(행정소송법 제30조 제1항)고 명문으로 규정하고, 무효등확인소송(같은 법 제38조 제1항)과 부작위위법확인소송(같은 법 제38조 제2항) 및 당사자소송(같은 법 제44조 제1항)에 준용하고 있다.

2. 기속력의 성질

기속력이란 취소판결의 실효성을 확보하기 위해 행정소송법이 취소판결에 특히 인정한 특유한 효력이며 기판력과는 본질을 달리한다고 보는 특수효력설이 통설이다. 그러나 판례는 일관되지 않다.

관련 판례

1. 기속력설

관계 행정기관 또는 그 소속기관을 기속하는 것은 행정소송법절차에 의거한 확정판결에 한하고 민사소송법에 의한 판결은 이러한 **기속력**이 없다(대판 1957.7.26, 4290행상23).

2. 기판력설

어떠한 행정처분에 위법한 하자가 있다는 이유로 그 취소를 소구한 행정소송에서 그 행정처분을 취소하는 판결이 선고되어 확정된 경우에 처분행정청이 그 행정소송의 사실심 변론종결 이전의 사유를 내세워 다시 확정판결에 저촉되는 행정처분을 하는 것은 **확정판결의 기판력**에 저촉되어 허용될 수 없고 이와 같은 행정처분은 그 하자가 명백하고 중대한 경우에 해당되어 당연무효이다(대판 1989.9.12, 89누985).

3. 기속력의 내용

취소소송의 확정판결이 당사자인 행정청과 관계행정청을 기속한다는 것은 소극적인 면과 적극적인 면의 이중적인 성질을 갖는다.

(1) 소극적 효력(반복금지효)

반복금지효란 당사자인 행정청은 물론이고 그 밖의 관계행정청(예 재결취소소송에서 원처분청)도 확정판결에 저촉되는 처분을 할 수 없음을 의미한다. 즉, 취소소송에서 청구인용판결(취소판결)이 확정되면 행정청은 동일한 사실관계 아래에서 동일한 이유에 기해 동일 당사자에 대하여 동일한 내용의 처분을 반복해서는 안 된다(제30조 제1항). 이를 부작위의무라고도 한다. 반복금지효는 침익적 처분뿐만 아니라 거부처분에도 발생한다.

한편, 행정소송법이 '처분등을 취소하는 확정판결'이라 하여 기속력이 발생하는 판결의 범위를 인용판결로 명시하고 있으므로(제30조 제1항), 청구기각판결의 경우에는 반복금지효가 인정되지 않는다.

징계처분의 취소를 구하는 소에서 징계사유가 될 수 없다고 판결한 사유와 **동일한 사유를 내세워 행정청이 다시 징계처분을 한 것은 확정판결에 저촉되는 행정처분을 한 것**으로서, 위 취소판결의 기속력이나 확정판결의 기판력에 저촉되어 허용될 수 없다(대판 1992.7.14, 92누2912).

(2) 적극적 재처분의무

① 의의 : 재처분의무란 행정청이 판결의 취지에 따른 처분을 해야 함을 의미한다. 적극적 처분의무라 부르기도 한다. 적극적 관점에서 기속력인 재처분의무는 거부처분의 경우와 절차위반을 이유로 취소되는 경우에 문제된다.

② 거부처분과 재처분의무

㉠ 의의 : 판결에 의해 취소되는 처분이 당사자의 신청을 거부하는 것을 내용으로 하는 경우에는 그 처분을 행한 행정청은 '판결의 취지'에 따라 다시 '이전의 신청'에 대한 처분을 하여야 한다(행정소송법 제30조 제2항).

취소되는 처분을 행한 행정청은 당사자의 신청 없이 당연히 재처분을 해야 한다. 재처분의 내용은 '원고의 신청내용'에 따르는 것이 아니라 '판결의 취지'에 따라야 한다. 따라서 행정청은 반드시 원고가 신청한 내용으로 재처분하여야 하는 것은 아니며, 신청을 인용하거나 당초의 거부처분과는 다른 이유로 다시 거부할 수도 있다.

㉡ 재처분의무의 구체적 내용 : 재처분의무의 내용은 당해 거부처분의 취소사유에 따라 다르다.

ⓐ 절차상 위법을 이유로 취소된 경우 : 거부처분이 절차상 위법을 이유로 취소된 경우에는 적법한 절차를 거쳐 재처분을 하여야 한다. 이 경우 거부처분은, 다만 절차상의 위법을 이유로 취소된 것이므로 행정청은 적법한 절차에 따라 실체적 요건을 심사하여 신청된 대로 처분을 할 수도 있고 다시 거부처분을 할 수도 있다.

ⓑ 실체상 위법을 이유로 취소된 경우 : 거부처분의 취소판결을 통해 발생하는 재처분의무는 기속행위와 재량행위에 따라 내용이 달라진다. 기속행위의 경우에는 거부처분을 취소하는 판결

이 확정되면 판결의 취지에 따라 법규에서 규정한 특정한 처분의무가 존재한다. 반면에 재처분의무의 내용이 재량처분인 경우에는 처분청에게 특정한 처분의무가 없으므로 신청된대로 처분을 할 수도 있고, 다른 이유로 거부처분을 할 수도 있다.

주민 등의 도시관리계획 입안 제안을 거부한 처분에 이익형량의 하자가 있어 위법하다고 판단하여 취소하는 판결이 확정된 경우, 행정청에 그 입안 제안을 그대로 수용하는 내용의 도시관리계획을 수립할 의무가 없고, 행정청이 다시 새로운 이익형량을 하여 도시관리계획을 수립한 경우, 취소판결의 기속력에 따른 재처분의 의무를 이행한 것이며, 행정청이 다시 적극적으로 수립한 도시관리계획의 내용이 계획재량의 한계를 일탈한 것인지 여부는 별도로 심리·판단하여야 한다(대판 2020.6.25, 2019두56135).

③ **절차위반과 재처분의무** : 거부처분의 취소판결과 재처분의무에 관한 규정은 '신청에 따른 처분'이 절차의 위법을 이유로 취소되는 경우에 준용된다(제30조 제3항). 신청에 따른 처분, 즉 인용처분이 제3자의 제소에 의해 절차에 위법이 있음을 이유로 취소된 경우에는 판결의 취지에 따른 적법한 절차에 의해 신청에 대한 처분을 다시 해야 한다. 행정소송법 제30조 제2항은 신청을 거부당한 자가 제기한 소에 대하여 취소판결이 주어지는 경우이고, 같은 조 제3항은 신청이 받아들여짐으로써 불이익을 받는 제3자에 의한 소제기에 대해 취소판결이 주어지는 경우에 해당한다.

이때에도 행정청은 판결의 취지에 따른 적법한 절차에 의해 다시 신청을 인용하는 처분을 할 수도 있다. 다만, 제3자의 취소소송이 단순히 절차의 위법이 아니라 실체법상의 위법성을 이유로 제기되어 판결이 확정되는 경우에는 신청인에 대해 재차 인용처분을 할 수 없다.

(3) 원상회복의무(결과제거의무)

행정청은 처분의 취소판결이 있으면 결과적으로 위법처분으로 인해 야기된 상태를 제거해야 하는 의무를 진다.

1. 행정처분을 취소하는 판결이 확정된 경우, 취소판결의 기속력에 따른 행정청의 의무
어떤 행정처분을 위법하다고 판단하여 취소하는 판결이 확정되면 행정청은 취소판결의 기속력에 따라 그 판결에서 확인된 위법사유를 배제한 상태에서 다시 처분을 하거나 그 밖에 위법한 결과를 제거하는 조치를 할 의무가 있다(대판 2020.4.9, 2019두49953).
2. 직업능력개발훈련과정 인정제한처분에 대한 쟁송절차에서 해당 제한처분이 위법한 것으로 판단되어 취소되거나 당연무효로 확인된 경우, 사업주가 해당 제한처분 때문에 관계 법령이 정한 기한 내에 하지 못했던 훈련과정 인정신청과 훈련비용 지원신청을 사후적으로 할 수 있는 기회를 주어야 한다
그 제한처분에 대한 쟁송절차에서 해당 제한처분이 위법한 것으로 판단되어 취소되거나 당연무효로 확

인된 경우에는, 예외적으로 사업주가 해당 제한처분 때문에 관계 법령이 정한 기한 내에 하지 못했던 훈련과정 인정신청과 훈련비용 지원신청을 사후적으로 할 수 있는 기회를 주는 것이 취소판결과 무효확인 판결의 기속력을 규정한 행정소송법 제30조 제1항, 제2항, 제38조 제1항의 입법 취지와 법치행정 원리에 부합한다(대판 2019.1.31, 2016두52019).

(4) 기속력에 반하지 않는 재처분

① 위법사유의 보완 : 확정판결에서 적시된 위법사유를 보완하여 동일한 내용의 재처분을 하는 경우에는 기속력에 반하지 아니한다. 즉, 취소판결의 사유가 행정행위의 절차나 형식상의 흠인 경우에는 그 확정판결의 기속력은 취소사유로 된 절차나 형식의 위법에 한해 미치므로 행정청은 적법한 절차나 형식을 갖추어(위법사유를 제거하여) 다시 새로운 동일한 내용의 처분을 할 수 있다.

과세처분 취소소송의 확정판결에 적시된 위법사유를 보완하여 새로이 행한 과세처분은 동 판결의 기판력에 저촉되지 않는다

과세처분시 납세고지서에 과세표준, 세율, 세액의 산출근거등이 누락되어 있어 이러한 절차 내지 형식의 위법을 이유로 과세처분을 취소하는 판결이 확정된 경우에 그 확정판결의 기판력은 확정판결에 적시된 절차 내지 형식의 위법사유에 한하여 미친다고 할 것이므로 과세처분권자가 그 확정판결에 적시된 위법사유를 보완하여 행한 새로운 과세처분은 확정판결에 의하여 취소된 종전의 과세처분과는 별개의 처분으로서 확정판결의 기판력에 저촉되는 것은 아니다(대판 1986.11.11, 85누231).

② 다른 사유

㉠ 사실심 변론종결 이전의 사유 : 거부처분에 대한 취소판결이 확정된 경우에는 사실심 변론종결 이전의 사유를 내세워 다시 거부처분을 하는 것은 확정판결의 기속력에 저촉되어 허용되지 아니한다.

1. 거부처분에 대한 취소판결이 확정된 경우에는 그 처분을 행한 행정청은 판결의 취지에 따라 다시 처분을 하여야 할 의무를 부담하게 되므로, 취소소송에서 소송의 대상이 된 거부처분을 실체법상의 위법사유에 기하여 취소하는 판결이 확정된 경우에는 당해 거부처분을 한 행정청은 원칙적으로 신청을 인용하는 처분을 하여야 하고, **사실심 변론종결 이전의 사유를 내세워 다시 거부처분을 하는 것은 확정판결의 기속력에 저촉되어 허용되지 아니한다**(대판 2001.3.23, 99두5238).
2. 종전 처분이 판결에 의하여 취소된 경우, 종전 처분과 다른 사유를 들어 새로이 처분을 하는 것은 기속력에 저촉되지 않는다(대판 2016.3.24, 2015두48235).
3. 동일 사유인지 다른 사유인지 판단하는 기준

   동일 사유인지 다른 사유인지는 확정판결에서 위법한 것으로 판단된 종전 처분사유와 기본적 사실관계에서 동일성이 인정되는지 여부에 따라 판단되어야 하고, 기본적 사실관계의 동일성 유무는 처분사유를 법률적으로 평가하기 이전의 구체적인 사실에 착안하여 그 기초인 사회적 사실관계가 기본적인 점에서 동일한지에 따라 결정된다(대판 2016.3.24, 2015두48235).

4. 취소 확정판결의 당사자인 처분 행정청이 종전 처분 후에 발생한 새로운 사유를 내세워 다시 처분을 할 수 있고, 새로운 처분의 사유가 종전 처분의 사유와 기본적 사실관계에서 다르지만 종전 처분 당시 이미 존재하고 있었고 당사자가 알고 있었던 경우, 이를 내세워 새로이 처분을 하는 것은 확정판결의 기속력에 저촉되지 않는다(대판 2016.3.24, 2015두48235).

ⓒ **사실심 변론종결(처분 시) 이후 발생한 새로운 사유** : 거부처분취소의 확정판결을 받은 행정청은 사실심 변론종결(엄밀한 표현으로는 처분 시) 이후 발생한 새로운 사유(예 사실관계의 변경 또는 법의 변경)를 내세워 다시 거부처분을 할 수도 있다.

한편, 통설·판례가 처분의 위법 여부 판단의 기준시점을 사실심 변론종결시가 아닌 처분 시로 보고 있는 점에 비추어, 당초의 처분이 있은 다음 사실 상태나 사유가 변동된 경우에는 그것이 변론종결시 이전의 일이라도 취소판결의 기속력을 받지 아니하고 동일한 내용의 처분을 새로이 할 수 있다고 보아야 할 것이다.

1. 사실심 변론종결 이후 발생한 사유로 새로운 거부처분을 할 수 있다(종전의 부적절한 표현)
   확정판결의 당사자인 처분행정청은 그 행정소송의 **사실심 변론종결 이후 발생한 새로운 사유를 내세워 다시 이전의 신청에 대하여 거부처분을 할 수 있으며**, 그러한 처분도 이 조항에 규정된 재처분에 해당한다(대판 1999.12.28, 98두1895).
2. 처분 후에 법령이 개정·시행된 경우에는 개정된 법령 및 허가기준을 새로운 사유로 들어 다시 이전의 신청에 대한 거부처분을 할 수 있다(정확한 표현)
   행정처분의 적법 여부는 그 행정처분이 행하여진 때의 법령과 사실을 기준으로 하여 판단하는 것이므로 **거부처분 후에 법령이 개정·시행된 경우에는 개정된 법령 및 허가기준을 새로운 사유로 들어 다시 이전의 신청에 대한 거부처분을 할 수 있으며** 그러한 처분도 행정소송법 제30조 제2항에 규정된 재처분에 해당된다. 건축불허가처분을 취소하는 판결이 확정된 후 '국토이용관리법 시행령'이 준농림지역 안에서의 행위제한에 관하여 지방자치단체의 조례로써 일정지역에서 숙박업을 영위하기 위한 시설의 설치를 제한할 수 있도록 개정된 경우, **당해 지방자치단체장이 위 처분 후에 개정된 신법령에서 정한 사유를 들어 새로운 거부처분을 한 것은 행정소송법 제30조 제2항 소정의 확정판결의 취지에 따라 이전의 신청에 대한 처분을 한 경우에 해당한다**(대결 1998.1.7, 97두22).
3. 개정법령에서 종전규정에 따른다는 경과규정을 둔 경우 종전규정에 따른 재처분을 해야 하고 개정법령을 적용한 새로운 거부처분은 기속력 위반이다
   주택건설사업 승인신청 **거부처분의 취소를 명하는 판결이 확정되었음에도 행정청이 그에 따른 재처분을 하지 않은 채 위 취소소송 계속 중에 도시계획법령이 개정되었다는 이유를 들어 다시 거부처분을 한 사안에서**, 개정된 도시계획법령에 **그 시행 당시 이미 개발행위허가를 신청 중인 경우에는 종전 규정에 따른다는 경과규정을 두고 있으므로** 위 사업승인신청에 대하여는 종전 규정에 따른 재처분을 하여야 함에도 불구하고 **개정 법령을 적용하여 새로운 거부처분을 한 것은 확정된 종전 거부처분 취소판결의 기속력에 저촉되어 당연**

무효이다(대결 2002.12.11, 2002무22).

4. '새로운 사유'의 판단기준(처분사유의 추가·변경과 동일)

새로운 사유인지는, 종전 처분에 관하여 위법한 것으로 판결에서 판단된 사유와, 기본적 사실관계의 동일성이 인정되는 사유인지 여부에 따라 판단되어야 하고, 기본적 사실관계의 동일성 유무는 처분사유를 법률적으로 평가하기 이전의 구체적인 사실에 착안하여 그 기초인 사회적 사실관계가 기본적인 점에서 동일한지 여부에 따라 결정되며, 추가 또는 변경된 사유가 처분 당시에 그 사유를 명기하지 않았을 뿐 이미 존재하고 있었고 당사자도 그 사실을 알고 있었다 하여 당초의 처분사유와 동일성이 있는 것이라고 할 수는 없다. 원고가 아파트 건설사업계획승인 신청을 하였으나 미디어밸리의 시가화 예정 지역이라는 이유로 거부되자 그 취소소송에서 처분 사유가 구체적이고 합리적이지 못하여 재량권 남용이라는 이유로 그 처분의 취소판결이 확정된 후 피고가 종전 처분 후이지만 종전 소송의 사실심 변론종결 이전에 발생한 개발제한지역 지정의 새로운 사실을 이유로 한 거부처분은 위 취소 확정판결의 기속력에 반하지 않는다(대판 2011.10.27, 2011두14401).

4. 기속력의 효력범위

(1) 주관적 범위(행정청과 관계행정청)

처분등을 취소하는 확정판결은 당사자인 '행정청과 그 밖의 관계행정청'을 기속한다(행정소송법 제30조 제1항). 여기서 그 밖의 관계행정청이란 피고 행정청과 동일한 행정주체에 속하는 행정청인지 또는 동일한 행정사무계통을 이루는 상·하의 행정청인지 여부에 관계없이 취소된 처분등을 기초로 하여 그와 관련되는 처분이나 부수되는 행위를 할 수 있는 행정청을 의미한다.

(2) 객관적 범위

기속력은 판결의 취지에 따라 행정청을 구속하는 효력인데, 판결의 취지는 처분이 위법이라는 것을 인정하는 판결의 주문과 전제가 된 요건사실 및 판결이유 중에 설시된 개개의 위법사유를 포함한다. 그러나 판결의 결론과 직접 관계없는 방론(傍論)이나 간접사실에는 미치지 아니한다. 기속력은 처분의 '위법성 일반'에 대해 생기는 것이 아니라 '개개의 위법원인'에 대해서만 생긴다. 이 점이 위법성 일반에 대하여 인정되는 기판력의 객관적 범위와 다르다.

행정소송법 제30조 제1항에 의하여 인정되는 취소소송에서 처분등을 취소하는 확정판결의 기속력은 주로 판결의 실효성 확보를 위하여 인정되는 효력으로서 **판결의 주문뿐만 아니라 그 전제가 되는 처분등의 구체적 위법사유에 관한 이유 중의 판단에 대하여도 인정**된다(대판 2001.3.23, 99두5238).

(3) 시간적 범위

기속력의 시간적 범위는 처분 시를 기준으로 하므로, 통설·판례는 원칙상 재처분 시의 법령 및 사실상태를 기준으로 처분을 해야 한다는 입장이다. 즉, 기속력의 시간적 범위가 처분 시를 기준으로 하는 점에서 기판력의 시간적 범위가 사실심 변론종결시를 기준으로 하는 점과 다르다.

(4) 기속력위반의 효과

기속력에 위반하는 즉, 취소판결에 저촉되는 행정청의 처분은 당연무효라는 것이 통설·판례의 입장이다.

1. 기속력에 위반한 처분은 당연무효이다(대판 1989.9.12, 89누985).
2. 재처분을 하지 않거나 재처분이 무효인 경우 기속력 위반이다

거부처분에 대한 취소의 확정판결이 있음에도 **행정청이 아무런 재처분을 하지 아니하거나, 재처분을 하였다 하더라도 그것이 종전 거부처분에 대한 취소의 확정판결의 기속력에 반하는 등으로 당연무효라면 이는 아무런 재처분을 하지 아니한 때와 마찬가지**라 할 것이므로 이러한 경우에는 행정소송법 제30조 제2항, 제34조 제1항 등에 의한 **간접강제신청에 필요한 요건을 갖춘 것으로 보아야 한다**(대결 2002.12.11, 2002무22).

V 형성력

1. 의 의

판결의 형성력이란 일방적으로 확정판결의 취지에 따라 법률관계의 발생·변경·소멸을 가져오는 효력을 말한다. 즉, 행정처분의 취소판결이 있게 되면, 처분청의 별도의 행위를 기다릴 것 없이 처분의 효력은 소급하여 소멸하며 처분이 없었던 것과 같은 상태로 된다.

행정처분을 취소한다는 확정판결이 있으면 그 **취소판결의 형성력에 의하여 당해 행정처분의 취소나 취소통지 등의 별도의 절차를 요하지 아니하고** 당연히 취소의 효과가 발생한다(대판 1991.10.11, 90누5443).

행정소송법에는 이에 관한 직접적인 규정은 없지만, 형성력은 특히 취소인용판결의 경우에 일반적으로 인정되는 효력이고 또한 취소판결의 제3자효를 규정한 제29조 제1항은 이를 전제로 한 규정이다.

2. 취소판결의 제3자효(대세효)

(1) 내 용

행정소송법 제29조 제1항은 "처분등을 취소하는 확정판결은 제3자에 대하여도 효력이 있다."고 규정함으로써, 취소판결(인용판결에만 인정)의 효력이 제3자에 대하여도 미친다는 것을 명시하였다. 예컨대, 공매처분에 대한 취소판결이 확정되면 그 판결의 효력은 제3자인 압류물건을 소유한 자(경락인)에게도 미친다. 행정소송법은 취소판결의 제3자효 규정을 무효등확인소송과 부작위위법확인소송은 물론 가구제(집행정지결정과 취소결정)에도 준용하고 있다(제29조 제2항, 제38조). 한편, 취소된 처분을 전제로 하여 행해진 처분등 행위는 달리 특별한 사정이 없는 한 소급하여 효력을 상실한다.

1. 「도시 및 주거환경정비법」상 주택재개발사업조합의 조합설립인가처분이 법원의 재판에 의하여 취소된 경우, 주택재개발사업조합이 조합설립인가처분 취소 전에 「도시 및 주거환경정비법」상 적법한 행정주체 또는 사업시행자로서 한 결의 등 처분이 소급하여 효력을 상실하지만 종전 결의 등 처분의 법률효과를 다투는 소송의 당사자지위까지 함께 소멸한다고 할 수는 없다

   「도시 및 주거환경정비법」(도시정비법)상 주택재개발사업조합의 조합설립인가처분이 법원의 재판에 의하여 취소된 경우 그 조합설립인가처분은 소급하여 효력을 상실하고, 이에 따라 당해 주택재개발사업조합 역시 조합설립인가처분 당시로 소급하여 도시정비법상 주택재개발사업을 시행할 수 있는 행정주체인 공법인으로서의 지위를 상실하므로, 당해 주택재개발사업조합이 조합설립인가처분 취소 전에 도시정비법상 적법한 행정주체 또는 사업시행자로서 한 결의 등 처분은 달리 특별한 사정이 없는 한 소급하여 효력을 상실한다고 보아야 한다. 다만 그 효력 상실로 인한 잔존사무의 처리와 같은 업무는 여전히 수행되어야 하므로, 종전에 결의 등 처분의 법률효과를 다투는 소송에서의 당사자지위까지 함께 소멸한다고 할 수는 없다(대판 2012.3.29, 2008다95885).

2. 갑 주택재개발정비사업조합설립 추진위원회가 주민총회에서 주택재개발정비사업의 시공자로 을 주식회사를 선정하는 결의를 하였고, 조합설립인가처분 후 갑 주택재개발정비사업조합이 조합총회에서 을 회사를 시공자로 선정(추인)하는 결의를 하였는데, 위 각 결의의 무효확인을 구하는 소송 계속 중에 갑 조합에 대한 조합설립인가처분을 취소하는 내용의 대법원판결이 선고된 사안에서, 갑 조합의 조합설립인가처분 취소 전에 이루어진 결의는 소급하여 효력을 상실하였고, 추진위원회의 시공자 선정 결의도 무효라고 보아, 원심판결을 파기하고 자판한 사례

   갑 조합에 대한 조합설립인가처분은 법원의 재판에 의한 취소로 소급하여 효력을 상실하였고, 갑 조합 역시 조합설립인가처분 당시로 소급하여 「도시 및 주거환경정비법」(도시정비법)상 주택재개발사업을 시행할 수 있는 행정주체인 공법인으로서 지위를 상실하였으므로, 갑 조합이 조합설립인가처분 취소 전에 도시정비법상 적법한 사업시행자임을 전제로 개최한 조합총회에서 이루어진 제2결의는 소급하여 효력을 상실하였고, 한편 시공자 선정은 추진위원회 또는 추진위원회가 개최한 주민총회의 권한범위에 속하는 사항이 아니라 조합총회의 고유권한이므로, 추진위원회가 개최한 주민총회에서 주택재개발사업의 시공자를 선정한 제1결의도 무효라고 보아, 원심판결을 파기하고 자판한 사례(대판 2012.3.29, 2008다95885)

(2) 제3자의 소송참가와 재심제도

취소판결의 효력이 미치게 되는 제3자의 불측의 손해를 막기 위해 행정소송법은 소송에 관여하지 않은 제3자의 소송참가(제16조)를 인정하고 있다. 또한 제3자가 귀책사유 없이 소송에 참가하지 못한 경우를 대비해 행정소송법은 아울러 취소의 인용판결이 확정된 뒤에도 제3자가 자신의 권익침해를 주장할 수 있도록 제3자의 재심청구제도(제31조)를 마련하고 있다.

VI 집행력(간접강제)

1. 문제의 소재

민사소송에서 집행력이란 통상 이행판결에서 명령된 이행의무를 강제집행절차로써 실현할 수 있는 효력을 의미한다. 형성판결인 취소판결에는 성질상 강제집행을 할 수 있는 효력, 즉 집행력이 인정되지 않는다. 그러나 우리 행정소송법은 의무이행소송을 인정하지 않기 때문에 취소판결과 관련해서 거부처분취소판결의 확정시에 행정청에 부과되는 재처분의무의 이행을 확보하기 위해 민사집행법에서 인정되는 간접강제제도로서의 배상명령제를 도입하고 있다.

2. 간접강제의 내용(배상명령)

행정청이 기속력에 따른 재처분을 하지 아니한 때에는 제1심 수소법원(受訴法院 : 소송을 제기받은 법원·확정판결을 선고한 법원이 아님)은 당사자의 신청에 의하여 결정으로써 상당한 기간을 정하고 행정청이 그 기간 내에 이행하지 아니하는 때에는 그 지연기간에 따라 일정한 배상을 할 것을 명하거나, 즉시 손해배상을 할 것을 명할 수 있다(같은 법 제34조 제1항). 이 경우에 행정소송법 제33조(소송비용에 관한 재판의 효력)와 민사집행법 제262조[제260조 및 제261조(간접강제)의 결정은 변론 없이 할 수 있다. 다만, 결정하기 전에 채무자를 심문하여야 한다.]의 규정이 준용된다(행정소송법 제34조 제2항). 따라서 간접강제결정은 피고 또는 참가인이었던 행정청이 속하는 국가 또는 공공단체에 그 효력을 미친다.

■ 간접강제명령에 관한 최초판결 : 행정청이 거부처분취소판결의 취지대로 처분을 내리지 않는 것에 대해 "허가처분이 내려질 때까지 간접강제 배상금을 매일 5백만 원씩 지급하라."라고 판시한 바 있다(서울고법 1996. 11.15, 96부904).

1. 거부처분취소판결에는 간접강제 허용

행정소송법 제34조는 취소판결의 간접강제에 관하여 규정하면서 제1항에서 행정청이 같은 법 제30조 제2항의 규정에 의한 처분을 하지 아니한 때에 간접강제를 할 수 있도록 규정하고 있고, 같은 법 제30조

제2항은 "판결에 의하여 취소되는 처분이 당사자의 신청을 거부하는 것을 내용으로 하는 경우에는 그 처분을 행한 행정청은 판결의 취지에 따라 다시 이전의 신청에 대한 처분을 하여야 한다."라고 규정함으로써 취소판결에 따라 취소된 행정처분이 거부처분인 경우에 행정청에 다시 처분을 할 의무가 있음을 명시하고 있으므로, 결국 같은 법상 **간접강제가 허용되는 것은 취소판결에 의하여 취소된 행정처분이 거부처분인 경우**라야 할 것이다(대결 1998.12.24, 98무37).

2. 재처분을 하지 않거나 재처분이 무효인 경우 간접강제요건 충족
   거부처분에 대한 취소의 확정판결이 있음에도 행정청이 아무런 재처분을 하지 아니하거나, 재처분을 하였다 하더라도 그것이 종전 거부처분에 대한 취소의 확정판결의 기속력에 반하는 등으로 **당연무효**라면 이는 아무런 재처분을 하지 아니한 때와 마찬가지라 할 것이므로 이러한 경우에는 행정소송법 제30조 제2항, 제34조 제1항 등에 의한 **간접강제신청에 필요한 요건을 갖춘 것으로 보아야 한다**(대결 2002.12.11, 2002무22).
3. 간접강제결정에서 정한 의무이행기한이 경과한 후에라도 확정판결의 취지에 따른 재처분의 이행이 있으면 처분상대방이 더 이상 배상금을 추심하는 것은 허용되지 않는다
   행정소송법 제34조 소정의 **간접강제결정에 기한 배상금**은 거부처분취소판결이 확정된 경우 그 처분을 행한 행정청으로 하여금 확정판결의 취지에 따른 **재처분의무의 이행을 확실히 담보하기 위한 것**으로서, 확정판결의 취지에 따른 재처분의무내용의 불확정성과 그에 따른 재처분에의 해당 여부에 관한 쟁송으로 인하여 **간접강제결정에서 정한 재처분의무의 기한 경과에 따른 배상금이 증가될 가능성이 자칫 행정청으로 하여금 인용처분을 강제하여 행정청의 재량권을 박탈하는 결과를 초래할 위험성**이 있는 점 등을 감안하면, 이는 확정판결의 취지에 따른 **재처분의 지연에 대한 제재나 손해배상이 아니고 재처분의 이행에 관한 심리적 강제수단에 불과**한 것으로 보아야 하므로, 특별한 사정이 없는 한 **간접강제결정에서 정한 의무이행기한이 경과한 후에라도 확정판결의 취지에 따른 재처분의 이행이 있으면 배상금을 추심함으로써 심리적 강제를 꾀할 목적이 상실되어 처분상대방이 더 이상 배상금을 추심하는 것은 허용되지 않는다**(대판 2004.1.15, 2002두2444).
4. 전부명령 확정 후 집행채권이 소멸한 것으로 판명된 경우, 집행채권자의 부당이득반환의무가 성립된다(대판 2010.12.23, 2009다37725).

---

3. 간접강제의 적용범위

간접강제제도는 부작위위법확인소송에도 준용되고 있으나(행정소송법 제38조 제2항), 무효확인판결에는 준용되지 않는다. 따라서 거부처분의 무효확인소송에 간접강제제도는 허용되지 않는다는 게 판례인데, 이에 대해서 행정소송법 제38조가 거부처분의 취소판결에 따른 처분청의 재처분의무를 규정하는 행정소송법 제30조 제2항을 무효확인소송에 준용하면서 간접강제에 관한 행정소송법 제34조를 준용하지 않은 것은 입법의 불비라는 지적이 있다.

취소소송은 보통 민사소송의 경우와 마찬가지로 법원의 종국판결에 의해 종료한다. 그러나 취소소송은 법원의 종국판결에 의하지 않고, 당사자의 행위나 일정한 사유에 의하여 종료되는 경우도 있다.

I 종국판결의 확정

취소소송은 보통 법원의 심리가 종료하여 종국판결을 내림으로써 종료하는 것이 가장 보편적이다. 이때의 종국판결은 소송판결 또는 본안판결과 관련이 없다. 종국판결은 ① 상고권의 포기, ② 상소기간의 경과, ③ 상고기각, ④ 상고법원의 종국판결에 의해 확정된다.

II 당사자의 행위에 의한 종료(판결에 의하지 않는 취소소송의 종료)

취소소송은 법원의 종국판결에 의해 종료하는 것이 원칙이나, 원고의 소의 취하에 의해 종료하는 경우도 있다. 취소소송에 있어 청구의 포기·인락(認諾), 재판상의 화해가 허용되는가에 관해서는 견해가 나누어진다.

1. 소의 취하

소의 취하란 원고가 제기한 소의 전부 또는 일부를 철회하는 법원에 대한 일방적 의사표시를 말한다. 소의 취하에 관해서는 민사소송법이 준용된다(행정소송법 제8조 제2항). 따라서 피고가 본안에 대해 준비서면을 제출하거나 준비절차에서 진술하거나 변론을 한 후에는 피고의 동의가 없으면 소의 취하는 효력이 없음은 민사소송과 같다(민사소송법 제266조 제2항).

2. 청구의 포기·인락(認諾)

청구의 포기란 원고가 자기의 소송상의 청구가 이유 없음을 자인하는 법원에 대한 일방적 의사표시를 말하며, 청구의 인락은 피고가 원고의 소송상의 청구가 이유 있음을 자인하는 법원에 대한 일방적 의사표시를 말한다. 행정소송에서의 인정 여부에 대해서는 부정설이 다수설이다.

3. 소송상의 화해

소송상의 화해란 소송계속 중 당사자 쌍방이 소송물인 권리관계의 주장을 서로 양보하여 소송을 종료시키기로 하는 기일(期日)에 있어서의 합의를 말하는바, 화해조서는 확정판결과 같은 효력이 있다(민사소송법 제220조). 행정소송법상 화해의 권고에 관한 규정은 존재하지 않고 민사소송법 제145조 제1항에 규정이 있다. 행정소송에서의 인정 여부에 대해서는 부정설이 다수설이다.

4. 당사자의 소멸

원고가 사망하고 또한 소송물인 권리관계의 성질상 이를 승계할 자가 없는 경우에는 소송은 종료된다. 이에 대하여 피고인 행정청이 없게 된 때에는 그 처분등에 관한 사무가 귀속되는 국가 또는 공공단체가 피고가 되므로(제13조 제2항), 소송은 종료되지 않는다.

제9관 취소소송의 불복

I 항소(抗訴)와 상고(上告)

행정법원의 제1심 판결에 불복하는 자는 고등법원에 항소할 수 있고, 항소심의 판결에 불복하는 자는 대법원에 상고할 수 있다. 상고에 관하여는 「상고심절차에 관한 특례법」이 적용된다(같은 법 제2조).

II 항고(抗告)와 재항고

행정법원의 결정이나 명령에 불복하는 자는 고등법원에 항고(항소·상고가 아님)할 수 있고, 고등법원의 결정이나 명령에 불복하는 자는 대법원에 재항고할 수 있다. 이 경우에도 「상고심절차에 관한 특례법」이 적용된다(같은 법 제7조).

III 재 심

1. 재심의 의의

재심은 확정된 종국판결에 재심사유에 해당하는 하자가 있는 경우에 그 판결의 취소와 사건의 재심판을 구하는 불복신청방법이다. 판결이 확정되기 전에는 통상적인 상소제도에 의해 불복할 수 있기 때문에 재심의 문제가 발생할 여지가 없다.

2. 민사소송법에 의한 재심청구

행정소송의 판결에 대해서도 민사소송법의 예에 따르는 재심청구가 일반적으로 인정된다. '제3자'가 아닌 '당사자'에 의한 재심청구는 민사소송법의 규정에 따른다.

3. 제3자의 재심청구

(1) 의 의

처분등을 취소하는 판결에 의하여 권리 또는 이익을 침해받은 제3자는 자기에게 책임 없는 사유로 소송에 참가하지 못함으로써 판결의 결과에 영향을 미칠 공격 또는 방어방법을 제출하지 못한 때 이를 이유로 확정된 종국판결에 대하여 재심의 청구를 할 수 있다(행정소송법 제31조 제1항).

(2) 재심청구의 당사자

재심원고는 취소소송의 확정판결에 의해 '권리 또는 이익의 침해를 받은 제3자'이고(제31조), 재심피고는 확정판결상의 원·피고가 공동피고이다. 여기서 '권리 또는 이익의 침해를 받은 제3자'는 소송참가에 있어서 '소송의 결과에 따라 권리 또는 이익의 침해를 받을 제3자'와 유사하다. 즉, 당해 판결의 기판력이 미침으로써 판결주문에 따라 직접 자신의 권리나 이익이 침해되는 소송당사자 이외의 제3자를 의미한다. 제3자가 침해받은 권리 또는 이익이란 법률상 이익을 의미한다. 또한 제3자란 당해 소송당사자 이외의 자를 말하기 때문에 개인에 한하지 않고 국가 또는 공공단체도 포함된다.

(3) 재심사유

① 자기에게 책임 없는 사유로 소송에 참가하지 못했어야 한다. 개개의 구체적인 경우에 있어서 당해 취소소송의 계속을 알지 못했거나 설혹 알았더라도 특별한 사정으로 인해 당해 소송에 참가할 수 없었을 것을 필요로 한다.

행정소송법 제31조 제1항 소정의 '자기에게 책임 없는 사유' 유무의 판단기준과 입증책임(제3자)

행정소송법 제31조 제1항에 의하여 제3자가 재심을 청구하는 소를 제기하는 경우에 갖추어야 할 요건의 하나인 **'자기에게 책임 없는 사유'의 유무는 사회통념에 비추어 제3자가 당해 소송에 참가를 할 수 없었던 데에 자기에게 귀책시킬 만한 사유가 없었는지의 여부에 의하여 사안에 따라 결정**되어야 하고, **제3자가 종전 소송의 계속을 알지 못한 경우에 그것이 통상인으로서 일반적 주의를 다하였어도 알기 어려웠다는 것과 소송의 계속을 알고 있었던 경우에는 당해 소송에 참가를 할 수 없었던 특별한 사정이 있었을 것을 필요**로 한다. 위 사유에 관한 **입증책임은 그러한 사유를 주장하는 제3자**에게 있고, 더욱이 **제3자가 종전 소송이 계속 중임을 알고 있었다고**

볼 만한 사정이 있는 경우에는 종전 소송이 계속 중임을 알지 못하였다는 점을 제3자가 적극적으로 입증하여야 한다(대판 1995.9.15, 95누6762).

② 소송에 참가하지 못함으로써 판결의 결과에 영향을 미칠 공격 또는 방어방법을 제출하지 못한 때이어야 한다. 따라서 각하판결에 의해서는 제3자의 권익침해 가능성이 없기 때문에 각하판결에 대한 재심청구는 인정되지 않는다.

(4) 재심청구기간

제3자에 의한 재심의 청구는 확정판결이 있음을 안 날로부터 30일 이내, 판결이 확정된 날로부터 1년 이내에 제기하여야 한다(제31조 제2항). 이 기간은 불변기간이다(같은 조 제3항).

(5) 심 리

재심에 있어 본안에 대한 변론은 전소송의 변론의 속행으로 그것과 일체를 이룬다. 따라서 변론의 갱신절차를 밟아야 하며, 사실심이면 새로운 공격방어방법을 제출할 수 있다(이시윤). 판례도 마찬가지이다.

재심소송에 있어서의 사실심에서는 재심사유 있음을 전제로 소송 당사자는 새로운 공격 방어방법을 제출할 수 있다

민사소송법 제429조 소정 본안의 변론과 재판은 재심청구이유의 범위내에서 한다는 것은 재심에 의한 원판결에 대한 불복의 범위내에서 본안의 변론과 재판을 하여야 한다는 의미로 해석함이 상당하다 할 것이며 사실심에서는 재심 이유있음을 전재로 새로운 공격 방어의 방법을 제출 할 수 있을 것이므로 재심소송절차에서 새로이 소론 경낙사실의 주장이 있고 원판결이 이 사실을 인정하여 재판하였다고 하여 거기에 위법이 있을 수 없다(대판 1965.1.19, 64다1260).

제10관 위헌판결의 공고

취소소송의 선결문제(구체적 규범심사)로서 명령·규칙이 대법원의 판결에 의하여 헌법 또는 법률에 위반됨이 확정된 경우에는, 대법원은 지체 없이 그 사유를 행정안전부장관에게 통보하여야 한다(제6조 제1항). 대법원의 통보를 받은 행정안전부장관은 지체 없이 이를 관보에 게재하여야 한다(같은 조 제2항).

Ⅰ 원칙(패소자부담)

소송비용은 소송비용부담의 원칙에 따라 패소자가 부담함이 원칙이다(행정소송법 제8조 제2항, 민사소송법 제98조). 원고의 청구의 일부가 인용되었을 때에는 소송비용은 법원이 정하되, 다만 사정에 따라 한쪽 당사자에게 소송비용의 전부를 부담하게 할 수 있다(민사소송법 제101조).

Ⅱ 예외(사정판결, 행정청이 처분 등을 취소 또는 변경함으로 인해 청구가 각하 또는 기각된 경우)

취소청구가 사정판결에 의해 기각되거나 행정청이 처분등을 취소 또는 변경함으로 인하여 청구가 각하 또는 기각된 경우 실질적으로는 원고의 청구가 그 한도 내에서 인용된 것이나 다름없으므로, 소송비용은 피고의 부담으로 한다(제32조).

Ⅲ 소송비용재판의 효력

소송비용에 관한 재판이 확정된 때에는 피고 또는 참가인이었던 행정청이 소속하는 국가 또는 공공단체에 그 효력을 미친다(제33조).

제2목 무효등확인소송

Ⅰ 개 설

1. 의 의

무효등확인소송이란 '행정청의 처분등의 효력 유무 또는 존재 여부를 확인하는 소송'을 말한다(제4조 제2호). 무효등확인소송에는 처분등의 무효확인소송·유효확인소송·존재확인소송·부존재확인소송 및 실효확인소송이 포함된다. 처분변경확인소송은 포함되지 않는다.

판례는 무효선언을 구하는 의미의 취소소송의 제기를 허용하는 입장이다. 다만, 이 경우 행정심판전치절차나 제소기간의 제한이 적용된다.

2. 제도적 취지(필요성)

행정처분등이 무효이면 처음부터 효력을 발생하지 않기 때문에 누구나 그 무효를 주장할 수 있다. 그러나 행정처분등이 무효의 행위라도 외형상 행정처분이 존재하고 무효인 처분도 행정청에 의해 집행될 우려가 있으므로 무효임을 공적으로 확인받을 필요가 있다. 여기에 무효등확인소송 자체를 독립된 하나의 소송형태로 인정할 필요가 있다.

3. 성질(준항고소송)

무효등확인소송의 성질에 관해 ① 확인소송설(당사자소송설), ② 항고소송설, ③ 준항고소송설 등이 대립하나 준항고소송설이 다수설·판례이다.

4. 적용법규

무효등확인소송에는 취소소송에 관한 대부분의 규정이 준용되는데, 다만 ① 예외적 행정심판전치주의(제18조), ② 제소기간(제20조), ③ 재량처분의 취소(제27조), ④ 사정판결(제28조) 등은 준용되지 않는다.

5. 소송물

구체적인 청구에 따른 처분등의 무효성·유효성 또는 존재·부존재·실효이다.

조세부과처분의 부존재확인은 그 부존재를 주장하는 부과처분의 결과로 인하여 생긴 조세채무의 부존재확인이다[대판(전합) 1982.3.23, 80누476].

II 제소요건

1. 재판관할

무효등확인소송의 제1심 관할법원은 피고의 소재지를 관할하는 행정법원이다(제38·9조).

2. 소송의 대상

무효등확인소송도 취소소송과 같이 '처분등'을 대상으로 한다. 재결무효확인소송은 재결 자체에 고유한 위법이 있음을 이유로 하는 경우에 가능하다. 무효등확인소송의 대상인 처분은 외관상으로는 존재하여야 한다. 그러나 부존재확인소송은 처분등의 부존재를 확인의 대상으로 하므로 이 경우 처분등은 단지 외견상으로만 존재할 뿐 실제로는 존재하지 않는 것이다.

3. 당사자

(1) 원고적격 및 협의의 소익

무효등확인소송은 처분등의 효력 유무 또는 존재 여부의 확인을 구할 '법률상 이익'이 있는 자가 제기할 수 있다(제35조). '확인을 구할 법률상 이익'을 어떻게 볼 것인가에 대하여 학설이 대립한다. 보충성은 확인을 구할 법률상 이익의 의미와 관련된다.

① 법적 보호이익설(통설) : 무효등확인소송의 원고적격에 관한 '법률상 이익'을 취소소송과 같은 관념으로서, 민사소송에 있어서의 확인의 이익보다는 넓은 개념으로 보는 견해이다. 그에 따라 무효등확인소송에서의 법률상 이익도 취소소송의 경우와 마찬가지로 법적으로 보호되는 이익으로 본다. 이 견해는 ㉠ 독일과 일본의 경우와는 달리 행정소송법상 무효등확인소송의 경우에 보충성을 인정하는 특별한 규정이 없을 뿐만 아니라, ㉡ 행정소송은 공익을 추구하는 행정작용에 대해 특수한 취급을 하기 위하여 별도로 마련된 소송제도로서 민사소송과는 목적과 취지를 달리하므로 민사소송에서의 확인의 이익론이 행정소송에 그대로 타당하다고 할 수 없다는 점 등을 논거로 한다.

② 즉시확정이익설 : 이 견해는 무효등확인소송의 원고적격에 관한 '법률상 이익'을 민사소송에서의 확인의 이익인 '현존하는 불안이나 위험을 제거하기 위해 확인판결을 받는 것이 필요하고 또한 적절한 때'와 같은 즉시확정의 법률상 이익으로 보는 견해로서, 다른 직접적이고 실효적인 소송이 불가능할 때만 허용된다는 확인소송의 보충성을 논거로 한다. 독일과 일본의 입법례에 따른 해석이다.

③ 판례(법률상 보호이익설) : 최근 전합판결을 통해 통설과 마찬가지로 법률상 보호이익설을 취하고 있다.

1. 취소소송과 마찬가지로 법률상 보호이익설

행정소송은 행정청의 위법한 처분등을 취소·변경하거나 그 효력 유무 또는 존재 여부를 확인함으로써 국민의 권리 또는 이익의 침해를 구제하고, 공법상의 권리관계 또는 법적용에 관한 다툼을 적정하게 해결함을 목적으로 하는 것이므로, 대등한 주체 사이의 사법상 생활관계에 관한 분쟁을 심판대상으로 하는 **민사소송과는 그 목적, 취지 및 기능 등을 달리한다.** 또한, 행정소송법 제4조에서는 **무효확인소송을 항고소송의 일종으로 규정**하고 있고, 행정소송법 제38조 제1항에서는 **처분등을 취소하는 확정판결의 기속력 및 행**

정청의 재처분의무에 관한 행정소송법 제30조를 무효확인소송에도 준용하고 있으므로 무효확인판결 자체만으로도 실효성을 확보할 수 있다. 그리고 **무효확인소송의 보충성을 규정하고 있는 외국의 일부 입법례와는 달리 우리나라 행정소송법에는 명문의 규정이 없어 이로 인한 명시적 제한이 존재하지 않는다.** 이와 같은 사정을 비롯하여 행정에 대한 사법통제, 권익구제의 확대와 같은 행정소송의 기능 등을 종합하여 보면, **행정처분의 근거 법률에 의하여 보호되는 직접적이고 구체적인 이익이 있는 경우에는 행정소송법 제35조에 규정된 '무효확인을 구할 법률상 이익'이 있다고 보아야 하고, 이와 별도로 무효확인소송의 보충성이 요구되는 것은 아니므로** 행정처분의 무효를 전제로 한 이행소송 등과 같은 직접적인 구제수단이 있는지 여부를 따질 필요가 없다고 해석함이 상당하다[대판(전합) 2008.3.20, 2007두6342].

2. 행정처분의 근거 법률에 의하여 보호되는 직접적이고 구체적인 이익이 있는 경우 행정소송법 제35조에 규정된 '무효 등 확인을 구할 법률상 이익'이 있고, 이때 행정처분의 유·무효를 전제로 한 이행소송 등과 같은 직접적인 구제수단이 있는지를 따져보아야 하는 것은 아니다(대판 2019.2.14, 2017두62587).

④ 구체적 사례

1. 당초의 주택재건축사업조합 설립인가처분에 대한 무효확인 소송 계속 중 새로운 조합설립인가처분이 이루어졌으나 당초 조합설립인가처분의 효력이 소멸되었음이 객관적으로 확정되지 않은 경우, 조합원에게 당초의 조합설립인가처분에 관한 무효확인을 구할 소의 이익이 있다(대판 2012.12.13, 2011두21010).
2. 구 「도시 및 주거환경정비법」상 조합설립추진위원회 구성승인처분을 다투는 소송 계속 중 조합설립인가처분이 이루어진 경우 조합설립추진위원회 구성승인처분에 대하여 취소 또는 무효확인을 구할 법률상 이익이 없다

   구 「도시 및 주거환경정비법」(구 도시정비법) 제13조 제1항, 제2항, 제14조 제1항, 제15조 제4항, 제5항 등 관계 법령의 내용, 형식, 체제 등에 비추어 보면, **조합설립추진위원 구성승인처분은 조합의 설립을 위한 주체인 추진위원회의 구성행위를 보충하여 그 효력을 부여하는 처분으로서 조합설립이라는 종국적 목적을 달성하기 위한 중간단계의 처분에 해당하지만, 그 법률요건이나 효과가 조합설립인가처분의 그것과는 다른 독립적인 처분이기 때문에, 추진위원회 구성승인처분에 대한 취소 또는 무효확인 판결의 확정만으로는 이미 조합설립인가를 받은 조합에 의한 정비사업의 진행을 저지할 수 없다.** 따라서 추진위원회 구성승인처분을 다투는 소송 계속 중에 조합설립인가처분이 이루어진 경우에는, 추진위원회 구성승인처분에 위법이 존재하여 조합설립인가 신청행위가 무효라는 점 등을 들어 직접 조합설립인가처분을 다툼으로써 정비사업의 진행을 저지하여야 하고, 이와는 별도로 추진위원회 구성승인처분에 대하여 취소 또는 무효확인을 구할 법률상의 이익은 없다고 보아야 한다(대판 2013.1.31, 2011두11112, 2011두11129).
3. 이전고시의 효력발생 후에는 관리처분계획에 대한 인가처분의 취소 또는 무효확인을 구할 법률상 이익이 없다(대판 2012.5.24, 2009두22140) : 이전고시의 효력 발생으로 이미 대다수 조합원 등에 대하여 획일적·일률적으로 처리된 권리귀속 관계를 모두 무효화시키고 다시 처음부터 관리처분계획을 수립하여 이전고시 절차를 거치도록 하는 것은 정비사업의 공익적·단체법적 성격에 배치
4. 「도시 및 주거환경정비법」상 대지나 건축물의 소유권 이전에 관한 고시의 효력이 발생한 후 일부 내용만을 분리하여 변경하거나 전체 이전고시를 모두 무효화시킬 수 없다(대판 2014.9.25, 2011두20680).
5. 조합설립인가처분의 취소·무효확인 판결이 확정되기 전에 이전고시의 효력이 발생한 경우 원칙적으로 조합설립인가처분의 취소·무효확인을 구할 법률상 이익이 없다(대판 2014.9.25, 2011두20680).
6. 제주 강정마을 일대가 절대보전지역으로 유지됨으로써 주민들인 원고들이 가지는 주거 및 생활환경상

이익은 그 지역의 경관 등이 보호됨으로써 반사적으로 누리는 것일 뿐 근거 법규 또는 관련 법규에 의하여 보호되는 개별적·직접적·구체적 이익이라고 할 수 없다(대판 2012.7.5, 2011두13187·13914).

7. 당초의 주택재건축사업조합 설립인가처분에 대한 무효확인 소송 계속 중 새로운 조합설립인가처분이 이루어졌으나 당초 조합설립인가처분의 효력이 소멸되었음이 객관적으로 확정되지 않은 경우, 조합원에게 당초의 조합설립인가처분에 관한 무효확인을 구할 소의 이익이 있다(대판 2012.12.13, 2011두21010).

8. 구 「도시 및 주거환경정비법」상 조합설립추진위원회 구성승인처분을 다투는 소송 계속 중 조합설립인가처분이 이루어진 경우 조합설립추진위원회 구성승인처분에 대하여 취소 또는 무효확인을 구할 법률상 이익이 없다(대판 2013.1.31, 2011두11112, 2011두11129).

9. 甲 주식회사가 제주특별자치도개발공사와 먹는샘물에 관하여 협약기간 자동연장조항이 포함된 판매협약을 체결하였는데, 제주특별자치도지사가 개발공사 설치조례를 개정·공포하면서 '먹는샘물 민간위탁 사업자의 선정은 일반입찰에 의한다.'는 규정을 신설하고, '종전 먹는샘물 국내판매 사업자는 2012. 3. 14.까지 이 조례에 따른 먹는샘물 국내판매 사업자로 본다'는 내용의 부칙조항을 둠에 따라 개발공사가 협약 해지 통지를 하자, 甲 회사가 부칙조항의 무효확인을 구한 사안에서, 무효확인을 구할 법률상 이익이 없다고 한 사례

협약기간 자동연장조항에 따라 협약기간이 일정 시점 이후까지 자동연장되었다고 보기 어렵다는 등의 사유로 甲 회사가 **먹는샘물 판매사업자의 지위를 상실하였다면 지위 상실의 원인이 부칙조항에 의한 것이라고 보기 어려워 부칙조항의 무효확인 판결을 받더라도 판매사업자의 지위를 회복할 수 없으므로**, 무효확인을 구할 법률상 이익이 없다고 한 사례(대판 2016.6.10, 2013두1638)

(2) 피고적격(행정청)

취소소송의 피고적격의 규정은 무효등확인소송에도 준용되므로, 처분등을 행한 행정청이 피고로 된다(제38조 제1항, 제13조 제1항). 피고의 경정에 관하여도 취소소송의 규정이 준용된다(제38조 제1항).

(3) 소송참가

취소소송에 적용되고 있는 제3자의 소송참가와 행정청의 참가도 무효등확인소송에 준용된다(제38조 제1항).

(4) 소변경

소의 변경에 관한 규정은 무효등확인소송을 취소소송 또는 당사자소송으로 변경하는 경우에 준용한다(제21·37조). 그러나 무효등확인소송을 취소소송으로 변경할 경우에는 행정심판전치주의와 제소기간의 요건을 갖추어야 한다.

4. 행정심판전치주의(부정)

본안소송으로 공매처분의 무효확인청구 등을 제기한 경우에는 위 공매처분의 전제가 되는 국세부과처분에 대해 전심절차를 거치지 아니하였다고 하더라도 법원의 집행정지결정이 그 요건을 흠결한 위법이 있다고 할 수 없다(대결 1986.11.27, 86두21).

5. 소제기의 효과

(1) 일반적 효과

무효등확인소송이 제기되면 소송계속이 발생하여 소송참가(제16·17조), 관련청구의 이송 및 병합(제10조), 소의 변경(제21조), 집행정지결정(제23조)을 신청할 수 있게 된다는 점에서 취소소송과 마찬가지이다.

(2) 집행정지결정

무효확인소송을 제기한 경우에도 집행부정지가 원칙이다. 그러나 처분이 무효인 경우에도 처분으로서의 외형이 존재하고 사실상으로 외견상의 효력을 가지고 있는 것으로 오인될 염려가 있기 때문에, 무효등확인소송을 제기하는 경우에 있어서도 집행정지신청을 할 수 있고 이에 대하여 집행정지결정도 할 수 있다(제23·24조, 제38조 제1항).

Ⅲ 소송의 심리

1. 일반론

무효등확인소송의 심리절차에 있어서 심리의 내용·범위와 방법은 취소소송과 크게 다를 바 없다. 따라서 심리의 기본원칙으로 구술심리주의, 처분권주의, 변론주의, 공개심리주의 등의 적용이 있고, 또한 행정심판기록제출명령제도(제25조)나 직권탐지주의(제26조) 등이 준용된다.

2. 입증책임

무효등확인소송은 항고소송의 일종으로 다투어지는 것이 처분등의 적법 여부인 점에서 취소소송과 다를 것이 없기 때문에 취소소송의 경우와 같다는 견해가 다수설이다. 그러나 판례는 원고부책설을 취하고 있다.

원고부책설

행정처분의 당연무효를 주장하여 그 무효확인을 구하는 행정소송에 있어서는 원고에게 그 행정처분이 무효인 사유를 주장·입증할 책임이 있다(대판 1992.3.10, 91누6030).

3. 선결문제(심리가능)

국세 등의 부과 및 징수처분과 같은 행정처분이 당연무효임을 전제로 하여 민사소송을 제기한 때에는 그 행정처분이 당연무효인지의 여부가 선결문제이므로 법원은 이를 심사하여 그 행정처분의 하자가 중대하고도 명백하여 **당연무효라고 인정될 경우에는 이를 전제로 하여 판단할 수 있으나 그 하자가 단순한 취소사유에 그칠 때에는 법원은 그 효력을 부인할 수 없다**(대판 1973.7.10, 70다1439).

Ⅳ 판 결

1. 판결의 종류

취소소송의 경우와 마찬가지로 소송요건을 결하고 있는 경우에는 이를 부적법한 것으로 각하판결을 하고, 원고의 청구가 이유 없다고 인정될 때에는 기각판결을 하며, 원고의 청구가 이유 있다고 인정될 때에는 무효확인판결·유효확인판결·실효확인판결·존재확인판결·부존재확인판결 등의 인용판결을 행한다. 한편, 심리결과 처분의 위법정도가 취소사유에 불과할 경우 취소소송의 요건을 충족하면 취소판결을, 취소소송의 요건을 흠결하면 기각판결을 내린다.

행정처분의 무효확인청구를 취소청구로 인용하기 위한 요건

행정처분의 무효확인을 구하는 청구에는 특별한 사정이 없는 한 그 처분의 취소를 구하는 취지까지도 포함되어 있다고 볼 수는 있으나 위와 같은 경우에 취소청구를 인용하려면 **먼저 취소를 구하는 항고소송으로서의 제소요건을 구비한 경우에 한한다**(대판 1986.9.23, 85누838).

2. 사정판결의 인정 여부

(1) 문제의 소재

행정소송법은 무효등확인소송에 대해 취소소송의 사정판결에 관한 규정을 준용한다는 규정이 없기 때문에 무효등확인소송에 있어서도 사정판결을 인정할 것인가에 대해 학설의 대립이 있다.

(2) 학설(부정설)

처분이 무효인 경우에는 존치시킬 유효한 처분이 없으며, 행정소송법이 무효등확인소송에 취소소송의 사정판결규정을 준용하지 않고 있다는 점을 논거로 무효등확인소송에 있어서는 사정판결이 인정될 수 없다는 견해가 다수설이다.

(3) 판례(부정설)

무효확인소송에는 사정판결을 할 수 없다
당연무효의 행정처분을 소송목적물로 하는 행정소송에서는 존치시킬 효력이 있는 행정행위가 없기 때문에 행정소송법 제28조 소정의 사정판결을 할 수 없다(대판 1987.3.10, 84누158).

3. 무효 등 판단의 기준시(처분 시)

취소소송에서와 마찬가지로, 처분 시를 기준으로 처분의 무효 등을 판단해야 한다.

4. 판결의 효력

무효등확인판결의 효력에 관해서는 취소판결의 효력 및 기속력에 관한 규정이 준용된다(제38조 제1항, 제29조·제30조). 따라서 무효등확인판결은 제3자에 대하여도 효력이 있으므로, 제3자의 소송참가 및 재심청구에 관한 규정도 준용된다(제38조 제1항, 제16조·제31조). 또한 구속력에 의해 반복금지효와 재처분의무를 진다. 그러나 간접강제에 관한 규정은 준용되지 않는다.

1. 행정처분의 무효확인판결은 비록 형식상은 확인판결이라 하여도 그 확인판결의 효력은 그 취소판결의 경우와 같이 소송의 당사자는 물론 제3자에게도 미친다(대판 1982.7.27, 82다173).
2. 거부처분에 대한 무효확인 판결에는 재처분의무가 인정될 뿐 간접강제는 허용되지 않는다
   행정소송법 제38조 제1항이 무효확인 판결에 관하여 취소판결에 관한 규정을 준용함에 있어서 같은 법 제30조 제2항을 준용한다고 규정하면서도 같은 법 제34조는 이를 준용한다는 규정을 두지 않고 있으므로, **행정처분에 대하여 무효확인 판결이 내려진 경우에는 그 행정처분이 거부처분인 경우에도 행정청에 판**

결의 취지에 따른 재처분의무가 인정될 뿐 그에 대하여 간접강제까지 허용되는 것은 아니라고 할 것이다(대결 1998.12.24, 98무37).

제3목 부작위위법확인소송

I 개 설

1. 의 의

부작위위법확인소송은 행정청의 부작위가 위법하다는 것을 확인하는 확인소송을 말한다(제4조 제3호).

2. 제도적 의미

독일은 의무이행소송을, 영·미는 직무집행명령소송을 인정하고 있다. 그러나 현행 행정소송법은 의무이행소송을 인정하지 않고 소극적이고 우회적인 부작위위법확인소송만을 인정하고 있다. 이는 권력분립적 고려, 사법부의 부담경감 및 사법자제적 고려 등을 감안한 것이다. 하지만 현행법은 부작위위법확인소송의 실효성확보를 위한 제도(간접강제)를 강구함으로써 의무이행소송이 채택된 것과 다름없는 효과를 기도하고 있다.

3. 성질(확인소송)

부작위위법확인소송은 '공권력의 행사로서의 행정청의 처분'의 부작위를 그 대상으로 하는 것이므로 항고소송에 해당한다(제4조 제3호). 그러나 성질상으로 볼 때, 부작위위법확인소송은 법률관계를 변동하는 것이 아니라 부작위에 의해 외형화·현실화된 법상태가 위법임을 확인하는 것이므로 확인소송으로서의 성질을 가진다. 따라서 부작위위법확인소송에서의 판결은 행정청의 특정한 부작위의 위법 여부를 확인하는 데 그치고, 적극적으로 행정청에 대하여 일정한 처분을 할 의무를 직접 명하지는 않는다.

4. 소송물(부작위의 위법성)

부작위위법확인소송의 소송물은 부작위의 위법성이다.

5. 적용법규

부작위위법확인소송은 기본적 성격이 취소소송과 같으므로 취소소송에 관한 많은 규정이 준용된다. 즉, 재판관할(제9조), 관련청구소송의 이송 및 병합(제10조), 피고적격(제13조), 피고경정(제14조), 공동소송(제15조), 제3자의 소송참가(제16조), 행정청의 소송참가(제17조), 행정심판과의 관계(제18조), 취소소송의 대상(제19조), 제소기간(제20조), 행정심판기록의 제출명령(제25조), 직권심리(제26조), 재량처분의 취소(제27조), 취소판결 등의 효력(제29조), 취소판결 등의 기속력(제30조), 제3자에 의한 재심청구(제31조), 소송비용에 관한 재판의 효력(제33조) 및 거부처분취소판결의 간접강제(제34조)의 규정은 부작위위법확인소송의 경우에 준용한다(제38조 제2항). 그러나 ① 제소기간 제한 중에서 처분의 존재를 전제로 하여 정한 제소기간 제한(제20조 제2항), ② 처분변경으로 인한 소의 변경(제22조), ③ 집행정지결정(제23조·제24조), ④ 사정판결(제28조), ⑤ 사정판결의 경우 피고의 소송비용부담(제32조) 등은 준용되지 않는다.

II 소송의 대상(부작위)

부작위위법확인소송의 대상은 행정청의 부작위이다.

1. 부작위의 의의

'부작위'란 행정청이 당사자의 신청에 대하여 상당한 기간 내에 일정한 처분을 하여야 할 법률상 의무가 있음에도 불구하고 이를 하지 아니하는 것을 말한다(제2조 제1항 제2호).

2. 부작위의 성립요건

행정청의 모든 부작위가 부작위위법확인소송의 대상이 되는 것은 아니며 ① 당사자의 신청의 존재, ② 행정청이 상당한 기간 내에, ③ 일정한 처분을 하여야 할 법률상 의무가 있음에도 불구하고, ④ 처분을 하지 아니할 것이 요구된다.

(1) 당사자의 신청 및 신청권의 존재

부작위가 성립하기 위해 적법한 신청권이 있는 자의 신청에 한정된다는 적법신청설(다수설)과 신청권의 문제는 본안판단의 문제이기 때문에 현실적으로 신청을 한 자면 모두 포함된다는 적법신청무관설이 대립되고 있다.

신청권은 법령에 명시된 경우뿐만 아니라 법령의 해석상(조리상) 신청권이 있는 것으로 판단되는 경우도 포함된다. 한편, 대법원은 신청권을 원고적격의 문제임과 동시에 대상적격의 문제로 보고 있다.

1. 법규상 또는 조리상 신청권의 존재(원고적격 내지 항고소송의 대상인 부작위의 요건)
부작위위법확인소송은 처분의 신청을 한 자로서 부작위의 위법의 확인을 구할 법률상 이익이 있는 자만이 제기할 수 있다 할 것이며, 이를 통하여 **구하는 행정청의 응답행위는 행정소송법 제2조 제1항 제1호 소정의 처분에 관한 것이라야** 하므로 당사자가 행정청에 대하여 어떠한 **행정행위를 하여 줄 것을 신청하지 아니하였거나 그러한 신청을 하였더라도 당사자가 행정청에 대하여 그러한 행정행위를 하여 줄 것을 요구할 수 있는 법규상 또는 조리상의 권리를 갖고 있지 아니하든지 또는 행정청이 당사자의 신청에 대하여 거부처분을 한 경우에는 원고적격이 없거나 항고소송의 대상인 위법한 부작위가 있다고 볼 수 없어** 그 부작위위법확인의 소는 부적법하다고 할 것이다(대판 2000.2.25, 99두11455).
2. 국회의원이 대통령 및 외교부장관의 특임공관장에 대한 인사권 행사 등과 관련하여 그 임면과정이나 지위 변경 등에 관한 요구를 할 수 있는 법규상 또는 조리상 신청권 부정(한나라당 국회의원인 이신범이 외교부장관에게 미합중국 주재 대사인 이홍구의 직을 계속 보유하게 하여서는 안된다고 요구했는데, 이에 대해 아무런 조치를 취하지 아니한 피고의 부작위는 위법임을 확인한다는 부작위위법확인청구)
외무공무원의 정년 등을 규정한 **외무공무원법상 일반국민이나 국회의원 등이 외무공무원의 임면권자에 대하여 특임공관장의 임면과정이나 지위 변경 등에 관하여 어떠한 신청을 할 수 있다는 규정이 없을 뿐 아니라,** 나아가 국회의원은 헌법이 부여한 권한에 따라 국정감사·조사권, 국무위원 등의 국회출석요구권·질문권, 국무위원 등의 해임건의권 등의 다양한 권한행사를 통하여 행정부의 위법·부당한 행위를 통제할 수 있고, 또한 국회법상 국회통일외교통상위원회는 외무공무원의 인사에 관한 사항 등 외교부 소관에 속하는 의안과 청원의 심사 등의 직무를 행하도록 규정되어 있기는 하지만, 이러한 규정들에 의하여 국회의원이 국무위원인 외교부장관에 대하여 정치적인 책임을 물을 수 있음은 별론으로 하고 **국회의원 개개인에게 특임공관장의 인사사항에 관한 구체적인 신청권을 부여한 것이라고 할 수 없어서, 국회의원에게는 대통령 및 외교부장관의 특임공관장에 대한 인사권 행사 등과 관련하여 대사의 직을 계속 보유하게 하여서는 아니 된다는 요구를 할 수 있는 법규상 신청권이 있다고 할 수 없고, 그 밖에 조리상으로도 그와 같은 신청권이 있다고 보여지지 아니한다**(대판 2000.2.25, 99두11455).
3. 4급 공무원이 당해 지방자치단체 인사위원회의 심의를 거쳐 3급 승진대상자로 결정되고 임용권자가 그 사실을 대내외에 공표까지 하였다면, 그 공무원은 승진임용에 관한 법률상 이익을 가진 자로서 임용권자에 대하여 3급 승진임용 신청을 할 조리상의 권리가 있다(대판 2008.4.10, 2007두18611).

(2) 상당한 기간의 경과

상당한 기간이란 사회통념상 행정청이 당해 신청에 대한 처분을 하는 데 필요한 합리적인 기간을 말한다. 법령에 처리기간이 규정된 경우 판례는 훈시규정으로 이해한다(대판 1996.8.20, 95누10877).

1. 구 '주택건설촉진법 시행령' 제32조의2 제2항, 제3항 규정의 법적 성질은 훈시규정이다
가능한 한 조속히 그 승인사무를 처리하도록 정한 훈시규정에 불과할 뿐 강행규정이나 효력규정이라고 할 수는 없으므로, 행정청이 그 기간을 경과하여 주택건설사업승인 거부처분을 하였다고 해서 그 거부처분이 위법하다고 할 수는 없다(대판 1996.8.20, 95누10877).
2. 구 「경제자유구역의 지정 및 운영에 관한 법률」 제9조 제1항 소정의 시기에 관한 규정은 훈시규정에 해

당한다(대판 2011.2.24, 2010두21464).

(3) 행정청의 처분의무의 존재

당사자의 신청에 대해 행정청이 처분을 해야 할 법률상 의무가 존재해야 한다. 따라서 당사자의 신청에 대해 행정청이 처분을 할 것인가에 관해 행정청의 재량에 맡겨진 경우에는 처분을 해야 할 법률상 의무가 없다. 그러나 재량행위라 하더라도 재량권이 영(0)으로 수축되는 경우에는 처분을 할 법률상의 의무가 있다.

공사중지명령의 상대방은 원인사유가 소멸하였음을 들어 행정청에게 공사중지명령의 철회를 요구할 수 있는 조리상의 신청권이 있다

행정청이 행한 공사중지명령의 상대방은 그 명령 이후에 그 원인사유가 소멸하였음을 들어 행정청에게 공사중지명령의 철회를 요구할 수 있는 조리상의 신청권이 있다 할 것이고, 상대방으로부터 그 신청을 받은 행정청으로서는 상당한 기간 내에 그 신청을 인용하는 적극적 처분을 하거나 각하 또는 기각하는 등의 소극적 처분을 하여야 할 법률상의 응답의무가 있다고 할 것이며, 행정청이 상대방의 신청에 대하여 아무런 적극적 또는 소극적 처분을 하지 않고 있는 이상 행정청의 부작위는 그 자체로 위법하다고 할 것이고, 구체적으로 그 신청이 인용될 수 있는지 여부는 소극적 처분에 대한 항고소송의 본안에서 판단하여야 할 사항이라고 할 것이다(대판 2005.4.14, 2003두7590).

또한 부작위위법확인소송은 처분의 신청을 한 자가 제기하는 것이므로 이를 통해 원고가 구하는 행정청의 응답행위는 행정소송법 소정의 '처분'에 관한 것이라야 하고 처분이 아닌 것에 대한 신청은 제외한다는 것이 대법원의 입장이다.

1. 국유개간토지의 매각행위는 사법상의 법률행위나 공법상의 계약관계에 해당하므로 처분이 아니고, 국유개간토지의 매각행위를 하지 아니하는 것이 위법이라고 하는 부작위위법확인의 소는 부적법하다

   이 소송은 처분의 신청을 한 자가 제기하는 것이므로 이를 통하여 원고가 구하는 **행정청의 응답행위는 행정소송법 제2조 제1항 제1호 소정의 처분에 관한 것**이라야 한다. **국유개간토지의 매각행위는 국가가 우월한 지위에서 공권력의 행사로서 행하는 공법상의 행정처분이 아니라 국민과 대등한 입장에서 국토개간 장려의 방편으로 개간지를 개간한 자에게 일정한 대가로 매각하는 것으로서 사법상의 법률행위나 공법상의 계약관계에 해당한다고 보아야 할 것**이므로 이를 가지고 항고소송의 대상이 되는 처분이라고 할 수는 없다. 따라서 원심이 같은 취지로 이 사건에서 원고가 신청하여 피고가 하여야 할 행위인 개간촉진법 제17조에 의한 **국유토지의 매도행위는 취소소송의 대상이 되는 행정처분에 해당하지 아니한다 하여 피고가 그 행위를 하지 아니함을 전제로 한 이 사건 부작위위법확인의 소는 부적법하다고 판단하였음은 정당하고 거기에 논지가 지적하는 바와 같이 부작위위법확인의 소의 대상이나 개간촉진법에 의한 국유토지 매도행위의 성질에 관한 법리를 오해한 위법이 있다 할 수 없다**(대판 1991.11.8, 90누9391).

2. 검사가 압수 해제된 것으로 간주된 압수물의 환부신청에 대하여 아무런 결정·통지도 하지 아니한 경우,

부작위위법확인소송의 대상이 되지 않는다(대판 1995.3.10, 94누14018).

(4) 처분의 부존재

행정청의 처분으로 볼만한 외관이 존재하지 아니하여야 한다. 따라서 처분의 외관이 존재하는 무효인 행정처분과는 구별된다. 즉, 인용처분도 거부처분도 하지 않은 경우를 말한다.

1. 행정소송법상 거부처분 취소소송의 대상인 '거부처분'과 부작위위법확인소송의 대상인 '부작위'의 의미
   행정소송법상 거부처분 취소소송의 대상인 '거부처분'이란 '행정청이 행하는 구체적 사실에 관한 법집행으로서의 공권력의 행사 또는 이에 준하는 행정작용', 즉 적극적 처분의 발급을 구하는 신청에 대하여 그에 따른 행위를 하지 않겠다고 거부하는 행위를 말하고, 부작위위법확인소송의 대상인 '부작위'란 '행정청이 당사자의 신청에 대하여 상당한 기간 내에 일정한 처분을 하여야 할 법률상 의무가 있음에도 불구하고 이를 하지 아니하는 것'을 말한다(제2조 제1항 제1호, 제2호)(대판 2018.9.28, 2017두47465).
2. 거부처분에 대한 부작위위법확인소송은 부적법하다(원고가 가족과 함께 서울 노원구 상계동에서 서울 서초구 서초3동 꽃동네의 무허가 비닐하우스에 이사하여 살다가 1989. 12. 16. 서초3동장에게 거주지 이동에 따른 전입신고를 하였으나, 피고는 위 비닐하우스는 주민등록법상 주소로 정할 수 없다는 이유로 전입신고의 수리를 하지 않고 이송된 주민등록표를 구 거주지 동사무소로 반송한 서초동꽃동네 전입신고거부사건)
   행정소송법 제4조 제3호에 규정된 부작위위법확인소송은 행정청이 당사자의 신청에 대하여 상당한 기간 내에 일정한 처분을 하여야 할 법률상 의무가 있음에도 불구하고 이를 하지 아니하는 경우에 그 부작위가 위법하다는 것을 확인하는 소송으로서 당사자의 신청에 대한 행정청의 처분이 존재하지 아니하는 경우에 허용되는 것이므로, **행정청이 당사자의 신청에 대하여 거부처분**(주민등록 전입신고 거부처분)**을 한 경우에는 거부처분에 대하여 취소소송을 제기하여야 하는 것이지 행정처분의 부존재를 전제로 한 부작위위법확인소송을 제기할 수 없다**(대판 1992.4.28, 91누8753).
3. 부작위위법확인소송의 변론종결시까지 행정청의 처분으로 부작위 상태가 해소된 경우 각하판결
   소제기의 전후를 통하여 판결 시까지 행정청이 그 신청에 대하여 적극 또는 소극의 처분을 함으로써 부작위상태가 해소된 때에는 소의 이익을 상실하게 되어 당해 소는 각하를 면할 수가 없는 것이다(대판 1990.9.25, 89누4758).

법령이 정한 일정한 기간이 경과한 경우에는 거부한 것으로 의제하는 규정을 두는 경우가 있는데, 이 경우에 법령에서 정한 기간이 경과했음에도 실제로 처분이 행해지지 않았으면 거부처분이 있는 것으로 되므로 당해 거부처분에 대해 취소소송을 제기하여야 하며 부작위위법확인소송을 제기할 수는 없다. 한편, 부작위에 대해서는 거부처분 취소심판이나 취소소송을 제기할 수는 없고, 의무이행심판이나 부작위위법확인소송만 제기할 수 있다.

Ⅲ 기타의 주요 소송요건

1. 재판관할

재판관할에 관해서는 취소소송에 관한 규정이 준용되므로, 제1심 관할법원은 피고인 행정청의 소재지를 관할하는 행정법원이 된다(제38조 제2항, 제9조 제1항).

2. 당사자

(1) 원고적격(법률상 이익)

부작위위법확인소송의 원고적격은 처분의 신청을 한 자로서 부작위의 위법을 구할 '법률상 이익'이 있는 자가 갖는다(행정소송법 제36조). 부작위의 직접 상대방이 아닌 제3자도 당해 행정처분의 부작위위법확인을 구할 법률상의 이익이 있는 경우 원고적격이 인정된다. 일정한 처분을 신청할 수 있는 권리를 가지는 자일 것을 요하는가와 관련해서, 법령에 근거하지 않고 신청을 한 자가 부작위에 대하여 소송을 제기하는 경우에도 부작위가 성립할 수 없으므로 신청권을 갖는 자일 것을 요한다는 견해가 다수설·판례이다.

(2) 피고적격(부작위청)

취소소송의 피고적격에 관한 규정이 준용되므로, 당해 부작위청이 피고가 된다(제38조 제2항, 제13·14조).

(3) 참가인

취소소송에 적용되고 있는 제3자의 소송참가(제16조)와 행정청의 소송참가(제17조), 공동소송에 관한 규정(제15조)도 적용된다.

3. 제소기간

행정심판을 거치는 경우, 행정심판재결서의 정본의 송달을 받은 날로부터 90일 이내에 제기해야 하며, 이 기간은 불변기간이다(제38조 제2항, 제20조 제1·3항). 그러나 처분이 있음을 전제로 하여 정한 취소소송의 제기기간 제한에 관한 규정(제20조 제2항)은 부작위위법확인소송의 경우에는 처분이 없다는 점, 부작위상태가 계속되고 있는 한 부작위의 종료시점을 정할 수 없으므로 준용되지 않는다는 견해가 통설(김남진·김연태, 김동희, 김철용, 류지태, 박균성, 박윤흔, 박종국, 유상현, 장태주, 정하중, 한견우, 홍정선, 홍준형)이지만, 신청 후 상당한 기간이 경과한 때 처분이 있는 것으로 보고 그때부터 1년 내에 제소할 수 있다는 견해(김성수)도 제시된다.

부작위위법확인의 소의 제소기간

부작위위법확인의 소는 부작위상태가 계속되는 한 그 위법의 확인을 구할 이익이 있다고 보아야 하므로 **원칙적으로 제소기간의 제한을 받지 않으나, 행정소송법 제38조 제2항이 제소기간을 규정한 같은 법 제20조를 부작위위법확인소송에 준용하고 있는 점에 비추어 보면, 행정심판 등 전심절차를 거친 경우에는 행정소송법 제20조가 정한 제소기간 내에 부작위위법확인의 소를 제기하여야 할 것이다.** 하지만, 당사자의 법규상 또는 조리상의 권리에 기한 신청에 대하여 행정청이 부작위의 상태에 있는지 아니면 소극적 처분을 하였는지는 동일한 사실관계를 토대로 한 법률적 평가의 문제가 개입되어 분명하지 않은 경우가 있을 수 있고, 부작위위법확인소송의 계속 중 소극적 처분이 있게 되면 부작위위법확인의 소는 소의 이익을 잃어 부적법하게 되고 이 경우 **소극적 처분에 대한 취소소송을 제기하여야 하는 등 부작위위법확인의 소는 취소소송의 보충적 성격을 지니고 있으며, 부작위위법확인소송의 이러한 보충적 성격에 비추어 동일한 신청에 대한 거부처분의 취소를 구하는 취소소송에는 특단의 사정이 없는 한 그 신청에 대한 부작위위법의 확인을 구하는 취지도 포함되어 있다**고 볼 수 있다. 이러한 사정을 종합하여 보면, **당사자가 동일한 신청에 대하여 부작위위법확인의 소를 제기하였으나 그 후 소극적 처분이 있다고 보아 처분취소소송으로 소를 교환적으로 변경한 후 여기에 부작위위법확인의 소를 추가적으로 병합한 경우 최초의 부작위위법확인의 소가 적법한 제소기간 내에 제기된 이상 그 후 처분취소소송으로의 교환적 변경과 처분취소소송에의 추가적 변경 등의 과정을 거쳤다고 하더라도 여전히 제소기간을 준수한 것으로 봄이 상당하다**(대판 2009.7.23, 2008두10560).

4. 행정심판전치주의

행정심판전치는 임의적 절차로 정해져 있기 때문에 반드시 행정심판을 거칠 필요는 없다. 그러나 부작위위법확인소송을 제기하기 전에 먼저 의무이행심판을 거쳐야 함을 개별법에서 정하고 있는 경우에는 의무이행심판을 거쳐야 한다(제38조 제2항, 제18조).

Ⅳ 소제기의 효과(집행정지 불가)

부작위위법확인소송이 제기되면 절차법적·실체법적 효과가 발생하게 되는데, 취소소송에 있어서의 관련청구의 이송·병합규정(제10조), 소송참가규정(제16·17조) 등이 준용된다(제38조 제2항). 그러나 부작위상태에 대한 집행정지는 그 성질상 인정되지 않는다. 집행정지결정은 소극적으로 이미 존재하는 처분의 효력이나 그 집행 또는 절차의 속행을 정지하는 현상유지적인 것에 그치며, 적극적으로 어떤 임시의 지위를 정하는 것이 아니기 때문이다. 또한 본안소송 자체가 부작위가 위법임을 확인하는 데 지나지 않으므로, 이론상으로나 실정법규상 민사집행법상 가처분은 허용되지 않는다.

V 소송의 심리

1. 일반론

부작위위법확인소송에도 행정심판기록의 제출명령(제38조 제2항, 제25조), 직권심리주의(제38조 제2항, 제26조) 등 취소소송의 관련규정이 준용된다.

2. 심리의 범위

부작위위법확인소송의 심사권이 신청의 실체적 내용에까지 미칠 수 있을 것인가에 대해서는 소극설과 적극설이 대립하고 있다.

(1) 소극설(절차적 심리설)(다수설)

법원은 부작위의 위법여부만을 심리하는 데 그쳐야 하며, 행정청이 해야 할 처분의 내용까지 심리·판단할 수는 없다는 견해로서 다수설·판례이다. 만일 실체적인 내용을 심리한다면 의무이행소송을 인정하는 결과가 되어 이를 도입하지 않고 부작위위법확인소송을 도입한 행정소송법의 법취지에 맞지 않는다는 것이다.

(2) 적극설(실체적 심리설)

법원은 부작위의 위법 여부만이 아니라 신청의 실체적인 내용이 이유 있는 것인가, 즉 행정청의 특정 작위의무의 존재까지도 심리하여 행정청의 처리방향까지 제시해야 한다는 견해이다.

(3) 판례(절차적 심리설)

판례는 절차적 심리설의 입장이다.

부작위위법확인의 소는 행정청이 당사자의 법규상 또는 조리상의 권리에 기한 신청에 대하여 상당한 기간 내에 그 신청을 인용하는 적극적 처분을 하거나 각하 또는 기각하는 등의 소극적 처분을 하여야 할 법률상의 응답의무가 있음에도 불구하고 이를 하지 아니하는 경우, 그 부작위의 위법을 확인함으로써 행정청의 응답을 신속하게 하여 부작위 내지 무응답이라고 하는 소극적인 위법상태를 제거하는 것을 목적으로 하는 것이고, 나아가 그 인용판결의 기속력에 의하여 **행정청으로 하여금 적극적이든 소극적이든 어떤 처분을 하도록 강제한 다음, 그에 대하여 불복이 있을 경우 그 처분을 다투게 함으로써 최종적으로는 당사자의 권리와 이익을 보호하려는 제도**이다(대판 2002.6.28, 2000두4750).

3. 입증책임

원고가 일정한 처분을 신청한 사실 및 원고에게 처분의 신청권이 있다는 사실과 상당한 기간이 경과했다는 사실은 원고에게 주장·입증책임이 있으며, 상당한 기간을 경과하게 된 것을 정당화할 만한 특별한 사유의 존재에 대해서는 행정청이 입증책임을 진다.

4. 위법판단의 기준시(판결시설)

취소소송과 무효등확인소송에 있어서는 위법판단의 기준시에 대해 처분시설이 통설이다. 그러나 부작위위법확인소송의 경우 판결시설이 다수설·판례이다.

부작위 위법 여부의 판단기준시는 사실심 구두변론종결시이다

부작위 위법 여부의 판단기준시는 사실심의 구두변론종결시이므로 행정청이 원심판결선고 이후에 위 신고인의 위 신청에 대하여 거부처분을 함으로써 부작위 상태가 해소되었다 하더라도 달리 볼 것은 아니다(대판 1999.4.9, 98두12437).

5. 재량처분의 위법성

행정소송법은 재량처분의 취소에 관한 제27조의 규정을 부작위위법확인소송에 준용하고 있다(제38조 제2항).

6. 소의 변경

부작위위법확인소송이 법원에 계속되어 있는 가운데 행정청이 거부처분등 일정한 처분을 한 경우에, 그 거부처분등의 취소소송으로의 소의 변경이 가능하고, 부작위위법확인소송의 당사자소송으로의 변경도 가능하다(제37조·제21조). 그러나 처분변경으로 인한 소의 변경은 허용되지 않는다.

VI 판 결

1. 판결의 종류

판결의 종류는 취소소송과 같이 기본적으로 소송요건의 흠결을 이유로 행하는 각하판결, 원고의 청구가 이유 없음을 이유로 행하는 기각판결, 원고의 청구가 이유 있음을 이유로 행하는 인용판결, 즉 부작위위법확인판결이 있다.

2. 사정판결(부정)

사정판결제도는 처분에 의해 적극적으로 형성된 법률상태·사실상태를 공익적 견지에서 유지시키는 제도이므로, 소극적인 부작위상태의 위법의 확인을 목적으로 하는 부작위위법확인소송에서는 사정판결이 있을 수 없다.

3. 판결의 효력

(1) 일반론(형성력 부정)

부작위위법확인판결의 효력에도 제3자효(제38조 제2항, 제29조), 기속력(제30조), 간접강제(제34조) 등 취소소송에 관한 규정이 준용된다. 그러나 부작위위법확인소송에서는 단지 부작위의 위법만을 확인하는 것이므로 형성력은 생기지 않는다.

(2) 판결의 기속력(처분의무)과 간접강제

① **의의**: 부작위위법확인소송의 인용판결은 그 사건에 관해 당사자인 행정청과 그 밖의 관계행정청을 구속하게 된다(제38조 제2항, 제30조 제1항).

② **기속력의 내용**: 취소소송에 있어서의 기속력의 내용은 부작위의무(동일한 내용의 처분금지의무), 적극적 처분의무(재처분의무), 결과제거의무 등이 있다. 그러나 부작위위법확인소송에 있어서의 기속력의 내용은 판결의 취지에 따라 다시 이전의 신청에 대한 처분을 해야 하는 처분의무만을 진다고 할 수 있다.

③ **처분의무의 내용**: 적극적 처분의무의 내용은 부작위위법확인소송의 심리범위와 관련된다. 절차적 심리설을 취하면 기속행위의 경우에도 행정청은 판결의 취지에 따라, 다만 어떠한 내용(예 원고의 신청을 받아들이는 적극적인 처분, 원고의 신청을 기각하는 처분, 제3자에 대한 적극적 처분)의 것이든 처분을 하기만 하면 된다는 소극설을 취하게 된다. 이에 반해 실체적 심리설을 취하는 경우 이전의 신청에 대한 처분이란 당초 신청된 특정한 처분을 뜻하는 것으로 보는 적극설을 취하게 된다.

④ **간접강제**: 부작위위법확인판결에 의해 부과된 처분의무를 행정청이 이행하지 아니한 때에는 제1심 수소법원은 당사자의 신청에 의하여 결정으로써 상당한 기간을 정하고, 행정청이 그 기간 내에 이행하지 아니한 때에는 그 지연기간에 따라 일정한 배상을 할 것을 명하거나 즉시 손해배상을 할 것을 명할 수 있다(제34조, 제38조 제2항). 우리 행정소송법은 의무이행소송을 인정하지 않는 대신에 행정청의 의무이행을 담보하기 위해 간접적 강제수단을 규정하여 판결의 실효성을 확보하고 있다.

제3항 당사자소송

Ⅰ 개 설

1. 당사자소송의 의의

당사자소송이란 '공법상의 법률관계'에 관해 의문이나 다툼이 있는 경우에 그 법률관계의 당사자가 원고 또는 피고의 입장에서 그 법률관계에 관하여 다투는 소송을 말한다. 한편, 행정소송법은 당사자소송을 '행정청의 처분등을 원인으로 하는 법률관계에 관한 소송 그 밖에 공법상의 법률관계에 관한 소송으로서 그 법률관계의 한쪽 당사자를 피고로 하는 소송'으로 규정하고 있다(제3조 제2호).

2. 다른 소송유형과의 구별

항고소송은 처분등이나 부작위를 대상으로 하고, 당사자소송은 처분등을 원인으로 하는 법률관계 및 공법상의 법률관계를 대상으로 한다.

(1) 취소소송과의 관계 : 취소원인인 하자 있는 처분은 행정청이 직권으로 취소하지 않는 한 취소소송으로만 다툴 수 있다. 예컨대 공무원이 파면처분을 당한 경우에는 파면처분에 대한 취소소송을 제기해야 하며, 당사자소송으로 공무원의 지위확인소송을 구할 수 없다.

(2) 무효등확인소송과의 관계 : 당사자소송과 무효등확인소송은 각각 별개의 소송으로 제기할 수 있다. 예컨대 무효원인인 하자 있는 조세부과처분에 대해 항고소송인 조세처분무효확인소송과 조세채무부존재확인의 소를 제기할 수 있다(박균성, 박윤흔, 장태주). 이에 대해 행정소송은 정형적 소송유형인 항고소송에 의하고 당사자소송은 보충적으로만 적용된다는 보충성의 원칙을 인정하게 되면 조세처분무효확인소송을 제기해야 하고, 곧바로 조세채무부존재확인의 소를 제기하면 부적법한 소가 된다는 견해도 있다.

Ⅱ 당사자소송의 종류와 적용법규

당사자소송에는 실질적 당사자소송과 형식적 당사자소송의 두 종류가 있으나, 행정소송법상의 당사자소송은 주로 실질적 당사자소송을 의미한다.

1. 실질적 당사자소송

(1) 의 의

실질적 당사자소송이란 공법상의 법률관계에 관한 소송으로서 그 법률관계의 한쪽 당사자를 피고로 하는 소송을 말한다. 실질적 당사자소송에는 행정청의 처분등을 원인으로 하는 법률관계에 관한 소송과 그 밖의 공법상의 법률관계에 관한 소송이 포함된다.

(2) 소송물(공법상 법률관계)

실질적 당사자소송은 항고소송처럼 행정처분을 소송물로 하는 것이 아니라 공법상 법률관계 그 자체를 소송물로 한다.

(3) 내용 및 사례

① 공법상 법률관계에 관한 소송

처분등을 원인으로 하지 않는 공법상 법률관계에 관한 소송은 공법상 당사자소송이다.

1. 납세의무부존재확인소송(대판 2000.9.8, 99두2765)
2. 고용·산재보험료 납부의무 부존재확인의 소(대판 2016.10.13, 2016다221658)
3. 甲 토지구획정리조합이 환지계획을 인가받으면서 체비지 겸 학교용지로 인가받은 토지에 대하여 체비지대장에 甲 조합을 토지의 소유자로 등재한 후 소유자명의를 乙 주식회사 앞으로 이전하였는데, 환지처분이 이루어지지 않은 상태에서 丙 지방자치단체가 甲 조합을 상대로 환지처분의 공고 다음 날에 토지의 소유권을 원시취득할 지위에 있음의 확인을 구한 사안(대판 2016.12.15, 2016다221566) : 토지구획정리사업에 따른 공공시설용지의 원시취득으로 형성되는 국가 또는 지방자치단체와 사업시행자 사이의 관계는 공법관계
4. 구 「도시 및 주거환경정비법」 제65조 제2항 후단에 따른 정비기반시설의 소유권 귀속에 관한 소송(대판 2019.9.9, 2016다262550)
5. 「국토의 계획 및 이용에 관한 법률」에서 특별히 인정한 공법상의 의무(대판 2018.7.26, 2015다221569)
6. 국가 등 과세주체가 당해 확정된 조세채권의 소멸시효 중단을 위하여 납세의무자를 상대로 제기한 조세채권존재확인의 소(대판 2020.3.2, 2017두41771)

1. 납세의무부존재확인의 소의 성격은 당사자소송이므로 국가·공공단체 등 권리주체가 피고이다

납세의무부존재확인의 소는 공법상의 법률관계 그 자체를 다투는 소송으로서 당사자소송이라 할 것이므로 행정소송법 제3조 제2호, 제39조에 의하여 그 법률관계의 한쪽 당사자인 국가·공공단체 그 밖의 권리주체가 피고적격을 가진다(대판 2000.9.8, 99두2765).

2. 구 「도시 및 주거환경정비법」 제65조 제2항 후단에 따른 정비기반시설의 소유권 귀속에 관한 소송은 행정소송법 제3조 제2호에서 정한 당사자소송에 해당한다

구 「도시 및 주거환경정비법」(구 도시정비법) 제65조 제2항은, "시장·군수 또는 주택공사 등이 아닌 사업시행자가 정비사업의 시행으로 새로이 설치한 정비기반시설은 그 시설을 관리할 국가 또는 지방자치단체

에 무상으로 귀속되고, 정비사업의 시행으로 인하여 용도가 폐지되는 국가 또는 지방자치단체 소유의 정비기반시설은 그가 새로이 설치한 정비기반시설의 설치비용에 상당하는 범위 안에서 사업시행자에게 무상으로 양도된다."라고 규정하고 있다. 위 전단 규정은, **'정비사업의 시행으로 새로이 설치한 정비기반시설'을 국가 또는 지방자치단체에 무상으로 귀속되게 함으로써 정비사업 과정에서 필수적으로 요구되는 정비기반시설을 원활하게 확보하고 그 시설을 효율적으로 유지·관리한다는 공법상 목적을 달성하는 데 입법 취지**가 있다. 위 후단 규정은, 위 전단 규정에 따라 정비기반시설이 국가 또는 지방자치단체에 무상으로 귀속됨으로 인하여 발생하는 사업시행자의 재산상 손실을 고려하여, 그 사업시행자가 새로이 설치한 정비기반시설의 설치비용에 상당하는 범위 안에서 '정비사업의 시행으로 인하여 용도가 폐지되는 국가 또는 지방자치단체 소유의 정비기반시설'을 그 사업시행자에게 무상으로 양도되도록 하여 위와 같은 재산상의 손실을 합리적인 범위 안에서 보전해 주는 데 입법 취지가 있다. 위와 같은 구 도시정비법 제65조 제2항의 입법 취지와 구 도시정비법(제1조)의 입법 목적을 고려하면, 위 후단 규정에 따른 정비기반시설의 소유권 귀속에 관한 국가 또는 지방자치단체와 정비사업시행자 사이의 법률관계는 공법상의 법률관계로 보아야 한다. 따라서 위 후단 규정에 따른 정비기반시설의 소유권 귀속에 관한 소송은 공법상의 법률관계에 관한 소송으로서 행정소송법 제3조 제2호에서 규정하는 당사자소송에 해당한다(대판 2018.7.26, 2015다221569).

② 처분등을 원인으로 하는 법률관계에 관한 소송 : 다수설에 따르면 ㉠ 처분등의 무효·취소를 전제로 하는 공법상의 부당이득반환청구소송(과오납금반환청구소송), ㉡ 공무원의 직무상 불법행위로 인한 국가배상청구소송, ㉢ 별도의 불복방법에 관한 규정이 없는 경우의 손실보상청구권 등도 공권으로서 이에 관한 소송은 공법상 당사자소송이 된다고 본다.

그러나 판례는 국가배상청구권이나 조세부과처분이 무효로 됨으로써 발생하는 부당이득반환청구권, 별도의 불복절차에 관한 규정이 없을 경우 손실보상청구권은 사권이고 그에 관한 소송은 민사소송이라고 본다.

③ 그 밖의 공법상의 법률관계에 관한 소송

㉠ 공법상 계약 : 통설·판례 모두 공법상 계약에 대하여는 실질적 당사자소송을 인정한다.

1. 서울특별시립무용단 단원의 위촉(대판 1995.12.22, 95누4636)
2. 국립중앙극장 전속합창단원의 채용(대판 1996.8.27, 95나35953)
3. 광주시립합창단원에 대한 재위촉(대판 2001.12.11, 2001두7794)
4. 국방일보의 발행책임자인 국방홍보원장으로 채용된 계약직공무원에 대한 채용계약(대판 2002.11.26, 2002두5948)
5. 전문직공무원인 공중보건의사 채용계약·공중보건의 계약해지(대판 1996.5.31, 95누10617)

그러나 토지수용 시 협의성립 후 보상금 미지급 시 보상금지급청구소송에 대해 다수설은 공법상 계약이므로 당사자소송으로, 판례는 사법상 계약이므로 민사소송에 의한다는 입장이다.

㉡ 공법상 금전지급청구를 위한 소송(사회보장급부청구소송)

ⓐ 당사자소송 : 근거 법령상 공법상 급부청구권이 행정청의 1차적 결정 없이 곧바로 발생하는

경우에는 당사자소송에 의한다.

1. 「광주민주화운동관련자 보상 등에 관한 법률」 제15조에 의거하여 관련자 및 유족들이 갖게 되는 보상 등에 관한 권리(대판 1992.12.24, 92누3335)1. 「광주민주화운동관련자 보상 등에 관한 법률」 제15조에 의거하여 관련자 및 유족들이 갖게 되는 보상 등에 관한 권리(대판 1992.12.24, 92누3335)
2. 구 석탄산업법상의 석탄가격안정지원금 지급청구의 소(대판 1997.5.30, 95다28960)
3. 「석탄산업법 시행령」 제41조 제4항 제5호 소정의 재해위로금 지급청구소송(대판 1999.1.26, 98두12598)
4. 공무원연금관리공단이 퇴직연금 중 일부 금액에 대하여 지급거부의 의사표시를 한 경우 미지급퇴직연금의 지급을 구하는 소송(대판 2004.7.8, 2004두244)
5. 공무원봉급 미지급 시 지급청구소송
6. 텔레비전방송수신료 통합징수권한부존재확인(대판 2008.7.24, 2007다25261)
7. 지방자치단체가 보조금 지급결정을 하면서 일정 기한 내에 보조금을 반환하도록 하는 교부조건을 부가한 사안의 경우 보조사업자에 대한 지방자치단체의 보조금반환청구소송(대판 2011.6.9, 2011다2951)
8. 부가가치세 환급세액 지급청구소송[대판(전합) 2013.3.21, 2011다95564]
9. 지방소방공무원의 초과근무수당 지급을 구하는 청구에 관한 소송(대판 2013.3.28, 2012다102629)

1. 법령의 개정에 따른 국방부장관의 퇴역연금액 감액조치에 대하여 이의가 있는 퇴역연금수급권자는 직접 국가를 상대로 공법상 당사자소송을 제기할 수 있다(대판 2003.9.5, 2002두3522).
2. 공무원연금관리공단이 퇴직연금 중 일부 금액에 대하여 지급거부의 의사표시를 한 경우, 미지급퇴직연금의 지급을 구하는 소송

   공무원연금관리공단의 인정에 의하여 퇴직연금을 지급받아 오던 중 구 공무원연금법령의 개정 등으로 퇴직연금 중 일부 금액의 지급이 정지된 경우에는 당연히 개정된 법령에 따라 퇴직연금이 확정되는 것이지 같은 법 제26조 제1항에 정해진 공무원연금관리공단의 퇴직연금결정과 통지에 의하여 비로소 그 금액이 확정되는 것이 아니므로, **공무원연금관리공단이 퇴직연금 중 일부 금액에 대하여 지급거부의 의사표시를 하였다고 하더라도 그 의사표시는 퇴직연금청구권을 형성·확정하는 행정처분이 아니라 공법상의 법률관계의 한 쪽 당사자로서 그 지급의무의 존부 및 범위에 관하여 나름대로의 사실상·법률상 의견을 밝힌 것일 뿐이어서, 이를 행정처분이라고 볼 수는 없고, 이 경우 미지급퇴직연금에 대한 지급청구권은 공법상 권리로서 그의 지급을 구하는 소송은 공법상의 법률관계에 관한 소송인 공법상 당사자소송에 해당한다**(대판 2004.7.8, 2004두244).
3. 지방자치단체가 보조금 지급결정을 하면서 일정 기한 내에 보조금을 반환하도록 하는 교부조건을 부가한 사안의 경우 보조사업자에 대한 지방자치단체의 보조금반환청구는 행정소송법 제3조 제2호에 규정한 당사자소송의 대상이다

   지방자치단체가 보조금 지급결정을 하면서 일정 기한 내에 보조금을 반환하도록 하는 교부조건을 부가한 사안에서, **보조사업자의 지방자치단체에 대한 보조금 반환의무는 행정처분인 위 보조금 지급결정에 부가된 부관상 의무이고, 이러한 부관상 의무는 보조사업자가 지방자치단체에 부담하는 공법상 의무**이므로, 보조

사업자에 대한 지방자치단체의 보조금반환청구는 공법상 권리관계의 일방 당사자를 상대로 하여 공법상 의무이행을 구하는 청구로서 행정소송법 제3조 제2호에 규정한 **당사자소송의 대상**이다(대판 2011.6.9, 2011다2951).

4. 부가가치세 환급세액 지급청구는 당사자소송의 대상이다
납세의무자에 대한 국가의 부가가치세 환급세액 지급의무는 그 납세의무자로부터 어느 과세기간에 과다하게 거래징수된 세액 상당을 국가가 실제로 납부받았는지 여부와 관계없이 부가가치세법령의 규정에 의하여 직접 발생하는 것으로서, 그 법적 성질은 정의와 공평의 관념에서 수익자와 손실자 사이의 재산상태 조정을 위해 인정되는 부당이득 반환의무가 아니라 부가가치세법령에 의하여 그 존부나 범위가 구체적으로 확정되고 조세 정책적 관점에서 특별히 인정되는 공법상 의무라고 봄이 타당하다. 그렇다면 **납세의무자에 대한 국가의 부가가치세 환급세액 지급의무에 대응하는 국가에 대한 납세의무자의 부가가치세 환급세액 지급청구는 민사소송이 아니라 행정소송법 제3조 제2호에 규정된 당사자소송의 절차에 따라야 한다**[대판(전합) 2013.3.21, 2011다95564].

5. 지방소방공무원의 초과근무수당 지급을 구하는 청구에 관한 소송의 형식은 당사자소송이다
지방공무원법제44조 제4항, 제45조 제1항이 지방공무원의 보수에 관하여 이른바 근무조건 법정주의를 채택하고 있고, '지방공무원 수당 등에 관한 규정' 제15조 내지 제17조가 초과근무수당의 지급대상, 시간당 지급액수, 근무시간의 한도, 근무시간의 산정방식에 관하여 구체적이고 직접적인 규정을 두고 있는 등 관계 법령의 내용, 형식 및 체제 등을 종합하여 보면, **지방소방공무원의 초과근무수당 지급청구권은 법령의 규정에 의하여 직접 그 존부나 범위가 정하여지고 법령에 규정된 수당의 지급요건에 해당하는 경우에는 곧바로 발생한다고 할 것이므로, 지방소방공무원이 자신이 소속된 지방자치단체를 상대로 초과근무수당의 지급을 구하는 청구에 관한 소송은 행정소송법 제3조 제2호에 규정된 당사자소송의 절차에 따라야 한다.** 피고(서울특별시) 소속 전·현직 소방공무원들인 원고들이 초과근무수당의 지급을 구하는 이 사건 청구가 민사소송의 대상임을 전제로 민사소송절차에 의하여 심리·판단한 제1심판결을 취소하고 이 사건을 행정소송 관할법원인 서울행정법원에 이송한 원심의 조치를 수긍한 사례(대판 2013.3.28, 2012다102629).

6. 공무원연금법령상 급여를 받으려고 하는 자가 구체적 권리가 발생하지 않은 상태에서 곧바로 공무원연금공단을 상대로 한 당사자소송으로 권리의 확인이나 급여의 지급을 소구할 수 없고 이러한 법리는 구체적인 급여수급권의 전제가 되는 지위의 확인을 구하는 경우에도 마찬가지로 적용된다(대판 2017.2.9, 2014두43264).

7. 도시개발사업조합은 직접 공법상 당사자소송으로 도시개발법에 따른 청산금의 지급을 구할 수 있다(대판 2017.4.28, 2013다1211).

ⓑ 항고소송 : 당사자의 신청과 그에 대한 행정청의 인용결정이 있을 때 비로소 권리가 발생하는 경우는 항고소송의 대상이다.

1. 급부를 받을 권리가 법령의 규정에 의하여 직접 발생하는 것이 아니라 급부를 받으려고 하는 자의 신청에 따라 관할 행정청이 지급결정을 함으로써 구체적인 권리가 발생하는 경우, 구체적인 권리가 발생하지 않은 상태에서 곧바로 행정청이 속한 국가나 지방자치단체 등을 상대로 한 당사자소송이나 민사소송으로 급부의 지급을 소구하는 것은 허용되지 않는다
관계 법령의 해석상 급부를 받을 권리가 법령의 규정에 의하여 직접 발생하는 것이 아니라 급부를 받으

려고 하는 자의 신청에 따라 관할 행정청이 지급결정을 함으로써 구체적인 권리가 발생하는 경우에는, 급부를 받으려고 하는 자는 우선 관계 법령에 따라 행정청에 급부지급을 신청하여 행정청이 이를 거부하거나 일부 금액만 인정하는 지급결정을 하는 경우 그 결정을 대상으로 항고소송을 제기하고, 취소·무효확인판결의 기속력에 따른 재처분을 통하여 구체적인 권리를 인정받은 다음 비로소 공법상 당사자소송으로 급부의 지급을 구하여야 하고, 구체적인 권리가 발생하지 않은 상태에서 곧바로 행정청이 속한 국가나 지방자치단체 등을 상대로 한 당사자소송이나 민사소송으로 급부의 지급을 소구하는 것은 허용되지 않는다(대판 2020.10.15, 2020다222382).

2. 공무원연금법상 퇴직연금 등의 급여결정은 처분에 해당한다
구 공무원연금법 소정의 **퇴직연금 등의 급여**는 급여를 받을 권리를 가진 자가 당해 공무원이 소속하였던 기관장의 확인을 얻어 신청하는 바에 따라 **공무원연금관리공단이 그 지급결정을 함으로써 그 구체적인 권리가 발생하는 것**이므로, **공무원연금관리공단의 급여에 관한 결정은 국민의 권리에 직접 영향을 미치는 것**이어서 **행정처분에 해당**할 것이다(대판 2004.7.8, 2004두244).

3. 진료기관의 의료보호비용 청구에 대한 지급거부는 처분에 해당한다
진료기관의 보호기관에 대한 진료비지급청구권은 계약 등의 법률관계에 의하여 발생하는 사법상의 권리가 아니라 법에 의하여 정책적으로 특별히 인정되는 공법상의 권리라고 할 것이고, **법령의 요건에 해당하는 것만으로 바로 구체적인 진료비지급청구권이 발생하는 것이 아니라 보호기관의 심사결정에 의하여 비로소 구체적인 청구권이 발생한다**고 할 것이므로, 진료기관은 법령이 규정한 요건에 해당하여 진료비를 지급받을 추상적인 권리가 있다 하더라도 진료기관의 보호비용 청구에 대하여 **보호기관이 심사 결과 지급을 거부한 경우에는 곧바로 민사소송은 물론 공법상 당사자소송으로도 지급청구를 할 수는 없고, 지급거부 결정의 취소를 구하는 항고소송을 제기하는 방법으로 구제**받을 수밖에 없다(대판 1999.11.26, 97다42250).

4. 구 군인연금법령상 퇴역연금 등의 급여청구권을 인정받기 위한 항고소송 등의 절차를 거치지 아니하고 곧바로 국가를 상대로 한 당사자소송으로 급여의 지급을 소구하는 것은 허용되지 않는다(대판 2003.9.5, 2002두3522).

5. 구 「특수임무수행자 보상에 관한 법률」상의 특수임무수행자 보상심의위원회의 의결을 거치지 않고 직접 보상금을 청구하는 소송은 부적법하다(특수임무수행자 및 그 유족으로서 보상금 등을 지급받고자 하는 자의 신청에 대하여 위원회가 특수임무수행자에 해당하지 않는다는 이유로 한 기각결정은 행정처분이다)
특수임무와 관련하여 국가를 위하여 특별한 희생을 한 특수임무수행자와 그 유족에 대하여 필요한 보상을 함으로써 특수임무수행자와 그 유족의 생활안정을 도모하고 국민화합에 이바지함을 목적으로 제정된 구 「특수임무수행자 보상에 관한 법률」 및 구 시행령의 각 규정 취지와 내용에 비추어 보면, **같은 법 제2조, 같은 법 시행령 제2조, 제3조, 제4조 등의 규정들만으로는 바로 법상의 보상금 등의 지급대상자가 확정된다고 볼 수 없고, 특수임무수행자보상심의위원회의 심의·의결을 거쳐 특수임무수행자로 인정되어야만 비로소 보상금 등의 지급대상자로 확정될 수 있다. 따라서 그와 같은 위원회의 결정은 행정소송법 제2조 제1항 제1호에 규정된 처분에 해당**하므로, 특수임무수행자 및 그 유족으로서 보상금 등을 지급받고자 하는 자의 신청에 대하여 위원회가 특수임무수행자에 해당하지 않는다는 이유로 이를 기각하는 결정을 한 경우, 신청인은 위원회를 상대로 그 결정의 취소를 구하는 소송을 제기하여 보상금 등의 지급대상자가 될 수 있다. 이와 달리 신청인이 국가를 상대로 직접 보상금 등의 지급을 구하는 소는 부적법하다(대판 2008.12.11, 2008두6554).

6. 구 법인세법상 결손금 소급공제 환급결정은 행정처분에 해당하고, 과세관청이 착오환급 내지 과다환급한 결손금 소급공제 환급세액을 강제징수하려면 결손금 소급공제 환급결정을 직권으로 취소하여야 한다
구 법인세법상 결손금 소급공제는 일정한 중소기업을 대상으로 특별히 조세정책적 목적에서 인정된 제도로서 납세자의 신청에 기하여 **관할 세무서장이 이월결손금의 발생 등 실체적 요건 및 절차적 요건의 충족 여부를**

판단하여 환급세액을 결정함으로써 납세자의 환급청구권이 비로소 확정되므로, **결손금 소급공제 환급결정은 납세자의 권리·의무에 직접 영향을 미치는 과세관청의 행위로서 행정처분에 해당**한다. 따라서 **과세관청은 결손금 소급공제 환급결정을 직권으로 취소한 이후에야 비로소 납세자를 상대로 착오환급 내지 과다환급한 환급세액을 강제징수할 수 있다**(대판 2016.2.18, 2013다206610).

㉢ 공법상 지위·자격·신분의 확인을 구하는 소송

1. 국가의 훈기부상 화랑무공훈장을 수여받은 것으로 기재되어 있는 자가 태극무공훈장을 수여받은 자임의 확인을 구하는 소송(대판 1990.10.23, 90누4440)
2. 영관생계보조기금권리자확인(대판 1991.1.25, 90누3041)
3. 지방공무원으로서의 지위확인을 구하는 소(대판 1998.10.23, 98두12932)
4. 구 도시재개발법(현 도시 및 주거환경정비법)에 의한 재개발조합에 대해 조합원 자격확인을 구하는 소송(대판 1999.2.5, 97누14606)
5. 결격사유에 해당하지 않음을 이유로 하는 국회의원의 지위확인청구소송

㉣ 공법상의 결과제거청구소송 : 다만, 판례는 민사소송

㉤ 항만법에 의한 항만시설무상사용권범위확인소송(대판 2001.9.4, 99두10148)

㉥ 도시정비법상의 관리처분계획에 대한 총회결의 무효확인소송

도시정비법상의 관리처분계획에 대한 총회결의 무효확인소송의 소송형태는 행정소송법상의 당사자소송이다
재건축조합이 행정주체의 지위에서 도시정비법 제48조에 따라 수립하는 관리처분계획은 정비사업의 시행 결과 조성되는 대지 또는 건축물의 권리귀속에 관한 사항과 조합원의 비용 분담에 관한 사항 등을 정함으로써 조합원의 재산상 권리의무 등에 구체적이고 직접적인 영향을 미치게 되므로, 이는 구속적 행정계획으로서 재건축조합이 행하는 독립된 행정처분에 해당한다. 따라서 **행정주체인 재건축조합을 상대로 관리처분계획안에 대한 조합 총회결의의 효력 등을 다투는 소송은 행정처분에 이르는 절차적 요건의 존부나 효력 유무에 관한 소송으로서 그 소송결과에 따라 행정처분의 위법 여부에 직접 영향을 미치는 공법상 법률관계에 관한 것이므로, 이는 행정소송법상의 당사자소송에 해당한다**[대판(전합) 2009.9.17, 2007다2428].

2. 형식적 당사자소송

(1) 의 의

형식적 당사자소송이란 행정청의 처분·재결 등이 원인이 되어 형성된 법률관계에 관해 다툼이 있는 경우에 그 원인이 되는 처분·재결 등의 효력이 아닌 그 처분등의 결과로서 형성된 법률관계에 대해 그 처분청을 피고로 하지 않고 그 법률관계의 한쪽 당사자를 피고로 하여 제기하는 소송을 말한다.

(2) 형식적 당사자소송의 필요성

형식적 당사자소송의 필요성은 신속한 권리구제를 도모하고 소송절차를 간소화하려는 데 있다. 즉, 직접 이해관계자를 소송당사자로 하여 다투도록 하는 것이 소송진행이나 분쟁의 해결에 보다 적절(신속한 권리구제 도모와 소송절차를 최소화)하다는 것이다. 예컨대, 토지수용위원회를 상대로 재결취소소송을 제기한 후 또는 그와 동시에 보상금증감에 관한 당사자소송을 제기하여 양자를 병합하는 등의 부담이 있기 때문이다.

(3) 성 질

형식적 당사자소송은 항고소송과 당사자소송의 성질을 아울러 가진다. 즉, 형식적 당사자소송은 실질적으로는 행정청의 처분등의 효력을 다투는 소송이므로 항고소송의 성질을 가지나, 형식적으로는 소송형태의 면에서 항고소송과 같이 행정청을 피고로 하는 것이 아니고 법률관계의 한쪽 당사자를 피고로 하는 소송이다.

(4) 형식적 당사자소송의 일반적 인정 여부

형식적 당사자소송이 현행 행정소송법하에서 일반적으로 인정될 수 있는지 여부에 대해 견해가 나뉜다. 이에 대해서 개별법의 규정이 없는데도 형식적 당사자소송을 인정하여 공정력을 가지는 처분을 그대로 둔 채 당해 처분을 원인으로 하는 법률관계에 관한 소송을 제기하고 법원이 이를 심리·판단하는 것은 공정력이나 구성요건적 효력에 반한다는 점을 논거로 부정하는 견해가 다수설이다.

(5) 보상금 증감청구소송

「공익사업을 위한 토지 등의 취득 및 보상에 관한 법률」에서는 "사업시행자, 토지소유자 또는 관계인은 제34조에 따른 재결에 불복할 때에는 재결서를 받은 날부터 90일 이내에, 이의신청을 거쳤을 때에는 이의신청에 대한 재결서를 받은 날부터 60일 이내에 각각 행정소송을 제기할 수 있다. 이 경우 사업시행자는 행정소송을 제기하기 전에 제84조에 따라 늘어난 보상금을 공탁하여야 하며, 보상금을 받을 자는 공탁된 보상금을 소송이 종결될 때까지 수령할 수 없다(같은 법 제85조 제1항). 제1항에 따라 제기하려는 행정소송이 보상금의 증감(增減)에 관한 소송인 경우 그 소송을 제기하는 자가 토지소유자 또는 관계인일 때(증액청구소송)에는 사업시행자를, 사업시행자일 때(감액청구소송)에는 토지소유자 또는 관계인을 각각 피고로 한다(같은 조 제2항). 같은 법 제2항이 규정하고 있는 소송이 보상금 증감청구소송으로 형식적 당사자소송의 대표이다.

1. 공익사업법 제85조 제1항이 정한 제소기간 내에 일부 청구임을 명시하여 보상금의 증감에 관한 소송을 제기하여 전부 승소한 경우 청구취지 확장을 위한 항소의 이익이 인정되지 않는다

   공익사업법 제85조 제1항이 정한 제소기간 내에 일부 청구임을 명시하여 보상금의 증감에 관한 소송을 제기한 경우, **원고로서는 제소기간이 도과한 후에라도 사실심 변론종결시까지는 청구취지를 확장할 수 있을 뿐만 아니라 그 확장하는 부분에 해당하는 청구를 별소를 제기하여 구할 수도 있다**고 보아야 할 것이다. 이와 같은 법리에 의할 때 제소기간 내에 일부 청구임을 명시하여 보상금의 증액에 관한 이 사건 소송을 제기한 원고들로서는 제소기간이 도과한 후에라도 사실심 변론종결시까지 나머지 부분의 보상금을 구하는 별소를 제기할 수 있다고 할 것이고, **따라서 원고들에게 청구취지 확장을 위한 항소의 이익을 인정할 필요는 없다** 할 것이다(대판 2010.11.11, 2010두14534).

2. 보상금 증감에 관한 소송에서 동일한 사실에 관하여 상반되는 여러 개의 감정평가가 있는 경우, 법원이 각 감정평가 중 어느 하나를 채용하거나 하나의 감정평가 중 일부만에 의거하여 사실을 인정하는 것은 원칙적으로 위법하지 않다

   감정은 법원이 어떤 사항을 판단하기 위하여 특별한 지식과 경험을 필요로 하는 경우 판단의 보조수단으로 그러한 지식이나 경험을 이용하는 데 지나지 아니하는 것이므로, 보상금의 증감에 관한 소송에서 동일한 사실에 관하여 상반되는 여러 개의 감정평가가 있고, 그 중 어느 하나의 감정평가가 오류가 있음을 인정할 자료가 없는 이상 법원이 각 감정평가 중 어느 하나를 채용하거나 하나의 감정평가 중 일부만에 의거하여 사실을 인정하였다 하더라도 그것이 논리나 경험의 법칙에 반하지 않는 한 위법하다고 할 수 없다(대판 2014.12.11, 2012두1570).

3. 손실보상금 산정을 위한 감정평가가 위법한 경우 법원이 감정내용 중 위법하지 않은 부분을 추출하여 판결에 참작할 수 있다

   손실보상금 산정을 위한 감정평가 중 어느 한 가지 점이라도 위법사유가 있으면 그것으로써 감정평가결과는 위법하게 되나, 감정평가가 위법하다고 하여도 법원은 그 감정내용 중 위법하지 않은 부분을 추출하여 판결에서 참작할 수 있다(대판 2014.12.11, 2012두1570).

4. 감정평가에 위법이 있는 경우, 법원이 취해야 할 조치

   감정평가가 위법하다고 하여도 법원은 그 감정내용 중 위법하지 않은 부분을 추출하여 판결에서 참작하는 등 정당한 손실보상액을 스스로 산정할 수 있으나, 이러한 직권 보정방식은 객관성과 합리성을 갖추고 논리나 경험의 법칙에 반하지 않는 범위 내에서만 허용되는 것이므로, 감정평가에 위법이 있다면 법원으로서는 적법한 감정평가방법에 따른 재감정을 명하거나 감정인에게 사실조회를 하여 보는 등의 방법으로 석명권을 행사하여 충분한 심리를 거치는 것이 타당하다(대판 2014.12.11, 2012두1570).

5. 「공익사업을 위한 토지 등의 취득 및 보상에 관한 법률」상 피보상자 또는 사업시행자가 여러 보상항목들 중 일부에 대해서만 개별적으로 불복의 사유를 주장하여 행정소송을 제기할 수 있다(대판 2018.5.15, 2017두41221).

6. 법원이 구체적인 불복신청이 있는 보상항목들에 관해서 감정을 실시하는 등 심리한 결과, 재결에서 정한 보상금액이 일부 보상항목의 경우 과소하고 다른 보상항목의 경우 과다한 것으로 판명된 경우, 보상항목 상호 간의 유용을 허용하여 정당한 보상금을 결정할 수 있다(대판 2018.5.15, 2017두41221).

7. 피보상자가 여러 보상항목들에 관해 불복하여 보상금 증액 청구소송을 제기하였으나, 그중 일부 보상항목에 관해 법원감정액이 재결감정액보다 적게 나온 경우, 피보상자는 해당 보상항목에 관해 불복신청이 이유 없음을 자인하는 진술을 하거나 불복신청을 철회함으로써 해당 보상항목을 법원의 심판범위에서 제외하여 달라는 소송상 의사표시를 할 수 있고, 사업시행자가 피보상자의 보상금 증액 청구소송을 통해 감액청구권을 실현하려는 기대에서 제소기간 내에 별도의 보상금 감액 청구소송을 제기하지 않았

는데 피보상자가 위와 같은 의사표시를 하는 경우, 사업시행자는 법원 감정 결과를 적용하여 과다 부분과 과소 부분을 합산하여 처음 불복신청된 보상항목들 전부에 관하여 정당한 보상금액을 산정하여 달라는 소송상 의사표시를 할 수 있으며, 이러한 법리는 정반대 상황의 경우에도 마찬가지로 적용된다(대판 2018.5.15, 2017두41221).

3. 적용법규

(1) 취소소송에 관한 규정이 준용되는 경우

취소소송에 관한 규정 중 관련청구의 재판관할(제9조), 이송·병합(제10조), 피고경정(제14조), 공동소송(제15조), 소송참가(제16조·제17조), 소의 변경(제21조), 처분변경으로 인한 소의 변경(제22조), 행정심판기록제출명령(제25조), 직권증거조사주의·직권심리주의(제26조), 판결의 기속력(제30조), 소송비용부담(제32조) 등에 관한 것이 당사자소송에 준용되고 있다(제44조 제1항·제2항).

(2) 취소소송에 관한 규정이 준용되지 않는 경우

당사자소송에는 취소소송에 관한 규정 중 원고적격(제12조), 피고적격(제13조), 행정심판전치(제18조), 소송대상(제19조), 제소기간(제20조), 집행정지(제23조), 사정판결(제28조), 형성력의 제3자효(제29조)와 제3자에 의한 재심청구(제31조), 판결의 간접강제(제34조) 등이 준용되지 않는다.

III 주요 소송요건

1. 재판관할

당사자소송의 재판관할은 항고소송에 있어서와 마찬가지로 제1심 관할법원은 피고의 소재지를 관할하는 행정법원이 된다(제9조). 다만, 국가 또는 공공단체가 피고인 경우에는 '관계행정청의 소재지'를 피고의 소재지로 한다(제40조).

민사사건을 행정소송 절차로 진행한 경우, 그 자체로 위법하다고 볼 수 없다

행정사건의 심리절차는 행정소송의 특수성을 감안하여 행정소송법이 정하고 있는 특칙이 적용될 수 있는 점을 제외하면 심리절차 면에서 민사소송 절차와 큰 차이가 없으므로, 특별한 사정이 없는 한 민사사건을 행정소송 절차로 진행한 것 자체가 위법하다고 볼 수 없다(대판 2018.2.13, 2014두11328).

2. 당사자

(1) 원고적격

당사자소송은 대등한 당사자 간의 공법상 법률관계에 관한 소송이므로 항고소송에서와 같은 원고적격의 제한은 없으며, 따라서 민사소송법상(취소소송이 아님)의 원고적격에 관한 규정이 준용된다(행정소송법 제8조 제2항).

도시정비법상의 관리처분계획에 대한 총회결의 무효확인소송은 관리처분계획에 대한 인가·고시가 있기 전에는 허용되지만, 관리처분계획에 대한 관할행정청의 인가·고시까지 있게 되면 관리처분계획은 행정처분이므로 항고소송의 방법으로 관리처분계획의 취소 또는 무효확인을 구하여야 하고, 확인의 소를 제기하는 것은 특별한 사정이 없는 한 허용되지 않는다

재건축조합의 총회결의 무효확인소송은, 관리처분계획이 인가·고시되기 전이라면 위법한 총회결의에 대해 무효확인 판결을 받아 이를 관할행정청에 자료로 제출하거나 재건축조합으로 하여금 새로이 적법한 관리처분계획안을 마련하여 다시 총회결의를 거치도록 함으로써 하자 있는 관리처분계획이 인가·고시되어 행정처분으로서 효력이 발생하는 단계에까지 나아가지 못하도록 저지할 수 있고, 또 총회결의에 대한 무효확인판결에도 불구하고 관리처분계획이 인가·고시되는 경우에도 관리처분계획의 효력을 다투는 항고소송에서 총회결의 무효확인소송의 판결과 증거들을 소송자료로 활용함으로써 신속하게 분쟁을 해결할 수 있으므로, **관리처분계획에 대한 인가·고시가 있기 전에는 허용할 필요가 있다.** 그러나 나아가 **관리처분계획에 대한 관할행정청의 인가·고시까지 있게 되면 관리처분계획은 행정처분**으로서 효력이 발생하게 되므로, 총회결의의 하자를 이유로 하여 **행정처분의 효력을 다투는 항고소송의 방법으로 관리처분계획의 취소 또는 무효확인을 구하여야 하고**, 그와 별도로 행정처분에 이르는 절차적 요건 중 하나에 불과한 총회결의 부분만을 따로 떼어내어 **효력 유무를 다투는 확인의 소를 제기하는 것은 특별한 사정이 없는 한 허용되지 않는다고 보아야 한다**[대판(전합) 2009.9.17, 2007다2428].

- 이와 달리 도시재개발법상 재개발조합의 관리처분계획안에 대한 총회결의 무효확인소송을 민사소송으로 보고 또 관리처분계획에 대한 인가·고시가 있은 후에도 여전히 소로써 총회결의의 무효확인을 구할 수 있다는 취지로 판시한 대법원 2004.7.22, 선고 2004다13694 판결과 이와 같은 취지의 대법원 판결들은 이 판결의 견해에 배치되는 범위 내에서 변경한 사안임.

(2) 피고적격(국가·공공단체 등 권리주체)

당사자소송의 피고는 국가 또는 공공단체 그 밖의 권리주체(행정청이 아님)가 된다(제39조). 그 밖의 권리주체라 함은 공권력을 수여받은 행정주체인 사인, 즉 공무수탁사인을 의미한다. 당사자소송의 피고는 권리주체를 피고로 한다는 점에서 처분청을 피고로 하는 항고소송과 다르다.

1. 공법상의 권리관계의 확인을 구하는 **당사자소송은 그 권리주체인 국가 또는 공공단체 등을 피고로** 하여야 하므로 그 **권리주체가 아닌 재향군인회장과 국방부장관을 피고로 하여 제기한 소는 부적법하다**(대판

1991.1.25, 90누3041).

2. 행정소송법상의 당사자소송에 있어서 피고의 지정이 잘못된 경우, 법원이 석명권을 행사하여 피고를 경정하게 하지 않고 바로 소를 각하할 수 없다(대판 2006.11.9, 2006다23503).

3. 「공익사업을 위한 토지 등의 취득 및 보상에 관한 법률」 제72조에 의한 토지소유자의 토지수용청구를 받아들이지 않은 토지수용위원회의 재결에 대하여 토지소유자가 불복하여 제기하는 소송의 성질은 보상금의 증감에 관한 소송이므로 그 상대방은 사업시행자이다(대판 2015.4.9, 2014두46669).

4. 고용·산재보험료 납부의무 부존재확인의 소는 근로복지공단을 피고로 하여 제기하여야 한다
「고용보험 및 산업재해보상보험의 보험료징수 등에 관한 법률」 제4조는 고용보험법 및 산업재해보상보험법에 따른 보험사업에 관하여 이 법에서 정한 사항은 고용노동부장관으로부터 위탁을 받아 근로복지공단이 수행하되, 보험료의 체납관리 등의 징수업무는 국민건강보험공단이 고용노동부장관으로부터 위탁을 받아 수행한다고 규정하고 있다. 따라서 **고용·산재보험료의 귀속주체, 즉 사업주가 각 보험료 납부의무를 부담하는 상대방은 근로복지공단이고, 국민건강보험공단은 단지 각 보험료의 징수업무를 수행하는 데에 불과**하므로, 고용·산재보험료 납부의무 부존재확인의 소는 근로복지공단을 피고로 하여 제기하여야 한다. 그리고 행정소송법상 당사자소송에서 원고가 피고를 잘못 지정한 때에는 법원은 원고의 신청에 의하여 결정으로써 피고의 경정을 허가할 수 있으므로(행정소송법 제44조 제1항, 제14조), 원고가 피고를 잘못 지정한 것으로 보이는 경우 법원으로서는 마땅히 석명권을 행사하여 원고로 하여금 정당한 피고로 경정하게 하여 소송을 진행하도록 하여야 한다(대판 2016.10.13, 2016다221658).

5. 사인을 피고로 하는 당사자소송이 허용된다
행정소송법 제39조는, "당사자소송은 국가·공공단체 그 밖의 권리주체를 피고로 한다."라고 규정하고 있다. 이것은 당사자소송의 경우 항고소송과 달리 '행정청'이 아닌 '권리주체'에게 피고적격이 있음을 규정하는 것일 뿐, 피고적격이 인정되는 권리주체를 행정주체로 한정한다는 취지가 아니므로, 이 규정을 들어 사인을 피고로 하는 당사자소송을 제기할 수 없다고 볼 것은 아니다(대판 2019.9.9, 2016다262550).

국가가 피고가 되는 때에는 법무부장관이 국가를 대표하고(국가를 당사자로 하는 소송에 관한 법률 제2조), 지방자치단체가 피고가 되는 때에는 당해 지방자치단체의 장이 대표한다(지방자치법 제101조). 원고가 피고를 잘못 지정한 경우 피고경정은 취소소송과 당사자소송 모두에서 사실심 변론종결에 이르기까지 허용된다.

3. 참가

취소소송과 같이 당사자소송에서도 제3자의 소송참가와 행정청의 소송참가가 인정되고 있다(제44조).

4. 협의의 소익

조세채권의 소멸시효 중단을 위한 재판상 청구에 예외적으로 소의 이익이 있는 경우

조세는 국가존립의 기초인 재정의 근간으로서, 세법은 공권력 행사의 주체인 과세관청에 부과권이나 우선권 및 자력집행권 등 세액의 납부와 징수를 위한 상당한 권한을 부여하여 공익성과 공공성을 담보하고 있다. 따라서 조세채권자는 세법이 부여한 부과권 및 자력집행권 등에 기하여 조세채권을 실현할 수 있어 특별한 사정이 없는 한 납세자를 상대로 소를 제기할 이익을 인정하기 어렵다. 다만 납세의무자가 무자력이거나 소재불명이어서 체납처분 등의 자력집행권을 행사할 수 없는 등 구 국세기본법 제28조 제1항이 규정한 사유들에 의해서는 조세채권의 소멸시효 중단이 불가능하고 조세채권자가 조세채권의 징수를 위하여 가능한 모든 조치를 충실히 취하여 왔음에도 조세채권이 실현되지 않은 채 소멸시효기간의 경과가 임박하는 등의 특별한 사정이 있는 경우에는, 그 시효중단을 위한 재판상 청구는 예외적으로 소의 이익이 있다고 봄이 타당하다(대판 2020.3.2, 2017두41771).

5. 제소기간

당사자소송에 관하여 법령에 제소기간이 정하여져 있는 때에는 그 기간은 불변기간으로 한다(제41조). 당사자소송에 관하여는 특별히 달리 정하고 있는 경우를 제외하고, 원칙적으로 제소기간의 제한이 없다(제44조 제1항).

6. 전심절차(부정)

취소소송의 전심절차는 적용되지 않는다.

7. 관련청구의 병합

행정소송법 제10조의 규정은 당사자소송과 관련청구소송이 각각 다른 법원에 계속되고 있는 경우의 이송과 병합의 경우에 준용한다(제44조 제2항).

1. 행정소송법 제44조, 제10조에 의한 관련청구소송의 병합은 본래의 당사자소송이 적법함을 요건으로 한다
   행정소송법 제44조, 제10조에 의한 관련청구소송의 병합은 본래의 당사자소송이 적법할 것을 요건으로 하는 것이어서 **본래의 당사자소송이 부적법하여 각하되면 그에 병합된 관련청구도 소송요건을 흠결한 부적합한 것으로 각하되어야** 한다(대판 2011.9.29, 2009두10963).
2. 甲에게서 주택 등 신축 공사를 수급한 乙이 사업주를 甲으로 기재한 甲 명의의 고용보험·산재보험관계성립신고서를 근로복지공단에 작성·제출하여 甲이 고용·산재보험료 일부를 납부하였고, 국민건강보험공단이 甲에게 나머지 보험료를 납부할 것을 독촉하였는데, 甲이 국민건강보험공단을 상대로 이미 납부한 보험료는 부당이득으로서 반환을 구하고 국민건강보험공단이 납부를 독촉하는 보험료채무는 부존재확인을 구하는 소를 제기한 사안에서, 원심법원인 인천지방법원 합의부는 사건을 관할법원인 서울고등법원에 이송했어야 옳다고 한 사례(대판 2016.10.13, 2016다221658)

8. 소의 변경

소의 변경에 관한 행정소송법 제21조의 규정은 당사자소송을 항고소송으로 변경하는 경우에 준용한다(제42조). 또한 처분변경으로 인한 소의 변경도 인정된다(제22조·제44조).

Ⅳ 소 제기의 효과(집행정지 불가)

당사자소송이 제기되면 취소소송에 있어서의 관련청구의 이송·병합규정(제10조), 소의 변경규정(제21조·제22조), 소송참가규정(제16조·제17조) 등이 준용되지만, 집행정지에 관한 규정(제23조·제24조)은 준용되지 않는다.

Ⅴ 심리절차

심리절차에 행정심판기록의 제출명령(제25조), 직권탐지주의 가미(제26조) 등에 관한 규정은 당사자소송에도 준용되고(제44조 제1항), 입증책임은 민사소송법상의 일반원칙(법률요건분류설)에 따른다. 기타 처분권주의, 변론주의, 구술심리주의, 직접심리주의, 쌍방심문주의, 법관의 석명의무 등이 적용된다.

1. 현저한 손해를 피하기 위해 필요한 경우, 사업시행자가 행정소송법 제8조 제2항, 민사집행법 제300조 제2항에 따라 '임시의 지위를 정하기 위한 가처분'을 신청할 수 있다
   당사자소송에 대하여는 행정소송법 제8조 제2항에 따라 민사집행법상 가처분에 관한 규정이 준용되므로, 사업시행자는 민사집행법 제300조 제2항에 따라 현저한 손해를 피하기 위해 필요한 경우 '임시의 지위를 정하기 위한 가처분'을 통하여 공익사업을 신속하고 원활하게 수행할 수 있다(대판 2019.9.9, 2016다262550).
2. 민간투자사업 실시협약을 체결한 당사자가 공법상 당사자소송에 의하여 그 실시협약에 따른 재정지원금의 지급을 구하는 경우, 수소법원이 심리·판단하여야 하는 범위
   민간투자사업 실시협약을 체결한 당사자가 공법상 당사자소송에 의하여 그 실시협약에 따른 재정지원금의 지급을 구하는 경우에, 수소법원은 단순히 주무관청이 재정지원금액을 산정한 절차 등에 위법이 있는지 여부를 심사하는 데 그쳐서는 아니 되고, 실시협약에 따른 적정한 재정지원금액이 얼마인지를 구체적으로 심리·판단하여야 한다(대판 2019.1.31, 2017두46455).

VI 판 결

1. 판결의 종류(사정판결 부정)

사정판결제도가 없음은 취소소송의 경우와 다르다.

2. 판결의 기판력과 구속력

취소판결의 기속력조항(제30조 제1항)은 당사자소송에 준용된다(제44조). 그러나 취소소송에 있어서와 같은 판결의 제3자효(제29조), 재처분의무(제30조), 간접강제(제34조)는 당사자소송에는 준용되지 않는다.

3. 가집행선고

국가를 상대로 하는 당사자소송의 경우에는 가집행선고를 할 수 없다(행정소송법 제43조). 같은 내용의 규정을 둔 「소송촉진 등에 관한 특례법」 제6조 제1항 단서가 위헌으로 결정된 사실을 볼 때(헌재결 1989.1.25, 88헌가7), 이 조항 역시 위헌의 소지가 농후하다. 따라서 행정소송법 제43조의 효력에 대해 헌법 제11조의 평등원칙을 위반한 무효의 규정이므로 당사자소송의 경우에 국가에 대하여 가집행선고를 할 수 있다는 견해와 가집행선고의 문제에 새로운 고려가 요청된다는 견해가 대립한다.

그러나 국가를 상대로 하는 당사자소송의 경우에만 가집행선고를 할 수 없는 것이고, 국가 이외의 자에 대한 가집행선고는 가능하다.

공법상 당사자소송에서 재산권의 청구를 인용하는 판결을 하는 경우, 가집행선고를 할 수 있다(사업시행자인 서울시가 환매권자를 상대로 한 가집행)

행정소송법 제8조 제2항에 의하면 행정소송에도 민사소송법의 규정이 일반적으로 준용되므로 법원으로서는 공법상 당사자소송에서 재산권의 청구를 인용하는 판결을 하는 경우 가집행선고를 할 수 있다(대판 2000.11.28, 99두3416).

VII 불복과 위헌결정의 공고

당사자소송의 불복은 취소소송의 경우와 같다. 또한 명령·규칙의 위헌결정시 공고제도(제6조)도 당사자소송에 적용된다.

제4항 객관적 소송

I 개 설

객관적 소송은 행정의 적법성 보장을 목적으로 하는 소송이다. 이 점에서 개인의 권리구제와 행정의 적법성 보장이라는 두 가지 목적을 추구하는 주관적 소송(예 항고소송·당사자소송)과 구별된다. 따라서 주관적 소송은 소익이 있으면 소를 제기할 수 있는 데 반해, 객관적 소송은 특별히 법이 정하는 경우에만 소의 제기가 가능하다. 현행법상 객관적 소송에는 민중소송과 기관소송이 있다.

II 객관적 소송의 종류

1. 민중소송

(1) 의 의

민중소송이란 국가 또는 공공단체의 기관이 법률에 위반되는 행위를 한 때에 직접 자기의 법률상 이익과 관계없이 그 시정을 구하기 위하여 제기하는 소송을 말한다(제3조 제3호).

(2) 성 질

민중소송은 개인의 권리구제를 직접 목적으로 하는 것이 아니라 행정의 적법성 등 객관적 법익을 목적으로 하는 소송이므로 기관소송과 함께 객관적 소송에 속한다.

(3) 종 류

민중소송 및 기관소송은 객관소송적 성질로 인해 법률이 정한 경우에 법률에 정한 자에 한하여 제기할 수 있다(제45조).

행정청이 한 여론조사의 무효확인을 구하는 소송은 인정되지 않는다
행정소송법 제45조는 민중소송 및 기관소송은 법률이 정한 경우에 법률이 정한 자에 한하여 제기할 수 있다고 규정하고 있고, 행정청이 주민의 여론을 조사한 행위에 대하여는 법상 소로서 그 시정을 구할 수 있는 아무런 규정이 없으며, 행정소송법 제46조는 법률에서 민중소송을 허용하고 있는 경우에 그 재판절차를 규정한 것에 불과하므로, 원심이 여론조사의 무효확인을 구하는 소송을 각하한 것은 정당하다(대판 1996.1.23, 95누12736).

이에는 ① 선거소송(예 대통령·국회의원선거에 관한 소송, 지방의회의원·지방자치단체장의 선거에 관한 소송), ② 투표소송(예 국민투표법상 국민투표소송, 주민투표법상 주민투표소송, 「주민소환에 관한 법률」상 주민소환투표소송), ③ 지방자치법상 주민소송[부작위(중지)청구소송, 취소소송 또는 무효등확인소송, 부작위위법확인소송, 손해배상, 부당이득반환청구소송, 변상명령을 요구하는 소송] 등이 있다. 「공공기관의 정보공개에 관한 법률」 제5조에 따른 일반적 정보공개청구권을 다투는 소송은 민중소송이 아닌 항고소송이다.

1. 공직선거법 제222조와 제224조에서 규정하고 있는 선거소송은 행정소송법 제3조 제3호에서 규정한 민중소송에 해당한다

   공직선거법 제222조와 제224조에서 규정하고 있는 선거소송은 집합적 행위로서의 선거에 관한 쟁송으로서 선거라는 일련의 과정에서 선거에 관한 규정을 위반한 사실이 있고, 그로써 선거의 결과에 영향을 미쳤다고 인정하는 때에 선거의 전부나 일부를 무효로 하는 소송이다. 이는 선거를 적법하게 시행하고 그 결과를 적정하게 결정하도록 함을 목적으로 하므로, 행정소송법 제3조 제3호에서 규정한 **민중소송 즉 국가 또는 공공단체의 기관이 법률을 위반한 행위를 한 때에 직접 자기의 법률상 이익과 관계없이 그 시정을 구하기 위하여 제기하는 소송에 해당**한다(대판 2016.11.24, 2016수64).

2. 법원에서 선거관리위원회의 특정한 선거사무 집행 방식이 위법하지 아니하다는 분명한 판단이 내려졌음에도 앞서 배척되어 법률상 받아들여질 수 없음이 명백한 이유를 들어 실질적으로 같은 내용의 선거소송을 거듭 제기하는 것은 원칙적으로 허용되지 않는다

   재판청구권의 행사도 상대방의 보호 및 사법기능의 확보를 위하여 신의성실의 원칙에 의하여 제한될 수 있다. 선거관리위원회의 특정한 선거사무 집행 방식이 위법함을 들어 선거소송을 제기하는 경우, 이미 법원에서 특정한 선거사무 집행 방식이 위법하지 아니하다는 분명한 판단이 내려졌음에도 앞서 배척되어 법률상 받아들여질 수 없음이 명백한 이유를 들어 실질적으로 같은 내용의 선거소송을 거듭 제기하는 것은 **상대방인 선거관리위원회의 업무를 방해하는 결과**가 되고, 나아가 **사법자원을 불필요하게 소모시키는 결과**로도 되므로, 그러한 제소는 특별한 사정이 없는 한 신의성실의 원칙을 위반하여 소권을 남용하는 것으로서 허용될 수 없다(대판 2016.11.24, 2016수64).

3. 공직선거법상 개표사무를 보조하기 위하여 투표지를 유·무효별 또는 후보자별로 구분하거나 계산에 필요한 기계장치 또는 전산조직을 이용하는 것이 적법한 개표 방식으로서 선거무효사유가 될 수 없다는 법리는 공직선거법에 동일한 내용이 규정된 2014. 1. 17. 이후에도 동일하게 적용된다

   공직선거법상 개표사무를 보조하기 위하여 투표지를 유·무효별 또는 후보자별로 구분하거나 계산에 필요한 기계장치 또는 전산조직을 이용하는 것은 공직선거법에 명시적인 근거 규정이 신설된 2014. 1. 17. 이전에도 공직선거법 제178조 제4항, 구 공직선거관리규칙 제99조 제3항을 근거로 한 적법한 개표 방식으로서, 공직선거 및 선거부정방지법 부칙 제5조에 위배되는 등 **선거무효사유가 될 수 없다는 점에 대한 대법원의 명시적인 판단이 있었으므로, 동일한 내용이 중앙선거관리위원회규칙이 아니라 공직선거법에 규정된 2014. 1. 17. 이후에도 이러한 법리가 동일하게 적용될 것이라는 점은 명백**하다(대판 2016.11.24, 2016수64).

① 공직선거법상의 선거소송

㉠ 대통령·국회의원선거무효확인소송 : 대통령선거 및 국회의원선거에 있어서 당선의 효력에 이의

가 있는 정당(후보자를 추천한 정당에 한한다) 또는 후보자는 당선인결정일부터 30일 이내에 제52조 제1항·제3항 또는 제192조 제1항부터 제3항까지의 사유에 해당함을 이유로 하는 때에는 당선인을, 제187조(대통령당선인의 결정·공고·통지)제1항·제2항, 제188조(지역구국회의원당선인의 결정·공고·통지)제1항 내지 제4항, 제189조(비례대표국회의원의석의 배분과 당선인의 결정·공고·통지) 또는 제194조(당선인의 재결정과 비례대표국회의원의석 및 비례대표지방의회의원의석의 재배분)제4항의 규정에 의한 결정의 위법을 이유로 하는 때에는 대통령선거에 있어서는 그 당선인을 결정한 중앙선거관리위원회위원장 또는 국회의장을, 국회의원선거에 있어서는 당해 선거구선거관리위원회위원장을 각각 피고로 하여 대법원에 소를 제기할 수 있다(제222조 제1항).

ⓛ **지방의회의원·지방자치단체장의 선거무효확인소송**: 지방의회의원 및 지방자치단체의 장의 선거에 있어서 선거의 효력에 관한 제220조(소청에 대한 결정)의 결정에 불복이 있는 소청인(당선인을 포함한다)은 해당 소청에 대하여 기각 또는 각하결정이 있는 경우(제220조 제1항의 기간 내에 결정하지 아니한 때를 포함한다)에는 해당 선거구선거관리위원회 위원장을, 인용결정이 있는 경우에는 그 인용결정을 한 선거관리위원회 위원장을 피고로 하여 그 결정서를 받은 날(제220조 제1항의 기간 내에 결정하지 아니한 때에는 그 기간이 종료된 날)부터 10일 이내에 비례대표 시·도의원선거 및 시·도지사선거에 있어서는 대법원에, 지역구시·도의원선거, 자치구·시·군의원선거 및 자치구·시·군의 장 선거에 있어서는 그 선거구를 관할하는 고등법원에 소를 제기할 수 있다(같은 조 제2항). 피고로 될 위원장이 궐위된 때에는 해당 선거관리위원회 위원 전원을 피고로 한다(같은 조 제3항).

② **국민투표법상의 민중소송**: 국민투표의 효력에 관하여 이의가 있는 투표인은 투표인 10만인 이상의 찬성을 얻어 중앙선거관리위원회 위원장을 피고로 하여, 투표일부터 20일 이내에 대법원에 제소할 수 있다(제92조).

③ **주민투표법상 주민투표소송**: 주민투표의 효력에 관하여 이의가 있는 주민투표권자는 주민투표권자 총수의 100분의 1 이상의 서명으로 주민투표결과가 공표된 날부터 14일 이내에 관할선거관리위원회 위원장을 피소청인으로 하여 시·군 및 자치구에 있어서는 특별시·광역시·도 선거관리위원회에, 특별시·광역시 및 도에 있어서는 중앙선거관리위원회에 소청할 수 있다(제25조 제1항).

소청에 대한 결정에 관하여 불복이 있는 소청인은 관할선거관리위원회위원장을 피고로 하여 그 결정서를 받은 날(결정서를 받지 못한 때에는 결정기간이 종료된 날을 말한다)부터 10일 이내에 특별시·광역시 및 도에 있어서는 대법원에, 시·군 및 자치구에 있어서는 관할 고등법원에 소를 제기할 수 있다(같은 조 제2항).

④ **지방자치법상 주민소송**: 제16조 제1항에 따라 공금의 지출에 관한 사항, 재산의 취득·관

리·처분에 관한 사항, 해당 지방자치단체를 당사자로 하는 매매·임차·도급 계약이나 그 밖의 계약의 체결·이행에 관한 사항 또는 지방세·사용료·수수료·과태료 등 공금의 부과·징수를 게을리한 사항을 감사청구한 주민은 다음 각 호의 어느 하나에 해당하는 경우에 그 감사청구한 사항과 관련이 있는 위법한 행위나 업무를 게을리 한 사실에 대하여 해당 지방자치단체의 장(해당 사항의 사무처리에 관한 권한을 소속 기관의 장에게 위임한 경우에는 그 소속 기관의 장을 말한다)을 상대방으로 하여 소송을 제기할 수 있다(제17조 제1항).

1. 주무부장관이나 시·도지사가 감사청구를 수리한 날부터 60일(제16조 제3항 단서에 따라 감사기간이 연장된 경우에는 연장기간이 끝난 날을 말한다)이 지나도 감사를 끝내지 아니한 경우
2. 제16조 제3항 및 제4항에 따른 감사결과 또는 제16조 제6항에 따른 조치요구에 불복하는 경우
3. 제16조 제6항에 따른 주무부장관이나 시·도지사의 조치요구를 지방자치단체의 장이 이행하지 아니한 경우
4. 제16조 제6항에 따른 지방자치단체의 장의 이행 조치에 불복하는 경우

⑤ 제1항에 따라 주민이 제기할 수 있는 소송은 다음 각 호와 같다(같은 조 제2항).

1. 해당 행위를 계속하면 회복하기 곤란한 손해를 발생시킬 우려가 있는 경우에는 그 행위의 전부나 일부를 중지할 것을 요구하는 소송
2. 행정처분인 해당 행위의 취소 또는 변경을 요구하거나 그 행위의 효력 유무 또는 존재 여부의 확인을 요구하는 소송
3. 게을리한 사실의 위법 확인을 요구하는 소송
4. 해당 지방자치단체의 장 및 직원, 지방의회의원, 해당 행위와 관련이 있는 상대방에게 손해배상청구 또는 부당이득반환청구를 할 것을 요구하는 소송. 다만, 그 지방자치단체의 직원이 「회계관계직원 등의 책임에 관한 법률」 제4조에 따른 변상책임을 져야 하는 경우에는 변상명령을 할 것을 요구하는 소송을 말한다.

⑥ **「주민소환에 관한 법률」상 주민소환투표소송**: 주민소환투표의 효력에 관하여 이의가 있는 해당 주민소환투표대상자 또는 주민소환투표권자(주민소환투표권자 총수의 100분의 1 이상의 서명을 받아야 한다)는 주민소환투표결과가 공표된 날부터 14일 이내에 관할선거관리위원회 위원장을 피소청인으로 하여 지역구시·도의원, 지역구자치구·시·군의원 또는 시장·군수·자치구의 구청장을 대상으로 한 주민소환투표에 있어서는 특별시·광역시·도선거관리위원회에, 시·도지사를 대상으로 한 주민소환투표에 있어서는 중앙선거관리위원회에 소청할 수 있다(제24조 제1항). 제1항의 규정에 따른 소청에 대한 결정에 관하여 불복이 있는 소청인은 관할선거관리위원회 위원장을 피고로 하여 그 결정서를 받은 날(결정서를 받지 못한 때에는 공직선거법 제220조 제1항의 규정에 의한 결정기간이 종료된 날을 말한다)부터 10일 이내에 지역구시·도의원, 지역구자치구·시·군의원 또는 시장·군수·자치구의 구청장을 대상으로 한 주민소환투표에 있어서는 그 선거구를 관할하는 고등법원에, 시·도지사를 대상으로 한 주민소환투표에 있어서

는 대법원에 소를 제기할 수 있다(같은 조 제2항).

2. 기관소송

(1) 의 의

기관소송이란 국가 또는 공공단체의 기관 상호 간에 있어서의 권한의 존부 또는 그 행사에 관한 다툼이 있을 때에 이에 대하여 제기하는 소송을 말한다(제3조 제4호).

(2) 성질(객관소송)

기관소송은 개인의 권리구제를 직접 목적으로 하는 것이 아니라 행정조직 내부의 권한배분에 관한 문제를 다투는 소송이기 때문에 객관적 소송이다. 따라서 개별법규에서 특별히 규정하는 경우에만 인정되고, 법률에 규정한 자만 제기할 수 있다(기관소송 법정주의)(제45조).

(3) 기관소송의 종류

행정소송법상 기관소송은 국가기관 상호 간의 기관소송과 공공단체의 기관 상호 간의 기관소송이 있을 수 있다. 그런데 '국가기관 상호 간'의 권한쟁의심판·'국가기관과 지방자치단체 간'의 권한쟁의심판 그리고 '지방자치단체 상호 간'의 권한쟁의심판은 헌법(제111조 제1항 제4호)과 헌법재판소법(제61조·제62조)에 의해 권한쟁의심판이라 하여 헌법재판소의 관장사항으로 보는 것이 일반적인 견해이다. 따라서 기관소송은 주로 지방자치단체의 기관 상호 간의 영역에서 문제되며 인정된다.

① **지방자치법상의 기관소송**: 지방자치단체의 장은 지방의회에 의해 재의결된 사항이 법령에 위반된다고 판단되는 때에는 재의결된 날부터 20일 이내에 대법원에 소를 제기할 수 있다. 이 경우 필요하다고 인정되는 때에는 그 의결의 집행을 정지하게 하는 집행정지결정을 신청할 수 있다(제107조 제3항, 제172조 제3항).

② **「지방교육자치에 관한 법률」상의 기관소송**: 교육감은 교육·학예에 관한 시·도의회의 의결이 법령에 위반되거나 공익을 현저히 저해한다고 판단될 때에는 그 의결사항을 이송받은 날부터 20일 이내에 이유를 붙여 재의를 요구할 수 있다. 교육감이 교육부장관으로부터 재의요구를 하도록 요청받은 경우에는 시·도의회에 재의를 요구하여야 한다(제28조 제1항). 재의요구가 있을 때에는 재의요구를 받은 시·도의회는 재의에 붙이고 시·도의회 재적의원 과반수의 출석과 시·도의회 출석의원 3분의 2이상의 찬성으로 전과 같은 의결을 하면 그 의결사항은 확정된다(같은 조 제2항). 재의결된 사항이 법령에 위반된다고 판단될 때에는 교육감은 재의결된 날부터 20일 이내에 대법원에 제소할 수 있다(같은 조 제3항).

③ **감독처분에 대한 소송**: 지방자치단체의 사무에 관한 그 장의 명령이나 처분이 법령에 위반되거나 현저히 부당하여 공익을 해한다고 인정되면 시·도에 대하여는 주무부장관이, 시·군 및 자치구에 대하여는 시·도지사가 기간을 정하여 서면으로 시정할 것을 명하고 그 기간 내에 이행하지 아니할 때에는 이를 취소하거나 정지할 수 있다. 이 경우 자치사무에 관한 명령이나 처분에 대하여는 법령을 위반하는 것에 한한다(지방자치법 제169조 제1항). 지방자치단체의 장은 자치사무에 관한 명령이나 처분의 취소 또는 정지에 대하여 이의가 있으면 그 취소처분 또는 정지처분을 통보받은 날로부터 15일 이내에 대법원에 소를 제기할 수 있다(같은 법 같은 조 제2항).

이 경우에 제기하는 소송은 기관소송과 유사하지만 항고소송에 해당한다고 보는 것이 일반적인 견해이다. 그 이유는 이 경우의 소송은 동일한 행정주체에 속하는 기관 간의 소송이 아니고, 장으로 대표되는 지방자치단체는 독립된 법인격주체로서 지방주민의 이익, 즉 자치사무와 관련하여 일종의 주관적 지위를 갖는 것이며 또한 감독청의 취소·정지는 항고소송의 대상이 되는 일종의 행정행위의 성질을 갖는 것으로 볼 수 있기 때문이다.

Ⅲ 적용법규

민중소송이나 기관소송에 적용될 법규는 민중소송과 기관소송을 규정하는 각 개별법규가 정하는 것이 일반적이다. 그러나 각 개별법규가 특별히 정함이 없는 경우에는 ① 처분등의 취소를 구하는 소송에는 그 성질에 반하지 않는 한 취소소송에 관한 규정을 준용하고, ② 처분등의 효력 유무 또는 존재 여부나 부작위위법의 확인을 구하는 소송에는 그 성질에 반하지 아니하는 한 각각 무효등확인소송 또는 부작위위법확인소송에 관한 규정을 준용하며, ③ 위의 경우에 해당하지 않는 소송에는 그 성질에 반하지 아니하는 한 당사자소송에 관한 규정을 준용한다(제46조). 행정소송법 제46조는 법률에서 민중소송을 허용하고 있는 경우에 한하여 그 재판절차를 규정한 것에 불과하다.

:: 취소소송규정의 준용 여부

구 분	취소소송	무효등확인소송	부작위위법확인소송	당사자소송
재판관할	○	○	○	○
관련청구소송의 이송·병합	○	○	○	○
선결문제	○	×	×	×
피고적격	○	○	○	×
피고경정	○	○	○	○
공동소송	○	○	○	○
제3자의 소송참가	○	○	○	○
행정청의 소송참가	○	○	○	○
예외적 행정심판전치	○	×	○	×
소송의 대상	○	○	○	×
제소기간	○	×	○ (재결을 거친 경우는 적용)	×
소의 변경	○	○	○	○
처분변경으로 인한 소의 변경	○	○	×	○
집행정지	○	○	×	×
행정심판기록 제출명령	○	○	○	○
직권심리	○	○	○	○
사정판결	○	×	×	×
형성력의 제3자효	○	○	○	×
기속력	○	○	○	행정청에 대한 기속력에 관한 1항만 준용 (재처분의무에 관한 2항 제외)
제3자에 의한 재심청구	○	○	○	×
소송비용 부담	○	×	×	○
소송비용에 관한 재판의 효력	○	○	○	○
판결의 간접강제	○	×	○	×